CONGO
UNE HISTOIRE

DU MÊME AUTEUR

LE FLÉAU, Actes Sud, 2008 ; Babel nº 1203.
MISSION suivi de *L'ÂME DES TERMITES*, Actes Sud-Papiers, 2011.
CONGO. UNE HISTOIRE, Actes Sud, 2012 (prix Médicis essai, prix du meilleur livre étranger – essai, prix Mahogany de l'essai, prix Aujourd'hui, prix Le Mot d'or 2013 de la traduction francophone pour Isabelle Rosselin).
CONTRE LES ÉLECTIONS, Babel nº 1231, 2014.
LA PAIX ÇA S'APPREND ! GUÉRIR DE LA VIOLENCE ET DU TERRORISME (avec Thomas d'Ansembourg), Actes Sud, 2016.
ZINC, Actes Sud, 2016.

Les cartes de ce livre ont été conçues par Jan de Jong.

Titre original :
Congo. Een geschiedenis
Éditeur original :
De Bezige Bij, Amsterdam

ISBN 978-2-330-02858-9

DAVID VAN REYBROUCK

CONGO

UNE HISTOIRE

traduit du néerlandais
par Isabelle Rosselin

BABEL

"Le Rêve et l'Ombre étaient de très grands camarades.*"

BADIBANGA,
L'Eléphant qui marche sur des œufs
Bruxelles, 1931

* Tous les mots ou expressions en italique suivis d'un astérisque sont en français dans le texte.

A la mémoire d'Etienne Nkasi (1882 ?-2010), en reconnaissance profonde de son témoignage exceptionnel et de la poignée de bananes qu'il m'a offerte lors de notre première rencontre.

Et pour le petit David, né en 2008, fils de Ruffin Luliba, enfant-soldat démobilisé, et de son épouse Laura, qui ont voulu donner mon nom à leur premier enfant.*

SOMMAIRE

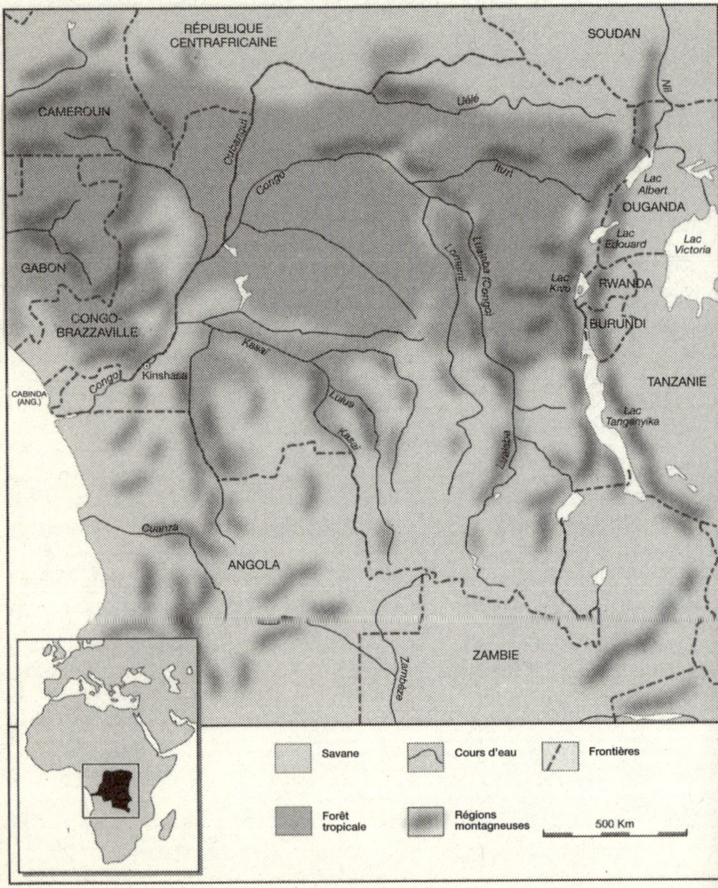

Carte 1
Géographie

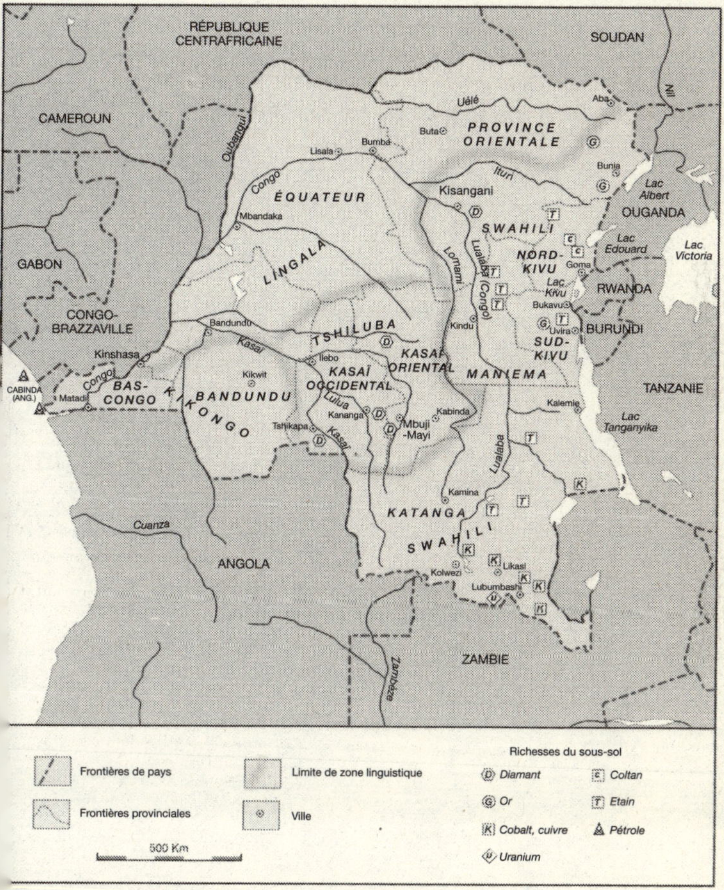

Carte 2
Population, administration et matières premières

INTRODUCTION

C'est encore l'océan, bien sûr, mais manifestement il n'est plus le même, sa couleur a changé. Les vagues, larges et basses, continuent d'onduler gentiment, on ne voit encore que l'océan, mais le bleu se tache peu à peu de jaune. Cela ne donne pas du vert, contrairement au souvenir que nous a laissé la théorie des couleurs, mais un résultat trouble. L'azur éclatant a disparu. Les rides turquoise sous le soleil de midi se sont effacées. Le cobalt insondable d'où surgissait le soleil, l'outremer du crépuscule, le gris de plomb de la nuit : terminé.

A partir de maintenant, tout n'est que soupe.

Une soupe jaunâtre, ocre, rouille. On est encore à des centaines de milles marins de la côte, mais on le sait déjà : ici commence la terre. Le fleuve Congo se jette dans l'océan Atlantique avec une telle force qu'il change la couleur de l'eau sur des centaines de kilomètres.

Autrefois, le voyageur qui se rendait pour la première fois au Congo en paquebot se croyait presque arrivé à la vue de cette altération. Mais l'équipage et les habitués de la colonie faisaient vite comprendre au nouveau venu qu'il avait encore devant lui deux jours complets de navigation, deux jours au cours desquels il verrait l'eau brunir, se salir toujours plus. Debout contre le bastingage à l'arrière du bateau, il remarquait le contraste de plus en plus frappant avec l'eau bleue de l'océan que l'hélice continuait de faire remonter des profondeurs. Au bout d'un certain temps, de grosses touffes d'herbe dérivaient au fil de l'eau, des mottes, des îlots que le fleuve avait recrachés et qui à présent, perdus dans l'océan, ballottaient au gré des flots. A travers le hublot de sa cabine, il distinguait des formes lugubres dans l'eau, "des morceaux de bois et des arbres déracinés, arrachés depuis longtemps à la sombre forêt vierge, car les troncs noirs avaient perdu leurs feuilles, et les moignons dépouillés de grosses branches tournoyaient parfois à la surface avant de replonger[1]".

Les images satellite le montrent clairement : une tache brunâtre qui au plus fort de la saison des pluies s'étend sur huit cents kilomètres à l'ouest. On dirait une fuite du continent. Les océanographes parlent d'"éventail du Congo" ou de "panache du Congo". Quand j'en ai vu pour la première fois des photographies aériennes, je n'ai pu m'empêcher de penser à une personne qui se serait tailladé les poignets et les maintiendrait sous l'eau – mais éternellement. L'eau du Congo, deuxième plus long fleuve d'Afrique, jaillit littéralement dans l'océan. Comme le fond est rocailleux, l'embouchure du fleuve reste relativement étroite[2]. Contrairement au Nil, le Congo n'a pas donné naissance à un delta paisible s'ouvrant sur la mer, mais son énorme masse d'eau est expulsée vers l'extérieur à travers un trou de serrure.

La couleur ocre vient du limon que le fleuve Congo charrie sur son long trajet de quatre mille sept cents kilomètres : depuis sa source en altitude dans l'extrême sud du pays, à travers la savane aride et les marais couverts de lentilles d'eau du Katanga, le long de l'immense forêt équatoriale qui couvre presque toute la moitié nord du pays, jusqu'aux paysages changeants du Bas-Congo et aux mangroves fantomatiques de l'embouchure. Mais la couleur vient aussi des centaines de rivières et d'affluents qui ensemble forment le bassin du Congo, une région d'environ 3,7 millions de kilomètres carrés, plus d'un dixième de la superficie de l'Afrique, correspondant en grande partie au territoire de la république du même nom.

Toutes ces particules de terre, tous ces fragments abrasés d'argile, de limon, de sable se laissent emporter par le courant, en aval, vers le large. Parfois ils flottent tranquillement, glissant au fil de l'eau sans se faire remarquer, puis soudain ils basculent dans une furie frénétique qui mêle à la lumière du jour l'obscurité et l'écume. Parfois ils restent accrochés. A un rocher. A une berge. A une épave rouillée qui hurle en silence vers les nuages et autour de laquelle s'est formé un banc de sable. Parfois ils ne rencontrent rien, rien du tout, sinon l'eau, une eau toujours différente, d'abord douce, puis saumâtre, et enfin salée.

Ainsi commence un pays : loin de la côte, dilué dans une très grande quantité d'eau de l'océan.

Mais où commence l'Histoire? Là aussi, bien plus tôt qu'on ne pourrait l'imaginer. Quand j'ai envisagé il y a six ans d'écrire, pour le cinquantième anniversaire de l'indépendance du Congo, un livre sur l'histoire mouvementée du pays, non seulement à l'époque postcoloniale, mais aussi pendant la période coloniale et une partie de l'ère précoloniale, j'ai décidé que cela n'aurait de sens que si je pouvais donner la parole à autant de voix congolaises que possible. Pour tenter à tout le moins de défier l'eurocentrisme qui allait certainement me jouer des tours, il m'a paru nécessaire de me mettre systématiquement en quête de perspectives locales, car il n'existe naturellement pas une version congolaise unique de l'Histoire, pas plus qu'il n'en existe une version belge unique, européenne ou tout simplement "blanche". Des voix congolaises, donc, autant que possible.

Seulement voilà : par où devais-je commencer dans un pays où, les dix années précédentes, l'espérance de vie moyenne était inférieure à 45 ans? Dans ce pays qui allait fêter ses 50 ans, les habitants n'atteignaient plus cet âge. Certes, des voix surgissaient de sources coloniales plus ou moins oubliées. Des missionnaires et des ethnographes avaient consigné des histoires et des chants magnifiques. Les Congolais eux-mêmes avaient écrit d'innombrables textes – j'allais même à ma grande surprise trouver un document autobiographique du XIXe siècle. Mais je cherchais aussi des témoins vivants, des personnes désireuses de partager avec moi le récit de leur vie, même les banalités. Je cherchais ce que l'on retrouve rarement dans les textes, car l'Histoire est tellement plus que ce qu'on en écrit. On peut le dire de toutes les époques et pour toutes les régions, mais c'est d'autant plus vrai dans celles où seule une petite minorité en haut de l'échelle sociale a accès aux mots écrits. Ayant étudié l'archéologie, j'attache une grande valeur aux informations non textuelles, car elles permettent souvent d'obtenir une image plus complète, plus tangible. Je voulais interviewer des gens, pas nécessairement des personnalités influentes, mais des gens ordinaires dont la vie est marquée par l'Histoire avec un grand H. J'avais envie de demander aux gens ce qu'ils mangeaient durant telle ou telle période. J'étais curieux de savoir quelles couleurs ils avaient portées, à quoi ressemblait leur maison quand ils étaient enfants, s'ils allaient à l'église.

Bien entendu, il est toujours risqué de se faire une idée du passé en extrapolant à partir de ce que racontent les gens aujourd'hui : rien n'est aussi actuel que le souvenir. Mais si les opinions sont particulièrement malléables – les informateurs vantaient parfois les mérites de la colonisation : était-ce parce que les choses allaient si bien à l'époque ? ou parce qu'elles allaient si mal à présent ? ou encore parce que je suis belge ? –, les souvenirs que laissent des objets ou des actes banals opposent souvent quant à eux une plus grande inertie. On avait un vélo ou on n'avait pas de vélo en 1950. On parlait kikongo avec sa mère quand on était enfant ou on ne parlait pas kikongo avec elle. On jouait au football au poste missionnaire ou on ne jouait pas au football. La mémoire ne jaunit pas partout aussi vite. Les banalités de la vie gardent plus longtemps leur couleur.

Je voulais donc interviewer des Congolais ordinaires à propos de leur vie ordinaire, même si je n'aime pas le mot "ordinaire", car souvent les histoires que j'ai pu entendre étaient vraiment exceptionnelles. Le temps est une machine qui broie les vies, je l'ai appris en écrivant ce livre, mais parfois il y a aussi des gens qui broient le temps.

Une fois encore : par où devais-je commencer ? J'avais espéré pouvoir parler ici et là à quelqu'un qui avait encore des souvenirs précis des dernières années de l'époque coloniale. J'étais parti d'emblée de l'idée qu'il n'y aurait pratiquement plus de témoins de la période antérieure à la Seconde Guerre mondiale. Je pourrais déjà m'estimer heureux de trouver un informateur d'un certain âge susceptible de me parler de ses parents ou de ses grands-parents pendant l'entre-deux-guerres.

Pour les périodes plus anciennes, je devrais chercher tant bien que mal mon chemin en m'aidant de la boussole tremblotante des sources écrites. Il m'a fallu un certain temps pour m'apercevoir que, si l'espérance de vie moyenne au Congo aujourd'hui est très faible, ce n'est pas parce qu'il y a peu de personnes âgées, mais parce que tant d'enfants meurent. L'effrayante mortalité infantile fait baisser la moyenne. Au cours de mes dix voyages au Congo, je n'ai pas tardé à rencontrer des gens de 70, 80 et même 90 ans. Un jour, un vieillard aveugle de près de 90 ans m'a beaucoup parlé de la vie que son père avait vécue ; indirectement, j'ai pu ainsi plonger dans les années 1890, à une profondeur étourdissante. Mais ce n'était encore rien par rapport à ce que Nkasi m'a raconté.

Vue du ciel, Kinshasa ressemble à une reine termite, monstrueusement enflée, en proie à une agitation frémissante, toujours s'affairant, toujours grossissant. Sous une chaleur écrasante, la ville s'étire le long de la rive gauche du fleuve. De l'autre côté s'étend sa sœur jumelle, Brazzaville, plus petite, plus fraîche, plus rayonnante. Les tours de bureaux ont des façades en verre miroir. C'est le seul endroit au monde où deux capitales peuvent se regarder, mais Kinshasa voit dans Brazzaville le reflet de sa propre misère.

Kinshasa a une palette de couleurs variée, sans les pigments éclatants d'autres villes inondées de soleil. On n'y voit jamais les couleurs saturées de Casablanca, jamais les coloris chauds de La Havane, jamais les teintes rouge intense de Bénarès. A Kinshasa, la moindre touche de peinture se décolore si vite que les gens ne semblent plus vouloir se donner la peine de la rafraîchir : les couleurs délavées sont devenues une esthétique. Les pastels dominent, coloris dont raffolaient déjà les missionnaires. De la plus modeste boutique où l'on vend du savon ou quelques minutes d'appels téléphoniques, aux volumes exubérants d'une nouvelle église pentecôtiste, les murs sont immanquablement peints en jaune délavé, vert délavé ou bleu délavé. Comme si des néons restaient allumés dans la journée. Les caisses de Coca-Cola entassées en de grandes forteresses dans la cour de la brasserie Bralima ne sont pas rouge écarlate mais rouge terne. Les chemises des agents de la circulation ne sont pas jaune vif, mais couleur d'urine. Et sous les rayons les plus ardents du soleil, même les couleurs du drapeau national ont l'air pâle en claquant au vent.

Non, Kinshasa n'est pas une ville bigarrée. La terre n'y est pas rouge, comme ailleurs en Afrique, mais noire. Sous la fine couche de couleur pastel perce toujours la grisaille des murs. Quand les maçons font sécher leurs briques au soleil le long du boulevard Lumumba, tout un nuancier de gris s'offre au regard : des briques humides gris foncé, à côté d'autres gris souris, à la texture du cuir, à côté d'exemplaires cendrés. La seule couleur qui saute vraiment aux yeux est le blanc du manioc séché, appelé aussi cassave, la plante à tubercules qui constitue l'alimentation de base dans une grande partie de l'Afrique centrale. Les bassines en plastique remplies de farine que vendent des femmes accroupies ont un tel éclat qu'elles les obligent à plisser les yeux. A côté d'elles s'élèvent des montagnes de racines de manioc, de grosses souches d'un blanc éblouissant qui font penser à des défenses d'éléphant sciées en morceaux. Quand on voit du ciel ces tas désordonnés, on a l'impression que le sous-sol montre les dents, furieux et apeuré comme un babouin. Une grimace. La dentition de travers d'une ville grisâtre. Mais d'une blancheur éclatante, ça oui. D'une blancheur impeccable.

Imaginons que l'on survole la ville comme un ibis. On voit un échiquier de toits rouillés en tôle ondulée, des parcelles de feuillages vert foncé. La grisaille de la *cité** également, les quartiers populaires de Kinshasa qui n'en finissent pas. On décrit des cercles au-dessus de quartiers aux noms de plomb, comme Makala, Bumbu et Ngiri Ngiri, et on descend vers Kasavubu, un des plus vieux quartiers pour les “indigènes”, le terme désignant les Congolais à l'époque coloniale. On aperçoit l'avenue Lubumbashi, un axe rectiligne sur lequel débouchent d'innombrables ruelles et allées, mais qui n'a jamais été goudronné. C'est la saison des pluies, les flaques ont la taille d'une piscine. Même le plus habile chauffeur de taxi finit par s'embourber. Une boue d'un noir d'encre est projetée dans un crissement de pneus, maculant les flancs de sa Nissan ou de sa Mazda bringuebalante mais fraîchement lavée.

Mais laissons-le à ses jurons et poursuivons notre vol vers l'avenue Faradje. Dans la cour intérieure au numéro 66, au-delà du mur en béton hérissé de tessons de verre, au-delà de la porte en métal noire brille quelque chose de blanc. Zoomons. Ce n'est pas du manioc ni de l'ivoire. C'est du plastique. Du plastique moulé par injection, blanc, dur. C'est un pot. Un enfant est assis dessus, une adorable fillette d'un an. Sa coiffure : une plantation de petits palmiers attachés sur sa tête par de petits élastiques jaune et rouge. Sa robe jaune à fleurs est drapée autour de ses fesses. A ses chevilles, il n'y a pas de culotte : elle n'en a pas. Mais elle fait ce que font tous les enfants d'un an dans le monde entier quand ils ne comprennent pas pourquoi il faut absolument rester assis sur le pot : pleurer rageusement à vous fendre l'âme.

Je la vis assise là le jeudi 6 novembre 2008. Elle s'appelait Keitsha. Ce fut pour elle un après-midi traumatisant. Non seulement on la privait du plaisir d'un soulagement spontané, mais elle fut de surcroît obligée d'assister au spectacle le plus effrayant qu'elle eût jamais vu dans sa courte vie : un Blanc, chose qu'elle ne connaissait qu'à travers sa vieille poupée Barbie infirme, mais qu'elle voyait à présent en chair et en os, grandeur nature, en plus avec deux jambes.

Keitsha devait rester tout l'après-midi sur ses gardes. Tandis que les membres de sa famille discutaient avec ce curieux visiteur et allaient même jusqu'à partager des bananes et des arachides avec lui, elle demeura à bonne distance, fixant pendant de longues minutes la main de cet homme qui lui aussi piochait dans le sachet d'arachides avec un bruit de froissement.

Heureusement, je n'étais pas venu pour elle, mais pour son aïeul, Nkasi. Je laissai derrière moi la cour intérieure et la fillette en pleurs en écartant le drap fin. Je fus plongé dans la pénombre. Tandis que mes yeux essayaient de s'y accoutumer, j'entendis le toit craquer sous la chaleur. De la tôle ondulée, bien sûr. Et des murs bleu délavé, comme partout ailleurs. "*Christ est dieu**" y avait-on écrit à la craie. A côté, quelqu'un avait griffonné au charbon de bois une liste de numéros de portables. La maison en guise de carnet d'adresses, parce que depuis des années le papier est hors de prix à Kinshasa.

Nkasi était assis au bord de son lit. La tête baissée. De ses vieux doigts, il essayait de finir de boutonner sa chemise. Il venait de se réveiller. Je m'approchai et le saluai. Ses lunettes étaient retenues par un élastique qui faisait le tour de sa tête. Derrière les verres épais et couverts de rayures, je distinguai de petits yeux humides. Il lâcha sa chemise et prit ma main entre les siennes. Avec une force encore impressionnante dans les doigts.

"*Mundele*", marmonna-t-il, "*mundele !*" Il paraissait ému, comme si nous ne nous étions pas vus depuis des années. "Blanc." Sa voix rappelait un rouage grippé par la rouille qui se met lentement en mouvement. Un Belge dans sa maison… après toutes ces années… Dire qu'il lui était encore donné de vivre ça.

"*Papa** Nkasi", dis-je en m'adressant à la pénombre, "je suis très honoré de vous rencontrer." Il me tenait encore la main, mais me fit signe de m'asseoir. Je repérai une chaise de jardin en plastique. "Comment allez-vous ?

— Ah", gémit-il derrière ses verres de lunettes, si rayés qu'on ne voyait plus ses yeux, "ma *demi-vieillesse** me donne bien du souci." A côté du lit était posé un bol contenant des crachats. Sur le matelas défraîchi gisait une poire à lavement. Le caoutchouc de la poire avait manifestement fait son temps. Ici et là un papier d'emballage de médicament. D'un coup, il rit de sa propre plaisanterie.

Quel âge cela pouvait-il bien faire, cette demi-vieillesse ? Sans aucun doute, il avait l'air du plus vieux Congolais que j'eusse rencontré jusque-là.

Je n'eus pas à réfléchir longtemps. "*Je suis né en mille huit cent quatre-vingt-deux**."

1882 ? Les dates sont un concept relatif au Congo. Il m'est parfois arrivé de demander à un informateur quand un événement s'était produit et de l'entendre me répondre : "Il y a très longtemps, oui, vraiment très longtemps, au moins six ans, c'est sûr, ou plutôt non, attendez un peu, disons un an et demi." Mon souhait de présenter le point de vue congolais n'allait jamais pouvoir vraiment se concrétiser : j'attache trop d'importance aux dates. Et certains informateurs tenaient plus à donner une réponse qu'à en donner une exacte. En revanche, j'ai souvent été frappé par la précision avec laquelle ils parvenaient à évoquer de nombreux faits dans leur vie. En plus de l'année, ils pouvaient souvent me préciser le mois et le jour. “J'ai déménagé à Kinshasa le 12 avril 1963.” Ou : “Le 24 mars 1943, le bateau est parti.” Cela m'a tout simplement appris à faire preuve d'une grande prudence concernant les dates.

1882 ? Ah bon ? Nous parlions donc de l'époque de Stanley, de la fondation de l'Etat indépendant du Congo, des premiers missionnaires. C'était encore avant la conférence de Berlin, la célèbre rencontre de 1885, où les puissances européennes décidèrent de l'avenir de l'Afrique. Avais-je véritablement devant moi une personne qui non seulement se souvenait du colonialisme, mais avait aussi connu l'époque précoloniale ? Quelqu'un né la même année que James Joyce, Igor Stravinski et Virginia Woolf ? C'était difficile à croire. Cet homme devait alors avoir 126 ans ! Non seulement il devait être la personne la plus âgée du monde, mais il comptait aussi parmi celles qui avaient, de tout temps, vécu le plus longtemps. Au Congo par-dessus le marché. Trois fois l'espérance de vie moyenne du pays.

J'ai donc fait ce que je fais d'habitude : j'ai procédé à des vérifications et des contre-vérifications. Et dans son cas, cela revenait à exhumer le passé, avec une patience infinie, petit à petit. Parfois j'avançais vite, parfois pas d'un pouce. Jamais je n'avais parlé ainsi avec l'histoire lointaine, jamais je ne l'avais sentie si fragile. Souvent je ne le comprenais pas. Souvent il commençait une phrase et s'inter-rompait au milieu, avec le regard étonné de celui qui va chercher quelque chose dans un placard mais soudain ne sait plus quoi. C'était une lutte contre l'oubli, mais Nkasi n'oubliait pas seulement le passé, il oubliait aussi l'oubli. Les trous qui se formaient se comblaient aussitôt. Il n'avait conscience d'aucune perte. J'essayais au contraire d'écoper un paquebot transatlantique à l'aide d'une boîte de conserve.

Mais en définitive je suis parvenu à la conclusion qu'il était bien possible que l'année de sa naissance soit la bonne. Il parlait d'événements des vingt dernières années du XIXe siècle qu'il ne pouvait connaître que pour les avoir lui-même vécus. Nkasi n'avait pas fait d'études, mais il connaissait des faits historiques qu'ignoraient d'autres vieillards congolais de sa région. Il venait du Bas-Congo, la région située entre Kinshasa et l'océan Atlantique, où la présence occidentale s'est fait sentir en premier. Si la carte du Congo ressemble à un ballon, le Bas-Congo est l'embout à travers lequel tout passe. J'ai ainsi pu tester ses souvenirs concernant des événements bien documentés. Il parlait avec une grande précision des premiers missionnaires, les protestants anglo-saxons venus s'installer dans sa contrée. Ils avaient effectivement commencé vers 1880 leur entreprise de conversion. Il a donné les noms de missionnaires dont il s'est avéré qu'ils étaient arrivés dans la région vers 1890 et qu'ils étaient présents dans un poste missionnaire voisin à partir de 1900. Il a parlé de Simon Kimbangu, un homme d'un village des environs dont nous savons qu'il est né en 1889 et qu'il a fondé sa propre religion dans les années 1920. Et surtout, il a raconté qu'enfant il avait assisté à la construction du chemin de fer entre Matadi et Kinshasa. Or elle a eu lieu de 1890 à 1898. Et les travaux dans sa région ont commencé en 1895. “J'avais 12, 15 ans à l'époque”, a-t-il dit.

“*Papa** Nkasi…

— *Oui* ?*”

Chaque fois que je lui adressais la parole, il avait l'air distrait, comme s'il avait oublié qu'il avait de la visite. Il ne cherchait absolument pas à me convaincre de son grand âge. Il racontait ce dont il se souvenait encore et paraissait surpris de ma surprise. Il était visiblement moins impressionné par son âge que moi, qui ai rempli à ce propos un cahier entier.

“Comment se fait-il au juste que vous connaissiez votre date de naissance ? Il n'y avait pourtant pas d'état civil ?

— C'est Joseph Zinga qui me l'a dit.

— Qui ?

— Joseph Zinga. Le plus jeune frère de mon père.” Puis j'entendis l'histoire de l'oncle qui avait accompagné un missionnaire anglophone à la mission de Palabala et était lui-même devenu catéchiste, ce qui lui avait permis de connaître le calendrier chrétien. “C’est lui qui m’a dit que je suis né en 1882.

— Mais avez-vous connu Stanley?” Jamais je n’aurais pensé avoir l’occasion un jour dans ma vie de poser cette question avec le plus grand sérieux.

“*Stanlei?*” demanda-t-il. Il prononçait le nom à la française. “Non, je ne l’ai jamais vu, mais j’ai entendu parler de lui. Il est d’abord arrivé à Lukunga, puis à Kintambo.” Cet enchaînement coïncidait en tout cas avec le voyage entrepris par Stanley entre 1879 et 1884. “Par contre, j’ai connu Lutunu, un de ses boys. Il venait de Gombe-Matadi, pas loin de chez nous. Il ne portait pas de pantalons.”

Le nom de Lutunu me disait quelque chose. Je me souvins qu’il avait été un des premiers Congolais à devenir boy chez les Blancs. Plus tard, le colonisateur le nommerait chef indigène. Il avait cependant vécu jusque dans les années 1950; Nkasi avait donc pu aussi faire sa connaissance plus tard. Ce n’était absolument pas le cas pour Simon Kimbangu.

“J’ai fait la connaissance de Kimbangu dès les années 1800”, dit-il avec insistance. Ce fut la seule fois où il fit référence, en dehors de sa date de naissance, au XIXe siècle. Leurs villages étaient proches. Et il ajouta : “Nous avions à peu près le même âge. Simon Kimbangu était plus grand que moi en *pouvoir de Dieu**, mais j’étais plus grand en années.” A l’occasion de visites ultérieures, il confirma à plusieurs reprises qu’il avait quelques années de plus que Kimbangu, l’homme né en 1889.

Les semaines qui suivirent ma première visite, je passai voir Nkasi plusieurs fois. Là où je logeais à Kinshasa, je me replongeais dans mes notes, je réunissais les morceaux du puzzle et je cherchais les lacunes dans son récit. Chaque visite durait tout au plus une heure ou deux. Nkasi me disait quand il était fatigué ou quand sa mémoire lui faisait défaut. Les conversations se déroulaient chaque fois dans sa chambre. Parfois, il était assis au bord de son lit, parfois sur le seul autre meuble de la pièce : un siège de voiture usé posé par terre. A une occasion, je lui ai parlé tandis qu’il se rasait. Sans miroir, sans crème à raser, sans eau, mais avec un rasoir jetable qu’il ne jetait jamais. Il se tâtait le menton, faisait les pires grimaces et raclait à l'aide du rasoir blanc sa peau marquée. Après avoir répété plusieurs fois l'opération d'un geste hésitant, il tapotait le rasoir sur le bord de son lit pour le vider. Des poils blancs voltigeaient puis tombaient sur le sol foncé.

Dans un coin de la pièce s'était accumulé tout un bric-à-brac : le reste de ses possessions. Une machine à coudre Singer cassée, un tas de haillons, une grande boîte de lait en poudre de la marque Milgro, un sac de sport et un ballot de linge. J'avais remarqué ce dernier détail lors de ma première visite. Il semblait contenir un objet bombé. "Mais qu'est-ce qui est enveloppé là-dedans?" ai-je demandé un jour. "*Ah, ça* !" Il a tendu la main vers le ballot. Il a lentement défait l'étoffe et en a sorti un magnifique casque colonial. Un noir. Je ne savais même pas qu'il en existait de pareils. Sans que je l'aie demandé, il l'a mis et m'a fait un grand sourire. "*Ah, monsieur David**, toute ma vie j'ai vécu entre les mains des Blancs. Mais dans deux ou trois jours je vais mourir."

Il se déplaçait très difficilement. Il utilisait en guise de canne le manche d'un vieux parapluie, mais préférait s'en remettre à plusieurs de ses filles pour le soutenir. Nkasi a eu cinq femmes. Ou six. Ou sept. Les avis divergent. Lui non plus ne sait plus trop. La cour intérieure était toujours occupée par plusieurs membres de sa famille. Les estimations sur l'ampleur de sa descendance variaient. Trente-quatre enfants était le nombre qui revenait le plus souvent. En tout cas, quatre fois des jumeaux, tout le monde semblait s'accorder sur ce point. Des petits-enfants? Sans aucun doute plus de soixante-dix.

J'ai fait aussi la connaissance de ses deux frères cadets, Augustin et Marcel, qui avaient respectivement 90 et 100 ans. Marcel n'habitait pas à Kinshasa, mais à Nkamba. J'ai parlé avec le fils d'Augustin, un homme affable et avisé, qui n'était pas encore d'âge mur. Du moins, je le pensais. Jusqu'à ce qu'il me dise qu'il avait tout de même 60 ans déjà. C'était à peine croyable : on ne lui aurait pas donné 45 ans. Une famille d'une résistance exceptionnelle, ai-je pu constater, un hasard exceptionnel de la nature. Trois frères vieux comme le monde, tous trois encore en vie. Il y avait eu deux sœurs aussi, mais elles étaient mortes récemment. Elles aussi avaient dans les 90 ans ou plus.

Ils habitaient à quatorze dans trois petites pièces contiguës, mais tous les jours arrivaient ou partaient des membres de la famille. Nkasi partageait sa chambre avec Nickel et Platini, deux jeunes d'une vingtaine d'années. L'un d'eux avait un sweat-shirt sur lequel était écrit *Miami Champs*. Nkasi étant le plus âgé, il avait le droit de dormir chaque nuit dans le lit, cela allait de soi ; les jeunes dormaient par terre sur des nattes de feuilles de bananier tressées. Dans la journée, ils allaient parfois s'allonger sur le fin matelas de leur grand-père.

Nkasi se nourrissait de manioc, de riz, de haricots, parfois d'un peu de pain. L'argent manquait pour la viande. Au bout d'une longue conversation, se doutant que j'avais faim, il avait poussé vers moi, à l'aide du manche de son parapluie, un régime de bananes et un sachet d'arachides. “Je le vois bien. La tête est fermée, mais le ventre est ouvert. Tiens, mange.” Il était inutile de refuser. A chacune de mes visites, j'apportais quelque chose et j'achetais des boissons fraîches. La famille avait, comme bien d'autres dans la *cité**, un modeste dépôt de boissons de la brasserie Bralima, même si elle-même n'avait pas les moyens d'acheter les Coca et les Fanta. Une fois, j'ai vu Nkasi transvaser sur son siège auto un peu de Coca-Cola dans une chope en plastique. Avec une lenteur terrifiante, il a tendu la chope à Keitsha. Le spectacle était poignant : cet homme qui manifestement était né avant la conférence de Berlin (et avant l'invention du Coca-Cola) donnait à boire à sa petite-fille qui avait vu le jour après les élections présidentielles de 2006.

J'ai rencontré Nkasi pour la première fois le 6 novembre 2008. La veille s'était produit un événement marquant dans l'histoire du monde. A un moment donné, Nkasi a inversé les rôles au cours de la conversation. Avait-il lui aussi le droit de poser des questions ? Il ne fallait pas toujours s'intéresser au passé. Il avait entendu une rumeur qu'il n'arrivait pas à croire. “C'est vrai qu'aux Etats-Unis un président noir a été élu ?”

La vie de Nkasi recoupe l'histoire du Congo. En 1885, le territoire tombe entre les mains du roi des Belges, Léopold II, qui le nomme Etat indépendant du Congo. En 1908, le roi, face à de virulentes critiques en Belgique et à l'étranger, finit par céder à l'Etat belge son territoire qui, jusqu'en 1960, porte le nom de Congo belge, puis devient un pays indépendant, la république du Congo. En 1965, Mobutu prend le pouvoir par un coup d'Etat et il s'y maintiendra pendant trente-deux ans. A cette époque, le pays reçoit un nouveau nom : Zaïre. En 1997, quand Laurent-Désiré Kabila détrône Mobutu, le pays est appelé République démocratique du Congo. Pour l'aspect "démocratique", il faudra encore attendre un certain temps, car les premières élections libres en plus de quarante ans n'auront lieu qu'en 2006. Joseph Kabila, fils de Laurent-Désiré, est alors élu président. Ainsi, sans beaucoup déménager, Nkasi aura vécu dans cinq pays différents, ou du moins dans un pays portant cinq noms différents.

Le pays que Léopold II avait conçu ne correspondait en aucune façon à une réalité politique existante, mais il avait une remarquable cohésion géographique : il se confondait avec le bassin du fleuve Congo. Chaque rivière, chaque ruisseau que l'on voit au Congo (à l'exception de deux minuscules cours d'eau) débouche tôt ou tard dans cet unique fleuve imposant et contribue théoriquement à cette tache brune dans l'océan. C'est une donnée purement cartographique ; sur le terrain, ce système hydrographique n'était pas ressenti comme une unité. Mais le Congo, un pays de 2,3 millions de kilomètres carrés, aussi grand que l'Europe occidentale, les deux tiers de l'Inde, le seul pays d'Afrique qui a deux fuseaux horaires, a depuis lors toujours été le pays de cet unique fleuve. Et en dépit de ces multiples changements de nom, il a toujours été nommé d'après la mère de tous les cours d'eau (le Congo, le Zaïre). En français, les habitants parlent encore aujourd'hui du *fleuve* *, comme les habitants du plat pays parlent de "la mer" en se référant à la mer du Nord.

Le Congo n'est pas un fleuve rectiligne ; son cours décrit les trois quarts d'un cercle, dans le sens inverse des aiguilles d'une montre, comme si sur une horloge à affichage analogique on faisait reculer la grande aiguille de quarante-cinq minutes. Cette grande boucle s'explique par le relief régulier et relativement plat des terres à l'intérieur de l'Afrique centrale. Le Congo suit en réalité un seul grand méandre dans une région légèrement en pente qui le plus souvent ne se situe qu'à quelques centaines de mètres au-dessus du niveau de la mer. Sur son trajet de plusieurs milliers de kilomètres, le dénivelé du fleuve ne dépasse pas mille cinq cents mètres, ce qui est inférieur à celui d'un gros torrent de montagne. Seul l'extrême sud du pays, où le fleuve prend sa source, atteint jusqu'à mille cinq cents mètres. On ne trouve de régions situées à une altitude de plus de deux mille mètres qu'à l'extrême est du pays. Le point culminant est juste à la frontière avec l'Ouganda : le mont Stanley, 5 109 mètres, le troisième plus haut sommet d'Afrique, couvert de neiges éternelles et d'un glacier (qui ne cesse de se réduire). Les montagnes à l'est, où se succèdent des lacs tout en longueur (appelés les quatre Grands Lacs, le Tanganyika étant le plus immense), sont le résultat d'une intense activité tectonique, dont témoignent aussi les volcans encore actifs dans la région. Cette bordure froissée de l'est du Congo fait partie du rift, la grande ligne de faille qui traverse l'Afrique du nord au sud. Sur le plan climatologique, cette région montagneuse peut être froide : dans une ville comme Butembo, par exemple, proche de la frontière avec l'Ouganda, la température annuelle moyenne n'est que de 17 degrés Celsius, tandis que Matadi, non loin de l'océan Atlantique, connaît une température moyenne de 27 degrés. Ailleurs, la proximité de l'équateur assure un climat tropical, avec des températures élevées et une forte humidité dans l'atmosphère, même si les différences régionales sont considérables. Dans la forêt équatoriale, la température oscille l'après-midi entre 30 et 35 degrés ; dans l'extrême sud du pays, on peut parfois voir du givre pendant la saison sèche. La durée et le début de la saison sèche peuvent aussi varier.

Les deux tiers du pays sont recouverts par une dense forêt équatoriale qui, avec une surface de 1,45 million de kilomètres carrés, est la plus grande forêt humide du monde après l'Amazonie. Vue d'avion, on dirait un gigantesque brocoli sans fin, une région représentant trois fois l'Espagne. Au nord et au sud, *la forêt** se transforme peu à peu en savane. Pas une mer infinie d'herbes jaunes ondulantes, à la *National Geographic*, mais une savane-parc devenant progressivement une savane de buissons à mesure que l'on s'éloigne de l'équateur. La biodiversité du pays est spectaculaire, mais de plus en plus menacée. Trois des principales découvertes zoologiques du XXe siècle ont été faites au Congo : le paon du Congo, l'okapi et le bonobo. Il est en tout état de cause miraculeux qu'on ait encore pu découvrir, au XXe siècle, un singe anthropoïde. Le Congo est le seul pays au monde où l'on rencontre trois des quatre types de singes anthropoïdes (il manque l'orang-outan) ; mais le chimpanzé et surtout le gorille des montagnes sont des espèces animales dangereusement menacées.

Les ethnographes ont différencié au XXe siècle environ quatre cents groupes ethniques à l'intérieur des terres, correspondant à autant de communautés avec leurs propres coutumes, leurs propres formes de vie en société, leurs propres traditions culturelles et souvent aussi leur propre langue ou dialecte. Ces groupes sont généralement désignés sous une forme plurielle, que l'on reconnaît au préfixe *ba-* ou *wa-*. Les Bakongo (qui s'écrit aussi baKongo) font partie du peuple Kongo, les Baluba (ou baLuba) du peuple Luba, les Watutsi (ou waTutsi, ou encore waTuzi) du peuple Tutsi. Dans les chapitres suivants, j'utiliserai le terme d'usage courant en néerlandais. Je parlerai par conséquent des Bakongo et des Tutsi, ce qui, a défaut d'être cohérent, a le mérite d'être pratique. J'ai évité autant que possible la forme au singulier (Mukongo ou muKongo). Kongo avec un *k* désigne le groupe ethnique qui vit près de l'embouchure du fleuve Congo, tandis que Congo avec un *c* désigne le pays et le fleuve. Les langues de ces groupes commencent le plus souvent par le préfixe *ki-* ou *tshi-* : le kikongo, le tshiluba, le kiswahili, le kinyarwanda. Là aussi j'ai privilégié l'usage. On trouvera par conséquent swahili plutôt que kiswahili, kinyarwanda plutôt que "rwandais". Le lingala est l'exception à la règle, ce qui n'empêche pas qu'en lingala, les langues commencent aussi par *ki-*. J'ai entendu un jour quelqu'un parler de "kichinois". Et le kiflama est la langue des Baflama, un mot dérivé de "Flamands" : c'est donc le néerlandais.

La richesse anthropologique exceptionnelle du Congo ne doit pas faire oublier la grande homogénéité linguistique et culturelle du pays. Presque toutes les langues sont bantoues et présentent une similitude structurelle interne. (Bantou, ou bantu, est le pluriel de *muntu* et signifie “les gens”.) Cela ne veut pas dire que Nkasi comprendra automatiquement quelqu’un venu de l’autre bout du pays, mais que sa langue ressemblera à celle de l’autre, de même que les langues indo-européennes se ressemblent. Ce n’est qu’à l’extrême nord du Congo que se parlent des langues fondamentalement différentes, appartenant au groupe des langues soudanaises. Partout ailleurs, les langues bantoues ont connu un essor lié à la propagation de l’agriculture depuis le nord-ouest. Même les Pygmées, les chasseurs-cueilleurs initiaux de la forêt équatoriale, ont fini par utiliser les langues bantoues.

La conscience ethnique est un concept relatif au Congo. Presque tous les Congolais peuvent indiquer avec précision de quelle ethnie ils sont issus, ainsi que leurs parents, mais le degré d’identification à cette ethnie varie considérablement selon l’âge, le lieu de résidence, le niveau d’éducation et, ce qui prime sur tout le reste, les conditions de vie. Les ethnies sont plus soudées quand elles se sentent menacées. A divers moments de sa vie, on peut accorder plus ou moins d’importance à cette appartenance. S’il est une chose qui ressort clairement de l’histoire mouvementée du Congo, c’est l’élasticité de ce que l’on appelait autrefois la “conscience tribale”. Il s’agit là d’une catégorie fluide. J’y reviendrai souvent.

Bien que les noms des provinces et leur nombre aient souvent changé, les habitants utilisent invariablement plusieurs désignations régionales pour diviser cet immense territoire. Le Bas-Congo forme, on l’a vu, l’embout du ballon. Matadi en est la capitale administrative. Dans ce port maritime situé à cent kilomètres vers l’intérieur des terres viennent s’amarrer des porte-conteneurs qui ont remonté le puissant courant du fleuve Congo. Plus en amont, des rapides rendent impossible la navigation. Kinshasa, une ville qui compte d’après les estimations huit millions d’habitants, appelés les Kinois, se situe précisément à l’endroit où le ballon s’élargit. A partir de là, le fleuve redevient navigable, jusque loin dans les terres. A l'est de Kinshasa, on arrive au Bandundu, une province entre la forêt et la savane qui englobe, entre autres, Kikwit ainsi qu'une région importante sur le plan historique, le Kwilu. A côté, dans le cœur du pays, se trouve le Kasaï, la région diamantifère. Sa ville principale est Mbuji-Mayi, devenue ces dernières années, sous l'effet de la fièvre du diamant, la troisième, peut-être même la deuxième du pays. Plus à l'est, on atteint la région autrefois appelée le Kivu, qui est désormais divisée en trois provinces : le Nord-Kivu, le Sud-Kivu et Maniema. Les deux Kivu forment le fragile sommet du ballon, Goma et Bukavu en étant les principaux centres, juste à la frontière avec le Rwanda. Cette région agricole est densément peuplée. Du fait de sa situation en altitude, elle est à l'abri de la maladie du sommeil, l'élevage y est possible, et le sol et le climat se prêtent aux cultures à forte valeur ajoutée (café, thé, quinine).

Au nord de cet axe Bandundu-Kasaï-Kivu s'étend la plus grande partie de la forêt équatoriale, scindée administrativement en deux gigantesques provinces que l'on souhaite subdiviser depuis longtemps déjà, l'Equateur et la Province orientale, dont les capitales respectives sont Mbandaka et Kisangani. Toutes deux sont au bord du fleuve et peuvent être rejointes par bateau depuis Kinshasa. C'est surtout Kisangani qui a joué un rôle décisif dans toute l'histoire du Congo. Au sud de cet axe est-ouest s'étend une autre province gigantesque, le Katanga, avec pour capitale Lubumbashi. Dans cette région minière bat le cœur de l'économie congolaise. Le Katanga se prolonge par un diverticule au sud-est, comme si un clown avait fait à la hâte un tortillon à ce ballon qu'est le Congo : le résultat d'un différend frontalier avec l'Angleterre à la fin du XIXe siècle. Si le Katanga est très riche en cuivre et en cobalt et le Kasaï vit de ses diamants, le sous-sol du Kivu recèle de l'étain et du coltan et celui de la Province orientale également de l'or.

Les quatre grandes villes du pays sont donc Kinshasa, Lubumbashi, Kisangani et, depuis peu, Mbuji-Mayi. Pour l'heure, elles ne sont reliées entre elles ni par un chemin de fer ni par des routes goudronnées. Le Congo compte en ce début du troisième millénaire moins d'un millier de kilomètres de routes goudronnées (et il s'agit essentiellement de voies vers l'étranger : de Kinshasa vers le port de Matadi, de Lubumbashi vers la frontière avec la Zambie, pour permettre l'importation de marchandises et l'exportation de minerais). Pratiquement plus aucun train ne circule. Les bateaux de Kinshasa à Kisangani mettent des semaines à arriver. Quand on veut se rendre d'une ville à l'autre, on prend l'avion. Ou on dispose de beaucoup de temps. Selon une règle empirique, pour une heure de trajet à l'époque coloniale, il faut compter une journée entière aujourd'hui.

Kinshasa demeure le nombril du pays, le nœud du ballon. Plus de 13 % des soixante-neuf millions d'habitants du pays résident dans une des vingt-quatre communes de la capitale, mais le plus gros de la population congolaise vit encore en milieu rural. Le Bas-Congo, le Kasaï et la région des Grands Lacs sont les zones les plus densément peuplées. Le français est la langue de l'administration et de l'enseignement supérieur, mais le lingala est celle de l'armée et de la musique populaire, omniprésente. Quatre langues indigènes sont officiellement reconnues comme les langues nationales : le kikongo, le tshiluba, le lingala et le swahili. Tandis que les deux premières sont vraiment des langues ethniques (le kikongo est parlé par les Bakongo dans les provinces du Bas-Congo et du Bandundu, et le tshiluba par les Baluba au Kasaï), les deux dernières sont des langues à usage commercial de bien plus grande portée. Le swahili est né sur la côte est de l'Afrique et il n'est pas seulement parlé dans tout l'est du Congo, en Tanzanie et au Kenya ; le lingala est apparu dans l'Equateur et est descendu le long du fleuve Congo vers Kinshasa. Aujourd'hui, c'est la langue qui connaît l'expansion la plus rapide au Congo. On le parle aussi au Congo-Brazzaville voisin.

Puisque nous en sommes à évoquer les pays voisins : le Congo n'en a pas moins de neuf. Dans le sens des aiguilles d'une montre, en commençant par l'océan, ce sont : le Congo-Brazzaville, la République centrafricaine, le Soudan, l'Ouganda, le Rwanda, le Burundi, la Tanzanie, la Zambie et l'Angola. A l'échelle mondiale, seuls le Brésil, la Russie et la Chine le surpassent, chacun de ces pays ayant dix à quatorze voisins. Cela complique les relations diplomatiques et le Congo n'a pas échappé à la règle, que ce soit à l'époque coloniale ou par la suite. Les différends frontaliers et les conflits territoriaux sont une constante depuis un siècle et demi, de même que certaines parties de la frontière entre la Russie et la Chine suscitent depuis longtemps des querelles.

Où commence l'Histoire ? Loin sur la mer, loin de la côte, et même longtemps avant la naissance de Nkasi. Il existe une fâcheuse tendance à faire commencer l'histoire du Congo à l'arrivée de Stanley dans les années 1870, comme si les habitants de l'Afrique centrale, errant tristement dans un présent immuable, perpétuel, avaient dû attendre la traversée d'un Blanc pour se libérer du piège à loups où les maintenait leur apathie préhistorique. L'Afrique centrale a certes connu une forte accélération entre 1870 et 1885, mais cela ne signifie pas qu'auparavant les habitants en étaient restés à l'état de nature. Ils n'avaient rien de fossiles vivants.

L'Afrique centrale était une région sans écriture, mais pas pour autant sans Histoire. Des centaines, que dis-je, des milliers d'années d'histoire humaine ont précédé l'arrivée des Européens. Le plus profond obscurantisme, s'il a jamais existé, résidait dans le regard que portaient les explorateurs blancs sur la région, plutôt que dans la région elle-même. Eh oui, l'obscurantisme aussi est *in the eye of the beholder*.

Pour illustrer le lointain passé, je m'aiderai de cinq diapositives virtuelles, cinq instantanés, en me demandant à quoi pouvait ressembler la vie d'un garçon de 12 ans, par exemple, à chacun de ces cinq moments. La première diapositive date de quelque quatre-vingt-dix mille années. La date est peut-être aléatoire, mais c'est la seule datation fiable dont nous disposons concernant les plus anciens vestiges archéologiques du Congo.

Il est tout de même curieux de subordonner l'histoire du Congo à un Européen. Jusqu'où l'eurocentrisme peut-il mener ! C'est en Afrique que la lignée de l'espèce humaine s'est séparée il y a cinq à sept millions d'années de celle des singes anthropoïdes. C'est en Afrique que l'homme a commencé à marcher debout il y a quatre millions d'années. C'est en

Afrique qu'il y a près de deux millions d'années les premiers outils en pierre savamment pensés ont été taillés. Et c'est en Afrique qu'il y a cent mille ans le comportement préhistorique complexe de notre espèce est né, un comportement caractérisé par des réseaux d'échange sur de longues distances, des outils ingénieux en pierre et en os, l'utilisation de l'ocre comme pigment, les premiers systèmes de calcul et autres formes de symbolique. Le Congo était un peu trop à l'ouest pour participer d'emblée à cette évolution, mais on a retrouvé dans bien des lieux des outils très primitifs et sans aucun doute très anciens, la plupart étant malheureusement mal datés. La région recelait également certains des bifaces les plus impressionnants de toute la préhistoire, des haches de pierre soigneusement façonnées mesurant jusqu'à quarante centimètres de long.

Donc remontons quatre-vingt-dix mille ans. Imaginons la rive d'un des quatre Grands Lacs à l'est, qui à présent porte le nom de lac Edouard. Notre garçon de 12 ans aurait pu être assis là, à l'endroit où la rivière Semliki sort du lac. Peut-être appartient-il à ce petit groupe d'hommes préhistoriques dont les restes ont été exhumés avec le plus grand soin dans les années 1990. Une fois par an, un groupe de chasseurs-cueilleurs venait dans ce lieu, à la période de frai du silure. Ce délicieux poisson aux barbillons inquiétants qui nage lentement peut facilement atteindre soixante-dix centimètres de long et peser plus de dix kilos. Il vit généralement au fond du lac, hors de portée des hommes. Au début de la saison des pluies, cependant, il vient frayer dans des eaux très peu profondes. Il possède même à cette fin un organe respiratoire supplémentaire, ce qui est pratique, mais dangereux : il y a quatre-vingt-dix mille ans, les hommes vivant près de ce lac taillent déjà dans de l'os des harpons, les plus anciens que l'on connaisse au monde – ailleurs ils ne datent que de vingt mille ans. Dans une côte ou l'os d'un membre, on façonne une pointe aux encoches et aux barbelures mortelles. Il est fort possible que, lorsqu'on est un garçon de 12 ans à l'époque, on apprenne à harponner un poisson aussi gros, ou une des nombreuses espèces plus petites. Il est aussi fort possible que l'on fouille la vase pour en extraire des dipneustes, des animaux ressemblant à des anguilles qui viennent au début de la saison sèche se nicher dans une petite cuvette peu profonde pour y passer les huit mois d'été. L'environnement est nettement plus sec qu'aujourd'hui, d'après ce que nous apprennent des recherches paléontologiques. Il y vit des éléphants, des zèbres et des phacochères, des espèces caractéristiques des grands espaces. La proximité de l'eau attire aussi des hippopotames, des crocodiles, des antilopes des marais et des loutres. Le vent souffle sur le lac, les buissons frémissent, un poisson, furieux, impuissant, frappe sa queue contre les rochers mouillés en se tordant de douleur. Au-dessus retentit la voix d'un garçon, appuyé sur son harpon : excitée, farouche et triomphante. Un instantané, rien de plus.

La deuxième diapositive : on est deux mille cinq cents ans avant le début de notre ère. Notre garçon de 12 ans est à l'époque un Pygmée vivant dans la dense forêt équatoriale. L'agriculture apparaîtra bien plus tard, mais il a sûrement dû goûter aux fruits du palmier à huile sauvage. Sous des rochers en surplomb dans la forêt de l'Ituri ont été découvertes des traces de très anciens habitants. Dans un désordre d'outils en pierre, on a retrouvé des noyaux de fruits de palmiers préhistoriques. Ces habitants de la forêt vivaient-ils ici ? Ou bien ne venaient-ils que sporadiquement ? On l'ignore. Les outils étaient en tout cas confectionnés à partir de quartz et de galets de rivière ramassés sur place. Le garçon de 12 ans appartient probablement à un petit groupe très mobile de chasseurs-cueilleurs qui doivent avoir une connaissance exceptionnelle de leur environnement. Ils chassent les singes, les antilopes et les porcs-épics, ils cueillent des noix et des fruits, ils creusent la terre pour chercher des tubercules et ils connaissent les plantes aux pouvoirs curatifs et hallucinogènes.

Ce monde-là n'est pas fermé non plus. Dès cette époque, des contacts existent avec l'extérieur. La pierre à feu et l'obsidienne s'échangent sur de grandes distances, dans un rayon de trois cents kilomètres parfois. Peut-être notre garçon de 12 ans est-il ce premier Congolais évoqué dans une source écrite. Peut-être l'a-t-on fait esclave, enlevé loin de la forêt, à travers la savane et le désert, pendant un trajet de plusieurs mois, pour arriver à un fleuve sur lequel il a dû naviguer et qui n'en finissait pas :

le Nil. Son accompagnateur est enchanté de sa capture : un Pygmée, la marchandise la plus rare et la plus précieuse qui soit. Son divin maître dans le Nord lui a envoyé une lettre sortant de l'ordinaire, qu'il fera plus tard graver dans la pierre : "Viens et rapporte le nain vivant, indemne et en bonne santé, ce nain que tu es allé chercher dans le pays des esprits, afin qu'il danse les danses sacrées pour le divertissement et la joie du pharaon Néferkarê. Prends garde qu'il ne tombe pas dans l'eau[3]." Ces hiéroglyphes sont gravés sur la tombe du chef de l'expédition, dans les rochers près d'Assouan, deux mille cinq cents ans avant notre ère. Le "pays des esprits" : c'est la première fois que le Congo apparaissait dans un texte.

Projection suivante, la troisième diapositive. Nous sommes environ cinq cents ans après le début de notre ère. En Europe, l'Empire romain d'Occident vient de s'effondrer. Un garçon de 12 ans au Congo vit alors une vie totalement différente de celle de son prédécesseur. C'en est fini de la vie de nomade, il est désormais plus ou moins sédentaire : il déménage non pas plusieurs fois par an, mais plusieurs fois en une vie. Vers deux mille ans avant notre ère, l'agriculture fait sa première apparition dans ce qui s'appelle aujourd'hui le Cameroun. Cette nouvelle source de nourriture stimule la croissance de la population. Et comme il s'agit d'une agriculture extensive, il faut chaque année défricher de nouveaux terrains. Lentement mais sûrement, une vie agraire se développe en Afrique. C'est le début de la migration bantoue. Il ne faut pas la concevoir comme un grand mouvement migratoire d'agriculteurs qui un beau jour ont plié bagage pour s'écrier, un millier de kilomètres plus loin : "Nous voici arrivés !" Un déplacement lent mais certain s'effectue vers le sud (au nord s'étend le Sahara). Au fil de trois millénaires, l'agriculture conquiert toute l'Afrique centrale et méridionale. Comme on l'a dit, jusqu'à aujourd'hui, les centaines de langues de cette immense région sont apparentées. Au Congo, les agriculteurs parlant le bantou ne craignent pas d'affronter la forêt. Ils pénètrent dans cette région, empruntant les rivières et les chemins tracés par les éléphants. Sur place, ils entrent en contact avec les habitants de la forêt, les Pygmées. Vers l'an 1000, toute la région est habitée.

La grande innovation en 500 est la banane plantain, un végétal d'origine incertaine mais succulent. Notre garçon de 12 ans a de la chance : les siècles précédents, on cultivait surtout des ignames, un tubercule nourrissant, riche en amidon, mais plutôt fade. Pour sa mère, qui cultive un petit champ, la banane plantain offre de grands avantages : contrairement à l'igname, elle n'attire pas les moustiques anophèles qui transmettent la malaria. La récolte est dix fois supérieure, la plante nécessite moins de soins et le sol s'épuise moins vite. Le père du garçon doit déjà à l'époque grimper dans des palmiers pour en récolter l'huile. Peut-être la famille élève-t-elle quelques poules et des chèvres, peut-être a-t-elle un chien. En outre, on pratique encore beaucoup la cueillette, la pêche et la chasse. Le fils rassemble sans doute des termites, des chenilles, des larves, des escargots, des champignons et du miel sauvage. Avec son père et d'autres hommes du village, il chasse les antilopes et les potamochères. Il pêche en posant des nasses ou en érigeant des barrages dans les petits cours d'eau. Il a, en somme, un régime extraordinairement varié. L'agriculture n'est à l'origine que de 40 % de son alimentation.

Le père de notre garçon de l'an 500 possède très probablement quelques outils en fer. Il s'agit là aussi d'une nouveauté à l'époque : la métallurgie dans la région n'en est qu'à ses balbutiements durant les premiers siècles de notre ère. Auparavant, on n'utilisait que des outils en pierre. Sa mère dispose certainement de pots en terre cuite. La poterie existe déjà depuis des siècles. La céramique et le métal sont des objets de luxe que ses parents ont obtenus par le troc et les échanges, tout comme les peaux précieuses d'animaux et les teintures rares.

La famille vit avec quelques autres familles dans un modeste village mais, entre les villages, il existe des formes de coopération. Avec le développement de l'agriculture, les liens familiaux s'étendent sur un plus vaste territoire. Peut-être chaque village a-t-il déjà un gong ou ce que l'on appelle un "tambour à fente", une section de tronc d'arbre évidée qui permet de faire entendre deux tons, un aigu et un grave ; on peut ainsi transmettre des messages sur une grande distance. Pas des vagues signaux de détresse, mais des messages très précis, des phrases entières, des petites nouvelles et des histoires. Si quelqu'un meurt, on tambourine le nom, le surnom et les condoléances aux alentours. Si une hutte a brûlé, un animal a été chassé ou un membre de la famille vient en visite, les villageois se communiquent l'information au rythme du tambour. Tôt le matin ou tard le soir, quand l'air est frais, on en entend le son à dix kilomètres à la ronde. Les villages lointains transmettent alors le message à leur tour à des villages encore plus éloignés. Les peuples de l'Afrique centrale n'ont jamais développé d'écriture, mais leur *langage tambouriné** était exceptionnellement ingénieux. Les informations n'étaient pas emmagasinées pour l'avenir, mais aussitôt diffusées à travers la région et partagées avec la communauté. Les explorateurs du XIXe siècle ne comprenaient pas que les villages où ils débarquaient soient déjà depuis longtemps au courant de leur arrivée. Quand ils apprenaient qu'un message tambouriné pouvait parcourir six cents kilomètres en vingt-quatre heures, ils parlaient en riant du *télégraphe de brousse**. Ils ne savaient pas que cette forme de communication était antérieure d'au moins mille cinq cents ans à l'invention du morse.

Diapositive suivante, plus de mille ans plus tard. Disons : 1560. L'Italie sous le charme de la Renaissance. Bruegel peint ses chefs-d'œuvre. La première tulipe aux Pays-Bas. Comment vit un garçon de 12 ans au Congo ? S'il est né dans la forêt, il habite certainement dans un plus grand village qu'auparavant, un village d'une dizaine de maisons et d'une centaine d'habitants, où un chef exerce son pouvoir. Sa puissance repose sur son nom, sa réputation, son honneur, son opulence et son charisme. Il est le seul autorisé à se parer de la peau et des crocs d'un léopard. Il doit diriger comme un père, sans jamais faire passer ses propres intérêts avant ceux de la communauté. Un certain nombre de ces villages se regroupent à l'époque pour former une sorte de cercle. Cela permet d'éviter les querelles à propos de terres agricoles et d'intervenir ensemble en cas d'intrusion.

S'il est né dans la savane, notre garçon constate que le système en est à l'étape suivante. Plusieurs cercles y constituent une région, dans certains cas même un royaume. C'est dans la savane au sud de la forêt équatoriale qu'à partir du XIVe siècle naissent de véritables Etats, comme celui du Kongo, du Lunda, du Luba et du Kuba. Les récoltes plus abondantes de produits agricoles permettent une telle expansion. Certains de ces Etats sont aussi grands que l'Irlande. Il s'agit de sociétés féodales hiérarchisées. Chacune a à sa tête un roi, sorte de chef de village suprême, le père de son peuple, le protecteur et le bienfaiteur de ses sujets. Il veille sur la communauté, consulte les anciens et règle les différends. On devine aisément la conséquence d'une telle construction politique : la personnalité du roi importe beaucoup. On peut bien ou mal tomber. Quand le pouvoir est aussi personnalisé, l'histoire devient maniaco-dépressive. Cette règle vaut tout particulièrement pour les royaumes dans la savane. Des périodes d'essor alternent rapidement avec des périodes de déclin. La succession au trône conduit presque toujours à une guerre civile.

Si notre garçon imaginaire grandit en aval du Congo, il est un sujet du royaume du Kongo, le plus connu des royaumes féodaux. La capitale s'appelle Mbanza-Kongo, aujourd'hui une ville située en Angola, un peu au sud de Matadi. En 1482, les sujets du royaume du Kongo sont témoins depuis le littoral d'un spectacle singulier : de grandes huttes semblent surgir de la mer, des huttes parées d'étoffes flottant au vent. Quand les bateaux à voile jettent l'ancre, la population sur la rive voit à l'intérieur des personnes à la peau blanche. Sans doute s'agit-il d'ancêtres qui vivent au fond de la mer, des sortes d'esprits des eaux. Ils portent des vêtements, bien plus qu'eux d'ailleurs, et leurs vêtements semblent faits de la peau de créatures marines inconnues. Le tout est des plus curieux. Les quantités d'étoffes inépuisables qu'ils ont apportées laissent supposer qu'ils ont surtout passé leur temps, là-bas sous la mer, à tisser[4].

Ce sont en fait des Portugais, qui à part du linge ont apporté des hosties. Le roi du Bakongo, Nzinga Kuwu, les autorise à laisser quatre missionnaires dans son royaume et envoie en échange quatre notables sur leurs bateaux. Quand ces derniers reviennent quelques années plus tard et racontent des histoires merveilleuses sur ce lointain Portugal, le roi brûle d'envie de connaître le secret des Européens. Il se fait baptiser en 1491 et prend le nom de Don João. Cependant, quelques années plus tard, déçu, il en revient à la polygamie et à la divination. Son fils, le prince Nzinga Mvemba, va en revanche devenir profondément chrétien et régner sur le royaume du Kongo pendant quatre décennies (1506-1543) sous son nom de baptême Affonso Ier. C'est une période de grande prospérité et de consolidation. Il appuie sa puissance sur le commerce avec les Portugais. Et quand les Portugais demandent des esclaves, il fait organiser des raids dans les régions voisines. Cette pratique existe depuis toujours, l'esclavage est un phénomène indigène : quand on a le pouvoir, on possède des gens. Mais sa coopération complaisante a un impact si favorable sur ses relations avec les Portugais qu'Affonso peut même envoyer en Europe un de ses fils, qui entre au séminaire et devient prêtre. Le fils en question, un certain Henrique, qui a alors 11 ans, apprend le portugais et le latin à Lisbonne, puis part pour Rome, où il est sacré évêque – le premier évêque noir de l'Histoire – avant de rentrer chez lui. Il est cependant de faible constitution et meurt quelques années plus tard.

La christianisation des terres du Kongo est alors prise en charge par des jésuites portugais et plus tard aussi par des capucins italiens. Une telle entreprise ne ressemble en rien à celle menée par les missionnaires du XIXe siècle. En l'occurrence, l'Eglise s'adresse expressément aux couches supérieures de la population. L'Eglise du XVIe siècle représente le pouvoir et la richesse, et l'élite du royaume du Kongo y est sensible. Les riches se font baptiser et s'octroient des titres de noblesse portugais. Certains apprennent même à lire et à écrire, bien qu'encore à l'époque une feuille de papier coûte un poulet, et un missel un esclave[5]. Mais on fait bâtir des églises et on brûle des fétiches. Là où la sorcellerie se manifeste, le christianisme doit triompher. A Mbanza-Kongo, la capitale, une cathédrale est érigée, mais ailleurs aussi des gouverneurs de province font construire de petites églises. Des couches plus larges de la population s'intéressent à cette nouvelle religion. Tandis que les prêtres chrétiens espèrent apporter la foi véritable, la population voit en eux la meilleure protection contre la sorcellerie. On se fait baptiser en grand nombre, non pas parce qu'on a renoncé à la sorcellerie, mais au contraire parce qu'on y croit dur comme fer ! Le crucifix, considéré comme le plus puissant fétiche pour chasser les mauvais esprits, devient très apprécié.

En l'an 1560, le royaume du Kongo connaît, après la mort d'Affonso, une crise profonde. Il est fort possible que notre garçon de 12 ans porte autour du cou un crucifix, un rosaire ou une médaille, et au besoin une amulette confectionnée par sa mère. Le christianisme ne chasse pas une religion plus ancienne, il fusionne avec elle. Des années plus tard, en 1704, alors que la cathédrale de Mbanza-Kongo n'est plus que ruines, une mystique noire locale vivra dans les lieux, prétendant que le Christ et la Madone appartiennent à la tribu Kongo[6]. Au milieu du XIXe siècle, des missionnaires qui voyagent en aval du Congo rencontrent beaucoup de gens qui s'appellent Ndodioko (de Don Diogo), Ndoluvualu (de Don Alvaro) et Ndonzwau (de Don João). Ils constatent aussi que des rituels sont pratiqués devant des crucifix vieux de trois siècles, qui entre-temps ont été garnis de coquillages et de cailloux et dont tout le monde affirme catégoriquement qu'ils sont d'origine indigène.

Vers 1560, en plus d'une petite amulette, notre garçon reçoit d'autres habitudes alimentaires. Le commerce atlantique introduit de nouvelles plantes dans sa région[7]. La fondation par les Portugais de leur propre colonie en 1575 sur la côte près de Luanda marque le début de changements rapides. Tout comme la pomme de terre commence sa marche vers l'Europe, le maïs et le manioc conquièrent en un rien de temps l'Afrique centrale. Le maïs pousse du Pérou au Mexique, le manioc vient du Brésil. En 1560, notre garçon de 12 ans mange sans doute essentiellement de la bouillie de sorgho, une céréale indigène. A partir de 1580, il se met à manger du manioc et du maïs. Le sorgho ne se récolte qu'une fois par an, mais le maïs deux fois et le manioc tout au long de l'année. Alors que le maïs prospère dans la savane sèche, le manioc amorce sa progression vers la forêt, plus humide. C'est une plante plus nourrissante et plus facile à cultiver que la banane plantain et l'igname. Les tubercules pourrissent rarement. Il suffit de dégager et de brûler un nouveau champ chaque année. L'agriculture sur brûlis voit le jour à cette époque[8]. Dans l'écuelle du garçon arrivent aussi, s'il est chanceux, des patates douces, des arachides et des haricots – qui constituent aujourd'hui encore les ingrédients de base de la cuisine congolaise. En quelques décennies, le régime alimentaire de l'Afrique centrale est radicalement bouleversé, grâce à la mondialisation initiée par les Portugais.

Le Congo n'a donc pas à attendre Stanley pour entrer dans l'Histoire. La région n'est pas vierge et le temps ne s'y est pas arrêté. A partir de 1500, elle participe au commerce mondial. Et même si la plupart des habitants de la forêt n'ont jamais été conscients d'un monde extérieur, ils mangent tous les jours des plantes provenant d'un autre continent.

Cinquième diapositive. Dernier instantané : nous sommes arrivés en 1780. Si notre garçon naît à cette époque, il est fort probable qu'il devienne une marchandise pour les négriers européens et se retrouve dans les plantations de canne à sucre au Brésil, aux Caraïbes ou dans le sud de ce qui deviendra plus tard les Etats-Unis. La traite atlantique des esclaves dure à peu près de 1500 à 1850. Toute la côte ouest de l'Afrique y participe, mais c'est dans la région proche de l'embouchure du fleuve Congo qu'elle est la plus intensive. D'une bande côtière de quatre cents kilomètres partent, d'après les estimations, quatre millions de personnes, soit environ le tiers du nombre total d'esclaves ayant fait l'objet de la traite atlantique. Dans les plantations de coton et de tabac de l'*American South*, pas moins d'un esclave sur quatre vient de l'Afrique équatoriale[9]. Les Portugais, les Britanniques, les Français et les Néerlandais sont les principaux négriers, mais cela ne veut pas dire qu'ils effectuent eux-mêmes des expéditions à l'intérieur des terres en Afrique.

A partir de 1780, l'augmentation de la demande d'esclaves aux Etats-Unis donne lieu à un trafic à bien plus grande échelle. Depuis 1700, entre quatre et six mille esclaves sont expédiés chaque année depuis la côte près de Loango au nord du fleuve Congo ; à partir de 1780, ce chiffre passe à quinze mille par an[10]. Cette escalade se fait sentir jusqu'au fin fond de la forêt équatoriale. Si notre garçon s'est fait enlever pendant un raid ou a été vendu par ses parents dans une période de famine, il se retrouve chez un important marchand sur le fleuve. On le fait monter dans un de ces énormes canoës d'une vingtaine de mètres de long, taillés dans un tronc d'arbre et capables de transporter de quarante à soixante-dix passagers. Sans doute est-il enchaîné. En plus des dizaines d'esclaves, le canoë doit acheminer de l'ivoire, cet autre produit de luxe provenant de la forêt équatoriale. Un Pygmée qui a tué un éléphant ne va évidemment pas vendre lui-même les deux défenses à un Britannique ou à un Hollandais. Le commerce passe par des intermédiaires. En sens inverse également : un tonnelet de poudre met facilement cinq ans pour arriver de la côte atlantique jusqu'à un village à l'intérieur des terres[11].

Le moment est venu de commencer le voyage vers l'aval. Il faut des mois de navigation sur le large fleuve brunâtre à travers la forêt vierge avant d'arriver à l'endroit où il devient impraticable. C'est là qu'est né le grand marché de Kinshasa, qui revêt une importance capitale. Les populations y affluent de toutes parts. On y entend les bêlements des chèvres, on y voit des étendoirs couverts de poissons séchés, des empilements de pains de manioc à côté de tissus provenant d'Europe. On y trouve même du sel ! On y crie, on y marchande, on y rit et on s'y dispute. Ce n'est pas encore une ville, mais l'activité y est débordante. Ici, le marchand venu de l'arrière-pays vendra son ivoire et ses esclaves au chef d'une caravane, qui les amènera ensuite à pied jusqu'à la côte, trois cents kilomètres plus loin. Ce n'est que là que notre garçon de 12 ans verra pour la première fois un Blanc. On mettra alors des jours à négocier son prix.

Nous ne savons pas comment se déroulait la traversée vers le Nouveau Monde. Mais un des rares témoignages d'esclaves, celui d'un esclave ouest-africain qui fut expédié par bateau vers le Brésil en 1840, en donne une idée :

> Nous fûmes jetés nus dans la cale du navire, les hommes regroupés d'un côté, les femmes de l'autre ; la cale était si basse que nous ne pouvions pas tenir debout et devions donc nous accroupir ou nous asseoir par terre ; le jour et la nuit ne faisaient aucune différence pour nous, il nous était impossible de dormir dans cet espace trop étroit, et

> la souffrance et la fatigue nous plongeaient dans le désespoir. […] Nous avons reçu pour toute nourriture pendant le voyage des céréales qu'on avait fait macérer puis cuire. […] Nous manquions cruellement d'eau. Nous avions droit à un demi-litre par jour, pas plus ; et beaucoup d'esclaves mouraient pendant la traversée. […] Quand l'un de nous se révoltait, on lui entaillait la chair et on étalait du poivre et du vinaigre sur les plaies[12].

La traite internationale des esclaves eut un immense impact sur l'Afrique centrale. Des régions furent désorganisées, des vies ravagées, des horizons déplacés. Mais la traite fut aussi à l'origine d'un commerce régional très actif le long du fleuve. Puisque de toute façon on transportait des esclaves et des défenses sur le fleuve Congo, mieux valait charger le plus possible les pirogues de marchandises moins luxueuses pour les vendre en chemin. On acheminait donc aussi du poisson, du manioc, du sucre de canne, de l'huile de palme, du vin de palme, du vin de canne à sucre, de la bière, du tabac, du raphia, des ouvrages de vannerie ou de sparterie, des poteries et du fer. Tous les jours étaient transportées sur le fleuve Congo, sur des distances de moins de deux cent cinquante kilomètres, jusqu'à quarante tonnes de manioc[13], la plupart du temps sous forme de pain, de *chịkwangue* : une bouillie de manioc cuite et habilement enveloppée dans une feuille de bananier. Un mets nourrissant, certes très lourd à digérer, mais pouvant se conserver longtemps et facile à transporter.

On ne saurait surestimer l'importance de ce commerce régional. Dans un monde de pêcheurs, d'agriculteurs et encore de chasseurs, une nouvelle catégorie de métiers apparut : les commerçants. Des personnes qui avaient de tout temps lancé leurs filets s'aperçurent qu'elles pouvaient attraper plus gros en naviguant. Les pêcheurs devinrent des vendeurs et les villages de pêcheurs se transformèrent en marchés. Des échanges avaient toujours eu lieu à petite échelle, mais le commerce devint un métier à part entière. Il permettait de bien gagner sa vie. D'aucuns achetaient des pirogues, des femmes, des esclaves, des mousquets et donc du pouvoir. Quand on possédait de la poudre, on avait son mot à dire. Le pouvoir traditionnel des chefs de tribu se mit à chanceler. Des formes de société ancestrales commencèrent à s'éroder. L'anarchie menaçait. Les liens politiques fondés sur le village et la famille furent supplantés par de nouvelles alliances économiques entre négociants. Même le royaume jadis si puissant du Kongo s'émietta totalement[14]. Un gigantesque vide politique s'installa. L'effervescence du commerce mondial provoquait, à l'intérieur des terres en Afrique, un chaos total.

Une histoire humaine de quatre-vingt-dix mille ans, une société de quatre-vingt-dix mille ans… Quelle formidable dynamique ! Pas un état de nature intemporel rempli de bons sauvages ou de barbares sanguinaires. Un lieu tel qu'en lui-même : avec son histoire, son mouvement, ses efforts pour endiguer les catastrophes qui en faisaient parfois naître de nouvelles, car le rêve et l'ombre sont de très grands camarades. Jamais il n'a connu l'immobilité, les grands bouleversements se sont succédé plus rapidement, c'est tout. A mesure que l'histoire s'accélérait, l'horizon s'est agrandi. Les chasseurs-cueilleurs avaient vécu en groupes d'une cinquantaine de personnes, peut-être, mais les tout premiers agriculteurs étaient regroupés en communautés de cinq cents individus. Quand ces communautés se développèrent pour former des Etats structurés, l'individu fut intégré dans un environnement réunissant des milliers ou même des dizaines de milliers de personnes. Le royaume du Kongo comptait à son apogée sans doute pas moins de cinq cent mille sujets. Mais la traite des esclaves pulvérisa ces liens plus étendus. Dans la forêt équatoriale, loin du fleuve, les gens continuaient à vivre toutefois dans de petites communautés fermées. C'était toujours le cas en 1870.

En mars 2010, quand j'ai achevé le manuscrit de cet ouvrage, j'ai réservé un vol pour Kinshasa. Je voulais retourner rendre visite à Nkasi, cette fois accompagné d'un cameraman. J'avais l'intention de lui apporter une belle chemise en soie, car on ne combat pas la misère seulement à l'aide de lait en poudre. Pendant la longue période d'écriture de ce livre, j'avais régulièrement appelé son neveu pour prendre des nouvelles de Nkasi. "*Il se porte toujours bien !* *" me répondait-il systématiquement d'un ton enjoué à l'autre bout du fil. Moins d'une semaine avant ma date butoir, cinq jours avant mon départ, j'ai rappelé. J'ai alors appris qu'il venait de mourir. Sa famille avait quitté Kinshasa pour inhumer le corps à Ntimansi, le village du Bas-Congo où il était né il y avait une éternité.

J'ai regardé par la fenêtre. Bruxelles vivait les derniers jours d'un hiver qui refusait de s'effacer. Et là, debout derrière ma fenêtre, je n'ai pas cessé de penser aux bananes qu'il avait glissées vers moi lors de notre première rencontre. "Tiens, mange." Un geste si chaleureux, dans un pays qui défraie tellement plus souvent la chronique pour sa corruption que pour sa générosité.

Et j'ai pensé à cet après-midi de décembre 2008. Après une longue conversation, Nkasi avait eu envie de se reposer un peu et j'avais engagé la conversation avec Marcel, un de ses petits-neveux. Nous étions assis dans la cour intérieure. Une quantité de linge était étendu à sécher et quelques femmes triaient des haricots secs. Marcel, coiffé d'une casquette de base-ball à l'envers, s'était carré dans un fauteuil de jardin en plastique. Il a commencé à parler de sa vie. Il avait été bon élève à l'école, mais devait à présent faire du *marché ambulant**. Il était au nombre de ces jeunes qui par milliers sillonnent la ville toute la journée pour vendre quelques articles : un pantalon, deux paires de baskets, quatre ceintures, une carte du pays. Parfois, il ne vendait que deux paires de baskets par jour, un chiffre d'affaires de moins de quatre dollars. Marcel avait soupiré. "Je veux simplement que mes trois enfants puissent faire des études", a-t-il dit, "moi ça me plaisait tellement, surtout la littérature." Et pour le prouver, il s'est mis à réciter de sa voix grave *Le Souffle des ancêtres**, le long poème du Sénégalais Birago Diop. Il en connaissait par cœur de longs passages.

"Ecoute plus souvent
Les choses que les êtres,
La voix du feu s'entend
Entends la voix de l'eau
Ecoute dans le vent
Le buisson en sanglot :
C'est le souffle des ancêtres.

Ceux qui sont morts ne sont jamais partis
Ils sont dans l'ombre qui s'éclaire
Et dans l'ombre qui s'épaissit,
Les morts ne sont pas sous la terre
Ils sont dans l'arbre qui frémit,
Ils sont dans le bois qui gémit,
Ils sont dans l'eau qui coule,
Ils sont dans l'eau qui dort,
Ils sont dans la case, ils sont dans la foule
Les morts ne sont pas morts."

L'hiver sur les toits de Bruxelles. La nouvelle que je viens d'apprendre. Sa voix que j'entends encore. "Tiens, mange, allez."

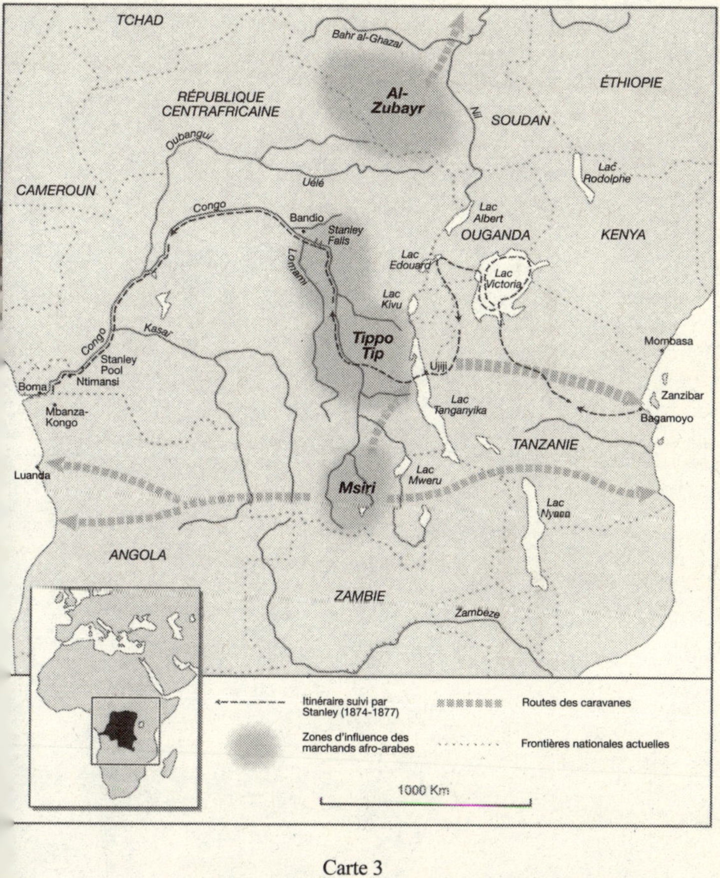

Carte 3
L'Afrique centrale au milieu du XIXe siècle

1

NOUVEAUX ESPRITS

L'AFRIQUE CENTRALE ÉVEILLE L'INTÉRÊT DE L'ORIENT ET DE L'OCCIDENT 1870-1885

Nul ne sait précisément quand Disasi Makulo est venu au monde. Il ne le savait d'ailleurs pas lui-même. "Je suis né à l'époque où l'homme blanc n'était pas encore arrivé dans notre région", devait-il raconter bien des années plus tard à ses enfants. "En ce temps-là, on ne savait pas qu'il existait dans ce monde des êtres humains ayant une peau différente de la nôtre[1]." Ce devait être dans les années 1870-1872. Il est mort en 1941. Peu avant il avait dicté l'histoire de sa vie à l'un de ses fils. Elle ne serait publiée que dans les années 1980, deux fois même, à Kinshasa et à Kisangani, alors que le Zaïre, le nom du Congo à l'époque, était pour ainsi dire en pleine banqueroute. Ces publications ont connu un modeste succès, le tirage et la diffusion étaient limités. Dommage, car le récit de la vie de Disasi Makulo est particulièrement rocambolesque. Il n'y a pas de meilleur guide que lui pour comprendre le dernier quart du XIXe siècle en Afrique centrale.

Disasi savait en revanche très bien où il était né : le village de Bandio. Fils d'Asalo et de Boheheli, il appartenait à la tribu Turumbu. Bandio était situé dans la région de Basoko, l'actuelle Province orientale. En plein cœur de la forêt équatoriale. Quand on prend le bateau de Kinshasa pour se rendre à Kisangani, un trajet de plusieurs semaines en remontant le fleuve Congo, on passe, quelques jours avant l'arrivée, à côté d'un village important : Basoko. Il est à bâbord, sur la rive nord, au confluent avec l'Aruwimi, un des principaux affluents du Congo. Bandio est à l'est de Basoko, un peu en retrait du fleuve.

Ses parents n'étaient pas pêcheurs, ils vivaient dans la forêt équatoriale. Sa mère cultivait le manioc. Elle fouillait la terre de sa bêche ou de sa houe pour arracher les épais tubercules. Elle les faisait sécher au soleil puis les broyait pour en obtenir de la farine. Son père récoltait de l'huile de palme. Avec sa machette, il grimpait en haut de palmiers pour détacher les régimes de fruits charnus. Ensuite il pressait ces régimes pour en extraire ce magnifique jus orange foncé, sorte de cuivre liquide qui de mémoire d'homme avait fait la richesse de la région. Il vendait cette huile de palme aux pêcheurs le long du fleuve. Depuis des siècles, il existait des échanges entre les riverains et les habitants de la forêt. Les uns avaient du poisson à foison, les autres de l'huile de palme, du manioc et des bananes plantains. Cela assurait une alimentation équilibrée. Le poisson, riche en protéines, était emporté dans la forêt équatoriale, les plantes riches en fécule et la graisse végétale étaient laissées sur la rive.

Bandio était un monde plutôt fermé. Le rayon d'action d'une vie humaine se limitait à quelques dizaines de kilomètres. Pour assister à un mariage ou régler un problème d'héritage, on se déplaçait vers un autre village mais, dans l'ensemble, les habitants quittaient rarement leur région, voire jamais. Ils mouraient là où ils étaient nés. Quand Disasi Makulo a poussé son premier cri, en venant au monde, pas un seul villageois de Bandio ne connaissait le vaste monde. Ils ignoraient totalement qu'à un millier de kilomètres à l'ouest, au bord de l'océan Atlantique, étaient encore installés des Portugais. Ils ne savaient même pas qu'il existait un océan. L'Angola, la colonie des Portugais, avait perdu beaucoup de son éclat, tout comme le Portugal d'ailleurs, mais le portugais restait la principale langue commerciale sur la côte au sud de l'embouchure du Congo, pour les Africains également. Ils ne savaient pas davantage que, près de l'embouchure et en aval du fleuve, les Britanniques avaient pris la relève des Portugais depuis le XVIIIe siècle. Jamais au grand jamais ils n'auraient pu se douter que des Néerlandais et des Français étaient aussi venus s'installer, car aucun de ces Européens ne se rendait dans l'intérieur des terres. Ils restaient sur la côte et dans le proche arrière-pays et attendaient que les caravanes, menées par les commerçants africains, viennent leur proposer des marchandises provenant de l'intérieur des terres :

essentiellement de l'ivoire, mais aussi de l'huile de palme, des arachides, du café, de l'écorce de baobab et des teintures comme l'orseille et le copal. Et des esclaves. En effet, même si à l'époque on avait commencé à interdire la traite partout en Occident, elle s'est poursuivie encore longtemps dans la clandestinité. Les Occidentaux proposaient en contrepartie des étoffes précieuses, des morceaux de cuivre, de la poudre, des mousquets, des perles rouges ou bleues ou des coquillages rares. Cette dernière monnaie d'échange n'avait rien d'un attrape-nigaud. Il s'agissait, comme dans le cas de monnaies officielles, de marchandises de grande valeur faciles à transporter et à compter et impossibles à falsifier. Mais Bandio était trop éloigné pour qu'on y remarque grand-chose. Quand un de ces coquillages blancs et brillants ou un collier de perles apparaissait dans leur contrée, personne ne savait très bien d'où il venait.

Les gens du village où Disasi venait de naître ne savaient peut-être rien des Européens sur la côte ouest, mais ils étaient encore moins au courant, si tant est que ce fût possible, des grands bouleversements qui se produisaient à un millier de kilomètres à l'est ou au nord. A partir de 1850, la forêt équatoriale de l'Afrique centrale avait suscité l'intérêt des commerçants non seulement de l'île de Zanzibar, mais aussi de la côte est de l'Afrique (dans l'actuelle Tanzanie), et même jusqu'en Egypte, à deux mille kilomètres de là. Leur intérêt était éveillé par une matière première naturelle appréciée depuis des siècles partout dans le monde et considérée comme un produit de luxe pour la fabrication de tablettes chinoises signalant le statut social, de figurines indiennes et de reliquaires du Moyen Age : l'ivoire. Dans l'intérieur des terres en Afrique, on en trouvait d'excellente qualité en grandes quantités. Les défenses des éléphants africains donnaient les pièces d'ivoire les plus grandes et les plus pures du monde, pesant jusqu'à soixante kilos ou davantage. Contrairement aux éléphants d'Asie, à l'époque déjà rares, les femelles en Afrique avaient aussi des défenses. Vers le milieu du XIXe siècle, cette réserve en apparence inépuisable fit l'objet d'une exploitation de plus en plus intense.

Dans le nord-est de ce qui devait s'appeler plus tard le Congo, là où la forêt équatoriale se transforme en savane, les négociants venaient de la vallée du Nil : des Soudanais, des Nubiens et même des coptes égyptiens. Ils avaient des clients jusqu'au Caire. Ils voyageaient vers le sud en passant par le Darfour ou Khartoum. Les esclaves et l'ivoire, obtenus essentiellement par des razzias et des parties de chasse, étaient les principaux produits d'exportation. A partir de 1856, ce commerce tomba peu à peu entre les mains d'un seul homme : Al-Zubayr, un puissant négociant dont l'empire s'étendait en 1880 du Nord-Congo jusqu'au Darfour. Officiellement, le domaine couvert par ses activités commerciales était une province d'Egypte ; dans la pratique il formait un véritable royaume. L'influence arabe se propageait jusqu'au sud du Soudan.

Cependant, ce fut surtout Zanzibar, une petite île de rien du tout dans l'océan Indien au large de la côte de ce qui s'appelle aujourd'hui la Tanzanie, qui joua un rôle capital. En 1832, l'installation sur l'île du sultan d'Oman, qui souhaitait contrôler la circulation des marchandises dans l'océan Indien, fut lourde de conséquences pour l'Afrique de l'Est. Zanzibar, qui avait pour toute richesse des noix de coco et des clous de girofle, devint la plaque tournante mondiale de l'ivoire et des esclaves. L'île exportait vers la péninsule arabique, le Moyen-Orient, le sous-continent indien et la Chine.

En l'an 1870, les villageois de Bandio n'en remarquaient encore rien. Toutefois, comme les commerçants de Zanzibar disposaient d'excellentes armes à feu, ils s'aventuraient de plus en plus loin à l'intérieur des terres, plus loin que les Européens ne l'avaient jamais fait à l'ouest. Certains d'entre eux étaient purement arabes, d'autres avaient aussi du sang africain. Il s'agissait souvent d'Africains qui adhéraient à l'islam. On parle à présent des négociants afro-arabes ou swahilo-arabes ; au XIXe siècle, on les appelait les arabisés. Le swahili, une langue bantoue utilisant de nombreux mots empruntés à l'arabe, se propagea de là jusqu'à l'ensemble de l'Afrique orientale. A partir de 1850, d'imposantes caravanes partirent de Zanzibar et du site côtier de Bagamoyo en direction de l'ouest, pour aller jusqu'aux rives du lac Tanganyika, huit cents kilomètres plus loin. La petite ville d'Ujiji, où Stanley "trouvera" Livingstone en 1871, devint un important comptoir commercial. De l'autre côté du lac, on pénétrait encore plus loin dans les terres, dans la région qui s'appelle aujourd'hui le Congo. Et tout comme pour le royaume d'Al-Zubayr, des sphères d'influence économique devinrent là aussi des entités politiques. Dans le sud-est du Katanga, Msiri, un négociant originaire de la côte est de l'Afrique, allait absorber un royaume existant : l'ancien royaume de Lunda, qui s'était fragilisé. De 1856 à 1891, il domina en souverain cette région riche en cuivre et contrôla les voies commerciales vers l'est. C'est ainsi qu'un intérêt à l'origine purement mercantile se compléta par une facette politique.

Un peu plus au nord opérait le tristement célèbre marchand d'esclaves Tippo Tip. Descendant d'une famille afro-arabe de Zanzibar, il dépendait directement du sultan, mais devint rapidement l'homme le plus puissant de tout l'est du Congo. Son autorité s'exerçait sur une zone s'étendant entre les Grands Lacs à l'est et le cours supérieur du Congo (que l'on appelle aussi Lualaba dans la région), à trois cents kilomètres à l'ouest. Le pouvoir de Tippo Tip ne reposait pas seulement sur son sens exceptionnel des affaires, mais aussi sur la force. Au début, il obtint ses marchandises de luxe – esclaves et ivoire – en tissant des liens d'amitié : comme les autres Zanzibarais, il concluait des alliances avec des chefs locaux pour pratiquer le troc. Un certain nombre de ces chefs devinrent les vassaux des négociants afro-arabes. A partir de 1870, la situation changea. A mesure que les tonnes d'ivoire affluaient vers l'est, les trafiquants d'esclaves comme Tippo Tip devenaient plus puissants et plus riches. En définitive, il s'avéra bien plus rentable de piller des villages entiers que d'acheter quelques défenses et quelques adolescents. Pourquoi discuter pendant des journées entières avec le chef de village local et ingurgiter des quantités de vin de palme tiède que vous interdisait votre religion alors que vous pouviez tout aussi facilement réduire en cendres son village ? Cela permettait d'obtenir, en plus de l'ivoire, des esclaves supplémentaires pour transporter l'ivoire. Le *raiding* prit le pas sur le *trading*, le pillage sur la négociation, les armes à feu avaient le dernier mot. Le nom de Tippo Tip faisait frémir une région aussi grande que la moitié de l'Europe. Ce n'était d'ailleurs pas son vrai nom (il s'appelait Hamed ben Mohammed el-Murjebi), mais sans doute une onomatopée reproduisant le bruit de son fusil.

A Bandio, le village de Disasi Makulo, on n'avait encore jamais entendu parler de lui. La scène était encore vide, le monde encore vert foncé. A gauche et à droite dans les coulisses, les négociants étrangers – les Européens chrétiens et les Afro-Arabes musulmans – se tenaient prêts à faire une percée jusqu'au cœur de l'Afrique centrale. Une telle initiative n'était possible que parce que les structures du pouvoir à l'intérieur des terres s'étaient décomposées, entre autres, du fait de la traite européenne des esclaves durant les siècles précédents. Il ne restait plus grand-chose des royaumes indigènes jadis si puissants et, dans la forêt vierge, les structures sociales avaient toujours été plus simples que dans la savane. Le vide politique à l'intérieur des terres ouvrait donc à l'étranger de nouvelles perspectives économiques. Pour utiliser la formulation la plus sympathique. En réalité s'annonçait une période d'anarchie administrative, de rapacité et de violence. Mais pas pour l'instant. Le petit Disasi, attaché contre le dos de sa mère, dormait, la joue posée contre son omoplate. Le vent bruissait à travers les arbres. Après un orage, la forêt équatoriale s'égouttait pendant des heures.

"Un jour quelques riverains étaient venus rendre visite à mes parents." C'est ainsi que commence le plus vieux souvenir de Disasi Makulo. Il devait avoir 5 ou 6 ans à l'époque. Ils leur firent un récit très étrange. "Ils racontèrent qu'ils avaient vu quelque chose de bizarre, un fantôme peut-être, sur le fleuve. «Nous avons vu, disaient-ils, une grande pirogue mystérieuse qui marche toute seule. Dans cette pirogue se trouve un homme tout à fait blanc comme un albinos, entièrement vêtu, on ne voit que la tête et les bras. Il a avec lui quelques hommes noirs.»[2]"

En plus des poissons et de l'huile de palme, les riverains et les habitants de la forêt équatoriale échangeaient des informations. Il arrivait souvent que les gens du fleuve racontent de curieuses histoires – tout ce qu'ils apprenaient des pêcheurs et des commerçants venus d'ailleurs ! –, mais cette nouvelle paraissait très singulière. Ils n'en avaient de surcroît jamais eu écho. L'albinos habillé de la tête aux pieds que les riverains avaient vu n'était autre que Henry Morton Stanley. Les quelques Noirs étaient ses porteurs et ses aides de Zanzibar. La grande pirogue mystérieuse était le *Lady Alice*, son bateau en acier de huit mètres de long. Quand Stanley avait retrouvé en 1871 sur la rive du lac Tanganyika le prétendu médecin, missionnaire et explorateur Livingstone, qui était perdu, il s'était lancé de 1874 à 1877, à la demande des journaux pour lesquels il travaillait, le *New York Herald* et le *Daily Telegraph*, dans ce qui allait devenir la plus extraordinaire des expéditions : la traversée de l'Afrique centrale d'est en ouest, un voyage vertigineux à travers des marécages où guettait la fièvre des marais, des régions où vivaient des tribus hostiles et où sévissaient d'impitoyables rapides.

Vers le milieu du siècle, une frénésie de découvertes s'était emparée de l'Europe. Les journaux et les sociétés savantes passionnées de géographie mettaient au défi les aventuriers d'aller explorer les massifs montagneux, de décrire les cours d'eau et de cartographier les forêts vierges. Une sorte de fascination mythique existait pour "les sources" des rivières et des fleuves, en particulier celles du Nil. En 1871, peu de temps avant de rencontrer Stanley, le Britannique David Livingstone avait découvert le Lualaba, un large fleuve dans l'est du Congo sur lequel il était encore impossible de naviguer, qui coulait vers le nord et qui aurait pu être le cours supérieur du Nil. En 1875 cependant, Lovett Cameron, un compatriote présent sur les rives du même fleuve, se dit que le cours d'eau pouvait obliquer vers l'ouest et être en fait le fleuve Congo, dont on connaissait l'embouchure sur l'océan Atlantique des milliers de kilomètres plus loin. Mais aucun d'eux ne parvint à suivre le fleuve. Stanley, lui, y parvint.

En 1874, il partit de Zanzibar avec sa caravane. Pour plus de sûreté, il emporta son propre bateau. Le *Lady Alice* était démontable comme un jeu de Meccano. Ce qui permettait à ses porteurs de s'en sortir. Curieux spectacle sans doute que cette longue caravane parcourant l'ouest de l'Afrique sous la chaleur torride de la savane, à des centaines de kilomètres d'un cours d'eau navigable, avec tout à l'arrière vingt-quatre porteurs qui coltinaient les plaques brillantes aussi hautes qu'eux d'une coque en acier d'un autre monde.

Stanley soumit le lac Victoria et le lac Tanganyika à une exploration scrupuleuse. Il partit ensuite en direction de l'ouest et atteignit en 1876 la région du redouté Tippo Tip dont il fit la connaissance et qui s'avéra courtois. Il conclut avec lui un accord. En échange d'un généreux dédommagement, Tippo Tip et ses hommes l'accompagneraient en direction du nord sur une partie du chemin, le long des rives du Lualaba. On qualifierait aujourd'hui une telle situation de gagnant-gagnant : Stanley bénéficiait de la protection de Tippo Tip, et Tippo Tip pouvait pénétrer dans de nouveaux territoires découverts avec Stanley.

Le système fonctionna, même si la présence du tristement célèbre négrier à la suite de Stanley suscitait bien des inquiétudes au sein de la population. Comme personne ne savait ce qu'était un explorateur, on prenait Stanley pour un énième marchand. Plus d'une fois une pluie de lances et de flèches empoisonnées s'abattit sur eux, plus d'une fois il y eut des morts. Bien que Stanley en ait souvent exagéré le nombre dans ses écrits (ce qui fit du tort à sa réputation), la fréquence des accrochages montre à quel point la traite arabe des esclaves avait totalement disloqué la région. Après une succession de cataractes, le fleuve devenait navigable et déviait vers l'ouest. Stanley appela le lieu Stanley Falls (qui deviendrait plus tard Stanleyville et plus tard encore Kisangani). Il prit congé de Tippo Tip et, accompagné par quelques pirogues traditionnelles, il s'enfonça plus loin dans une région où nul marchand européen ou afro-arabe ne s'était jamais aventuré.

Le 1er février 1877, à deux heures de l'après-midi, il traversa la région où vivaient les amis des parents de Disasi Makulo. Les riverains avaient été avertis de son arrivée à coups de gong et s'y étaient dûment préparés[3]. Une flotte de guerre de quarante-cinq longs canoës fabriqués dans des troncs d'arbres, avec chacun cent hommes à bord, fonça sur la flottille de Stanley. Il consigna l'événement par écrit : “Dans ces régions sauvages, notre présence ne suscite que furieuse haine et envie de meurtre, tout comme en eau peu profonde une embarcation fait remonter des sédiments boueux.” Ce fut une des confrontations militaires les plus impressionnantes de son voyage. Des centaines de bras musclés pagayaient simultanément. Les pirogues fondirent sur le *Lady Alice* pour l’encercler. A la proue, des guerriers à la tête parée de plumes se tenaient prêts, avec leurs lances. A l’arrière étaient assis les plus anciens du village. Les tambours et les trompes faisaient un bruit assourdissant. “C’est un monde assoiffé de sang”, écrivit Stanley, “et pour la première fois nous ressentons de la haine pour les répugnants et avides nécrophages de ces contrées[4].” Une première pluie de lances fut aussitôt suivie par un feu nourri. Stanley se fraya un chemin vers la rive. Une fois à terre, il aperçut des entassements de défenses d’éléphant et vit des crânes humains fichés sur des piques dans les villages. A cinq heures de l’après-midi, il était reparti.

L’incident parut isolé, une horrible apparition, une épiphanie inexplicable. Le calme revint, du moins c’est ce que crurent les villageois. Mais le passage de ces bateaux allait changer leur vie, et sans aucun doute celle de Disasi Makulo.

Une semaine plus tard, Stanley demanda pour la énième fois à un indigène sur la rive comment s’appelait le fleuve. Pour la première fois, il entendit : “*Ikuti ya Congo*” (“C’est le Congo”)[5]. Une réponse simple qui le remplit de joie : il était désormais certain qu’il n’allait pas arriver aux pyramides de Gizeh, mais à l’océan Atlantique. Peu à peu, il vit aussi apparaître les premiers mousquets portugais. Le nombre de riverains diminuait, mais la faim, la chaleur, la maladie, la fièvre et les rapides prélevèrent un lourd tribut lors de cette traversée de l’Afrique centrale.

Le 9 août 1877, plus de six mois après être passé dans la région de Disasi, un Blanc épuisé et décharné s’évanouit à l’extrême ouest de cette immense région, près de l’océan Atlantique, à quelques kilomètres du comptoir commercial assoupi de Boma. Nul ne savait que cette loque humaine affamée était le premier Européen qui venait de traverser en bateau tout le Congo. Des quatre Blancs qui avaient entrepris le voyage avec lui, Stanley fut le seul à s'en sortir vivant. Sur les 224 membres de l'expédition, 92 seulement parvinrent à atteindre la côte ouest de l'Afrique. Ce voyage héroïque eut cependant des conséquences radicales : en trois ans, de 1874 à 1877, Stanley avait sillonné et cartographié deux lacs gigantesques, le lac Victoria et le Tanganyika, il avait démêlé l'hydrologie complexe du Nil et du Congo et déterminé la ligne de partage des eaux entre les deux plus grands fleuves d'Afrique, il avait cartographié avec précision le cours du Congo et s'était frayé un chemin à travers l'Afrique équatoriale[6]. Le monde ne serait plus jamais le même. Aujourd'hui, on associe le nom de Stanley à une seule petite phrase maladroite – "*Doctor Livingstone, I presume ?*" – avec laquelle il s'est efforcé de respecter dans les tropiques le sens du décorum de l'époque victorienne, plutôt qu'à sa prestation bien plus impressionnante, qui allait changer pour toujours la vie de centaines de milliers d'autochtones en Afrique centrale.

Les habitants de la région de Disasi Makulo crurent avoir vu un fantôme. Ils ne pouvaient pas savoir qu'à des milliers de kilomètres au nord existait un continent froid et pluvieux où, durant le siècle précédent, un phénomène aussi banal que l'eau bouillante avait changé le cours de l'histoire. Ils n'avaient pas connaissance de la révolution industrielle qui avait modifié l'aspect de l'Europe. Ils ignoraient qu'une société essentiellement agricole comme la leur était maintenant dotée de mines de charbon, de cheminées d'usine, de trains à vapeur, de banlieues, de lampes à incandescence et de socialistes. Les découvertes et les inventions pleuvaient en Europe, mais l'Afrique centrale n'en sentait pas la moindre goutte. Il aurait fallu un long après-midi pour leur expliquer ce qu'était un train.

Les habitants d'Afrique centrale ne pouvaient pas se douter que cette industrialisation déclenchée par la vapeur allait transformer non seulement l'Europe, mais le monde entier. Le développement de l'industrie entraînait une augmentation de la production, une multiplication des marchandises et par conséquent une intensification de la concurrence pour trouver des débouchés et des matières premières. Les cercles à l'intérieur desquels une usine européenne achetait et vendait ne cessaient de s'élargir. Le régional devint national, et le national mondial. Le marché mondial connaissait une expansion sans précédent. Vers 1885, sur les destinations lointaines, les bateaux à vapeur évincèrent les voiliers. Une famille fortunée de Liverpool buvait du thé de Ceylan. A Worcester, on fabriquait en quantités industrielles une sauce faite à base d'ingrédients provenant d'Inde. Les navires néerlandais transportaient des presses à Java. Et en Afrique du Sud on élevait spécialement des autruches parce que les dames de Paris, Londres et New York tenaient absolument à se promener avec de grandes plumes flottant au-dessus de leur tête. Le monde rapetissait, le temps s'accélérait. Et le pouls agité de cette nouvelle ère battait partout dans les bureaux, les guichets des gares, les postes de douane dans le cliquètement nerveux du télégraphe.

L'industrialisation a sans aucun doute contribué à l'expansionnisme des puissances européennes. Dans les contrées éloignées, on trouvait des matières premières bon marché et, avec un peu de chance, même de nouveaux clients. Mais elle n'engendra pas tout de suite la colonisation. Quand on ne jure que par le libre-échange (ce qui était le cas de tous les industriels de l'époque), on ne s'intéresse pas à une approche aussi protectionniste que la possession d'un territoire outre-mer. L'industrialisation à elle seule ne peut expliquer l'avènement du colonialisme. Sur un plan strictement commercial, une colonie n'était pas même nécessaire. On aurait pu continuer un certain temps, en Afrique centrale, à troquer des balles de coton contre des défenses d'éléphant. Non, il fallait un autre facteur pour provoquer la fièvre coloniale : le nationalisme.

La rivalité entre les Etats-nations européens fut ce qui les incita, à partir de 1850, à se précipiter sur le reste du monde. L'amour de la patrie suscita une soif de pouvoir qui, à son tour, déclencha une avidité territoriale. L'Italie et l'Allemagne, qui venaient chacune de s'unifier, jugèrent que des possessions outre-mer correspondaient au nouveau statut qu'elles avaient obtenu. La France, qui avait subi face aux Prussiens une humiliante défaite en 1870, tentait de redorer son blason par ses aventures coloniales à l'étranger, en particulier en Asie et en Afrique de l'Ouest. L'Angleterre tirait une grande fierté de sa marine qui, ignorant les défaites depuis des décennies, régnait sur les mers du monde entier, et de son *empire* qui s'étendait sur tout le globe, des Indes occidentales à la Nouvelle-Zélande. La fière Russie du tsar, qui cherchait aussi à s'étendre, jeta son dévolu sur les Balkans, la Perse, l'Afghanistan, la Mandchourie et la Corée.

En Asie, cette lutte acharnée se manifesta plus vite qu'en Afrique. Les Européens connaissaient la région depuis bien plus longtemps et savaient qu'il était possible d'y faire des affaires juteuses (ce dont ils n'étaient pas si sûrs pour l'Afrique). Lorsque Disasi vit un Blanc pour la première fois en la personne de Stanley, les Britanniques contrôlaient déjà tout le sous-continent indien, ainsi que des prolongements jusqu'au Baloutchistan à l'ouest et jusqu'en Birmanie à l'est. Au sud-est de la région, les Français avaient obtenu l'Indochine, qui correspondait au Laos, au Vietnam et au Cambodge actuels. Les Néerlandais dominaient depuis déjà plus de deux siècles l'immense archipel qui s'appellerait plus tard l'Indonésie. Les Philippines étaient aux mains des Espagnols, mais deviendraient ultérieurement un territoire américain. Ainsi, les Etats-Unis, un ensemble récemment fusionné d'anciennes colonies ayant appartenu à la France et à l'Angleterre, se transformaient eux-mêmes en puissance coloniale. La Chine et le Japon résistaient de tous côtés à la pression des colonisateurs occidentaux, mais durent conclure avec beaucoup de réticences des traités sur des tarifs commerciaux, des concessions, des sphères d'influence et des protectorats. La mondialisation qui s'était amorcée au XVIe siècle s'accéléra à partir de 1850 de manière décisive. Cette combinaison d'industrialisation et de nationalisme fut ce qui allait aboutir à ce colonialisme caractéristique du XIXe siècle.

C'est aussi ce qui se passa pour l'Afrique centrale. Au début, les Européens s'intéressaient à la région essentiellement pour des raisons commerciales. Jusqu'en 1880, personne n'avait vraiment envie de faire évoluer des activités économiques vers une présence politique. Il n'était pas question de colonies. Sans la montée de rivalités nationales en Europe, de grandes parties de l'Afrique centrale seraient tombées selon toutes probabilités dans la sphère d'influence politique de l'Egypte et de Zanzibar[7]. Ce processus était déjà en cours. Dans l'Est, Tippo Tip et Msiri étaient à la tête de royaumes qui dépendaient du sultan de Zanzibar. Plus au nord, Al-Zubayr régnait sur une grande région qui officiellement était une province du khédive d'Egypte. En somme, rien n'annonçait la naissance du Congo. La situation aurait très bien pu évoluer autrement. La région n'était pas destinée à devenir un seul et unique pays. Il n'était pas prévu que Disasi devienne un jour le compatriote de Nkasi, le très vieil homme que j'ai rencontré à Kinshasa. Ces deux garçons n'avaient peut-être pas même dix ans de différence, mais l'un vivait dans la forêt équatoriale et l'autre en aval du fleuve Congo, à environ mille deux cents kilomètres de distance. Ils parlaient des langues différentes, ils avaient des coutumes différentes et ne savaient pour ainsi dire rien de leurs cultures respectives. S'ils sont devenus malgré tout des compatriotes, ils ne le doivent ni à eux-mêmes ni à leurs parents, mais à la jalousie régnant dans ce continent fou de l'hémisphère Nord qu'ils ne connaissaient pas.

Non, les contemporains de ces deux enfants ne pouvaient pas savoir qu'en Europe la jalousie prenait souvent le dessus. Et que c'est justement pour cette raison que les grands pays s'étaient mis d'accord en 1830 pour la création d'un nouvel Etat minuscule. La Belgique, car ainsi s'appelait ce micro-Etat, s'était arrachée au royaume uni des Pays-Bas après un *mariage de raison** de quinze ans et pouvait encore servir d'Etat tampon entre l'ambitieuse Prusse, la puissante France et la fière Angleterre. Peut-être pouvait-elle contenir un tant soit peu la jalousie réciproque entre ces pays. Tel avait été le raisonnement en 1815, après la bataille de Waterloo. La région avait servi pendant des siècles de champ de bataille pour les forces armées européennes, à présent elle devait devenir une zone neutre pour favoriser la paix. En 1830, la Belgique avait proclamé son indépendance. Un grand pas en avant pour les Belges, un pas insignifiant pour l'humanité. En Afrique centrale, cela n'empêchait personne de dormir la nuit.

D'ailleurs, personne n'en avait jamais entendu parler. Personne ne pouvait se douter que le premier roi de ce petit pays aurait un fils qui ferait preuve d'une ambition démesurée. Le père, un prince mélancolique tôt devenu veuf, s'était empressé d'accepter la royauté. Mais son insatiable fils, qui devint Léopold II, ne se satisfaisait manifestement pas du petit territoire sur lequel il était autorisé à régner. "*Il faut à la Belgique une colonie**", fit-il ciseler, à 24 ans, sur un presse-papier destiné au ministre des Finances. Où exactement ? Peu importait, à vrai dire. Avant même de monter sur le trône, il porta son regard, entre autres, sur le Limbourg néerlandais, Constantinople, Bornéo, Sumatra, Formose (Taïwan), le Tonkin (Vietnam), des régions de la Chine ou du Japon, les Philippines, quelques îles dans l'océan Pacifique et, au besoin, quelques îles de la mer Méditerranée (Rhodes, Chypre). Mais à partir de 1875, il tomba sous le charme de l'Afrique centrale. Il dévorait les comptes rendus des explorateurs, se délectait à l'idée d'une glorieuse aventure et rêvait d'une entreprise héroïque. Cet engouement ne s'expliquait pas seulement par un besoin de se faire valoir ou par la mégalomanie, comme on l'a souvent affirmé. Non, il était fermement convaincu qu'une expérience revigorante à l'étranger, où que ce soit dans le monde, serait salutaire à la jeune nation belge, tant sur le plan financier que sur le plan moral. Quoi qu'on en dise, il n'agissait pas que pour lui, mais aussi pour le peuple et la patrie. Totalement en phase avec son temps, le jeune roi n'avait aucun mal à concilier un ardent patriotisme et un mercantilisme raisonné.

En 1876, le jeune roi impétueux réunit trente-cinq explorateurs, géographes et hommes d'affaires issus des quatre coins de l'Europe pour faire le point sur la situation en Afrique centrale. Officiellement, son but était de mettre un terme à la traite afro-arabe des esclaves et de faire progresser les sciences, mais ses proches savaient qu'il voulait lui-même se tailler une grosse part de "*ce magnifique gâteau africain** [8]". La colère que suscitait chez lui le commerce des esclaves était d'ailleurs sélective : il ne parla jamais du trafic d'êtres humains à grande échelle auquel certains Occidentaux s'étaient eux aussi livrés peu de temps auparavant et qui à l'époque se poursuivait encore sur place ici et là. Cette conférence allait devenir célèbre. Des aventuriers venus de toute l'Europe et qui d'habitude, la chemise trempée de sueur, vagabondaient dans les tropiques furent logés pendant quatre jours au palais royal. Ils dînèrent avec le roi et son épouse et circulèrent dans les rues de Bruxelles dans d'élégants fiacres. Parmi eux se trouvait Lovett Cameron, l'homme qui avait traversé l'Afrique centrale d'est en ouest à travers la savane, au sud de l'équateur, Georg Schweinfurth, qui avait fait d'importantes découvertes dans les savanes au nord de la forêt équatoriale, et Samuel Baker, qui avait approché le territoire depuis le cours supérieur du Nil. Ces dernières décennies, des progrès considérables avaient été accomplis dans l'exploration de l'Afrique.

Jusqu'en 1800 environ, le continent pourtant le plus proche de l'Europe était, de tous, celui que les Européens connaissaient le moins. Depuis le XVIe siècle, des navires marchands portugais, néerlandais et britanniques en route pour les Indes s'étaient plus ou moins familiarisés avec les côtes, mais l'intérieur des terres en Afrique était resté pendant des siècles *terra incognita*. L'exploration n'allait pas plus loin que l'implantation de quelques petites factoreries européennes sur la côte ouest. Au début du XIXe siècle, l'Afrique était un des deux grands espaces vides sur la carte du monde de l'époque – l'autre était l'Antarctique. La région de l'Amazone était alors déjà en grande partie cartographiée.

Soixante-quinze ans plus tard, cependant, les cartographes européens avaient une idée assez précise de l'emplacement des oasis, des routes des caravanes et des oueds du Sahara. Ils localisaient avec exactitude les volcans, les montagnes et les rivières dans la savane de l'Afrique méridionale. Les esquisses sur leur table à dessin se remplirent vite de noms de lieux exotiques et de peuples. Mais au centre de la carte sur laquelle se penchèrent les participants à la conférence de Bruxelles en 1876, il n'y avait qu'une grande tache blanche. Ils n'en avaient fait que le tour. On aurait dit une plaine dépourvue de nom, sans mots ni couleurs pour la décrire, un vide béant recouvrant pas moins d'un huitième du continent. Elle était tout au plus parcourue par une ligne en pointillé hésitante et incurvée. Cette tache, c'était la forêt équatoriale. Cette ligne en pointillé mal dessinée, c'était le fleuve Congo.

Tandis qu'à Bruxelles on discutait et on allait au théâtre aux frais du roi, Stanley traversait l'Afrique centrale. Le 14 septembre 1876, le jour où Léopold clôtura la conférence, Stanley quittait la rive ouest du lac Tanganyika pour faire une percée jusqu'au cours supérieur du Congo. S'il y a bien un jour où le sort politique de la région fut, sinon scellé, du moins en grande partie décidé, ce fut celui-là. C'était alors certainement le cadet des soucis de Stanley (il avait plus à craindre de la *forêt humide* *, des indigènes et des marchands d'esclaves), mais en entamant cette étape, il allait trouver le mystérieux fleuve qui devait le conduire à travers la forêt équatoriale prétendument impénétrable de l'Afrique centrale. A Bruxelles, il fut décidé ce jour-là de créer une union internationale, l'Association internationale africaine (AIA), pour désenclaver la région en question en créant un certain nombre d'implantations. L'association avait des comités nationaux, mais elle était présidée par Léopold.

La nouvelle de la traversée de Stanley fit en Europe l'effet d'une bombe. Le roi Léopold comprit aussitôt que Stanley était l'homme qu'il lui fallait pour réaliser ses ambitions coloniales. Il dépêcha, en janvier 1878, deux envoyés à Marseille pour l'attendre et le convoquer au palais royal à Laeken. De son côté, Stanley, en tant que Britannique, tenta d'abord de convaincre l'Angleterre de l'intérêt de son aventure mais, après son échec à Londres, il finit par accepter l'invitation de Léopold. Ils parlèrent longuement des projets. Le roi manifesta un tel enthousiasme pour l'entreprise que la reine se demanda ce qu'il allait advenir de lui “s'il se ruinait pour cette folle chimère”. Le premier secrétaire de l'AIA se plaignait auprès de la reine : “Madame, arrêtons cela – je ne puis plus rien, je ne fais plus que me quereller avec Sa Majesté, mais il travaille derrière mon dos avec des filous. J'en deviendrai fou ! Et le roi se ruine, mais se ruine à plat[9].” C'était peine perdue. Le souverain n'en faisait qu'à sa tête : en 1879, Stanley repartit pour l'Afrique centrale, cette fois aux frais de Léopold, pour une période de cinq ans. L'explorateur allait à présent voyager en sens inverse, d'ouest en est, en remontant le courant. Ce n'était pas la seule différence. Le voyage de Stanley de 1879 à 1884 était fondamentalement différent de celui de 1874 à 1877. La première fois, il avait voyagé pour le compte d'un journal, désormais il le faisait pour le compte de l'association internationale de Léopold. La première fois, il avait dû se débrouiller pour arriver le plus vite possible de l'autre côté de l'Afrique, à présent il devait créer en route des postes ici et là – une activité qui prenait du temps. Non seulement il devait négocier avec les chefs locaux, mais il devait trouver des effectifs pour occuper ces postes. La première fois, il était aventurier et journaliste, à présent il était diplomate et fonctionnaire.

Disasi Makulo eut 10, 12 ans. Il entendait de plus en plus souvent parler d'une nouvelle tribu, les "Batambatamba". Les plus âgés des enfants et les adultes ne les évoquaient qu'avec angoisse et effroi. "Batambatamba" n'était pas le nom d'une ethnie, mais une onomatopée pour désigner les marchands afro-arabes. Ils étaient à présent arrivés dans sa région, le point extrême de leur progression à l'ouest. Dans son village, il entendait raconter : "Nous avons vu des gens faisant le va-et-vient; ils portent une espèce de bâton creux, quand ils le frappent, un bruit s'entend : PAM PAM, et puis il en sort des grenailles qui blessent et tuent les hommes. C'est terrible[10] !"

Pourtant, tout cela semblait loin, aussi étrange que cette histoire d'albinos dans son bateau sans pagayeurs. Disasi Makulo fut autorisé un jour par ses parents à sortir avec son oncle et sa tante[11]. C'était en 1883, même si les années n'avaient toujours pas de chiffres.

> Il faisait très chaud ce jour-là. Arrivés à un ruisseau appelé Lohulu entre Makoto et Bandio, l'oncle et moi nous décidâmes de prendre le bain. La tante Inangbelema nous attendait à une certaine distance de là. Tandis que nous nagions et nous éclaboussions joyeusement, les Batambatamba nous entendirent et vinrent nous encercler. La tante, pour caresser son bébé qui pleurait, chantait des mélopées; aucun de nous ne pensait à un éventuel danger.
>
> Tout à coup un cri se fit entendre : "Au secours! au secours! frère Akambu, les guerriers m'assaillent…"
>
> En quittant précipitamment le bain, nous vîmes la tante déjà aux mains des ennemis. Un des assaillants arracha le

> bébé des mains de sa mère et alla le déposer sur les fourmis rouges. Terrifiés, aucun de nous ne put s'en approcher. Oncle Akambu et mon petit cousin s'enfuirent et se cachèrent dans des buissons. Moi, je me tenais un peu éloigné pour voir ce que l'on voulait faire à ma tante ; malheureusement un de ces hommes m'aperçut, courut et réussit à m'attraper. On arrêta également l'oncle Akambu et mon petit cousin.

Jusqu'à ce jour affreux, la vie de Disasi s'était déroulée dans son village et dans quelques implantations voisines. A présent il était brutalement arraché à son environnement familier. La traversée de Stanley, et en particulier l'accord qu'il avait passé avec Tippo Tip, avaient ouvert la forêt équatoriale aux chasseurs d'esclaves afro-arabes. Une vague de violence avait suivi. Les Batambatamba pillaient les villages et y mettaient le feu, ils tuaient et emmenaient des prisonniers. Les habitants de la région faisaient à leur tour irruption dans leurs campements la nuit, le visage peint, et massacraient les envahisseurs avec leurs lances en hurlant.

Sans doute les assaillants de Disasi étaient-ils eux aussi des esclaves, qui pillaient sur ordre de leur maître. Ce maître, Disasi allait vite le rencontrer, un homme qui parcourait la forêt vierge vêtu de blanc immaculé : Tippo Tip ! Sans doute vit-il aussi Salum ben Mohammed, son cousin et proche collaborateur[12]. Les nouveaux esclaves étaient regroupés dans le village d'Yamokanda.

> C'est ici que l'on faisait le rachat des captifs. Beaucoup de captifs, dont les parents avaient apporté des ivoires, étaient relâchés. Mon père apporta également quelques pointes mais Tippo Tip lui dit que ce n'était pas assez pour quatre personnes. Il libéra mon oncle Akambu, ma tante Inangbelema et mon cousin. Quant à moi, il leur dit : “Retournez chez vous pour chercher encore deux ivoires.” J'étais resté seul au milieu des autres captifs qui n'avaient pas été rachetés.

Le marchand d'esclaves en question décida de partir le jour même sans plus attendre. Les prisonniers adultes furent enchaînés, pas les enfants. Sur les rives de l'Aruwimi, de grandes pirogues attendaient. "Tout ce que l'on pouvait entendre au cours de ce voyage lugubre n'était que des gémissements et des sanglots." Disasi savait qu'il quittait sa région et qu'il ne pourrait plus être racheté. Plus tard, il apprit que son père était revenu au camp avec l'ivoire demandé, mais que la caravane était déjà partie.

Le voyage vers l'est fut une épreuve. "Pour nous, ce voyage vers le haut fleuve n'était qu'un départ vers la mort, bien qu'ils nous eussent persuadés qu'ils voulaient nous protéger pour devenir comme eux." Il n'y avait là aucun cynisme. Les esclaves des marchands afro-arabes ne se retrouvaient pas dans de grandes plantations de coton ou de canne à sucre comme c'était le cas en Amérique. Certains d'entre eux récolteraient des clous de girofle à Zanzibar, mais la plupart devenaient domestiques chez de riches musulmans, entre autres en Inde. Bon nombre d'entre eux se convertissaient à l'islam et connaissaient une ascension sociale. On œuvrait déjà durant le voyage à leur conversion.

> Un jour, il nous arriva quelque chose d'étrange. Pendant que notre *mwalimu* [enseignant] nous apprenait à lire le Coran, nous vîmes en aval du fleuve une espèce de très grandes pirogues qui montaient vers notre direction ; elles étaient au nombre de trois. Tout le monde, les indigènes et nous-mêmes, nous étions saisis de peur, croyant que c'étaient d'autres agresseurs qui montaient dans le même but de tuer et de massacrer. Les riverains s'enfuyaient avec leurs pirogues pour se réfugier dans les îles, d'autres s'introduisaient directement dans la forêt derrière eux. Quant à nous, nous restions là figés, nos yeux braqués vers ces étranges pirogues. Bientôt toutes les trois accostent. Ensuite nous vîmes des hommes blancs et noirs débarquer ; c'était Stanley accompagné d'autres blancs qui faisaient leur voyage pour aller fonder un Poste à Kisangani (Stanleyville). Stanley n'était plus un inconnu parmi le peuple riverain, les Lokele l'appelaient "Bosongo", ce qui signifie "Albinos".

Stanley effectuait effectivement son périple avec trois bateaux à vapeur. Il remplissait la mission que lui avait confiée le roi Léopold, qui consistait à implanter des postes et à négocier avec les chefs de tribu locaux. C'est à l'occasion de ce voyage qu'il put constater que sa traversée avait ouvert l'intérieur du pays non seulement au commerce et à la civilisation en provenance de l'Occident, mais aussi aux négriers venus d'Orient qui descendaient toujours plus loin en aval. C'est à l'occasion de ce voyage qu'il prit conscience que les marchands arabes pourraient bien être plus rapides que lui et arriver en un rien de temps au cours inférieur du fleuve. Pour l'heure, ils avaient tout juste dépassé Stanley Falls (Kisangani), bientôt ils seraient peut-être au Stanley Pool (Kinshasa). Dans ce cas, Léopold n'aurait plus qu'à faire une croix sur ses projets. C'est à l'occasion de ce voyage qu'il prit conscience de leur suprématie : ils avaient des dizaines de pirogues et quelques milliers d'hommes. Lui avait pour sa part trois petits bateaux et quelques douzaines d'assistants[13].

Dans la région de Disasi, Stanley ne vit sur les rives que des villages calcinés et des huttes carbonisées, “les vestiges de peuplements importants, des petites bananeraies brûlées et des palmiers abattus, […] autant de preuves d'une impitoyable volonté de détruire”. Plus loin il vit les campements d'esclaves le long du fleuve. Fin novembre 1883, il arriva au campement où était Disasi :

> La première impression que produisit sur nous le campement était qu'il était bien trop peuplé pour permettre le moindre confort. Un groupe de Noirs nus était aussitôt suivi d'un autre, les vêtements blancs des chasseurs d'esclaves venaient seulement s'intercaler ici et là. On voyait les malheureuses créatures noires en rangs ou en groupes, immobiles ou se déplaçant sans entrain; des corps nus dans toutes les positions possibles étaient étendus sous les baraques, au loin on voyait d'innombrables jambes nues de personnes endormies; des quantités d'enfants nus, et même beaucoup de nourrissons; des jeunes hommes et des jeunes filles et ici et là un groupe de vieilles femmes entièrement

nues courbées sous un panier de bois à brûler ou de bois cassave (manioc) ou de bananes, que faisaient avancer deux ou trois hommes armés[14].

Il commença par installer un poste près de Stanley Falls, mais le 10 décembre 1883 il retourna au campement d'esclaves. Le petit Disasi fut témoin d'une scène curieuse. "Tippo Tip alla à la rencontre de Stanley. Après un long entretien dans un langage incompréhensible, Tippo Tip appela notre gardien. Celui-ci vint nous réunir et nous conduisit là où se trouvaient les deux messieurs." Disasi n'y comprenait rien. A la fin de la conversation, les hommes de Stanley allèrent chercher deux rouleaux d'étoffe et quelques sacs de sel dans la cale. Son professeur de Coran lui raconta, le cœur gros, que cet homme blanc voulait l'acheter, lui et ses camarades. Stanley emmena dix-huit enfants[15]. Sur le plan militaire, il n'avait pas les moyens d'entreprendre quoi que ce soit contre les Batambatamba. Tout ce qui était en son pouvoir était de soustraire quelques enfants à leur sort. Il les racheta.

Pour Disasi commença une nouvelle phase de sa vie. A bord régnait la joie. "On crie, on rit, on se raconte des nouvelles, personne n'a la corde au cou, et on n'est jamais traité bestialement comme cela se faisait dans la compagnie des Arabes." Il serait cependant trop simpliste d'affirmer que Stanley les libéra de l'esclavage. De tout temps, l'esclavage en Afrique centrale a été considéré non pas en premier lieu comme une privation de liberté, mais comme un déracinement de son milieu social[16]. L'esclavage était abominable, certes, mais pour d'autres raisons que celles qu'on a coutume de croire. Dans une société si marquée par l'esprit de communauté, l'"autonomie de l'individu" ne signifiait absolument pas la liberté, comme on se plaisait à le proclamer en Europe depuis la Renaissance, mais la solitude et le désarroi. Vous êtes ceux qui vous connaissent ; et si personne ne vous connaît, vous n'êtes rien. L'esclavage, ce n'était pas l'asservissement, mais le détachement, l'éloignement de chez soi. Disasi, qui avait été arraché à son environnement, resta arraché à son environnement. A ses yeux, Stanley n'était donc pas tant son libérateur qu'un nouveau maître, meilleur.

Jamais ce ne fut aussi clair que le jour suivant, quand ils repassèrent devant sa région natale. Disasi pensait que Stanley le ramènerait à ses parents, mais, à sa stupéfaction, les bateaux ne ralentirent pas leur course. “C’est là-bas chez nous, c’est là-bas chez nous”, s’écria-t-il, “allez me laisser chez mon père !” Mais Stanley lui tint ces propos, se rappelait Disasi une vie plus tard :

> Mes enfants, ne vous alarmez pas, ce n’est pas pour vous faire du mal que je vous ai rachetés, mais pour que vous recouvriez le vrai bonheur et la prospérité. Vous avez tous vu comment les Arabes traitent vos parents et même vous les petits enfants. Je ne puis plus vous laisser retourner chez vos parents puisque je ne veux pas que vous deveniez comme eux, des gens sauvages, cruels et qui ne connaissent pas le Bon Dieu. Ne regrettez pas d’avoir perdu vos parents, je vais vous obtenir d’autres parents qui vous traiteront bien, vous apprendront de bonnes choses ; plus tard vous deviendrez comme nous.

Aussitôt après, Stanley découpa dans un rouleau de tissu des coupons et donna à chaque enfant un pagne, pour qu’ils puissent se vêtir convenablement. “Cette offre nous réjouit”, raconte Disasi, “et sa bonté nous fait sentir déjà l’amour paternel[17].”

—

La vie de Disasi Makulo prit un tournant extraordinaire du fait de sa rencontre avec Stanley. Celle de bon nombre de ses contemporains ne connaîtrait pas une telle accélération. Comme d’habitude, les hommes brûlaient leurs petits champs, les femmes plantaient du maïs et du manioc, les pêcheurs réparaient leurs filets, les vieux parlaient à l’ombre et les enfants attrapaient des sauterelles. Rien ne paraissait changer.

Pourtant, ce n’était qu’en apparence. Car ceux qui avaient vu de leurs propres yeux ces curieux Européens étaient souvent profondément impressionnés. C’étaient des hommes dépenaillés venus acheter quelques poules et parler un après-midi avec le chef du village, mais ils faisaient tout pour en imposer à la population locale. Les petits miroirs, les loupes, les sextants, les compas, les mécanismes d'horlogerie et les théodolites étaient sciemment exhibés pour produire une forte impression. Les réactions n'étaient pas toujours enthousiastes. Dans certains villages, on imputait la mort naturelle de villageois à ces curieux thermomètres et baromètres que les Blancs présentaient[18]. Le respect alternait avec la méfiance. Pourtant, cela ne donna lieu que plus tard à une violence à grande échelle, quand la population locale fut assujettie *manu militari* à l'autorité européenne.

Très souvent, la population se demandait si les Blancs étaient bien des mortels normaux. Leurs chaussures donnaient l'impression qu'ils n'avaient pas d'orteils. Et comme, dans de grandes parties de l'Afrique subsaharienne, le blanc était la couleur de la mort (la couleur des os humains, des termites, des défenses d'éléphant), ils devaient certainement venir du pays des morts. On les considérait comme de pâles esprits aux pouvoirs magiques sur la vie et la mort, des gens qui ouvraient des parasols et pouvaient provoquer la mort d'un animal à une centaine de mètres de distance. Stanley fut nommé *Midjidji*, "esprit", par les Bangala et *Bula matari*, "casseur de pierre", par les Bakongo parce qu'il pouvait faire exploser des rochers avec de la dynamite. Le terme *Bula matari* allait même devenir plus tard celui désignant le pouvoir colonial. Dans le village de Disasi Makulo aussi, on parlait de lui comme d'un fantôme. E. J. Glave, un assistant de Stanley, s'était d'abord appelé *Barimu*, "fantôme", puis *Makula*, "flèches". Herbert Ward, un autre collaborateur, reçut des Bangala le surnom *Nkumbe*, "autour noir", tant il était bon chasseur.

Le mode de déplacement des Blancs était lui aussi très extravagant. En bateau à vapeur ! Les Bangala qui vivaient le long du fleuve à l'intérieur des terres pensaient que ces voyageurs régnaient sur l'eau et que leurs bateaux étaient tirés par des poissons géants ou des hippopotames. Après une négociation, quand ils voyaient le Blanc descendre dans la cale chercher des perles, des étoffes ou des barres de cuivre, ils pensaient qu'une petite porte sous le bateau lui permettait d'accéder au fond du fleuve pour ramasser ces moyens de paiement[19].

Dans le sillage direct des explorations arriva la première vague d'évangélisation. Elle fut l'œuvre des protestants anglo-saxons et scandinaves, qui commencaient à arriver sur la côte ouest, aussitôt après la traversée de Stanley. La Livingstone Inland Mission amorça son projet missionnaire en 1878 depuis l'embouchure du Congo, la Baptist Missionary Society partit en 1879 de la colonie portugaise dans le Sud, la Svenska Missions Förbundet se lança en 1881, les baptistes et méthodistes américains suivirent en 1884 et 1886. Du côté catholique, deux congrégations françaises étaient actives depuis 1880 : les missionnaires du Saint-Esprit à l'ouest et les Pères Blancs à l'est. De tels engagements n'avaient rien d'anodin. Quand on partait à l'époque pour l'Afrique centrale, on savait qu'on risquait la mort. La maladie du sommeil et la malaria faisaient payer un lourd tribut. Le baptiste britannique Thomas Comber perdit sa femme quelques semaines après leur arrivée en Afrique centrale. Lui-même allait mourir d'une maladie tropicale, tout comme ses deux frères, sa sœur et sa belle-sœur : au total six membres d'une seule famille. Un tiers des baptistes envoyés entre 1879 et 1900 sont morts sous les tropiques[20]. Il n'était pas question de tirer un avantage financier ou un pouvoir temporel de sa présence sur place. Les premiers missionnaires étaient des personnes profondément croyantes qui estimaient de leur devoir de partager avec d'autres la vérité qui les comblait tant.

Pour ce qui était d'impressionner, les premiers missionnaires avaient eux aussi leur boîte à malice. Et elle leur était indispensable, même dans des régions déjà en contact depuis un certain temps avec les Blancs. Le commerce de l'ivoire n'avait pas apporté que la prospérité. En 1878, quand les tout premiers missionnaires blancs, les baptistes britanniques George Grenfell et Thomas Comber, partirent en direction de la colonie portugaise au nord, ils tombèrent, à mi-chemin entre Mbanza-Kongo en Angola et le fleuve Congo, sur la petite ville de Makuta. Le chef local se montra méfiant : “Ah, ils ne viennent pas acheter de l'ivoire ! Que veulent-ils donc ? Nous instruire sur Dieu ! Sur la mort, plutôt ! Nous en avons plus qu'assez maintenant ; on n'arrête pas de mourir dans ma ville. Ils n'ont pas le droit de venir ici. Si nous laissons les

Blancs pénétrer dans notre pays, ce sera vite la fin pour nous. C'est déjà suffisamment pénible qu'ils se soient installés sur la côte. Les marchands d'ivoire emportent déjà bien trop d'esprits dans les défenses d'éléphant qu'ils vendent ; nous mourons trop vite. Les Blancs auraient mieux fait de ne pas venir m'ensorceler[21]."

Bien qu'un des deux missionnaires eût été blessé par balle à Makuta, les évangélistes protestants parvinrent ailleurs à rallier les cœurs et les esprits de la population locale. Grâce en partie aux miracles de la technique. Au chef des Bakongo, les baptistes britanniques présentèrent quelques automates. En dehors d'une souris mécanique, ils lui montrèrent un *dancing nigger*, comme on appelait cette sorte de poupée mécanique qui jouait du violon et sautillait[22]. Amusement et respect garanti. Les boîtes à musique étaient une autre prouesse. Mais le plus beau, c'étaient tout de même les scènes bibliques lumineuses que certains missionnaires projetaient le soir dans l'obscurité à l'aide d'une lanterne magique. La population indigène devait être convaincue qu'il s'agissait d'un phénomène extraterrestre[23].

Entendre Nkasi parler de ces premiers pionniers, dans la chaleur caniculaire de son logement à Kinshasa, était vertigineux. La conversation progressait par à-coups, je ne recevais que des bribes de souvenirs, mais le fait qu'il se souvînt encore, plus d'un siècle plus tard, de l'arrivée des missionnaires blancs montre à quel point l'événement était extraordinaire. "Des protestants anglais qui étaient venus de Mbanza-Kongo en Angola jusqu'au Congo." Il mentionna les postes missionnaires de Palabala et de Lukunga, tous deux fondés par la Livingstone Inland Mission et, en 1884, passés sous le contrôle de l'American Baptist Missionary Union. Il se rappelait "Mister Ben", comme je l'ai écrit phonétiquement dans mon cahier. Plus tard, j'ai découvert que ce devait être Alexander L. Bain, un baptiste américain particulièrement actif depuis 1893 dans la région[24]. Mais il parlait surtout de "Mister Wells" ou "Welsh", *mister*, pas *monsieur**, car on ne parlait pas encore le français à l'époque au Congo. "Je le voyais à la mission protestante de Lukunga. C'était un missionnaire anglais qui donnait des cours. Il vivait avec sa femme à Palabala, près de Matadi."

Je me suis longtemps demandé qui était cet homme. S'agissait-il de l'Américain Welch, disciple de l'énergique évêque méthodiste américain William Taylor, qui en 1885 avait fondé trois postes missionnaires dans la région (mais ni à Palabala, ni à Lukunga)[25] ? Ou est-ce que "Mister Welsh" était le surnom de William Hughes, un baptiste britannique mais surtout un nationaliste gallois, qui de 1882 à 1885 avait travaillé dans le même poste missionnaire que Bayneston[26] ? Finalement, j'ai abouti à Ernest T. Welles, un baptiste américain qui était venu au Congo en 1896 et traduisait déjà en 1898 des textes de la Bible en langue kikongo. Ce ne pouvait être que lui. C'était un collègue direct de Mr Bain et il s'est avéré qu'il avait été rattaché pendant un certain temps au poste missionnaire de Lukunga. Dans les lettres qu'il envoyait chez lui, il parlait d'assistants indigènes qui l'aidaient à imprimer les traductions de la Bible[27]. Détail intéressant. Nkasi m'avait en effet raconté que le frère cadet de son père était allé travailler pour ce missionnaire. Quoi qu'il en soit, sur le jeune Nkasi, ces premiers évangélistes produisirent une impression ineffaçable. C'étaient leur simplicité et leur gentillesse qui l'avaient le plus frappé. "Mister Welles", disait-il d'un air pensif lors de nos conversations, "il se déplaçait toujours à pied, il était extraordinairement gentil."

Janvier 1884. Stanley avait déjà commencé son voyage de retour depuis des semaines. Il répartit les dix-huit enfants qu'il avait avec lui dans les postes qu'il avait fondés à l'aller, comme Wangata et Lukolela. Disasi Makulo et un petit camarade étaient les derniers qui restaient et ils se demandaient ce qu'ils allaient devenir. Finalement, ils arrivèrent près du *pool*, le lieu où le fleuve s'élargissait et où Stanley avait fondé le poste de Kinshasa. Il en avait donné la direction à son fidèle ami Anthony Swinburne, un jeune homme de 26 ans qui le suivait dans ses projets depuis déjà dix ans. C'est à ce Swinburne que Disasi et son ami furent confiés. Pour Disasi, les adieux furent douloureux : "Depuis le premier jour de notre délivrance jusqu'à ce jour de séparation, il fut pour nous un père plein de bonté." Aujourd'hui, Stanley fait souvent figure de raciste invétéré, de raciste par excellence, une réputation qu'il doit à son style d'écriture hyperbolique et à son association avec Léopold II. En réalité, son attitude était extrêmement ambiguë[28]. Il avait une haute opinion de nombre d'Africains, il entretenait de profondes et sincères amitiés avec certains d'entre eux et beaucoup avaient pour lui une grande estime. Il avait certes une curieuse manière de mêler kidnapping et shopping, mais il paraissait réellement se soucier du bien-être de ces enfants qu'il avait rachetés pour les libérer. Disasi raconte :

> M. Swinburne nous reçoit à bras ouverts. La prédiction de Stanley se réalise en ce que nous trouvons ici une situation sans distinction avec celle qu'un bon père et une bonne mère accordent à leurs enfants. Nous étions bien nourris et bien vêtus. Pendant ses temps de loisir, il nous apprenait à lire et à écrire[29].

On peut juger miraculeux que Swinburne ait eu le moindre temps libre. En quelques années à peine, il avait fait de Kinshasa la meilleure de toutes les implantations le long du Congo. Elle était proche du fleuve, parmi les baobabs. Swinburne y fit cultiver des bananes, des bananes plantains, des ananas et des goyaves, mais aussi du riz et des légumes européens. Il y élevait des vaches, des moutons, des chèvres et des volailles. L'air y était sain. Le lieu était connu comme "*the Paradise of the Pool*[30]". Sa maison était en terre, avec un toit fait d'herbe, et elle avait trois chambres à coucher. Elle était entourée d'une véranda où l'on pouvait prendre ses repas et lire. Derrière la maison se dressaient les huttes de ses Zanzibarais. Souvent, une implantation de ce type n'était qu'une modeste maison habitée par un Blanc. Il avait pour mission d'aider les voyageurs, de faire progresser les connaissances, de transmettre la civilisation et, dans la mesure du possible, d'éradiquer l'esclavage. Dans la pratique, ces sortes de mini-colonies essayaient d'exercer un pouvoir sur la région environnante. Des îlots de l'Europe. Un tel poste avait une petite armée, constituée de Zanzibarais. On était encore loin d'une occupation générale de l'intérieur des terres.

Derrière l'implantation de Swinburne s'étendait une grande plaine bordée à l'extrémité par des collines. Là où se dresse aujourd'hui une des plus grandes villes d'Afrique, il y avait au XIXe siècle un domaine inexploré, marécageux, peuplé de buffles, d'antilopes, de canards, de perdrix et de cailles. Sur la terre sèche, les villageois cultivaient du manioc, des arachides et des patates douces. Quelques kilomètres plus loin étaient construits leurs villages. Swinburne s'entendait extrêmement bien avec la population locale. Sa patience et son tact faisaient de lui un homme non seulement respecté, mais aussi aimé. Il parlait leur langue et on l'appelait le "père du fleuve". Cela ne l'empêchait pas d'intervenir quand il le jugeait nécessaire. Il essayait par exemple systématiquement d'éviter que, lors de la mort d'un chef de village, des esclaves et des femmes soient tués et enterrés avec lui. Les villageois en étaient stupéfaits : comment un chef de village digne de ce nom pouvait-il arriver entièrement seul au royaume des morts ?

Pour fonder une implantation, Stanley et ses assistants avaient conclu des contrats avec les chefs locaux. C'est ainsi que procédaient depuis des siècles les commerçants européens à l'embouchure du Congo. En contrepartie d'une somme versée périodiquement, ils pouvaient s'installer sur un terrain. Ils louaient un lopin de terre. Swinburne avait lui aussi signé un certain nombre de ces conventions. Une telle entreprise donnait souvent lieu au préalable à des journées entières de palabres. A partir de 1882, cependant, Léopold estima qu'il fallait aller plus vite. Son association philanthropique internationale s'était à présent transformée en une entreprise commerciale privée à capitaux internationaux : le Comité d'études du Haut-Congo (CEHC). Ses agents devaient s'efforcer d'obtenir de plus grandes concessions, en bien moins de temps et préférablement de manière définitive. Au lieu de négocier longtemps pour se contenter du droit de louer une petite parcelle, ils devaient désormais acheter des régions entières à un rythme effréné. Mais cela ne suffisait pas non plus : Léopold ne cherchait pas seulement à acheter des terres, il voulait aussi obtenir tous les droits sur ces terres. Son initiative commerciale devenait un projet manifestement politique : Léopold rêvait d'une confédération de souverains indigènes qui dépendraient de lui. Dans une lettre à un collaborateur, il ne laissait planer aucun doute : “La lecture des traités conclus par Stanley avec les chefs ne me satisfait pas. Il faut y ajouter au moins un article portant qu’ils nous délèguent leurs droits souverains sur les territoires. [...] Ce travail est important et urgent. Il faut que ces traités soient aussi courts que possible et qu’en un article ou deux, ils nous accordent tout[31].”

La conséquence fut que les assistants de Stanley se mirent à mener de véritables campagnes de signature de traités. Ils allaient d’un chef de village à l’autre, armés des nouveaux ordres de marche et contrats succincts de Léopold. Certains ne perdirent pas de temps. Durant les six premières semaines de 1884, Francis Vetch, un major britannique, ne conclut pas moins de trente et un traités. Des agents belges comme Van Kerckhoven et Delcommune en signèrent un même jour jusqu’à neuf chacun. En moins de quatre ans, environ quatre cents traités furent conclus. Ils étaient sans exception rédigés en français ou en anglais, des langues que les chefs ne comprenaient pas. Dans une tradition orale où les pactes importants se scellaient par le sang, les chefs ne comprenaient souvent pas l’importance de la croix qu’ils avaient inscrite en bas d’une feuille couverte de signes curieux. Et même s’ils avaient pu en lire le contenu, les notions de droit de la propriété et de droit constitutionnel européens telles que “souveraineté”, “exclusivité” et “perpétuité” ne leur étaient pas familières. Sans doute pensaient-ils consolider des liens d’amitié. Pourtant, ces traités stipulaient qu’en tant que chefs ils renonçaient à leurs terres et par là même aux droits correspondants relatifs aux sentiers, à la pêche, à la perception d’un péage et au commerce. En échange de cette petite croix, les chefs recevaient de leurs nouveaux amis blancs des rouleaux d’étoffes, des caisses de gin, des manteaux de l’armée, des bonnets, des couteaux, une livrée ou un collier de corail. Le drapeau de l’association de Léopold flotterait désormais dans leur village : une étoile jaune sur un fond bleu. Ce bleu se référait à l’obscurité dans laquelle ils erraient, le jaune à la lumière de la civilisation qui à présent venait à eux. Ce sont encore les couleurs dominantes du drapeau national aujourd’hui.

La raison qui avait incité Léopold II à prendre soudain énergiquement en main l'acquisition de ces territoires était une fois encore la rivalité entre les pays européens. Il craignait de se faire devancer. C'était d'ailleurs déjà le cas. Dans le Sud, les Portugais continuaient de faire valoir leurs revendications sur leurs vieilles colonies. Et au nord, Savorgnan de Brazza commença à partir de 1880 à conclure des traités comparables avec des chefs locaux. Brazza, un officier italien au service de l'armée française, était officiellement chargé d'établir des stations scientifiques sur la rive droite du Congo. La France avait un comité au sein de l'Association internationale africaine, dont le roi Léopold était le président, et ses deux stations représentaient la contribution française à l'initiative de Léopold. Mais ce Brazza, qui était aussi un patriote français fanatique, était en train de fonder pour sa chère France, sans y être invité par une quelconque autorité, une colonie qui porterait plus tard le nom de république du Congo-Brazzaville[32]. En Europe, on commença à comprendre en 1882 que quelqu'un était en train d'acheter de sa propre initiative de grands pans de l'Afrique centrale. Cette constatation suscita la consternation. Léopold devait intervenir.

Un Italien achetait de lui-même des parties de l'Afrique pour la France, un Britannique, Stanley, achetait d'autres parties pour le souverain belge : on parlait de diplomatie, mais il s'agissait plutôt d'une ruée vers l'or. En mai 1884, Brazza traversa le Congo avec quatre pirogues pour tenter encore de gagner Kinshasa à sa cause. Il se heurta cependant à Swinburne, l'agent chez qui Disasi vivait à présent depuis quatre mois. Brazza voulut faire au chef du village local une meilleure proposition en vue d'annuler le précédent accord, mais l'affaire provoqua une dispute. Il y eut une vive discussion avec Swinburne, une bagarre avec les deux fils du chef, et Brazza finit par battre en retraite. Pour l'entreprise de Léopold, la perte de Kinshasa aurait été désastreuse. Il s'agissait non seulement de la meilleure, mais aussi de la plus importante des implantations : elle était située au carrefour des voies commerciales, là où les bateaux s'amarraient et d'où les caravanes partaient, là où l'intérieur des terres communiquait avec la côte. Si la portée de l'incident avec Brazza échappa très certainement à Disasi, elle fut pour la postérité d'une importance déterminante : la région située au nord et à l'ouest du fleuve allait devenir une colonie française, appelée le Congo français, la région du sud resterait entre les mains de Léopold.

Cet épisode mit en lumière une faiblesse essentielle. Militairement, Stanley pouvait facilement faire face à un personnage comme Brazza – il disposait pour sa part d'hommes et de canons Krupp, tandis que Brazza voyageait pour ainsi dire seul –, mais tant que les implantations de Stanley n'étaient pas reconnues par les puissances européennes, il ne pouvait pas tirer un seul coup de canon[33]. Léopold en prit conscience également. A partir de 1884, il allait se consacrer à une initiative diplomatique sans égale dans l'histoire de la monarchie belge : la quête d'une reconnaissance internationale de son initiative privée en Afrique centrale.

Léopold chercha à réaliser un coup de maître. Et il y parvint.

L'Afrique centrale suscitait à l'époque beaucoup de convoitises. Le Portugal et l'Angleterre se disputaient les emplacements sur la côte. A l'est, les commerçants swahilo-arabes gagnaient du terrain. L'Allemagne récemment unifiée cherchait à obtenir une possession coloniale en Afrique (elle finirait par acquérir ce qui devait s'appeler le Cameroun, la Namibie et la Tanzanie). Mais, manifestement, le grand rival de Léopold était tout de même la France. Le pays, qui n'avait pourtant rien demandé, avait, contre toute attente, eu la folie de reprendre à son compte les annexions personnelles de Brazza. Léopold aurait pu, furieux, tourner le dos à la France, Brazza était allé trop loin, mais le roi décida calmement de prendre le taureau par les cornes. Il fit la suggestion suivante : la France était-elle disposée à lui laisser le champ libre dans la région à laquelle Stanley venait de donner accès si, en cas d'échec, elle était prioritaire pour lui reprendre le territoire ? Les Français ne pouvaient pas refuser. La possibilité que Léopold échoue était d'ailleurs réelle. C'était comme si un jeune homme ayant découvert un château abandonné avait eu envie de le rénover lui-même. Et qu'il avait dit aux voisins : Si l'entreprise devient trop coûteuse pour moi, vous bénéficiez automatiquement d'une option ! Les voisins auraient été ravis de la proposition. Ce fut un brillant coup de poker, qui eut aussi des conséquences ailleurs en Europe. Face à cet accord, le Portugal dut baisser le ton, car s'opposer à Léopold signifiait prendre le risque d'avoir soudain pour voisin en Afrique la puissante France. Les Britanniques furent quant à eux très satisfaits de la garantie de libre-échange que Léopold accordait d'un coup de sifflet.

L'exacerbation de la concurrence entre les Etats européens à propos de l'Afrique exigeait de nouvelles règles du jeu. Ce fut la raison pour laquelle Bismarck, à la tête du plus jeune mais du plus puissant Etat d'Europe continentale, réunit les grandes puissances du moment à Berlin. Du 15 novembre 1884 au 26 février 1885 eut lieu ce que l'on a appelé la conférence de Berlin. La tradition veut que le partage de l'Afrique se soit décidé là et qu'on y ait fait cadeau à Léopold du Congo. Rien n'est moins vrai. La conférence ne fut pas l'occasion où des messieurs distingués munis de compas et de règles se partagèrent dans la bonne humeur le gâteau de l'Afrique. En fait, ils recherchaient justement le contraire : ouvrir l'Afrique au libre-échange et à la civilisation. Pour cela, il fallait de nouveaux accords internationaux. La querelle prolongée entre le Portugal et l'Angleterre à propos de l'estuaire du Congo l'avait montré assez clairement. Deux principes importants furent posés : tout d'abord, pour qu'un pays puisse revendiquer un territoire, celui-ci devait faire l'objet d'une occupation effective (la découverte de terres, laissées ensuite à l'abandon, comme le Portugal le faisait depuis des siècles, ne comptait plus) ; ensuite, chaque nouveau territoire obtenu devait rester ouvert au commerce international (aucun pays ne pouvait imposer de barrières commerciales, de droits de transit, de taxes à l'importation ou à l'exportation). En pratique, cela rendait la colonisation extrêmement coûteuse, comme Léopold allait s'en apercevoir. Il fallait beaucoup investir dans un lieu que l'on occupait réellement et accorder aux marchands d'autres pays un accès libre et gratuit. Il n'était pas encore question, cependant, d'un partage définitif du continent, même si le critère de l'occupation effective allait accélérer la lutte pour l'Afrique. La conférence se réunit tout au plus une dizaine de fois, sur plus de trois mois. Léopold ne se rendit pour sa part jamais à Berlin.

Pourtant, dans les couloirs et les arrière-salles en marge de la conférence, des affaires se traitaient. Pendant les réunions plénières, on s'essayait à la diplomatie multilatérale, mais pendant les pauses-café, la diplomatie bilatérale prévalait. Juste avant le début de la conférence, les Etats-Unis avaient admis la revendication de Léopold concernant l'Afrique centrale. Ils acceptaient son drapeau et son autorité sur les nouveaux territoires obtenus. Cet événement paraît plus impressionnant qu'il ne l'était en réalité. A l'époque, l'Amérique n'était pas encore le poids lourd qu'elle allait devenir au XXe siècle, ses intérêts en Afrique étaient inexistants. La reconnaissance par l'Allemagne, en revanche, fut une décision bien plus importante. Bismarck considérait le projet de Léopold comme totalement dément. Le souverain belge réclamait un territoire aussi grand que l'Europe occidentale, alors qu'il n'avait tout au plus qu'une poignée d'implantations le long du fleuve. C'était un collier qui ne comptait que quelques perles pour un très long fil, sans parler des gigantesques régions inexplorées de part et d'autre. Pouvait-on parler d'une "occupation effective"? Mais bon, souverain d'un petit pays, Léopold ne présentait pas de danger. De surcroît, il ne manquait pas de moyens financiers et il était extraordinairement enthousiaste. Il permettait en outre de garantir le libre-échange (ce dont on ne pouvait jamais être sûr avec les Français et les Portugais) et protégerait les marchands allemands dans la région. D'ailleurs, se disait Bismarck, peut-être cette région constituait-elle une zone tampon idéale entre les prétentions portugaises, françaises et britanniques sur la région. Une sorte de Belgique de 1830, dans une version plus grande. Un certain calme pourrait peut-être ainsi être assuré. Il signa.

Les autres pays présents à la conférence n'eurent guère d'autre choix par la suite que de suivre l'exemple de leur hôte. Ils ne signifièrent pas leur adhésion à l'occasion d'un moment formel pendant une séance plénière, mais à mesure que la conférence progressait. A l'exception de la Turquie, les quatorze Etats présents donnèrent leur accord, même l'Angleterre, qui avait en vue un accord important sur le Niger et ne voulait donc pas se heurter frontalement à l'Allemagne. Plus ou moins par accident, elle alla même jusqu'à accepter, ultérieurement, les gigantesques frontières dont Léopold avait rêvé. La toute récente Association internationale du Congo (AIC) de Léopold obtint ainsi une reconnaissance internationale en tant qu'autorité souveraine sur un gigantesque territoire en Afrique centrale. L'AIA avait été strictement scientifique et philanthropique, le CEHC commercial, mais l'AIC devint purement et simplement politique. Elle possédait sur l'Atlantique un littoral certes petit mais crucial (l'embouchure du fleuve Congo), une étroite bande menant vers l'intérieur des terres délimitée par les colonies françaises et portugaises, puis une zone s'ouvrant comme un entonnoir, long d'un millier de kilomètres vers le nord et vers le sud, qui s'arrêtait vers la région des Grands Lacs, à mille cinq cents kilomètres à l'est. On aurait dit un clairon muni d'un tuyau très court et d'un pavillon très grand. Le résultat était un territoire gigantesque sans commune mesure avec la présence effective de Léopold sur place. Le grand historien belge Jean Stengers dit : "Avec un brin de fantaisie, on pourrait comparer la création de l'Etat du Congo à l'histoire d'un particulier ou d'une société qui, en Europe, aurait fondé un certain nombre d'établissements sur le Rhin, de Rotterdam jusqu'à Bâle, ce qui lui aurait valu de se voir attribuer la souveraineté sur toute l'Europe occidentale[34]."

Lors de la séance de clôture de la conférence de Berlin, quand Bismarck "salua avec satisfaction" les travaux menés par Léopold et formula tous ses vœux de réussite "pour leur évolution rapide et l'accomplissement des nobles aspirations de leur illustre instigateur", la salle se leva pour acclamer le souverain belge. Sous ces applaudissements fut fêtée la création de l'Etat indépendant du Congo.

Peu après avoir obtenu l'autorité sur le Congo, Léopold reçut dans son palais la visite d'un missionnaire britannique accompagné de neuf enfants noirs, des garçons et des filles de 12, 13 ans, de la même génération que Disasi. Ils venaient tous de la contrée fraîchement acquise et portaient des vêtements européens : des chaussures fermées, des gants rouges et un béret – leur nudité devait être couverte. Ils avaient en revanche le droit de danser et de chanter, comme lorsqu'ils naviguaient en pirogue. Les jambes croisées, le souverain les observait de son trône. Quand ils eurent fini de chanter, Léopold leur remit à chacun une pièce d'or et paya leur voyage de retour à Londres[35].

Pendant ce temps, ignorant tout de ces événements, Disasi Makulo, assis sur la véranda de Swinburne à Kinshasa, s'entraînait à dessiner ses lettres. Il faisait une délicieuse fraîcheur. Une brise soufflait, qui venait de l'eau. Il voyait des bateaux à vapeur et des canoës glisser sur le Pool. De l'autre côté s'étendait Brazzaville, une implantation appartenant à présent à une autre colonie qui à partir de 1891 s'appellerait le Congo français. Comme sa vie avait changé en un an et demi ! D'abord enfant, puis esclave, et maintenant boy. Personne autant que lui n'avait appris à ses dépens ce qu'était l'Histoire avec un grand H. Il était entraîné dans la politique mondiale, comme un jeune arbuste par un puissant courant. Et c'était loin d'être terminé.

Carte 4
Etat indépendant du Congo 1885-1908

2

UNE IMMONDE SALOPERIE

LE CONGO SOUS LÉOPOLD II
1885-1908

Le 1er juin 1885, le roi Léopold II se réveilla un tout autre homme dans son palais de Laeken ; en plus d'être roi de Belgique, il était aussi à compter de ce jour le souverain d'un nouvel Etat, l'Etat indépendant du Congo. Cet Etat allait exister exactement vingt-trois ans, cinq mois et quinze jours : le 15 novembre 1908, il fut transformé en une colonie belge. Le Congo n'a donc pas commencé comme une colonie, mais comme un Etat, et d'ailleurs l'un des plus singuliers que l'Afrique subsaharienne ait connus.

Pour commencer, le chef de l'Etat vivait à plus de six mille kilomètres au nord, à quatre semaines de navigation de son royaume, un voyage qu'il n'entreprit jamais. De son investiture en 1885 à sa mort en 1909, Léopold II ne devait jamais poser un pied dans son Congo. Compte tenu des risques pour sa santé associés à une telle initiative, cela n'a rien d'étonnant. Les chefs d'Etat d'autres puissances coloniales européennes ne se rendaient pas non plus dans les régions qu'ils avaient récemment acquises en Afrique centrale. Le plus curieux était que le souverain belge, contrairement à ses homologues, régnait en maître tout-puissant sur son territoire d'outre-mer. En 1885, Bismarck, la reine Victoria et Jules Grévy, président de la Troisième République française, étaient eux aussi à la tête de vastes régions d'Afrique, mais ils n'en étaient pas personnellement propriétaires. L'administration de leurs colonies relevait de l'Etat. Les décisions, prises au Parlement et au gouvernement, n'étaient pas une affaire personnelle qui ne dépendait que d'eux.

Officiellement, le royaume de Belgique n'avait pour l'heure encore rien à voir avec le Congo ; il se trouvait seulement qu'il avait le même chef d'Etat que ce lieu perdu au fin fond des tropiques. En Belgique, Léopold était un monarque constitutionnel aux pouvoirs limités, au Congo il régnait en souverain absolu. Ce régime extrêmement personnalisé en faisait plus un roi du XVe siècle du royaume du Kongo qu'un monarque européen moderne. De surcroît, il se comportait vraiment comme si son royaume lui appartenait.

L'acquisition d'une telle puissance par Léopold se fit d'ailleurs insidieusement. Ce n'était pas lui, mais son Association internationale du Congo, que les grandes puissances européennes avaient reconnu comme l'instance souveraine du bassin du Congo. Pourtant, personne ne sembla protester quand il abandonna cette construction de façade après la conférence de Berlin et commença ostensiblement à se conduire en maître de l'Etat indépendant du Congo. On voyait en lui un grand philanthrope, avec beaucoup d'idéaux et encore plus de moyens.

Sur place, cependant, les choses allaient prendre une tout autre tournure. Ses idéaux se révélèrent plutôt pécuniaires, ses moyens souvent très précaires. Au début, l'Etat indépendant du Congo n'existait que sur le papier. Même à la fin du XIXe siècle, Léopold disposait tout au plus d'une cinquantaine de postes, chacun à la tête d'une région de la superficie des Pays-Bas. Théoriquement du moins. Dans la pratique, de grandes parties du territoire échappaient à un véritable contrôle. Le Katanga était encore essentiellement entre les mains de Msiri, Tippo Tip était encore le maître dans l'Est, certains chefs indigènes ne s'avouaient pas vaincus. Le nombre de représentants de l'Etat resta limité, même jusqu'à la fin de l'Etat indépendant. En 1906, sur un total de trois mille Blancs, il n'y avait que mille cinq cents fonctionnaires européens (les autres étaient des missionnaires et des négociants)[1].

Le caractère approximatif des décisions qui avaient été prises s'illustrait par le fait que personne ne savait précisément où se situaient les frontières du royaume de Léopold. Le roi pas plus que les autres. Il lui arriva de changer plusieurs fois d'avis à propos de ces frontières. De telles hésitations étaient compréhensibles avant la conférence de Berlin : rien n'était encore fixé. Une première esquisse du futur territoire avait été ébauchée avec Stanley dans la villa royale d'Ostende. Stanley avait déplié la carte extrêmement provisoire qu'il avait dessinée lors de sa traversée de l'Afrique, une feuille en grande partie blanche sur laquelle seul le fleuve Congo et ses centaines de villages riverains étaient restitués avec précision. Ce fut sur cette feuille de papier que le souverain traça avec Stanley, à la hâte, quelques traits de crayon. On pouvait difficilement être plus arbitraire. Il n'existait pas d'entité naturelle, pas de nécessité historique, pas de conception métaphysique qui prédestinait les habitants de cette région à devenir concitoyens. Il n'y eut que deux hommes blancs, l'un moustachu, l'autre barbu, qui par un après-midi d'été, quelque part sur le littoral de la mer du Nord, relièrent quelques lignes au crayon rouge sur une grande feuille de papier. Pourtant, ce fut cette carte que Bismarck accepta quelques semaines plus tard et qui allait enclencher le processus d'une reconnaissance internationale.

Le 24 décembre 1884, le souverain sortit à nouveau un crayon. Il était sur le point de perdre le territoire situé au nord de l'embouchure du Congo au profit des Français, une région sur laquelle il avait fondé beaucoup d'espoirs et à laquelle il renonça à grand regret. En compensation, il se consola en cette sombre veille de Noël par l'annexion d'une autre région : le Katanga. Annexion signifie littéralement en l'occurrence : regarder attentivement une carte et penser, comme le premier propriétaire terrien mythique de Jean-Jacques Rousseau : "*Ceci est à moi**." On n'eut pas à mobiliser un seul soldat. Ce fut une partie de Risk, pas un Blitz. On ajoutait le Katanga, voilà tout. Léopold n'en fut d'ailleurs guère transporté. Le Katanga était recouvert de savane, on y trouvait moins d'ivoire que dans la forêt équatoriale. On ne s'apercevrait que des dizaines d'années plus tard de la richesse du sous-sol en minerais et en minéraux. Le roi n'avait fait que griffonner cet ajout.

Dans le courant de 1885, la France et l'Angleterre acceptèrent ces nouvelles frontières. Elles ne devinrent pas pour autant immuables. Les vingt années suivantes, bon nombre de différends frontaliers allaient survenir : avec la France à propos de l'Oubangui, avec l'Angleterre à propos du Katanga et avec le Portugal à propos du Lunda, la région jouxtant l'Angola. Et comme si cela ne suffisait pas, Léopold tenta dans les premières années de l'Etat indépendant de faire une percée jusqu'au cours supérieur du Zambèze, au lac Malawi, au lac Victoria et au cours supérieur du Nil, en somme, toute la région bordant à l'est sa possession. Sa voracité territoriale était insatiable. D'où venait cette frénésie ? Son Etat africain était encore extrêmement fragile. N'aurait-il pas mieux valu qu'il mette de l'ordre dans sa cuisine interne avant de songer à une expansion ? Et même s'il avait de gros moyens, ils n'étaient tout de même pas inépuisables ! Certes, mais Léopold avait conscience qu'il n'y aurait bientôt plus rien à obtenir en Afrique centrale. Un souci compréhensible. Il était parvenu à glaner sans difficulté des centaines de milliers de kilomètres carrés avant 1885, mais la tâche se compliqua par la suite. Jusqu'en 1900, il espéra pouvoir s'étendre davantage, mais aucun de ses projets n'aboutit. Il avait surtout jeté son dévolu sur le Nil et tenta de s'approprier le Soudan, où il espérait visiblement devenir un nouveau pharaon. Mais l'Ouganda et l'Erythrée le séduisaient aussi. En dehors de l'Afrique, il restait aussi à l'affût des Philippines ou de parties de la Chine.

Les frontières définitives du Congo ne seraient fixées qu'en 1910. Mais qu'avaient-elles de définitif? Dès 1918, la carte changea une fois encore, quand la Belgique obtint de surcroît sous mandat les territoires du Rwanda et du Burundi. Déjà, pendant la Première Guerre mondiale, la frontière orientale avait été remaniée. En 1927 vint s'ajouter un autre morceau du Katanga. Et en 2007, la question de la frontière exacte entre le Congo et l'Angola fut à nouveau soulevée.

Aujourd'hui, l'Etat indépendant du Congo n'est pas tant connu pour le flou de ses frontières que pour la dureté de son régime. A juste titre. Avec les turbulences qui ont précédé et suivi l'année de l'indépendance – 1960 – et avec la décennie 1996-2006, cette période passe pour la plus sanglante de toute l'histoire. Pendant les cinq premières années du pays, cependant, il n'en était pas encore question. De 1885 à 1890, l'histoire se déroula dans un calme relatif. Les Européens s'occupaient encore essentiellement du commerce de l'ivoire dans les différents postes que Stanley avait établis à partir de 1879. L'administration de l'Etat restait assez minimaliste.

Tout n'était pas paisible pour autant. Dans certaines régions se produisaient de violentes émeutes indigènes contre le nouveau régime, mais cette contestation n'était pas fondamentalement différente des précédentes formes d'opposition. On attaquait des expéditions, on refusait de hisser le drapeau des nouveaux venus et on assiégeait des postes de l'Etat. Ces incidents survenaient souvent dans des régions périphériques, comme le Kwango dans le sud-ouest du Congo, certaines parties du Katanga dans le sud et l'Uélé au nord-est, ce qui n'était pas un hasard. Le pouvoir traditionnel y était moins effrité par les événements mouvementés qui s'étaient déroulés le long du fleuve, les royaumes y étaient encore relativement solides. On les "pacifiait", comme on disait à l'époque, par la force[2].

Léopold II consacrait une bonne part de sa fortune à la consolidation de son Etat, surtout en créant de nouvelles implantations. Il renforçait ainsi son emprise sur le territoire. Pourtant, son administration se caractérisait par son extrême effacement. Au lieu de déployer un appareil d'Etat bureaucratique, il mettait en place les conditions minimales pour permettre au libre-échange de prospérer. Les coûts devaient être le plus faibles possible, les bénéfices le plus élevés. Son impérialisme avait de fortes motivations économiques. Les éventuels profits qu'il espérait générer n'étaient pas destinés à développer l'Etat indépendant du Congo, mais à être transférés en masse vers Bruxelles. On a souvent perçu dans cette démarche de la cupidité, et pas totalement à tort. Pourtant, ce n'est que la moitié de l'histoire. Léopold utilisait un de ses Etats, le Congo, pour donner de l'élan à son autre Etat, la Belgique. Il rêvait de prospérité économique, de stabilité sociale, de grandeur politique et de fierté nationale. En Belgique, bien entendu – charité bien ordonnée commence par soi-même. Réduire son entreprise à un enrichissement personnel démesuré ne rend pas justice aux motivations nationales et sociales de son impérialisme. La Belgique était encore jeune et instable ; avec le Limbourg néerlandais et le Luxembourg elle avait perdu de grandes parties de son territoire, les catholiques et les libéraux étaient prêts à se dévorer tout crus, le prolétariat commençait à se mettre en mouvement : un cocktail explosif. Le pays ressemblait à “une chaudière qui n’a pas de soupape”, estimait Léopold[3]. Le Congo devint cette soupape.

L’endroit au Congo où l’apparition de ce nouvel Etat se fit le plus sentir fut sans aucun doute la petite ville de Boma. En 1886, elle devint la première véritable capitale. Aujourd’hui, elle paraît figée dans le temps. Il y a peu de lieux en Afrique où la colonisation du XIXe siècle soit restée aussi visible. Boma dut renoncer à son statut de capitale en 1926 au profit de Léopoldville et fut progressivement évincée en tant que port par Matadi. Se promener dans Boma, c’est se promener dans le temps. Près de l’eau, un gigantesque baobab tend depuis des siècles ses branches noueuses vers le ciel. Un peu plus loin se dresse la vieille poste qui date de 1887. Elle est construite sur des piliers en fonte, comme presque tous les bâtiments de l’époque, pour éviter le pourrissement et dissuader les insectes. Un peu plus loin, en haut d’une colline, trône la “cathédrale”, un nom pompeux pour une très modeste chapelle tout en fer. Les murs, les portes et les fenêtres se composent de plaques distinctes envoyées de Belgique en 1889 pour être assemblées sur place, comme un meuble Ikea *avant la lettre**. Mais le plus imposant reste le logement de fonction du gouverneur général, remontant à 1908. Lui aussi a été érigé sur des piliers en fonte et à l’aide de plaques de métal préfabriquées, mais autour du bâtiment a été aménagée une magnifique extension en bois avec une agréable véranda, de hautes pièces, des plafonds en stuc et du verre artistiquement taillé. C’est de là qu’était dirigé l’Etat indépendant : le gouverneur général transmettait les instructions aux gouverneurs des provinces, qui les communiquaient aux commissaires de district à l’intérieur des terres, de là elles allaient au *chef de secteur** et, plus bas encore, au *chef de poste**. C’est à Boma que les timbres étaient tamponnés, les statistiques élaborées et les militaires formés. On y rendait la justice et une administration y était établie. La ville formait véritablement la charnière entre le Congo et le monde extérieur. Ce fut donc là que, plusieurs décennies plus tard, les habitants, pourtant déjà habitués aux bateaux à vapeur, aux presses et aux fanfares, virent le spectacle le plus étrange jamais observé : une automobile. Un industriel britannique avait fait venir une Mercedes huit cylindres avec des roues à rayons, suivie quelques années plus tard d'une LaSalle des Etats-Unis. "Pour sa femme", disent les habitants aujourd'hui, car les épaves de ces voitures anciennes, les deux premières au Congo, continuent de rouiller sous un auvent à la périphérie de la ville.

Les habitants de Boma n'étaient pas les seuls à entrer en contact avec le style de vie européen. Ici et là dans le pays, des jeunes Congolais étaient embauchés comme *boys*. Ils pénétrèrent ainsi littéralement dans la maison, la cuisine et la chambre du Blanc. Ils virent qu'il ne dormait pas sur une natte, mais sur un matelas. Ils découvrirent ses draps et son linge sale. Ils frottèrent les taches de transpiration sur leur chemise et les taches d'urine dans leur caleçon. Sur le mur ils virent accrochées des photos, dont ils disaient à leurs amis : "Quand j'étais dans la maison du Blanc, j'ai vu des hommes « se tenir debout » sur les murs, mais ils ne pouvaient pas parler, ils sont restés tout muets. En vérité, c'étaient des morts. Les Blancs les avaient pris[4]." La rencontre était pénible. Les boys se demandaient pourquoi leur patron avalait tous les jours des comprimés et ne mangeait pas avec les mains, pourquoi il se mettait à ce point en colère pour une tache sur son verre et pourquoi il laissait toujours la tête du poisson dans son assiette (n'était-ce pas ce qu'il y avait de meilleur ? Quel délice de sentir les arêtes craquer entre ses dents et d'entendre les yeux éclater dans sa bouche). Ils le voyaient le soir écrire sous la lampe, fumer une pipe et mettre des lunettes. Comme c'était curieux, comme tout cela était curieux. Le boy apprenait à cuisiner à l'occidentale, il mettait la table, faisait la vaisselle et le lit. Il prenait garde en repassant – là encore, une curiosité ! – à ne pas trouer le tissu en le brûlant. Quand le patron devait se rendre quelque part, il avait souvent le droit de l'accompagner, il allait ainsi dans des lieux où il ne serait autrement jamais venu. Un bon boy était souvent apprécié, parfois on le frappait, mais jamais il ne pouvait disposer de lui-même. Léopold avait juré de mettre un terme au commerce swahilo-arabe des esclaves, mais au fond il n'y avait aucune différence entre la vie d'un esclave domestique d'Afrique centrale sur la péninsule arabique et l'existence d'un boy chez un fonctionnaire européen au Congo.

Telle était la vie que menait Disasi Makulo depuis que Stanley l'avait confié à Anthony Swinburne. Il aurait pu plus mal tomber, car Swinburne était patient et gentil et le poste de Kinshasa confortable et animé. Ni l'un ni l'autre n'aurait cependant pu se douter que leur vie allait être brusquement bouleversée. Mais Léopold II en décida ainsi.

La Belgique ne participait pas directement à l'organisation de l'Etat indépendant, mais le roi envoyait un nombre croissant de ses sujets au Congo. Des officiers belges menaient des expéditions, des diplomates belges recherchaient pour lui du personnel pour un consulat à Zanzibar et les postes le long du fleuve étaient placés sous la direction de ressortissants belges. Les Britanniques que Stanley avait installés disparurent peu à peu. L'anglais en tant que langue de l'Administration céda la place au français, même si des noms de lieux comme Beach, Pool et Falls continuèrent d'exister. Des mots comme *steamer* et *boy* ne s'effacèrent jamais, notamment en raison du travail mené par les missionnaires britanniques et américains. En lingala, la langue parlée au bord du fleuve, un livre se disait dorénavant *buku* et le verbe *beta* signifiait "battre", une déformation de *beat*.

Après la conférence de Berlin, Léopold II eut de moins en moins besoin des Britanniques. Il avait en outre dû promettre aux Français de ne plus jamais accorder à Stanley, à leurs yeux le diable en personne qui avait contrecarré les plans de "leur" Brazza, un poste à haute responsabilité dans l'Etat indépendant[5]. En 1886, Léopold affecta Camille Janssen au poste de premier gouverneur général belge de l'Etat du Congo. L'Association internationale du Congo, au nom si élégant, se transforma peu à peu en entreprise unipersonnelle, dotée d'un personnel belge. Sur les trois mille Blancs qui en 1908 résidaient au Congo, plus de mille sept cents étaient belges[6]. On savait qu'on pouvait perdre la vie au Congo, mais on espérait y acquérir par-dessus tout les honneurs, la célébrité et la richesse. On ignore souvent cet enthousiasme qui avait commencé à se manifester en Belgique. Le fait que le roi ait été seul aux commandes de cette entreprise d'outre-mer n'allait pas empêcher l'émergence dans sa patrie européenne d'une ardeur impériale. Il ne parvint pas à éveiller l'intérêt des masses belges mais, dans les villes, une élite d'officiers, de diplomates, de juristes et de journalistes se passionnait pour le territoire. Et dans les petites villes de province, des jeunes hommes de la petite bourgeoisie rêvaient d'une existence plus héroïque et plus glorieuse de soldat, d'agent ou de missionnaire.

Pour une personne comme Anthony Swinburne, cette "belgicisation" avait un goût particulièrement amer : l'homme qui avait su préserver Kinshasa des mains des Français et avait de ce fait espéré en silence être nommé gouverneur de province fut remercié pour ses bons et loyaux services[7]. Pour ses deux boys, en revanche, ce renvoi fut une aubaine. En avril 1886, le contrat de travail de leur maître prit fin. Swinburne retourna en Angleterre et les emmena. Ainsi Disasi Makulo, qui en tant qu'esclave de Tippo Tip était destiné à partir pour Zanzibar et de là à être transporté par bateau vers la péninsule arabique ou l'Inde, se retrouva soudain en Europe.

> Pour la première fois. C'était quelque chose d'épouvantable de voir le grand bateau et la mer. Ayant quitté le quai pour traverser la mer, nous sentions des malaises, suivis de vomissements. Malgré tous les soins qui nous entouraient, nous ne nous sentions guère bien durant toute la traversée. Après plusieurs jours, nous arrivons en Angleterre. La vue du pays d'Europe nous semblait être un rêve, nous ne croyions nullement être dans la réalité ! Les très grands bâtiments, les rues bien pavées, la propreté qui régnait partout, l'intérieur des maisons bien orné. Dans la maison où nous nous trouvions se trouvait une sorte d'armoire où les aliments se conservaient longtemps sans se gâter. La vie des blancs était vraiment différente de la nôtre : tous les jours nous étions joyeux, la seule chose qui nous incommodait était le froid. Pour l'éviter, on nous faisait porter des vêtements chauds et lourds[8].

Disasi fit ainsi partie des rares Congolais qui arrivèrent en Europe avant 1900. Ils n'étaient tout au plus que plusieurs centaines. Les missionnaires emmenaient parfois quelques enfants en revenant dans leur pays. Ils pouvaient servir de matériel didactique lors de leurs conférences et de matériel promotionnel lors de leurs collectes. Pour leur donner du cœur à l'ouvrage et le goût du travail bien fait, on les formait aussi dans les chantiers navals, les mines de charbon et les verreries. Très peu d'entre eux allaient étudier au Congo Institute au pays de Galles. Le baptiste britannique William Hughes y avait fondé un institut de formation pour les jeunes Congolais qui se sentaient une vocation : entre 1889 et 1908, ils ne furent que douze à partir pour Colwyn Bay[9]. Dans les années 1890, une soixantaine de garçons et filles se rendirent dans le village de Gijzegem, en Flandre-Orientale, où ils purent aller à l'école chez le révérend père Van Impe. Les garçons étaient en pensionnat, les filles étaient réparties dans des cloîtres en Flandre. Ils portaient des costumes de marin blanc et bleu[10]. D'autres Congolais se retrouvèrent dans des expositions ethnographiques ; les Pygmées, en particulier, étaient une attraction appréciée dans les cirques ou les foires. A l'Exposition universelle d'Anvers en 1885, on put découvrir un "village nègre" de douze Congolais. En 1894, ils étaient déjà 144. Mais le plus grand groupe d'indigènes, quelque 267, partit en 1897 pour Tervuren en tant qu'attraction exotique pendant l'exposition coloniale. Ils construisirent des huttes le long de l'étang du parc et jouèrent leur propre rôle sous le regard de centaines de milliers de Belges qui avaient bien envie de voir ce que c'était, un nègre.

En dehors des merveilles du monde occidental, ils étaient invariablement confrontés aux rigueurs du climat tempéré en Europe. Sept membres de la délégation de Tervuren succombèrent à la grippe pendant l'été humide. Lutunu, un ancien esclave qui tout comme Disasi était devenu boy chez un agent blanc, se rendit pendant l'hiver 1884-1885 en Angleterre avec le baptiste britannique Thomas Comber, ainsi que quelques autres enfants. Certains d'entre eux furent victimes de douleurs aux oreilles et à la gorge, mais refusèrent de recourir aux médicaments occidentaux, car ils rendaient aveugles, pensaient-ils (ils avaient eu en tout cas l'occasion de le constater pour la quinine, que les Blancs utilisaient sous les tropiques pour lutter contre la malaria). Même s'ils n'avaient pas de *féticheur** digne de ce nom auprès d'eux et ne parvenaient pas à trouver dans tout Liverpool de l'huile de palme nécessaire aux rituels, ils se soignaient par les moyens traditionnels[11].

En 1895, un certain Buntungu se rendit avec John Weeks, un autre baptiste, en Angleterre. Buntungu avait suivi un enseignement dans un poste missionnaire riverain du fleuve dans la forêt équatoriale et il savait lire et écrire. Lui aussi revint chez lui avec des histoires toutes plus incroyables les unes que les autres à propos de bateaux à vapeur, de mal de mer, d'eau salée et de mer. Mais il les écrivit en boloki, sa langue maternelle. Le seul texte que nous connaissions d'un Congolais du XIXe siècle[12].

> Et j'ai vu tant de choses : des moutons, des chèvres, des vaches, que sais-je encore. Il y a de tout dans leur pays. Si tu ne me crois pas, regarde leurs villes, voilà comment ils sont. Et leurs villages sont si proprets. Un jour, nous sommes allés voir un spectacle de tir au fusil, on y tirait en l'air et cela éclatait. […] Et quand le froid est arrivé, j'ai vu des choses comme des flocons, comme les flocons de l'arbre que l'on appelle molondo. Et j'ai demandé : "Qu'est-ce que c'est?" Les gens m'ont dit : "C'est de la neige." Sous nos pieds, il y avait des grêlons, mais les grêlons sont durs et là c'était mou. C'était d'ailleurs la fin du cercle de l'année. Pendant six mois il fait toujours froid, et pendant les six autres mois, le soleil brille. […] Leur pays n'est donc vraiment pas comme le nôtre. Je n'y ai pas vu un seul serpent. Les petits animaux qu'ils élèvent et que nous avons aussi dans notre pays, ne vivent pas dans la cour chez les gens, mais ils ont aussi des cafards, des rats et des chats. Mais pour tous les animaux, ils ont construit des enclos. Quand on entre dans un tel enclos, on voit différents animaux, et les gens y ont même construit des maisons pour les animaux. Il n'y a que le cheval qui se promène librement.

Buntungu resta loin de chez lui pendant près d'un an et demi. En dehors des fermes, des flocons de neige et des feux d'artifice, il vit aussi Londres et "les nombreuses choses que les gens y ont fabriquées". Il n'en dit pas plus à ce sujet. Il décrit en revanche de façon particulièrement émouvante le retour chez lui :

> Je suis allé dans la maison de l'Equateur et je me suis parlé à moi-même. J'ai regardé autour de moi et j'ai vu ma mère et j'ai dit : "Voilà ma vraie mère." Je me suis dirigé vers elle et je l'ai appelée et elle a dit : "Où est Buntungu ?" Et j'ai répondu : "C'est moi." Et elle a dit : "Alors tu es revenu." J'ai dit : "Oui." Nous nous sommes promenés dans le village et beaucoup sont venus nous saluer.

Quand quelqu'un avait pu aller dans cette Europe mythique, il devait raconter son histoire au moins une centaine de fois. Les vieillards et les enfants étaient pendus à ses lèvres, les membres de la famille l'interrogeaient. Ceux qui avaient voyagé en Europe étaient très peu nombreux, mais des villages entiers venaient écouter des gens comme Buntungu raconter leur premier voyage en train : "Le train allait aussi vite qu'une mouche, incroyable !" Les gens qui étaient restés sur place voyaient aussi de près les objets les plus curieux. Ceux qui rentraient de Tervuren avaient, en dehors de costumes et de chemises, aussi des chapeaux melons, des broches, des cannes, des pipes, des montres, des bracelets et des colliers, sans compter des marteaux, des scies, des rabots, des haches, des hameçons, des cafetières, des entonnoirs et des loupes pour faire du feu. Bon nombre d'entre eux avaient également acheté un chien dans le village de Tervuren. Le jeune Lutunu, après son voyage en Angleterre, avait même pris le bateau pour New York, où il avait logé chez la sœur d'un missionnaire. Elle lui avait offert en prenant congé de lui un cadeau extrêmement étrange : une bicyclette ! Lutunu l'avait rapportée au Congo et fut ainsi le premier cycliste d'Afrique centrale.

C'était pratique d'avoir ses boys sous la main en Europe, estimaient de nombreux Blancs. On attirait tous les regards et l'expérience était intéressante pour les garçons concernés. Il fallait cependant être sur ses gardes. Avant qu'on ait pu vraiment en tirer avantage, le jeune apprenait trop durant son voyage. Le baptiste britannique George Grenfell se rendit en Angleterre avec un garçon et une fille de 9 ans, mais il prévint ses hôtes : "Si on leur accorde trop d'attention, nous aurons du mal à les ramener à leur ancien statut quand nous rentrerons[13]." Le socialiste belge Edmond Picard se moquait des coloniaux qui se pavanaient avec leur domestique prétendument modèle : "D'ordinaire, il ne faut pas un long temps pour que ce personnage merveilleux cause le désespoir de l'imprudent qui l'a mis en trop intime contact avec notre civilisation raffinée et nos femmes de chambre[14]." Le nombre de Congolais qui auraient la possibilité de se rendre en Europe resterait toujours limité. Les voyages ne rendaient pas nécessairement un être plus dépravé, mais manifestement il devenait moins docile. Comme on allait d'ailleurs le constater plus tard. Les vétérans congolais qui rentrèrent chez eux en 1945 à la fin de la Seconde Guerre mondiale commencèrent à être agacés par le pouvoir colonial. Les intellectuels et les journalistes qui revinrent en 1958 de l'Exposition universelle de Bruxelles se mirent à rêver d'indépendance.

Disasi Makulo rentra lui aussi. Swinburne ne travaillait plus pour l'Etat indépendant, mais il était décidé à faire fortune en tant que négociant au Congo. Avec Edward Glave, un autre Britannique rejeté par Léopold, il allait acheter de l'ivoire. A Kinshasa déjà, des Congolais vinrent lui en proposer. Il eut à un moment donné soixante défenses chez lui, chacune pesant de dix à cinquante kilos. Mais dès que Swinburne eut son propre petit bateau à vapeur, il remonta le courant, achetant l'ivoire à moins du tiers du prix usuel[15]. Il était loin d'être le seul. Le commerce sur le fleuve, qui avait été pendant près de quatre siècles entre les mains d'armateurs locaux, était à présent entièrement repris par les Européens. Le libre-échange international de Léopold ne fit qu'une bouchée du vieux réseau commercial. Des usines européennes et leurs entrepôts firent leur apparition. A Matadi venaient s'amarrer des transatlantiques qui utilisaient des grues pour hisser l'ivoire à bord. En 1897, deux cent quarante-cinq tonnes d'ivoire furent exportées vers l'Europe, soit près de la moitié de la production mondiale cette année-là. Anvers surpassa rapidement Liverpool et Londres comme plaque tournante mondiale de l'ivoire[16]. Partout en Occident, les pianos et les orgues eurent droit à des touches en ivoire congolais ; dans des salons enfumés, on percutait des boules de billard ou on disposait des dominos dont la matière première provenait de la forêt équatoriale ; sur les manteaux de cheminée des maisons bourgeoises trônaient des statuettes en ivoire du Congo ; le dimanche, on allait flâner avec des cannes et des parapluies dont les poignées étaient fabriquées avec des défenses d'éléphant. Mais le libre-échange international ôtait le pain de la bouche au commerce local.

C'étaient surtout les enfants et les adolescents qui apprenaient à connaître de près le mode de vie européen. Les garçons en faisaient l'expérience en tant que boys, les filles en tant que "*ménagères* *". La *ménagère* * s'occupait, malgré son appellation, bien moins de l'entretien classique de la maison que de l'entretien des hormones. Comme d'une part les femmes européennes étaient jugées inaptes à la vie sous les tropiques et que, d'autre part, on trouvait qu'une trop longue privation sexuelle nuisait à l'ardeur au travail et à la force vitale de l'homme blanc, une grande tolérance existait vis-à-vis de formes de concubinat avec une indigène. En 1900, il n'y avait au Congo que quatre-vingt-deux femmes blanches, dont soixante-deux étaient des religieuses ; les hommes blancs étaient plus de onze cents[17]. Aussi bon nombre d'entre eux établissaient des relations intimes de longue durée avec une ou plusieurs femmes africaines. Certains parlaient ouvertement de leur *ménagère* * en l'appelant "ma femme", d'autres adoptaient un mode de vie extrêmement libertin. Souvent, les hommes choisissaient des filles très jeunes de 12, 13 ans, souvent la ligne de démarcation entre l'affection et la prostitution était floue, souvent le pur désir allait de pair avec la sollicitude. Mais les relations restaient toujours asymétriques. La *ménagère* * dormait peut-être sous la même moustiquaire que l'homme blanc, mais souvent elle était étendue, de sa propre volonté ou non, sur une natte par terre.

Tout cela se passait bien entendu à la plus grande tristesse des missionnaires. Mais au Congo, la fréquentation des églises par les Européens était encore bien plus faible que dans la métropole : la minuscule cathédrale de Boma était largement assez grande le dimanche matin. Ce n'est qu'aux enterrements qu'on se tournait encore vers la liturgie. Disasi Makulo put le constater de ses propres yeux. En 1889, à peine trois ans après son voyage en Europe, son maître Swinburne eut un accès de fièvre gastrique. Sur ses jambes apparurent d'affreux ulcères. Son état empirait à vue d'œil. Disasi et un ami fabriquèrent une litière avec un hamac et voulurent le transporter à Boma. En chemin, ils s'arrêtèrent au poste missionnaire de Gomba, où le baptiste britannique George Grenfell s'occupa du malade pendant deux semaines. Quand son aide n'eut plus aucun effet, ils reprirent leur trajet interminable. Près de la factorerie hollandaise de Ndunga, où travaillait Anton Greshoff, l'oncle de l'écrivain Jan Greshoff, Swinburne succomba. Il venait d'avoir 30 ans. “Les Blancs que nous avions rencontrés dans ce Poste s'empressèrent de préparer l'enterrement. Tous les Blancs en beaux costumes et une foule de Noirs assistèrent à l'enterrement”, fait remarquer Disasi. Et d'ajouter : “Ce jour-là, nous considérions le monde comme étant le lieu le plus amer et nos pensées devinrent perplexes ne sachant pas si nous pourrions encore avoir dans la vie un soutien[18].”

Après l'enterrement, Greshoff décida de ramener les deux garçons au poste missionnaire de George Grenfell. Ce Grenfell était déjà une légende de son vivant. Il devait sa réputation à une combinaison chez lui de prosélytisme et de soif de découvertes. Arrivé au Congo en 1879, il y fut l'un des tout premiers missionnaires et y mourut en 1906, apparemment immunisé contre toute maladie tropicale. Avec son bateau à vapeur, le *Peace*, il navigua à partir de 1884 sur d'innombrables affluents du Congo qu'aucun Blanc n'avait encore explorés. En deux ans, il parcourut vingt mille kilomètres sur le Congo, l'Oubangui, le Kasaï, le Kwango et d'autres affluents. Il dessina des cartes et érigea des postes. Après Stanley et Livingstone, il passe pour le troisième grand explorateur du Congo. Disasi Makulo qui avait été fait esclave de Tippo Tip, puis racheté par Stanley, était devenu boy chez Swinburne. A présent, à environ 18 ans, il devenait, avec son ami, le domestique du plus célèbre de tous les missionnaires du XIXe siècle au Congo.

> Grenfell nous accueillit comme s'il nous connaissait depuis longtemps. Il nous prit sur son bateau et nous voilà de nouveau sur le fleuve. Nous faisions beaucoup de voyages sur le fleuve et les rivières. Au début, nous ne savions pas pourquoi ces déplacements fréquents et continuels. Ce n'est qu'après qu'il nous fit savoir que c'était pour explorer les rivières et étudier les diverses contrées afin que l'on puisse plus tard établir des missions[19].

Les missionnaires poursuivaient obstinément leur tâche. Tandis que de nombreux fonctionnaires européens lâchaient la bride, ils intervenaient contre ce qu'ils considéraient comme des coutumes indigènes malsaines, notamment les sacrifices humains, les épreuves du poison, l'esclavage et la polygamie. Mais une telle approche était bien entendu subjective. Pour beaucoup d'entre eux, les indigènes ne cherchaient pas à se faire christianiser. Disasi Makulo en parle :

> Les villageois, ayant vu le bateau abordant la rive, vinrent nombreux, hurlant, tenant et brandissant des couteaux, des lances et des armes, croyant que nous étions venus leur faire la guerre. Pour montrer aux aborigènes que notre présence ici n'était pas pour les combattre, Madame Bentley [femme d'un autre missionnaire] prit son bébé, le hissa en l'air et le présenta à la foule. La foule dont l'intention était de nous combattre, voyant pour la première fois une femme et un bébé blancs, curieux, ils déposèrent leurs armes et s'en allèrent au devant d'eux s'exclamant et admirant ces êtres, venus on ne sait d'où, avec une embarcation mystérieuse. Tout doucement, le bateau accoste[20].

Bolobo devint une des missions les plus importantes. A défaut de bébés blancs, les protestants s'occupaient aussi d'enfants indigènes. Grenfell emmenait habituellement dans ses voyages plusieurs de “ses” enfants. Ils coupaient du bois pour le bateau à vapeur, tenaient le gouvernail et servaient d’interprètes. En tant qu’esclaves rachetés, ils parlaient encore souvent la langue de leur région d’origine, qui n’était pas christianisée. A Yakusu, l’évangélisation se déroula bien plus facilement grâce à une jeune indigène convertie. Les villageois, qui reconnaissaient ses tatouages tribaux, savaient qu’elle était une des leurs[21]. L’évangélisation n’était donc pas seulement une affaire de Blancs face aux Noirs ; les Noirs participaient aussi à l’évangélisation et jouaient un rôle important dans le bouleversement religieux qui s’opérait. Disasi Makulo devint lui aussi un de ces intermédiaires. Il se fit baptiser en 1894 et contribua à la christianisation, non sans succès. Grenfell écrivait dans une de ses lettres : “Disasi [...] a bien travaillé et a suscité une impression plutôt favorable parmi les indigènes[22].”

Au cours de ses voyages avec Grenfell, Disasi revint pour la première fois dans sa région. Les retrouvailles avec ses parents furent émouvantes. Tambourinée par le gong, la nouvelle du fils perdu qui rentrait chez lui circulait partout. Ses proches firent tuer des chèvres et des chiens et proposèrent même *en passant** de sacrifier deux esclaves. “Voyant cela, j’étais fort indigné de voir persister dans ma tribu ces coutumes barbares d’esclavage et d’anthropophagie !” Il protesta énergiquement et libéra lui-même les esclaves, à la stupéfaction de ceux qui habitaient sa région d’origine : “Beaucoup d’entre eux se demandaient avec étonnement comment et pourquoi j’avais pitié de ces esclaves, et d’autres me reprochaient de les avoir empêchés de manger la chair délicieuse de l’homme. Les danses continuèrent pendant deux jours sans interruption[23].” Disasi Makulo était devenu un homme partagé entre deux cultures, loyal envers sa tribu et loyal envers sa nouvelle religion.

Il n’était pas le seul à être immergé dans un nouvel univers moral. Les premiers habitants des missions étaient souvent des enfants que les autorités de l’Etat indépendant avaient emmenés loin des zones de conflit. Ils ne venaient pas toujours forcément des marchands d’esclaves ; parfois ils étaient victimes de violences tribales. Lungeni Dorcas, une fillette du Kasaï, avait été faite prisonnière par des guerriers de la proche tribu

Basonge. Elle avait vu sa mère et ses frères se faire brutaliser et son plus jeune frère, encore bébé, être jeté à terre et tué. Elle est une des rares voix de femmes que nous connaissons de l'époque :

> Après quelques jours, nous apprîmes qu'un blanc viendrait combattre nos ennemis pour nous délivrer. Nos maîtres, ayant entendu cela, commencèrent à vendre leurs captifs. Bientôt, le blanc annoncé arriva, c'était une autorité de l'Etat ; il était accompagné d'un bon nombre de soldats. Il convoqua le chef du village et lui dit qu'il voulait délivrer tous les captifs qu'il avait, ainsi que ceux de ses sujets. Il fit sortir une malle pleine de diverses sortes de bijoux, de colliers, de mitakos [des barres de cuivre servant de monnaie d'échange], des étoffes, etc. Frappés par la beauté de ces objets, on nous présenta chez cet Européen. Celui-ci, après nous avoir délivrés, nous conduisit à Lusambo. Ce même jour, arriva à Lusambo un petit bateau conduit par un blanc que l'on appelait Kiapo. Notre autorité nous confia à celui-ci qui nous emmena à destination de Kintambo dans une mission protestante. Nous y rencontrâmes beaucoup de garçons et de filles de tribus différentes, également rachetés comme nous[24].

On ne saurait sous-estimer l'intérêt de ce témoignage, qui montre en détail comment les postes missionnaires ont accédé à leurs premiers fidèles par l'intermédiaire de l'Etat et comment les premières communautés interethniques se sont créées. Des jeunes qui ne connaissaient ni la langue ni la culture les uns des autres se retrouvaient soudain à vivre ensemble. Les missionnaires passèrent même à une autre étape. A mesure que les enfants grandissaient, ils devinrent des marieurs transculturels. Là encore, Lungeni Dorcas raconte : "Afin de nous préserver de tous les ennuis possibles à l'avenir, nos Missionnaires voulaient que nous ne soyons épousées que par les jeunes gens chrétiens éduqués également par eux." Dans son cas, cela signifia un mariage avec une vieille connaissance : "C'est ainsi qu'[…] ils s'arrangeront pour que je sois mariée à Disasi. Ce qui fut fait[25]." Une génération plus tôt, il aurait été impensable qu'elle épouse un homme né à huit cents kilomètres de chez elle ; or elle eut de lui six enfants : trois garçons et trois filles. La mission relativisait le lien tribal, détachait les gens de leur village en mettant en avant la cellule familiale (les parents et leurs enfants) comme alternative.

Jeune marié, Disasi restait profondément malheureux de *la terrible barbarie** de son village[26]. Il proposa donc à Grenfell d'établir lui-même un poste missionnaire. En 1902, il fonda la mission de Yalemba, un des premiers postes missionnaires noirs au Congo. Grenfell y passait de temps en temps. Après toutes ses pérégrinations, Disasi était de nouveau chez lui :

> Le but de mon retour chez les miens était de les aider, les protéger et leur apporter la lumière de la civilisation. [...] J'avais décidé que tous les habitants de mon village viendraient s'établir avec moi près de la mission. J'ai commencé par les membres de ma famille, mon père, ma mère, mes sœurs, mes frères, cousins, neveux et nièces. Tandis que les autres villageois ne voulaient d'abord pas quitter leur village, ce n'est que plus tard après de grands efforts que j'ai réussi à les faire partir de là et à les établir près de moi[27].

Les catéchistes noirs furent une tête de pont entre deux mondes. Le vieux Nkasi m'avait fait un récit comparable lors de nos conversations. Le plus jeune frère de son père, Joseph Zinga, avait en effet accompagné le missionnaire protestant Mister Welles à Palabala pour devenir catéchiste. Il avait pu ainsi se familiariser avec les idées et les connaissances européennes. Il avait appris le calendrier chrétien. "C'est lui qui m'a dit que je suis né en 1882", avait précisé Nkasi[28].

Entre-temps les catholiques s'étaient eux aussi lancés dans l'aventure. Après les premières tentatives des spiritains et des Pères Blancs, l'œuvre missionnaire catholique s'était accélérée à la suite de la conférence de Berlin. Léopold II s'étant désengagé de son association internationale, il accordait sa préférence aux missionnaires belges, qui étaient sans exception catholiques. En 1886, le pape Léon XIII, en très bons termes avec Léopold, proclama que l'Etat indépendant du Congo devait être évangélisé par les Belges. Les Pères Blancs, à l'origine une congrégation franco-algérienne, n'envoyaient désormais plus que des Belges. Des jeunes scheutistes [congrégation de missionnaires dite du "Cœur immaculé de Marie" fondée en 1862 à Scheut (quartier de Bruxelles), d'où son nom courant en Belgique] et jésuites partirent d'innombrables villages et villes belges, suivis par des trappistes, des franciscains, des missionnaires du Sacré-Cœur et des sœurs du Précieux-Sang. Ils se partagèrent soigneusement l'intérieur des terres au Congo. Les missionnaires protestants venus d'Angleterre, d'Amérique et de Suède poursuivirent leurs activités, mais perdirent leur influence : ils devaient s'accommoder du nouvel Etat et apprendre à supporter les tracasseries que leur causaient les missionnaires catholiques qui leur prenaient leurs fidèles.

Tandis que les protestants s'efforçaient, selon leur doctrine d'une conscience individuelle de Dieu, de convaincre des individus, les catholiques cherchèrent d'emblée à s'adresser à des groupes. Pour eux primait l'expérience collective de la foi. Mais comment trouver un groupe ? Là encore, les enfants allaient offrir la solution. Tout comme chez les protestants, leurs premiers disciples furent souvent des enfants esclaves libérés ou rachetés que leur avait confiés l'Etat. Au poste missionnaire de Kimuenza par exemple, les jésuites commencèrent en 1893 par dix-sept Noirs libérés, douze ouvriers de la tribu Bangala, deux charpentiers de la côte, deux soldats et leurs femmes, et quatre-vingt-cinq enfants que l'Etat avait "confisqués" aux marchands d'esclaves arabisés. Ensemble ils formaient *une colonie scolaire**. En avril 1895, deux ans plus tard, il y avait déjà quatre cents garçons et soixante-dix filles, et même quarante jeunes enfants de 2 et 3 ans. En 1899, une église avait été construite avec mille cinq cents places assises, trois vitraux et deux cloches en bronze, une de deux cents et une autre de six cents kilos. Elles avaient été coulées en Belgique. On pouvait les entendre sonner jusqu'à deux heures et demie de marche du poste missionnaire[29].

L'aide de l'Etat était donc essentielle. Mais l'interaction entre l'Eglise et l'Etat allait bien plus loin. Lors de la fondation de Kimuenza, un agent de l'Etat indépendant avait réuni les chefs de village pour leur faire clairement comprendre que les missionnaires bénéficiaient de la protection spéciale de l'Etat et qu'il ne fallait pas hésiter à leur vendre des poulets, du manioc et d'autres denrées[30]. L'Etat était même responsable de l'entretien de la petite école, sous réserve que quatre élèves sur cinq qui terminaient leurs études entraient ensuite dans la *Force publique**, l'armée de l'Etat indépendant ! Manifestement, les jésuites se battaient pour Jésus, mais aussi pour Léopold. La petite école était donc gérée comme une école militaire de cadets en Belgique.

> Les petits noirs doivent saluer militairement, marcher de même. [...] L'ordre du jour est en conséquence. A 5 ½ h., lever expéditif au signal du clairon, toilette sommaire, puis prières : Pater, Ave, Credo en langue fiote [kikongo]. Après la prière, le déjeuner. Tous se réunissent sur la place devant le hangar servant de réfectoire. On prend position. Le sergent crie : "Garde à vous !" Le silence s'établit aussitôt dans les rangs. "File à droite !" La petite colonne s'ébranle et va se placer militairement et en silence devant les tables. "Assis !" et tous de s'asseoir. Enfin l'ordre impatiemment attendu : "Manger[31] !"

Au bout d'un certain temps, il s'avéra qu'une telle *colonie scolaire** avait aussi ses limites : il n'y avait plus d'arrivées d'enfants esclaves et les "païens" des alentours ne tenaient pas à se convertir, en dépit de tous les tintements de cloches, car ils voyaient les anciens élèves disparaître en direction de la caserne. Les jésuites déployèrent alors le système des *fermes-chapelles**. Non loin d'un village existant, ils installaient une nouvelle implantation où les enfants du voisinage apprenaient à prier, à lire et à jardiner dans un relatif isolement. L'accent était mis sur ce relatif isolement : il fallait les extraire suffisamment longtemps de leur culture habituelle, sinon ils retombaient dans le "paganisme". "Vouloir civiliser les noirs en les laissant dans leur milieu, c'est vouloir ranimer un noyé en lui tenant la tête sous l'eau", disait-on finement[32]. Mais en même temps il fallait que les autres villageois quasi nus soient témoins du nouveau statut de ces petits catéchistes bien nourris et bien habillés : cela faisait forte impression. La mission devint un moyen de s'assurer un certain confort matériel. Le chef du village recevait un cadeau par enfant qu'il autorisait à partir pour la ferme-chapelle. On ne s'étonnera donc pas que l'un d'eux ait dit un jour : "Blanc, viens honorer mon village, bâtis ta maison, apprends-nous à vivre comme les blancs. Nous te confierons nos enfants et tu en feras des *mundele ndombe*, littéralement des blancs noirs[33]."

Les postes missionnaires se transformèrent en fermes à grande échelle et en vitrines d'un autre mode de vie. Le nombre de baptêmes grimpa en flèche. Les jésuites à eux seuls convertirent entre 1893 et 1918 quelque douze mille personnes. En 1896, ils avaient dans leur poste de Kisantu quinze vaches, en 1918 plus de mille cinq cents. Il y avait là une menuiserie, un petit hôpital et même une presse[34]. Les élèves qui terminaient leurs études restaient vivre au poste missionnaire pour se marier. Ils y travaillaient comme agriculteur, menuisier ou imprimeur et y fondaient leur famille. Tout comme chez les protestants se créaient ainsi des villages qui ne relevaient pas de l'autorité d'un chef indigène. Le village, avec ses innombrables contacts et ses multiples formes de solidarité, devint subordonné à la famille monogame. D'autres ordres religieux reprirent la formule de la ferme-chapelle, mais le système fit aussi l'objet de sévères critiques. Pour remplir leurs registres de baptême, les missionnaires étaient prompts à considérer les enfants comme étant "orphelins", même lorsque, selon la tradition africaine, suffisamment de parents étaient là pour les élever. Quand la maladie du sommeil survenait, les enfants étaient retirés en masse de leur village. "Les effets furent désastreux", constata un contemporain. "Cela nous a rendus odieux aux indigènes[35]."

La bienveillance des missionnaires avait aussi sa face obscure. Ils abordaient la population avec d'aimables sourires, mais leurs méthodes étaient parfois sournoises. Le missionnaire brugeois Gustaaf Van Acker a expliqué comment il réagissait, en tant que Père Blanc, aux "sortilèges" liés aux croyances indigènes ("des os, des cheveux, des crottes d'animaux, des dents, des centaines de choses dégoûtantes et que sais-je encore") sur lesquels il tombait le long de la route dans des "petites niches" :

> Pour ne pas contrarier la population et ne pas gêner nos recherches, nous ne voulions pas mal nous comporter vis-à-vis de cette immonde saloperie ; nous devions contenir notre haine et ce n'était qu'occasionnellement, quand nous étions seuls, que nous donnions discrètement un bon coup de pied là-dedans pour que tout le bazar s'écroule. Si seulement nous pouvions bientôt œuvrer plus ouvertement et remplacer dans tout l'Urua, dans tous les villages, le long de toutes les rues, tous ces signes du diable et cette camelote du diable par la croix rédemptrice. Ah ! Que de travail pour si peu de planteurs de croix[36] !

Certains missionnaires détruisirent ainsi des milliers de fétiches.

A Boma, j'ai eu le privilège de parler à quelques vieux habitants. Victor Masunda avait 87 ans et il était aveugle, mais il se souvenait encore étonnamment bien des histoires de son père[37]. "Le premier missionnaire que mon père a vu", m'a-t-il dit tandis que nous buvions du Fanta dans sa pièce principale plongée dans la pénombre, "c'était *père** Natalis De Cleene, un géant qui venait de Gand, un scheutiste. Il avait fondé la *colonie scolaire** de Boma ; elle remplaçait le poste missionnaire des spiritains. Léopold a demandé au pape des missionnaires belges, et c'est à ce moment-là que les scheutistes sont venus."

Il connaissait son Histoire. Le nom du missionnaire était en outre parfaitement exact : je l'ai retrouvé plus tard dans les registres des scheutistes. De Cleene était un missionnaire connu.

"Quatre, cinq ans plus tard, le père a quitté la ville à cheval et il a fondé la mission de Kango dans la forêt vierge du Mayombe. Mon père et ma mère habitaient dans la forêt vierge. Papa avait 15 ans. En décembre 1901, il s'est fait baptiser. Il faisait partie du deuxième contingent. Son numéro était le 36B. Ma mère a été baptisée en 1903. Trois ans plus tard, ils se sont mariés. Ils ont quitté leur village et se sont installés dans le camp ouvrier de la mission."

J'ai demandé à Masunda pourquoi ils l'avaient fait.

Il a éclaté de rire pour dissimuler la honte qu'il éprouvait encore et il a dit : "Dans la forêt vierge, il n'y avait pas de chaises comme à la mission, les gens s'asseyaient encore sur des troncs d'arbres ! On n'y mangeait que des bananes, des ignames et des fèves. Alors qu'un prêtre avait donné à mon père un fusil ! Il avait pu chasser des antilopes, des cochons sauvages et des castors !" Plus d'un siècle plus tard, il vantait encore les mérites de la mission : "Dans la forêt vierge, ils portaient des tissus effilochés et des haillons, mais à la mission mon père a reçu un short et ma mère un petit *boubou**. Il a même appris un peu à écrire. Il y avait là des enfants qui venaient de partout. En plus de sa propre langue, le kiyombe, il a aussi appris le lingala, le swahili et le tshiluba."

Le lendemain, j'ai parlé sous l'ombre d'un jeune manguier avec Camille Mananga, âgé de 73 ans. Lui aussi était aveugle, lui aussi venait du Mayombe. Il ne m'a pas parlé de son père, mais de son grand-père. "Il n'a jamais voulu se faire baptiser. Il grimpait dans son palmier et faisait du vin de palme. Il avait quatre femmes, et beaucoup d'enfants. Le missionnaire trouvait qu'il ne devait en garder qu'une, mais il se sentait responsable de toutes les quatre. Il ne se disputait pas non plus avec elles[38]." Propager la foi chez les adultes était manifestement plus difficile.

Les évangélistes protestants avaient un lien moins étroit avec l'Etat que les missionnaires catholiques, mais ils n'en étaient pas non plus totalement détachés. En 1890, quand l'Etat indépendant réquisitionna le petit bateau à vapeur de Grenfell pour la guerre contre les marchands afro-arabes dans l'Est, il protesta énergiquement. Il n'était pas question que son *Peace* – ne fût-ce que du fait de son nom – soit utilisé pour faire la guerre ! Mais un an plus tard, il accepta volontiers la mission que le roi Léopold lui avait personnellement confiée : la définition de la frontière entre l'Etat indépendant et la colonie portugaise qu'était l'Angola. Le territoire n'était pas seulement contesté à l'échelle internationale, à l'intérieur aussi une des pires révoltes se déchaînait contre le nouveau pouvoir. Lui, Grenfell, un religieux britannique, fut donc escorté par quatre cents soldats de la Force publique pour cartographier et pacifier le territoire. Il avait les pleins pouvoirs pour conclure des traités et fixer la frontière. Disasi Makulo l'accompagna pour ce voyage extrêmement pénible par voie terrestre à travers un territoire ennemi, "le plus pénible et périlleux de tous ceux que nous avions faits jusqu'alors". Lui aussi constata le lien très explicite entre la mission et l'Etat : "Les autorités nous fournirent des équipements militaires, ainsi que des porteurs." Disasi Makulo portait le pantalon bouffant et le fez de l'uniforme de la Force publique[39].

La dernière façon pour les jeunes indigènes d'entrer en contact avec l'Etat indépendant était l'armée. En 1885, la Force publique vit le jour, une armée coloniale dont la direction était solidement entre les mains d'officiers blancs. La plupart d'entre eux étaient belges, mais il y avait également beaucoup d'Italiens, de Suisses et de Suédois. Dans l'infanterie, le principal groupe de soldats, et le plus apprécié, étaient les Zanzibarais, des hommes qui avaient accompagné les explorateurs dans leurs voyages, puis venaient les mercenaires du Nigeria et du Liberia. Ces Ouest-Africains avaient la réputation de soldats fiables et courageux. Fin 1885, les premiers Congolais entrèrent dans l'armée. Ils étaient dix. Ils avaient été recrutés dans la forêt vierge parmi les Bangala et emmenés à Boma. Les Bangala étaient connus pour leur esprit guerrier ; on en recruterait encore beaucoup. Leur langue, le lingala, allait ainsi connaître une très forte expansion : elle devint la principale langue de l'ouest du pays.

Boma étant la capitale de l'Etat indépendant, elle se transforma aussi en première ville de garnison du pays. C'est là qu'une jeunesse qui n'avait jamais entendu parler d'heures ou de cloches apprit à mener une vie minutée. On se levait à cinq heures et demie et on se couchait à neuf heures. Le son du clairon divisait la journée pour l'exercice, l'appel, la revue et la pause. Il fallait à tout prix qu'une discipline soit inculquée. On apprenait à tirer, à nettoyer son fusil, à marcher au pas et même à jouer de la musique militaire. Mais cette discipline stricte parvenait à peine à camoufler un grand amateurisme. La cavalerie avait non pas des chevaux, mais des ânes – dix-sept pour être précis. L'artillerie avait quelques canons Krupp, mais pas de cible mobile pour s'entraîner. On se contentait de laisser les soldats viser des troupeaux d'antilopes et tirer[40]... Pourtant, la Force publique allait devenir un facteur particulièrement important. Les premières années, le roi Léopold y consacra la moitié de son budget. Pour beaucoup d'hommes jeunes, l'armée allait être leur rencontre la plus directe et la plus marquante avec l'Etat. Pour l'année 1889, il y avait eu mille cinq cents recrues, mais pour 1904 pas moins de dix-sept mille. A la fin, l'Etat indépendant disposait de plus de vingt-cinq mille fusils à baïonnette Albini, quatre millions de balles, cent cinquante canons et dix-neuf mitrailleuses Maxim[41]. Il représentait par conséquent la plus grande puissance militaire d'Afrique centrale. Contrairement aux soldats en Belgique, les hommes jeunes pouvaient venir accompagnés de leur femme quand ils entraient dans l'armée. Elle recevait même un petit pécule ; un supplément était également versé s'il y avait des enfants. L'armée favorisait ainsi, tout comme les missions, la monogamie et la cellule familiale[42]. De véritables familles de militaires de carrière furent ainsi fondées.

A Kinshasa, j'ai rencontré en 2008 Eugène Yoka, colonel depuis des dizaines d'années dans l'armée de l'air, du temps où l'armée nationale avait encore des avions. A l'époque de Mobutu, il faisait partie de la petite élite de pilotes qui pendant les défilés nationaux survolait la capitale dans des Mirage français. Son père, m'a-t-il raconté, était déjà militaire de carrière et avait participé à la Première Guerre mondiale. Et son grand-père avait été une des toutes premières recrues de la Force publique. Lui aussi venait de l'Equateur et appartenait à la tribu des Bangala. Un des deux fils du colonel Yoka était entré dans l'armée et arrivé entre-temps au grade de commandant[43]. Quatre générations de militaires convaincus, depuis plus d'un siècle au service de l'Etat.

Les cinq premières années de l'Etat indépendant du Congo furent de loin les plus inoffensives. Le pouvoir était encore assez réduit, la terreur à grande échelle n'existait pas encore. Mais une proportion de plus en plus importante d'habitants, en particulier les enfants et les adolescents, entrèrent en contact direct avec le style de vie européen au Congo. En tant que boy, ménagère, chrétien ou recrue, ils pénétraient dans des maisons comme ils n'en avaient encore jamais vu, ils portaient des vêtements que, jusqu'à récemment, ils ne connaissaient pas et goûtaient à des aliments qui leur étaient étrangers. Ils apprenaient le français et adoptaient de nouvelles idées. Une poignée d'entre eux avaient même pu voir de leurs propres yeux à quoi ressemblait l'Europe. Certains parmi ces derniers transmettaient ce nouveau style de vie, ou l'interprétation qu'ils en faisaient. Les jeunes catéchistes tentaient de convaincre les membres de leur famille et les villageois qu'ils menaient une vie impie. Les jeunes militaires plastronnaient dans leur village avec leur uniforme et leur solde. Leurs femmes s'installaient avec eux à la caserne, leurs enfants y grandissaient. Une vie naissait en dehors du village, tout comme dans les fermes-chapelles. On ne vivait plus sous l'autorité du chef indigène, mais sous un régime strict européen. L'Etat indépendant transforma de nombreuses vies en profondeur.

Après 1890, la situation s'assombrit considérablement. Désormais, le contact avec l'Etat indépendant ne signifiait plus une rencontre avec une autre façon de vivre, mais une confrontation avec la violence, l'horreur et la mort. Qui plus est à une échelle exponentielle. Alors qu'initialement l'Etat indépendant touchait quelques milliers ou dizaines de milliers d'indigènes, à présent des millions de personnes subissaient sa présence (brutale). Pour comprendre ce basculement radical, nous devons à nouveau nous intéresser au cerveau à l'origine de l'Etat indépendant, à l'inventeur, au réalisateur, à l'usufruitier et au responsable en dernier ressort de toute l'entreprise : Léopold II.

Le souverain belge avait obtenu son Congo en 1885 en faisant trois promesses. A la conférence de Berlin, il s'était engagé non seulement à garantir le libre-échange mais aussi à combattre le commerce des esclaves. Vis-à-vis de l'Etat belge, il s'était engagé à ne jamais demander de financement pour son projet personnel. Jusqu'en 1890, il respecta parfaitement ses engagements : le libre-échange prospérait, il ne sollicitait pas les caisses de l'Etat belge, la lutte contre la traite des esclaves n'était certes pas encore achevée, mais on faisait tout de même don régulièrement aux postes missionnaires d'enfants "libérés". On peut dire littéralement que le respect de ses promesses lui coûtait. Pour favoriser le libre-échange, il devait à ses propres frais développer l'infrastructure et l'administration nécessaires. Une affaire onéreuse, dont profitaient surtout les autres. Léopold avait amorcé le mécanisme car il avait espéré en tirer lui-même un sérieux profit, mais il fut terriblement déçu. De 1876 à 1885, il avait déjà investi dix millions de francs belges, or les recettes en 1886 ne s'établissaient pas même à soixante-quinze mille francs[44]. Vers 1890, il avait déjà consacré dix-neuf millions de francs au Congo. La grande fortune qu'il avait héritée de son père était ainsi complètement partie en fumée. Le roi était pour ainsi dire ruiné.

Il décida alors d'enfreindre deux de ses promesses. Il supplia la Belgique de lui accorder des fonds et il contrecarra le libre-échange sans le moindre état d'âme. Malgré l'éclosion d'une passion pour le Congo au sein d'une élite de banquiers et d'industriels, le Parlement belge, quant à lui, n'était pas aussi friand d'aventure coloniale. Il ne pouvait cependant rester spectateur de la faillite du chef de l'Etat. Aussi accepta-t-il à contrecœur de consentir un prêt : le souverain obtint, pour se recapitaliser, vingt-cinq millions de francs-or, complétés ultérieurement par sept millions de francs-or[45]. Parallèlement, le pays investit lourdement dans la construction d'un chemin de fer. Il fut convenu que si le désastre économique se poursuivait, le Congo serait récupéré par la Belgique.

Sur place, la situation fut bien plus profondément affectée par une série de décisions prises sans ménagements par Léopold, et visant à considérer toutes les terres du Congo qui n'étaient ni construites ni habitées comme la propriété de l'Etat indépendant, avec toutes les ressources naturelles que leur sous-sol renfermait éventuellement. Pour les acheteurs d'ivoire européens, ce fut une lourde déconvenue et pour les populations locales un véritable désastre. D'un seul coup, le souverain nationalisait quelque 99 % de l'ensemble du territoire. Un Pygmée qui tuait un éléphant et en vendait les défenses ne pourvoyait plus légitimement à ses besoins, mais volait l'Etat. Un négociant britannique qui achetait les défenses n'exerçait plus une activité commerciale, mais se rendait coupable de recel. Sur le papier, le libre-échange continuait d'exister – bien entendu, il ne pouvait en être autrement –, mais dans la pratique il était mort, et bien mort : il n'y avait en effet plus rien à acheter ; l'Etat gardait tout pour lui.

Sur le plan comptable, le *coup de théâtre* * de Léopold était certainement habile et astucieux ; sur le plan anthropologique, il n'avait aucun sens. Il semblait, par commodité, partir du principe que les villageois n'utilisaient que le lieu où se situaient leurs huttes et leurs champs. Mais en réalité, les communautés locales faisaient usage de territoires bien plus étendus. L'agriculture extensive les obligeait à cultiver chaque année de nouveaux champs dans la forêt équatoriale ou dans la savane. De plus, il arrivait souvent que des villages entiers déménagent. Et comme l'on ne vivait jamais uniquement de l'agriculture, on utilisait des terrains de chasse et des lieux de pêche extrêmement vastes. La décision de Léopold privait les populations de ce qui leur était le plus précieux : leurs terres. Il n'avait pas la moindre notion des droits d'usage extrêmement complexes existant sur place, sans même parler des conceptions indigènes de la propriété collective des terres. Il étendait purement et simplement le concept ouest-européen de propriété privée aux tropiques et semait ainsi le germe d'un profond mécontentement à l'égard de l'Etat indépendant.

Qu'en était-il de sa troisième promesse, la lutte contre la traite des esclaves ? Ce fut la seule à laquelle il resta fidèle et qu'il alla même jusqu'à renforcer. Elle procurait en effet une couverture idéale pour ses ambitions expansionnistes. En 1890 fut organisé à Bruxelles un grand congrès contre l'esclavage. A l'issue du congrès, le souverain passa à la vitesse supérieure. Les opérations militaires se concentrèrent *grosso modo* sur trois grandes zones, soit, en allant du sud vers le nord, le Katanga, l'est du Congo et le sud du Soudan. Ces régions correspondaient aux sphères d'influence historiques des trois plus importants marchands d'esclaves afro-arabes : Msiri, Tippo Tip et Al-Zubayr.

Au Katanga, le royaume de Msiri fut annexé entre 1890 et 1892. Léopold agissait d'autant plus vite qu'il savait que Cecil Rhodes tentait lui aussi une percée vers la région depuis l'Afrique du Sud. Cecil Rhodes, un impérialiste britannique dont la mégalomanie n'avait rien à envier à celle du souverain belge, cherchait à raccorder les possessions coloniales britanniques en Afrique entre Le Cap et Le Caire. Mais le Katanga devint la propriété de Léopold, et plus seulement sur la carte qu'il avait examinée la veille de Noël 1884.

La lutte contre les négriers au Congo oriental fut difficile car ils étaient bien armés et puissants et avaient une grande expérience de la guerre dans la région. En 1886, ils avaient attaqué le poste de l'Etat à Stanley Falls. Pour calmer les esprits, Stanley, avec l'accord de Léopold, avait nommé Tippo Tip gouverneur de la province dépendant de ce poste, simplement parce qu'il était l'homme le plus puissant de la région. Cela entraîna pour Tippo Tip un conflit de loyauté. Dans une lettre au roi Léopold, il écrivit : “Mais aucun des Belges qui sont au Congo ne m'aime et je constate que tous me veulent du mal. J'en arrive à regretter de m'être voué au service du Royaume de Belgique. Je constate qu'ils ne veulent pas de moi. Et maintenant je suis en dispute avec tous les Arabes. Ils m'en veulent, disant que je livre plus d'ivoire au Royaume de Belgique[46].” Les intérêts économiques des Européens et des Zanzibarais étaient tellement opposés qu'ils ne pouvaient aboutir qu'à une confrontation, d'autant que l'offre d'ivoire diminuait constamment. De 1891 à 1894, la Force publique entreprit ce que l'on appelle les “campagnes arabes”. Menées par le lieutenant Dhanis, elles eurent pour conséquence en 1892 la destruction de Nyangwe et Kasongo, deux centres de commerce importants de musulmans parlant le swahili au Congo oriental. La puissance des commerçants afro-arabes originaires de Zanzibar fut de ce fait définitivement brisée. Ils étaient plus forts sur les plans économique et militaire mais, politiquement, leur royaume était trop divisé. Tippo Tip avait à ce moment quitté le Congo pour passer ses vieux jours à Zanzibar. Pourtant, l'islam est resté présent en tant que religion minoritaire à Maniema et à Kisangani jusqu'à aujourd'hui.

C'est au nord qu'allait se livrer le combat le plus acharné. Pendant des années Léopold continuerait de rêver de l'annexion du Sud-Soudan. Son voyage de noces au Caire en 1855 avait déclenché son égyptomanie, le Nil ne cessait de hanter son esprit. En s'appropriant le Sud-Soudan, il pourrait s'arroger le cours supérieur de ce fleuve mythique. On disait en outre ce territoire riche en ivoire. Dès 1886, Léopold y envoya Stanley pour repousser l'armée ennemie des mahdistes et délivrer ainsi Emin Pacha, un médecin allemand de Silésie qui, devenu gouverneur de la province égyptienne d'Equatoria sur le haut Nil, s'était paré de ce titre exotique. En réalité, il s'agissait d'une première tentative d'annexion du Sud-Soudan au Congo. Léopold proposa à Stanley en 1890 le montant fabuleux de 2,5 millions de francs-or pour venir à bout de cette tâche et même conquérir Khartoum, mais l'explorateur ne voulait plus rien savoir[47]. Le souverain décida alors de financer quelques expéditions, menées par des officiers belges ; ils mordirent tous la poussière. En 1894, les Britanniques remirent en usufruit un morceau du sud-est du Soudan à Léopold, qui ne s'en contenta qu'à moitié. Une fois encore, il mit sur pied un corps expéditionnaire. En 1896, la Force publique fit mouvement vers le nord-est du Congo avec l'armée la plus grande que l'Afrique centrale eût jamais connue, pour opérer à partir de là une percée vers le Nil. Elle n'y arriva jamais. Les soldats se mutinèrent en masse.

Comment l'expliquer ? A partir de 1891, l'Etat indépendant s'était lancé dans un système de recrutement forcé des soldats de la Force publique. Le nombre d'engagements volontaires était trop restreint pour réunir une armée de taille. Aussi les chefs de village devaient-ils, tout comme les postes missionnaires, céder quelques hommes jeunes à l'armée. Il fallait compter un soldat pour vingt-cinq huttes. Le service durait sept ans. Les chefs de village y voyaient un moyen idéal de se débarrasser des agitateurs, des gêneurs et des prisonniers. La

Force publique pouvait ainsi se développer grâce à l'arrivée d'éléments récalcitrants qui n'avaient aucune envie d'être là. Ce sentiment allait se manifester pendant la campagne du Soudan. Une telle campagne ne se livrait pas en se dirigeant droit sur le champ de bataille. Des centaines de femmes, d'enfants et de vieillards accompagnaient les soldats à travers la forêt vierge, des hommes en uniforme équipés d'un fusil Albini se battaient aux côtés de guerriers traditionnels qui hurlaient en agitant leurs lances. Il ne s'agissait pas là d'une armée nationale régulière marchant au pas, mais d'une troupe bigarrée, d'une horde à moitié structurée qui ressemblait plus à une brigade chaotique du XVIIIe siècle composée de soldats et de mercenaires qu'à un strict carré napoléonien. Le désordre n'était pas qu'un phénomène marginal ou propre aux auxiliaires, il se manifestait au cœur même de l'appareil militaire. Comme il était impossible d'emporter des vivres pour un groupe de cette taille, le ravitaillement tenait de l'improvisation. Parfois, l'armée pouvait acheter de la nourriture auprès de la population locale, mais celle-ci refusait souvent de lui en vendre. Elle prenait donc ce dont elle avait besoin. En pillant, elle traçait son chemin vers le Soudan promis. La différence était minime entre la Force publique et les Batambatamba dont parlait Disasi, les gangs afro-arabes de négriers d'autrefois, même si à Bruxelles on aimait présenter les choses autrement. Une telle situation ne pouvait que provoquer des troubles.

Dès 1895, une émeute s'était produite au Kasaï dans la caserne, il y avait eu des morts, y compris du côté européen ; plusieurs centaines de mutins s'étaient soustraits à l'autorité de l'Etat. Cependant, les événements que déclenchèrent les troupes en route pour le Soudan furent d'une ampleur sans précédent. Dix officiers belges furent tués. Plus de six mille soldats et auxiliaires se retournèrent contre leurs commandants. La mutinerie, menée par les Batetela, se transforma en une rébellion qui dura quatre ans. Ce fut le premier grand mouvement de protestation violente contre la présence des Blancs. Les historiens l'ont souvent attribué au mauvais moral des troupes : les soldats étaient malades et sous-alimentés, ils mouraient en masse, beaucoup étaient à peine entraînés, les recrues les plus récentes étaient des soldats qui, peu auparavant, avaient combattu aux côtés des marchands d'esclaves afro-arabes et n'avaient pas vraiment envie à présent de se battre pour ceux qui les avaient vaincus. Mais la sévérité excessive des officiers, conjuguée à leur extrême incompétence dans le domaine de la logistique et de la stratégie, nourrissait par ailleurs une haine profonde. Et cette haine ne se dirigeait pas seulement contre les officiers, ou même les Belges, mais contre les Blancs *tout court**.

Un père français capturé par les mutins passa une nuit effrayante. "Tous les Blancs complotent contre les Noirs. Tous les Blancs doivent être tués et chassés", lui disaient-ils. L'intense discussion se termina à son avantage. Une issue heureuse qui, entre autres, nous a permis de bénéficier de son témoignage historique. Dans une lettre à son évêque, il décrivit son expérience. Nous connaissons ainsi assez précisément quelles étaient les motivations des mutins. Un des dirigeants de la mutinerie lui raconta : "Cela faisait déjà trois ans que je contenais ma rancœur contre les Belges, surtout contre Fimbo Nyingi, ct ccttc fois-ci nous avions la possibilité de nous venger." Fimbo Nyingi était le surnom du baron Dhanis, le commandant de l'expédition, le même homme qui avait mené les troupes au Congo oriental. Son surnom signifiait "beaucoup de coups de fouet". Le père promit d'écouter leurs griefs : "Ils sont même devenus aimables et m'ont proposé du café – délicieux d'ailleurs. Ce qu'ils m'ont raconté sur les Belges était effectivement choquant : parfois, ils devaient travailler pendant des mois sans la moindre rémunération, sinon ils se faisaient rosser à coups de *kiboko*. On les pendait ou on les fusillait pour une broutille. Ils m'ont raconté qu'au moins une quarantaine de chefs avaient été tués pour une futilité, et que les morts dans la simple piétaille étaient tout simplement impossibles à dénombrer…" Les officiers belges, lui avaient-ils raconté, faisaient enterrer vivants les chefs indigènes. Ils traitaient leurs soldats de noms d'animaux et les tuaient "comme s'ils étaient des chèvres"[48].

Je n'aurais jamais cru pouvoir encore capter, en ce début du troisième millénaire, des échos de cette sombre et lointaine période au Congo. Mais un jour, je me suis retrouvé dans le quartier populaire de Bandalungwa à Kinshasa, chez Martin Kabuya. Ce vétéran de 92 ans de la Seconde Guerre mondiale était un ancien militaire de la Force publique. Il vivait dans la capitale, mais sa famille venait d'Aba, le village situé à l'extrême nord-est du Congo, juste à la frontière avec le Soudan. Son grand-père y avait été chef de village, à l'époque des campagnes de la Force publique vers le Sud-Soudan. "Il s'appelait Lukudu et il était très méchant. C'est pour cela qu'ils l'ont enterré vivant, la tête juste au-dessus du sol", se souvenait-il encore. La pratique était apparemment courante. Pour briser la résistance des chefs de village récalcitrants, on les enfouissait dans la terre, de préférence en plein soleil, de préférence au voisinage d'une fourmilière. Certains étaient contraints de regarder directement le soleil pendant des heures. Leurs familles aussi étaient dévastées : sous couvert de "libération", on leur retirait leur progéniture. "Tous ses enfants ont été emmenés par les frères maristes à un internat de Buta [à six cents kilomètres à l'ouest]. Mon père aussi. Là-bas, il est devenu catholique. Il s'est marié au poste missionnaire et il a eu trois enfants. Je suis le dernier[49]."

Tandis qu'à l'est l'armée du roi Léopold luttait contre la traite des esclaves mais créait ce faisant de nouveaux types d'asservissement, à l'ouest la situation n'était guère meilleure. Il n'y avait pas de guerre à proprement parler, mais des formes quotidiennes de contrainte et de terreur. Dans le Bas-Congo fut construit entre 1890 et 1898 le chemin de fer de Matadi au Stanley Pool. On espérait ainsi contourner la partie du fleuve Congo impropre à la navigation. Stanley avait déjà fait remarquer que, sans ce chemin de fer, le Congo ne valait rien. Le système de porteurs était tout simplement trop cher et trop lent, d'autant que l'Etat était maintenant le premier exportateur. Une caravane mettait dix-huit jours, un train à vapeur, même s'il devait s'arrêter souvent pour reprendre de l'eau et du bois, à peine deux[50]. Léopold parvint tant bien que mal à réunir la somme nécessaire à cette entreprise (elle provenait d'investisseurs privés et surtout de l'Etat belge) ; le démarrage des travaux fut lui aussi difficile. Les deux premières années, huit kilomètres seulement furent réalisés sur un trajet total de près de quatre cents kilomètres : la ligne devait se frayer un chemin à travers la région montagneuse inhospitalière à l'est de Matadi. Au bout de trois ans, les travaux n'atteignaient pas le kilomètre 37. Les conditions de travail étaient particulièrement pénibles. La malaria, la dysenterie, le béribéri et la variole décimaient les effectifs. Dès les dix-huit premiers mois, neuf cents travailleurs africains et quarante-deux blancs succombèrent ; trois cents autres durent être rapatriés en Europe. Sur les neuf années entières, quelque deux mille participants au projet perdirent la vie.

L'organisation des travaux ressemblait un peu à celle de l'armée : au sommet il y avait une élite belge, en l'occurrence des ingénieurs, des spécialistes des mines et des géologues, qui étaient dirigés par le colonel Albert Thys, militaire et capitaine d'industrie. En dessous il y avait les travailleurs manuels originaires de Zanzibar et de l'Afrique de l'Ouest ; leur nombre variait de deux mille à huit mille personnes. Il y avait aussi quelques dizaines de mineurs italiens. Mais quand les Africains furent de moins en moins nombreux à vouloir travailler dans cet enfer qui s'appelait le Congo, on recruta aux Antilles et on fit venir par bateau des centaines de Chinois de Macao – presque tous moururent de maladies tropicales.

Les Congolais eux-mêmes, tout comme dans l'armée, furent peu nombreux à participer aux travaux au début. L'argument était qu'on ne pouvait pour le moment pas s'en passer comme porteurs. Il fallut attendre d'avoir atteint la moitié du tracé, à Tumba en 1895, pour embaucher des travailleurs issus de la population locale. Cela se passait dans la région d'Etienne Nkasi, le très vieil homme que j'avais rencontré à Kinshasa. “J'avais 12, 15 ans à l'époque”, m'avait-il raconté pendant l'une de nos conversations, “j'étais encore un enfant, je ne pouvais pas travailler, mais j'accompagnais mon père. Il a travaillé pour le chemin de fer. Kinshasa et Mbanza-Ngungu n'existaient pas encore.” Effectivement, me suis-je souvenu, Kinshasa n'était pas encore une ville, tout au plus un regroupement de quelques implantations ; Mbanza-Ngungu, autrefois Thysville, n'était pas encore construite. Elle devait son existence au chemin de fer. A l'endroit le plus élevé du trajet, exactement à mi-chemin entre Matadi et Kinshasa, se dressait une colline fertile où régnait une agréable fraîcheur. C'est là que fut construite de 1895 à 1898 la petite ville, qui fut nommée d'après l'ingénieur en chef. Les voyageurs y passaient la nuit pendant leur trajet en train de deux jours. Elle devint un lieu aéré, florissant, où des plantes européennes étaient cultivées à grande échelle. Aujourd'hui on y trouve des rames de train rouillées sur des rails rouillés, à côté d'habitations coloniales rouillées de style Art nouveau.

"J'étais là quand on a construit Thysville", avait laissé échapper Nkasi, en m'étonnant pour la énième fois par ses souvenirs incroyablement lointains. "Mon père a même connu Albert Thys. C'était le chef d'un petit groupe, mon père. A quatre Noirs, ils tiraient le Blanc sur les rails. Le Blanc portait un de ces casques blancs. Je l'ai vu." Il souriait, comme s'il venait tout juste de prendre conscience qu'il parlait effectivement d'une époque lointaine. "Papa a travaillé à Tumba, Mbanza-Ngungu, Kinshasa, Kintambo. Je l'ai suivi partout." Il s'agissait en effet des postes situés sur le restant du trajet. En 1898, l'immense tâche était achevée. Pour l'inauguration, des Blancs firent le trajet en train de Matadi à Kinshasa, un voyage de dix-neuf heures, en costume de gala et en décolleté. Sur le chemin, des feux d'artifice furent tirés et des Noirs en uniforme saluaient ici et là. Dans certaines gares, les voyageurs eurent droit à des hymnes chantés par le chœur du poste missionnaire voisin; un harmonium branlant accompagnait leur chant[51]. Le célèbre chemin de fer n'était en fait qu'un petit train pour voie étroite, un tramway aux wagons à claire-voie, mais l'ouverture de la ligne n'en marqua pas moins une étape décisive dans l'exploitation du Congo. Pour Nkasi, cela se traduisit cependant par un retour à la maison. Il était parti trois ans. "Après les travaux de construction, papa est rentré au village, retrouver ma mère. Pour faire d'autres enfants. J'étais encore le seul. Après moi, deux étaient morts. Quand il est revenu du chemin de fer, il en a fait encore cinq." Je lui ai posé des questions sur les trains de l'époque. Il s'en souvenait aussi. "Le moteur, ça marchait au bois", m'avait-il expliqué. "Et quand ils roulaient...” Il s’était redressé sur le lit, avait serré ses vieux poings et s’était mis à décrire lentement de ses bras maigres des petits cercles de chaque côté de son torse. “Cela faisait : *tuuut... taka, taka, taka.*” Puis il a éclaté d’un rire silencieux[52].

Travailler pour le chemin de fer n’était pas la pire des situations, surtout à partir de 1895. Car, au moment où l’on fit intervenir une main-d’œuvre indigène, on instaura un système de primes. Le chef de chantier blanc décidait avec le chef noir d’un délai pour la réalisation d’une certaine partie. Si le délai était respecté, son équipe recevait une prime convenue d’avance. En somme, une culture d’entreprise *avant la lettre** reposant sur un mécanisme d’incitations. En plus de sa solde quotidienne de cinquante centimes et de sa ration de riz, de biscuits et de poisson séché, l’ouvrier avait la possibilité de gagner un supplément qu’il pouvait échanger dans les boutiques de l’Etat, car dans le reste du pays il n’existait pas encore d’économie monétaire. Louis Goffin, l’ingénieur qui avait conçu le système de primes, parlait d’“*une coopération du travail des Noirs et du capital européen**”. Selon lui, ce système était idéal pour donner au Congolais le goût du travail, un pouvoir d’achat et de la fierté. Il fallait “créer de nouveaux besoins chez l’indigène qui entraîneraient l’amour du travail, un développement rapide du commerce et, par voie de conséquence, de la civilisation[53]”. Quand le chemin de fer finit par être construit, seuls quelques Congolais purent continuer d’être employés à l’atelier mécanique, au tour, dans une gare, ou même en tant que machiniste sur une locomotive. Ils étaient salariés et furent ainsi les premiers à être incorporés dans une économie monétaire. A chacune de mes visites, Nkasi parlait avec admiration d’un certain Lema, un cousin de son père. Il avait été *boy bateau** sur les navires à destination d’Anvers, mais après 1900 il commença à travailler dans les chemins de fer. “Il est devenu chef de gare à Lukala. – Là où il y a la cimenterie maintenant ? – Oui, là-bas. Chef de gare ! Il connaissait les Blancs[54].”

Ailleurs dans l’Etat indépendant, il n’était pas encore question de monétisation. Le troc restait la norme. Cela ne facilitait pas la collecte des impôts. L’Etat indépendant avait besoin de moyens et jugeait opportun de faire participer les citoyens à la construction de leur pays, mais demander de l'argent à une population qui n'en avait jamais eu était impossible. Et personne ne voulait revenir aux perles, aux barres de cuivre et aux balles de coton d'autrefois. Le paiement devait donc se faire en nature : des marchandises ou du travail. En définitive, cela se passait déjà ainsi autrefois, quand un chasseur donnait une défense ou une part de sa chasse au chef du village. Mais alors qu'auparavant le système reposait sur des bases solides, il allait cette fois conduire à la dislocation totale du Congo. Le refus d'introduire la monnaie également dans la brousse eut de lourdes conséquences.

Léopold II avait vraiment joué un mauvais tour au libre-échange. Il était devenu propriétaire de la quasi-totalité du territoire du Congo, mais comme il ne pouvait pas tout exploiter lui-même, il concéda de grandes étendues de terres en usufruit à plusieurs sociétés commerciales. Ces concessions étaient extrêmement vastes : l'Anversoise, une entreprise tout juste créée, fut habilitée à exploiter cent soixante mille kilomètres carrés au nord du fleuve Congo, une région deux fois plus grande que l'Irlande. Au sud du fleuve, l'ABIR (Anglo-Belgian Indian Rubber Company) reçut l'autorisation de s'occuper d'une surface comparable. Le souverain, quant à lui, se gratifia d'un très beau morceau de forêt vierge : le domaine de la Couronne, une région de deux cent cinquante mille kilomètres carrés, près de dix fois la Belgique, pour la majeure partie au sud de l'équateur. Le Kasaï demeura une réserve où le libre-échange put perdurer tant bien que mal pendant encore un certain temps, histoire de ne pas heurter de front tout le monde (la région finit par être elle aussi monopolisée par le roi). La Compagnie du Katanga et la Compagnie des Grands Lacs obtinrent également d'immenses territoires ; comme leurs noms l'indiquent, elles furent spécialement créées pour l'occasion. L'exploitation économique de l'intérieur des terres au Congo fut donc essentiellement l'œuvre du souverain et de quelques sociétés concessionnaires. Ces mondes n'étaient pas séparés, et ce d'autant moins que Léopold était souvent lui-même le principal actionnaire ou avait au minimum droit à une part substantielle des bénéfices. Au conseil d'administration des sociétés concessionnaires siégeaient toujours des personnalités de l'administration de l'Etat indépendant. En Belgique, le conseiller financier du souverain, Browne de Tiège, était à la fois président de l'Anversoise et de la Société générale africaine et administrateur de l'ABIR, de la Société internationale forestière et minière, de la Société belge de crédit maritime à Anvers et de plusieurs autres sociétés.

Ce grand intérêt économique pour le Congo ne concernait plus seulement l'ivoire. En 1888, un vétérinaire écossais, John Boyd Dunlop, bricola une invention qui allait non seulement améliorer le confort de milliers de voyageurs en Europe et en Amérique, mais aussi être déterminante pour la vie de millions de Congolais, ou même y mettre un terme : le caoutchouc gonflable. A une époque où les inventions comme l'automobile et la bicyclette devaient encore se satisfaire de roues en bois cerclées de métal, le caoutchouc gonflable arrivait à point nommé. La demande mondiale de caoutchouc s'envola. Pour Léopold, ce fut un salut miraculeux. Les éléphants étaient de moins en moins nombreux dans son Etat indépendant, mais les arbres à caoutchouc y poussaient à foison. Le moment ne pouvait pas être plus opportun. Son Congo était au bord de la faillite. La Belgique, certes à contrecœur, s'apprêtait à reprendre l'affaire. Soudain cela ne s'avérait plus nécessaire. En 1891, le Congo ne produisait qu'une centaine de tonnes de caoutchouc, mais en 1896 la production passa soudain à mille trois cents tonnes puis en 1901 à six mille tonnes[55]. Ce qui était un projet moribond venait d'un seul coup de se transformer en miracle économique époustouflant. Léopold amassait des millions et obtenait enfin, après une très longue attente et une entreprise téméraire, un retour sur investissement. Il pouvait enfin montrer à quoi servait une colonie : une explosion économique, une gloire impériale et la fierté nationale. Avec les revenus provenant du Congo, il entreprit un grand chantier d'embellissement de la Belgique. A Bruxelles furent érigés le Musée du Cinquantenaire et le nouveau Palais royal, à Tervuren furent construits un immense musée colonial et un parc, inspiré de Versailles, à Ostende apparurent les galeries vénitiennes.

Le revers de la médaille ne se fit sentir qu'au Congo. Là-bas, en dehors des conserves de foie gras et des bouteilles de champagne que recevaient de Belgique les fonctionnaires de l'Etat, les paillettes et la magnificence n'étaient pas d'actualité. Non seulement Léopold refusait d'investir au Congo même les profits réalisés dans son empire du caoutchouc, mais le mode de production de ce caoutchouc posait un véritable problème. Il n'y avait pas encore de plantation, le caoutchouc provenait exclusivement d'arbres sauvages. Mais la récolte était un travail long et pénible qui exigeait une main-d'œuvre importante. Le moyen de collecter l'impôt était donc tout trouvé : le caoutchouc. Les indigènes devaient partir dans la forêt vierge pour entailler les lianes à caoutchouc, récupérer la sève et la transformer de façon rudimentaire en gros blocs poisseux. Autrefois, le paiement des impôts se faisait sous forme de pains de manioc ou d'ivoire, ou des personnes étaient réquisitionnées pour travailler comme porteurs. A présent, la population locale devait transporter à des moments déterminés des paniers de caoutchouc. Le quota imposé variait d'une région à l'autre, mais le principe restait le même. Dans le domaine de la Couronne, l'administrateur de la province établissait une estimation, puis les militaires de la Force publique s'assuraient que le nombre nécessaire de lianes à caoutchouc soit réuni. Dans les régions où les sociétés concessionnaires exerçaient leurs activités, des gardiens armés s'en chargeaient, que l'on appelait les *sentries*. Dans les deux cas, il s'agissait d'Africains peu formés sur le plan militaire et peu disciplinés.

Une telle situation ne pouvait entraîner que des abus. Les hommes qui devaient récupérer le caoutchouc étaient payés en fonction de la quantité de caoutchouc. Pas de caoutchouc, pas de paye. Ils faisaient donc tout pour maximiser la récolte. Dans la pratique, cela se traduisait par un régime de terreur généralisé. Comme ils étaient armés, ils pouvaient terroriser impitoyablement la population locale. Dans les concessions, on se livrait à de terribles pratiques, et dans les régions appartenant à l'Etat indépendant, ce n'était guère mieux. Disasi Makulo en fit lui-même l'expérience dans le poste missionnaire de Yalemba qu'il avait fondé. Le malheur ne frappait pas seulement les villageois indigènes de sa région, avait-il constaté, mais aussi les Congolais d'autres régions qui étaient au service de l'Etat indépendant.

> Profitant parfois de l'absence de leurs chefs, ils malmenaient, torturaient et causaient quelquefois des crimes mortels. [...] Dans le poste de Bandu se trouvait un homme surnommé Alio (qui signifie aigle), à cause de sa cruauté. Il était surveillant général du service du caoutchouc. Cet homme était vraiment cruel ; il tuait beaucoup de gens ! Un jour, accompagné de sa suite, il traversa le fleuve pour se rendre à Turumbu, tribu qui se trouve sur la rive droite du fleuve. Comme d'habitude, dans chaque village, il demandait qu'on lui apporte des chèvres, des poules, des ivoires, etc., etc. Cette fois-ci, lui et sa caravane causèrent des troubles très graves ; un homme fut tué.
>
> Ayant appris qu'il se rendait à mon village de Bandio [...], j'ai pris avec moi quelques garçons de la mission, et nous nous sommes rendus à sa rencontre. A notre arrivée, nous l'avons trouvé justement en train de frapper, faire torturer les gens, piller ! Sans perdre un instant, je suis allé au-devant de lui et lui dis : "Vous êtes employé par l'Etat pour vous occuper uniquement du service du caoutchouc, et non pour malmener, faire du pillage et tuer les gens. Restituez tout de suite tous les biens que vous avez ravis, sinon, je pars signaler tous ces faits aux autorités de l'Etat à Basoko[56]."

Disasi vit aussi le gardien de l'entrepôt de caoutchouc dans son village tuer par balle une jeune fille. Tous ceux qui étaient confrontés à cette politique du caoutchouc vivaient le même type d'expériences. Les hommes étaient envoyés dans la forêt pour récolter le caoutchouc, les femmes étaient prises en otages jusqu'à ce qu'une quantité suffisante de caoutchouc soit livrée. La vie d'un être humain ne représentait pas grand-chose, comme nous l'apprennent plusieurs témoignages effarants. "Les deux sentinelles, Bokombula et Bkusula, ont arrêté mon grand-père Iselunyako, parce qu'il y avait un manquant dans son panier de caoutchouc. On l'a mis dans une fosse creusée en terre, on l'a piétiné, il est mort des suites de ces mauvais traitements. Quand on l'a montré au Blanc, ce dernier s'est contenté de dire : « C'est bien. Il a fini son caoutchouc, il avait fait son temps. »[57]"

Eluo, un homme originaire d'Esanga, raconte : "Nous devions fournir 50 paniers de caoutchouc. Un jour, sous l'administration du Blanc Intamba (Monsieur Dîneur), nous n'avons apporté que 49, et on a décidé de nous faire la guerre. La sentinelle Lomboto, avec quelques autres, se dirigeait vers notre village, quand en passant par un marais qui se trouvait sur son chemin, elle vit ma sœur qui pêchait, et sans aucun motif, Lomboto la tua d'un coup de fusil[58]."

Des violences sexuelles étaient également perpétrées à l'époque. Une femme mariée raconte : "Les sentinelles Nkusu Lomboto et Itokwa, pour me punir, m'ont fait enlever mon pagne et m'ont mis de l'argile dans les parties sexuelles, ce qui m'a fait beaucoup souffrir[59]." La cruauté avait une fonction. "Le chef Isekifusa était dans sa hutte. Il a été tué. [...] On a tué en même temps deux de ses femmes et un jeune enfant qui fut coupé en deux. Une des femmes a été éventrée. [...] Les gens de Boeringa, qui accompagnaient les sentinelles, mangèrent le cadavre. On tua ensuite 10 hommes qui s'étaient réfugiés dans la forêt. Avant de quitter Bolima, on laissa une partie du corps de Lombutu, coupée en petits morceaux et mêlée à des bananes et à du manioc, exposée aux regards pour intimider les indigènes. On a aussi suspendu les entrailles de l'enfant autour des huttes du village et fixé sur des sticks des parties de son corps[60]."

Si l'on avait mis en place ici aussi le système de primes comme lors de la construction du chemin de fer au Bas-Congo, une dynamique totalement différente se serait instaurée. La population aurait été rémunérée pour ses efforts et aurait continué à être motivée de produire. Les Congolais étaient d'ailleurs demandeurs, mais le pouvoir ne voulait pas s'engager dans cette voie : "Quand on réclame des mitakos, on reçoit des coups de *chicotte**", a dit quelqu'un[61]. Le caoutchouc devait aller gratuitement à l'Etat. Il s'agissait d'un impôt, pas d'une rémunération ; en réalité, cela revenait à du pillage.

La corvée de la perception des impôts était laissée à des subalternes armés d'un fusil. Comme leurs chefs blancs voulaient être certains qu'ils ne se servaient pas de leurs armes à mauvais escient pour chasser des animaux sauvages, ces derniers devaient prouver ce qu'ils avaient fait de leurs balles. Ainsi, en divers endroits, on prit l'habitude de couper la main droite des victimes pour l'emporter comme preuve de la munition utilisée. Les mains étaient fumées au-dessus d'un feu de bois, comme on le fait aujourd'hui encore pour des produits alimentaires, afin d'éviter qu'elles ne pourrissent. Le percepteur ne voyait son chef qu'à plusieurs semaines d'intervalle, d'où cette pratique. Lorsqu'il lui rendait compte de ses activités, il devait présenter les *pièces justificatives* *, ses "notes de frais".

En Europe, on commença à partir de 1900 à protester vigoureusement contre le souverain belge qui faisait trancher des mains. Quelques photos de Congolais avec un moignon circulèrent partout dans le monde. L'idée fausse se répandit qu'au Congo une pratique courante était de trancher la main des vivants. Cela arrivait, mais moins systématiquement qu'on ne le pense souvent. La plus grande honte de la politique du caoutchouc de Léopold n'était pas qu'on tranchait la main des morts, mais qu'on tuait avec autant de légèreté. La mutilation des cadavres n'était qu'un effet secondaire. Il n'empêche que, dans un certain nombre de cas, les atrocités ne connaissaient vraiment pas de limites. "Quand j'étais petite", a raconté Matuli, une jeune fille de 15 ans qui allait à l'école au poste missionnaire d'Ikoko, "les *sentries* [sentinelles] qui résidaient dans mon village ont un jour, à cause du caoutchouc, tiré des coups de fusil sur les indigènes. Mon père a été tué dans les circonstances suivantes : on l'a attaché à un arbre, on l'a tué à coups de fusil, puis on l'a détaché et les *sentries* l'ont donné à leurs boys qui l'ont mangé. Ma mère et moi, nous avons été faites prisonnières. Les *sentries* ont coupé les deux mains de ma mère, alors qu'elle était en vie et deux jours après, ils lui ont coupé la tête. Il n'y avait pas d'homme blanc quand ces atrocités se sont commises[62]."

En tranchant des membres aux vivants, non seulement les gardiens faisaient l'économie des balles, mais ils pouvaient aussi récupérer chez les femmes les larges bijoux en cuivre qu'elles portaient autour des poignets ou des chevilles. A cet égard, le récit de Boali est éloquent : "Un jour que mon mari s'était rendu dans la forêt pour récolter le caoutchouc, la sentinelle Ikelonda vint me trouver dans ma hutte, où j'étais restée, et me demanda de me donner à lui. Je repoussai cette proposition. Furieux, Ikelonda tira sur moi un coup de fusil qui me fit la blessure dont vous voyez encore la trace. Je tombai à la renverse ; Ikelonda me crut morte et, pour s'emparer de l'anneau en cuivre que je portais au bas de la jambe droite, il me coupa le pied droit[63]." Si Boali avait donné le moindre signe de vie, elle aurait été aussitôt achevée.

Mais la violence ne se limitait pas à celle des Africains à l'encontre des Africains. Le sang ne coulait pas seulement en bas de la pyramide du pouvoir. Les fonctionnaires belges étaient eux aussi coupables d'actes de brutalité. Même si la violence physique était plus tolérée à l'époque qu'aujourd'hui – dans les cafés belges on se bagarrait chaque semaine, les rixes faisaient partie de la culture des jeunes, dans les écoles on appliquait des châtiments corporels –, certains en abusaient, commettant de graves délits. Les coups de chicotte, un fouet fait de lanières de peau d'hippopotame, étaient le châtiment officiel. Le fonctionnaire déterminait le nombre de coups, son adjudant noir les administrait à l'occasion de l'appel du matin ou du soir, tandis que le drapeau de l'Etat indépendant claquait au vent. Le fouet devait être plat, le nombre de coups ne devait pas dépasser cinquante (à administrer en deux séries de vingt-cinq), on ne pouvait frapper que les fesses et le bas du dos, et quand la personne sanctionnée se mettait à saigner, il fallait aussitôt arrêter. Mais certains Blancs n'y regardaient pas de si près. Ils avaient une préférence pour les fouets non réglementaires, torsadés et anguleux, et provoquaient par conséquent une bien plus grande douleur. Ils faisaient aussi frapper le ventre, les membres et les organes sexuels. Ils imposaient parfois des peines allant jusqu'à quatre cents coups de fouet, sans s'inquiéter d'éventuelles hémorragies ou de collapsus. Les femmes enceintes, qui officiellement ne devaient pas être châtiées, se faisaient tout de même frapper[64].

Mokolo, une femme mariée, témoigne : “Mon mari qui s’appelait Wisu apportait toutes les quinzaines avec Ebobondo, capita, et Ebote le caoutchouc de notre village à la factorerie de Boyeka. On fournissait 20 paniers, mais alors les blancs en demandèrent 25. Les nôtres refusèrent en disant qu’ils n’étaient que peu nombreux pour récolter le caoutchouc. Mais lorsque, au prochain marché, on n’apporta que 20 paniers, les Blancs de la factorerie se fâchèrent. L’un d’eux, Nkoi [surnom d’Ablay], jeta mon mari à terre et le tint par la tête. L’autre, Ekotolongo [surnom de Félicien Molle], le frappa avec des nkekele [des joncs], dont il en cassa trois sur lui. Wisu fut emporté presque mort par Ebobondo et Ebote qui le placèrent dans une pirogue et se mirent en route pour Bokotola ; avant de gagner la rive, Wisu expira [...] J’ai vu le cadavre de Wisu et vous remarquez encore les traces de mes larmes[65].”

Il y avait au sein de l’administration de purs racistes et sadiques. Des tortures, des abus de pouvoir et des massacres se produisaient. Un personnage comme René De Permentier, un officier de la Force publique, se divertissait en organisant des parties de chasse entièrement gratuites. Il faisait couper la *brousse** autour de sa maison pour pouvoir tirer sur les passants depuis sa véranda. Quand ses domestiques commettaient une erreur, ils étaient tués sans ménagements. Les exécutions étaient quasi journalières[66]. Léon Fiévez, commissaire de district dans l’Equateur et fils d’agriculteur en Wallonie, se livrait fréquemment à des expéditions punitives sanglantes. Au bout de quatre mois de service, il avait tué 572 personnes[67]. Au cours de l’une de ces expéditions, en quelques jours, il fit piller et entièrement brûler 162 villages, dévaster des champs et tuer 1 346 personnes. Mais il généra en revanche la plus grande récolte de caoutchouc de tout l’Etat indépendant[68].

La plupart des Belges qui venaient tenter leur chance au Congo étaient originaires de petites villes de province et de la petite bourgeoisie. Beaucoup avaient été dans l’armée et cherchaient l’aventure, la gloire et la fortune. Mais une fois au Congo, ils se retrouvaient souvent très seuls dans des postes reculés sous un climat meurtrier. La chaleur et l’humidité étaient impitoyables, les poussées de fièvre fréquentes. On ne savait toujours pas que la malaria se transmettait par les moustiques. Sans raison, un jeune homme dans la fleur de l'âge pouvait se réveiller la nuit en nage, délirant, frissonnant, pensant à tous les autres Blancs qui avaient passé l'arme à gauche. Il entendait une forêt vierge remplie de bruits inconnus, il se rappelait des bribes de conversations tendues avec un chef de village durant la journée, il se souvenait des regards farouches de ceux qui devaient récolter le caoutchouc, du sifflement venimeux dans leur langue incompréhensible. Dans ses visions fiévreuses entre l'éveil et le sommeil défilaient les yeux brillants pleins de méfiance, les larges dos luisants couverts de tatouages, et la poitrine naissante d'une jeune indigène qui lui avait souri.

George Grenfell, le baptiste britannique qui s'était occupé de Disasi Makulo, le voyait clairement. Pendant longtemps, il avait été un fervent partisan du roi Léopold, il avait même assumé la présidence de sa commission pour la protection des indigènes – au fond une manœuvre pour calmer les esprits. Mais le mécontentement de Grenfell grandissait à vue d'œil. "Vu le nombre de postes isolés que des hommes blancs célibataires occupent avec seulement une poignée de soldats indigènes, au sein de populations à moitié soumises et souvent cruelles et superstitieuses, il ne faudra pas s'étonner de voir apparaître plus de manifestations de folie. Mais c'est le système qui doit être jugé, plus que le pauvre individu qui, accablé par la fièvre et l'angoisse, perd le contrôle de lui-même et abuse de formes d'intimidation pour faire respecter son autorité[69]." L'administration de l'Etat indépendant du Congo se prévalait de sa ponctualité, les fonctionnaires feignaient un certain flegme, l'apparence du contrôle était maintenue. Mais derrière se bousculaient les sentiments d'angoisse, de dépression, de mélancolie, de léthargie, de désespoir et de folie totale. Les gens étaient à bout.

L'Etat indépendant condamnait verbalement les inconduites, mais ne pouvait dans les faits exercer aucun contrôle. Pratiquement aucune condamnation n'était prononcée. Boma était plus vite au courant de ce qui se passait à Bruxelles que de ce qui se déroulait dans la forêt équatoriale. Le roi Léopold parut lui aussi indigné quand les premières rumeurs de situations intolérables commencèrent à filtrer. Il dit : “Il faut que ces horreurs finissent ou je me retirerai du Congo. Je ne me laisserai éclabousser ni de sang, ni de boue et il faut que ces turpitudes cessent[70].” Mais cela ne l’empêcha pas de renommer des salauds notoires comme Fiévez, alors que le souverain était parfaitement au courant de son honteux palmarès. Ni lui, ni ses conseillers, ni encore le sommet de son administration à Boma ne voulaient comprendre que ces horreurs étaient inhérentes au système qu’ils appliquaient. Pourtant, comme la maximisation des gains était l’alpha et l’oméga de toute l’entreprise, les gens à tous les échelons sentaient s’exercer sur eux des pressions pour collecter plus d’impôts, récolter plus de caoutchouc et exploiter davantage. Le système de l’Etat indépendant était une pyramide avec à son sommet Léopold II, en dessous le gouverneur général à Boma, encore en dessous les différents niveaux de l’administration, suivis par les militaires noirs de la Force publique et, tout en bas, l’indigène dans son village. Sans doute la violence physique se limitait-elle aux échelons inférieurs (elle était le fait de soldats cupides et de fonctionnaires perturbés dans la brousse, de gardiens brutaux et d’esprits totalement malades dans la forêt vierge), mais la violence structurelle était présente jusqu’en haut de la hiérarchie, jusqu’au palais de Laeken. Officiellement, un indigène devait travailler au maximum quarante heures par mois pour l’Etat, mais plus le caoutchouc se faisait rare, plus il fallait pénétrer loin dans la forêt vierge pour récolter la quantité souhaitée. Il n’y avait plus de temps à consacrer à d’autres travaux. Les populations devinrent des serfs de l’Etat. Léopold II était parti en guerre contre l’esclavage afro-arabe, du moins formellement, mais l’avait remplacé par un système encore pire. Car tandis qu’un propriétaire s’occupait encore de son esclave (il avait, tout compte fait, payé pour lui un prix élevé), la politique de Léopold en matière de caoutchouc ne se préoccupait pas, par définition, du bien-être de l’individu. Il est certes difficile de choisir entre la peste et le choléra, mais, avec le recul, la vie d’un esclave domestique congolais en Arabie saoudite ou en Inde paraît plus séduisante que celle d’un récolteur de caoutchouc dans l’Equateur.

Les conséquences furent dramatiques. Les champs étaient en friche. L'agriculture se réduisit aux plantes les plus élémentaires. Le commerce indigène s'interrompit. Les métiers artisanaux, perfectionnés depuis des siècles, comme le travail du fer forgé ou du bois, se perdirent. La population était amorphe, affaiblie et sous-alimentée. Elle était donc très exposée aux maladies. Vers le tournant du siècle, la maladie du sommeil apparut. Cette maladie, transmise par la mouche tsé-tsé, existait depuis longtemps déjà sur le territoire, mais le nombre de morts n'avait jamais été aussi élevé. Elle prit vraiment les proportions d'une pandémie. En 1904, George Grenfell écrivit : "Dans de nombreux districts, le nombre de morts à l'heure actuelle est pour le moins ahurissant. Sur mille lieues le long du fleuve (deux mille lieues de rives) entre Léopoldville et Stanleyville, je doute fort, après avoir compté les habitations et effectué une estimation très approximative, qu'il y ait encore cent mille personnes dans toutes les petites villes et tous les petits villages le long du fleuve[71]." Alors qu'il s'agissait auparavant de la région la plus peuplée à l'intérieur des terres. Dans certains villages, 60 à 90 % de la population disparurent. Lukolela, un des postes les plus anciens le long du fleuve, avait en 1891 environ six mille habitants ; en 1903, ils étaient moins de quatre cents[72]. Il est impossible de déterminer combien de personnes sont mortes directement ou indirectement du fait de la politique du caoutchouc de Léopold. Il n'existe tout simplement pas de chiffres fiables. Le dépeuplement avait en outre une autre raison essentielle : les gens étaient très nombreux à partir, loin du fleuve, loin des rives. Ils allaient vivre au plus profond de la forêt vierge ou traversaient la frontière pour être hors de portée de l'Etat. Eux aussi devinrent invisibles. Un rare témoin de ce premier grand flux de réfugiés aussi loin que remonte l'Histoire fut interviewé à ce sujet en 1903 :

"Depuis combien de temps êtes-vous partis de chez vous ? Depuis que les gros problèmes dont vous parlez ont commencé ?

— Il y a trois ans. Cela va faire maintenant la quatrième année que nous avons fui et que nous sommes venus vivre dans cette région.

— Il faut combien de jours de marche jusqu'à votre propre pays ?

— Six jours en avançant bien. Nous avons fui parce que nous ne pouvions plus supporter ce qu'ils nous faisaient. Nos chefs de village étaient pendus, on nous liquidait et on nous affamait. Et on se tuait au travail pour trouver du caoutchouc[73]."

Il serait grotesque dans ce contexte de parler de "génocide" ou d'"holocauste", car un génocide sous-entend la destruction consciente, planifiée, d'une catégorie particulière de la population, ce qui n'a jamais été l'intention en l'occurrence, ni le résultat. Et le terme d'holocauste est réservé à la persécution des Juifs pendant la Seconde Guerre mondiale. Mais il s'agissait bel et bien d'une hécatombe, d'un massacre perpétré à une échelle incroyable, qui n'était certes pas intentionnel, mais qui aurait pu être interprété bien plus rapidement comme un "dommage collatéral" d'une politique d'exploitation perfide et de rapacité, un sacrifice sur l'autel d'une folle âpreté au gain. Quand la maladie du sommeil se déchaîna, Léopold II appela à l'aide la Liverpool School of Tropical Medicine, à l'époque le centre de médecine tropicale le plus renommé. Il n'aurait jamais pris cette initiative s'il avait eu l'intention de perpétrer un génocide. Cela ne veut pas dire pour autant qu'il a fait aussitôt son *mea culpa*. D'ailleurs, il ne l'a jamais fait.

L'impact de cette politique sanglante du caoutchouc, qu'on a surnommée le "caoutchouc rouge", n'a pas été le même partout. L'Equateur, le Bandundu et le Kasaï furent les plus sévèrement touchés, c'est-à-dire la partie occidentale de la forêt équatoriale congolaise. L'exploitation y était la plus facile du fait de la présence des grandes rivières. Un jour que je sondais le vieux Nkasi, qui venait du Bas-Congo, à propos de l'époque de l'exploitation du caoutchouc, il n'a pas su me répondre : "Ce n'était pas chez nous", a-t-il dit, "mais dans le Mayombe." Il pouvait bien avoir raison. Le Mayombe était une région de la forêt équatoriale au nord de Boma, près de l'océan, à proximité de l'enclave portugaise de Cabinda. C'était un des rares endroits au Bas-Congo où l'on exploitait le caoutchouc. Nkasi en avait seulement entendu parler. "Les Portugais y tranchaient des mains", avait-il ajouté, mais il n'en était pas sûr. Quand je lui ai ensuite demandé s'il avait connu l'épidémie de maladie du sommeil, il avait hoché la tête avec nettement plus d'assurance. "Oui, j'en ai été témoin. Beaucoup de jeunes sont morts. *C'est une mauvaise maladie**." Il a répété cette dernière phrase deux fois dans son français élémentaire.

A partir de 1900, les signes témoignant des horreurs de l'Etat indépendant sont devenus de plus en plus évidents, même si on n'y a pas cru tout de suite. Les missionnaires protestants exprimèrent clairement leur dégoût, mais en Belgique on pensait simplement qu'ils étaient frustrés de voir affluer les missionnaires catholiques et de perdre leur pouvoir. A Anvers, Edmund Morel, qui travaillait pour un armateur britannique, commença à prendre conscience que la situation tournait vraiment mal au Congo : il voyait des bateaux partir vides (ils transportaient tout au plus des armes et des munitions) et revenir chargés de caoutchouc. Ne fallait-il pas voir là de la rapacité plus qu'un commerce bilatéral ? Ses protestations furent écartées d'un revers de main : des jérémiades auxquelles on pouvait s'attendre de la part des négociants britanniques de Liverpool qui continuaient de s'affliger du dépérissement du libre-échange. D'ailleurs, la petite Belgique avait-elle vraiment des leçons à recevoir des Britanniques ? On aurait bien aimé le savoir ! Ces bouledogues impérialistes n'étaient-ils pas eux-mêmes les pires criminels, eux qui avaient massacré les Boers sans défense en Afrique du Sud ? En Belgique aussi, la guerre des Boers avait suscité la consternation.

L'état d'esprit changea un tant soit peu quand Roger Casement, consul britannique à Boma, écrivit en 1904 un rapport nuancé, mais dévastateur. Casement était un diplomate extrêmement respecté. Il n'était pas question ici d'un simple employé portuaire britannique travaillant à Anvers, mais d'un représentant officiel de la Grande-Bretagne, une personnalité dotée d'une grande autorité morale qui connaissait depuis longtemps l'intérieur des terres au Congo. Ses objections ne pouvaient être ignorées ; elles provoquèrent une profonde indignation à la Chambre des Communes. Des écrivains comme Arthur Conan Doyle, Joseph Conrad et Mark Twain exprimèrent haut et fort leur colère. Un an après la publication du rapport, le roi Léopold se sentit obligé d'envoyer une commission d'enquête internationale et indépendante au Congo. Trois magistrats, un Belge, un Suisse et un Italien, furent autorisés pendant trois mois à voyager et à procéder à des interrogatoires dans son Etat indépendant. Ils allaient certainement le blanchir. Mais la situation tourna autrement. La commission d'enquête se mit au travail comme une sorte de comité de la vérité et de la réconciliation *avant la lettre* *. Elle entendit des centaines de témoins, canalisa les plaintes et écrivit un rapport sobre où la politique de l'Etat indépendant était soigneusement disséquée. Ce texte aride, mais fatal, affirmait que “l'emprisonnement de femmes-otages, l'assujettissement des chefs à des travaux serviles, les humiliations qui leur étaient infligées, la chicotte donnée aux récolteurs, les brutalités des Noirs préposés à la surveillance des détenus” étaient le plus souvent la règle[74]. Le juriste et professeur bruxellois Félicien Cattier poussa le raisonnement jusqu'à ses conséquences les plus extrêmes : “La vérité est que l'Etat du Congo n'est point un Etat colonisateur, que c'est à peine un Etat : c'est une entreprise financière. [...] La colonie n'a été administrée ni dans l'intérêt des indigènes, ni même dans l'intérêt économique de la Belgique : procurer au Roi-Souverain un maximum de ressources, tel a été le ressort de l'activité gouvernementale[75].”

Les pressions internationales exercées sur le roi Léopold II s'accentuèrent considérablement. Des mesures étaient nécessaires et la seule option envisageable était que Léopold renonçât à son territoire d'outre-mer et que la Belgique prît en charge le Congo. En décembre 1906, le nœud gordien fut tranché, mais Léopold temporisa encore deux ans à propos des modalités du transfert. Il se demandait s'il pouvait tout de même conserver une partie du Congo pour lui, le domaine de la Couronne par exemple. Manifestement, il éprouvait des réticences à se dessaisir du projet de sa vie. Juste avant la transmission, il fit même brûler les archives de l'Etat indépendant. Mais le 15 novembre 1908, le moment arriva : le jour de la fête de la Dynastie, la dynastie renonça à l'Etat libre du Congo. Le terme d'“Etat indépendant” était devenu entre-temps plutôt dépassé pour un territoire sans liberté du commerce, sans liberté de travail ni liberté civile. Un régime s'y était substitué qui tournait autour d'une économie de monopole, du travail forcé et de la servitude. Désormais, le territoire s'appellerait le "Congo belge".

Pendant l'Etat indépendant, la population locale était entrée pour la première fois en contact avec les diverses facettes de la présence européenne. En l'an 1908, environ seize mille enfants étaient scolarisés dans les missions, on estimait à trente mille le nombre de personnes alphabétisées, soixante-six mille avaient été enrôlées dans l'armée et quelque deux cent mille s'étaient fait baptiser[76]. Des centaines de milliers d'habitants avaient eu un rapport, direct ou non, avec la politique du caoutchouc. Des millions avaient succombé à la maladie du sommeil et à d'autres affections contagieuses.

Et Disasi Makulo avait une fois encore vécu tout cela de près. Il avait été mêlé au commerce de l'ivoire à l'époque où il était encore libre, il était devenu le boy d'un missionnaire britannique célèbre, il avait effectué d'innombrables missions de reconnaissance sur son petit bateau à vapeur, il avait fait littéralement l'expérience physique de l'imbrication de la mission et de l'Etat quand il avait dû porter l'uniforme de la Force publique lors de l'expédition avec Grenfell, il s'était fait baptiser, avait épousé une jeune fille d'une tout autre région, s'était engagé à rester monogame et à fonder une famille nucléaire, avait critiqué la vie de village traditionnelle et était finalement devenu catéchiste pour pouvoir évangéliser sa propre région. Et c'est justement là qu'il avait vu de ses propres yeux la violence de la politique du caoutchouc.

Mais dans son poste missionnaire, il éprouva un chagrin plus grand encore. Vers le milieu de l'année 1906, son grand maître, George Grenfell, vint lui rendre visite. On aurait dit un homme de 80 ans alors qu'il n'en avait que 57. Ses années sous les tropiques avaient été longues et intenses. C'était un homme usé. Grenfell lui demanda, ainsi qu'à ses fidèles, de chanter un hymne dans leur langue, le bobangi. Puis il exprima formellement le souhait d'être enterré à Yalemba, le poste missionnaire que Disasi avait lui-même fondé. Disasi l'appela "celui qui avait été notre père jusqu'à sa mort[77]".

De ces premiers temps, on ne voit pratiquement plus les traces à Kinshasa, mais lors de mon tout premier voyage au Congo, en décembre 2003, j'ai eu accès au vieil entrepôt d'autobus de la ville dans le quartier de Limete. Les bus ne circulaient plus depuis longtemps dans la capitale, les quelques exemplaires cassés qui étaient encore sur place avaient été transformés en logements où vivaient plusieurs familles. Du linge était suspendu à sécher aux essuie-glaces. Les habitants dormaient sur les vieilles banquettes, les bras enveloppant les tiges en aluminium. A l'ombre d'un moyeu de roue ou d'un capot bêlait une chèvre invisible. La nature reprenait le dessus dans cette zone industrielle abandonnée. Après avoir marché un certain temps, j'ai aperçu dans l'herbe une œuvre d'art postmoderne extrêmement singulière. Jamais je n'avais vu auparavant installation plus extravagante associée à des réminiscences historiques. Dans un bateau en acier rouillé, un personnage en bronze qui faisait bien quatre mètres de haut était étendu sur le ventre. Je l'ai aussitôt reconnu : c'était la statue triomphante de Stanley qui, pendant des décennies, au sommet de la colline de Ngaliema, avait porté son regard martial au-delà du fleuve. Conçue et coulée à Molenbeek, près de Bruxelles, elle avait été expédiée par bateau dans la colonie, pendant la période coloniale, mais après l'indépendance elle avait été retirée de son socle. Et il gisait à présent ici, notre Stanley. Le large geste du bras, avec lequel il englobait le Congo jadis, n'indiquait plus rien. Les doigts ne s'appuyaient que sur la chaudière du bateau. Le pouvoir était devenu une crampe, le courage quelque chose de grotesque. Sur le flanc du bateau à l'avant, j'ai vu inscrites trois lettres : AIA, le sigle de l'Association internationale africaine. C'était un des trois bateaux avec lesquels Stanley avait navigué sur le fleuve pour fonder des postes ici et là. C'est à bord d'un de ces bateaux qu'il avait emmené Disasi quand il l'avait racheté à un marchand d'esclaves. A présent, Stanley était étendu, terrassé, dans son propre bateau. La flotte qui lui avait permis de soumettre le Congo à une nouvelle autorité était désormais son mausolée. Aucune idée du fonctionnaire qui avait conçu ce bricolage génial, sans doute un service de dépannage avait-il improvisé sur place ce tas de ferraille de l'Histoire, mais rarement j'ai vu règlement de comptes, plus ironique vis-à-vis du colonialisme que cette statue officielle de Stanley étendue de tout son long sur le ventre dans sa propre vieille flottille.

Le lendemain, j'ai trouvé à l'autre bout de la ville, dans le paisible quartier verdoyant de Ngombe, le vieux poste missionnaire des baptistes. Il était situé sur la rive du fleuve dans ce qui est aujourd'hui le quartier le plus résidentiel de Kinshasa. Leur premier bâtiment était encore debout, une construction simple sur des poteaux en fonte, comme à Boma. Chacun des poteaux était même entouré d'une sorte de vase : on y versait du pétrole pour décourager le moindre termite. Je pense que ce doit être le plus vieux bâtiment de Kinshasa. J'ai fait quelques pas de plus pour avoir l'occasion de bien regarder le fleuve. Kinshasa est au bord de l'un des plus grands fleuves du monde, mais compte tenu de tous les murs et de toutes les barricades (le fleuve reste une frontière d'un pays à l'autre), il y a peu d'endroits où l'on voit vraiment l'eau. Sur la colline descendant vers la rive se distinguait dans les herbes hautes une chose qui ressemblait à un gigantesque insecte, ou à la cage thoracique d'un géant en bronze. C'était le circuit de refroidissement d'un énorme moteur. Des dizaines de tuyaux en laiton convergeaient vers un gros tube d'acier. Un catéchiste des baptistes m'a dit qu'il s'agissait du moteur du *Peace*, le bateau à vapeur dont s'était servi Grenfell pour faire toutes ses explorations. Quand le bateau s'était totalement délabré, on avait hissé sur la rive ce fleuron de l'archéologie industrielle. Cela paraissait trop beau pour être vrai. Non seulement nous connaissons en détail la vie formidable de Disasi Makulo, mais de plus les deux bateaux avec lesquels il a navigué sur le Congo continuent de rouiller dans les hautes herbes silencieuses de Kinshasa.

3

“LES BELGES NOUS ONT DÉLIVRÉS”

LES PREMIÈRES ANNÉES DU RÉGIME COLONIAL 1908-1921

Lutunu regarda sa femme. Elle avait de plus en plus de mal à marcher. Si jeune encore, se dit-il. Sur son cou il vit clairement les nodosités. Un alignement de galets sous la peau. Il connaissait ces signes, cela avait commencé de la même manière pour ses enfants. D’abord la fièvre, les maux de tête et une raideur dans les articulations, puis une fatigue et une apathie sinistres le jour, alternant avec les insomnies la nuit. Il savait ce qui attendait sa femme. Elle serait de plus en plus embrouillée, de plus en plus léthargique. Ses yeux se révulseraient, elle aurait l’écume aux lèvres. Puis elle irait s’étendre dans un coin, jusqu’à ce que tout soit terminé. Qu’avait-il fait pour mériter ça ? Toutes ces morts. Quelques jours auparavant, ses frères et ses sœurs avaient succombé à la variole, comme des mouches. Puis ses deux fils étaient morts de la maladie du sommeil, les premiers enfants qu’elle lui avait donnés… Et maintenant elle-même… Avait-elle bu à la même calebasse qu’une personne atteinte de la maladie du sommeil ? Avait-elle mangé une orange tachetée de marques foncées ? Personne ne savait comment on attrapait cette maladie, pas un guérisseur n’avait de fétiche ou de médicament pour en guérir. D’aucuns disaient que c’était une sanction des missionnaires qui, furieux que tout le monde n’adhère pas à leur religion, propageaient la maladie[1]. Lutunu n’en savait rien.

Vers 1900, même Mfumu Makitu mourut, le grand chef de Mbanza-Gombe, son chef. En 1884, il avait été un des tout premiers chefs du pays à conclure un accord avec Stanley. Son village était alors situé sur la route des caravanes qui reliait la côte à l’intérieur du pays, longtemps avant que le chemin de fer soit construit. Au début, le chef Makitu ne voulait rien savoir de ces Blancs qui venaient d'arriver, mais il avait fini par changer d'avis. Le 26 mars 1884, il apposa, avec plusieurs autres chefs, une croix en bas d'une feuille de papier sur laquelle était écrit : "Nous, soussignés chefs de Nzoungi, consentons à reconnaître la souveraineté de l'Association internationale africaine, en foi de quoi nous adoptons son drapeau (bleu avec une étoile d'or). [...] Nous déclarons que nous et tous nos successeurs, nous agirons à compter de ce jour, pour toutes les affaires qui concernent la prospérité de nos possessions, conformément aux décisions des représentants de l'Association[2]." Lutunu s'en souvenait comme si c'était la veille. Le chef Makitu avait alors donné à Stanley un généreux cadeau de bienvenue, un de ses plus jeunes esclaves, Lutunu lui-même qui avait à l'époque 10 ans. Pour tant de loyauté, Makitu fut récompensé en 1888 par une décoration ; il fut un des premiers *chefs médaillés* * du pays. Ses richesses n'avaient fait que croître. A présent, des années plus tard, il laissait derrière lui soixante-quatre villages, quarante femmes et des centaines d'esclaves.

La vie de Lutunu était déjà aussi aventureuse que celle de Disasi Makulo, elle fut même si aventureuse qu'on se souvient encore de lui aujourd'hui. A Kinshasa une rue porte son nom et le vieux Nkasi, dont le village natal était proche de celui de Lutunu, l'avait rencontré dans un lointain passé : "J'ai même connu Lutunu !" m'avait-il dit spontanément à une occasion. J'entendais quant à moi ce nom pour la première fois. "Il venait de ma région et il était un peu plus âgé. C'était le boy de Stanley. Et il n'a jamais voulu porter de pantalon. Quand le Blanc appelait « Lutunu ! », il répondait « Blanc ! ». Tout simplement ! Blanc !" Il en riait encore. Lutunu était un cas à part. Un fanfaron, ami de beaucoup de Blancs. En rentrant en Belgique, j'ai découvert qu'une artiste et écrivaine belge[3] avait fait le récit de sa vie dans les années 1930.

Tout comme Disasi Makulo, Lutunu avait été esclave et il s'était retrouvé entre les mains des Européens. Il devint le boy du lieutenant Alphonse Vangele, un des collaborateurs de la première heure de Stanley. Lui aussi entra en contact avec les baptistes britanniques : quand ils établirent un de leurs principaux postes missionnaires dans sa région, il devint le boy de l'un d'eux, Thomas Comber. Et tout comme Disasi, il atterrit en Europe. Il était là quand Comber était parti en Angleterre et en Belgique, il était là quand Comber fut accueilli par le roi Léopold II. Il faisait partie des neuf enfants qui eurent le droit de chanter pour le souverain. Il fut celui qui plus tard prit le bateau pour l'Amérique et devint célèbre en rentrant de Matadi au Stanley Pool car on courut derrière ce premier cycliste au Congo. Voilà l'homme qu'il était. Et ses péripéties espiègles étaient loin d'être terminées. Il n'était pas prédestiné à traduire patiemment l'Evangile dans sa langue maternelle, mais à parcourir le vaste monde. Il navigua avec Grenfell sur le fleuve Congo et il devait certainement connaître Disasi Makulo. Il devint guide et interprète pour les officiers belges Tobback et Dhanis pendant leurs campagnes militaires. Il fit même un bref passage en tant que soldat dans la Force publique. Il avait ses accès partout et connaissait le colonisateur comme aucun autre. "Lutunu ! – Blanc !" Mais leurs pantalons, il n'en portait pas. Et il n'avait pas envie d'être baptisé.

Quand sa femme mourut, cependant, il ne lui resta plus personne. Ses enfants morts, sa famille décimée. Après toutes ses pérégrinations, il retourna dans son village natal. Il discuta avec les missionnaires protestants et se convertit. Il avait alors une trentaine d'années. Il libéra les dizaines d'esclaves qu'il avait achetés au fil des ans. Il alla vivre au poste missionnaire. Francis Lutunu-Smith était son nouveau nom.

Quand le grand chef Makitu mourut au tournant du siècle, son successeur sur le trône était, selon le droit de lignage local, un jeune homme de 16 ans sans grande expérience. Les missionnaires proposèrent que Lutunu devienne son assistant régent : c'était mieux pour le village et mieux pour la mission. Les missionnaires pouvaient ainsi influencer le pouvoir local : Lutunu était tout compte fait un des leurs. De même que Disasi Makulo avait eu le droit d'établir son propre poste missionnaire, Lutunu se vit confier une partie des responsabilités administratives : les enfants anciennement esclaves acquéraient, grâce aux Blancs, des pouvoirs considérables.

La vie de Lutunu était certes comparable à celle de Disasi, mais on ne peut en dire autant de sa piété. Au bout de cinq ans, il fut soudain chassé de la mission : il avait un goût trop prononcé pour la bière anglaise. L'Etat indépendant du Congo réprimait sévèrement l'alcoolisme endémique de la population locale. La consommation de vin de palme était strictement encadrée, le brandy, le gin et le rhum étaient totalement interdits. Mais Lutunu buvait et dansait. Et même s'il allait continuer de choyer son exemplaire de la Bible, il s'avéra brusquement qu'il avait épousé trois femmes et avait eu quatre, cinq, huit, douze, dix-sept enfants. Ne pouvait-on vraiment pas concilier la nouvelle religion avec les anciennes coutumes ?

Quelles furent pour lui les conséquences de la transformation subite du Congo en une colonie belge ? A-t-il remarqué quoi que ce soit de la transition de l'Etat indépendant du Congo vers le Congo belge ? L'année 1908 a-t-elle aussi été une année charnière pour lui et les siens ? La population locale a-t-elle constaté des signes de cette transmission ?

Autant de questions difficiles.

L'historiographie classique présente souvent les événements ainsi : jusqu'en 1908, les atrocités de l'Etat indépendant du Congo se poursuivirent mais, dès lors que la Belgique reprit la colonie, tout se calma et l'Histoire devint *un long fleuve tranquille**, qui ne fit de nouvelles vagues qu'à la fin des années 1950[4]. Le colonialisme au sens strict, la période de 1908 à 1960, ne fut, dans cette optique, qu'un long intermède clapotant entre deux épisodes turbulents. Aujourd'hui en Belgique, on perd plus le sommeil en pensant aux atrocités de Léopold II et à l'assassinat de Lumumba – au sens strict deux moments en dehors de la période coloniale classique – qu'aux décennies où le Parlement belge et donc le peuple belge étaient directement responsables (ou auraient dû l'être) de ce qui se passait au Congo. Cette idée d'une stabilité pacifique est d'ailleurs renforcée par les longs mandats de personnages clés. De 1908 à 1960, le Congo n'eut que dix gouverneurs généraux, certains restant sept ou même douze ans à leur poste. Les deux premiers ministres des Colonies, Jules Renkin et Louis Franck, occupèrent leurs fonctions pendant respectivement dix et six ans. Le tout donnait l'impression d'un fleuve s'écoulant lentement entre quelques solides balises.

Ce ne fut peut-être qu'une impression. Il n'y eut pas de rupture totale après 1908. Le 15 novembre de cette année, on hissa certes pour la première fois à Boma, la capitale, le drapeau belge tricolore et le drapeau de l'Etat indépendant fut définitivement replié, mais pour le reste rien ne changea fondamentalement. Le pouvoir de Léopold projetait encore une ombre très longue sur la période coloniale. Le demi-siècle belge fut d'ailleurs tout sauf statique. Il se caractérisa au contraire par une extraordinaire dynamique, et pas seulement la dynamique unilinéaire tant célébrée du "progrès", mais la dynamique aux multiples facettes d'une époque historique complexe pleine de tensions, de conflits, de frictions. Un long et large fleuve qui ne cesse de gagner en puissance ? Non, plutôt un fleuve qui s'entrecroise avec des lits secondaires, des rapides et des tourbillons.

Il se passa beaucoup de choses en 1908 mais, dans un premier temps, cette dynamique naissante fut plus apparente à Bruxelles qu'au Congo. L'aube se leva une nouvelle fois sur le papier. La Charte coloniale qui réglait la transmission de l'Etat indépendant accorda pour la première fois au Congo une sorte de Constitution. Conscients de la misère de l'Etat indépendant, les membres du gouvernement belge conçurent un appareil du pouvoir entièrement nouveau. La politique appliquée dans la colonie n'était plus l'affaire d'un souverain n'en faisant qu'à sa tête et pouvant imposer sa volonté, mais du Parlement, qui approuvait les lois concernant l'administration de la colonie. Dans la pratique, elle était conçue et exercée par le ministre des Colonies, une nouvelle fonction au titre plutôt ridicule. Le pluriel, vu de l'étranger, était parfaitement inutile, la Belgique n'ayant qu'une seule colonie. Le Parlement ne s'occupait que de temps en temps de la politique d'outre-mer. Le 17 décembre 1909, Léopold mourut, à peine dix-huit mois après qu'on lui eut retiré l'œuvre de sa vie. Son successeur, le roi Albert Ier, avait une conception du Congo bien plus discrète et moins volontariste. Une nouvelle instance publique avait en outre été créée, le Conseil colonial, qui conseillait le ministre sur d'innombrables aspects techniques. Sur les quatorze membres, huit étaient nommés par le souverain et six par la Chambre et le Sénat. Une Commission permanente pour la protection des indigènes, une institution aux nobles ambitions mais sans grande influence, fut instituée. En plus de cinquante ans d'existence, elle ne se réunit que dix fois[5]. Le mode de financement changea également : l'époque n'était plus aux constructions opaques de Léopold qui lui permettaient d'effectuer à son gré des transferts de capitaux entre sa fortune personnelle et la liste civile, les moyens que la nation mettait à sa disposition. Désormais, les portefeuilles étaient hermétiquement fermés. Les recettes de la colonie devaient revenir à la colonie, et non plus servir à financer les travaux de construction à Bruxelles, ce qui signifiait aussi qu'en temps de crise le Congo devait pourvoir à ses propres besoins (même si dans la pratique la Belgique lui vint parfois en aide). La colonie obtint donc à la fois les avantages et les inconvénients d'un budget spécifique.

Ces réformes administratives furent de grande ampleur. L'administration de la colonie se fit également dans un autre climat. L'aventure céda la place à la bureaucratie, le foie gras au corned-beef. Après les caprices de Léopold, on privilégia une approche sobre, rigoureuse. La Belgique prit sa tâche de colonisateur au sérieux. Le pouvoir devint très administratif, ce qui signifiait en termes belges : extrêmement hiérarchisé et centralisé. Il émanait de Bruxelles et était en grande partie exercé par des personnes qui ne s'étaient que rarement, voire jamais, rendues au Congo. Cette situation créa à plusieurs reprises des tensions avec les Blancs sur place. Au Congo, le gouverneur général restait tout-puissant, mais ses conceptions de la situation coloniale étaient souvent en contradiction avec les directives qui lui parvenaient de Bruxelles. Les coloniaux belges ne pouvaient en outre pas se prononcer sur la politique coloniale : ils n'avaient formellement aucun pouvoir politique. Ils la subissaient, et pas toujours de bon cœur.

Mais si eux-mêmes se sentaient tenus à l'écart, la situation n'était-elle pas bien pire pour les Congolais ? Les politiciens belges se préoccupaient indéniablement du sort des indigènes ; on avait pu s'en apercevoir après le caoutchouc rouge. Mais ils n'avaient pas à rendre de comptes à la population locale. Ils n'étaient pas élus par les habitants et ils ne les consultaient pas non plus. Ils s'occupaient d'eux, pleins de miséricorde.

Si le pouvoir belge n'écoutait guère la voix des Congolais, il était en revanche très attentif aux scientifiques. L'ambition était "*une colonisation scientifique* *", comme la qualifia Albert Thys[6]. Il n'était plus question d'une improvisation au coup par coup, mais d'une planification cartésienne. Les scientifiques étaient l'incarnation du nouveau sérieux : neutres, rationnels, directs et fiables. Pensait-on. Ils eurent en pratique, précisément du fait de cette prétendue neutralité, beaucoup leur mot à dire.

Les médecins constituèrent le premier groupe de scientifiques qui eut ainsi voix au chapitre. Au tournant du siècle, Ronald Ross, un médecin britannique né en Inde, découvrit que l'on contractait la malaria non pas en respirant le "mauvais air" des régions marécageuses (*mal aria* en italien, la maladie survenant encore à l'époque dans la plaine du Pô), mais que c'étaient les moustiques vivant près de ces eaux stagnantes qui transmettaient la maladie. Un des grands mystères des tropiques qui avaient coûté la vie à tant de pères et de pionniers était ainsi résolu. Ronald Ross reçut pour sa découverte le prix Nobel. Mais l'affaire n'en resta pas là. Il s'avéra que la fièvre jaune et l'éléphantiasis, la maladie qui entraînait d'épouvantables déformations des membres, étaient aussi propagés par les moustiques. On attrapait l'énigmatique maladie du sommeil en entrant en contact avec la mouche tsé-tsé. La fièvre noire était transmise par les mouches des sables, le typhus par des poux, la peste par des puces des rats. Les signes étaient des poussées de fièvre tenaces. Une nouvelle discipline était née : la médecine tropicale, qui allait devenir un puissant instrument au service du colonialisme. Léopold II avait lui-même déjà invité des chercheurs de Liverpool au Congo pour faire des recherches sur la maladie du sommeil. En 1906, il fonda, par analogie avec la Liverpool School of Tropical Medicine, l'Ecole de médecine tropicale de Bruxelles, l'ancêtre de l'Institut de médecine tropicale d'Anvers.

Pour les habitants du Congo, cette médicalisation eut des conséquences importantes. Déjà sous le régime de Léopold avaient été établis ici et là dans l'Etat indépendant des lazarets où les malades étaient accueillis par des religieuses. Ces lazarets, situés sur des îles du fleuve ou dans des endroits reculés de la forêt, étaient comparables à des léproseries. La prise en charge se faisait souvent de force. Les patients y étaient plus isolés que soignés. Les visites de la famille, d'amis et de proches étaient interdites. L'envoi dans un lazaret était ressenti généralement comme une condamnation à mort. Toutes sortes de traitements étaient essayés, comme l'atoxyl, un dérivé de l'arsenic, qui entraînait plus souvent la cécité qu'une guérison. On ne savait pas toujours très bien ce qu'il fallait améliorer : le corps du patient ou le traitement expérimental. Comme on cherchait surtout à isoler les victimes à un stade précoce de la maladie (quand elles étaient le plus contagieuses et que la maladie en était encore à un stade où elle pouvait être guérie), les personnes se sentaient souvent en pleine santé au moment de leur prise en charge. Elles avaient tout au plus quelques ganglions lymphatiques gonflés dans le cou. Les symptômes caractéristiques ne se développaient que pendant leur séjour au lazaret. Les lazarets acquirent ainsi une mauvaise réputation : on croyait qu'il s'agissait de camps où les fonctionnaires coloniaux transmettaient délibérément la maladie. Des bagarres éclataient, les gardiens intervenaient, mais beaucoup de patients partaient et retournaient vivre dans leurs villages.

Quand la Belgique reprit le Congo, des services de santé furent créés pour la première fois dans l'histoire du colonialisme… à Bruxelles. La chaîne de commandement jusqu'aux chefs de poste dans la brousse était excessivement longue, mais les instructions étaient pourtant respectées. Les lazarets ne suffisaient pas à eux seuls. Il fallait désormais contrôler les déplacements de tous les Congolais. En 1910, un décret stipula que chaque indigène appartenait à une *chefferie** ou une *sous-chefferie**[7]. Les contours de telles régions furent tracés avec précision, en tenant compte des frontières territoriales existantes. Quand on voulait se déplacer sur une distance de plus de trente kilomètres ou pour une durée supérieure à un mois, édictait un autre décret de 1910, il fallait avoir sur soi un passeport médical qui indiquait sa région natale, son état de santé et les traitements éventuellement reçus. Ce passeport ne pouvait s'obtenir qu'avec l'accord du chef du village ou de son sous-chef. Quand on était malade, on était tenu de rester dans son village. Quand on se déplaçait sans ce papier, on risquait une amende.

On ne saurait sous-estimer l'importance d'une telle mesure. Elle eut cinq conséquences radicales. Premièrement, les Congolais, même en bonne santé, ne purent plus se déplacer ni rester où ils le souhaitaient, leur liberté de mouvement fut considérablement limitée. Cette région habituée à une grande mobilité permanente dut s'adapter. Deuxièmement, chaque habitant était désormais épinglé sur la carte à un lieu précis, comme un scarabée sur un petit morceau de carton. Le sentiment d'appartenance avait toujours été fort au sein des communautés indigènes, à présent il devenait total. La personne que vous étiez était désormais immuable. Troisièmement, les chefs locaux intervenaient à part entière dans l'administration locale. Le phénomène avait déjà commencé à l'époque de Stanley (on pense à Makitu), mais il était à présent officiellement validé. Ils représentaient le dernier échelon de la hiérarchie administrative et remplissaient une fonction de guichet entre l'Etat et ses ressortissants. Le pouvoir colonial préférait bien entendu les personnalités dociles. Le chef qui recevait un mandat officiel était souvent un personnage falot sans grande autorité morale, tandis que le vrai chef traditionnel se tenait dans l'ombre pour pouvoir continuer tranquillement de régner[8]. Quatrièmement, comme une *chefferie** type se composait tout au plus d'un millier d'habitants, les entités ethniques plus grandes disparurent totalement[9]. Le village tomba directement sous l'autorité de l'Etat, il n'y eut plus de niveaux intermédiaires. Ce phénomène eut lui aussi un impact sur la conscience tribale : la nostalgie d'une splendeur passée apparut. Et cinquièmement, pour beaucoup, cette législation émanant du lointain Bruxelles était la première rencontre directe avec la bureaucratie coloniale. Pendant l'Etat indépendant, des centaines de milliers de personnes avaient dû subir le joug du lointain oppresseur, désormais personne ne pouvait impunément passer entre les mailles du filet. Le nombre de Belges dans la colonie était encore très limité (quelques milliers en 1920), mais l'appareil colonial étendit son emprise sur la population et s'insinua de plus en plus dans la vie de l'individu.

L'Etat, en 1885, se résumait à un seul Blanc isolé qui demandait au chef de votre village de le pavoiser avec un drapeau bleu. L'Etat, en 1895, était un fonctionnaire qui venait exiger vos services comme porteur ou soldat. L'Etat, en 1900, était un soldat noir qui venait vociférer et tirer des coups de feu dans votre village devant quelques paniers de caoutchouc. Mais L'Etat, en 1910, était un aide-soignant noir qui sur la place du village tâtait les ganglions dans votre cou et vous disait si tout allait bien.

Le pouvoir colonial voulut organiser rapidement un dépistage médical à grande échelle ; le roi Albert débloqua pour cette initiative plus d'un million de francs belges, mais la Première Guerre mondiale mit un frein au processus. Dès 1918, cependant, des équipes médicales composées de médecins belges et d'infirmiers congolais partirent dans les villages pour examiner des centaines de milliers de personnes. L'Etat, c'étaient des hommes avec des microscopes qui fronçaient les sourcils d'un air grave en observant votre sang. L'Etat, c'était l'aiguille stérile et brillante d'une seringue qui pénétrait dans votre peau et y injectait un quelconque poison secret. L'Etat se glissait littéralement dans votre peau. Non seulement votre paysage était colonisé, mais aussi votre corps, et votre image de vous-même. L'Etat, c'était la carte qui précisait qui vous étiez, d'où vous veniez et où vous aviez le droit d'aller.

La vie de Lutunu devint en tout cas nettement plus casanière. L'homme qui, en plus de ses voyages en Europe et en Amérique, avait sillonné tous les recoins de son pays, restait à présent une année après l'autre dans son village. En tant qu'assistant d'un chef de village adolescent, il devait sans doute conseiller le chef de poste blanc à propos de ceux qui pouvaient ou non prétendre à une autorisation de voyager. On devine aisément que le système ouvrait grand la porte aux abus. Les passeports étant très prisés, certains chefs, employés et infirmiers se laissaient corrompre. Des villageois qui venaient d'être traités pour la maladie du sommeil et voulaient tout de même voyager affirmaient avoir perdu leur passeport médical, dans l'espoir d'en obtenir un nouveau, vierge. Beaucoup éprouvaient une profonde méfiance vis-à-vis de la médecine des Blancs. L'atoxyl pouvait faire perdre la vue et les ponctions lombaires pour les cas les plus graves étaient extrêmement douloureuses. Cela ne signifiait pas pour autant que la population ressentait une peur irrationnelle pour tout ce qui portait une blouse blanche. Certains traitements, comme les interventions pour retirer des œdèmes provoqués par l'éléphantiasis, pouvaient faire naître une certaine considération, mais l'opinion générale était que les aiguilles servaient à propager les maladies. Le colonisateur sous-estima sans aucun doute le profond attachement à la médecine traditionnelle, qu'il écarta résolument d'un revers de main en n'y voyant que charlatanisme et sorcellerie. Pour beaucoup d'Africains, la maladie du sommeil devint ainsi la maladie du colonisateur ; elle était le prolongement de la domination militaire, de l'exploitation économique et de la réorganisation politique.

Sans compter que les médecins avaient du pouvoir, beaucoup de pouvoir. Les médecins décidaient qui pouvait se déplacer et à quel endroit. Ils délimitaient les zones où les déplacements étaient interdits. Ils pouvaient contraindre les individus récalcitrants à suivre un traitement et même les sanctionner. Ils étaient même habilités à déplacer des villages entiers, s'ils pouvaient fonder leur décision sur des raisons médicales. Ils pouvaient obliger des communautés villageoises situées dans des zones où pullulait la mouche tsé-tsé à déménager collectivement. Et ils pouvaient faire appel à des fonctionnaires coloniaux et à la Force publique quand un village s'y opposait. Cette médecine visait plus à maintenir la colonie en bonne santé qu'à guérir des individus.

Mais ces déménagements forcés entraînaient souvent la dislocation des communautés locales. Les Bakongo qui avaient dû quitter leur village chantaient pleins de nostalgie et de blues : "Eh ! regarde le village de nos ancêtres, / le village ombragé de palmiers, que nous avons dû abandonner. / Eh ! les anciens. /

Eh ! Eh ! / Eh ! Nos morts, ils ont disparu ! / Eh ! Regarde le village abandonné ! / Hélas[10] !"

Le village de Lutunu put rester là où il était mais, pour limiter le risque de maladie, Lutunu fit une chose que personne dans son village n'avait faite avant lui : il construisit une maison en brique. Désormais, il ne dormait plus sous un toit de feuille et entre des murs de terre, mais dans une case en brique sous de la tôle ondulée. A Thysville, non loin de là, il y avait à présent suffisamment de maçons et de menuisiers prêts à proposer leurs services. Ils savaient fabriquer des briques avec de la terre et clouer de la tôle ondulée. La maladie du sommeil avait ravagé la famille de Lutunu, mais il vivait maintenant plus ou moins comme les Blancs. Ses murs de brique étaient-ils ornés, comme put le voir un ministre d'Etat en visite chez un chef de village dans l'est du Congo, "de trop médiocres portraits de nos souverains, répandus un peu partout par l'administration coloniale, de quelques images très variées arrachées à des illustrations de Paris ou de Londres" ? Des visiteurs blancs lui offraient-ils aussi occasionnellement "quelques belles images et quelques boîtes de caramels"[11] ? Nous l'ignorons. Nous savons en revanche que le pouvoir colonial le nomma quelques années plus tard chef de la région et qu'en tant qu'ancien esclave il put exercer son autorité sur pas moins de cinquante-deux villages.

Un deuxième groupe de scientifiques qui put éclairer de ses lumières la colonie fut celui des ethnologues. Le scandale de l'Etat indépendant avait au moins permis de constater une chose : la méconnaissance totale de la culture indigène. Les propos de Félicien Cattier, l'éminent professeur bruxellois, virulent critique de Léopold, étaient très explicites à ce sujet : "Comment est-il possible, dès lors, de faire œuvre utile, si l'on n'étudie pas d'abord à fond les institutions des indigènes, leurs mœurs, leur psychologie, les conditions de leur existence économique, la structure de leurs sociétés[12]." Certains explorateurs et missionnaires avaient manifesté une curiosité pour les coutumes locales, mais bon nombre d'officiers et d'agents de l'Etat indépendant avaient des conceptions pour le moins rudimentaires de ce que l'on appelait la "race nègre". L'intérêt, quand il existait, était axé en premier lieu sur les aspects tangibles de la culture étrangère : les paniers et les masques, les pirogues et les tambours, la forme des lances, les dimensions des crânes.

Cela ne suffisait pas, estimait Cattier. Il n'était pas question d'objets particuliers ou de telle ou telle personnalité. Il fallait être attentif aux couches les plus profondes de la société indigène. Ce qui nécessitait une étude approfondie. "Il conviendrait donc d'instituer au Congo, comme aux Indes néerlandaises et aux Indes britanniques, un département ou un bureau d'études ethnologiques[13]."

Ce fut fait. Le Bureau international d'ethnographie vit le jour en fanfare. Cette institution composée de chercheurs belges et étrangers s'était fixé comme objectif de réunir et de rendre accessibles autant d'informations que possible sur la population indigène du Congo. Ce que l'Ecole de médecine tropicale fut à la médecine, le Bureau international d'ethnographie le fut à l'anthropologie : une institution dont l'expertise était transformée en influence. Les membres lurent des récits de voyages et des rapports de missions et passèrent beaucoup de temps à dresser une liste exhaustive de questions qui fut envoyée à des milliers de personnes dans la colonie : fonctionnaires, négociants, militaires et missionnaires. Elle comportait 202 rubriques qu'ils devaient compléter. Les thèmes variaient du droit matrimonial aux pratiques pour les enterrements en passant par l'hygiène corporelle. Les informateurs se mirent à écrire et les réponses affluèrent. En quelques années, plus de quatre cent mille données ethnographiques furent obtenues[14]. Elles alimentèrent un ensemble monumental d'ouvrages, la *Collection des monographies ethnographiques* *. Entre 1907 et 1914 furent édités onze volumes. Chaque volume traitait d'une peuplade jugée caractéristique d'une certaine région : les Bangala pour les riverains du fleuve, les Basonge pour la savane, les Warega pour la forêt… Et ce fut aussi le tour des Mayombe, des Mangbetu, des Baluba et des Baholoholo. Chaque fois 202 rubriques étaient inventoriées, ce qui représentait au total plus de six mille pages de lecture. Ce fut la première tentative d'une documentation systématique de la culture indigène. Le résultat ne fut rien de moins qu'une *encyclopédie des races noires* * [15].

Le résultat fut aussi que ces "races" furent soudain considérées comme une notion absolue. La collection divisait la population du Congo en blocs que l'on pouvait facilement distinguer, avec leur identité, leurs spécificités et leurs coutumes. Une telle démarche se justifiait d'une certaine manière – il y avait tout compte fait des différences indéniables –, mais il était totalement artificiel d'établir entre ces groupes une séparation culturelle qui masquait d'éventuels échanges. C'est pourtant précisément ce qui se passa. Lorsque le travail commença, en 1908, Edouard De Jonghe, le principal collaborateur, se proposait d'étudier "*les peuplades une à une, en elles-mêmes, pour elles-mêmes* * [16]". D'un point de vue méthodologique, cette approche pas à pas était compréhensible : elle permettait d'avoir une vue d'ensemble. Mais ce qui à l'origine n'était qu'un présupposé se transforma bientôt en une conclusion immuable. Les "tribus" devinrent des ensembles éternels, autonomes et inaltérables. Le concepteur du projet, Cyrille Van Overbergh, par ailleurs un politicien catholique de poids, n'hésita pas à écrire au bout de quelques années : "En règle générale, ces peuplades avaient peu de relations entre elles. [...] Les tribus étaient indépendantes l'une de l'autre : elles gardaient leur autonomie[17]." Cette constatation ne tenait aucun compte des échanges qui avaient lieu depuis des siècles et qui à l'époque étaient déjà connus entre les différents groupes de la population. Les Pygmées vivaient à côté des agriculteurs qui parlaient le bantou. Les Bobangi remontaient et descendaient le fleuve et entraient en contact avec des dizaines d'autres groupes démographiques. Les anciens royaumes des Bakongo ou des Baluba dans la savane étaient souvent très mélangés sur le plan ethnique. Bon nombre d'indigènes parlaient plusieurs langues. Les cultures des locuteurs du bantou étaient très proches. Mais l'anthropologue du début du XXe siècle démêla la population en différentes races, comme le taxinomiste du XVIIIe siècle avait divisé le royaume animal en plusieurs genres et espèces. Immuables dans le temps, sans influences réciproques.

Le Congo devint un casier d'imprimerie. La carte de la colonie se composait à présent de cases, chacune contenant sa propre "tribu". A Tervuren, près de Bruxelles, on constitua une gigantesque collection ethnographique, soigneusement ordonnée par tribu. Comme les médecins obligeaient la population à rester sur place, les anthropologues eurent d'autant plus l'impression que les peuples qu'ils voyaient "étaient fixés sur leur territoire respectif", comme l'écrivit le directeur du Bureau international d'ethnographie[18]. Ce "regard monographique" eut des répercussions majeures. Dans la colonie, les Blancs agirent dans cet état d'esprit et les Congolais commencèrent à s'identifier de plus en plus de façon tribale. Le tribalisme était sorti de la lampe.

Cette anthropologie de la première heure n'était en aucun cas de *l'art pour l'art** ; elle devait servir à accélérer le travail du colonisateur. Les recruteurs de la Force publique trouvaient avantage à cette description du goût de telle ou telle tribu pour la guerre. Les services de santé pouvaient s'informer des conditions d'hygiène des peuples les plus touchés par la maladie du sommeil. Les dirigeants à Bruxelles pouvaient adapter leur législation en fonction de ce qu'ils lisaient à propos du droit fondamental traditionnel dans la colonie. Et les congrégations missionnaires pouvaient ajuster leur tactique en tenant compte de la prévalence constatée de telle ou telle religion dans telle ou telle région. On s'appuyait, pour agir, sur les idées contenues dans la *Collection des monographies ethnographiques**. Les tribus se virent attribuer des caractéristiques, comme les nationalités en Europe. Au Congo apparurent des équivalents de l'Ecossais pingre, du Sicilien paresseux, de l'Espagnol crasseux et de l'Allemand travailleur mais sans aucun sens de l'humour.

Les habitants de la colonie commencèrent aussi à adopter ce regard sur eux-mêmes et entre eux. Qu'en était-il par exemple de Lutunu ? Il avait dix-sept enfants dont treize étaient restés en vie. A partir de 1910, ils appartenaient tous à la même chefferie, ils avaient le même chef de village reconnu par l'Etat et n'avaient pas le droit de quitter la région sans un contrôle médical – des éléments qui favorisaient indéniablement un fort sentiment d'appartenance régionale et ethnique. De plus, ils suivaient des cours chez les missionnaires, qui étaient les seuls à se charger de l'enseignement. En 1908, ils étaient environ cinq cents au Congo, en 1920 dans les mille cinq cents. La scolarisation n'était pas obligatoire, mais Lutunu, avec sa bicyclette et sa maison en brique, avait certainement incité les gens à apprendre à lire et à écrire comme lui. Il était en définitive un des premiers alphabétisés du Bas-Congo. Son village se situait dans la zone d'influence des protestants britanniques mais, en dehors de cette zone, les catholiques belges étaient tout-puissants.

Et qu'apprenait-on, pour commencer, dans ces petites classes rudimentaires ou à l'ombre d'un arbre ? A lire et à écrire, bien sûr. A compter aussi. L'histoire sainte. Des récits édifiants. Les provinces de la Belgique. La famille royale. Oui, mais on suivait aussi un certain nombre de cours sur son propre pays. Sur la traite des esclaves par exemple. "*Tungalikuwa watumwa wa Wangwana / Wabeleji wakatukomboa*", chantaient les enfants dans les postes missionnaires catholiques en brousse. Littéralement : "Nous serions des esclaves des arabisés / Les Belges nous ont délivrés." La mélodie était empruntée à *La Brabançonne*, l'hymne national belge. Une des plus anciennes chansons apprises à l'école que l'on connaît en swahili proposait une version sommaire de la colonisation : "Autrefois nous étions des idiots / Avec les vices de tous les jours / Des chiques aux pieds / La tête pleine de teignes / Merci nos révérends pères[19] !"

Les chansons et les leçons des pères et des religieuses catholiques étaient invariablement dans la langue locale. La plupart des missionnaires venaient de Flandres et, par analogie avec les revendications linguistiques flamandes, il était jugé précieux de pouvoir conserver sa langue. Cela stimulait aussi la fierté tribale. Dans un manuel scolaire des missionnaires du Sacré-Cœur datant des années 1930 à Mbandaka, l'exercice de lecture suivant était donné : "Notre langue est le lonkundo. [...] Certains aiment parler le lingala, mais nous préférons quant à nous le lonkundo. C'est une très belle langue qui a beaucoup de significations précises. Nous l'aimons beaucoup. Nous avons hérité cette langue de nos ancêtres[20]."

Mais l'identification ethnique se produisait de façon bien plus explicite. A l'époque, les élèves de la province de l'Equateur lisaient aussi que "les gens au Congo se divisent en plusieurs groupes. Ils se distinguent par leur dialecte, par leurs manières et même par leurs lois. Notre vraie famille est la tribu des Nkundo[21]". Ce passage fait littéralement écho à la *Collection des monographies ethnographiques**. Les tout premiers manuels des frères maristes (le plus vieux date d'environ 1910) allaient même un peu plus loin. On y lisait en lingala :

> Les habitants du Congo sont des noirs. On n'a pas encore compté leur nombre. Il s'élève à seize millions. Ils appartiennent à plusieurs ethnies : Basorongo, Bakongo, Bateke, Bangala, Bapoto, Basoko, Babua, Bazande, Bakango, Bangbetu, Batikitiki ou Baka et plusieurs d'autres.
>
> Les Basorongo habitent vers l'océan.
>
> Les Bakongo en aval, à Boma, Matadi, Kisantu à la rive gauche du fleuve. Ils sont des dockers et travailleurs robustes.
>
> Les Bateke sont à Kitambo. Ils sont spécialisés pour la vente et l'achat.
>
> Les Bangala sont à Makanza, Mobeka, Lisala et Bumba. Ils sont gros. Ils font des tatouages au visage et aux oreilles. Ils enlèvent les cils de leurs paupières et liment leurs dents. Ils n'ont pas peur de la guerre. Est-ce qu'il n'y a pas beaucoup de Bangala soldats de l'Etat ? Ils sont intelligents.
>
> Les Bapoto et Basoko sont les frères des Bangala. Ils déforment leurs visages par des tatouages. Ils fabriquent des gros mortiers et des bonnes pirogues, forgent des lances et des machettes. Ils tuent beaucoup de poissons[22].

Et ainsi de suite. Le Congo était composé de tribus, apprenait-on, qui avaient chacune un territoire et leurs propres coutumes. Certaines se conduisaient correctement, d'autres pas. Ainsi on inculquait aux élèves que les Azande respectaient leurs chefs et que c'était une très bonne chose, que ce n'était pas le cas des Babua, ce qui était une honte, et que les Bakango tuaient des éléphants et étaient par conséquent très courageux. Les écoles missionnaires devinrent des petites usines à préjugés tribaux.

Les enfants qui n'avaient pas le droit de quitter leur village s'entendaient soudain dire que de l'autre côté de leur vaste territoire vivaient des Bakango et ce qu'ils devaient en penser. Les Pygmées furent dépeints dans de nombreux manuels comme de curieuses aberrations. Quand on n'en avait jamais rencontré, on savait tout de même l'opinion qu'on devait en avoir. "Ils excellent dans le vol de la propriété d'autrui", lisaient les élèves de Bongandanga à la fin des années 1920, "ils ne se lient pas d'amitié avec d'autres personnes. [...] La plupart des peuplades d'Afrique centrale aiment avoir le corps propre et, comme il y a beaucoup d'eau, elles se lavent tous les jours. Mais les Pygmées rejettent l'eau et sont très sales. [...] Pour ce qui est de l'ignorance, ils surpassent tous les autres peuples d'Afrique. Ils n'ont pas conscience qu'il vaut mieux vivre dans un village avec des gens de leur propre culture que se déplacer constamment[23]."

Cela ne veut pas dire qu'il n'y a jamais eu de tribu – bien sûr que si, il existait d'importantes différences régionales, les gens parlaient différentes langues, avaient différentes coutumes, différentes danses, différentes habitudes alimentaires, des guerres intertribales avaient eu lieu. Mais à présent les disparités étaient grossies et fixées pour l'éternité. Les stéréotypes pleuvaient. Les tribus n'étaient pas des communautés restées immuables pendant des siècles, elles ne devinrent immuables que durant les premières décennies du XXe siècle. Plus que jamais, on s'identifiait à telle ou telle tribu.

Dans les années 1980, un vieil homme de Lubumbashi a raconté son enfance. L'exploitation minière naissante rassemblait des personnes d'origines diverses dans des *compounds* : "Autrefois, nous ne regardions pas les gens en disant : celui-là, c'est un Kasaïen, un Lamba, un Bemba ou un Luba, non. Nous étions ensemble." Et il a ajouté : "Il n'y avait pas de distinction. On ne parlait pas de différences[24]."

Les missions ne s'en tinrent pas à l'enseignement élémentaire. Elles fondèrent aussi des séminaires pour les élèves talentueux afin d'y former des prêtres locaux. Le premier Congolais sacré prêtre fut Stefano Kaoze. Cela se passa en 1917. Il venait des monts Marungu et avait été formé et façonné par les Pères

Blancs. Dès 1910, à l'âge de 25 ans, il avait été à l'origine d'une grande première : son long essai sur "*la psychologie des Bantu**" était paru dans *La Revue congolaise**. Il avait été ainsi le premier Congolais à publier un texte. Et que lisons-nous dans les premiers paragraphes de ce jalon historique à tous les points de vue ? Qu'écrit un jeune intellectuel congolais imprégné de l'enseignement missionnaire catholique ? Que la conscience tribale en Afrique a été nourrie par les ouvrages européens, eh oui : "Lisant quelques livres écrits sur quelques tribus, j'ai vu que la plupart des coutumes viennent d'un même fond que chez les Beni-Marungu [sa tribu]. Après avoir ainsi envisagé, je vais vous parler de ce que nous sommes, nous les Beni-Marungu, et ce que nous ne sommes pas[25]." Les livres le firent réfléchir à sa propre identité tribale. Faut-il s'étonner si, plus tard dans sa vie, il est devenu un nationaliste tribal, un avocat de son propre peuple et un défenseur des intérêts congolais ? "Le Noir le plus dangereux, potentiellement", affirma une personne de la noblesse française après un périple dans la colonie, "c'est celui qui a un peu d'instruction[26]."

Entre-temps, la vie de Nkasi se poursuivait tranquillement. Quand je l'ai interviewé, j'ai remarqué à plusieurs reprises qu'il avait peu de souvenirs des premières années du Congo belge. Quand nous avons abordé la construction du chemin de fer dans les années 1890, ses yeux se sont mis à scintiller et les histoires ont surgi d'elles-mêmes. Mais les décennies suivantes, quand il était revenu dans son village, paraissaient balayées. Je me suis longtemps demandé pour quelle raison, jusqu'à ce que je constate que la biographe de Lutunu avait été elle aussi lapidaire sur cette période de sa vie. Elle aussi avait noté des lacunes lors des conversations avec son informateur. Etait-ce une coïncidence ? Je ne pense pas. Je soupçonne que la législation qui obligeait les gens à rester dans leur village faisait en sorte que les années s'écoulent tranquillement sans événements très spectaculaires. Même la Première Guerre mondiale se passa sans faire grand bruit, même pour Lutunu alors qu'il était encore à l'époque l'assistant du régent. J'ai demandé à plusieurs reprises à Nkasi s'il ne se souvenait vraiment plus de rien à propos de la Grande Guerre et il m'a dit :

"J'en ai peut-être entendu parler, mais ce n'était pas ici[27]." Son monde s'était de nouveau rétréci. Son plus jeune frère est né à l'époque, ça oui, il s'en souvenait encore. Et il avait fini lui aussi par se faire baptiser protestant. C'était en 1916, au poste missionnaire de Lukunga. Son nom de baptême devint Etienne, mais tout le monde continua de l'appeler Nkasi.

En 1921, cependant, un grand bouleversement se produisit : il quitta pour la première fois depuis des années son village. Auparavant, il devait demander un passeport valide et *une feuille de route**, pour pouvoir partir. Aujourd'hui encore, un Congolais peut difficilement voyager dans son pays sans un *ordre de mission** en poche ; le Congo est un des rares pays au monde qui possède aussi des services de migration pour les déplacements intérieurs – il le doit à la maladie du sommeil de jadis. Mais Nkasi avait aussi un atout. Par l'intermédiaire du cousin de son père qui travaillait dans les chemins de fer, il pouvait voyager gratuitement en train. Il parcourut pendant une journée entière son vaste pays et arriva le soir à Kinshasa.

Le lieu avait changé au point d'en être méconnaissable depuis que Swinburne y avait construit son poste en 1885 en pleine nature. Sur les rives du Stanley Pool, quelque quatre-vingts entreprises et leurs entrepôts s'étaient installés. Huit kilomètres plus loin vers l'ouest se situait le centre militaire et administratif plus ancien, Léopoldville. C'est là que les baptistes britanniques avaient établi leur maison mère à l'époque. Les deux centres, Kinshasa et Léopoldville, étaient reliés en 1910 par une large route. Aujourd'hui, il s'agit du *boulevard du 30-Juin**, qui n'est plus une voie de communication entre deux implantations européennes, mais l'axe principal, très passant, enfumé, de la ville. A l'époque cependant, il y avait à peine deux cents voitures et camions. Un millier de Blancs seulement, dont cent cinquante femmes, vivaient à Kinshasa. Environ quatre cents maisons y étaient construites dans des matériaux résistants[28].

Nkasi arriva dans une ville en construction, une surface poussiéreuse couverte de chantiers et d'avenues qui n'allaient encore nulle part. Au sud du quartier blanc, le colonisateur avait fait construire une *cité indigène**, un damier de trois kilomètres sur quatre, soigneusement divisé par des allées toutes droites. Sur les petites parcelles carrées bien ordonnées se dressaient des cases en terre aux toits de paille. Autour, les habitants cultivaient du manioc et des bananes plantains. Ici et là apparaissait une maison en brique avec un toit en tôle ondulée. Les enfants marchaient nus dans des ruelles sableuses. Les femmes se peignaient mutuellement les cheveux pendant des heures à l'ombre. Certaines façades étaient peintes. C'est là qu'on pouvait acheter, apprit-il rapidement, du riz, du poisson séché et des allumettes. Ce monde était nouveau. En quelques années, vingt mille personnes étaient venues y vivre. A Léopoldville, non loin de là, douze mille autres personnes s'étaient installées. Elles affluaient de toutes parts de l'intérieur des terres. Elles parlaient des langues qu'il ne comprenait pas et venaient de contrées dont il n'avait encore jamais entendu parler. Seulement quatre mille d'entre elles étaient des femmes. C'était un monde d'hommes rempli de cris rauques, de rires tonitruants et de nostalgie. La cité indigène ne ressemblait en rien à un village traditionnel, il s'agissait d'un grand campement où vivaient des ouvriers et des artisans, mais aussi des boys qui se rendaient chaque jour dans le quartier blanc, aux côtés de vagabonds, de victimes de la maladie du sommeil, de voleurs et de gourgandines[29].

"En 1921 je suis arrivé à Kinshasa. Je travaillais pour Monsieur Martens", m'a-t-il raconté. "Il possédait des hangars remplis de diamants du Kasaï. Les diamants venaient de la mine. A Kinshasa, les diamants étaient triés. Je devais remplir et vider des sacs." Pour ponctuer ses mots, il a fait le geste de manier une pelle. "Remplir et vider. Je gagnais trois francs par panier[30]." Pour éviter les vols, les diamants n'étaient pas triés dans les mines. Le concentré provenant des laveries était transporté vers un dépôt central.

Son déménagement à la grande ville qui allait bientôt devenir la capitale de la colonie, Nkasi le devait à un grain de verre de vingt milligrammes qui avait été découvert quelques années auparavant à des centaines de kilomètres à l'est. En 1907, Narcisse Janot, un prospecteur belge qui voyageait en compagnie d'un géologue à travers le Kasaï, trouva un morceau de cristal qui ne lui paraissait pas manquer d'intérêt. Comme il ne disposait pas des instruments adaptés pour effectuer une analyse pétrographique sur place, il le glissa dans un tube et l'emporta à Bruxelles. Une fois rentré chez lui, il n'y prêta plus attention et oublia la minuscule pierre parmi les échantillons géologiques qu'avait rapportés l'expédition. La pierre ressurgit seulement quelques années plus tard. Une analyse plus approfondie révéla qu'il s'agissait en fait d'un diamant[31]. Une véritable fièvre du diamant éclata. Il s'avéra que le Kasaï pouvait produire des diamants d'une grande qualité adaptée à la joaillerie, ainsi qu'un type plus grossier pour lequel il existait une demande dans l'industrie.

Le sous-sol de la colonie réserverait aussi ailleurs d'excellentes surprises. Dès 1892, un jeune géologue, Jules Cornet, découvrit au Katanga des gisements de cuivre extrêmement riches ; les gisements semblaient particulièrement prometteurs à Kambove, Kikasi et Kipushi. Le soir dans sa tente, il avait noté : "Je n'oserais pas risquer un chiffre pour donner une idée des quantités énormes de cuivre que renferment les terrains que je viens d'étudier : il apparaîtrait inouï et incroyable[32]." Le roi Léopold II le conjura de garder le secret, pour ne pas éveiller l'intérêt des Britanniques. Une précaution qu'il ne prenait sans doute pas à tort : il s'avéra par la suite que les réserves de cuivre du Katanga comptaient parmi les plus riches du monde. Certains gisements avaient une teneur en cuivre de 16 %. Dans le nord-est vallonné du pays, près de la frontière avec l'Ouganda, deux prospecteurs australiens trouvèrent dans plusieurs rivières de vilains fragments qui brillaient beaucoup au soleil : de l'or. Les gisements de Kilo et Moto allaient devenir la plus importante réserve d'or de l'Afrique centrale. Et en 1915, un autre prospecteur trouva au Katanga une pierre jaune extrêmement lourde qui lui rappela les découvertes de Pierre et Marie Curie. Une analyse approfondie révéla que le minerai était effectivement très riche en uranium. Le lieu où il fut trouvé devint la mine de Shinkilobwe, pendant longtemps le principal fournisseur mondial d'uranium.

Le sous-sol du Congo s'avéra receler un véritable "scandale géologique", comme l'avait qualifié Jules Cornet. C'était presque trop beau pour être vrai. Jusque-là, l'exploitation économique de la région s'était uniquement axée sur les richesses biologiques – l'ivoire et le caoutchouc –, à présent on constatait que, quelques mètres sous la surface, il existait des ressources bien plus grandes. Le Katanga, la région peu prometteuse que Léopold avait annexée presque par hasard en 1884, abritait soudain un trésor invraisemblable. En dehors du cuivre et de l'uranium, on y découvrit d'importants dépôts de zinc, de cobalt, d'étain, d'or, de tungstène, de manganèse, de tantale et de houille. La découverte de cette immense richesse du sous-sol arrivait d'ailleurs à point nommé. Les revenus de l'exploitation de caoutchouc commençaient à diminuer sensiblement. Le cours mondial du caoutchouc était en chute libre. En 1901, le caoutchouc représentait 87 % des exportations congolaises, en 1928 il ne correspondait plus qu'à 1 %[33]. "Aujourd'hui", disait un voyageur en 1922, "et jusqu'à nouvel ordre, on ne parle plus, ou pour ainsi dire, du caoutchouc au Congo[34]."

L'histoire semblait se répéter : tout comme l'arbre à caoutchouc était arrivé juste à temps pour remplacer le commerce de l'ivoire qui déclinait, l'exploitation minière arriva juste à temps pour prendre la relève de l'extraction du caoutchouc qui périclitait. Aucun pays au monde n'a eu autant de chance que le Congo avec ses richesses naturelles. Ces cent cinquante dernières années, chaque fois que le marché international a exprimé une demande pressante pour une certaine matière première – l'ivoire à l'époque victorienne, le caoutchouc après linvention du pneu gonflable, le cuivre lors de la forte expansion industrielle et militaire, l'uranium durant la guerre froide, le courant alternatif pendant la crise pétrolière des années 1970, le coltan à l'ère de la téléphonie mobile –, le Congo s'est avéré disposer de gigantesques réserves de la marchandise convoitée. Il a pu aisément répondre à la demande. L'histoire économique du Congo est celle d'une série de coups de chance invraisemblables. Mais aussi d'une misère invraisemblable. Des gains fabuleux qui furent engrangés, la majorité de la population n'en a pas perçu une miette. Ces immenses efforts ont un caractère tragique. Nkasi qui à la sueur de son front vidait à la pelle les sacs contenant des pierres précieuses n'a tiré que très peu de profit de toute l'exploitation du diamant. Aujourd'hui il vit dans la pauvreté.

Pour le colonisateur, ces découvertes géologiques présentèrent cependant un grand intérêt. Elles marquèrent le début de l'exploitation minière, qui est de loin jusqu'à ce jour la branche la plus importante de l'industrie congolaise. Mais l'extraction et le traitement des minerais étaient une autre affaire que d'acheter des défenses d'éléphant ou d'exiger des paniers remplis de caoutchouc. Pour en tirer bénéfice, de lourds investissements étaient nécessaires. Il fallait construire des broyeuses et des laveries, des fours, des fonderies, des grues et des laminoirs. De plus, les minéraux les plus importants venaient de régions très éloignées de l'océan. Si l'Afrique ressemblait à une gigantesque poire, le Katanga en était “sinon le cœur, du moins l'un des meilleurs pépins”[35]. Cela nécessitait la construction d'un nouveau chemin de fer, de ports, de lignes télégraphiques et de routes.

Le financement du tout était supporté par l'Etat belge et des capitaux privés. Les mines d'or de Kilo-Moto étaient à l'origine entièrement sous contrôle public, mais l'Etat finit par émettre des actions à partir de 1926. Ailleurs, on eut à nouveau recours au système des concessions, le même que celui qui avait rendu possible le caoutchouc rouge. Ces sociétés étaient alimentées par des capitaux privés, mais il y avait aussi de généreuses *retombées* * pour les caisses publiques coloniales. Elles ne provenaient pas des recettes fiscales (il n'existait pas encore d'impôt sur les bénéfices avant la Première Guerre mondiale), mais de la cession obligatoire de gros paquets d'actions à l'Etat colonial. Grâce à ce portefeuille d'actions, les caisses publiques du Congo belge étaient assurées de dividendes souvent confortables.

En 1906 furent créées trois entreprises qui allaient jouer un rôle déterminant dans l'exploitation minière : l'Union minière du Haut-Katanga (UMHK), la Société internationale forestière et minière du Congo (Forminière) et la Compagnie du chemin de fer du Bas-Congo au Katanga (BCK). La mise de fonds pour l'Union minière provenait pour une moitié d'investisseurs britanniques et pour l'autre moitié de la Société générale, le puissant holding belge qui à partir de 1822 tint fermement les rênes de l'économie nationale. Elle s'intéressa surtout au Katanga. Après un tout début d'exploitation par une société d'investissement privée, la Compagnie du Katanga d'Albert Thys (le même qui avait construit le chemin de fer au Bas-Congo), le Comité spécial du Katanga (CSK) était intervenu. Ce CSK avait un statut juridique à part : il ne s'agissait pas d'une entreprise classique, mais d'une organisation semi-gouvernementale sous la tutelle de l'Etat colonial. C'était une société *sui generis* à capitaux publics et privés qui bénéficiait de privilèges particuliers. Elle obtint tous les droits miniers sur plus de la moitié du Katanga et fut en outre chargée de l'administration politique de la région. Le CSK, bien qu'il fût plus une entreprise qu'un organe d'administration publique, avait ses propres forces de police. C'était un Etat dans l'Etat. Cette curieuse situation ne prit pas fin à l'apparition de l'Union minière en 1906. Les intérêts économiques et politiques restèrent aussi à ce moment-là étroitement imbriqués. Géante industrielle absolue au Katanga, l'entreprise avait souvent plus son mot à dire sur le pouvoir colonial que le pouvoir colonial sur l'entreprise. Ainsi l'Etat colonial était-il au service de l'entreprise pour le recrutement des mineurs. Le Katanga a donc toujours fait l'objet d'une forme d'administration différente de celle du reste du pays. Ce facteur, entre autres, contenait le germe du combat en faveur de l'indépendance qui eut lieu plus tard dans la région.

La Forminière fut créée à l'aide de capitaux américains. Comme le diamant était très dispersé, l'entreprise obtint temporairement pour la prospection un territoire de pas moins d'une centaine de millions d'hectares qui plus tard se réduisit pour l'exploitation à deux millions d'hectares sur lesquels étaient administrées cinquante mines dans les environs de Tshikapa et de Bakwanga. En 1913, la Forminière se chargeait de l'extraction de 15 000 carats de diamants, en 1922 de 220 000 carats[36].

Enfin la BCK, la troisième entreprise de 1906, était une compagnie de chemin de fer privée à capitaux franco-belges qui était chargée de construire une liaison ferroviaire entre le Katanga et le Bas-Congo. Les minerais seraient acheminés sur cette ligne jusqu'à l'océan sans quitter le territoire du Congo belge. Sinon, il faudrait toujours passer par les colonies portugaise, allemande ou britannique, ce qui créait des situations pénibles de dépendance. Le nouveau chemin de fer fut prêt en 1928. Mais la BCK ne s'occupa pas seulement de la construction du chemin de fer. La compagnie possédait également des droits miniers très importants qui allaient lui être extrêmement profitables. Sa concession s'avéra être un des plus grands gisements de diamant industriel du monde. Des gains invraisemblables furent engrangés. Près de la moitié étaient versés à l'Etat indépendant du Congo[37].

Et Nkasi continuait de manier sa pelle. Les premières exploitations minières exigeaient en effet de la main-d'œuvre, beaucoup de main-d'œuvre. Qui devait la fournir ? Il paraissait exclu que les Belges eux-mêmes entrent en ligne de compte : "sous l'équateur, le Belge ne peut guère exercer d'autre travail qu'un travail de direction. Le labeur physique continu, tout métier manuel, pénible par lui-même, lui sont à peu près interdits[38]." Au Katanga, qui était faiblement peuplé, on envisagea pendant un moment d'importer des travailleurs immigrés chinois, mais on renonça à cette idée, en se souvenant des taux de mortalité pour la construction du chemin de fer. Quand on survole aujourd'hui le Katanga en hélicoptère, en allant par exemple de Kalemie à Lubumbashi comme j'en ai eu l'occasion en juin 2007, on en apprend beaucoup sur l'histoire sociale. L'avion des Nations Unies avec lequel j'allais voyager avait soudain été remplacé, du fait du manque de passagers, par un appareil hors d'âge avec un équipage et des instructions russes. Au lieu d'un vol court de deux heures, ce fut un voyage de six heures interminables et bruyantes au-dessus d'un paysage vide. Nous volions à seulement trois cents mètres d'altitude. Nous pouvions distinguer nettement les arbres, les buffles et les termitières, mais nous n'avons pratiquement pas vu de villages. Tandis que, protégé par ma paire d'oreillettes rouges, je regardais dehors à travers le hublot ouvert, j'ai compris beaucoup de choses sur la transformation qui s'était déroulée ici un siècle plus tôt. Si la savane est encore déserte à ce point aujourd'hui, à une époque où la croissance de la population est pourtant explosive, me suis-je dit, elle avait dû être encore plus désolée il y a un siècle, après la pandémie de la maladie du sommeil !

Le Katanga regorgeait de minerais, mais il n'y avait là personne pour les extraire. Dans les villages isolés, on chercha en vain des volontaires. A partir de 1907, on fit appel à la population de l'autre côté de la frontière : tous les ans, six à sept cents Rhodésiens venaient travailler dans les mines de cuivre du Katanga[39]. En 1920, leur nombre avait atteint plusieurs milliers, ils constituaient la moitié de la main-d'œuvre africaine. Les ouvriers restaient travailler tout au plus six mois, ils vivaient dans des *compounds*, comme dans les mines sud-africaines, et ils n'avaient pas le droit de venir avec leur famille.

Il n'existe pas de témoignages des premiers mineurs, à quelques rares exceptions près. "J'étais arrivé au Katanga le 4 mai 1900. J'étais recruté comme main-d'œuvre par Mr Kantshingo", se souvient un vieil homme. Il dut passer une visite médicale et reçut une carte de travail sur laquelle devait être appliquée l'empreinte de son pouce.

> Pas de maisons en pierre ou en briques cuites. Des Noirs logeaient dans des huttes, des Blancs dans des tentes et dans des termitières *[sic]*. Une grande partie de ces Blancs étaient des Italiens. Les clercs étaient des Nyasalandais [Malawi]. La langue parlée était le kikabanga. Les instruments de travail comme le pic étaient appelés *mutalimbi*, la pelle s'appelait *chibassu*, la brouette s'est nommée *pusi-pusi*, le marteau s'appelait *hamalu* [on notera l'influence de l'anglais]. On se rendait au travail à 4 h et on commençait à 6 h jusqu'à 5, 6, 7 h. On battait terriblement les travailleurs. [...] on s'était servi de la monnaie rhodésienne. La bière qu'on buvait était le *kataka* et le *kibuku*, bières faites à partir de maïs et de grains de sorgho[40].

En 1910, le Katanga fut rattaché au réseau ferroviaire que les Britanniques avaient construit dans leurs colonies au sud. Désormais, il existait une liaison ferroviaire ininterrompue entre le Katanga et la ville du Cap. Près du village de Lubumbashi, non loin de la mine que les prospecteurs avaient appelée

Star of the Congo, une ville sortit de terre : Elisabethville. En 1910, il y vivait trois cents Européens et un millier d'Africains ; un an plus tard, un millier d'Européens et cinq mille Africains[41]. La ville fut d'emblée plus sud-africaine que congolaise. Les allées droites, bordées d'arbres, rappelaient Pretoria, les jolies façades blanches évoquaient Le Cap. Du fait de la présence d'ouvriers rhodésiens et d'industriels britanniques, l'anglais devint la langue dominante et la livre sterling le moyen de paiement le plus courant.

Nous disposons d'un document exceptionnel pour comprendre la première phase de l'exploitation minière au Katanga d'un point de vue africain. Dans les années 1960, André Yav, un vieil homme qui toute sa vie avait été boy à Elisabethville, écrivit ses souvenirs :

> Quand *bwana* Union minière a démarré, ce sont d'abord les gens dans les villages voisins qui sont venus y travailler. Il y avait des Balamba, des Baseba, des Balemba, des Basanga, des Bayeke et des Bene Mitumba. Ils n'étaient pas nombreux et ils ne voulaient pas vraiment quitter leur village pour longtemps. Ils travaillaient pendant deux, trois mois puis rentraient chez eux. Au bout d'un certain temps, les endroits où il y avait du travail se sont développés. Ils ont fait venir des gens de Luapula et de Rhodésie [aujourd'hui la Zambie et le Zimbabwe], et d'autres aussi sont venus : les Balunda, les Babemba, les Barotse et aussi des boys du Nyasaland. Ils avaient de la force pour faire le travail, mais ne pouvaient pas non plus rester longtemps loin de leur village. Au bout de six à dix mois, ils retournaient chez eux[42].

Les choses n'en restèrent pas là. Les recruteurs s'enfoncèrent de plus en plus loin au Katanga pour mobiliser des hommes jeunes et robustes. Des instances officielles étaient à l'œuvre, mais les premières années également des *private contractors* [entrepreneurs privés], des aventuriers blancs qui essayaient d'attirer le plus de jeunes possible vers les mines. Certains se rendirent même jusqu'au Kasaï ou au Maniema, des voyages de huit cents kilomètres. Leurs méthodes de recrutement étaient souvent douteuses : ils achetaient les chefs de village en leur donnant des produits de luxe européens comme des couvertures et des bicyclettes et leur versaient une prime par ouvrier fourni. Ils évitaient prudemment de dire quoi que ce soit des conditions de travail dans la mine. Ils achetaient les ouvriers pour les revendre. Ils recouraient souvent à la violence. Au fond, leurs méthodes n'étaient pas très différentes du mode de recrutement pour la Force publique en 1890 ou de celle des marchands d'esclaves afro-arabes en 1850. Dans ses mémoires, le boy à la retraite ne laissait planer aucun doute.

> C'est sur cette base que *bwana* Changa-Changa [le surnom africain de l'Union minière] et les autres Blancs ont pu bâtir leurs compagnies minières. [...] La misère qu'on nous infligeait était inimaginable ; on dormait par terre, on était mordus par des serpents, piqués par des moustiques, par toutes sortes d'insectes. C'est comme cela que les Blancs y arrivaient, et tout cela pour trouver des minerais dans le Katanga, et le pire, c'étaient les Blancs du Comité spécial [du Katanga, qui a exercé ses activités jusqu'en 1910]. Nous devions marcher, prospecter, chercher dans les buissons et sur les collines toutes sortes de pierres. Nous, les boys, nous devions en plus suivre les Blancs le long de toutes les rivières du Katanga, du Congo, de partout[43].

Les logements de la première génération de mineurs étaient souvent abominables. Les mineurs étaient hébergés dans des camps d'ouvriers, loin du centre de la ville des Blancs. Cette ségrégation spatiale était établie depuis 1913 par la loi[44]. Leurs secteurs ressemblaient plus à des campements militaires qu'aux quartiers d'une ville : rectangulaires et relativement peu ombragés. Les cases traditionnelles y étaient rigoureusement alignées. Chaque case pouvait être occupée par quatre ouvriers, chacun disposant de quatre mètres carrés. Elles étaient équipées de latrines, du moins en théorie. En réalité, les ouvriers épuisés vivaient dans de rudes conditions sans grande hygiène. Près de la mine de Kambove, les habitants des camps ouvriers devaient parfois littéralement passer à gué au-dessus des excréments.

L'eau potable était rare. La mine et ses machines à vapeur et installations de forage engloutissaient une bonne partie de l'eau. Pendant la saison sèche, les ouvriers buvaient dans des mares stagnantes ou dans des cours d'eau boueux[45]. Les maladies ne tardèrent pas à apparaître. La dysenterie, l'entérite et le typhus firent des victimes et des épidémies de grippe locale éclatèrent à Elisabethville, près de la mine The Star et à Kambove. En 1916, dans ces trois endroits, 322 ouvriers moururent en six mois, sur un total de cinq mille. En outre, beaucoup de mineurs, fragilisés par la pénibilité du travail dans les mines poussiéreuses, contractèrent des pneumonies et la tuberculose. Entre un quart et un tiers d'entre eux tombaient malades, mais les services de santé publique étaient réduits au minimum[46]. En 1920, il y avait dans tout le Congo environ soixante-dix médecins et un dentiste ; ils étaient surtout au service de la population blanche[47]. Les ouvriers travaillaient de longues journées et étaient chichement payés. Bon nombre d'entre eux devenaient apathiques et dépressifs et voulaient rentrer chez eux. Ils s'organisaient pour le strict minimum, souvent en fonction de critères ethniques : s'occuper de leurs malades, enterrer leurs morts, boire et chanter. Certains désertaient, d'autres n'osaient pas. Jusqu'en 1922, les châtiments corporels étaient autorisés par la loi.

Le bilan de cette situation fut effroyable. Si le sud du Katanga n'avait pas vraiment eu à pâtir de la politique du caoutchouc, à présent la région était entraînée dans un capitalisme industriel impitoyable. André Yav, l'ancien boy, fut ainsi amené à tirer une conclusion extrêmement curieuse mais qui en dit long : il affirma que le roi Albert Ier était bien pire que Léopold II, qui au moins "respectait les lois de l'Afrique et du Congo" ! Cela exigeait quelques explications : "A l'époque de Léopold II, les boys mangeaient à une seule table avec les Blancs. Les Blancs le considéraient comme un employé. Ils n'étaient pas comme les Blancs qui sont venus après Léopold II. Quand il est mort, Albert Ier a pris sa succession. Ces Blancs ont pris des mesures sévères et leurs mesures étaient mauvaises. Ce sont elles qui ont instauré un mauvais type d'esclavage pour nous, les Congolais[48]."

Les conditions dans les mines d'or de Kilo-Moto dans la Province orientale n'étaient pas plus confortables. Seulement un ouvrier sur huit y travaillait volontairement, les autres avaient été capturés dans les villages alentour. Là aussi, il était question de traite d'êtres humains et de travail forcé. Les recruteurs payaient au chef de village local dix francs par ouvrier et emmenaient les hommes enchaînés. Ils étaient attachés les uns aux autres par le cou au moyen d'un joug en bois et d'une corde où avaient été ménagés des collets. En 1908, ces mines comptaient huit cents travailleurs, en 1920 plus de neuf mille[49]. Au Kasaï, riche en diamant, travaillaient en 1923 vingt mille Africains au service de deux cents Blancs[50].

Entre 1908 et 1921, il y eut au Congo une première vague d'industrialisation, qui déclencha une prolétarisation des habitants. Les hommes, auparavant pêcheurs, forgerons ou chasseurs, devinrent travailleurs salariés dans une entreprise. Un grand nombre de personnes fut concerné par cette première vague. Au Katanga, où 60 % des ouvriers travaillaient pour l'Union minière, le nombre de mineurs augmenta, passant de 8 000 en 1914 à 42 000 en 1921, le nombre de cheminots progressant quant à lui de 10 000 à 40 700. Le Kasaï et la Province orientale représentaient ensemble 30 000 ouvriers, à Kinshasa et à Léopoldville vivaient également 30 000 migrants. Cette embauche massive de main-d'œuvre africaine avait une raison simple : la sueur coûtait moins que l'essence[51].

Cette prolétarisation ne se limitait pas à l'industrie. L'agriculture avait aussi besoin de travailleurs manuels, d'autant que les agriculteurs blancs s'étaient lancés dans des plantations de café, de cacao et de tabac. Le secteur de l'huile de palme était cependant celui qui exigeait le plus de main-d'œuvre agricole. En 1884, un certain William Lever à Liverpool commença à fabriquer du savon à échelle industrielle. Les blocs sortaient des presses et il baptisa son produit Sunlight. Si son entreprise a pu se développer pour devenir la multinationale Unilever, elle le doit en partie au Congo. Le savon était fabriqué à base d'huile de palme que William Lever achetait à l'origine en Afrique de l'Ouest. Quand il avait cessé d'obtenir des conditions favorables de la part de l'administration coloniale britannique, l'Etat belge lui avait accordé en 1911 une concession très étendue au Congo. Il put à son idée délimiter cinq cercles d'un rayon de soixante kilomètres dans des régions où les palmiers sauvages poussaient à foison, la surface représentant au total 7,5 millions d'hectares, soit deux fois et demie la Belgique. Ce fut le début des Huileries du Congo belge (HCB), une entreprise exerçant ses activités surtout au sud de Bandundu qui devint un gigantesque groupe industriel. Dans cette région autour de Kikwit s'érigea la petite ville de Leverville. Pour les récoltes des noix de palme, l'entreprise fit appel à des milliers de Congolais, qui grimpaient de façon traditionnelle en haut des troncs pour détacher les régimes. Lever avait une réputation de grand philanthrope, mais au Congo il n'afficha guère ce trait de caractère. Les travailleurs gagnaient un salaire misérable de vingt-cinq centimes par jour et vivaient dans des conditions primitives. Il était question de recrutement forcé et de corruption de chefs de village. Des dizaines de villages devaient évacuer les lieux au nom de l'industrie. Les opérations se déroulèrent sans ménagements. Aujourd'hui encore à Kikwit on se souvient de cette période avec amertume : la région connut alors des temps bien pires que durant les années du caoutchouc[52]. Le roi Albert ne se doutait sans doute de rien en 1912, quand il reçut de la part de William Lever une petite boîte en ivoire contenant le premier pain de savon Sunlight fabriqué avec de l'huile de palme congolaise.

"Je gagnais trois francs par panier", avait raconté Nkasi. Il s'en souvenait encore parfaitement, parce que pour la première fois de sa vie il avait gagné de l'argent. L'industrialisation naissante du Congo fut non seulement à l'origine d'une première forme d'urbanisation et de prolétarisation, mais aussi d'un processus radical de monétarisation. Pour la première fois, la population fut confrontée à grande échelle à cette notion abstraite qu'est l'argent. Les moyens de paiement officiels n'étaient pas entièrement nouveaux : au Bas-Congo, on utilisait de tout temps des coquillages blancs, au Katanga des petites croix de cuivre de fabrication artisanale, ailleurs des *mitakos*, les bâtonnets de cuivre que les premiers colonisateurs avaient introduits. Mais on ne recourait à ces moyens de paiement que pour des transactions particulières. Le recours à la monnaie ne s'était pas généralisé dans l'économie. La situation évolua rapidement cependant. En 1900, quelques centaines de travailleurs étaient salariés au Bas-Congo, dans les chemins de fer notamment, mais en 1920, quand Nkasi partit pour Kinshasa, ils étaient déjà 123 000 répartis dans tout le pays. Et à l'époque, la véritable expansion de l'emploi devait encore commencer : en 1929, les travailleurs étaient au nombre de 450 000. Le Congo se transforma en une économie monétaire[53].

L'impact de cette monétarisation fut considérable. La présence de l'Etat se fit à nouveau expressément sentir dans la vie quotidienne. On ne pouvait acheter un poulet à sa voisine sans que les autorités y prennent part symboliquement. Le troc pratiqué depuis des siècles, un système transparent d'échanges au sein de la population, dut céder la place à un système abstrait imposé par l'Etat. Il n'y avait plus qu'à espérer que ces curieux bouts de papier, sur lesquels trônait une femme blanche en tunique blanche, aient effectivement de la valeur. "Banque du Congo belge" était-il solennellement écrit sur ce premier billet de banque congolais, "un franc" – pour qui savait lire. La femme – qui avait plutôt le type hellénique – était coiffée d'un diadème. Son bras gauche était posé sur une grande roue, le droit enserrait une gerbe de blé[54]. Sans doute s'agissait-il d'allégories pour l'agriculture et l'industrie, mais le Congolais moyen connaissait mal les représentations et le kitsch néoclassiques. Au début des années 1920, les pièces reflétaient davantage la réalité locale : elles montraient un palmier à huile, appelé *m'bila* dans un certain nombre de langues indigènes[55]. Le message fut compris au sens littéral, comme un lien entre l'Etat et l'industrie : le groupe industriel de William Lever fut bientôt appelé "Compagnie m'bila". L'argent était le résultat d'un troc avec la compagnie. On lui donnait son corps en échange d'un salaire.

L'avantage était que les impôts pouvaient désormais être prélevés plus facilement. On ne devait plus payer en nature ou sous forme de travail son appartenance obligatoire à l'Etat. On n'avait plus à porter des fardeaux, à pagayer sur le fleuve ou à récolter du caoutchouc pour le Blanc, on devait se soumettre à une règle : il fallait servir l'Etat quarante heures par mois. Quand la Belgique avait repris le Congo, elle avait d'abord introduit un système autorisant le paiement de l'impôt à l'aide d'autres marchandises que le caoutchouc – l'administration fiscale coloniale se satisfaisait aussi de pains de manioc, de copal, d'huile de palme ou de poulets –, mais au bout d'un certain temps elle avait fini par préférer des espèces sonnantes et trébuchantes. Joseph Njoli, originaire de la province de l'Equateur, s'en souvenait encore parfaitement quand, en 1953, un missionnaire lui avait demandé de raconter sa longue vie :

> Après le caoutchouc ils nous ont imposé du poisson et du manioc. Après le poisson, c'étaient des huiles végétales et des poutres à livrer à l'administrateur à Ikenge. Son nom était Molo, le Blanc qui résidait à Ikenge, des Riverains. Nous avons connu beaucoup de corvées chez nous. [...] Puis un autre Blanc est venu, nommé Lokoka. Il fit cesser les travaux antérieurs et nous apporta l'argent. Il dit : "Vous pouvez payer l'impôt en argent. Chacun doit payer 4,50 F." C'était l'introduction de l'argent chez les Noirs. Et maintenant encore nous sommes dans l'esclavage des Belges[56].

Quatre francs cinquante par an, ce n'était pas une somme démesurée. La charge fiscale était maintenue volontairement basse. En 1920, cela correspondait à six kilos de caoutchouc, ou quarante-cinq kilos de noix de palme, quarante-cinq kilos d'huile de palme, quarante-cinq kilos de résine de copal, neuf poulets, une demi-chèvre ou quelques douzaines de pains de manioc[57].

Sur le papier, le Congo belge voulait rompre avec les fâcheuses habitudes de l'Etat indépendant, mais, dans la pratique, il se comportait souvent tout autrement. Dans les zones où était implanté le grand capital international, de nouvelles formes d'exploitation et d'asservissement firent leur apparition. Des flux migratoires se déclenchèrent qui eurent pour effet de disloquer le pays plutôt que de le consolider. Les hommes jeunes se retrouvèrent dans des campements ouvriers douteux, tandis que leurs villages n'étaient plus peuplés que de femmes et de personnes âgées. La misère que connut le pays de 1908 à 1921 était due pour beaucoup aux quatre longues années que dura la Première Guerre mondiale, mais elle sévissait déjà auparavant. Ce serait une erreur de tout attribuer à ce maudit conflit. La Grande Guerre n'était pas à l'origine de la situation, mais elle expliquait son aggravation.

Le 11 novembre 2008, il pleuvait à verse à Kinshasa. Même selon les critères équatoriaux, la pluie était extraordinairement violente. Ce n'étaient pas des gouttes qui tombaient, mais des pointes de verre, des éprouvettes liquides. La circulation dans la ville s'était interrompue, les klaxons retentissaient sans discontinuer, comme pour exhorter les flaques à sécher, et la cour dans la Maison des anciens combattants n'était plus qu'une piscine. Le bâtiment avait fait office dans les années 1950 de cinéma en plein air, il abritait à présent l'association locale des anciens combattants. Ici se réunissaient quotidiennement les vétérans des nombreuses guerres que le Congo avait connues. "C'est incroyable", m'a dit un militaire belge en uniforme, "rien n'est étanche dans ce pays, il pleut partout à l'intérieur, mais ici, l'eau reste, tout simplement." Il regardait la cour carrelée. Une dizaine de jeunes s'étaient mis à écoper à l'aide de seaux, sans résultat manifeste. Il y avait bien trente centimètres d'eau. "On pourrait élever des carpes Koï ici, bon sang."

Pendant ce temps, une foule affluait. Des femmes enveloppées dans des étoffes magnifiques ; les talons de leurs mules s'enfonçaient dans la terre en y laissant des petits trous. Des hommes portant des instruments à vent en cuivre étincelant. Des messieurs en costume trois pièces. Des militaires vieux comme le monde en uniforme vert. Bien sûr, c'était leur journée. Ils n'étaient plus très nombreux. Sous un auvent, ils comparaient leurs médailles et se les échangeaient. "Saïo ? Tu n'y étais pas. Fais voir." Dans un concert de grognements chagrins, les médailles passaient d'une veste à l'autre. Cela dura un certain temps, jusqu'à ce que tous ceux qui souhaitaient porter un peu de clinquant aient un insigne à s'épingler. André Kitadi me dit : "Aucun d'eux n'y était. Il n'y a plus que quatre anciens combattants de 40-45 qui sont encore en vie à Kinshasa." Il en faisait partie, je l'avais déjà interviewé auparavant. Il n'était pas obsédé par les médailles.

Ce jour-là on célébrait le quatre-vingt-dixième anniversaire de l'armistice de la Première Guerre mondiale.

Les invités attendaient sous des auvents que la cour soit de nouveau sèche. La cérémonie devait commencer à onze heures, or il était déjà midi et demi. Finalement, quelqu'un arriva avec une pompe à eau. Une demi-heure plus tard, on trouva aussi du gazole, un quart d'heure plus tard le moteur démarra. Au bout de cinq minutes de bruyante absorption, la cour était vide et le jardin à l'arrière de la Maison des anciens combattants transformé en un bourbier. La cérémonie pouvait commencer.

En 1914, le Congo était neutre, comme la Belgique. Il ne pouvait en être autrement : les deux pays avaient été autrefois conçus comme des Etats tampons entre des grandes puissantes rivales. Pour le Congo, cette neutralité découlait des accords de la conférence de Berlin. Mais le 15 août 1914, onze jours après l'invasion de la Belgique, ce fut terminé. Devant le village de Mokolubu, du côté congolais du lac Tanganyika, un bateau à vapeur surgit. Il venait de l'autre côté, le côté allemand. Le bateau ouvrit le feu sur un lieu de divertissement local et coula une quinzaine de pirogues. Un détachement de soldats allemands débarqua et sectionna en quatorze endroits le câble du téléphone[58]. Une semaine plus tard, le port de Lukuga fut attaqué. Ainsi commença la Première Guerre mondiale au Congo. L'intégrité territoriale était menacée, la neutralité n'était plus un impératif.

Le colonialisme conféra à un conflit armé européen la dimension d'une guerre mondiale. De grandes parties de l'Afrique furent mêlées à la conflagration universelle. Les colonies allemandes en Afrique de l'Est (qui deviendraient plus tard le Rwanda, le Burundi, la Tanzanie) et en Afrique de l'Ouest (les futurs Togo, Cameroun et Namibie) avaient de tous côtés des frontières avec les possessions françaises, britanniques, portugaises et belges. Le Congo belge partageait au nord-ouest plusieurs dizaines de kilomètres de frontière avec le Cameroun, à l'est plus de sept cents kilomètres avec l'Afrique-Orientale allemande. On ne s'étonnera donc pas de l’intérêt que Berlin témoignait depuis longtemps pour le Congo belge. Les autorités allemandes voulaient établir un pont entre leurs colonies orientales et occidentales, notamment pour briser l’axe britannique entre Le Cap et Le Caire. De plus, la colonisation n’était-elle pas en définitive une tâche réservée aux grandes puissances ? Pouvait-on en laisser la responsabilité à des micro-Etats insignifiants comme la Belgique[59] ? Encore en 1914, des négociations avaient eu lieu avec l’Angleterre pour un partage du Congo belge. Les Anglais n’avaient cependant rien voulu entendre : ils n’étaient que trop conscients que les Français, avec leur *droit de préemption* * historique sur le Congo, ne seraient jamais d’accord[60]. Mais même en Belgique, d’aucuns se demandaient si on ne pouvait pas calmer l’appétit du voisin à l’est en lui faisant cadeau de la moitié du Congo. Un territoire de six cent quatre-vingt mille kilomètres carrés de forêt vierge ne permettrait-il pas de tempérer un tant soit peu la voracité teutonne[61] ?

Mais la guerre avait éclaté, donc en Afrique aussi. Pas un indigène ne savait qui était l’archiduc François-Ferdinand de Habsbourg et pourquoi un coup de feu dans le mille à Sarajevo devait conduire à des massacres dans la savane, mais les Blancs prenaient l’affaire très au sérieux. Les opérations de guerre en Afrique n’eurent cependant aucun point commun avec la guerre de positions tenace qu’endura l’Europe. Il n’y eut pas de front unique, continu, comme la ligne allant de la mer du Nord à la Suisse. Il n’y eut pas de tranchées, pas d’attaques au gaz moutarde, pas de positions sapées à la dynamite, pas de trêve de Noël avec des matchs de foot dans le no man’s land. Les dimensions du continent africain, l’absence de routes, le manque de soldats et la topographie souvent extrêmement difficile donnèrent lieu à un tout autre type de combats. On ne conquérait pas des territoires, mais des emplacements stratégiques. On ne perçait pas une ligne de front compacte, mais on remportait la victoire sur un régiment local. On ne s’appropriait pas des zones, mais on contrôlait les routes. Les combats étaient loin d’avoir la même intensité. En Afrique-Orientale allemande, le général von Lettow-Vorbeck résista pendant quatre ans avec une armée de trois mille Allemands et onze mille Africains, des effectifs qu'à Verdun on repoussait en une seule matinée.

Le gouverneur général reçut de Bruxelles l'instruction de faire intervenir la Force publique pour protéger la colonie. Plus tard, quand le gouvernement belge s'exila au Havre, une communication intensive eut lieu avec l'administration coloniale à Boma. Mais il n'était plus question d'une communication à sens unique depuis l'Europe : tandis que la Belgique se faisait presque fouler aux pieds par les troupes allemandes, le territoire de la colonie resta quasi intact pendant toute la guerre. Les rapports avaient soudain changé.

Les troupes congolaises se battirent sur trois fronts : au Cameroun, en Rhodésie et en Afrique-Orientale allemande. Les deux premiers exigeaient des efforts de relativement petite envergure. En 1914, six cents soldats et une poignée de commandants blancs vinrent en aide aux troupes alliées dans leur lutte pour le Cameroun. Et une année plus tard, deux cent quatre-vingt-trois Congolais et sept militaires belges montèrent en ligne avec les troupes coloniales britanniques quand les Allemands menacèrent la Rhodésie. Mais c'est dans l'est de la colonie qu'eut lieu – et de loin – le plus grand déploiement de forces. Dans la région du Kivu, la frontière entre les territoires belge et allemand n'avait été tracée qu'en 1910. A partir de 1915, les troupes allemandes essayèrent à plusieurs reprises d'envahir le Kivu pour ensuite pousser jusqu'aux mines d'or de Kilo-Moto dans la forêt de l'Ituri. Elles échouèrent. En revanche, elles parvinrent à prendre le contrôle de deux des Grands Lacs : le lac Tanganyika et le lac Kivu, beaucoup plus petit. Avec leurs vaisseaux de guerre, le *Kingani*, le *Hedwig von Wissmann* et surtout le *Graf von Götzen* (mille tonnes), ils patrouillaient devant les côtes congolaises. Sur le lac Kivu, ils s'étaient emparés de l'île d'Idjwi, la seule partie du Congo qui fût occupée par les Allemands.

La lutte pour le lac Tanganyika allait devenir l'une des plus épiques de toute la Première Guerre mondiale. Depuis l'Afrique du Sud, les troupes britanniques acheminèrent clandestinement les pièces détachées de deux chaloupes canonnières vers les rives du fleuve. Transporter des bateaux en pièces détachées par

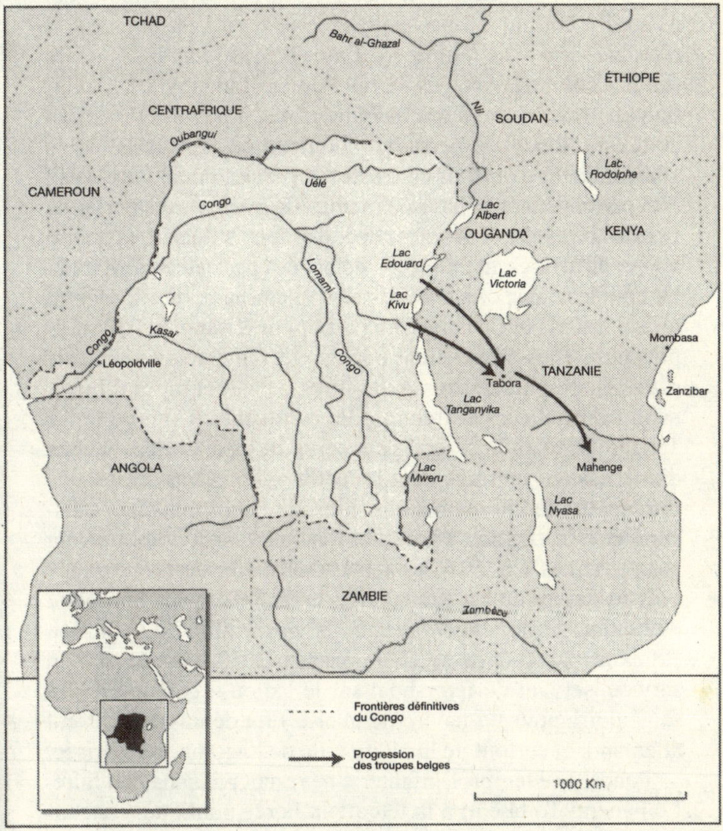

Carte 5
Le Congo belge pendant la Première Guerre mondiale

voie terrestre : on se serait cru encore au temps de Stanley. Sous les faux noms Mimi et Toutou, ces embarcations jouèrent un rôle décisif pour saper la combativité de la marine allemande. Mais il y eut plus impensable encore, si tant est que ce soit possible : l'idée de renforcer à l'aide de quatre hydravions les troupes coloniales belges au bord du lac Tanganyika. L'aviation en était encore à ses balbutiements, *a fortiori* l'aviation coloniale. Personne ne savait comment ces appareils légers allaient réagir dans l'air chaud des tropiques. Personne n'avait d'expérience de l'aviation en temps de guerre, sans parler de fragiles biplans qui devaient décoller depuis l'eau. Les quatre appareils arrivèrent en pièces détachées par bateau à Matadi. Le train les transporta ensuite jusqu'à Kinshasa, où elles furent transbordées sur un cargo qui partit pour Kisangani. Un mois plus tard, elles parvenaient à Kalemie. Cinq cents tonnes de matériel, cinquante-trois mille litres de carburant et d'huile, quatre mitrailleurs et trente mille cartouches. Comme le lac Tanganyika était trop agité pour servir de piste de décollage et d'atterrissage, on transporta les petits avions dans une lagune fermée, trente kilomètres plus loin. Elle était totalement dissimulée à la vue de l'ennemi et l'eau ne faisait pratiquement pas de vagues. En 1916, les petits avions effectuèrent plusieurs vols au-dessus du lac Tanganyika, essentiellement dans le but de bombarder le *Von Götzen*, et ils y parvinrent le 10 juillet. (Mais le *Von Götzen* ne coula pas; en 2010 il est encore en service, servant de ferry-boat sur le lac où il connut une fin sans gloire pour un navire de guerre.) La défense du littoral allemand, et surtout de la petite ville de Kigoma, était brisée.

Pendant ce temps, l'infanterie ne restait pas sans rien faire. Le général Tombeur, à la tête de la Force publique, concentra d'importantes forces militaires sur la frontière orientale du Congo. Il réunit quinze mille hommes, tous équipés de fusils et de munitions. Les problèmes logistiques liés à l'acheminement de tout ce matériel au bon endroit devaient être un cauchemar. Des milliers et des milliers de porteurs se chargeaient du transport. Pour chaque soldat qui marchait au combat, il fallait environ sept porteurs. En tout, pendant les quatre années de guerre, quelque deux cent soixante mille porteurs intervinrent, sur une population d'à peine dix millions d'habitants. Beaucoup d'entre eux étaient sous-alimentés. L'eau potable était rare. On buvait dans des mares, on buvait sa propre urine. Il y avait une grande pénurie de nourriture, de tentes et de couvertures, alors que les hommes traversaient les hautes terres du Kivu où les nuits étaient fraîches. Selon certaines estimations, vingt-cinq mille porteurs sont morts. Deux mille militaires ont perdu la vie. Au paroxysme du combat, l'armée atteignit vingt-cinq mille soldats. Mais contrairement à la campagne du Soudan en 1896, il y eut peu de désertions ou de mutineries, d'une part parce que les officiers blancs adoptaient un comportement plus clément vis-à-vis des troupes de renfort africaines, d'autre part parce que c'était une marche triomphale qui donnait du courage.

En mars, Tombeur jugea que le moment était venu d'attaquer. La frontière avec l'Afrique-Orientale allemande fut franchie et la marche vers Kigali, la future capitale du Rwanda, put commencer. La ville tomba le 6 mai. De là, les troupes se dirigèrent sur Tabora, le centre administratif de la colonie allemande. A vol d'oiseau, la ville était six cents kilomètres plus loin ; l'expédition se fit à pied, là encore avec des dizaines de milliers de porteurs. Une autre colonne partit des rives du lac Tanganyika. Tabora était une ville importante, qui comptait plusieurs grands hôtels, des maisons de commerce et des industries. Elle était située à mille deux cents mètres au-dessus du niveau de la mer sur une vaste étendue aride. La conquête de Tabora marqua l'apogée des combats coloniaux belges pendant la Première Guerre mondiale. Le 19 septembre, après dix jours et dix nuits de violents combats, la ville tomba entre les mains du Congo belge. Les troupes allemandes battirent en retraite ; le drapeau tricolore belge claqua au-dessus de leur fort. Un an plus tard, en 1917, une autre campagne victorieuse serait menée au départ de Tabora pour relier Mahenge, cinq cents kilomètres plus loin, en direction du Mozambique. La Force publique contrôlait un tiers de l'Afrique-Orientale allemande. Quelques éléments marchèrent même vers l'océan Indien, mais ce fut Tabora qui devint le nom que tout le monde allait connaître. Le général Tombeur fut anobli – son nouveau nom, parfaitement adapté aux circonstances, étant Tombeur de Tabora – et à Saint-Gilles près de Bruxelles un monument stylisé fut érigé à sa gloire. Au Congo, Tabora eut la consonance d'une conquête mythique dont des générations d'écoliers allaient entendre parler. "[Le roi] Albert surveille les ennemis", chantaient les élèves des frères maristes à Kisangani, "Avec toute vigilance / En Europe, au village Tabora / Il les tient à l'œil[62]."

Martin Kabuya, le militaire de 92 ans dont le grand-père avait été enterré vivant pendant la campagne du Soudan, avait 2 ans à la fin de la guerre. Son autre grand-père, du côté maternel, avait vu les combats de près. Il me l'a raconté alors que, par une journée caniculaire, j'étais assis chez lui dans le jardin : "Mon grand-père s'appelait Matthias Dinda et il est né en 1898. C'était un Zande, du nord du Congo. Notre tribu vient à l'origine du Soudan, nous sommes en fait tous soudanais. Il était très fort, il chassait les léopards. Il s'est enrôlé dans la Force publique et il est devenu *soldat de première classe**, le plus haut rang pour un Noir. Depuis Goma, il est entré au Rwanda, puis au Burundi et en Tanzanie, que des territoires allemands. Il était là quand Tabora est tombée." Il s'est tu un instant. Un lézard à tête orange a filé sur le mur. "Mon grand-père était un ami de celui qui y a planté le drapeau. Il l'a même couvert à ce moment-là. C'était un très grand militaire[63]."

J'ai revu Kabuya lors de la commémoration de l'armistice à la Maison des anciens combattants. Les dizaines d'invités se sont assis dans la cour asséchée. Il était à l'avant parmi les anciens combattants. Des chaises de jardin en plastique avaient été disposées pour les accueillir. Une estrade pleine de sièges plus chics s'est remplie de hauts dignitaires militaires et civils. Quand la fanfare a commencé à jouer les hymnes nationaux de la Belgique et du Congo, tout le monde s'est levé d'un bond et a salué les soldats et les officiers pendant plusieurs minutes. C'était particulièrement émouvant : fêter l'armistice à Kinshasa, alors que dans l'est du pays les rebelles de Nkunda étaient engagés dans leur plus violente offensive. Un des anciens combattants de 1940-1945 a dit pendant son discours : "Cela nous révolte, nous écœure et si nous avions encore notre âge de 1940, nous irions tous porter des armes pour aller désarmer les belligérants[64]."

Après les discours est arrivé le moment de la *remise* annuelle *des cadeaux**. Le président de l'association des anciens combattants s'est vu offrir par le vice-ministre un réfrigérateur, un autre décoré a reçu de l'attaché militaire belge dix kilos de farine de manioc, mais le cadeau le plus important – un gros appareil audio portable importé de Chine – a été remis à une petite femme frêle d'un âge avancé que l'on a présentée sans détour comme étant "*la veuve**". Elle s'appelait Hélène Nzimbu Diluzeyi, elle avait 94 ans et était la dernière veuve d'un vétéran de la Première Guerre mondiale.

A la fin, un groupe a joué pendant au moins une demi-heure le morceau *Ancien combattant** de Zao, un chanteur du Congo-Brazzaville, sans doute le plus beau morceau de la pop congolaise. "*La guerre, ce n'est pas bon, ce n'est pas bon**", entendait-on. Les vieux militaires ont commencé à danser dans la cour, tandis que circulaient la bière, le Coca-Cola et les collations. Certains glissaient les pieds prudemment en mesure, d'autres jouaient à la guerre : quelqu'un tenant un parapluie fit mine de tirer, un autre se laissa tomber par terre au ralenti, secoua ses membres au rythme de la musique et fit le mort. La veuve les regardait, amusée, applaudissait et ne pouvait s'empêcher de rire de temps en temps devant cette brillante pantomime.

Quand la fête a touché à sa fin, je l'ai raccompagnée chez elle. Elle habitait le quartier Kasavubu. A travers les ruelles boueuses de la cité, nous avons louvoyé entre les grandes flaques. Elle s'accrochait fermement à mon bras gauche, sous mon autre bras je maintenais la boîte affreusement grande de cet appareil audio. C'était la première fois que je marchais bras dessus bras dessous avec la veuve d'un vétéran de guerre. Sur sa parcelle, nous nous sommes assis sous le fil à linge. Des enfants et des petits-enfants se faufilaient à côté de nous. Son fils est venu servir d'interprète. "Mon mari s'appelait Thomas Masamba Lumoso", a-t-elle commencé, "il est né en 1896. Quand il avait 10 ans, il est venu à Kin. Les missionnaires protestants lui ont appris l'anglais, puis ils l'ont donné à l'armée. Là, on lui a remis une tenue de combat. Kaki.

— Mais non, maman, ça c'est bien plus tard. A l'époque, ils portaient encore un uniforme bleu avec un fez rouge.

— Vraiment ? *En tout cas* *, il avait 18 ans quand la guerre a commencé. Il travaillait à la TSF, comme caporal."

La TSF, me suis-je souvenu, c'était la *télégraphie sans fil* *, la radiocommunication.

"Il allait là où il y avait la guerre. Partout. Mais il n'a jamais été blessé. Dieu l'a beaucoup protégé.

— Oui", a approuvé son fils, "et il parlait beaucoup de langues. Le swahili, le kimongo, le mbunza, le tshiluba, le kinzande, mais aussi le flamand, le français, l'anglais et, à cause de la guerre, aussi un peu d'allemand.

— De l'allemand ?

— Oui, des choses comme *Guten Tag ! Wie geht es ? Danke schön !* Je ne sais pas ce que cela veut dire, mais il le disait tout le temps[65]."

C'est la seule fois au cours de mes dix voyages à travers le Congo que j'ai rencontré une personne connaissant quelques mots d'allemand.

Le soir, j'ai vu chez son autre fils, le colonel Yoka, une photo du vétéran de guerre. En uniforme, avec ses décorations et un visage extrêmement sérieux. Dans un rapport datant de 1921, son père était décrit comme "actif et honnête". Mais le colonel me montra aussi un document intéressant, une lettre de son supérieur belge : "Le dénommé Masamba du village de Lugosi a été au service de la TSF comme planton du 9 août 1914 au 5 octobre 1918." Signé le 7 octobre 1918, par un certain Vancleinghem, pour autant que l'écriture soit déchiffrable. Ces informations en disaient long. Ce soldat avait assuré son service pendant une période qui couvrait toute la durée de la Première Guerre mondiale. Il avait commencé à exercer ses fonctions cinq jours après le début de la guerre et il avait été démobilisé un mois avant l'armistice[66]. Le dernier ancien combattant était aussi celui qui avait servi le plus longtemps dans l'armée.

La guerre mondiale n'eut pas seulement des conséquences pour les hommes de la Force publique. Dans les mines du Katanga, les mineurs ne restèrent pas inactifs. La production était intensive. Les relations financières avec Bruxelles étaient certes interrompues, mais la guerre avait fait gonfler la demande de cuivre. En pleine guerre, les exportations coloniales passèrent de 52 millions de francs belges en 1914 à 164 millions en 1917[67]. Les obus britanniques et américains à Passendale, Ypres, Verdun et dans la Somme avaient des douilles en laiton composé à 75 % de cuivre katangais. Les pièces de leurs canons étaient faites en cuivre pur durci. Les balles de leurs fusils avaient quant à elles des douilles en cuivre blanc avec une teneur en cuivre de 80 %. Les torpilles et les instruments de marine étaient fabriqués en cuivre, en bronze et en laiton[68].

En dehors des activités industrielles également, beaucoup de Congolais sentaient que c'était la guerre. Dans la Province orientale, les agriculteurs étaient contraints de cultiver du riz pour ravitailler les troupes. Ailleurs, les pouvoirs publics obligeaient la population à cultiver du coton ; les exportations en bénéficiaient, mais aussi les fabriques de textile. Tout un système de *cultures obligatoires* *, de plantes qu'il fallait cultiver au nom des autorités, fut instauré. Il évoquait bien des mauvais souvenirs. Nkasi et Lutunu n'eurent peut-être guère conscience de la guerre dans leurs villages du Bas-Congo, mais de nombreux Congolais à l'intérieur des terres en sentirent le poids. Et comme souvent dans l'histoire du Congo, les protestations contre un tel sort prirent une forme religieuse[69].

En 1915, en pays ekonda dans la province de l'Equateur, une certaine Maria Nkoi vécut une expérience mystique. Elle devint convaincue de ses dons de guérison et se sentit investie d'une mission prophétique. Elle était connue sous le nom de *Marie aux Léopards* * [70].

Elle commença à soigner les malades et à prêcher sa religion. Elle appela en outre à la révolte contre le colonisateur et prédit que le Congo serait bientôt libéré par les "*djermani*" – les Allemands[71]. En tenant ces propos séditieux, elle entra en conflit avec les autorités locales. Elle fut arrêtée. Son histoire rappelle celle de la femme qui, en 1704, dans les ruines de la cathédrale de Mbanza-Kongo, avait imaginé une autre forme de christianisme et fut également persécutée pour cette raison.

A l'époque aussi, le pouvoir européen était en crise, à l'époque aussi on craignait les conséquences d'un tel réveil religieux.

Libérés par les Allemands ? Albert Kudjabo et Paul Panda Farnana avaient toutes les raisons d'en douter. Ils avaient été justement faits prisonniers par les Allemands ! Kudjabo et Panda comptèrent parmi les très rares Congolais qui participèrent aux combats pendant la Première Guerre mondiale en Belgique. Dès 1912, un certain J. Droeven s'était enrôlé dans l'armée belge ; c'était le fils d'un fabricant d'armes belge, tué en 1910 au Congo, et d'une femme indigène. Ce métis fut le premier homme de couleur dans l'armée belge mais, trois mois à peine après le début de la guerre, il déserta pour mener une vie dissolue dans les cafés de Paris[72]. Kudjabo en revanche faisait partie d'un commando de volontaires congolais qui avait proposé ses services en 1914 aux forces armées belges assiégées[73]. Le gros du commando se composait d'anciens coloniaux ; il fut dirigé par le colonel Chaltin. Ils étaient les seuls Belges qui avaient une expérience de la guerre ; ils l'avaient acquise pendant les campagnes arabes et soudanaises. Mais elle ne leur fut pourtant d'aucune aide. Lors de la progression de l'armée allemande, ils durent aider à défendre la ville de Namur, sans grand effet. *Das Heer*, l'armée, avança à travers la Belgique tel un rouleau compresseur, et Albert Kudjabo, 21 ans, de même que Paul Panda, furent pris au collet. En tant que prisonniers de guerre, ils se retrouvèrent à Berlin, parmi des soldats issus des quatre coins du monde. Quelques spécialistes des arts populaires et philologues s'intéressèrent à ce brusque rassemblement ethnographique. Ils fondèrent la Commission phonographique royale de Prusse et réalisèrent près de deux mille prises de son de tous ces êtres exotiques. On demanda à Albert Kudjabo de chanter une chanson. Il joua du tambour, siffla et parla dans sa langue maternelle[74]. Ces enregistrements ont été conservés. Ils ont quelque chose de touchant : le seul soldat au service de l'armée belge pendant la Première Guerre mondiale dont nous connaissions encore la voix est un Congolais[75].

Les conséquences de la Première Guerre mondiale pour le Congo belge furent considérables. En tout premier lieu sur le plan territorial. A la conférence de Versailles en 1919, on décida de partager les colonies allemandes entre les vainqueurs. Le Cameroun devint français et britannique, le Togo français et britannique, l'Afrique-Orientale allemande fut remise aux Britanniques et la Namibie, confiée au dominion britannique de l'Afrique du Sud. La Belgique obtint la tutelle de deux minuscules territoires à sa frontière orientale, les royaumes historiques du Rwanda et du Burundi (à l'époque encore le Ruanda et l'Urundi). En 1923, la Société des Nations légitima l'existence de ces territoires sous mandat. Sur le papier, un territoire sous mandat n'était pas une colonie, dans la pratique il existait peu de différences. Là aussi, on appliquait le cadre rigide de conceptions anthropologiques récentes. Dans le cas des territoires sous mandat également, on raisonnait aussi en termes de "races". Elles avaient un caractère absolu : on était ou bien tutsi ou bien hutu ou encore twa (pygmée). On oublia que les frontières entre ces catégories tribales avaient été floues pendant des siècles. Les conséquences de cet oubli allaient s'avérer désastreuses durant la deuxième moitié du XXe siècle.

Au Congo, la guerre fut une sorte de bouton d'arrêt de l'histoire sociale.

Les tentatives hésitantes qui visaient à améliorer le sort des indigènes à travers de meilleurs logements près des mines ou par des campagnes à grande échelle de lutte contre la maladie du sommeil, furent reportées indéfiniment. Au bout de quatre années épuisantes, la santé publique était redevenue très précaire. En 1918-1919, la grippe espagnole, qui fit dans le monde entier de cinquante à cent millions de victimes, emporta cinq cent mille personnes au Congo. "La fièvre espagnole", m'a dit Kabuya, le vieil homme de 92 ans, "a fait beaucoup de morts." On se serait cru à l'époque du dépeuplement de 1905. Le bouton d'arrêt s'était transformé en bouton de rembobinage.

Dans la vision des Belges, cependant, une chose avait changé. Pour la première fois, le sort des Congolais était examiné avec commisération. On s'apercevait que la population avait beaucoup souffert d'une guerre qui n'était pas la sienne. L'expérience partagée de la guerre chez les militaires avait en outre éveillé un sentiment de fraternité. Un officier belge de la

Force publique l'a évoqué avec lyrisme : "Non, ces hommes, qui ont lutté, souffert, espéré, aimé, enduré, vaincu avec nous, pour nous, comme nous, ce ne sont pas, ce ne sont déjà plus des sauvages, des barbares. S'ils surent être nos égaux devant la souffrance et la noblesse du sacrifice, ils doivent, ils sauront le devenir aussi devant la civilisation[76]." Les soldats de la Force publique avaient fait la preuve de leur grand courage et de leur loyauté, même dans les circonstances les plus dures. Cela incitait à une plus grande clémence et, effectivement, à un plus grand engagement vis-à-vis du sort des indigènes.

Mais pour les Congolais, l'expérience était ambivalente. Beaucoup de soldats s'enthousiasmèrent des succès militaires belges incontestables. L'ivresse de la victoire avait un goût délicieux et forgea de nouveaux liens qui étaient indéniablement sincères et chaleureux. Les Belges pouvaient voler dans les airs et atterrir sur l'eau ! Mais les efforts de guerre furent pour beaucoup de Congolais ordinaires extrêmement lourds. De plus, et ce fut le plus dégrisant, ils avaient vu les Blancs, qui leur avaient appris à ne plus tuer et à ne plus livrer de guerres tribales, chercher à s'éliminer entre eux pendant quatre ans pour des raisons peu claires avec un imposant arsenal dans un conflit qui avait fait plus de morts que toutes les guerres tribales réunies dont ils pouvaient se souvenir. Oui, cela remettait tout de même un peu en cause le respect qu'ils éprouvaient pour eux. Il s'effrita.

4

SOUS L'EMPRISE DE L'ANGOISSE

INTENSIFICATION DES TENSIONS ET MÉFIANCE RÉCIPROQUE EN TEMPS DE PAIX 1921-1940

Les grands bouleversements qui s'étaient amorcés pendant les premières décennies du Congo belge se poursuivirent invariablement durant l'entre-deux-guerres. L'activité industrielle devint de plus en plus intensive. Les gens furent de plus en plus nombreux à quitter leur village et à occuper un emploi salarié. Les premières villes virent le jour. Les tribus s'y mélangeaient, la population adoptait de nouveaux styles de vie. Le dimanche après-midi, on allait danser sur la musique de Tino Rossi, la précédente génération avait encore dansé au rythme du tam-tam. En milieu rural, le temps ne s'était pas arrêté non plus. Le système de cultures agricoles obligatoires introduit pendant la Première Guerre mondiale fut généralisé. Les postes missionnaires renforcèrent leur emprise sur l'âme de la population. Des écoles et des hôpitaux furent aussi construits dans des endroits reculés. Les équipes sanitaires chargées de lutter contre la maladie du sommeil se rendaient même dans les plus petits villages.

Vu sous cet angle, tout semblait avoir fait l'objet d'un élargissement d'échelle, un processus auquel tant le colonisateur que l'indigène trouvaient un intérêt. C'est du moins ainsi que la situation était présentée. "Après la guerre mondiale de 1914-1918, le calme au Congo ne fut jamais sensiblement perturbé", écrivit un directeur d'école catholique de *la Flandre profonde**. "Quelques échauffourées mineures, dont il n'était pas rare qu'elles soient provoquées par des sectes secrètes et des sorciers, pouvaient parfois menacer la sécurité d'un territoire circonscrit [...] Le *Boela-Matari*, comme les indigènes appellent l'administration belge au Congo, peut généralement compter sur la soumission et la considération des nègres vis-à-vis du pouvoir établi, du moins si les dirigeants gardent eux-mêmes à l'esprit les *obligations d'un bon fonctionnaire colonial* et se distinguent par une *vie ordonnée et morale*, une *réelle humanité* et une *forte volonté*[1]."

Il s'agissait là d'une grossière exagération. Les fonctionnaires coloniaux pouvaient faire preuve de toute l'humanité et de la meilleure volonté du monde, il leur était impossible de faire face au ressentiment croissant de la population indigène. Il ne s'agissait pas de "quelques échauffourées mineures" qui perturbaient l'ordre dans "un territoire circonscrit", mais de troubles majeurs qui pouvaient s'étendre sur de grandes parties de la colonie, malgré une répression brutale des autorités coloniales. La soudaine soif d'indépendance qui se manifesta à partir de 1955 n'avait rien de nouveau, elle avait de longs antécédents. Pour le comprendre, nous devons d'abord nous rendre chez le plus jeune frère de Nkasi. Et chez le Saint-Esprit.

Les voies de Dieu sont impénétrables et celles vers le Saint-Esprit sont lamentables, surtout depuis qu'il habite à Nkamba. De Kinshasa à Mbanza-Ngungu, l'ancienne Thysville, la route est impeccable. Il y a quelques années, les Européens et les Chinois ont uni leurs efforts pour doter le Congo d'au moins une route convenable, celle qui relie Kinshasa à la ville portuaire de Matadi. Mais dès que nous quittons cette route principale, la voie se transforme en chemin sablonneux, le chemin en mare boueuse, et nous avançons à l'allure d'un escargot. La distance qui sépare Mbanza-Ngungu de Nkamba est de quatre-vingts kilomètres et nous allions mettre trois heures à la parcourir. Un temps record, nous a-t-on dit plus tard. La route vers Nkamba n'a rien d'une piste où l'on voit rarement passer une voiture. Chaque année, des milliers et des milliers de pèlerins l'empruntent pour aller se ressourcer spirituellement. Ils ne parlent pas de Nkamba, mais de la Ville sainte ou de *la nouvelle Jérusalem* *.

A Nkamba, le 24 septembre 1889, quelques années après Nkasi, naquit un certain Simon Kimbangu. Son enfance et son adolescence ne furent pas fondamentalement différentes de celles des personnes de sa génération, mais il allait entrer dans l'histoire comme un prophète important. Il est donné à peu de gens de voir une religion porter leur nom, mais Simon Kimbangu a pu se ranger aux côtés du Christ et de Bouddha ; aujourd'hui, le kimbanguisme reste une religion vivace au Congo et y représente 10 % de l'ensemble des croyants.

Nkasi m'avait même dit : "Kimbangu, ce n'était pas de la magie. C'était un envoyé de Dieu. Une jeune fille de 16 ans qui était morte depuis déjà quatre jours, il l'a ressuscitée."

Les Congolais et les colonisateurs n'entendirent parler pour la première fois de cet homme singulier qu'en 1921, l'année de la prétendue résurrection, mais Nkasi le connaissait depuis bien plus longtemps. Ils venaient de la même région. Nkamba et Ntimansi, leurs villages d'origine, étaient proches. "Ah… la première fois que je l'ai vu ? Bon… Je connaissais déjà Simon Kimbangu dans les années 1800. Quand il disait : « Nous allons nous rendre à Bruxelles », il était une seconde plus tard à Bruxelles. Il a d'ailleurs soigné mon plus jeune frère !"

La route est terriblement mauvaise et l'arrivée dans la Ville sainte est un soulagement. La région est vallonnée. Dans les vallées bruissent des eucalyptus et l'ombre y est bienfaisante. Nkamba même est située au sommet d'une colline offrant une vue au loin sur le Bas-Congo. Il souffle une brise délicieuse. Mais on n'entre pas facilement. Il faut des lettres de créances et des autorisations de passage de Kinshasa, ainsi que l'aide d'un jeune disciple de Mbanza-Ngungu, pour franchir le triple barrage routier gardé par des kimbanguistes chargés du maintien de l'ordre. Ils ont quelque chose de curieux : ils sont tous impeccables dans leur uniforme, avec leur béret vert et leurs galons, mais ils ne portent pas de chaussures. Pas de bottes, pas de godillots, pas de sandales, rien. Les kimbanguistes sont contre les chaussures. Une fois à l'intérieur, on est aussitôt frappé par le calme et la sérénité du lieu. Le kimbanguisme est la plus congolaise de toutes les religions, mais on a pourtant aussitôt l'impression là-bas d'être dans un autre pays. Tout le monde y marche pieds nus et est habillé sobrement, les radios et les chaînes stéréo sont interdites. Personne ne crie, l'alcool est tabou. Quel contraste avec Kinshasa, son style vestimentaire extravagant, ses cris et insultes perpétuels, ses bousculades et piétinements devant les taxis-bus, ses klaxons et ses haut-parleurs qui hurlent !

Le bâtiment le plus frappant est le temple, une gigantesque construction rectangulaire d'un style éclectique que les fidèles ont érigée entre 1986 et 1991. Réaliser une telle construction en à peine cinq ans peut être considéré comme une véritable prouesse. Devant se dresse le mausolée de Simon Kimbangu et de ses trois fils. Si le fondateur était au début vénéré comme un prophète, il jouit à présent d'un statut divin. Ce statut s'applique désormais aussi à ses fils, qui ne seraient rien de moins que l'incarnation de la sainte Trinité. Une jeune kimbanguiste me l'a expliqué un jour au bord d'une piscine à Kinshasa. J'ai gardé le bout de papier sur lequel elle avait à l'époque griffonné toutes ses explications. "Kosolokele, né en 1914 = Dieu le Père ; Dialungana, né en 1916 = Jésus-Christ ; Diangienda, né en 1918 = Saint-Esprit." Les kimbanguistes ne fêtent plus Noël le 25 décembre, mais le 25 mars, la date de naissance du deuxième fils. Quand le fondateur est mort en 1951, Diangienda Kuntima, le plus jeune des trois, a pris la direction spirituelle du mouvement. Il l'a conservée extraordinairement longtemps : de 1954 à 1992. A présent, cette fonction est remplie par un petit-fils, Papa Simon Kimbangu Kiangani, mais la succession au trône ne s'est pas déroulée sans heurt. Son cousin aussi, Armand Diangienda Wabasolele, un autre petit-fils du prophète, pensait pouvoir revendiquer la direction spirituelle de l'Eglise kimbanguiste, ce qui a conduit, en plus d'un schisme, à bien des rivalités musicales. Les kimbanguistes accordent une grande importance à la musique : outre des chœurs magnifiques, leur liturgie fait grand usage des fanfares. A Kinshasa, l'ancien prétendant au trône est à la tête d'un orchestre symphonique de deux cents personnes, à Nkamba le cousin, le chef spirituel actuel, fait étalage de son orchestre philharmonique. Un jour, j'ai vu une représentation en plein air de l'orchestre symphonique à Kinshasa : je ne sais vraiment pas comment ils avaient réussi à dénicher leurs instruments resplendissants dans cette ville délabrée, mais leur interprétation de *Carmina Burana* fut un spectacle renversant et n'eut aucun mal à couvrir les klaxons à l'heure de pointe en fin de journée. Quoi qu'il en soit, aujourd'hui c'est Simon Kimbangu Kiangani qui est vénéré comme le Saint-Esprit.

Il faut comprendre cette vénération plutôt au sens littéral. La nuit est tombée quand je m'installe sur la place devant la cathédrale pour la prière du soir. Je tourne le dos à la résidence officielle du chef spirituel. A ma droite je vois l'entrée monumentale. Ses colonnes sont recouvertes de tissus chamarrés, sur le béton sont étalés des tapis au milieu desquels un trône a été posé. Une fanfare entame une marche guillerette. Les musiciens en uniforme blanc et vert marquent le pas sur place. Le kimbanguisme, pourtant une religion extrêmement pacifique, regorge de références militaires. Ce n'était pas le cas au début, mais le mouvement s'est inspiré de l'Armée du Salut, une organisation chrétienne qui à l'époque, contrairement à la leur, n'était pas interdite. Les fidèles, pensant que le S sur l'uniforme des membres de l'Armée du Salut ne signifiait pas "Salut", mais "Simon", furent charmés par leur liturgie militaire. Aujourd'hui encore, le vert est la couleur du kimbanguisme et des fanfares militaires agrémentent plusieurs fois par jour les moments de prière.

Ces moments sont d'ailleurs particulièrement impressionnants. J'y assiste un lundi soir, un jour calme. Au son incessant de la marche militaire, d'abord jouée par les cuivres, puis les flûtes traversières, les fidèles approchent pour obtenir la bénédiction du chef spirituel. Par petits groupes de quatre ou cinq, ils s'agenouillent devant le trône. Le chef spirituel est, pour sa part, debout. Il porte un complet sombre à manches courtes et des chaussettes grises. Lui non plus n'a pas de chaussures. Dans une main, il tient une bouteille en plastique remplie d'eau bénite provenant du "Jourdain", une rivière locale. Les fidèles agenouillés se laissent asperger par le Saint-Esprit. Les enfants ouvrent la bouche pour recevoir une giclée d'eau bénite. Un jeune sourd demande qu'on lui verse de l'eau sur les oreilles. Une vieille femme qui ne voit pas bien se fait asperger les yeux. Des boiteux montrent leurs chevilles endolories. Des pères ont apporté des vêtements de leur enfant malade. Des mères montrent des photos de leur famille pour que le chef les touche. Le défilé se prolonge. Environ deux à trois mille personnes vivent à Nkamba, sans compter un grand nombre de pèlerins et de fidèles qui sont venus faire une retraite. On vient de Kinshasa et de Brazzaville, mais aussi de Bruxelles ou de Londres.

Des milliers et des milliers de gens, tous les soirs. Pour un profane, la cérémonie peut paraître curieuse, mais au fond elle ne diffère pas de la longue procession de croyants qui depuis plus d'un siècle passe chaque soir devant une grotte dans les Pyrénées françaises. Là aussi, on vient de tous côtés pour se rendre en un lieu où, d'après la tradition, des événements exceptionnels se sont produits, là aussi on aspire à une guérison et à des miracles, là aussi on place ses espoirs dans une petite bouteille d'eau de source. Et cette dévotion populaire en dit plus sur le désespoir du peuple que sur la miséricorde du surnaturel.

Après la cérémonie, je parle autour d'un repas frugal avec une femme particulièrement digne qui a quitté le Congo en tant que réfugiée et travaille à présent depuis des années comme infirmière psychiatrique en Suède. Elle aime la Suède, mais aussi sa religion. Elle s'efforce de faire chaque année, dans la mesure du possible, une retraite à Nkamba, d'autant qu'elle a maintenant des problèmes avec son fils adolescent. Elle l'a amené. “Je reviens toujours totalement ressourcée en Suède”, dit-elle.

Le lendemain, je rencontre enfin Papa Wanzungasa, le plus jeune frère de Nkasi, pour qui je suis venu à Nkamba. Il n'a que 100 ans, mais il est encore actif. Quelle famille ! Son neveu, qui a 60 ans, en paraît 45, son frère de 126 ans est l'une des personnes les plus âgées qui aient jamais vécu et lui-même est encore membre du haut clergé à Nkamba et premier suppléant chargé de l'évangélisation, des finances, de la construction et des équipements. Il est enregistré depuis 1962 comme *Pasteur n° 1* * de l'Eglise kimbanguiste. En 1921, il avait 13 ans quand la vie publique de Simon Kimbangu a commencé. Kimbangu avait alors 31 ans.

Pas une région au Congo ne fut autant confrontée à l'arrivée des Européens que le Bas-Congo. L'esclavage fut aboli, la demande de porteurs et de cheminots remit en cause le mode de vie traditionnel, les agriculteurs durent cultiver du manioc et des arachides pour le colonisateur, l'argent et les impôts furent introduits. Les Européens ne cessèrent de répéter qu'ils voulaient ouvrir et civiliser le Congo, mais pour les Africains le résultat immédiat fut désastreux. La maladie du sommeil et la grippe espagnole tuèrent d'après les estimations deux habitants sur trois et la médecine européenne s'avéra impuissante. Cela suscita une profonde méfiance au sein de la population locale : ces Blancs apportaient plutôt la maladie que la guérison. Simon Kimbangu fut baptisé par un baptiste britannique au poste missionnaire de Gombe-Lutete, à douze kilomètres de son village natal, et devint un catéchiste local. En 1919, il partit, comme Nkasi, chercher du travail à Kinshasa. Il essaya d'être embauché dans les Huileries du Congo belge de William Lever, mais sans succès. Il se retrouva en revanche dans un univers d'Africains qui avaient voyagé et savaient compter et écrire. Des milliers de travailleurs noirs étaient au service d'une vingtaine d'entreprises. A l'époque, il entendait déjà des voix dans sa tête et avait des visions qui l'appelaient à accomplir de grandes actions. Il n'y prêtait pas encore attention. Ce ne fut que lorsqu'il revint un an plus tard dans son village et constata que les baptistes britanniques avaient officiellement nommé un autre catéchiste qu'une rupture se produisit.

Le 6 avril, il entendit parler de Kintondo, une femme gravement malade. Il se rendit chez elle, un chapeau sur la tête et une pipe à la bouche, on pourrait presque dire : comme un missionnaire. La tradition veut qu'une fois arrivé chez elle, il pratiqua l'imposition des mains et ordonna à cette femme qui était entre la vie et la mort de se lever, ce qu'elle fit le lendemain. Le bruit de la guérison miraculeuse se répandit comme une traînée de poudre. Les histoires étaient de plus en plus incroyables. Durant les semaines qui suivirent, Kimbangu aurait soigné un paralytique, un sourd et un aveugle. Oui, il aurait même ressuscité une fillette morte quelques jours auparavant ! Enfin quelqu'un s'avérait plus puissant que tous ces Blancs, avec leurs aiguilles contre la maladie du sommeil qui ne faisaient en fait qu'aggraver votre maladie. La rédemption était proche. De très loin à la ronde, on quitta ses terres et ses champs pour se précipiter à Nkamba.

Ce fut aussi le cas des parents de Nkasi et de Wanzungasa. A l'époque, Nkasi pelletait la terre à Kinshasa, mais son frère a tout observé de près.

Nous avons pris place dans les fauteuils en cuir vert du salon d'honneur de Nkamba pour évoquer ce lointain passé. Comme il sied à un kimbanguiste, Wanzungasa parlait d'une voix douce, chaleureuse. "Nos parents étaient tous deux protestants, ils étaient agriculteurs. Enfant, j'avais une bosse. Ma mère a entendu dire qu'il y avait un guérisseur à Nkamba qui soignait toutes sortes de malades, les aveugles et les sourds, et redonnait même la vie aux morts. Elle m'a emmené avec elle et nous sommes arrivés ici. Nkamba grouillait de monde. On appelait les gens par ordre d'arrivée. Quand cela a été mon tour, j'ai été invité à venir avec ma mère. Nous nous sommes agenouillés devant Simon Kimbangu. Il a posé une main sur ma tête et il a dit : «Au nom de Jésus, lève-toi, redresse le dos et marche.» Je l'ai fait et j'ai constaté que ma bosse avait aussitôt disparu. Je n'ai pas eu mal." Il raconte son histoire calmement en exposant les faits, sans s'efforcer de convaincre son auditoire. Les faits sont là, pour qui veut y croire. "Ma mère était remplie de joie. Simon Kimbangu a dit que nous devions aller nous laver dans l'eau bénite. Nous sommes restés encore trois jours sur place, pour être certains que j'étais bien guéri. Aujourd'hui, les médecins disent que j'ai eu la tuberculose, mais ce n'est pas vrai. Je marchais totalement courbé. J'ai été guéri par ma foi. C'est dans la famille, sinon comment mon frère pourrait avoir 126 ans? Dans notre village, il y avait beaucoup de malades. La nouvelle de ma guérison s'est vite répandue. Tout le monde est alors venu à Nkamba et est devenu kimbanguiste[2]."

Ce brusque dépeuplement des régions rurales inquiéta les autorités coloniales. Le district des Cataractes, au Bas-Congo, était un important fournisseur de denrées alimentaires pour Kinshasa, mais voilà que soudain les marchés restaient vides. La rumeur atteignit même la grande ville. Certains cessèrent le travail pour retourner dans leur région natale. Les premiers à redouter ce mouvement furent les missionnaires protestants ; de nombreux disciples de la première heure de Kimbangu étaient en effet issus de leurs missions. Et même si les protestants préconisaient une expérience de la foi bien plus individuelle que les catholiques, on se demandait tout de même si la situation ne commençait pas à échapper à tout contrôle. Kimbangu avait allumé un feu, qui déclenchait très rapidement des réactions en série. Partout au Bas-Congo se multipliaient toutes sortes de nouveaux prophètes, appelés les *bangunza*, ou au singulier *ngunza*. Cela donnait lieu à des scènes insensées. Un missionnaire suédois qui vivait depuis des années au Congo nota dans son journal :

> J'ai assisté aux réunions *Ngunza* aujourd'hui. C'est extraordinaire. Il faut les voir trembler, tendre les bras, les lever en l'air, regarder vers le ciel, droit dans le soleil. Il faut les entendre crier, prier, soupirer, chuchoter doucement "Jésus, Jésus". Il faut voir Yambula [un de ses meilleurs évangélistes] sauter, courir, tourner sur lui-même. Il faut voir la foule s'assembler, s'avancer et fléchir les genoux sous les mains tremblantes que les *bangunza* étendent par-dessus leurs têtes. – Ecoute donc ce qui se passe ici ! Va-t'en, défais-toi de tes idoles[3].

On ne saurait trop insister sur deux aspects. Premièrement, les disciples de la nouvelle religion ne se sont pas retournés contre le protestantisme, mais se le sont au contraire approprié. Il ne s'agissait pas d'une rupture avec la religion chrétienne, mais d'une coloration personnelle, d'une exacerbation. Il était encore moins question d'un retour aux rites précoloniaux ; on se distanciait au contraire de la foi ancestrale dans la sorcellerie. Mais en même temps – et c'était fascinant – on se servait de symboles et de gestes religieux inspirés de la médecine traditionnelle (transe, exorcisme, incantation). On était contre les fétiches, mais on se comportait comme un féticheur. On trouvait, en somme, une forme africaine à une religion importée. Deuxièmement, même si ce brusque réveil religieux n'était pas sans rapport avec les circonstances sociales, le phénomène était avant tout spirituel. Kimbangu n'était pas un rebelle politique, il ne tenait pas de discours anticoloniaux, ses doctrines n'étaient pas dirigées contre les Européens. Mais les autorités coloniales avaient du mal à le croire.

A peine trois semaines après la première intervention de Kimbangu, le commissaire de district Léon Morel sonna l'alarme. On peut le comprendre : pour une administration coloniale qui voulait établir une économie monétaire en bonne règle avec une éthique classique du travail, ces rassemblements de plusieurs jours de réfractaires au travail étaient particulièrement inquiétants. La population avait été divisée depuis 1910 en petites chefferies sûres ; à présent, elle affluait soudain par milliers pour s'adonner à des rites étranges. Une réunion fut organisée à Thysville, à laquelle furent conviés des missionnaires catholiques et protestants. Les catholiques, principalement des Belges, se rangèrent du côté de la puissance coloniale et reprochèrent aux protestants leur laxisme dans leurs relations avec les autochtones. Ils plaidèrent en faveur d'une intervention musclée et radicale des autorités. Les protestants au contraire envisageaient une approche en douceur. Il s'agissait en définitive d'une forme de dévotion chrétienne populaire, estimaient-ils, qui avait aussi des aspects positifs, n'est-ce pas ? Un certain nombre de leurs plus chers fidèles y participaient, des personnes qu'ils connaissaient depuis des années et vis-à-vis desquelles ils éprouvaient de l'amitié. Une intervention brutale les couperait totalement de leur poste missionnaire. De plus, une telle répression n'allait-elle pas justement attiser le feu ?

Comme à d'autres occasions, les raisonnements et les pratiques des missionnaires protestants étaient nettement plus subtils et humains que ceux des catholiques, mais affronter l'alliance diabolique entre les missionnaires catholiques belges et les fonctionnaires coloniaux belges était peine perdue. Le 6 juin, une colonne de la Force publique partit avec Léon Morel en direction de Nkamba pour arrêter Kimbangu. L'expédition donna lieu à des accrochages et à des pillages. Les soldats volèrent les nattes, les vêtements, les poulets, les bibles, les livres de cantiques et le peu d'argent que possédaient les fidèles. Ils tirèrent à balles réelles. Il y eut des blessés et un mort. L'armée s'empara ensuite des dirigeants du mouvement qu'elle emmena en de longues processions jusqu'à Thysville, mais Simon Kimbangu parvint à lui échapper. Une énième preuve, pour ses disciples, de ses dons surnaturels.

Il se cacha pendant trois mois. Il continua de propager sa foi dans les villages où venaient rarement les administrateurs coloniaux et où personne n'allait le dénoncer. Cela en dit long sur sa popularité et sur l'hostilité croissante ressentie de manière générale à l'encontre des oppresseurs blancs. En septembre 1921, il se rendit spontanément – comme Jésus au mont des Oliviers, en conclurent ses disciples. Ils comparèrent le procès qui suivit au jugement du Christ par Ponce Pilate. Et non sans raison. Ce fut une mascarade. Il était décidé d'avance que Kimbangu serait condamné. Une légère variante de l'état de siège avait été spécialement instaurée pour qu'il soit traduit devant un conseil de guerre et non un tribunal civil ordinaire (plus clément). Il n'avait donc pas d'avocat, pas plus qu'il ne pouvait faire appel. En trois jours, son sort fut décidé. Quand on lit aujourd'hui les pièces du procès, on est frappé par le caractère extrêmement tendancieux des questions du juge. Il fallait à tout prix prouver que Kimbangu avait porté atteinte à la sécurité de l'Etat et à l'ordre public, c'était le seul crime qui le rendait passible de la peine de mort et pour lequel elle était appliquée.

Le juge-président du conseil de guerre, le commandant De Rossi, demanda : "Kimbangu, reconnaissez-vous avoir organisé un soulèvement contre le gouvernement colonial et avoir qualifié les Blancs, vos bienfaiteurs, d'ennemis abominables ?"

Kimbangu répondit : "Je n'ai créé aucun soulèvement, ni contre les Blancs, ni contre le gouvernement colonial belge. Je me suis borné à prêcher l'évangile de Jésus-Christ."

Mais le juge ne s'arrêta pas là : "Pourquoi avez-vous incité la population à déserter le travail et à ne plus payer d'impôt ?"

Kimbangu : "Cela est inexact. Les personnes qui se rendaient à Nkamba venaient de leur propre gré, soit pour écouter la parole de Dieu, soit pour chercher la guérison ou pour obtenir la bénédiction. A aucun moment je n'ai demandé à la population de ne plus payer les impôts."

Le juge changea de cap et se mit soudain à le tutoyer. Le ton devint plus sarcastique : “Es-tu le *mvuluzi*?” (Le “sauveur”).

“Non, c’est Jésus-Christ qui est le sauveur. J’ai reçu de lui la mission de proclamer la nouvelle du salut éternel aux miens.

— As-tu ressuscité les morts ?

— Oui.

— Comment as-tu fait ?

— Par la puissance divine que Jésus m’a donnée[4].”

C’étaient les réponses que l’on avait envie d’entendre. Elles confirmaient les soupçons : il s’agissait d’un *farfelu** dangereux pour l’Etat. On lui reprocha d’inciter à la violence parce qu’il était question d’armes dans les chants de Nkamba. Kimbangu répondit que les missionnaires protestants ne se faisaient pas arrêter alors que leurs cantiques parlaient de “soldats du Christ”. On voulut le mettre au pied du mur en lui rappelant certains de ses propos : “Les Blancs deviendront les Noirs et les Noirs deviendront les Blancs.” Kimbangu dit que cette phrase n’était pas à prendre à la lettre, qu’elle ne signifiait pas que les Belges devaient déguerpir. Et en effet, depuis quand un discours égalitaire était-il raciste ? On pensa que lors de son séjour à Kinshasa il était entré en contact avec des Noirs américains disciples de Marcus Garvey, le militant jamaïcain subversif qui estimait que l’Afrique était aux Africains. Kimbangu nia l’accusation : “*Cela est faux**.”

Mais tous ses efforts étaient voués à l’échec. Sans compter qu’il entra en transe, délira et se mit à trembler de tout son corps au beau milieu du procès, ce qui ne joua pas non plus en sa faveur. Une crise d’épilepsie, pensons-nous aujourd’hui, mais le médecin auprès du tribunal ordonna une douche froide et douze coups de fouet. Le verdict fut à l’avenant : le 3 octobre 1921, Kimbangu fut condamné à mort et ses proches fidèles à la servitude pénale à perpétuité. La sentence ne se donnait pas la peine de dissimuler les vrais motifs : “S’il est vrai que l’hostilité contre les pouvoirs établis a été manifestée jusqu’à présent par des chants séditieux, injures, outrages et quelques rébellions isolées, il est pourtant vrai que la marche des événements pourrait fatalement conduire à la grande révolte.[5]”

Il importait clairement de donner un exemple. On aurait préféré exécuter Kimbangu le plus vite possible, mais, à la stupéfaction générale, il fut gracié par le roi Albert à Bruxelles. Ce fut donc la perpétuité. Kimbangu fut transféré à l'autre bout du pays, dans la prison d'Elisabethville au Katanga. Il fut enfermé pendant plus de trente ans, jusqu'à sa mort en 1951. Une peine sévère pour quelqu'un qui, pendant moins de six mois, avait apporté un peu d'espoir et de consolation dans des villages frappés par la maladie et la mort. Son internement fut un des plus longs de l'Afrique coloniale ; il a duré plus longtemps que celui de Nelson Mandela. Il passa la plupart de sa détention en isolement cellulaire. Il n'avait jamais commis d'actes de violence.

Une époque calme, cet entre-deux-guerres ? Quelques petites échauffourées ? La sanction excessive prononcée contre Simon Kimbangu trahissait l'extraordinaire nervosité qui se cachait derrière la façade virile, apparemment imperturbable, du pouvoir colonial. On avait une peur bleue du mécontentement populaire. La sévère répression exercée également à l'encontre des disciples de Kimbangu le montra clairement.

A partir de 1921, les autorités commencèrent à expulser vers d'autres provinces les personnalités clés du kimbanguisme, pour briser le mouvement. Le vieux Wanzungasa était bien placé pour le savoir. Son oncle fut arrêté et dut servir pendant sept ans dans la Force publique. Son plus jeune frère, alors encore enfant, fut contraint de suivre l'enseignement d'une mission catholique et baptisé contre son gré, ce qui en fit le seul catholique d'une famille par ailleurs protestante. Mais ses futurs beaux-parents connurent le sort le plus rude. “Ils ont été bannis à Lisala, tout à l'est de la province de l'Equateur. Pourquoi ? Parce que la mère de ma future femme était de la famille de Marie Muilu, la femme de Simon Kimbangu. Son père à elle est mort pendant leur exil. Ma future femme n'était encore qu'une petite fille ; elle est restée ici.”

Au début, quelques centaines de familles furent concernées mais, au fil de la période coloniale, leur nombre atteignit 3 200. Aujourd'hui, les kimbanguistes affirment que 37 000 chefs de famille durent partir, soit au total 150 000 personnes, mais les sources administratives ne mentionnent qu'un dixième de ce nombre. L'exil interne était une méthode pratiquée par le pouvoir : pendant toute la colonisation, quelque 14 000 personnes furent déplacées, la plupart pour des raisons politico-religieuses. Officiellement, on parlait de rééducation, dans la pratique il s'agissait souvent d'une déportation définitive. Les conditions rappellent parfois l'Europe des années 1940. Les kimbanguistes étaient transportés dans des trains de marchandises aux portes fermés. La faim, la chaleur et les maladies faisaient des victimes en cours de route. Beaucoup mouraient de privations déjà pendant le voyage. Un homme perdit ses trois enfants avant d'arriver à destination ; on les enterra à côté du fleuve[6]. Les kimbanguistes furent exilés dans la forêt humide de l'Equateur, au Kasaï, au Katanga, et même dans la Province orientale. Ils y vivaient à part dans des villages où leur religion était interdite. Les exilés les plus dangereux se retrouvèrent à partir de 1940 dans des colonies agricoles. Il s'agissait de camps de travail entourés de barbelés, où les hommes devaient effectuer avec leur famille des travaux forcés, sous la surveillance de soldats avec des chiens. La mortalité y atteignait 20 %.

Les autorités n'obtinrent pas l'effet recherché cependant. Ces mesures radicales ne parvinrent pas à éliminer le kimbanguisme, bien au contraire. L'exil conforta même les gens dans leur foi. Ils voyaient dans chaque signe de résistance la confirmation que Simon Kimbangu était le véritable sauveur. Face à leurs conditions de vie difficiles, leur religion leur apportait un soutien et un réconfort, à tel point qu'elle finissait par se propager autour d'eux. Cette nouvelle religion gagnait le respect des habitants aux alentours. Le kimbanguisme put ainsi s'étendre à l'intérieur des terres. Au lieu d'affaiblir le mouvement, l'exil engendra des ramifications. Les adeptes se comptaient par dizaines de milliers.

Entre-temps, dans les environs de Nkamba, la religion était devenue clandestine. On tenait des assemblées nocturnes dans la forêt, où Marie Muilu, la femme de Kimbangu, parlait de Papa Simon et apprenait aux nouveaux fidèles à chanter et à prier. Des gens descendaient même de l'Equateur en empruntant le fleuve. On correspondait dans une écriture secrète avec les exilés ailleurs dans le pays. Cette clandestinité fut peut-être un obstacle, mais ce fut aussi une formidable école qui stimula et consolida le mouvement. L'énergie et la fougue de ces années de clandestinité rappellent parfois les expériences des premiers chrétiens sous l'Empire romain. Wanzungasa en a été témoin de près quand il était adolescent : "Nous ne pouvions prier que la nuit dans la forêt vierge, parmi les « araignées ». C'étaient des Congolais qui espionnaient pour le compte des Blancs. Pendant la journée, nous empruntions différents chemins, mais nous échangions des signes secrets. La nuit, nous nous réunissions pour chanter. Parfois, les Belges nous encerclaient durant la prière. Ils avaient entendu nos chants, mais ils ne pouvaient pas nous voir. Nous, nous pouvions les voir, nous étions invisibles pour eux." Les premiers chrétiens à Rome qui furent persécutés gardaient eux aussi le courage en se racontant des histoires magiques. Quand le pouvoir ne vous reconnaît pas, vous cherchez de l'aide en plus haut lieu.

L'approche brutale vis-à-vis du kimbanguisme est une des plus graves erreurs de l'administration coloniale ; les dirigeants se sont fait une idée totalement erronée de la situation. Ils luttaient contre les symptômes, et non contre les causes. Ils passèrent totalement à côté des réels problèmes à l'origine d'un éveil religieux aussi massif. Ils privilégiaient une répression sévère de la forme plutôt qu'une empathie pour le contenu. Aussi la situation tourna mal. En 1934, le *ngunzisme* vit le jour au Bas-Congo. Il s'agissait d'une variante extrémiste du kimbanguisme qui, elle, était en revanche ouvertement anticoloniale. Les adeptes militaient contre les impôts et pour le départ des Belges. Peu après apparut le *mpadisme* ou le *khakisme*, une initiative d'un certain Simon-Pierre Mpadi, qui apporta au kimbanguisme des uniformes kaki et une pensée beaucoup plus radicale. Il s'opposait aux colonisateurs, plaidait en faveur de la polygamie et organisait des rassemblements où la foule se livrait à des danses extatiques. Au début de la Seconde Guerre mondiale, il espérait que le Congo serait libéré par les Allemands. Du Congo-Brazzaville arriva le *matswanisme*. André Matswa (ou Matsoua) était un vétéran de la Première Guerre mondiale qui avait fait partie en France des fameux *tirailleurs sénégalais**, les troupes coloniales françaises. Alors qu'il était encore en France, il avait fondé une amicale et un fonds de secours pour les Africains ; de retour à Brazzaville il fut vénéré comme un messie, ce qui se propagea de l'autre côté du fleuve. Il fut déporté au Tchad, où il mourut en 1942. Malgré toutes les persécutions, des religions messianiques ne cessaient de surgir. Cette obstination en dit long. Il s'agissait en fait d'une première forme structurée de contestation populaire, qui montrait à quel point étaient nombreux ceux qui aspiraient à une libération.

Le phénomène ne se limitait pas au Bas-Congo. A travers tout le pays se développaient de nouveaux mouvements religieux. Dans les mines du Katanga naquit le *kitawala*, une altération du nom The Watch Tower, l'appellation initiale des Témoins de Jéhovah. Cette religion, qui avait vu le jour en 1872 aux Etats-Unis, s'était propagée en Afrique du Sud et, de là, elle avait atteint, à partir de 1920, la *copperbelt* (ceinture de cuivre) katangaise[7]. Au Congo, elle prit une dimension politique avouée. Elle se répandit au compte-gouttes à travers la colonie et mena une existence principalement clandestine. Elle devint néanmoins le plus grand mouvement religieux en dehors du kimbanguisme. Ailleurs, de plus petites associations sectaires secrètes surgirent. Le Kwango connut le mouvement *lukusu*, surnommé la "secte du serpent". Dans l'Equateur se développa le culte *likili*, au nom duquel les fidèles renonçaient aux lits, aux matelas, aux draps et aux moustiquaires occidentaux – des objets tenus pour responsables du recul des naissances[8]. Près du cours supérieur de l'Aruwimi dans la Province orientale apparut la lugubre société *anioto*, dont les membres étaient surnommés les "hommes-léopards". Le mouvement se propagea au nord-est du pays. Les hommes-léopards semèrent une terreur aveugle et commirent des dizaines de meurtres d'indigènes. Les motifs n'étaient pas toujours clairs, mais ils étaient imprégnés d'un sentiment nettement antieuropéen[9]. Dans les années 1920 et 1930, une cinquantaine de mouvements religieux ont éclos. Leurs méthodes variaient du pacifisme au terrorisme, mais ils avaient pour point commun un ressentiment sous-jacent[10]. Au Congo, la religion était le pili-pili du peuple.

"Nous sommes des gens de Dieu", a dit Wanzungasa à la fin de notre conversation dans les fauteuils en cuir vert du salon d'honneur de la Ville sainte, "nous n'avons pas le droit de faire du mal, même aux gens qui nous ont fait du mal. Nous sommes contre le principe «œil pour œil». Nous avons des fanfares, pas de machettes." Il s'est interrompu un instant. J'ai levé les yeux de mon bloc-notes et j'ai vu son visage raviné, serein. Il était né en 1908, l'année de la fondation du Congo belge. Sa religion n'avait été reconnue que le 24 décembre 1959 par la Belgique, six mois avant l'indépendance. Peut-être se souvenait-il de la première moitié de sa vie, de ses premières cinquante années. D'une voix douce, il a ajouté pour conclure : "Il n'y avait pas de liberté à l'époque. On achetait les gens à l'époque coloniale. Nous étions comme des esclaves. Vraiment, le colonialisme n'avait pas d'autre couleur que l'esclavage."

A Kinshasa, j'ai pu parler en détail avec Nkasi des années 1920 et 1930 et de la révolte naissante. Lui qui plus tard dans sa vie allait si souvent admirer les Blancs était bien obligé de reconnaître que les événements avaient été d'une grande violence. "Les vieux étaient très durs. Le Blanc, ce n'était pas ton camarade à l'époque!" Après la période où il avait été travailleur manuel à Kinshasa, il était retourné dans sa région. A l'époque, peu de gens restaient vivre définitivement en ville. Comme Kimbangu avait guéri son frère par miracle, il devint tout naturellement kimbanguiste, malgré les dangers que cela représentait. "A Nkamba, monsieur d'Alphonse était devenu *chef de poste* *", m'avait-il dit sans grand enthousiasme. Cet administrateur colonial avait pour mission de pacifier la région après l'"insurrection" kimbanguiste. Il avait nommé pour l'y aider un chef indigène qui n'était autre que Lutunu, l'esclave libéré, le boy, le cycliste, le buveur invétéré et l'assistant du régent d'antan. Lutunu s'entendait en effet très bien avec les Blancs[11]. Monsieur d'Alphonse faisait des allers-retours entre le centre administratif de Thysville et son poste à Nkamba. Nkasi s'en souvenait encore parfaitement : "Il y a même une fois où j'ai dû le porter. Sur mes épaules, oui! On était deux porteurs et on l'a drôlement secoué." Nkasi a ri de bon cœur. Assis sur le bord de son lit, il imitait le colonial blanc secoué dans le *tipoy*. Il agitait ses bras ballant le long de son corps, maladroitement et avec des gestes incontrôlés, comme s'il était lui-même assis dans la chaise à porteurs. L'humour a dû leur être utile à l'époque. Le trajet était de plus de quatre-vingts kilomètres et monsieur d'Alphonse s'est montré impitoyable. "Mon oncle était un notable, mais il a reçu deux cents coups de fouet de monsieur d'Alphonse. C'était en 1924, je crois. Il avait dit : *Mundele kekituka ndonbe, ndonbe kekituka mundele*. Les Blancs seront noirs et les Noirs blancs." Des coups de fouet, selon toute probabilité moins de deux cents, pour une petite phrase qui par hasard était le slogan des kimbanguistes. "Les soldats de la Force publique l'ont frappé fesses nues. Mon oncle avait deux femmes, mais juste après les deux cents coups de fouet il est devenu un bon chrétien, un kimbanguiste. Comme cela, il n'a pas gardé de marques, de plaies ou de boursouflures sur les fesses, rien du tout."

A l'époque, la voie ferrée de Matadi à Kinshasa fut élargie et aménagée en vue d'une électrification. Le petit train omnibus qui avançait cahin-caha sur la voie étroite ne suffisait plus maintenant que le Congo s'industrialisait à grande vitesse. Et l'aviation n'en était naturellement qu'à ses débuts : en 1925, le premier petit avion venu de Bruxelles atterrit à Léopoldville, un biplan ; il avait mis cinquante et un jours, plus de deux fois le temps que mettait le bateau[12]. Les travaux sur la voie durèrent de 1922 à 1931, les ouvriers travaillaient jusqu'à onze heures par jour. Le tracé fut déplacé ici et là, trois tunnels furent creusés, des vieux ponts furent remplacés. La durée totale du voyage devait être ramenée de dix-neuf à douze heures[13]. Nkasi, qui enfant avait vu son père travailler à la construction de la première ligne de chemin de fer, participait aussi à l'entreprise. N'avait-il pas déjà soulevé des pelletées de terre à Kinshasa ? "Maintenant je devais manier la pioche." Le *piccone*, a-t-il dit – en italien, car beaucoup d'Italiens intervenaient dans la réfection de la voie. D'ailleurs, son contremaître était italien, Monsieur Pasquale. "Je recevais dix francs par mois plus un sac de riz. Mais un jour, Monsieur Pasquale m'a dit : « *Tu dormi, toi ?** »" Il pouvait encore imiter le mauvais français de l'Italien. "J'ai répondu : « *Je travaille !** »

Il m'a emmené chez lui et je suis devenu son boy. Il m'a montré comment faire le lit et mettre la table. Et pour ce travail, j'ai reçu vingt francs par mois !" Il rayonnait encore en me le racontant. De toute sa vie de labeur, il n'avait encore jamais connu une telle aubaine ! "Ces Italiens avaient l'habitude de notre soleil. Ils étaient tous libres, ils n'avaient pas de femme avec eux. Et ils ne prenaient pas de femme noire, ça non !"

Sur les soixante mille ouvriers qui participèrent à la construction du chemin de fer, jusqu'à sept mille perdirent la vie. Cet emploi permit à Nkasi de disposer des moyens financiers pour songer à se marier. Depuis l'introduction de la monnaie, le prix d'un trousseau avait considérablement augmenté. Le mariage était réservé aux riches. Ils pouvaient souvent envisager de prendre plusieurs femmes, alors que les hommes jeunes ne parvenaient plus à se marier[14]. Nkasi avait à l'époque près de 40 ans. Dans son village natal, Ntimansi, il fit la connaissance de Suzanne Mbila, une kimbanguiste comme lui. En 1924 naquit leur premier fils, en 1926 ils se marièrent. La famille s'agrandissait continuellement, il vivait à nouveau parmi les siens et cette situation ne semblait pas près de changer.

C'était sans tenir compte de la Bourse aux Etats-Unis.

Le krach de Wall Street en octobre 1929 se fit sentir jusque dans les forêts du Bas-Congo. L'économie mondiale était à ce point imbriquée que le doute et la panique des investisseurs à New York furent déterminants pour la suite de la vie d'un homme et de sa famille dans un petit village insignifiant du Congo. Elle n'eut pas d'influence directe, bien sûr. Le lien de cause à effet se présenta ainsi : la crise boursière ralentit l'économie et l'intérêt pour les matières premières diminua partout dans le monde ; l'exploitation minière au Congo, le moteur de l'économie coloniale, s'enraya ; les exportations coloniales diminuèrent de plus de 60 %[15] ; cette contraction fut à l'origine en 1929 d'un gigantesque déficit budgétaire ; les autorités belges prirent conscience de la trop grande dépendance du budget colonial vis-à-vis des recettes de l'exploitation minière et de la nécessité de diversifier ; l'agriculture offrait une alternative, surtout une agriculture axée sur les exportations ; la culture à grande échelle du tabac, du coton et du café exigeait cependant du temps et des investissements ; un moyen plus facile de générer rapidement des revenus était d'augmenter les impôts, des indigènes bien entendu, il fallait justement ménager les sociétés en ces temps de crise ; un impôt plus élevé sur le revenu des personnes physiques présentait un autre avantage : il renforcerait le besoin d'argent, les Congolais seraient bien obligés de prendre un emploi salarié, ce qui ne pouvait avoir qu'un effet civilisateur. Engranger un surcroît de recettes pour l'Etat tout en augmentant l'emprise sur une population qui commençait à s'agiter, n'était-ce pas ce que l'on appelait "éliminer deux mouches d'un seul coup" ?

Et ce fut fait. En 1920, la colonie n'avait généré que 15,5 millions de francs belges d'impôts. Dès 1926, le montant était passé à 45 millions. Et en 1930, en pleine crise, il atteignit 269 millions. En quatre ans, les recettes fiscales avaient sextuplé. En 1930, les impôts directs représentaient pas moins de 39 % du budget colonial, tandis que l'impôt sur les bénéfices des grandes entreprises, qui avaient pourtant enregistré de gigantesques bénéfices les années précédentes, n'assurait que 4 % du budget[16]. Mais ce n'était pas tout. Bon nombre des entreprises privées en difficulté *recevaient* même un financement des autorités coloniales, parce qu'à l'époque elles étaient attirées au Congo par des garanties financières : en cas de revers, elles étaient censées recevoir des caisses coloniales un dividende forfaitaire de 4 %[17]. Le puits creusé par la crise devait donc être comblé avec l'argent du Congolais ordinaire, complété par une injection de capital du Trésor public belge et des revenus de la loterie coloniale. Cela ne signifie pas que tous les salariés devaient soudain payer six fois plus d'impôts (dans les villes, la charge fiscale avait déjà commencé à augmenter lentement, ce qui se faisait très nettement sentir), mais que l'administration fiscale allait à présent jusque dans les villages reculés en brousse. La matraque de l'impôt sur le revenu chassa des milliers de personnes vers les mines, les plantations ou l'administration. En 1920, 123 000 Congolais étaient salariés, en 1939 ils étaient passés à 493 000[18]. Quand on ne voulait pas devenir salarié et qu'on restait agriculteur indépendant, on devait cultiver certaines plantes et les vendre à des entreprises privées coloniales. En 1935, 900 000 personnes participaient à la culture du coton[19].

Nkasi aussi s'est senti obligé de prendre une initiative. “Oui, à ce moment-là est arrivée la crise… Et le manque d'argent… J'ai déposé ma candidature pour travailler dans l'administration publique, auprès du gouverneur du territoire de Mbanza-Ngungu, Musepeniè. Il est venu à Ntimansi.”

On ne peut surestimer l'importance d'une telle démarche. Les kimbanguistes avaient peu à peu développé une aversion pour tout ce qui avait un rapport avec l'autorité coloniale. Ils se cachaient dans la forêt et se réchauffaient secrètement le cœur en pratiquant leur religion. Ils ne voulaient rien avoir à faire avec les Blancs. Mais à présent ils devaient travailler pour les Blancs. L'opération de l'augmentation des impôts était parfaitement réussie.

Très vite, Nkasi allait tomber sous le charme de la culture européenne.

Il avait une fois encore eu de la chance avec ce Musepeniè. Il avait gribouillé le nom phonétiquement sur mon bloc-notes. Musepeniè. Muzepeniet ? Pendant une interview, quand je ne comprenais pas un mot, j'essayais chaque fois de griffonner les sons aussi fidèlement que possible. Et Nkasi était souvent difficile à comprendre. “Monsieur Peignet ?” ai-je écrit à côté. Une fois rentré chez moi, il m'a fallu des jours pour retrouver son identité. Dans les annales coloniales des années 1930, j'ai retrouvé Firmin Peigneux, gouverneur de territoire dans la région de Nkasi. Le gouverneur du territoire était le fonctionnaire colonial le plus en contact avec la population. Il voyageait de chefferie en chefferie, s'entretenait avec les chefs de village, se prononçait sur des différends à propos du droit fondamental. Monsieur Peigneux donc. La plupart des locuteurs du bantou prononcent les sons “eu” comme des “è”. J'aurais dû le savoir. Dans les archives africaines du ministère des Affaires étrangères à Bruxelles, j'ai pu consulter sa fiche personnelle[20]. Il s'est aussitôt avéré que l'homme n'était pas de la même trempe qu'une brute comme Monsieur d'Alphonse.

Peigneux, originaire de la province de Liège, était venu au Congo à 21 ans en 1925. Il s'était rapidement singularisé par sa capacité d'empathie. Au bout de la première année, voici ce que donnait l'évaluation de son supérieur : "Ce fonctionnaire possède réellement les qualités requises pour devenir à bref délai un administrateur d'élite [...] Monsieur Peigneux pratique à l'égard des indigènes une politique avisée qui lui a conquis la confiance des chefs et des notables. Il s'intéresse à l'étude des questions sociales et a un degré très élevé dans l'art d'aborder les primitifs qui nous entourent, de manière prudente et réfléchie sans brusquer leurs conceptions et coutumes séculaires. [...] Le gouvernement peut, à mon estime, fonder les plus grandes espérances sur le rendement futur de ce fonctionnaire." Ces commentaires ne se révèlent pas exagérés. Peigneux allait suivre une brillante carrière coloniale et devenir en 1948 gouverneur de province, le deuxième poste le plus élevé dans la hiérarchie de l'administration, après celle de gouverneur général. Le fait que, dans les années 1950, une fois rappelé en Belgique pour des raisons de santé, il soit devenu administrateur du Fonds du bien-être indigène, en dit long sur la persévérance de son engagement.

Nkasi parlait encore avec une affection toute particulière de Monsieur Peigneux. "*Musepeniè, c'était mon oncle**. Il buvait même du vin de palme avec nous ! Lui et Monsieur Ryckmans, c'étaient les seuls Blancs sympathiques." André Ryckmans était le fils de Pierre Ryckmans, le meilleur gouverneur général que le Congo belge ait connu. Ce dernier l'a dirigé de 1934 à 1946 et il se distinguait par sa très grande intelligence et son intégrité morale. Physiquement, il ressemblait énormément à Albert Camus, sur certains plans humains également. Son fils André fut un gouverneur de territoire qui s'entendait très bien avec la population locale. Il apprit leurs proverbes et leurs danses et parlait couramment le kikongo et le kiyaka. Juste après l'indépendance, il fut tué dans des circonstances tragiques.

Nkasi fut embauché chez Monsieur Peigneux. Il apprit la menuiserie et devint menuisier. Quelques années plus tard, quand Peigneux fut muté en qualité d'assistant du commissaire du district de Kwango, Nkasi l'accompagna. Lui et sa famille déménagèrent à Kikwit où ils allaient vivre vingt ans. Son fil aîné, Pierre Diakanua, qui a à présent 84 ans, l'a confirmé. Je l'ai retrouvé dans un lointain quartier populaire de Kinshasa : "Je suis né à Ntimansi, mais j'étais encore jeune quand nous avons déménagé à Kikwit. La ville basse, c'est mon père qui l'a construite. Nous habitions dans le quartier pour les Noirs, *rue du Kasaï*, numéro 10**. Nous avions une grande maison en briques crues. Papa est devenu à l'époque un *évolué**. J'avais des amis belges[21]."

Nkasi aime se souvenir de cette période. "Je travaillais au service de l'Etat. J'étais menuisier principal. Je devais construire *le nouveau pays des* mindele*, le nouveau pays des Blancs." C'était vrai. Kikwit venait tout juste d'être promue capitale du district de Kwango. Auparavant, la capitale était Banningville (aujourd'hui Bandundu), tout au nord du Kwango. Les troubles sociaux avaient cependant contraint l'administration à déménager vers le centre. Sur le plan personnel également, l'époque fut singulière pour Nkasi. "A Kikwit, j'ai eu quatre enfants, l'un d'eux est mort. En 1938, mon père est mort, le jour du Nouvel An. Il était très, très vieux. Un an plus tard, ma mère est morte, elle aussi était extrêmement vieille." Pendant les longues années passées à Kikwit, il s'est familiarisé de près avec la culture européenne. "J'étais *tout à fait* mundele* à l'époque, totalement blanc. J'avais une seule femme. Je portais un costume, une cravate et des chaussures blanches, je mangeais chez Monsieur Peigneux. J'étais son interprète, du kikongo vers le français. Monsieur Peigneux allait même chercher ma femme à la gare. J'étais engagé comme agent de l'Etat, comme cadre, tout comme un cadre européen. C'est pour cela que j'ai obtenu une *carte civique**." A partir de 1948, la *carte de mérite civique** fut accordée aux Congolais dont le mode de vie était considéré comme suffisamment avancé. Grâce à la pression fiscale des années 1930, le disciple d'une religion subversive des années 1920 s'était transformé dans les années 1940 et 1950 en une personne parlant avec fierté de son statut quasi européen. Aujourd'hui encore d'ailleurs, même s'il ne reste plus rien de cette prospérité.

Mais les souvenirs que garde Nkasi de Kikwit sont aussi particulièrement intéressants sur un autre plan. “A Kikwit, j’ai aussi construit la prison”, m’a-t-il raconté. “Le directeur de la prison à l’époque était Monsieur Framand, un gros homme.” Ces dernières années, je me suis rendu à plusieurs reprises à la prison de Kikwit. Ce lieu pitoyable est encore utilisé aujourd’hui. Les prisonniers y circulent en guenilles, dorment à même le sol et ne peuvent manger que parce que l’aumônier, un vieux missionnaire flamand, a mis en place avec les paroisses environnantes un système d’approvisionnement en vivres. Il n’y a pas de toilettes : on s’accroupit dans une cellule vide au-dessus d’un bloc libre de béton. De chaque côté on voit par terre des excréments humains. Les détenus sont exclusivement des hommes jeunes, à une jeune femme près, une magnifique femme silencieuse avec un enfant de 2 ans. Cet enfant a-t-il été engendré avant ou pendant sa détention? Aucune idée. Sur une pierre bleue au-dessus du portail d’entrée est gravée la date de construction : 1930. Presque toutes les prisons du Congo belge ont été construites entre 1930 et 1935. Pour faire face à la multiplication des troubles, l’appareil judiciaire avait été renforcé. On avait multiplié les tribunaux, les magistrats, les poursuites et les prisons.

“Dans cette prison, j’ai même construit une potence”, a dit Nkasi. “Elle devait servir à pendre deux jeunes. Ils avaient commis un vol dans une boutique de vêtements et avaient tué le propriétaire, qui était endormi. C’était en 1935, je crois[22].” La peine de mort fut prononcée à plusieurs reprises au Congo belge et, pendant l’entre-deux-guerres, souvent exécutée. En 1921, l’année où Kimbangu fut condamné à mort, une dizaine d’“hommes-léopards” de la secte anioto furent pendus à Bomili, dans la Province orientale. En 1922, François Musafiri fut pendu à Elisabethville, parce qu’il avait tué à coups de couteau un Blanc, l’amant supposé de sa femme. L’exécution suscita un grand intérêt au sein de l’opinion publique. Pas moins de quatre mille spectateurs étaient présents, soit environ la moitié de la population de la ville : trois mille Africains parmi lesquels se trouvaient aussi des enfants, et un millier de Blancs, à peu près un dixième de toute la population européenne du Congo[23]. Les exécutions publiques, pensait-on, avaient une fonction édifiante. L'idée était de mettre ainsi les Noirs au pas et de leur inculquer le respect de l'Etat colonial. On peut se demander si elles produisaient toujours cet effet. En 1939, pour la première fois, le déroulement de l'exécution, la pendaison d'Ambroise Kitenge, ne put suivre son cours. Quand la trappe s'ouvrit, la corde qui provenait de la caserne de pompiers se cassa. Ce genre de maladresse ne cadrait pas vraiment avec l'image de fermeté que le colonisateur souhaitait propager de lui-même. Combien de fois la peine de mort fut-elle appliquée ? Il n'y pas de chiffres exhaustifs disponibles mais nous savons en revanche que, durant la période de 1931 à 1953, environ deux cent soixante personnes furent condamnées à mort et que la sentence fut exécutée cent vingt-sept fois[24]. Cela signifie en moyenne une fois tous les deux mois mais, pendant l'entre-deux-guerres, la fréquence fut sans aucun doute bien plus élevée. Une information a son importance : jamais un Belge ne fut condamné à la corde.

Nkasi ne m'en a pas parlé une seule fois, mais si Kikwit a été brusquement choisie pour devenir la capitale du district, c'est qu'une insurrection populaire de grande ampleur avait eu lieu dans la région, d'une telle ampleur que les autorités étouffèrent soigneusement l'affaire. En 1931, la révolte pende éclata, ce qui conduisit aux troubles les plus graves de la période coloniale avant la lutte pour l'indépendance. Les Pende étaient un groupe ethnique qui, pour une bonne part, fut employé aux Huileries du Congo belge, la filiale d'Unilever. Cette entreprise exploitait une région très riche en palmiers mais très pauvre en main-d'œuvre. Or, dans la région des Pende, le rapport était précisément inversé. Aussi furent-ils contraints de travailler comme porteurs ou récolteurs, souvent sous la menace d'une arme à feu. On les déplaça à cette fin. Le travail était extrêmement pénible. Les hommes devaient récolter chaque semaine trente-six régimes de noix de palme, ils recevaient en plus de leur maigre salaire de 20 centimes le kilo une prime de 2,10 francs et trois kilos de riz. Chaque jour, ils devaient se débrouiller pour trouver cinq à huit régimes mûrs.

Il leur fallait pour cela grimper à des troncs sans branches, souvent à plus de trente mètres de hauteur, et, une fois arrivés en haut, détacher un régime à l'aide d'une machette. Les exploitants d'Unilever partaient du principe que tous les Noirs pouvaient se livrer sans difficulté à ce genre d'acrobaties, alors qu'un tel exercice exigeait une adresse particulière que tout le monde était loin de posséder. Il y eut des morts. De plus, une fois qu'on avait réussi à réunir ses régimes sur le sol, on était loin d'avoir terminé. Il fallait les apporter à un point de collecte. En pratique, voici comment se déroulaient les opérations : les femmes pende devaient parcourir à pied des distances atteignant trente kilomètres le long de chemins forestiers, en transportant sur la tête un régime de noix de palme pesant vingt à trente kilos.

Quand la crise économique survint, l'entreprise Unilever subit elle aussi un coup sévère. En 1929, un kilo d'huile de palme s'élevait à 5,90 francs, en 1934 il ne valait plus que 1,30 franc[25]. L'entreprise fut contrainte de répercuter une partie des pertes sur ses travailleurs. Pour un kilo de noix de palme, elle ne payait plus, vers le milieu des années 1930, que 3 centimes au lieu de 20[26]. Cela suscita un immense ressentiment. L'Etat augmentait les impôts et l'entreprise diminuait les rémunérations. Une telle situation ne pouvait pas durer.

Là aussi, l'agitation socio-économique s'exprima sous la forme d'une religion populaire. Une femme, Kavundji, eut des visions et la secte de *Tupelepele* (littéralement, “les vagabonds”) vit le jour. Le dirigeant effectif du mouvement était Matemu a Kelenge, un homme dont le surnom était Mundele Funji (“Tempête blanche”). Les disciples espéraient le retour des ancêtres, qui allaient rétablir l'ordre perturbé et inaugurer une nouvelle ère de prospérité. En attendant, il fallait déjà en finir avec tout ce qui était européen. Des papiers d'identité, des quittances des impôts, des billets de banque et des contrats de travail furent jetés dans le fleuve. Sur la rive, il fallait ériger une grange où les ancêtres déposeraient pour eux des biens, des biens miraculeux, comme des arachides si fertiles qu'il suffirait d'en planter une seule pour voir fleurir tout un champ. L'espoir d'une libération ne pouvait être formulé de manière plus touchante. Un habitant de la région, à l'époque, a résumé la situation avec lucidité :

> Les Blancs nous avaient réduits en esclavage ; pour obtenir de nous des noix de palme, ils n'hésitaient pas à nous fouetter et à nous gifler. Ils s'amusaient avec les femmes et les filles des villages. Notre condition n'était plus celle des hommes, mais celle des animaux. Toute notre vie était réglée en fonction du travail des Blancs : on dormait pour les Blancs, on mangeait pour les Blancs, on se réveillait pour les Blancs et pour le travail des Blancs. Nous étions fatigués de devoir tout le temps travailler pour les Blancs qui nous soumettaient à des conditions inhumaines. C'est pourquoi nous avions écouté et accepté la prédication de Matemu a Kelenge, devenu Mundele Funji, qui nous demanda de ne plus payer l'impôt, de ne plus travailler pour les Blancs et de les chasser de chez nous[27].

Tout comme pour Simon Kimbangu, le pouvoir colonial envoya les troupes. La situation paraissait sous contrôle, jusqu'au 6 juin 1931. Ce jour-là, Maximilien Balot, un jeune fonctionnaire belge, se rendit dans la région en voiture, accompagné de plusieurs collaborateurs africains, pour collecter des impôts. Dans le village de Kilamba, il se retrouva sur une route qui conduisait à une grange où était attendu le retour des ancêtres. Il y découvrit Matemu a Kelenge, le dirigeant de la secte. Ce dernier s'écria qu'il n'y avait plus d'argent et qu'il allait tuer le Blanc et ses complices. Balot tira alors un coup de feu en l'air. Cela fit déguerpir bon nombre de personnes, dont certaines qui accompagnaient Balot. Un deuxième coup de feu blessa un villageois. "Vous voyez que le Blanc veut nous tuer", lança Matemu, "vous n'avez qu'à me tuer !" Balot tira sur lui mais le manqua ; Matemu parvint à se redresser et écorcha avec un grand couteau le visage du Blanc, qui frappa son assaillant avec la crosse de son fusil et s'éloigna. Mais la lance d'un des villageois atteignit Balot au cou. Matemu, qui l'avait suivi, lui frappa l'épaule avec sa machette. Le bras droit du Blanc pendouillait, partiellement détaché de son corps. Trois villageois, dont un chef, projetèrent leurs lances sur lui. Quand Balot s'effondra, le chef du village s'aperçut qu'il vivait encore. Il lui trancha la tête et l'emporta en guise de trophée. Le lendemain, le corps de Balot fut découpé en petits morceaux et partagé entre les notables de huit villages. Ses bagages furent pillés.

Le gouvernement du Congo belge n'avait jamais été confronté à un carnage aussi épouvantable perpétré contre un fonctionnaire. La réaction fut impitoyable. Il fallait éradiquer la rébellion. Une expédition punitive, comme la colonie n'en avait plus vu depuis les pires années de l'Etat indépendant, partit pour le Kwango. Trois officiers, cinq sous-officiers, deux cent soixante soldats et sept cents porteurs occupèrent pendant des mois la région. De violents combats s'ensuivirent. Les insurgés furent emprisonnés et torturés, même les femmes furent prises en otages et violées. Une commission d'enquête ultérieure menée par les autorités belges confirma le terrible bilan définitif. Au moins quatre cents Pende furent tués, mais sans doute était-ce plutôt un multiple de ce nombre. La révolte des Pende était brisée, mais la frustration de la population n'en diminua pas pour autant.

Quand elle rentra à Bruxelles, la veuve de Balot dit avec une douceur et une magnanimité qui ne paraissent presque pas de ce monde : "Les agents des entreprises privées traitent mal les Noirs et les exploitent. Il faut que les gens le sachent. Ce qui se passe là-bas doit cesser, sinon il y aura partout des soulèvements. Les entreprises privées ont usurpé des droits qui n'appartiennent qu'au gouvernement. De plus, de nombreux fonctionnaires de districts ne se sont pas comportés convenablement. Mon mari a payé pour les autres[28]."

On peut s'étonner que ces premières formes de contestation populaire soient apparues en milieu rural, parmi les agriculteurs du Bas-Congo et les cueilleurs de noix du Kwango. Un observateur attentif qui aurait fait un périple dans ce territoire en 1920 aurait peut-être prédit que le mécontentement allait éclater dans les villes naissantes, avec leurs camps ouvriers rudimentaires et leurs travaux pénibles dans de mauvaises conditions d'hygiène. Pourtant, ce n'est pas ce qui se produisit. Comment expliquer ce phénomène ?

Il y a *grosso modo* deux réponses : dans les villes, d'une part la qualité de la vie s'améliorait, de sorte que les Africains se sentaient de plus en plus chez eux, et d'autre part la population européenne faisait tout pour assagir les masses. Tant que cela a pu durer…

Les agglomérations proto-urbaines se développèrent durant l'entre-deux-guerres et se transformèrent en véritables villes. La population enregistra une croissance spectaculaire. De 1920 à 1940, la population de Kinshasa doubla, atteignant cinquante mille habitants[29]. A Elisabethville, la population passa de seize mille personnes en 1923 à trente-trois mille en 1929, un nombre deux fois plus élevé en six ans[30]. Les Congolais étaient de plus en plus nombreux à venir vivre en milieu urbain. Le recrutement forcé de la main-d'œuvre avait pris fin, mais beaucoup migraient de leur propre volonté. Au Kasaï, au Maniema, au Kivu et même au Rwanda et au Burundi, des milliers de villageois se laissaient convaincre de partir pour les sites d'exploitation de l'Union minière au Katanga. Cette entreprise comptait en 1919 quelque huit mille cinq cents travailleurs locaux, et dix-sept mille en 1928[31]. Du Bas-Congo et de l'Equateur, on se rendait à Léopoldville ; Stanleyville s'agrandissait avec l'arrivée de travailleurs originaires de la Province orientale.

C'étaient surtout des jeunes qui faisaient leur baluchon pour chercher un emploi salarié. Quel attrait avait pour eux un travail dans une mine, une plantation ou une usine ? Souvent, ils voulaient fuir le village, avec sa pauvreté, son chef corrompu et ses habitants puissants d'un certain âge qui épousaient toutes les femmes jeunes. Fuir une agriculture misérable et la culture des plantations obligatoires. Fuir l'obligation de construire des routes et la vie primitive du village. Fuir ce monde défavorisé où ne les attendait aucun avenir[32].

Sans compter que la ville ou la mine n'étaient plus le cauchemar qu'elles étaient encore peu de temps auparavant. A l'Union minière au Katanga, la mortalité avait reculé de façon spectaculaire. En 1918, 20,2 % des travailleurs étaient morts de la grippe espagnole ; un an plus tard, la mortalité était ramenée à 5,1 % et en 1930 elle n'était plus que de 1,6 %[33].

Les mineurs tombaient moins vite malades[34]. On les vaccinait contre la variole, le typhus et la méningite. Des hôpitaux et des centres médicaux furent établis. Les logements, les vêtements et l'alimentation s'améliorèrent considérablement. Cela valait aussi pour les mines de diamant au Kasaï. Un ouvrier des mines de diamant de Kilo-Moto recevait à l'époque quotidiennement 179 grammes de viande fraîche ou de poisson frais, 357 grammes de riz, 286 grammes de haricots et un kilo et demi de bananes, en plus du sel et de l'huile de palme[35]. Dans son village, il n'aurait pu que rêver d'un régime aussi riche et varié.

Parallèlement aux conditions de santé, l'atmosphère s'améliora. La vie dans les camps ouvriers du Katanga connut un tournant décisif quand l'Union minière autorisa les mineurs, à partir de 1923, à venir accompagnés de leur femme et de leurs enfants. En 1925, 18 % des travailleurs étaient mariés, mais en 1932, 60 %[36]. Le sentiment de déracinement qu'avait connu une génération antérieure s'estompait à vue d'œil. Beaucoup de mineurs décidaient de rester travailler plus longtemps. A partir de 1927, ils furent autorisés à signer des contrats de trois ans, alors qu'auparavant ils pouvaient rester au maximum six mois. Ils furent nombreux à saisir cette occasion : dès 1928, 45 % d'entre eux avaient un emploi à long terme, en 1931, 98 %[37]. Le travail à la mine n'était plus une sanction. Quand le marasme économique de 1929 à 1933 contraignit l'entreprise à renvoyer les trois quarts de son personnel, les gens protestèrent non pas contre ce brusque chômage, mais contre la perspective de devoir retourner au village. Les travailleurs renvoyés durent quitter les logements ouvriers de l'entreprise, et plutôt que de rentrer chez eux ils s'installèrent tout près d'Elisabethville, où ils revinrent à l'agriculture en exploitant de petits lopins en attendant que l'économie redémarre[38].

Dans les mines du Katanga ne travaillaient plus des jeunes hommes éreintés qui pendant plusieurs mois bivouaquaient dans de sinistres camps ouvriers, il y venait de jeunes familles qui vivaient comme elles l'entendaient dans leur nouvel environnement. Les salaires augmentaient, dans les camps naissaient des enfants qui avaient seulement entendu parler du village de leurs parents et de leurs grands-parents. A Elisabethville, la cité indigène se transformait en un univers multiethnique trépidant, avec une dynamique et une ambiance spécifiques. Contrairement aux camps rigoureusement organisés et de plus en plus confortables où vivaient les travailleurs des grandes exploitations minières, la cité chaotique était peuplée d'une ratatouille humaine : charpentiers, maçons, menuisiers, métallurgistes, artisans, mais aussi infirmiers, employés et magasiniers. Des salariés de petites et moyennes entreprises vivaient aux côtés d'employés de l'Etat[39]. La densité de la population était cinq fois supérieure à celle du centre ville habité par les Blancs[40]. Il se forma, en somme, une importante population urbaine d'origine africaine qui habitait la ville en permanence. Dans un premier temps, le pouvoir colonial n'en fut pas enchanté. Un tel rassemblement de prolétaires sur des périodes prolongées ne risquait-il pas d'engendrer un climat subversif, ou pire encore, bolchevique ? La crainte de la menace rouge était profondément ancrée au sein du gouvernement colonial. Ou plus précisément : "La peur du Noir se déguisa en peur du rouge[41]." Mais en 1931, on dut se rendre à l'évidence : des collectivités s'étaient développées qui n'étaient plus des villages traditionnels et qui n'allaient pas le redevenir. On reconnut leur existence en attribuant à ces lieux un de ces termes administratifs monstrueux dont le régime colonial avait le secret : *centre extra-coutumier* *. Un tel centre était structurellement comparable à celui de la *chefferie* * classique. Un chef était nommé qui intervenait comme intermédiaire entre les masses et le pouvoir.

Dans les villes apparut un nouveau style de vie qui se démarquait de la culture villageoise, sans être une imitation de la culture urbaine européenne, pour la simple raison que ces nouvelles agglomérations africaines ne ressemblaient en rien à leurs pendants européens. Même pour les Belges, la ville coloniale était une expérience entièrement nouvelle ! Elle offrait plus d'espace et de liberté, les distances étaient plus grandes, les avenues plus larges, les parcelles plus agréables. Les villes furent conçues d'emblée pour l'utilisation de la voiture. Elles avaient un aspect américain, estimaient beaucoup de Blancs.

Léopoldville avec ses différents noyaux urbains sans véritable centre rappelait davantage Los Angeles que les petites villes moyenâgeuses de Belgique ou les quartiers bourgeois du XIXe siècle de Bruxelles ou d'Anvers. La ville coloniale ne clopinait pas derrière le modèle européen, mais marchait devant. Un journaliste belge, constatant que les femmes blanches au Congo prenaient l'avion pour aller accoucher à Léopoldville, déclara, enchanté, à propos des colonies, "une société nouvelle, une Belgique nouvelle aux idées nouvelles naissent vraiment ici" [42]. Les années 1950 semblaient avoir commencé, au Congo, dès les années 1920.

Pour les Congolais aussi, la ville coloniale était un nouvel univers où régnait une culture matérielle très particulière. Une jeune famille imaginaire du Kasaï qui partait pour Elisabethville où le père devenait mineur vivrait en ville dans une maison en brique. La femme commençait à préparer le repas dans des pots en émail plutôt qu'en terre cuite, même si elle aurait préféré continuer de faire à manger en plein air plutôt que dans ces sombres cuisines à l'arrière de la maison. Les Congolais recevaient des tables, des chaises et des couverts. De nouvelles conceptions apparurent sur l'hygiène corporelle et générale : on portait des vêtements européens, parfois même des chaussures, on se lavait avec du savon et on se soulageait dans des latrines. Les parents dormaient dans un logement sous des couvertures venant d'Angleterre et leurs enfants recevaient en cas de maladie des médicaments venant de Belgique. Quand la femme était enceinte, elle allait accoucher à la maternité chez des sœurs noires ou des religieuses blanches. Quand la famille devait retourner occasionnellement au village, elle rapportait pour les parents et les proches des nouveautés, comme des aiguilles, du fil à coudre, des ciseaux, des épingles de nourrice, des allumettes, des petits miroirs et de l'argent. Mais ces visites mettaient en évidence le fossé qui se creusait. Le jeune père avait acquis en tant que travailleur un nouveau sentiment d'autonomie. Il était moins impressionné par ce que le chef du village et les anciens lui racontaient. Désormais, c'étaient eux qui l'écoutaient ! Il leur parlait de la discipline de fer à la mine, de la sirène qui le matin tôt mugissait pour rassembler les travailleurs, du travail six jours par semaine. Bien entendu, l'assistance en plaisantait. Six jours par semaine ? Il aurait mieux fait de rester au village, riait-elle, sa femme aurait travaillé dans les champs ! C'était de la jalousie, il le savait. Tout le monde regardait avec admiration ses vêtements, il l'avait remarqué. Sur le trajet du retour, il éprouvait plus d'ardeur au travail et se sentait plus motivé que jamais. Si seulement il parvenait à grimper dans la hiérarchie de l'Union minière, se disait-il peut-être, comme mécanicien par exemple, ou comme machiniste, il pourrait alors, après avoir longtemps économisé pour sa famille, éventuellement s'acheter une bicyclette, une machine à coudre ou même, imaginez un peu, un Gramophone ? Le dimanche matin, ils iraient à l'église ensemble à vélo. Lui sur la selle, sa femme à l'arrière, les enfants sur la barre ou le guidon. Cela s'appelait la prospérité et cela faisait du bien[43].

Le moment de la semaine où se fêtait ce nouveau mode de vie était le dimanche après-midi. A Elisabethville, les mineurs allaient regarder un match entre des équipes de football blanches[44]. A Boma, les dockers flânaient vêtus de chemises à col haut, coiffés d'un chapeau de paille et une canne à la main. Leurs femmes portaient des cotonnades fleuries et un couvre-chef depuis longtemps passé de mode en Europe[45]. Dans la ville paisible de Tshikapa, près des mines de diamant du Kasaï, on entendait dans certaines huttes la voix de ténor d'Enrico Caruso[46]. Quelqu'un passait des disques de jazz et des airs cubains sur son gramophone. A Léopoldville, le Palace Apollo se remplissait de danseurs à quatre heures de l'après-midi[47]. Les hommes s'y rassemblaient en pantalons longs, en shorts, en pantalons de cycliste, en culottes de cheval, en shorts de football, et en tout cas bien vêtus. Les femmes y venaient aussi, habillées de robes, de longues jupes et de pagnes savamment drapés, toutes sur de hauts talons, atteignant parfois douze centimètres. Parfois un homme portait un smoking et des chaussures vernies, mais la plupart d'entre eux étaient pieds nus. On dansait avec précaution et un grand sérieux, tant on redoutait les talons aiguilles. Un orchestre jouait du maringa et de la rumba. Sur des bouteilles et des tambours, les musiciens exécutaient des rythmes africains syncopés complexes. Mais on entendait aussi des bribes de fandango, de cha-cha-cha, de polka et de scottish, en plus d'échos de marches militaires et d'hymnes religieux[48]. La principale influence cependant était cubaine : des 78-tours évoquaient aux Congolais une musique vaguement familière. C'était la musique que les esclaves durant les siècles précédents avaient emportée de l'autre côté de l'océan et qui, à présent, enrichie de diverses influences espagnoles, revenait. Les chanteurs à Léopoldville chantaient volontiers en espagnol ou en quelque chose censé y ressembler. Les voyelles claires avaient la sonorité du lingala, il suffisait de temps en temps d'y ajouter *corazón* ou *mi amor*. La guitare devint l'instrument le plus populaire, en dehors du banjo, de la mandoline et de l'accordéon. Camille Feruzi, le plus grand virtuose de l'accordéon dans la musique congolaise, composa des mélodies mélancoliques inégalables. Et sur les bateaux qui faisaient le trajet entre l'intérieur des terres et Léopoldville, le jeune Wendo Kolosoyi jouait inlassablement de sa guitare ; il deviendrait le fondateur de la rumba congolaise, le style de musique le plus influent de l'Afrique subsaharienne au XXe siècle. Léopoldville était dans ces années-là une sorte de Nouvelle-Orléans, où la musique populaire africaine, sud-américaine et européenne fusionna pour former un nouveau genre : la rumba congolaise, une musique irrésistiblement dansante qui allait submerger le reste du continent mais qui, pour l'instant, ne s'entendait que dans les bars de la nouvelle capitale. C'était de la musique qui donnait envie de rire et d'oublier, qui donnait envie de danser et de séduire, qui mettait de bonne humeur et rendait lascif. *Saturday Night Fever*, mais le dimanche après-midi. Pourquoi aurait-il fallu protester contre cette vie splendide, amusante ?

Cependant les dirigeants restaient vigilants. A Elisabethville, dans les années 1930, on voyait régulièrement trois hommes se parler au Cercle Albert[49]. Trois Blancs. Ils parlaient à voix basse et le visage grave. Leurs voix : *basso continuo*. Leur conversation : inaudible. Au-dessus de leurs têtes s'élevaient les volutes de fumée de leurs cigares, chassées de temps en temps par les éclats de rire que laissait échapper leur groupe jovial. Officiellement, il n'était pas interdit aux Africains de fréquenter des restaurants européens, mais le très sélect Cercle Albert constituait à cet égard une exception. Pourtant, on y décidait du sort de la population noire. Les trois hommes étaient Amour Maron, commissaire de la province du Katanga, Aimé Marthoz, directeur de l'Union minière, ou un de ses successeurs, et Félix de Hemptinne, évêque du Katanga. Ce dernier ayant une imposante barbe blanche, la population africaine était convaincue qu'il était le fils de Léopold II… Trois Belges. Chacun d'eux était à la tête d'un des trois piliers de la puissance coloniale : le pouvoir, le capital et l'Eglise. La "Trinité coloniale", disait-on parfois pour plaisanter. Peut-être était-ce ce qui faisait rire l'évêque.

Ces trois hommes unissaient leurs efforts pour s'assurer que la vie dans la ville minière d'Elisabethville se déroulait en bon ordre. Leurs priorités respectives convergeaient : l'industrie voulait des collaborateurs dociles et loyaux ; le pouvoir tenait à empêcher une répétition de l'affaire Kimbangu et de la révolte des Pende ; l'Eglise cherchait à livrer des âmes pures à l'autre monde – ce qui signifiait : élever des citoyens honnêtes dans le présent. Dans les autres régions de la colonie aussi, ces trois aspects devinrent étroitement imbriqués. Même s'il existait souvent des tensions entre les piliers de la Trinité coloniale, ils étaient tout à fait d'accord sur un point : s'ils voulaient éviter que la transition d'un style de vie tribal à un style de vie industriel échoue totalement, ils devaient surveiller de près et conseiller leurs semblables noirs. Lentement et surtout avec prudence, le nouveau Congolais des villes serait façonné pour devenir un travailleur plein d'ardeur, un sujet docile, un catholique dévot.

L'absence d'insurrections à grande échelle dans les villes n'était pas due seulement à l'agréable prospérité dont profitaient les travailleurs, mais aussi et surtout à l'arsenal savamment pensé de stratégies que la Trinité coloniale appliquait pour contrôler, discipliner et au besoin sanctionner la population. Il n'a jamais été question d'un plan global élaboré en commun mais, dans la pratique, l'Eglise, l'Etat et le grand capital allaient souvent dans la même direction. Cette philosophie – comment les maîtriser ? comment les rentabiliser au mieux ? comment les éduquer ? – se traduisait par des réactions très différentes. A Léopoldville, on s'inquiétait de cet engouement pour la danse et on plaidait ardemment en faveur d'un éclairage de la cité la nuit, autrement on ne pouvait pas "efficacement surveiller une agglomération de vingt mille habitants avec une poignée de policiers perdus dans la nuit[50]". A Elisabethville, on parvint à imposer une langue commune de communication, le swahili, qui n'était même pas autochtone et que presque personne n'avait comme langue maternelle, mais qui facilitait le contrôle des diverses ethnies[51].

L'enseignement, qui restait un privilège réservé exclusivement aux missionnaires, était un puissant instrument pour modeler les masses afin qu'elles suivent la direction souhaitée : les élèves apprenaient tout de la famille royale belge et rien du mouvement américain en faveur des droits civiques. Même la Révolution française devait être abordée avec la prudence nécessaire. Les manuels scolaires européens étaient trop explosifs : "Maintes fois la révolution n'est pas traitée avec la liberté critique nécessaire. On glorifie aisément certaines réformes, des libertés, etc., que l'Eglise a condamnées", écrivait Gustaaf Hulstaert, l'influent missionnaire et inspecteur de l'enseignement. Les élèves risquaient de devenir "libéraux, puis indifférents et athées[52]".

Entre-temps, les employés africains commençaient aussi à lire la presse de langue française. Les journaux communistes comme le quotidien belge *Le Drapeau rouge* furent interdits à partir de 1925, tout comme les magazines aux titres éloquents comme *Paris Plaisirs*, *Séduction* et *Paris Sex-Appeal*[53]. Une même volonté de contrôle émergea quand, à partir de la Grande Guerre, les premières salles de cinéma virent le jour. Le cinéma était un média dangereux, estimait-on, capable d'inciter à la révolte les masses populaires illettrées. Aussi fut instituée en 1936 une censure cinématographique spéciale pour le public africain, ce qui donna lieu à des représentations distinctes pour les Européens et les Congolais. Le résultat était souvent que les films qui étaient jugés ne pas convenir aux enfants blancs étaient aussi interdits aux adultes noirs[54]. "*Tous les coloniaux seront unanimes à déclarer que les noirs sont encore des enfants, intellectuellement et politiquement**", pouvait-on lire dans des documents officiels sur la politique à appliquer concernant la presse[55]. L'Africain, selon la métaphore récurrente, était du point de vue de la civilisation encore un enfant : on ne pouvait pas le laisser à son sort, il fallait surveiller étroitement son évolution. En définitive, la Trinité coloniale visait une forme d'émancipation, mais à long terme, à très long terme au besoin. Il ne fallait pas que cela s'emballe trop. *Dominer pour servir** était la devise du gouverneur général de l'époque, Pierre Ryckmans. Paternaliste? Loin de là : ce "servir" avait pour beaucoup une consonance encore dangereusement progressiste. "Châtier" aurait été plus souhaitable, "éduquer" au besoin.

Dans le Léopoldville des années 1920 grandit un jeune homme intelligent et sensible qui, après la Seconde Guerre mondiale, allait devenir un des premiers colosses de la littérature congolaise, Paul Lomami Tshibamba. Juste avant sa mort en 1985, il a jeté un regard sur l'atmosphère qui régnait pendant l'entre-deux-guerres :

> Le colonial faisait tout pour nous convaincre que nous étions de grands enfants, que nous le restions, que nous étions sous sa tutelle et que nous devions suivre toutes les instructions qu'il donnait pour notre éducation, en vue de notre insertion progressive dans la civilisation occidentale, qui était l'idéal de la civilisation. Et nous, que pouvions-nous espérer d'autre? Dans ma génération, nous ne connaissions plus les traditions de nos parents : nous sommes nés dans cette ville créée par les coloniaux, dans cette ville où la vie de l'homme est subordonnée à la puissance de l'argent... Sans argent, on va en prison; l'argent sert à payer l'impôt, s'habiller avec et on en arrive même à l'utiliser pour manger, chose inconnue dans les villages. Celui qui donne l'argent c'est le Blanc colonial, il faut donc se soumettre à tout ce qu'il dit. C'est dans ce cadre-là que je suis né et que j'ai vécu : il fallait se plier à ce que d'autres demandaient[56].

Pourtant, la supervision du milieu ouvrier urbain ne suffisait pas en soi, il fallait aussi intervenir activement. En dehors de l'enseignement, la vie associative et la politique familiale constituaient les instruments privilégiés. La décision d'autoriser les femmes et les enfants dans les camps ouvriers avait des motivations utilitaires : il fallait stimuler l'ardeur au travail, freiner la prostitution et l'usage de l'alcool, encourager la monogamie et favoriser globalement la tranquillité dans la vie du camp. De plus, les enfants dans les camps de travailleurs baignaient dès leur plus jeune âge dans la culture de l'entreprise. Ils étaient ainsi, grâce aux écoles missionnaires, préparés pour former de nouveaux contingents de travailleurs disciplinés[57].

L'Eglise était très puissante politiquement. Vers 1930, le Congo belge comptait autant de missionnaires catholiques que de fonctionnaires coloniaux[58]. Le pouvoir clérical et le pouvoir séculier étaient étroitement imbriqués, comme en avait aussi conscience l'écrivain Lomami Tshibamba :

> Le prêtre, lui, dans la vie pratique où nous devenions déjà des hommes, le prêtre voulait la soumission : les représentants de Boula-Matari, plus tard dits du Gouvernement ou de l'Administration territoriale, tous ceux-là ont l'autorité et l'autorité vient de Dieu. Conséquemment, il nous faut l'obéissance totale. Voilà ce que nous conseillait le prêtre ! Pour être bien, et devant Dieu, et devant les hommes dans la société nouvelle créée par le Boula-Matari, il faut de l'obéissance, il faut de la soumission, il faut du respect. Nous en étions réduits à la servilité – on n'employait pas ce terme mais au fond c'était bien cela[59].

Cultiver la serviabilité était le moteur de la politique sociale des grandes entreprises. C'était l'Union minière qui allait le plus loin dans ce sens. Oui, l'entreprise construisait des écoles, des hôpitaux et des clubs de détente pour les familles des travailleurs. Oui, le début d'un régime de retraite fit son apparition à la fin des années 1930. Et oui, le mineur était entouré, du berceau jusqu'à la tombe, de l'attention de l'entreprise, plus que ce n'était le cas dans toute autre société d'exploitation minière en Afrique centrale. Mais il ne faisait aucun doute que la bienveillance paternaliste d'une telle entreprise émanait d'un souci d'efficacité plus que de préoccupations philanthropiques. On cultivait des travailleurs parfaits : heureux et dociles.

Plus qu'un employeur, l'Union minière était un Etat dans l'Etat, présentant même parfois des caractéristiques totalitaires. Chaque facette de la vie dans le camp ouvrier était sous la surveillance d'un chef de camp blanc. Il tenait une fiche sur chaque travailleur et sa famille ; il était responsable du logement, du ravitaillement, des salaires et des écoles ; il réglait les différends et annonçait les mesures disciplinaires. Pour retourner dans son village natal, la femme d'un travailleur de l'Union minière devait en demander l'autorisation au chef de camp, alors qu'elle ne travaillait pas pour l'entreprise ! Ses enfants devaient dès 10 ans suivre des cours de travail manuel, pour être préparés à leur travail plus tard. Concernant les garçons, l'entreprise les aidait à épargner pour constituer une dot. L'Union minière était une entreprise totale, avec le soutien de la mission et de l'Etat[60].

Les organisations locales, où pouvaient naître des formes de contestation sociale, étaient redoutées : "L'esprit d'association est combattu autant que possible et le personnel dirigeant des camps indigènes conserve toujours la surveillance des distractions organisées[61]." L'Union minière jugeait plus souhaitables les clubs de couture, les chorales et les cours de travaux ménagers que les initiatives du personnel. Les missions avaient des églises dans les quartiers ouvriers et jouaient par conséquent parfaitement leur rôle. A Léopoldville, elles étaient composées essentiellement de scheutistes, à Elisabethville de bénédictins. Dans la cathédrale d'Elisabethville chantait le dimanche un excellent chœur de garçons constitué uniquement d'enfants africains.

Dans les villes, les prêtres belges fondèrent à partir de 1922 les premières associations de scouts d'Afrique. Le scoutisme, un mouvement initialement séculier qui par son caractère paramilitaire se rattachait plus à l'Etat qu'à l'Eglise, était dans la colonie une expérience exclusivement catholique. Il revenait au missionnaire de maintenir un contrôle sur ses meilleurs élèves également après la classe. On inculquait aux jeunes gens, à travers des activités comme relever des signes de piste, grimper aux arbres, faire des nœuds, camper et communiquer en morse, non seulement de la fierté mais aussi le goût de la discipline. Le jeune scout accumulait les insignes, faisait sa promesse et chérissait son uniforme. Le nombre de membres ne fut jamais très élevé (environ un millier pour tout le Congo), mais une élite autochtone disciplinée et loyale se constitua[62].

En revanche, bien plus de personnes allaient s'enthousiasmer pour ce qui fut sans doute l'aspect le plus réussi des missions belges : le football. Là encore, ce furent Léopoldville et Elisabethville qui prirent l'initiative. Tout commença vers 1920. Les missionnaires en soutane expliquèrent les règles du jeu et virent en un rien de temps dans les rues poussiéreuses de la cité les enfants et les adolescents s'entraîner avec des balles de leur propre fabrication ou des pamplemousses. Les premières équipes furent créées : l'Etoile et la League à Léopoldville, Prince Charles et Prince Léopold à Elisabethville. En 1939, Léopoldville comptait à elle seule cinquante-trois équipes et six divisions. Il existait des équipes avec chaussures et d'autres sans – pieds nus, on se faisait des passes plus en douceur, mais on pouvait jouer avec plus de souplesse. Les matchs avaient lieu le dimanche après-midi. Ils réunissaient non seulement des centaines de joueurs, mais aussi des milliers de supporters. Des amis, des collègues, des femmes et des enfants s'égosillaient au bord du terrain. Le football était plus qu'une détente. Il avait un aspect formateur. Un bénédictin flamand constatait avec satisfaction : "Au lieu de passer son dimanche après-midi accroupi dans une hutte malsaine, d'y boire son *pombo*, ou de boire dans les bars au milieu de femmes légères et de mœurs douteuses, ils s'adonnent librement en plein air aux sports pour lesquels ils se passionnent[63]." Un scheutiste se montrait tout aussi enthousiaste : "Cela les empêche, au moins pour ces quelques heures, de danser et de faire la noce et permet de passer agréablement le dimanche, après les vêpres[64]." Tout comme dans les collèges et les internats flamands, où le football était propagé pour drainer l'énergie sexuelle débordante des adolescents, on l'introduisit dans la colonie pour réprimer une éventuelle agitation sociale. Le football était, en plus d'un jeu enthousiasmant, une forme d'autodiscipline. Il fallait aller aux entraînements, acquérir de l'adresse, maîtriser ses réflexes, s'en tenir aux règles, obéir à l'arbitre. Un sport pratiqué avec entrain, exigeant cependant la maîtrise de soi : une école coloniale idéale. “Le sport apprend à l'indigène [...] à s'astreindre à une discipline librement consentie[65]”, disait-on.

Dans les rues de Kikwit, un jour en 2007, j'ai vu passer un vélomoteur jaune d'un autre âge conduit par un vieux Blanc. C'était déjà en soi assez exceptionnel : les rares Européens se déplaçaient toujours en voiture, surtout les personnes âgées. Le cyclomotoriste en question s'avéra être Henri de la Kéthulle de Ryhove, jésuite d'origine noble. Il avait largement dépassé les 80 ans et continuait pourtant, infatigable, de mener ses activités, les dernières années surtout pour lutter contre la drépanocytose, une maladie héréditaire. Le père Henri était aussi le neveu de Raphaël de la Kéthulle, sans doute le missionnaire le plus célèbre de tout le Congo belge. Et cette célébrité, son oncle ne la devait pas à son prosélytisme héroïque au fin fond de la forêt équatoriale, ni aux encouragements évangéliques apportés dans une lugubre léproserie, non, le père Raphaël avait travaillé toute sa vie à Kinshasa et appris à ses ouailles à jouer au football. Scheutiste et enseignant, il avait fait partie du premier contingent de missionnaires urbains. Enfant d'une famille aristocratique francophone de Bruges, il avait fréquenté le collège Saint-Louis (un détail qui me fait sourire : j'ai moi-même été élève dans une ancienne dépendance de ce collège. Dans mon collège aussi, trois quarts de siècle plus tard et après une néerlandisation, le football restait la religion principale en dehors du christianisme. Dans notre cour en pierre, il y avait cinq ou six terrains de football, cinq filets de volley et deux paniers de basket. Au lieu des deux heures de sport obligatoires, nous en avions quatre, obligatoires aussi. Le catholicisme de la Flandre-Occidentale avait, en dépit du poète flamand Guido Gezelle, plus d'affinité avec les sports de ballon qu'avec le lyrisme).

“Mon oncle a été le fondateur de l'Association sportive congolaise, la première association sportive du Congo”, m'a dit le père Henri quand nous nous sommes retrouvés assis l'un en face de l'autre. Son trajet à vélomoteur avait plaqué ses cheveux blancs en arrière comme si on lui avait fait un brushing. Salon de coiffure Kikwit. “Il a été le grand promoteur du football à Kinshasa.” Mais il n'en était pas resté là. “Son association sportive proposait aussi de la gymnastique, de l'athlétisme, de la natation et même du water-polo.” Raphaël de la Kéthulle avait dû être tout aussi infatigable que son neveu. Non seulement il prit toutes sortes d'initiatives sportives, mais il fonda aussi plusieurs écoles. Il fut également à l'origine du scoutisme colonial, du théâtre à l'école, d'une fanfare et d'une association d'anciens élèves. Mais surtout, il fut l'initiateur de la construction d'infrastructures sportives convenables à Léopoldville. Le père Henri était au courant de tous les détails. “Il a construit trois stades de football, un vaste complexe sportif, des terrains de tennis et une piscine de dimensions olympiques, qui avait même un plongeoir de cinq mètres. Dans cette piscine, il organisait aussi des courses de pirogues !” Il parvint au véritable summum de sa frénésie de construction avec le stade Roi-Baudouin, qui devint plus tard le stade du 20-Mai, un stade de football pouvant accueillir quatre-vingt mille spectateurs et qui, en 1952, lors de son inauguration, était le plus grand de toute l'Afrique. C'est là qu'en 1959 les émeutes éclatèrent qui allaient conduire à l'indépendance. C'est là que Mobutu, après son coup d'Etat en 1965, s'adressa à la population. C'est là qu'en 1974 le match de boxe entre Mohammed Ali et George Foreman se déroula. Aujourd'hui, tous les Kinois connaissent encore *tata* Raphaël, le petit père Raphaël, ne serait-ce que parce que le grand stade porte désormais son nom et que son effigie, qui ressemble de manière frappante au logo de Kentucky Fried Chicken, est peinte dans des proportions géantes sur les murs du collège Saint-Raphaël. “Oui, il avait beaucoup d'énergie”, a conclu le père Henri, “même s'il avait *la bottine légère**.” La bottine légère ? “Oui, il lui arrivait de donner un coup de pied, s'il le fallait.”

Non seulement la vie associative stimulée par les missions catholiques proposait aux ouvriers dans les villes une saine détente, mais elle changeait aussi à dessein la carte sociale. Par crainte de révoltes à caractère ethnique comme dans le cas des Pende, les frontières tribales étaient sciemment effacées – ces mêmes frontières que l'enseignement dans les missions avait soulignées ! Henri de la Kéthulle m'a raconté : "Mon oncle mélangeait les peuples à travers le sport. Dans ses matchs de foot, les équipes étaient mélangées. Il a organisé des compétitions intercongolaises, oui, et même le premier match de foot international. Une équipe congolaise a alors joué contre une équipe belge. Beerschot, je crois[66]."

Mais chassez le naturel, il revient au galop. En dépit de toutes les initiatives sportives bienveillantes et d'une politique familiale interventionniste, la faim de certains habitants des villes congolaises n'était pas assouvie. Le pouvoir colonial se montrait certes sous un jour sympathique, mais cela durait tant qu'on marchait droit. Les masses étaient canalisées sous l'œil souriant de la Trinité coloniale mais, quand on cessait de marcher au pas, on était sanctionné sans pitié.

Aussi les organisations indigènes continuèrent-elles d'exister[67]. La religion kitawala se répandit parmi les mineurs et se fraya un chemin dans de grands pans de la population rurale. Partie du Katanga, elle atteignit le Kivu, la Province orientale et l'Equateur. Menant une existence clandestine, elle associait la mystique à la révolte. En 1936, quand des adeptes furent arrêtés à Jadotville, ils dirent à propos de la Bible : "On peut lire très clairement dans ce livre que tous les êtres humains ont raison. Dieu n'a pas créé le Blanc pour dominer le Noir. [...] Il est injuste que le Noir qui fait le travail soit obligé de vivre dans la pauvreté et la misère, alors que pour les Blancs les salaires sont tellement plus élevés[68]." Beaucoup d'adeptes furent bannis mais, comme pour les kimbanguistes, l'effet fut plutôt de donner une nouvelle impulsion au mouvement.

Les organisations ethniques au Katanga, comme celles des Lulua ou des Baluba, offraient une convivialité et une reconnaissance qu'on ne trouvait dans aucune patrouille scoute. Elles accueillaient les nouveaux venus et aidaient les jeunes gens à payer leur dot. Les personnes portant le même prénom se témoignaient une certaine solidarité. Un vieil homme de Lubumbashi me l'a expliqué : "Si je m'appelle Albert et que tu t'appelles Albert, alors tu es mon frère. [...] Nous prenons soin l'un de l'autre. Nous nous aidons à trouver de la nourriture, nous jouons ensemble, nous nous soutenons dans tous les domaines[69]." A partir de 1929, la crise fit naître une profonde solidarité indigène qui se concrétisait de diverses manières. André Yav, l'ancien boy originaire de Lubumbashi, me l'a raconté : "Tout le monde avait très faim à l'époque : quand un homme avait du travail, il était alors le père et la mère de tous ses amis. Ils venaient manger dans sa maison et venaient s'y habiller[70]." Ces formes d'auto-organisation spontanée étaient bien enracinées.

Dans les années 1920, il existait des groupes qui se nommaient *Les Belges**. Leurs membres se paraient, non sans un certain humour, des titres de l'administration coloniale ("commissaire de district", "gouverneur général", "roi") et imitaient dans leurs danses les fonctionnaires et les missionnaires blancs. La satire mise à part, ils s'occupaient du logement des nouveaux venus, du partage de la nourriture et de l'organisation des enterrements[71].

Après la crise se créèrent les premières associations d'Africains parvenus à accéder à un meilleur statut par leur travail. Des organisations aux noms tels que le *Cercle de l'amitié des Noirs civilisés** et l'*Association franco-belge** réunissaient des Congolais qui avaient fréquenté la même école, avaient de bons revenus et parlaient français entre eux. Ils représentaient l'embryon d'une classe moyenne congolaise, avec tous les espoirs et le snobisme correspondants. Ces membres méprisaient souvent la rue, dont ils s'étaient arrachés, et aspiraient au style de vie européen, à des boutons de manchettes et à de la considération. Mais cette envie, si elle était frustrée, pouvait se transformer en ressentiment et en contestation – ce qui se passa d'ailleurs dans les années 1950. Pendant l'entre-deux-guerres, cependant, leurs activités n'étaient pas ouvertement politiques, même si certains préféraient s'organiser indépendamment de l'Eglise.

A partir des années 1930, un phénomène fascinant se produisit plusieurs fois par semaine au poste frontière avec la Rhodésie[72]. Chaque fois qu'un train arrivait des dominions britanniques, il s'arrêtait dans un sifflement bruyant pour faire descendre le machiniste blanc. Son collègue du Congo belge montait ensuite dans la locomotive pour poursuivre le trajet jusqu'à Elisabethville. Quand on assistait à ce spectacle pour la première fois, on se frottait les yeux : le nouveau machiniste était-il vraiment un Africain ? Oui, c'était bien le cas. Au Congo belge, on se vantait de ne pas avoir, contrairement à l'Afrique du Sud et à la Rhodésie, de barrière de couleur. Dans les mines et les usines, les Africains avaient le droit de se servir de machines coûteuses et dangereuses, quoique sous la surveillance des contrôleurs blancs. Les travailleurs dévoués de l'Union minière pouvaient grimper jusqu'à un certain niveau dans l'entreprise. Les hôtels, les restaurants et les cafés étaient en théorie accessibles à tout le monde. Seules les salles de cinéma étaient soumises à une ségrégation raciale. Les relations sexuelles entre Blancs et Noirs n'étaient pas officiellement interdites.

Mais l'absence de barrière de couleur sur le plan légal ne signifiait pas qu'il n'en existait pas d'invisible[73]. Cette barrière de couleur invisible était peut-être même la plus résistante de toutes. Les Africains ne pouvaient pas atteindre le sommet de la hiérarchie au sein d'une entreprise. Dans l'administration, employé ou dactylo était le plus haut niveau envisageable. Les villes se composaient d'un centre blanc strictement séparé et de périphéries noires, prétendument pour empêcher la propagation de la malaria. Mais c'était un sophisme. Dans les cimetières, les races étaient là aussi séparées alors qu'on n'avait en principe plus vraiment à y redouter la malaria. Les groupes scouts n'étaient pas mélangés non plus. Et les équipes de football congolaises ne pouvaient pas jouer contre des Européens, par crainte des émeutes en cas de défaite, ou d'une humiliation en cas de victoire. Un des plus fins observateurs de la période coloniale a écrit à ce propos : "Assez curieusement, le fait qu'il n'y ait pas de barrière de couleur officielle exacerbait les réflexes raciaux des Blancs. Nié dans le droit, le racisme s'affirmait vigoureusement dans les faits[74]." Et c'était vrai. Quand on lit aujourd'hui les journaux coloniaux de l'entre-deux-guerres, on est frappé de constater l'influence déterminante de cette logique “nous d’un côté, eux de l’autre” sur la pensée et l’extrême angoisse que dissimulait la dureté du langage. Après le meurtre d’un Blanc par un Congolais, *L’Avenir colonial belge*, un des journaux les plus populaires de la colonie, écrivait :

> Notre sécurité personnelle, à nous, Blancs, est-elle encore garantie à Léopoldville ?
>
> On peut, en toute franchise, répondre : Non ! Les actes d’indiscipline des noirs se multiplient ; l’audace de ceux-ci est grande et bien faite pour effrayer les plus audacieux. Le nombre et l’importance des vols augmentent sans cesse ; la morgue de l’indigène pour les Blancs est parfois écrasante ; la crainte que nous lui inspirons est nulle ; le respect pour le *mundele* a disparu.
>
> Voilà où nous en sommes en l’an de grâce 1930.
>
> “Mais alors, me direz-vous, le Stanley-Pool est une région à repacifier ?
>
> — Mais oui, et pourquoi pas ?”

A propos de cette nouvelle entreprise de pacification, le journal était clair : tout Africain qui voulait attenter à la vie d’un Blanc, quelle que fût sa raison, devait être passible de la peine de mort[75]. La légitime défense, les circonstances atténuantes, l’homicide involontaire, la pulsion irrésistible, tout cela n’avait plus d’importance. L’approche du parquet était heureusement un peu plus subtile, mais le fait qu’un journal tenant de tels propos ait pu devenir l’un des plus influents de la colonie donne une idée de ce que pensaient la majorité des Blancs sur la question des races. “*Les noirs* *” s’écrivait avec une minuscule, “*les Blancs* *” avec une majuscule.

Au fond, la société coloniale de l’entre-deux-guerres était dominée par une peur mutuelle : les oppresseurs blancs étaient terrorisés à l’idée de perdre leur respectabilité aux yeux des Congolais, alors que beaucoup de ces Congolais craignaient l’autorité des Blancs et faisaient tout pour gagner leur respect. Le système tenait par la peur. Combien de temps cette situation pouvait-elle durer ?

Albert Kudjabo et Paul Panda Farnana avaient passé quatre ans comme prisonniers de guerre en Allemagne, des années qui ne se résumaient pas à chanter des chansons pour des ethnographes berlinois. Des années de maladie et de travail forcé. Des années de moqueries et d'humiliations. Kudjabo avait dû travailler dans une ferme aux environs de Stuttgart, où le paysan l'avait escroqué. Panda s'était retrouvé à Hanovre pour ensuite être transféré en Roumanie.

Mais à présent, ils étaient de retour en Belgique, le pays pour lequel ils avaient risqué leur vie avec quelques autres Congolais. Et qu'écrivait *Le Journal des combattants* à leur sujet ? "Qu'on les rapatrie et qu'on les expédie à l'ombre de leurs bananiers où ils seront certainement plus à leur place. Ils y apprendront les danses nègres, ils pourront aller y raconter leurs exploits guerriers à leur famille, assise en rond sur des peaux de chimpanzé[76]."

Etait-ce pour cela qu'ils s'étaient battus et avaient souffert ? Ils ne pouvaient pas laisser passer une chose pareille. Il y eut une réponse : "Dans les tranchées, on ne cessait de nous répéter que nous étions tous frères et nous étions mis sur le même pied que les soldats blancs. Toutefois, maintenant que la guerre est finie et qu'on n'a plus besoin de nos services, on serait enchanté de nous voir disparaître. En ce qui concerne ce dernier point, nous sommes parfaitement d'accord, à la seule condition cependant que si vous insistez si sévèrement sur le rapatriement des Noirs, nous pourrions demander que tous les Blancs se trouvant en Afrique soient rapatriés également[77]."

Quel *culot** ! Personne n'osait au Congo adopter un ton aussi assuré. Le texte était écrit en un français plus éloquent que l'article qui avait suscité la réaction des Congolais. Ici s'exprimait véritablement une nouvelle voix. Quelques semaines après l'article en question, le 30 août 1919, fut fondée à Bruxelles l'Union congolaise, "société de secours et de développement moral et intellectuel de la race congolaise". Elle ressemblait à l'organisation qu'André Matswa avait fondée en France. L'association comptait au début trente-trois membres, presque tous des anciens combattants. La personnalité la plus importante était l'ancien prisonnier de guerre Paul Panda Farnana ; son compagnon d'infortune Albert Kudjabo devint secrétaire. Ils s'efforçaient d'aider les membres pauvres et malades, de couvrir les frais d'enterrement et de fournir un enseignement gratuit. Mais leur ordre du jour était aussi explicitement politique. Dès 1920, l'Union congolaise exigea que le travail forcé soit allégé, que le travail salarié soit mieux rémunéré et que l'enseignement soit étendu. Elle demanda aussi que les Congolais aient davantage leur mot à dire dans l'administration. Une fois encore : en 1920 ! A l'époque, le pouvoir délibérait tout au plus avec différents chefs de village qu'il avait lui-même nommés. Il valait beaucoup mieux, proposait Paul Panda, laisser les Congolais choisir eux-mêmes un représentant qui pourrait conseiller les autorités coloniales à Boma.

L'Union congolaise de Panda ne cessait de prendre de l'ampleur. Des sections se créèrent à Liège, Charleroi et Marchienne-au-Pont. Les nouveaux membres étaient souvent des matelots congolais qui avaient déserté en débarquant à Anvers. Ces jeunes hommes célibataires qui s'étaient éreintés pendant des semaines dans une salle des machines assourdissante en tant que graisseur, chauffeur ou soutier, ne supportaient pas qu'à l'arrivée leurs collègues blancs gagnent plus du double pour le même travail. Au Congo, il n'y avait pas d'ouvriers blancs, seulement des supérieurs, mais, sur les paquebots transatlantiques, les Congolais purent s'apercevoir pour la première fois du contraste frappant. Et tandis qu'à terre le ressentiment trouvait une issue dans l'extase religieuse, à bord des navires le mécontentement se transformait en une opposition plus prosaïque : les grèves. Dans le port d'Anvers tout comme dans celui de Matadi, on interrompit le travail, surtout quand il fut interdit aux matelots africains de compléter leur maigre salaire par un petit commerce privé de bicyclettes et de machines à coudre. De plus, ils n'avaient pas le droit de s'attarder dans les bars à terre. Le gouvernement craignait qu'ils n'atterrissent dans le quartier chaud ou, pire encore, dans les cafés rouges. Il y avait déjà assez de communistes à Anvers !

Au début, l'Union congolaise put compter sur une certaine sympathie. Paul Panda Farnana était un intellectuel particulièrement éloquent qui avait le rare talent de savoir présenter des idées radicales comme des mesures équitables. Il put s'exprimer pour la première fois en décembre 1920 devant le Congrès colonial national à Bruxelles, où sa contribution sur la nécessité de la participation politique de l'indigène eut beaucoup de succès également parmi les participants belges. Donnez-nous le pouvoir, était son principal message. Il fut même applaudi ! Excellent orateur, il avait truffé son discours de références à des papes qui avaient marqué l'Histoire.

Un an plus tard, Paul Panda participa cependant au deuxième Congrès panafricain, une initiative afro-américaine sous la direction de l'Américain W. E. B. Du Bois, militant radical en faveur des droits civils. Cette participation fit du tort à la réputation de Panda : la presse coloniale lui reprocha son nationalisme, son bolchevisme et son garveyisme. A tort. Le panafricanisme de l'époque voulait libérer et émanciper la race noire dans le monde entier. Durant le congrès, qui dura une semaine et se tint à Londres, Bruxelles et Paris, cette accusation de bolchevisme fut démentie. Le but était simplement de promouvoir l'égalité des Blancs et des Noirs, en temps de guerre comme en temps de paix. La délégation se rendit aussi au Musée colonial à Tervuren, où les participants américains s'échauffèrent à propos de la collection déjà gigantesque qui leur paraissait être le fruit d'un pillage. Paul Panda n'y avait encore jamais songé en ces termes. Les séances à Bruxelles et à Paris furent présidées par Blaise Diagne, un Sénégalais qui siégeait depuis 1914 à l'Assemblée nationale en France, le tout premier Africain dans son cas. Cela dut produire une très forte impression sur Panda. Alors que les colonies françaises pouvaient déjà envoyer des représentants du peuple à Paris, on pouvait devenir, au Congo belge, tout au plus machiniste, enfant de chœur, scout ou gardien de but. Il était hors de question qu'un *chef médaillé** ait voix au chapitre : ce n'était pas de la participation, mais de la récupération. Quelques années plus tard, il prononça crûment son jugement définitif : "Jusqu'ici, la colonisation du Congo n'a été que du vandalisme de « civilisateur » au profit de l'élément européen[78]."

En mai 1929, Paul Panda Farnana retourna dans la colonie. Il s'installa dans son village natal de Nzemba, près de l'océan.

Il y fonda une petite école et une chapelle. Avec cette rare combinaison d'expérience de la vie, de discernement et de tact, il aurait pu devenir un personnage clé dans les négociations en faveur d'un régime colonial plus juste. Mais moins d'un an après son retour, il mourut dans son village, célibataire et sans enfants. Le Congo belge avait perdu sa brillante contre-voix. Il n'avait que 42 ans.

5

L'HEURE ROUGE DE L'ENGAGEMENT

LA GUERRE ET LE CALME TROMPEUR QUI A SUIVI 1940-1955

Réunis en cercle, ils se balançaient. Ils déplaçaient le poids de leur corps d'un pied sur l'autre, un mouvement qui évoquait à la fois une danse prudente et de la marche sur place. Le petit groupe de vétérans avait tout ce qu'il souhaitait. Je les voyais s'affairer dans la Maison des Anciens Combattants de Kinshasa. Leurs uniformes flambant neufs étaient un cadeau de l'armée belge aux forces armées actuelles du pays. Les vétérans les portaient avec fierté, ils tapaient dans leurs mains et chantaient d'une voix grave : "*Saluti, saluti, pesa saluti, tokopesa saluti na bakonzi nyonso*." Un chant militaire. "Salut, salut, garde à vous, nous saluons tous nos chefs." Ces chefs, m'ont-ils précisé par la suite, étaient belges. Tous leurs officiers étaient belges à l'époque. "*Biso baCongolais, biso baCongolais*", se poursuivait le chant : "Nous les Congolais, nous les Congolais, nous avons montré notre force. Aujourd'hui, nous avons conquis Saïo." Ce chant de soldats est simple mais contagieux. Il suffit de l'entendre une fois pour que la mélodie vous trotte dans la tête. Un militaire congolais l'a inventé en 1941, juste avant la prise de la ville de garnison fortifiée de Saïo en Abyssinie, l'actuelle Ethiopie. Les soldats congolais le chantaient sur les plates-formes de chargement des camions qui les ramenaient, à travers de grands espaces arides, du Soudan à Kisangani. Près de soixante-dix ans plus tard, les vétérans le connaissaient encore. Il émanait de ce chant un nouveau genre de fraternité. Oui, les Blancs étaient à l'époque encore leurs supérieurs, mais quelque chose avait tout de même changé pendant la guerre. Le soldat congolais était particulièrement fier de pouvoir offrir à ses officiers blancs la prise de Saïo.

Mais cette fierté n'allait pas durer. Bien plus que la Première Guerre mondiale, la Seconde Guerre mondiale provoqua un rapprochement suivi d'une déception. J'en ai parlé avec André Kitadi, un vétéran de 87 ans, dans le groupe de ceux qui avaient chanté l'air. Il était vice-président de l'association des anciens combattants de 1940-1945, un homme étonnant avec une voix douce et un jugement acéré. Son bureau était vide, en dehors d'une table de travail métallique, d'un drapeau congolais et d'une énorme flaque. L'eau de pluie de la veille au soir continuait à stagner sur le sol en béton. "Nous nous sommes battus pour la Belgique, c'est clair. Les Belges nous ont utilisés pour défendre leurs intérêts. Nous avons participé parce que nous étions disciplinés. Nous avions *la conscience de la guerre** [1]."

Au printemps 1940, quand l'armée allemande terrassa la Belgique en dix-huit jours, le statut juridique du Congo belge resta confus pendant plusieurs mois. Cet état de fait s'expliquait par la déconfiture totale de la mère patrie elle-même. Tandis que le gouvernement belge fuyait vers la France puis vers l'Angleterre et se rangeait aux côtés des Alliés, le roi Léopold III, petit-neveu de Léopold II, reconnut la victoire allemande. Il devint prisonnier de guerre et vécut vers la fin de la guerre dans l'Allemagne nazie. Qui le pouvoir colonial devait-il écouter ? Le roi d'un pays qui n'existait plus en tant qu'Etat souverain, mais avait encore une colonie, ou bien son ministre des Colonies en exil qui était censé être administrateur général du Congo belge ? Dans la colonie même, les avis étaient partagés. Les forces conservatrices tel monseigneur de Hemptinne, le puissant évêque du Katanga, penchaient pour le roi et se résignaient à la victoire allemande et au nouvel ordre mondial fasciste. En outre, beaucoup d'industriels avaient des sympathies d'extrême droite. Ils voulaient pouvoir continuer de livrer des matières premières à l'Allemagne, ce que firent certains d'entre eux pendant la guerre, en passant par le Portugal. L'antisémitisme se manifestait ici et là. Dans l'eldorado d'Elisabethville, une petite communauté juive s'était constituée au fil du temps. Le rabbin local, le seul au Congo, était consterné de voir les vitrines des commerçants juifs maculées de croix gammées et de slogans comme *sale juif** [2]. En définitive, le gouverneur général Pierre Ryckmans ne laissa planer aucun doute : le Congo belge choisirait unanimement le camp des Alliés et continuerait de livrer combat contre le fascisme. Officiellement, son administration relevait de l'autorité du ministre des Colonies en exil mais, dans la pratique, il disposait d'une grande autonomie. Le courage personnel dont il fit preuve fut plus déterminant que n'importe quelle directive de Londres.

Les colonies françaises hésitèrent elles aussi sur le camp à choisir : la plupart optèrent pour le régime collaborateur de Pétain à Vichy, quelques-unes rejoignirent la France libre de De Gaulle. Ainsi, le conflit entre les Alliés et les puissances de l'Axe s'étendit au continent africain. Certes l'Allemagne n'avait plus de possessions outre-mer depuis 1918, mais de grandes parties de l'Afrique se retrouvèrent tout de même sous la sphère d'influence nationale-socialiste. Qui plus est, le nouvel allié de l'Allemagne, l'Italie, avait des colonies. Depuis la fin du XIXe siècle, elle dominait, dans la Corne de l'Afrique, l'Erythrée et la Somalie italienne, des territoires sur la côte de la mer Rouge qui avaient acquis encore plus d'intérêt sur le plan stratégique depuis l'ouverture du canal de Suez. En 1911, l'Italie put annexer la Libye et en 1935 Mussolini envahit l'Ethiopie d'Hailé Sélassié, le seul grand Etat en Afrique qui n'avait encore jamais été colonisé. Là aussi, ce curieux empire ne serait qu'un bref intermède. Une brièveté due, entre autres, aux soldats du Congo belge.

Quand le gouvernement belge en exil rejoignit les Alliés, Churchill demanda un appui matériel et militaire de la part du Congo belge. En Afrique du Nord, la Libye menaçait en effet l'Egypte (qui certes avait accédé à l'indépendance en 1922, mais qui était encore, à bien des égards, dépendante de l'Angleterre), tandis que la Corne de l'Afrique constituait un danger pour le Kenya et le Soudan britanniques. Depuis les colonies britanniques, Churchill envoya des troupes en Abyssinie mais, à partir de février 1941, le onzième bataillon de la Force publique vint grossir leurs rangs. Ils étaient environ trois mille soldats et deux mille porteurs. Il y avait un seul officier belge pour cinquante Africains. Ils se déplacèrent par camions et par bateau au Soudan, où les températures l'après-midi montaient jusqu'à 45 degrés à l'ombre. De là, ils envahirent l'ouest montagneux de l'Abyssinie. Les camions furent repeints : sur la peinture verte encore fraîche, on projeta du sable brun pour améliorer le camouflage. Mais dans cette région inhospitalière, les soldats devaient la plupart du temps marcher. La journée, les troupes mouraient presque de chaud, la nuit, à haute altitude, elles claquaient des dents. Quelques semaines plus tard, quand la saison des pluies se déchaîna, il fallut parfois bivouaquer dans la boue. Les petites villes d'Asosa et de Gambela purent être prises sans grande difficulté. Au bout de quelques fusillades courtes mais intenses, les troupes italiennes battirent en retraite. Leurs officiers ne prirent même pas la peine d'emporter leurs sabres ou leurs raquettes de tennis. Le combat fut bien plus difficile à Saïo, une importante ville de garnison italienne près de la frontière soudanaise. Après de violentes canonnades, le 8 juin 1941, les Italiens démoralisés demandèrent une trêve, alors qu'ils étaient nettement plus nombreux et puissants sur le plan militaire. Les commandants belges acceptèrent sous réserve d'une capitulation totale. Pas moins de neuf généraux italiens furent faits prisonniers, dont Pietro Gazzera, le commandant de l'armée italienne en Afrique-Orientale, et le comte Arconovaldo Bonaccorsi, l'inspecteur général des milices fascistes qui, pendant la guerre civile en Espagne, avait terrorisé Majorque. En outre, 370 officiers italiens (dont 45 de haut rang) furent faits prisonniers, ainsi que 2 574 sous-officiers et 1 533 soldats indigènes. Par ailleurs, 2 000 troupes irrégulières indigènes furent renvoyées chez elles.

Mais la prise de Saïo présentait surtout un grand intérêt sur le plan matériel et stratégique. La Force publique s'empara de 18 canons et de 5 000 bombes, 4 mortiers, 200 mitrailleurs, 330 pistolets, 7 600 fusils, 15 000 grenades et 2 millions de cartouches. De plus, les Belges et les Congolais confisquèrent 20 tonnes de matériel radio, dont 3 postes émetteurs complets, 20 motos, 20 voitures, 2 chars blindés, 250 camions et – ce qui avait son importance dans les hautes terres – 500 mules. Manifestement, on assistait à la liquidation d'une armée. Ce

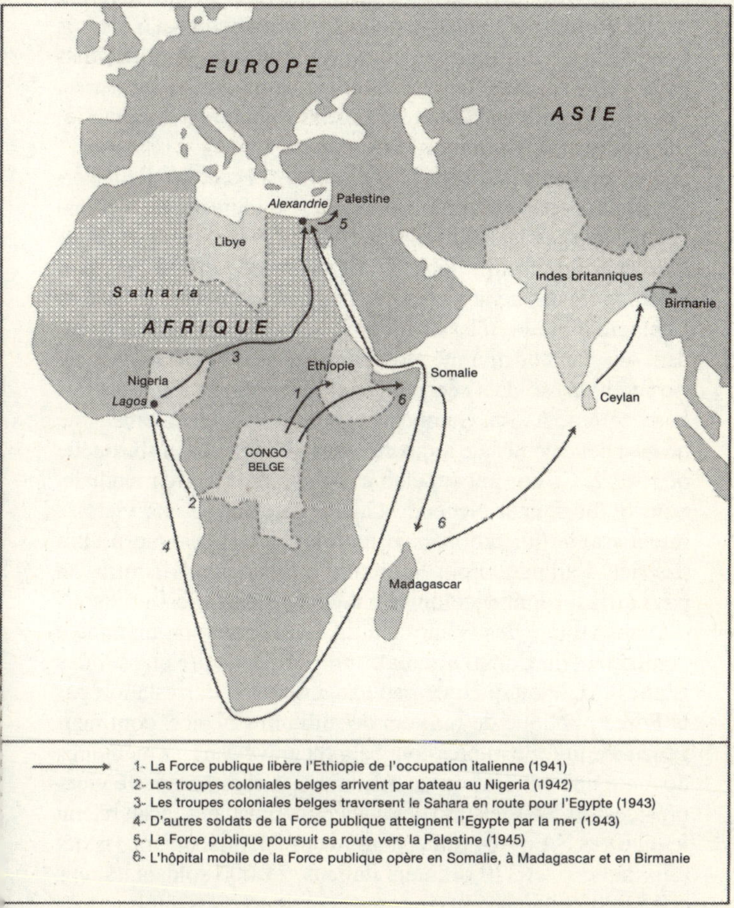

Carte 6
Le Congo belge pendant la Seconde Guerre mondiale

fut la conquête belge la plus importante contre le fascisme et même le plus grand triomphe militaire que les troupes belges aient remporté, mais les Congolais furent ceux qui payèrent le plus lourd tribut. Du côté belge, il y eut 4 morts et 6 blessés graves, du côté africain 42 hommes furent tués, 5 portés disparus et 193 succombèrent à la maladie ou à leurs blessures. Parmi les porteurs, 274 perdirent la vie : ils furent surtout victimes d'épuisement ou de la dysenterie.

La campagne d'Abyssinie menée par la Force publique permit aussi le retour d'Hailé Sélassié. L'Ethiopie n'avait été une colonie que pendant cinq ans, de 1936 à 1941, et l'empire séculaire était à présent rétabli. C'est pour cette raison que, peu après, les rastas de la Jamaïque allaient commencer à vénérer l'empereur Hailé Sélassié comme une divinité. Il dut cependant son statut de divinité plus à l'armée qu'à la métaphysique. Ce furent les soldats congolais qui libérèrent en Ethiopie des lieux comme Asosa, Gambela et surtout Saïo. Le colonialisme belge a donc contribué indirectement à la dimension spirituelle du reggae. Ce que Tabora était à la Première Guerre mondiale, Saïo le fut pour la Seconde Guerre mondiale : une victoire retentissante qui redonna le moral aux troupes. Ce n'était pas rien d'ailleurs. Pour la première fois dans l'Histoire, un pays africain était décolonisé par des soldats africains. "Nous n'avons vu que des Blancs", a dit Louis Ngumbi, un ancien combattant du Congo oriental, "nous n'avons tiré que sur des Blancs[3]." C'était quelque peu exagéré, mais l'arrestation par la Force publique de milliers de militaires blancs, dont neuf généraux, fit forte impression. Saïo fut gravé dans les mémoires de toute une génération de militaires. André Kitadi, le vice-président de l'association des anciens combattants, avait retenu les chiffres : "En Abyssinie, nous avons fait prisonniers 9 généraux italiens, et 370 officiers italiens, 25 000 soldats italiens et 15 000 indigènes[4]."

Kitadi s'engagea en 1940 dans l'armée. La guerre avait déjà commencé à l'époque, mais peu lui importait. A l'armée, on recevait une bonne formation. Il devint télégraphiste. Pendant la campagne d'Abyssinie, il était de réserve dans la Province orientale, à la frontière soudanaise, prêt à partir. Cela ne s'avéra pas nécessaire. Quand les troupes revinrent en chantant et furent accueillies par la population en liesse, il fut transféré à Boma. Il n'allait pas y rester longtemps. Maintenant que la Corne de l'Afrique était tombée, les Alliés se concentraient sur l'Afrique de l'Ouest et surtout sur l'Afrique du Nord. A l'automne 1942, quand le Maroc et l'Algérie furent reconquis sur Pétain, il monta à bord d'un paquebot qui l'emmena avec ses camarades à Lagos, au Nigeria. Depuis la colonie britannique devait s'engager le combat contre le Dahomey (aujourd'hui le Bénin), une colonie française encore soumise au régime de Vichy. “Nous avons passé quatre jours en mer. A notre arrivée à Lagos, on nous a transférés dans une caserne, à trois cents kilomètres de là. Nous y avons suivi une formation. Pendant six mois.” Les hommes de la Force publique sont entrés en contact avec les troupes coloniales britanniques. Kitadi s'est même vu remettre un uniforme britannique sur mesure, mais le commando restait belge. Début mars 1943, il reçut son ordre de marche. Le Dahomey avait rejoint le camp de De Gaulle, après les succès des Alliés dans la partie française de l'Afrique du Nord. Le dernier bastion germano-italien en Afrique était la Libye. C'est de là que le général Rommel attaqua l'Egypte pour pousser ensuite jusqu'au canal de Suez. Les Alliés, qui voulaient à tout prix empêcher sa progression, renforcèrent leurs effectifs en Egypte. Kitadi devait se débrouiller pour atteindre l'Egypte depuis le Nigeria. Or ce n'était pas une mince affaire, tant que la mer Méditerranée était contrôlée par l'Italie. Alors, par voie terrestre ? En traversant toute l'Afrique ? Le pays voisin, le Tchad, une colonie française, était à l'époque dirigé par un gouverneur noir, Félix Eboué. Il soutenait de Gaulle et ouvrit son territoire aux troupes alliées pour leur permettre de passer. Cela signifiait, cependant, une très longue traversée du désert…

“Une dizaine, peut-être même une quinzaine de colonnes sont parties. Une colonne se composait de cent cinquante camions et comptait un seul officier belge et un seul marconiste. En tant qu'*opérateur**, je devais assurer la communication avec les autres colonnes. Nous sommes allés du Nigeria vers le Soudan et nous avons traversé le grand désert nubien.

A la boussole. Je n'oublierai jamais la traversée de ce désert. Il y avait des tempêtes de sable qui nous empêchaient de voir quoi que ce soit pendant une heure parfois. Quand le soleil commençait à chauffer, on voyait des choses qui n'existaient pas. Il nous a fallu plus d'un mois. Parfois nous n'avancions que de vingt kilomètres par jour. Il y avait des ravins. Des accidents se produisaient… Nous vivions de biscuits et de boîtes de corned-beef. Nous ne recevions qu'un demi-litre d'eau par jour. Beaucoup sont tombés malades… Sur les deux mille soldats, deux cents sont morts en chemin… Nous vivions comme des animaux, nous ne pouvions pas nous laver… Cela nous a pris trois mois pour faire tout le trajet de Lagos au Caire. Nous avons roulé pendant des milliers et des milliers de kilomètres[5]."

La voix lui a manqué. Il s'est interrompu. Je n'avais jamais entendu parler de cette traversée héroïque du Sahara. Je lui ai demandé s'il avait déjà fait consigner son histoire. "Non", a-t-il dit, "c'est la première fois qu'un Blanc m'interroge là-dessus."

Il y avait bien sûr une autre façon d'atteindre l'Egypte. Martin Kabuya, l'homme de 92 ans dont le grand-père était présent lors de la prise de Tabora en 1916, prit cet autre chemin. Lui aussi était stationné dans une caserne au Nigeria, lui aussi en tant que marconiste. Il était toujours aussi imposant, mais sa voix était devenue aussi fragile qu'une coquille d'œuf. Il m'a chuchoté son histoire. "J'étais très, très doué en morse. *Titítiiii-ti*. Je ne faisais jamais d'erreur, même quand je ne me fiais qu'à ce que j'entendais. Quand on est capable de ça, le reste c'est facile. Le 24 mars 1943, j'ai dû embarquer sur un navire hollandais de la marine marchande, la *Duchesse de Ritmond*. Nous avons navigué sur l'océan Atlantique en direction de l'Afrique du Sud. Là-bas, nous devions contourner le cap de Bonne-Espérance, puis nous diriger sur le golfe d'Aden et la mer Rouge jusqu'au canal de Suez. Il y avait bien une centaine de bateaux. Près de l'Afrique du Sud, certains se sont fait attaquer par des avions japonais. Sur un autre bateau, il y a eu vingt-sept morts. Les soldats dormaient entassés dans la cale. Dans de mauvaises conditions[6]."

En Egypte, Kitadi et Kabuya participèrent aux opérations militaires. André Kitadi dit avoir passé un an dans le désert près d'Alexandrie d'où l'on tirait sur des positions et des avions ennemis. Le danger venait de Libye et de Sicile. "Le jour, il faisait une chaleur étouffante, la nuit nous devions porter des gants pour nous protéger du froid. Le dimanche, nous avions le droit d'aller faire un tour en ville, à Alexandrie, mais elle était bombardée par les Allemands. Il y avait énormément d'avions." Martin Kabuya était à Camp Geneva, un grand dépôt près du canal de Suez, où il devait intercepter et décoder les messages en morse de l'ennemi. "J'étais dans la *Section d'écoute* *, nous écoutions les messages sur leurs déplacements de troupes."

La guerre les mit en contact avec d'autres peuples : des officiers britanniques, des militaires nigérians, des Arabes, des prisonniers de guerre allemands et italiens. Le monde fermé de la caserne au Congo belge était loin derrière eux. Kitadi l'a raconté : "Il y avait beaucoup de prisonniers de guerre italiens à Alexandrie. Nous les gardions sous surveillance dans le désert derrière des fils barbelés, mais ils creusaient des tunnels. Plus loin, il y avait notre dépôt de munitions. Les Arabes voulaient les voler. Ce sont de grands voleurs", a-t-il dit, amusé. Kabuya aussi vit des prisonniers de guerre. "Un jour, un prisonnier de guerre s'est rué sur moi, un grand SS, il faisait bien deux mètres. Il avait réussi à se procurer un revolver. Je lui ai planté ma baïonnette dans le ventre. Nos baïonnettes étaient empoisonnées. C'étaient des armes très efficaces. Ce SS a été mon seul mort."

Vers la fin de la guerre, ils furent tous deux transportés par camion en Palestine, mais la situation y était plus calme. Il fallait tout au plus surveiller un peu la frontière près de Haïfa. Le plus grand danger que Kitadi y connut fut un empoisonnement alimentaire qui le fit atterrir à l'hôpital de Gaza : une viande rôtie avariée.

On ignore généralement que la Force publique a apporté son soutien aux opérations alliées. En termes d'effectifs, sa contribution fut nettement inférieure à celle apportée lors de la Première Guerre mondiale. Les camions remplacèrent en grande partie les dizaines de milliers de porteurs d'autrefois. Par conséquent, au Congo, le souvenir de cette époque s'effrite rapidement. A Kinshasa, une ville de huit millions d'habitants, il ne reste plus qu'une poignée de vétérans en vie. L'un d'eux, Libert Otenga, est encore capable de chanter à tue-tête *We're going to hang out the washing on the Siegfried Line*. J'ai tenu absolument à lui parler parce qu'il comptait parmi les très rares personnes qui avaient fait partie de l'hôpital ambulant belge. Cette unité mobile de médecins belges et d'infirmiers congolais effectua une invraisemblable pérégrination pour suivre les lointains champs de bataille de la Seconde Guerre mondiale. Elle prit fin quelque part dans la jungle de Birmanie, l'actuel Myanmar. Le Congo belge aida les Britanniques non seulement sur le plan militaire et matériel, mais aussi sur le plan médical. L'hôpital ambulant belge était connu comme "*the 10*th BCCCS" (*the tenth Belgian Congo Casualty Clearing Station*). Il était équipé de deux tentes opératoires et d'une tente de radiographie. Dans les autres tentes, trente patients pouvaient être soignés dans des lits et deux cents sur des brancards. Pendant la guerre, l'équipe soignante s'occupa de sept mille blessés et de trente mille malades. Même au plus fort de son activité, elle ne se composa que de vingt-trois Belges, dont sept médecins, et de trois cents Congolais[7]. Libert Otenga était l'un d'eux. Quand j'ai fini par le trouver, il était encore en mesure de me raconter sans effort son odyssée. Sa voix sonnait comme le tocsin et ses phrases s'enchaînaient à un rythme régulier.

"J'étais auxiliaire médical. En 1942, je suis entré dans l'armée. D'abord nous sommes allés en Somalie. Là-bas, j'ai travaillé avec un chirurgien belge. Le thorax, l'abdomen, les os. Nous pratiquions toutes sortes d'interventions. Puis nous sommes partis avec les troupes britanniques et belges pour Madagascar. Là-bas, il y avait des prisonniers de guerre allemands. L'Allemand est un cas à part. Vraiment ! L'un d'eux avait besoin d'une transfusion sanguine de toute urgence et le docteur Valcke, un des médecins belges, était prêt à donner son sang. Mais il a refusé ! Le sang d'un allié, il ne voulait pas en entendre parler. Celui d'un Noir était totalement exclu. Il voulait sauver son honneur, et nous sa vie. *Bon**, pendant qu'il dormait, nous lui avons tout de même donné ce sang."

Il en riait encore de bon cœur. Il ne savait pas que les prisonniers de guerre, même contre leur gré, bénéficiaient de la protection de la troisième convention de Genève, qui stipule qu'ils doivent être traités avec humanité. Mais il poursuivait imperturbablement sa marche à travers ses souvenirs. “De Madagascar, nous avons pris le bateau pour Ceylan. Colombo. Là-bas, l'hôpital et l'armée ont été réorganisés. On s'est ensuite rendus en bateau en Inde.” Ils ont dû sans doute aller vers le delta du Gange, aujourd'hui le Bangladesh. “Là-bas nous avons pris un autre bateau, prévu pour la navigation intérieure. Nous avons remonté le fleuve Brahmapoutre. Une fois débarqués, nous avons dû encore parcourir une longue distance à pied jusqu'à la frontière birmane.” Les forces japonaises et les forces antifascistes, qui comptaient parmi elles des Britanniques, y avaient engagé de violents combats. Le Japon avait conquis la région en 1942. “Le poste frontière s'appelait Tamu. Nous sommes entrés en Birmanie, puis arrivés dans la vallée du Chindwin. Nous l'avons parcourue jusqu'à Kalewa. Là-bas, nous avons installé notre hôpital.” Otenga connaissait encore par cœur tous les noms des lieux. Il les a même épelés pour moi, dans un staccato militaire. “Ka-le-wa, vous avez bien noté ? C'est là que nous soignions les gens. Les militaires et les civils. Beaucoup étaient blessés par balle. Je me souviens d'un soldat anglais qui avait reçu un shrapnel dans les intestins. Ce genre de choses.” Le fait que des infirmiers congolais aient soigné dans la jungle asiatique des Birmans et des *tommies* est un chapitre totalement inconnu de l'histoire coloniale, un chapitre qui bientôt sera entièrement effacé. “C'est notre séjour en Birmanie qui a été le plus long. Nous y avons effectué des opérations complexes. Nous disposions même d'un avion-ambulance. Finalement, nous avons été sauvés par la bombe atomique ! A l'époque, le Japon a bien été obligé de libérer la Birmanie[8].” Et pour insister sur la victoire, il a de nouveau chanté cette chanson à propos de la ligne Siegfried.

Cette idée n'est sûrement pas venue à l'esprit du colonel Paul Tibbets quand il a appuyé sur le bouton. C'était le 6 août 1945. Son avion s'appelait *Enola Gay*. Quelques secondes plus tard, la ville en dessous de lui n'allait plus être une ville mais un nom : Hiroshima. L'idée ne lui est sûrement pas venue que ce qu'il lâchait en tant qu'Américain au-dessus du Japon venait en fait du Congo. Les premières bombes atomiques américaines furent fabriquées avec de l'uranium katangais. Quand la nouvelle de la terrible dévastation lui parvint dans l'intérieur des terres en Birmanie, Libert Otenga ne savait pas qu'il était "sauvé" grâce à un minerai provenant du sous-sol de son pays. Au Congo non plus, les mineurs du site de Shinkolobwe n'auraient jamais pu se douter que ce qu'ils exhumaient, cette roche jaune lourde comme du plomb qui allait être transformée en *yellow cake*, entraînerait tant de ravages de l'autre côté de la planète. Personne n'en savait rien. Dans le plus grand secret, Edgar Sengier, alors directeur de l'Union minière, s'était arrangé pour que les stocks d'uranium du Congo ne tombent pas entre de mauvaises mains. Shinkolobwe était le gisement le plus important du monde. Quand la menace nazie s'était amplifiée, il s'était occupé de faire transporter par bateau, juste avant la guerre, mille deux cent cinquante tonnes d'uranium, la production de trois ans, du Katanga à New York puis avait fait inonder la mine. Seule une petite réserve, en Belgique, tomba entre les mains des Allemands. On ignorait encore quelle était précisément l'application militaire de l'uranium (la matière servait surtout, à l'époque, de colorant dans l'industrie céramique), mais la physique nucléaire à la fin des années 1930 avait montré qu'il était possible de déclencher, avec l'uranium, une réaction en chaîne sans frein. Einstein envisagea d'en informer la reine Elisabeth de Belgique – il la connaissait et partageait sa passion de la musique – mais décida finalement de mettre au courant l'ambassadeur de Belgique à New York et, en définitive, le président Roosevelt lui-même. Quand le projet Manhattan démarra en 1942, les chercheurs américains qui travaillaient sur la bombe atomique se mirent en quête d'uranium de qualité. Le minerai canadien qu'ils utilisaient était en effet très peu actif. A leur surprise, il s'avéra qu'une gigantesque réserve d'excellente qualité était stockée dans les Archer Daniels Midland Warehouses, un entrepôt du port de New York. Il y eut des tractations animées avec la Belgique, qui tira de l'opération 2,5 milliards de dollars sonnants et trébuchants, ce qui allait permettre de financer la reconstruction. La Belgique eut en outre accès à la technologie nucléaire. Un centre de recherche fut créé à Mol, en Flandre, et un petit réacteur nucléaire installé à Kinshasa, le premier d'Afrique[9]. Les Américains aussi contribuèrent à la construction de deux grandes bases aériennes au Congo, une près de la côte à Kitona, et une à Kamina au Katanga. Encore une fois : pendant la Seconde Guerre mondiale, presque personne au Congo n'était au courant de tout cela. Mais l'utilité stratégique de l'uranium fut déterminante pour l'intérêt particulier que les Etats-Unis portèrent au Congo, un intérêt qui commença à se manifester pendant les années de guerre, qui fut décisif à l'époque de l'indépendance et qui allait durer jusqu'à la fin de la guerre froide en 1990.

Pourtant, cet intérêt ne se limitait pas à l'uranium. Pour les Alliés qui menaient leur combat contre l'Allemagne, l'Italie et le Japon, le Congo représentait une des principales sources d'approvisionnement. Au début de 1942, après la destruction de Pearl Harbor, les Japonais avaient conquis de vastes pans de l'Asie du Sud-Est : l'Indonésie, Singapour, la Malaisie et la Birmanie. Les importations en provenance de ces régions à destination du camp des Alliés s'étaient donc totalement interrompues. Le Congo dut venir en renfort. Là encore, ses minerais et ses matières premières furent très appréciés. Le cuivre servait à fabriquer les douilles des balles et des obus. Le tungstène était nécessaire aux armes antichars. L'étain et le zinc entraient dans la composition du bronze et du laiton. Même les produits végétaux comme le caoutchouc, le copal, le coton et la quinine présentaient une valeur stratégique. L'huile de palme était transformée en savon Sunlight, mais aussi utilisée dans la sidérurgie.

Les militaires congolais ne furent donc pas les seuls à apporter leur contribution aux actions alliées. Les mineurs, les ouvriers des usines et les journaliers dans les plantations durent eux aussi mobiliser tous leurs efforts. Comme lors de la Première Guerre mondiale, l'économie congolaise fonctionnait à pleine capacité. Les travailleurs, qui étaient cinq cent mille en 1939, atteignirent le nombre de huit cent mille en 1945, voire un million[10]. Le Congo devint après l'Afrique du Sud le pays le plus industrialisé de l'Afrique subsaharienne.

Depuis l'entre-deux-guerres s'y étaient créées des usines de textile, des savonneries, des raffineries de sucre, des cimenteries, des brasseries et des usines de tabac. Cette intense activité industrielle n'engendra cependant pas aussitôt la prospérité. La guerre entravait l'arrivée des marchandises dans la colonie. Il n'y avait pas d'étoffes, d'outils, de médicaments. Les médecins étaient partis, les petits hôpitaux n'avaient pas de stocks, sur les voies fluviales naviguaient nettement moins de bateaux. Plus l'offre diminuait, plus les prix montaient, bien sûr. Et comme les salaires restaient fixes, le pouvoir d'achat du travailleur moyen recula de façon désastreuse[11]. A Elisabethville, qui était loin dans l'intérieur des terres et très dépendante des importations, le prix d'un coupon de tissu en provenance de Léopoldville augmenta de plus de 400 %. Les tissus importés d'Angleterre ou du Brésil enregistrèrent même une hausse de 700 %[12]. Une couverture devint quatre fois plus chère dans la petite ville minière de Jadotville[13]. Un véritable problème, sachant que les nuits katangaises peuvent être fraîches.

Face à une inflation aussi spectaculaire, des troubles sociaux étaient inévitables. Au début et à la fin de la guerre, des grèves et des révoltes éclatèrent. En novembre 1941, des mineurs à Manono, dans le nord du Katanga, tentèrent pendant une grève d'abaisser le drapeau belge et de le remplacer par un drapeau noir. Les hommes portaient une couronne de buis. La plupart étaient des adeptes de la religion kitawala. Ils avaient tué l'ensemble de leurs chèvres et de leurs chiens, convaincus d'être à l'aube d'un monde nouveau[14].

Un mois plus tard, un important mouvement de contestation survint à Elisabethville, capitale du Katanga. Les travailleurs blancs de l'Union minière, qui s'étaient regroupés en un syndicat, protestèrent contre la faiblesse sans précédent du pouvoir d'achat, et leur mécontentement gagna les camps ouvriers noirs. Là aussi, la revendication était une augmentation substantielle des salaires. En l'occurrence, la contestation ne prit pas la forme d'une renaissance religieuse (comme avec Simon Kimbangu en 1921) ou d'une révolte ethnique (comme avec les Pende en 1931), mais se concrétisa en cette année 1941 par des exigences salariales transparentes et très compréhensibles. Pourtant, les puissances coloniales et industrielles réagirent comme elles avaient coutume de le faire. Le syndicalisme était encore interdit aux indigènes. Le jour le plus important de la grève, les travailleurs affluèrent vers le stade de football de la ville pour s'y réunir. Ce choix ne pouvait être plus symbolique : le terrain de football, le lieu censé permettre de discipliner les masses, devint un lieu de protestation populaire et de répression sanglante. Amour Maron, gouverneur de la province du Katanga, essaya avec le chef du personnel de l'Union minière d'apaiser les grévistes, mais ces derniers refusèrent de s'avouer vaincus. Leur contremaître, Léonard Mpoyi, était un employé qui avait fait des études. Un des grévistes présents à cette occasion a raconté l'événement : "Maron dit : « Allez travailler ! Nous vous avons déjà augmenté les salaires. » Nous avons dit non [...] Les gens se mirent à hurler et à le huer. Alors Maron demanda à nouveau à Léonard Mpoyi : « Tu ne veux pas partir ? » Léonard Mpoyi répondit : « Je refuse. Nous voulons que tu nous donnes une preuve, un document écrit attestant que la société a majoré nos salaires. »" Ce document ne fut pas montré. Il y eut un mouvement de panique. Les soldats de la Force publique entrèrent en action. "Maron donna l'ordre aux militaires de tirer sur les travailleurs. Les militaires exécutèrent les ordres et tirèrent sans pitié[15]." Il y eut au moins soixante morts et cent blessés. La première victime fut Léonard Mpoyi lui-même[16].

Cette répression sanglante de la grève fit forte impression à Elisabethville. André Yav, l'ancien boy à qui nous avons déjà donné la parole, écrivit à ce propos dans son histoire singulière : "Cette année-là, on était en pleine guerre de 1940-1945. Beaucoup de gens, vraiment beaucoup sont morts. Ils sont morts pour une augmentation de salaire. Ce jour-là, la population d'Elisabethville a eu beaucoup de chagrin à cause de ce bwana gouverneur[17]."

La grande grève d'Elisabethville marqua un tournant dans l'histoire sociale du Congo, car ce fut la première manifestation ouverte de contestation urbaine. Elisabethville était la deuxième ville du pays et le moteur économique de tout le Congo. L'Union minière était le navire amiral de l'industrie coloniale ;

on faisait partout grand cas des avantages sociaux confortables qu'elle accordait. La politique paternaliste du *statu quo* avait cependant ses limites. On n'était pas prêt à tout supporter.

Pendant la guerre circulèrent dans les quartiers populaires de Léopoldville des légendes d'une inventivité qui en dit long sur l'attitude vis-à-vis du pouvoir blanc. Dans la légende de Mundele-Mwinda ("le Blanc et sa lampe-tempête"), un Européen imaginaire muni d'une lampe magique se promenait la nuit dans les rues de Kinshasa, à la recherche de Noirs. Quand une personne se retrouvait dans le faisceau de lumière, elle était aussitôt paralysée. Mundele-Mwinda l'emmenait chez une autre créature horrible, Mundele-Ngulu, littéralement "porcher blanc" (*ngulu* signifie "porc" en lingala). Ce porcher engraissait la victime jusqu'à ce qu'elle se transforme en cochon. "Et c'est de ce cochon-là qu'on utilisait la chair pour faire des boudins, pour faire du jambon, pour nourrir les Blancs pendant la Guerre[18]." Ces histoires racontées par les parents à leurs enfants pour les empêcher d'aller dans les rues la nuit illustrent l'image sympathique que l'on avait encore du Blanc. On a là l'inversion parfaite de l'histoire de Pierre le Noir qui se racontait dans la Belgique catholique de l'époque.

Les adultes croyaient aussi à ces légendes. Les récits populaires sur les méchants Blancs incitaient les gens à chercher leur salut dans des religions messianiques ; ils témoignaient d'une grande méfiance vis-à-vis du colonisateur. En février 1944, à la caserne de Luluabourg, des soldats s'insurgèrent. Le motif de la mutinerie était curieux : un vaccin. Quand les infirmiers militaires voulurent vacciner les soldats, la rumeur se répandit qu'il s'agissait d'une ruse des Blancs pour les exterminer. Les soldats furent très nombreux à se retourner contre leurs supérieurs, à quitter la caserne et à se disperser à la ronde. Les mutins et les civils se livrèrent à des pillages. Ils s'attaquèrent aux services des impôts, à des entrepôts et à quelques maisons de Blancs. La répression fut implacable. L'ampleur de ce mouvement de révolte, parti d'une rumeur non fondée, montre à quel point la méfiance était profonde[19].

Des troubles sociaux éclatèrent aussi ailleurs vers la fin de la guerre. Au printemps 1944, dans la province de Kivu, dans la région aux alentours de Masisi, une révolte sociale et religieuse fut provoquée par des adeptes du kitawala. Parmi les rebelles, beaucoup travaillaient dans les mines d'or. Trois Blancs perdirent la vie, des centaines de Noirs furent tués et le chef de la révolte fut pendu. En novembre 1945, à Léopoldville, cinq à six mille ouvriers et boys interrompirent leur travail. Le personnel des chemins de fer répandit la nouvelle dans la ville portuaire de Matadi. Les dockers se joignirent au mouvement. Ils déboulonnèrent les rails et coupèrent les lignes téléphoniques. Mille cinq cents grévistes armés de barres de fer, de marteaux et de matraques cloutées traversèrent la ville. Certains d'entre eux furent tués par des troupes chargées du maintien de l'ordre. On ignore le nombre de victimes, mais parmi elles se trouvaient aussi des femmes et des enfants. L'armée occupa les lieux, le couvre-feu fut instauré. Les jours suivants, la surpopulation fut telle dans la prison de Matadi que des insurgés moururent d'asphyxie[20]. Au lendemain de la guerre mondiale, le Congo ne sentit pas les effets de la libération. Quand Bruxelles fut libérée, les Congolais dansèrent dans les rues de Léopoldville. Ils espéraient que tout allait changer. Mais cette euphorie allait être de courte durée.

Tandis que dans les villes les ouvriers imploraient un meilleur salaire, au fin fond de la brousse, où régnait pourtant le calme, la guerre se faisait aussi sentir. En dehors de la mobilisation militaire, qui arrachait les jeunes à leurs villages, la mobilisation civile produisait un profond impact. Tous les villages devaient participer à ce que l'on appelait l'"effort de guerre". Le nombre de jours de travail à consacrer à l'Etat doubla, passant de soixante à cent vingt. Les petites exploitations agricoles se retrouvèrent ainsi souvent en difficulté. C'est surtout dans la forêt équatoriale qu'on apporta la plus lourde contribution à l'*effort de guerre**. Il fallut construire des routes à travers de grands marécages et bâtir des ponts enjambant de larges rivières. Les villageois étaient contraints de récolter des noix de palme et du copal et même de recommencer à saigner les lianes de caoutchouc. En 1939, le Congo ne produisait plus que 1 142 tonnes de caoutchouc, une fraction de ce qui avait été généré pendant le boom du caoutchouc, mais, en 1944, il parvint à produire pas moins de 11 337 tonnes[21]. Une production multipliée par quatorze en cinq ans, en pleine guerre mondiale.

La lecture des carnets de guerre exceptionnels de Vladi Souchard, pseudonyme de Vladimir Drachoussoff, un jeune ingénieur agronome belge d'origine russe, permet de se représenter très concrètement le profond impact de la guerre sur les régions rurales. Ses parents s'étaient enfuis en Belgique pendant la révolution d'Octobre ; il n'avait à l'époque que quelques mois. Fin mai 1940, à 22 ans, quelques semaines après le début de la guerre, il était parti pour la colonie. Il y exerça d'abord son métier dans une plantation de canne à sucre dans le Bas-Congo, puis il entra dans la fonction publique coloniale. En tant que jeune agronome, il allait d'un village à l'autre pour exiger l'*effort de guerre**. Son champ d'action se situait, dans la province de l'Equateur, aux environs du lac Léopold. Ce fils d'émigrés originaire de Bruxelles se trouvait soudain responsable de l'agriculture dans une zone de dix mille kilomètres carrés, une région sans routes ni industries dont certaines parties n'offraient à la vue qu'"un mélange confus d'eau, de boue et d'arbres[22]". Il se déplaçait à pied, à bicyclette ou en pirogue et se rendait dans des villages où depuis des années pas un colonial n'était venu. Ses cartes dataient, les villages n'étaient plus au même endroit et les lieux où les fonctionnaires de l'Etat étaient censés passer la nuit étaient souvent laissés à l'abandon. Pendant la guerre, les nouvelles recrues parmi les fonctionnaires coloniaux se faisaient attendre ; il n'était pas question de relève. Vladimir Drachoussoff dut enjoindre à la population de cultiver du riz et des arachides et de retourner récolter du caoutchouc. Cette dernière tâche faisait frémir les autochtones. C'était la région où le caoutchouc rouge avait infligé les plus profondes blessures. Les jeunes avaient entendu les histoires de leurs parents ou de leurs grands-parents. Certains témoins n'avaient pas même besoin d'en parler. Drachoussoff le voyait de ses propres yeux : "J'ai vu personnellement dans le Lopori et plus tard au Lac [le lac Léopold], deux vieux Noirs qui n'avaient plus de main droite et qui se souvenaient[23]". Beaucoup de villageois affirmaient par conséquent qu'il n'y avait pas de lianes de caoutchouc dans leur région, qu'ils n'en avaient jamais vu, ou bien qu'il n'y en avait plus. Ainsi commença *la dure bataille du caoutchouc** [24], une bataille à propos de laquelle Drachoussoff se risqua tout de même à formuler quelques commentaires : "Quel droit avons-nous de mêler les Congolais à notre guerre ? Aucun. Mais la nécessité commande… et puis la victoire d'Hitler amènerait ici une tyrannie raciste qui ferait paraître bénins les abus de la colonisation[25]."

C'était une époque ambivalente et Drachoussoff en était conscient. Il était partagé entre la nécessité et l'impuissance, entre la politique mondiale et la forêt vierge, entre l'engagement antifasciste et la réalité coloniale. Agronome en des temps de pénurie administrative, il combinait de nombreuses tâches. Le soir, il décrivait ses expériences. Cela vaut la peine de lui accorder longuement la parole.

> Mercredi 10 [novembre 1943]. Mekiri
>
> A quatre heures du matin, je pars pour Kundu sur un vélo d'emprunt. Deux soldats suivent à pied. Mes compagnons prennent la route pour Mekiri avec les bagages.
>
> J'arrive à Kundu un peu avant l'aube et j'attends qu'il fasse clair en mâchonnant une croûte de pain. Un peu avant six heures, je frappe à la porte du capita [un intermédiaire congolais] […] je l'invite à convoquer les hommes pour me montrer leur récolte de la veille. Les villageois sont tellement surpris qu'ils arrivent tous, aussi bien ceux qui ont du latex que les autres. Je distribue quelques encouragements et trois amendes et je fais mettre la corde au cou des quatre plus mauvais (cette expression est symbolique : en fait, on attache autour du cou un bout de "kekele" [lien très résistant fait d'écorce] d'une vingtaine de centimètres, ce qui n'est pas gênant mais matérialise l'arrestation). Ensuite, je repars triomphant avec mes "blocards" pour rattraper la caravane.

Il n'y avait pas de prison dans le voisinage. Un internement signifiait qu'il fallait passer plusieurs jours à suivre le fonctionnaire colonial. Une randonnée en guise de châtiment, le plein air en lieu de privation de liberté.

A mi-chemin de Ngongo, je croise les soldats et leur remets les prisonniers. Justice est faite, Kundu fera son effort de guerre.

Un peu au-delà de Ngongo, je rattrape la queue de notre caravane. L'étape est de vingt kilomètres, à travers de grandes plaines sablonneuses parsemées de rares Borassus et coupées de maigres galeries forestières [des forêts le long des rives d'un cours d'eau]. Nous contrôlons la production de caoutchouc des hameaux traversés : ce n'est pas très brillant et je dresse plusieurs procès-verbaux.

Dans le village de Mekiri, les hommes, prévenus la veille, nous attendent avec du latex pour la démonstration de coagulation. J'envoie Faigne et Pionso pour contrôler et mesurer les champs pendant que je tiens ma petite séance. Le soir venu, pendant qu'une averse diluvienne s'abat sur le gîte, traverse le toit comme une passoire et inonde lits, habits et nourriture, je juge, condamne ou acquitte à toute vitesse.

La procédure pénale exige un océan de paperasserie. J'ai été commissionné juge de police à compétence restreinte (c'est-à-dire que je ne peux juger que les délits d'ordre économique) et gardien de prison itinérant (c'est-à-dire que je peux me faire accompagner de mes condamnés). Le maximum prévu de servitude pénale est de sept jours pour non-exécution des travaux d'ordre éducatif, l'abattage d'arbres protégés, les délits de chasse et de trente jours pour non-exécution de l'effort de guerre. Je suis aussi, bien entendu, officier de police judiciaire à compétence restreinte au titre d'agronome de district.

La procédure exige d'abord un procès-verbal de constat que j'établis en tant qu'officier de police judiciaire et que j'adresse à moi-même en tant que juge de police. Changeant de chapeau, je rends le jugement après un interrogatoire qui a souvent un caractère irréaliste.

Un homme comparaît pour ne pas avoir planté ses dix ares d'arachides. Ou bien il a une excuse contrôlable et valable et je le renvoie chez lui (certains substituts exigent qu'on établisse tout de même un jugement d'acquittement...), ou bien il dit n'importe quoi. On aboutit alors au dialogue suivant, scrupuleusement noté dans l'acte de jugement :

"Pourquoi n'as-tu pas planté tes arachides ?

— Parce que j'ai été malade.

— Combien de jours ?

— Deux.

— Tu as eu trois mois pour établir ton champ. Ce ne sont pas ces deux jours qui t'en ont empêché.

— C'est vrai, Blanc. Mais il y a eu autre chose…

— Quoi ?

— La seconde femme de mon père a accouché."

Ma foi, il est impossible de connaître les coutumes des trente ou quarante ethnies du Lac mais les fêtes de naissance ne durent certainement pas plusieurs semaines. Dès lors :

"Eh bien, cela te fera cinq jours de bloc.

— Oui, Blanc."

Certains ergotent. D'autres sont plus francs :

"Mpua na nini asalaki bilanga te ? (Pourquoi n'as-tu pas fait tes champs ?)

— Mpua na koï-koï (par paresse)…"

Celui-là je l'acquitterais volontiers, mais ils répondraient tous la même chose demain[26].

Drachoussoff faisait partie de l'administration coloniale, mais éprouvait, contrairement à la plupart de ses contemporains, de l'empathie pour le point de vue local. Ces personnes se satisfaisaient de la forêt et des rivières, observait-il, l'argent ne les intéressait que modérément. "Puisque la région est peu contrôlée, les planteurs préfèrent échanger huit jours de prison légère contre trois cent cinquante sept jours de vie paisible. Puis-je leur donner tort[27] ?"

Tout comme au XIXe siècle, la demande de caoutchouc exigeait que l'on s'enfonce plus loin dans la forêt vierge, malgré la présence de prédateurs et de mouches tsé-tsé. La maladie du sommeil, dont l'épidémie avait été contenue, fit à nouveau des victimes. Sans doute un cinquième de la population de la forêt équatoriale fut contaminé. Beaucoup de personnes avaient des parasites intestinaux car, étant loin de chez elles, elles n'avaient pu se désaltérer qu'en buvant de l'eau des marais[28].

Le journal de Drachoussoff est extraordinairement passionnant car il contient les réflexions d'un colonial dont la vision du monde est en train de chanceler. Alors que la plupart des Blancs attendent simplement la fin de la guerre pour reprendre, ensuite, le fil de leur vie, lui se rend compte que l'"affaiblissement de l'Europe ne peut que provoquer des forces centrifuges[29]". La situation n'allait jamais redevenir comme avant. Le doute s'insinuait en lui. Enfant d'émigrés russes, il était plus sensible que le Belge moyen aux brusques bouleversements historiques. Le passage le plus brillant de son journal est carrément prophétique :

> Que sommes-nous venus faire ici ?
>
> "Civiliser" au nom d'une civilisation disloquée et qui ne croit plus en elle-même ? Christianiser ? […] Mais alors, pourquoi sommes-nous ici ?
>
> Nous apportons et maintenons la paix, nous couvrons le pays de routes, de plantations, d'usines, nous bâtissons des écoles, nous soignons les hommes. En échange, nous utilisons les richesses de leurs sol et sous-sol et nous les faisons travailler en les payant… modestement. Service pour service, mais imposé unilatéralement : c'est tout le pacte colonial.
>
> Et demain ? Que sera ce bébé noir solidement arrimé à sa mère qui passe dans ma *barza*, cette jeune pousse de l'Afrique colonisée ? Voudra-t-il reprendre ou arracher le pouvoir de nos mains ? Comme cela paraît lointain aujourd'hui, au fond de cette forêt… pourtant, il est des moments où l'histoire s'accélère : mon père aussi, quand il était enfant, croyait à la pérennité du monde patriarcal qui l'entourait – et on était à vingt-cinq ans de 1917 ! Tôt ou tard – et j'espère pour le Congo que ce ne sera pas trop tôt – un homme surgira. Sera-ce un *chef coutumier** maîtrisant les techniques modernes de domination sans renoncer aux traditionnelles ? Sera-ce un des bambins chantant *Vers l'avenir** aux distributions de prix ? Beaucoup de coloniaux n'y pensent même pas aujourd'hui, alors que notre colonisation sera moins jugée par ce qu'elle aura créé que par ce qui restera lorsqu'elle aura disparu.

Puis il poursuit ses méditations lucides :

> Supposons – supposition volontairement absurde – un Congo indépendant en 1970. Que de problèmes ! Nous n'avons jamais connu en Europe de conflit insurmontable entre notre organisation sociale et notre environnement technique : tous deux évoluaient plus ou moins de concert. En Afrique, une organisation sociale archaïque est confrontée avec la toute-puissance d'une civilisation technique qui la désagrège sans la remplacer.
>
> Certes, le Congo entre peu à peu dans l'ère moderne. […] Mais n'est-ce pas au prix de la disparition d'un monde coutumier dépassé mais encore nécessaire et – pour quelque temps – irremplaçable ? Et au nom de quoi ? De la belle civilisation dont nous récoltons en ce moment les fruits en Europe ? […] Voilà pourquoi il est si difficile de garder bonne conscience en détruisant, par le seul fait d'être nous-mêmes, des traditions parfois dures mais vénérables, en n'offrant pour les remplacer que des pantalons blancs et des lunettes noires, quelques connaissances et une immense attente.

L'enseignement n'était-il pas une forme d'émancipation ? La colonisation ne menait-elle pas à une lente maturation, comme la Trinité coloniale l'avait affirmé ?

> Avons-nous le droit, même les moins désintéressés d'entre nous, de punir et d'éduquer, alors qu'éduquer est souvent synonyme de corrompre[30] ?

Le journal de Drachoussoff est un chef-d'œuvre inconnu de la littérature coloniale. D'un style admirable, d'un ton subtil, littéraire malgré soi. Pour Drachoussoff, même ses années de guerre au Congo étaient une leçon de modestie. "L'Afrique est une école de caractère mais un cimetière d'illusions", note-t-il à la fin de la guerre[31].

Après la chute du Troisième Reich, André Kitadi, le marconiste qui avait traversé le Sahel, était encore en Palestine.

Que faire, si loin de chez lui ? Un aumônier leur fit visiter, lui et ses compagnons, tous les lieux saints. “Nous sommes allés à Jérusalem, à Bethléem et à Nazareth… Certains se sont même fait rebaptiser dans le Jourdain.” Libert Otenga, l’infirmier de l’hôpital ambulant militaire en Birmanie, a lui aussi profité de l’occasion pour voir le monde, même s’il s’est contenté d’une variante plus profane du tourisme. “Après la Birmanie, nous sommes retournés en Inde. Pour manger, boire et danser. Et pour cueillir des filles.” Et il s’exclame : “Elles étaient bonnes.”

Après toutes les guerres, les anciens combattants sont une catégorie encombrante. Quand on a risqué sa vie pour un pays, on attend quelque chose en retour. De la reconnaissance, des honneurs, de l’argent. Souvent, le prix du combat ne semble se sentir qu’après coup. De retour à la vie civile, les vétérans prennent conscience de ce qu’ils ont enduré. Les blessures, psychologiques également, sont loin d’être guéries – si tant est qu’elles guérissent jamais. Des jeunes gens ont perdu leurs membres et leurs rêves. Les souvenirs remontent à la surface, les traumatismes couvent en silence. Les vétérans constatent que ceux qui sont restés chez eux ont poursuivi leur vie imperturbablement. C’est pour eux qu’ils ont souffert, des gens qui ne pourront jamais comprendre ce qu’ils ont traversé. Les anciens combattants sont toujours une catégorie capricieuse mais, dans une armée coloniale, ils sont tout simplement explosifs. Ils luttent moins pour les leurs que pour un oppresseur étranger. Cela vaut aussi pour le Congo. “Nous avons fait la guerre en tant que colonie belge”, m’a lancé Libert Otenga. Et cela méritait une généreuse compensation : “A la fin, ils auraient dû faire de nous des Belges ! Là, cela aurait été vraiment équitable[32].” Un autre estimait qu’après la victoire éclatante, ils avaient été renvoyés chez eux “comme un chien méchant sans partager le tableau de chasse avec son maître[33]”.

Les anciens combattants rentrèrent avec une foule d’impressions nouvelles. Plus expérimentés, ils ne se laissaient pas aussi facilement impressionner par le régime colonial du Congo belge. En Abyssinie, ils avaient fait prisonniers des généraux blancs ! Au Nigeria, ils avaient vu une autre forme de colonialisme ! André Kitadi a su comme d’habitude le formuler avec beaucoup de mordant : "Les Anglais nous traitaient très bien. Nous étions bien habillés et bien nourris. A Lagos, on nous préparait les repas, pour nous, les soldats. Du thé, du pain, du lait, de la confiture… Tandis qu'au Congo, nous devions aller chercher la nourriture dans la brousse ! Nous avons aussi remarqué qu'il y avait déjà, chez les Anglais, des officiers africains, même au rang de major ou de colonel. Ils envoyaient les bons élèves suivre un enseignement secondaire en Angleterre. Au Congo belge, il n'y avait rien de tout cela. Quelle discrimination ! Ils nous maintenaient dans une position d'infériorité ! Cela suscitait beaucoup d'irritation et de méfiance, oui, même un certain esprit de révolte. Après la guerre, nous avons dit : « Nous voulons la même chose ! » Nous voulions une transformation, mais nous n'avions pas le droit d'entrer dans leurs magasins. Cela ne nous convenait pas. Nous avions appris l'anglais. Nous portions des costumes anglais. Nous nous faisions passer pour des Américains et nous entrions dans les restaurants des Portugais en parlant fort. « So, what do you drink ? » se lançait-on entre nous. « You want to eat ? »[34]"

Le pouvoir blanc était subtilement défié. Le rapport de force s'était modifié. Beaucoup de Congolais étaient parfaitement conscients que la colonie s'était révélée plus forte que la métropole. La Belgique avait été piétinée, le Congo avait résisté et remporté des victoires militaires. Comme en 1914-1918, la Force publique s'en était mieux sortie que l'armée nationale belge. La Belgique occupée n'était restée debout, par l'intermédiaire de son gouvernement à Londres, que grâce à la colonie. Pour la reconstruction aussi, la mère patrie en ruine allait devoir s'appuyer sur la colonie. En somme, les Belges avaient davantage besoin du Congo que les Congolais de la Belgique. Le nouvel ordre mondial de l'après-guerre ne donnait d'ailleurs pas tort aux Congolais. A Yalta, les vainqueurs de la guerre dessinèrent à la craie les lignes d'un nouveau monde. En tant qu'ancienne colonie, les Etats-Unis n'avaient guère de sympathie pour les aventures coloniales de l'Europe. Et l'Union soviétique était opposée, conformément à l'idéal prolétarien, à toute forme d'assujettissement. Les colonies, autrefois une source inépuisable de nobles rêveries et d'idéaux exaltés, paraissaient soudain une conception d'une autre époque, surannée. Pour ne pas dire : suspecte. En 1945, quand cinquante pays du monde entier se réunirent à San Francisco pour rédiger la Charte des Nations Unies, le terme "colonie" disparut dans les coulisses de l'Histoire. On parlait des "territoires non autonomes". Ce terme avait une connotation de reproche – pour les pays colonisateurs – mais aussi d'espoir – pour les colonies. Leur assujettissement ne durerait pas. L'article 73 ne laisser planer aucun doute :

> Les Membres des Nations Unies qui ont ou qui assument la responsabilité d'administrer des territoires, dont les populations ne s'administrent pas encore complètement elles-mêmes, reconnaissent le principe de la primauté des intérêts des habitants de ces territoires. Ils acceptent comme une mission sacrée l'obligation de favoriser dans toute la mesure du possible leur prospérité, dans le cadre du système de paix et de sécurité internationales établi par la présente Charte et, à cette fin [...] de développer leur capacité de s'administrer elles-mêmes, de tenir compte des aspirations politiques des populations et de les aider dans le développement progressif de leurs libres institutions politiques, dans la mesure appropriée aux conditions particulières de chaque territoire et de ses populations et à leurs degrés variables de développement.

Et ensuite ?

Etait-ce là le grand bouleversement ? Dans un tel climat, on aurait pu s'attendre à ce que tout se passe extrêmement vite. A ce que les anciens combattants secouent l'arbre du pouvoir, les employés se sentent fortifiés par ce soutien international, les ouvriers se fassent entendre et les agriculteurs se mettent à agiter leur fourche, ou plutôt leur machette.

Mais rien de tout cela n'arriva.

Après la grève tumultueuse à Matadi, soudain le calme s'installa. Il régnait une curieuse quiétude. Pendant dix ans, de 1946 à 1956, la tranquillité allait durer au Congo. Il n'y eut pas de réveil religieux comme dans les années 1920, pas de révolte paysanne comme dans les années 1930, pas de mutinerie comme dans les années 1940. Il n'y eut pas de grèves.

Comment était-ce possible ? Le colonialisme belge avait-il du jour au lendemain changé d'aspect ? D'une certaine manière oui, du moins mentalement. En 1946, le gouverneur général Ryckmans dit dans son dernier discours : "Les jours du colonialisme sont révolus", et par là il faisait surtout allusion à l'ancien régime d'exploitation pur et simple. "Comme la droiture en diplomatie, le désintéressement en colonisation est encore la meilleure politique[35]." La colonisation devait finalement recueillir les fruits de ses propres richesses. Elle n'allait pas encore œuvrer en faveur de l'indépendance, mais travailler à une "colonisation en faveur du développement[36]".

Ce nouvel élan transparaissait aussi dans les slogans ronflants qu'on se mit à utiliser. Après la guerre, le colonisateur ne cessait de parler du Congo comme "la dixième province de Belgique". Il s'efforçait de remplacer le comportement condescendant d'autrefois par des relations plus égalitaires. La colonie n'était plus lointaine, mais partie intégrante de la métropole. Mais cette notion était elle aussi absurde : comment un pays gigantesque devenu par le jeu du hasard la colonie d'un Etat nain pouvait-il être une *province* ? Le Congo était mille fois plus grand que le Limbourg, le Brabant ou le Hainaut !

Le concept de "communauté belgo-congolaise" constitua une autre tentative de rapprochement. L'idée venait de Léon Pétillon, gouverneur général depuis 1952, et devait faire oublier le *dominer pour servir* * de jadis, qui à présent paraissait trop paternaliste. Les Belges et les Congolais allaient construire main dans la main un nouveau monde moderne. Comme les Britanniques avaient transformé leur *Empire* en un *Commonwealth* et les Français leurs territoires d'outre-mer en une *Union française* *, la Belgique allait désormais chercher à instaurer l'égalité à travers la communauté belgo-congolaise.

Manifestement, certains membres du gouvernement n'approuvaient que du bout des lèvres le discours à la mode sur le "bien-être indigène". C'était la Commission permanente pour la protection des indigènes qui allait le plus loin dans ce sens : "L'avenir de la race et le bonheur de nos populations congolaises ont plus d'importance que tout autre objet", disait-elle[37]. Les faiseurs d'opinion en Belgique issus des tendances politiques les plus diverses étaient du même avis. "L'action colonisatrice comporte, en premier lieu, une œuvre de civilisation au bénéfice des populations", affirmait un catholique[38]. "Qu'on le veuille ou qu'on ne le veuille pas, notre destin au Congo est lié à celui des Noirs", avait déjà compris un socialiste[39]. "Tout pour, tout par l'indigène", résumait un libéral[40]. Cette unanimité peut surprendre, compte tenu du cloisonnement très poussé qui existait entre les partis dans la Belgique de l'après-guerre. Mais beaucoup tenaient compte des terribles souffrances qu'avait endurées la population congolaise.

Dans un esprit combatif, avec optimisme et plus de fierté qu'auparavant, les Belges entamèrent un nouveau chapitre de leur colonisation. Ils allaient faire entrer la colonie dans l'ère moderne, hisser la population vers le haut et, *en passant**, se surpasser. Un plan ambitieux sur dix ans devait permettre d'offrir à la colonie dès 1949 une infrastructure modernisée dans tous les domaines.

L'époque était celle des autoroutes, des bas en Nylon et des sansevières. Le nouvel ordre mondial incitait à une certaine foi dans le progrès, et même à l'optimisme. En grand nombre, les Wallons et les Flamands allaient "au Congo". C'était la *relève**, le sang neuf que des hommes comme Drachoussoff avaient tant attendu pendant les longues années de guerre. A la fin de la guerre, il n'y avait plus que 36 080 Blancs au Congo, en 1952 ils étaient 69 204, plus que jamais auparavant[41]. Les fonctionnaires coloniaux et les travailleurs hautement qualifiés dans l'industrie, tous des hommes, étaient bien plus nombreux à emmener leur femme. L'époque de la *ménagère** touchait à sa fin, au grand soulagement de l'Eglise, même si des milliers de métis étaient laissés pour compte, des enfants de couples mixtes souvent partagés entre deux mondes. La mère était presque toujours congolaise, le père européen était le plus souvent un Belge au service d'une entreprise ou de l'Etat, mais il pouvait aussi être grec ou portugais. Ces Grecs et ces Portugais étaient souvent des petits travailleurs indépendants qui gagnaient leur vie comme commerçants ou restaurateurs. Quand les enfants étaient reconnus par leur père, ils recevaient une éducation et une nationalité européennes. Dans le cas contraire (ce qui se produisait neuf fois sur dix), ils restaient avec leur mère dans un quartier ou un village, où ils vivaient souvent exclus : trop blancs pour être noirs, trop noirs pour être blancs[42]. Le nombre de naissances eurafricaines diminua fortement après la guerre. Les nouveaux arrivants de Belgique amenaient leur famille et faisaient des enfants dans la colonie, des enfants blonds au teint rose avec des taches de rousseur, qui sur le gazon devant leur villa jouaient avec un lézard et connaissaient mieux les mangues que les pommes.

Mais pour la population congolaise, rien ne changea fondamentalement. Les réformes destinées à accorder plus de droits (sur le plan de la participation et du statut social) se firent attendre très longtemps[43]. Rien, dans la pratique, ne portait à croire à une nouvelle alliance entre Blancs et Noirs. La Trinité coloniale continuait de ne jurer que par la lente éducation des masses. Techniquement, il était tout à fait possible de constituer une élite, mais les détenteurs du pouvoir craignaient que cette élite ne se coupe de la base. Le peuple dans son ensemble, estimait le colonisateur, devait d'abord s'élever à un premier niveau de "civilisation", avant de pouvoir passer à la prochaine étape. L'alphabétisation des masses paraissait plus sensée que la création d'une fine couche supérieure qui obtiendrait des droits politiques[44]. Tout compte fait, les Congolais eux-mêmes ne demandaient pas, pour la plupart, de participer au pouvoir ! Eh bien alors !

Mais l'absence de revendication du pouvoir politique ne signifiait pas qu'ils étaient toujours heureux. L'apathie politique de l'indigène témoignait plus d'un manque de formation que d'une satisfaction débordante.

En outre, dans la vie quotidienne, le Belge et le Congolais n'avaient jamais d'occasion de rapprochement. Le fossé se creusait au contraire. Le nouveau contingent de coloniaux s'installait dans de nouvelles villas confortables et y vivait dans des conditions bien plus agréables qu'auparavant. Leurs quartiers résidentiels rappelaient plutôt Knokke ou Spa que l'Afrique centrale. Après une journée de travail, ils passaient du temps avec leur famille, le week-end leurs amis venaient les rejoindre autour d'un barbecue ou pour faire un bridge. On allait chercher de la bière dans le réfrigérateur. (Des réfrigérateurs électriques, d'ailleurs : le temps des pionniers était véritablement révolu !) Ils étaient de plus en plus nombreux à posséder une voiture. Ils la lavaient le dimanche matin à l'aide du tuyau d'arrosage du jardin. Le Congo de l'Européen ressemblait peu à peu aux banlieues californiennes des classes moyennes des années 1950. Ce mode de vie était sans aucun doute plaisant, mais cette communauté d'expatriés parlait le plus souvent des Africains plutôt qu'avec les Africains. L'intérêt pour la culture locale diminua et la connaissance d'une ou plusieurs langues indigènes disparut. Vladimir Drachoussoff le constatait avec tristesse :

> Car les agents qui s'intéressent à l'indigène en dehors de leurs obligations professionnelles ne sont pas nombreux. La vie familiale, un intérieur plus confortable, la possibilité (et par conséquent, le désir) de pouvoir vivre presque comme en Europe, ont fait disparaître le vieux *broussard** qui, avec ses faiblesses et ses défauts, passait de gîte en gîte, bavardait au coin du feu avec les vieux de village et finissait par les comprendre et par être compris[45].

La communauté belgo-congolaise devint une chimère qui dans la pratique fut rattrapée par une communauté coloniale belge toujours plus fermée. Le casque tropical cessa d'être porté, les récits invraisemblables autour d'un verre de whiskey et d'une lampe Coleman disparurent. Le Congo devint petit-bourgeois. Beaucoup de femmes ne se rendaient jamais dans la cité, les seuls Congolais qu'elles connaissaient étaient le boy et le chauffeur. Les enfants blancs grandissaient souvent dans une atmosphère de racisme latent. En 1951, le phénomène s'était amplifié au point que la Commission permanente pour la protection des indigènes formula un desideratum : “inculquer aux enfants blancs à travers l'enseignement et les jeux le respect de la personne humaine concernant la famille indigène et les enfants noirs[46]”. Le fait qu'une vénérable institution comme la Commission pour la protection des indigènes dût se pencher sur des jeux d'enfants en dit long.

Rares furent les Européens qui parvinrent à éprouver une profonde empathie pour les perspectives des Congolais. Personne n'alla aussi loin dans ce sens que le franciscain flamand Placide Tempels. Exerçant ses activités au Katanga, il essaya entre autres de sonder le profond mécontentement des mineurs sur place. Dès 1944, il s'était intéressé aux révoltes dans les colonies et avait écrit à ce sujet un essai courageux qui fit grand bruit, *La Philosophie de la rébellion* :

> Là est le comble du désappointement indigène. Il s'est rallié à nous pour devenir l'un des nôtres ; au lieu d'être pris pour un fils de famille, il ne devient que salarié. Il se sait maintenant définitivement rejeté, renié comme fils, classé comme non incorporable[47].

Personne n'avait encore jamais vu les choses sous cet angle. En 1945 parut son œuvre de référence, *La Philosophie bantoue*. Les traductions en anglais et en français le firent connaître mondialement, Sartre lut le livre avec intérêt. Sa tentative de comprendre les cultures africaines en profondeur introduisait la notion de "force vitale" comme principe essentiel. Ses convictions incitaient à un colonialisme totalement différent : "Nous pensions éduquer des enfants, de « grands enfants »… et cela semblait assez aisé. Voilà que tout à coup il nous apparaît que nous avons affaire à une humanité, adulte, consciente de sa sagesse, et pétrie de sa propre philosophie universelle[48]." Du fait de ses attaques incisives, Tempels eut maille à partir avec ses autorités ecclésiastiques. De 1946 à 1949, il fut rappelé en Flandre. Cette décision était une sorte de *relégation**, un exil forcé, cette fois non pas d'un kimbanguiste vers un village dans la forêt, mais d'un visionnaire catholique vers un monastère à Saint-Trond.

Certes, le Congo fut paisible de 1946 à 1956, mais ce calme sinistre, cette quiétude relative, trahissait plus une peur ancienne qu'un nouvel espoir. Au-dessus des jardins des villas coloniales où le dimanche après-midi tintaient les verres, de sombres nuages s'accumulaient déjà. Personne ne s'en apercevait, même le jeune fils aux taches de rousseur qui dans l'herbe maintenait un lézard prisonnier sous une cloche à fromage. C'était le calme avant la tempête.

Où la tempête du ressentiment aurait-elle dû éclater en premier ? Dans les zones rurales, il y avait sans aucun doute assez de raisons de se plaindre. Les habitants y vivaient encore dans des conditions difficiles. Les champs étaient laissés à l'abandon. Le très lourd effort de guerre avait entravé l'approvisionnement en produits alimentaires pour les besoins de la population, qui était sous-alimentée. La chasse s'était interrompue. Les fonctionnaires coloniaux avaient dû encourager la population à ramasser à nouveau des chenilles, des termites et des larves, une source traditionnelle de protéines[49]. Car là où se pratiquait l'élevage, les bovins étaient systématiquement destinés aux mines. Un plan décennal prévoyait un vaste programme pour remettre sur pied l'agriculture indigène. L'idée était d'aider les communautés locales en favorisant l'utilisation de techniques agricoles et de moyens de production modernes (ce que l'on appelait les *paysannats indigènes* *), mais l'entreprise n'eut guère de succès. Les régions rurales étaient très pauvres et le restaient. Au Congo, l'appauvrissement de ces régions n'est pas survenu après l'indépendance, mais avant, vers le milieu de la période coloniale. Le nombre de naissances était extrêmement faible. De nos jours, c'est la surpopulation en Afrique qui suscite l'inquiétude, mais durant la première moitié du XXe siècle, la dénatalité était une préoccupation constante au Congo belge.

Une telle misère aurait pu provoquer une agitation sociale, mais elle ne survint pas. Ou plutôt : elle prit une autre forme. Les gens ne se révoltaient pas, ils partaient. Les années de l'après-guerre au Congo se caractérisent par un gigantesque exode rural. A une échelle encore inconnue jusque-là, les gens partaient vers les agglomérations urbaines. Kinshasa, qui comptait cinquante mille habitants en 1940, explosa, se transformant en une ville de trois cent mille habitants en 1955[50]. Déjà pendant l'entre-deux-guerres, des jeunes gens avaient pris spontanément le chemin des villes, à présent ils s'en allaient *en masse* *. Après la guerre, 70 % des régions rurales avaient moins de quatre habitants au kilomètre carré[51].

Qui aurait pu prendre l'initiative de la révolte ? Ceux qui avaient des rêves cherchaient à les réaliser ailleurs. Ceux qui restaient étaient souvent à bout de forces, épuisés. Les régions rurales connurent un vieillissement prononcé de leurs habitants. En 1947, selon les estimations, 40 % de la population rurale avaient plus de 50 ans[52]. Un pourcentage très élevé, compte tenu de l'espérance de vie relativement faible. Ces personnes plus âgées, qui n'étaient pas éduquées, se soumettaient patiemment au pouvoir colonial. Il n'existait ni coopératives, ni syndicats agricoles, ni encore de structures sociales veillant aux besoins des populations des campagnes. La seule forme d'organisation sociale qu'elles connaissaient, qui était tribale, avait disparu presque partout. Le chef n'avait plus d'autorité morale, c'était un arriviste qui jouait le jeu du colonisateur.

Et dans les villes, alors ? Y était-on plus subversif ? Ce rassemblement de rêves s'était-il transformé en un poing serré ? Pas tout de suite. Pour beaucoup, le départ vers la ville offrait vraiment dc nouvelles chances. La manne n'y tombait pas du ciel, mais la vie y était en tout cas meilleure que celle qu'ils avaient fuie. Et certains eurent tout simplement de la chance.

Longin avait 80 ans quand j'ai fini par le trouver à Kikwit. Cela faisait des mois que je le cherchais, espérant qu'il serait encore en vie. Quand je l'ai rencontré, il se lavait dans les eaux marron de la rivière Kwilu. Son torse maigre était incurvé, son gant de toilette n'était qu'un bout de tissu vert totalement effiloché. Il n'était pas usé jusqu'à la corde, il n'était que corde. Etait-ce bien lui ? Son visage paraissait plus allongé que sur la photo historique dont je me souvenais. Seule sa démarche trahissait encore son passé de footballeur exalté. Ses jambes et son balancement étaient caractéristiques des footballeurs.

Il vivait dans une maisonnette en torchis. Un grand eucalyptus poussait au bord du chemin menant à son terrain. Des poules picotaient dans la terre rouge, une toute jeune chèvre avançait sans but en chevrotant. Du linge séchait au soleil. Des étoffes colorées se gonflaient au vent avec de plus en plus d'audace. Les jambes de pantalon claquaient. Les manches flottaient. On aurait dit une foule en délire au bord d'un terrain de football ou le long du boulevard où passe un souverain ou une vedette. Il regarda le ciel. Il risquait de pleuvoir. Longin me proposa de venir m'asseoir sur une chaise en plastique dans sa maison. Il y faisait très sombre. Je m'installai près de la porte, afin d'avoir assez de lumière pour écrire. Certains de ses petits-enfants, dans l'encadrement de la porte, me regardaient fixement avec de grands yeux. Quand il les chassa, ils filèrent de tous côtés en pouffant de rire. Les premières gouttes tombèrent.

"La pluie ! Pour la première fois depuis deux semaines !" Il rayonnait. "C'est une bénédiction. Le bon Dieu bénit cette conversation."

Longin me raconta qu'il était né en 1928 à Luzuna, un petit village au bord de la rivière Kwilu, qu'il avait été baptisé au poste missionnaire catholique de Djuma, chez les jésuites. Son père était menuisier. "Comme Joseph !" Il fabriquait des chaises, des portes et des bancs d'école pour les pères belges. Sa mère cultivait la terre et faisait pousser du manioc. A l'époque, ils mangeaient encore bien. Du riz, du manioc et du poisson, mais aussi des écrevisses, des chenilles, des champignons et des courgettes. Quelle différence par rapport à aujourd'hui ! "Maintenant nous ne mangeons qu'une fois par jour. C'est toujours du riz avec des haricots. Ou du manioc avec des haricots. Il y a très rarement de la viande. Nous ne mangeons plus jamais de poisson."

Le ciel se couvrit. Au loin, nous entendîmes gronder le tonnerre. Il commença à faire si sombre que je pouvais à peine lire mes propres notes.

Longin poursuivit calmement son récit. Ses parents étaient déjà catholiques, dit-il. Des trois enfants, il était celui du milieu. A Djuma, il vit pour la première fois une voiture, une camionnette appartenant à des religieuses. "Le Blanc est intelligent, je me suis dit. J'ai félicité le prêtre." Ce fut aussi là qu'il alla à l'école. Les missionnaires s'occupaient de l'enseignement primaire dans toute la colonie, fréquemment aidés dans cette tâche par des enseignants locaux. L'enseignement secondaire se limitait soit à une formation professionnelle, soit – pour un groupe infiniment plus petit – à une formation de prêtre. Il n'existait tout simplement pas encore d'enseignement secondaire classique proposant une formation générale. Ce ne fut qu'en 1938 que les premiers établissements secondaires firent leur apparition. Mais dans de vastes régions du Congo, on continua encore longtemps de devenir menuisier ou séminariste. Longin avait choisi une orientation technique. "J'étais censé devenir mécanicien pour travailler dans les exploitations Lever, mais je n'avais pas envie d'être toujours sale." A 16 ans, il partit pour Kikwit. Au fond, il aurait aimé être prêtre. "Mais les prêtres m'ont dit : Tu es déjà trop vieux. Alors j'ai quitté l'école et je suis retourné dans mon village."

On peut difficilement concevoir à quel point ce refus a dû être frustrant. Non seulement le séminaire était l'unique possibilité de poursuivre des études, mais la prêtrise était de surcroît la plus haute fonction sociale à laquelle un Congolais pouvait accéder. On devenait alors *monsieur l'abbé**.

Longin me montra une vieille photo de lui en couleur. Sur cette photo, il était vêtu d'un habit épiscopal cramoisi. Assis sur un trône, il regardait l'objectif avec le plus grand sérieux. "Cette soutane est usée maintenant, mais autrefois je la mettais tous les dimanches pour me promener en ville. Quand j'avais eu une vision, je l'annonçais. Tout le monde à Kikwit m'appelait *Monseigneur** à l'époque." Il s'est toujours senti attiré par la religion. La chrétienté, bien sûr, sa chrétienté.

Comme Simon Kimbangu s'était mis à prêcher lui-même quand les protestants n'avaient plus voulu de lui comme catéchiste, Longin Ngwadi se mit à porter une soutane quand les catholiques refusèrent de voir en lui un futur prêtre.

Les premières gouttes tombèrent, de grosses gouttes puissantes qui creusaient dans la terre des cuvettes de la taille de billes. Puis la tempête se déchaîna. La pluie ruissela sur Kikwit et s'abattit sur les toits fins des huttes et des maisons. La foudre et le tonnerre frappèrent ensemble. Le ciel se déchira. A chaque orage tropical survient un moment où le tonnerre ne gronde plus mais crie. Ce moment était arrivé.

Longin lança les mains en l'air et commença à prier le Tout-Puissant, tandis qu'un filet de salive coulait le long de son menton : "*Seigneur**, Tu as envoyé *Papa** David. Nous te demandons : peux-Tu faire un peu moins de bruit, pour que nous puissions parler. *Merci et amen* !*"

Et comme si de rien n'était, il poursuivit : "En 1945, je suis allé à Kinshasa. J'avais 17 ans à l'époque. Mon père m'a donné de l'argent pour le bateau, ma mère m'a donné à manger. J'ai marché de Luzuna à Djuma. Là-bas, j'ai pris le bateau de la mission. Il a mis trois, quatre jours. On a navigué d'abord sur la Kwilu, puis sur le Kasaï et finalement sur le *fleuve** lui-même."

Longin faisait partie des dizaines de milliers de jeunes qui partirent pour la capitale. La plupart se retrouvaient chez des parents ou chez des amis qui vivaient déjà sur place, mais lui n'avait aucun contact. "Je ne connaissais personne quand je suis arrivé à Kinshasa, vraiment personne. Mais un gardien de nuit m'a appelé et m'a fait entrer dans la parcelle qu'il devait surveiller. C'était quelqu'un de ma région. J'ai pu dormir par terre, en plein air."

Le début de sa vie urbaine n'avait rien de très glorieux.

"Peu de temps après, j'ai eu mon premier emploi, chez Papa Dimitrios. C'était un juif grec. Il avait un entrepôt. Il m'a fait passer un test de calcul et il a décidé de me garder. Je devais vendre des pantalons et des chemises, des tissus pour les femmes, du savon, du sucre, de tout. Il a trouvé une petite chambre pour moi, près du Jardin botanique. Au bout de trois mois, j'avais déjà un matelas, des draps, des couvertures, deux chaises, des pots et des couverts. Dimitrios m'a beaucoup donné. J'ai travaillé chez lui pendant trois ans. Puis j'ai commencé à travailler pour l'Economat du Peuple, un grand magasin avec sept vendeurs. Je n'y suis resté qu'un an. Je m'en suis fait renvoyer parce que j'avais acheté de la saucisse qui était déjà avariée."

Sa nouvelle vie à Léopoldville n'avait rien d'un sacerdoce, mais elle lui plaisait. Son succès moyen en tant que vendeur de saucisse fut largement compensé par un autre talent. "J'ai joué quatre ans au Daring. Chez tata Raphaël." Le Daring était un des clubs de football les plus populaires de la ville. C'est le père Raphaël de la Kéthulle – encore lui – qui l'avait fondé en 1936. Le club, qui existe encore sous le nom de Daring

Club Motema Pembe, fait partie des meilleurs clubs de football congolais. “J’ai longtemps joué avec Bonga Bonga, le premier Congolais à participer à des matchs de football belges. Il a été dans l’équipe de Charleroi, au Standard de Liège. C’était Pelé ! A Kinshasa, on jouait toujours au vélodrome de Kintambo. J’avais le numéro 9. J’étais attaquant. Tata Raphaël était au bord du terrain avec sa pipe, il me regardait et il secouait la tête. Il n’arrivait pas à croire ce qu’il voyait. J’étais comme un serpent !”

Et pour donner plus de force à ses propos, il se leva d’un bond et se mit à dribbler, avec son corps de 80 ans, à travers la salle de séjour obscure. Sous le plafond bas, il fit une série de feintes. Il en était encore capable. Gauche, droite, talonnade, pivot. Il me faisait une démonstration au ralenti, tandis que dehors l’orage n’en finissait pas. Le long des murs intérieurs de son séjour, je vis couler de l’eau de pluie. Elle ne suintait pas, elle ruisselait. Longin n’y prêtait aucune attention. “Mon surnom, c’était *Elastique**. C’est le nom qu’on me donnait à l’époque. *Elastique**, numéro 9, la flèche du Daring.”

Mais sa vie n’avait pas fini de prendre une curieuse tournure. Au début des années 1950, la ville lui réserva une autre surprise. “Le gouverneur général Pétillon est entré en fonctions.” C’était en 1952. “Il a demandé à cinq personnes de venir à la Maison des Blancs. C’est là-bas qu’on gardait tous les secrets du Congo. Les Blancs s’y réunissaient pour diriger le Congo. La maison était à côté de l’hôtel Memling. Il n’y avait que des gens calmes, intelligents et sérieux qui y allaient. C’était le *cercle des Européens**. On m’a demandé d’y servir. «*S’il vous plaît**.» «*Merci**.» «*S’il y a quelque chose, vous me le dites**.» Pendant des heures, mais après j’ai reçu cinquante francs congolais. C’était vraiment beaucoup d’argent. Sur les cinq, j’étais le numéro un. J’étais le plus poli, le plus convenable. Pétillon a donc dit que je pouvais devenir son *boy maison**. Alors je suis allé avec lui à la maison du gouverneur.”

Le fils de menuisier qui n’avait pas eu le droit de devenir prêtre, le vendeur de textiles ménagers et de saucisse moisie, la flèche ultrarapide du Football Club Daring devint le domestique de l’avant-dernier gouverneur général du Congo belge. "J'ai travaillé quatre ans pour lui. Il m'appelait «*mon fils* * »." De toute évidence, Léopoldville était une ville pleine d'opportunités[53].

Certes, l'histoire de Longin Ngwadi est exceptionnelle, mais beaucoup de nouveaux venus goûtèrent en ville à une liberté nouvelle. C'était en tout cas vrai pour les femmes. Comme Thérèse, du Kasaï, qui partit après la mort de son mari pour Léopoldville. Un oncle l'accueillit et l'aida à mettre sur pied un petit commerce. Sur le marché de Kinshasa, elle commença à vendre de la bière de manioc, puis plus tard aussi du jus de bananes mûres qu'elle préparait elle-même. Au bout d'un an, elle fit venir ses enfants, quelques années plus tard elle se remaria avec un ouvrier dont elle avait fait la connaissance, quelqu'un de sa tribu qui s'était lui aussi retrouvé dans cette ville[54]. Une "femme libre" dans la cité n'était plus une prostituée, la catégorie couverte par la formule administrative "femmes indigènes adultes en bonne santé qui théoriquement vivent seules", mais une personne qui essayait de s'en sortir par ses propres moyens.

Ou comme sœur Apolline. Elle avait le même âge que Longin. Je l'ai rencontrée au couvent des sœurs franciscaines à Kinshasa. Elle venait d'une famille mélangée de l'intérieur des terres – son père était congolais, sa mère tanzanienne, ils avaient fait connaissance pendant la Première Guerre mondiale, quand son père combattait dans la Force publique en Afrique-Orientale allemande. Quand elle avait 12 ans, ses parents lui avaient trouvé un candidat au mariage convenable. Mais elle avait d'autres projets. Elle voulait aller au couvent, elle s'y sentait plus libre. La vie au couvent lui permit d'aller à la grande ville. "J'ai travaillé vingt-neuf ans à Lubumbashi. J'y ai été directrice d'une école primaire. Et des années plus tard, je suis devenue le premier membre noir du conseil provincial religieux. J'ai toujours vécu en ville[55]."

Ou encore comme Victorine Ndjoli. Elle devint la première femme congolaise à avoir le permis de conduire. "J'avais fait l'école ménagère chez les sœurs franciscaines. Coudre des boutons, coupe et couture. Plus tard, j'ai appris au foyer social à faire de la layette et des chapeaux. Les Blancs cherchaient à l'époque des jolies filles pour leurs réclames. J'ai été modèle pour une marque de bicyclette, pour du sherry, pour du lait. Cela me plaisait, mais cela ne me suffisait pas. Je me suis sauvée pour aller à l'école de conduite. Mon père ne voulait pas au début, mais finalement il a été fier de moi. En une semaine, j'ai eu mon permis de conduire. C'était en 1955, j'avais 20 ans. J'ai pu conduire une Dodge, mais je n'ai jamais eu ma propre voiture. Les hommes étaient contre[56]."

Victorine participa aussi aux premiers concours de beauté à Léopoldville. Ils étaient organisés par le propriétaire d'une école de danse, Maître Taureau. Plutôt macho, non ? lui ai-je demandé tandis que nous étions assis devant chez lui à Yolo, un quartier populaire où tous les passants le connaissaient. "Non, mon vrai nom c'est François Ngombe. *Ngombe*, en lingala, veut dire « taureau ». Et *maître* *, parce que je suis le maître de *La Vie sans maître* !" Il était secoué de rire. "Dans mon école de danse, je donnais des cours de cha-cha-cha, de boléro, de rumba et de charanga, mais aussi de swing et de rock'n'roll. J'organisais aussi l'élection de *Miss Charme* * dans les quartiers. Les commerçants grecs et portugais donnaient des tissus gratuitement. Les filles les portaient et faisaient de la réclame pour eux. On élisait l'une d'entre elles[57]."

Kinshasa devint une ville de mode, d'élégance et de coquetterie. Les jeunes femmes portaient de longs pagnes colorés, un usage introduit par les sœurs des missions. En faisant le détour par l'Europe, les tissus batiks arrivaient d'Indonésie en Afrique centrale. Les fillettes portaient les cheveux courts mais, à partir de 10 ans, elles les laissaient pousser. Il existait à l'époque une douzaine de coiffures africaines, il fallait trois heures pour en réaliser certaines[58]. Les femmes jouèrent un rôle essentiel dans l'instauration d'une nouvelle culture urbaine. Elles dominaient le petit commerce, décidaient du succès des vêtements, de la musique et des danses et donnaient forme à un nouveau style de vie africain moderne[59].

Un certain nombre de femmes purent se hisser à des fonctions prestigieuses. En 1949, Pauline Lisanga fut engagée comme présentatrice à Radio Congo belge. La chaîne avait commencé en diffusant des émissions pour la population africaine. Pauline devint ainsi la première présentatrice radio noire d'Afrique[60]. Peu de Congolais avaient un poste de radio, mais à beaucoup d'endroits dans la ville étaient accrochés des haut-parleurs, autour desquels se rassemblaient des passants et des habitants du quartier. Ils y entendaient la voix de Pauline. Ils écoutaient les nouvelles émissions, des sketches édifiants et des programmes religieux, mais aussi de la musique congolaise traditionnelle et de la musique occidentale légère. Il y avait même un créneau pour les chansons contemporaines congolaises.

Léopoldville grouillait à l'époque de petits groupes de musiciens qui venaient animer les mariages, les enterrements et les fêtes. Les rythmes excitants, la virtuosité des guitaristes, les voix de fausset, les riches lignes mélodiques et les textes légers contribuaient à en faire une musique irrésistiblement dansante. C'était le rock'n'roll de l'Afrique centrale. Au Congo, les grandes boîtes où l'on venait danser appartenaient aux émigrés grecs. A Kinshasa, il y avait (et il y a encore) l'Akropolis, à Kisangani le Bar Olympia. Plusieurs entrepreneurs grecs s'étaient aussi lancés dans des enregistrements en studio. C'est là que fut immortalisée la merveilleuse musique dansante de quelques orchestres congolais. La radio se chargea de faire naître de nouveaux héros. L'African Jazz de Kabasele et OK Jazz de Franco devinrent les groupes les plus populaires des années 1950.

La vie urbaine ne se limitait pas, cependant, aux concours de beauté, à la bière de manioc et aux disques pour danser. Dans les chantiers navals de Léopoldville, dans les usines chimiques et métallurgiques du Katanga et dans les commerces des centres-villes, une nouvelle génération de Congolais comme Longin occupait pour la première fois des postes de salariés. Elle se familiarisait avec les exigences de l'économie moderne. Il n'y avait pas de grèves, mais là encore ce calme trompeur précédait la tempête. A peine quelques années plus tard, quand la fièvre de l'indépendance explosa de toutes ses forces, beaucoup de Congolais espéraient ne plus jamais avoir à travailler après la passation de pouvoirs. Mais pour l'heure, tout restait calme, d'un calme menaçant. D'ailleurs, comment le ressentiment aurait-il pu remonter à la surface ? Les syndicats n'offraient pas d'exutoire. Jusqu'en 1946, ils furent interdits aux Noirs. Les fonctionnaires blancs eurent leur premier syndicat en 1920, mais ils en fermèrent les portes aux Congolais. Après la guerre fut fondé le STICS, Syndicat des travailleurs indigènes congolais spécialisés, ce qui excluait 90 % des ouvriers. Plus tard fut créée l'APIC, l'Association du personnel indigène de la colonie, une organisation bien plus militante. Mais presque tous les mouvements syndicaux étaient muselés, le colonisateur exigeant que des conseillers blancs y participent[61]. Par conséquent, il y avait toujours un fonctionnaire ou un aumônier pour regarder par-dessus votre épaule rebelle. Le problème était là. Les activités syndicales devaient être constructives et se dérouler dans le calme. Le colonisateur y voyait tout au plus une forme d'*éducation sociale** utile du travailleur[62]. Une sorte de football donc, mais en chambre : on apprenait à se réunir, à établir un ordre du jour et des procès-verbaux, à discuter d'un budget… Le syndicat devait constituer un apprentissage et non une forme légitime d'opposition et de résistance. Quand les syndicats belges, chrétiens et socialistes, s'efforcèrent de prendre pied dans la colonie, leur tentative était vouée à l'échec. Le travailleur congolais n'avait pas de contact avec eux. Pour lui, il s'agissait d'instances supérieures, blanches. Sur près de 1,2 million de salariés en 1955, 6 160 étaient membres d'un syndicat, à peine 0,5 %[63].

Les autorités stimulaient en revanche la création par les grandes sociétés de comités d'entreprise où les Congolais avaient leur mot à dire. Ces comités étaient plus faciles à contrôler que des syndicats autonomes. Les conseils provinciaux eurent eux aussi leurs premiers membres congolais et, à partir de 1951, le Conseil colonial, un organe consultatif dont les avis n'étaient pas contraignants et qui n'avait pas de réel pouvoir, comptait huit Africains, même si la plupart venaient de régions rurales et ne faisaient pas partie de la nouvelle classe moyenne urbaine. Ces timides tentatives visant à tenir compte des griefs et des aspirations des sujets coloniaux témoignaient de la conviction qu'il serait toujours temps d'envisager des mesures plus approfondies[64]. Tout allait pour le mieux. Pensait-on.

Comment aurait-on pu se douter de l'imminence d'un bouleversement ? Dans les régions rurales, la population restait docile et, dans les villes, elle paraissait parfaitement satisfaite. Oui, c'était manifeste, on voyait même naître une véritable caste d'*évolués** qui cherchait à vivre le plus possible à l'européenne, avait un faible pour tout ce qui était belge et vantait les bienfaits de la colonisation. Aujourd'hui, le terme d'*évolué** semble très problématique, mais c'est pourtant l'appellation qu'ils avaient eux-mêmes choisie[65]. Du côté des *évolués*, le colonial belge savait qu'il n'avait absolument rien à redouter. Ou bien si ? Certes, toutes ces histoires de costumes convenables et de français maniéré avaient quelque chose de grotesque. Mais en définitive, on assistait à une forme d'ascension sociale, ces personnes tiraient le meilleur parti de la noble œuvre civilisatrice. Il n'y avait pas de sujets plus loyaux.

Or c'est justement au sein de ce milieu d'*évolués* que la bombe allait éclater. La plupart d'entre eux étaient nés en ville pendant l'entre-deux-guerres. Ils ne connaissaient le village que pour en avoir entendu parler. Ils fréquentaient l'école missionnaire, ils allaient travailler dans des entreprises européennes, ils respectaient l'Etat colonial et admiraient par conséquent leurs oppresseurs blancs. Ils n'avaient jamais connu d'autres modèles sociaux. La plupart d'entre eux se donnaient beaucoup de mal pour être pris au sérieux. Ils étudiaient dans des bibliothèques, lisaient le journal, écoutaient la radio, fréquentaient les cinémas et les théâtres et lisaient des livres, car ce qu'ils enviaient aux Blancs, c'étaient leurs connaissances plus que leur prospérité. Leur prospérité n'était qu'une expression de leur intelligence.

Une culture associative dynamique vit le jour. Elle fut elle aussi placée sous la tutelle coloniale mais eut une grande influence historique : le germe de la prise de conscience politique qui eut lieu ultérieurement était présent dans les associations d'anciens élèves, les milieux étudiants et les organisations tribales[66]. Les anciens élèves de l'école de tata Raphaël se réunissaient à l'Adapes (Association des anciens élèves des pères de Scheut), qui devint un vivier important pour la première génération de politiciens congolais. Dans le cercle des *évolués* *, on se retrouvait pour discuter de livres et débattre ; ces sortes de hautes écoles populaires se multipliaient comme des champignons. En 1950, il y en avait dans tout le Congo environ trois cents. Dans les villes, les associations tribales devinrent plus que les caisses d'entraide qu'elles étaient autrefois, elles se transformèrent en institutions culturelles qui plus tard encourageraient aussi des aspirations politiques. A Elisabethville, les tensions s'accentuaient entre les Baluba du Katanga et les Baluba du Kasaï : ces derniers, descendus en masse vers les mines, suscitaient à présent l'agacement des locaux. Cette situation donna lieu à la création de nouvelles associations. A Léopoldville, les Bakongo se sentaient menacés par le nombre croissant de Bangala, des gens venus de l'Equateur qui travaillaient dans l'armée et le commerce. Le kikongo, la langue initialement parlée dans la région de Kinshasa, était peu à peu supplantée par le lingala. L'Abako, l'Alliance des Bakongo, fut fondée, une association purement culturelle qui défendait la langue du peuple kongo. Le fondateur était, là encore, un séminariste contrarié.

Un *évolué* * (et jamais une évoluée, sauf en tant que partenaire) avait un certain niveau d'éducation, un revenu fixe, une grande conscience professionnelle, il était monogame et vivait à l'européenne. L'*évolué* *, comme me l'ont expliqué un jour deux enfants d'*évolués* *, avait un vélo Raleigh, de préférence avec des vitesses. “C'était à l'époque la Mercedes des Noirs.” Chez lui, il avait une lampe Coleman, et un tourne-disque sur lequel il écoutait Edith Piaf. Wendo Kolosoyi était une autre possibilité, c'était de la musique tranquille. “Mais surtout pas de musique qui donnait lieu à des danses obscènes. Le dimanche, mes parents allaient danser, mon père portait un chapeau melon.” L'*évolué* * envoyait son épouse consulter au dispensaire pour les soins postnatals. Leur bébé y était pesé. A la maison, on suivait les conseils nutritionnels des religieuses blanches. On reniait la médecine traditionnelle et la religion de ses ancêtres, mais un très grand fossé existait entre homme et femme. L'un était éduqué et travaillait en tant que salarié, l'autre était illettrée et ne gagnait pas d'argent. Dans tout Stanleyville, seulement deux ou trois femmes pouvaient à cette époque tenir une conversation en un français rudimentaire[67]. Un enfant d'*évolués** m'a raconté : "Oh, j'ai très souvent entendu mon père dire à ma mère : « Toi, tu es vraiment une négresse, dis-moi ! Les Blancs ne vivent pas comme ça ! »[68]"

Les *évolués** n'étaient pas très nombreux (à peine six mille en 1946, à peine douze mille en 1954), mais leur autonomie joua un rôle déterminant. Le tragique, c'est qu'ils eurent envie d'un rapprochement avec les Européens juste au moment où les Européens se retiraient de plus en plus dans leurs villas, leurs piscines et leurs tournois de tennis. Oui, il y avait au Congo belge des chauffeurs de camion et des télégraphistes noirs, mais dans les cafés et les restaurants la barrière de couleur était plus marquée que jamais. Quand un journaliste blanc à Léopoldville se hasardait à emmener un collègue noir dans un bar européen, les conversations s'interrompaient. Les trains et les bateaux fluviaux pouvaient être conduits par des machinistes et des capitaines noirs, pour les passagers les compartiments étaient strictement séparés en fonction de la couleur de la peau. Quand un Noir sautait dans une piscine, les Blancs en sortaient. Les châtiments corporels infligés à la chicotte s'appliquaient encore à tous les Africains, même à ceux qui connaissaient les déclinaisons latines et lisaient les discours de De Gaulle. L'écrivain Paul Lomami Tshibamba était collaborateur à *La Voix du Congolais*, une revue pour les *évolués** contrôlée par les autorités. En 1945, il publia dans le deuxième numéro un article qui fit du bruit, même s'il était dans l'ensemble modéré, et qui s'intitulait "Quelle sera notre place dans le monde de demain ?". Il eut droit selon ses propres dires à d'"innombrables séances judiciaires, accompagnées d'interminables coups de fouet" [69]. La chicotte s'abattait, tandis qu'ailleurs dans la ville, les balles de tennis s'échangeaient, mais bien plus mollement. Entre-temps, les coloniaux blancs assistaient à des courses de chevaux et organisaient des courses cyclistes. Lors de ces compétitions festives se déroulant dans une atmosphère de kermesse, les sportifs amateurs fonçaient gaiement sous les banderoles de Martini-Vermouth.

Jamais les aspirations douloureuses de l'*évolué** ne me sont apparues aussi clairement que durant les quelques secondes de documents cinématographiques historiques extraits de *Heimweh nach den Tropen* [La nostalgie des tropiques], un documentaire oppressant de Luc Leysen. Les images montraient un concours de beauté à Léopoldville en 1951. Il s'agissait non pas de donner son avis sur des caniches ou des volailles, mais sur des familles. Devant un public exclusivement blanc, des familles congolaises paradaient en passant devant le jury. Le père en short, à côté de sa femme, puis les enfants, soigneusement rangés du plus grand au plus petit. L'enfant le plus jeune portait une pancarte avec le numéro des participants. Le public applaudissait poliment. Puis ils s'éloignaient, le visage grave… Tant de désespoir en si peu de secondes[70].

Les *évolués** souhaitaient un statut spécial leur accordant une place exceptionnelle. Cela pouvait se comprendre. Ils étaient en fait devenus des “mulâtres sociaux”, des personnes à cheval sur deux cultures[71]. Les *évolués** d'une petite ville comme Luluabourg l'ont exprimé de manière saisissante :

> Nous demandons que le Gouvernement veuille bien reconnaître que la société indigène a beaucoup évolué depuis les 15 dernières années. Il s'est formé, à côté de la masse indigène arriérée ou peu formée, une classe sociale nouvelle, qui devient une sorte de bourgeoisie indigène.
>
> Les membres de cette élite intellectuelle indigène font leur possible pour s'instruire et vivre décemment, comme le font les européens respectables. Ces évolués ont compris qu'ils avaient des devoirs et des obligations. Mais ils sont persuadés qu'ils méritent tout de même, sinon un statut spécial, du moins une protection particulière du Gouvernement, qui les mette à l'abri de mesures ou de certains traitements qui peuvent s'appliquer à une masse ignorante ou arriérée. […] Il est pénible d'être reçu comme un sauvage quand on est plein de bonne volonté[72].

Il est aussi douloureux qu'une personne écrivant avec tant d'éloquence ait été frappée à coups de lanières en peau d'hippopotame. Derrière le ton soumis, presque obséquieux, s'exprimait une très forte aspiration. L'*évolué** ne voulait pas abattre le mur entre Blancs et Noirs, mais demandait qu'on l'aide à passer par-dessus. Il ne luttait pas contre la barrière de couleur. Il ne demandait pas de droits pour le "peuple congolais", ni pour sa tribu, mais seulement pour le cercle dans lequel il avait réussi, au prix de gros efforts, à s'introduire. Etait-ce de l'égoïsme ? Certainement. Y avait-il là du dénigrement ? Oui. Mais, en définitive, ils adoptaient eux-mêmes, dans leurs désirs d'assimilation, le regard que la plupart des Européens posaient sur les indigènes.

Le pouvoir colonial belge hésita très longtemps. Il n'avait finalement jamais voulu créer une élite déracinée ! "Chaque chose en son temps" était la devise. Il fallut attendre 1938 pour que commence à être proposé un enseignement secondaire, et 1954 (seulement six ans avant l'indépendance, mais personne ne pouvait le savoir à l'époque) pour la première université, Lovanium, une dépendance de l'université catholique de Louvain. La première année, il y eut trente-trois étudiants et sept professeurs. On pouvait y étudier les sciences physiques, les sciences sociales et les sciences administratives, la pédagogie et l'agronomie. Une formation en droit ne fut possible qu'à partir de 1958[73]. Il n'y avait donc pas de précipitation. Fallait-il malgré tout, à ce stade, reconnaître une caste de privilégiés ?

En 1948, les autorités belges optèrent pour une solution provisoire : l'*évolué** pouvait prétendre à la "carte du mérite civique". Pour entrer en ligne de compte, il fallait avoir un casier judiciaire vierge et ne jamais avoir été banni, renoncer à la polygamie et à la sorcellerie et savoir lire, écrire et compter. Les détenteurs de cette carte ne pouvaient plus être soumis à des châtiments corporels et étaient, le cas échéant, traduits en justice par un juge européen. Ils étaient soignés dans des pavillons séparés dans les hôpitaux et pouvaient désormais traverser le quartier blanc après six heures du soir[74]. De tels avantages faisaient forte impression sur les Congolais moyens. A Boma, Camille Mananga, un homme qui avait 13 ans quand la carte fut introduite, a raconté : "Elle était réservée aux hautes personnalités. Elles avaient le droit d'aller faire leurs courses et de boire chez les Blancs. C'était une très haute distinction. J'étais encore bien trop jeune. Le ciel était moins haut que ce statut[75] !" Mais pour des gens qui essayaient depuis des années de progresser tant bien que mal, ces privilèges assez minimes étaient loin d'être en rapport avec leurs efforts. Les inégalités salariales structurelles persistaient. Victor Masunda, un autre habitant de Boma, en parlait encore avec irritation en tant qu'ancien *évolué** : "Bien sûr, je n'ai pas demandé cette carte. Elle ne permettait pas d'avoir un plus haut salaire. Beaucoup de gens étaient prêts à ramper, mais moi j'ai refusé de m'abaisser. C'était humiliant de demander cette carte. Fallait-il que je devienne leur petit frère ? Non. J'achetais mon vin rouge et mon whisky[76]."

Aussi en 1952 la "carte d'immatriculation" fut-elle lancée, un document qui devait assimiler l'*évolué** à la population européenne dans la vie publique et devant la loi. Le principal avantage était que l'*évolué** pouvait envoyer ses enfants dans les écoles européennes, ce qui représentait une promotion sociale exceptionnelle et offrait la garantie d'un enseignement de qualité. Mais le scepticisme au sein de grands pans de l'élite coloniale était tel que les critères auxquels devait se conformer le demandeur étaient extrêmement rigoureux. Et souvent humiliants. Tant que la demande était examinée, un inspecteur pouvait venir à l'improviste dans la maison du candidat à l'immatriculation pour vérifier si lui et sa famille étaient suffisamment civilisés. L'inspecteur regardait si chaque enfant avait son lit, ou si des couverts étaient utilisés aux repas, ou si les assiettes étaient assorties, ou si la salle de bains était propre. La famille mangeait-elle réunie à table ou la mère attendait-elle, comme autrefois, avec sa progéniture dans la cuisine pendant que le père dînait avec ses invités ? Rares étaient ceux qui satisfaisaient aux exigences. A l'issue de longues années de négociations, un statut avait été obtenu dont presque personne ne pouvait bénéficier. En 1958, seulement 1 557 "mérites civiques" furent accordés et seulement 217 "immatriculations", sur une population de quatorze millions d'habitants[77].

Cela suscita une certaine frustration. Car tôt ou tard, le désir se transforme en aversion, et même en hostilité.

Entrez “Jamais Kolonga” sur YouTube et quelques secondes plus tard vous entendrez un des grands classiques de la rumba congolaise. Le morceau paraît tout droit sorti du répertoire du Buena Vista Social Club, mais c’est une composition d’African Jazz, le groupe le plus populaire dans les années 1950 au Congo. Cet orchestre légendaire était dirigé par Joseph Kabasele, surnommé “le Grand Kalle”. La chanson, écrite par son talentueux guitariste Tino Baroza, est devenue l’un des plus grands succès d’African Jazz. “Oyé, oyé, oyé”, dit le refrain, “serre-moi fort. Jamais Kolonga, serre-moi fort. Si tu me lâches, je vais tomber.” Ce “serre-moi fort” laissait planer une certaine ambiguïté.

Je descendis de voiture dans une ruelle étroite et poussiéreuse de Lingwala. Etait-ce bien ici ? A l’époque coloniale, Lingwala était le quartier des *évolués* *. Toutes les personnes d’un certain âge avec qui j’avais parlé connaissaient Jamais Kolonga. Bien sûr ! Mais peut-être était-il mort ? La presse locale n’avait-elle pas publié une nouvelle alarmante ? “*Le vieux Jamais Kolonga laminé par la maladie !* *” avait-elle annoncé. On avait lu que l’homme “qui a pu incarner la vitalité du Kinshasa des années 1950 à travers ses frasques et ses fantaisies de bon viveur” était actuellement gravement malade.

Il m’a fallu d’innombrables détours et une fortune en minutes d’appels pour obtenir enfin une adresse et un numéro de téléphone. J’entrai sur une parcelle dont le mur était effrité. Il y poussait des plants de maïs, jaunis et desséchés. Un vieil homme en short s’appuyant sur des béquilles sortit d’une maison en parpaings.

“Vous êtes Jamais Kolonga ?

— Le seul et unique !”

Certains informateurs ont connu toutes sortes d’expériences mais ont peu de choses à raconter, d’autres ont peu de choses à raconter mais parlent beaucoup. Jamais Kolonga n’appartenait à aucune de ces deux catégories. Il avait tout vécu et racontait merveilleusement bien. Lui-même n’était pas de cet avis. “Je viens d’être opéré de la hanche. Je ne vais pas bien.

J'ai très mal, malgré tous les médicaments que je dois avaler." Il écarta son short pour me montrer une impressionnante cicatrice au niveau de l'aine.

"Je peux faire quelque chose pour vous ? Vous avez besoin de quoi que ce soit ?

— Du vin ! Si vous avez un peu d'argent, un de mes petits-enfants peut aller chercher du vin.

— Du vin ? Dans votre état ? Vous êtes sûr ?"

J'ai passé trois après-midi entiers à discuter avec ce petit homme vif, tantôt dans son séjour, tantôt à l'ombre de sa maison. Il était d'excellente compagnie, il avait un grand sens de l'humour, une *joie de vivre** inentamable et une mémoire exceptionnelle. A une occasion, je suis allé le retrouver dans un petit hôpital où il devait faire de la rééducation pendant quelques jours et n'arrêtait pas de flirter avec les infirmières. Sa hanche se rétablissait à vue d'œil. Mais que s'était-il passé, exactement, avec cette femme blanche ?

"C'était en 1954. J'avais 18 ans à l'époque et je venais d'être engagé à l'Otraco.

— L'*Office des transports au Congo** ?

— Exactement. Mon père y travaillait aussi. J'ai commencé au chantier naval, ici à Kinshasa, mais tant que je n'avais pas 21 ans, mon salaire était versé sur le compte de mon père. Ce n'était pas l'idéal. Je ne pouvais même pas m'acheter de l'alcool. J'ai donc demandé une mutation à l'intérieur des terres." Alors que tout le monde partait pour la ville, lui la quittait. "On m'a envoyé à Port-Francqui, l'actuel Ilebo. C'est au bord du Kasaï. C'est là qu'on descend du bateau pour prendre le train, quand on fait le voyage de Kinshasa à Lubumbashi. A l'époque, j'ai même dû héberger les enfants de Simon Kimbangu, qui étaient en route pour aller voir leur père en prison ! Bon, je travaillais comme employé de bureau. Et vu le statut de mon père, j'étais le seul Noir à être autorisé à entrer dans les magasins des Blancs. Je buvais du vin portugais et du whisky. Oui, déjà à l'époque."

Entre-temps, une de ses petites-filles était allée au magasin du coin et, à son retour, elle avait posé devant nous une brique de vin bon marché. Don Pedro. J'ai préféré m'en tenir au Coca.

“Un jour, Kabasele était de passage avec son orchestre. Mais son train a déraillé et, du coup, ils ont manqué le bateau. Ils sont restés coincés à Port-Francqui pendant quinze jours! Je savais que la fille de mon chef, un Flamand, allait bientôt se marier et je me suis arrangé pour que Kabasele joue pendant le mariage. Aussitôt dit, aussitôt fait. Le jour de la fête est arrivé. Ce soir-là, je portais un costume bleu marine et une cravate rouge. Il n’y avait que trois *évolués**. J’ai dû me débrouiller pour obtenir des autorisations spéciales pour les musiciens, sinon ils n’auraient pas pu entrer dans le quartier blanc le soir. Debout près du bar, je regardais une dame portugaise. Elle dansait bien. Il faut vous rendre compte qu’en 1954 un Noir n’avait pas le droit de toucher une Blanche. On n’avait même pas le droit de parler avec elle! Les seules Blanches qu’on voyait étaient les religieuses catholiques. Seuls les boys entraient en contact avec des femmes européennes mariées. Mais bon, j’avais vu qu’elle dansait bien et j’ai demandé à son mari s’il voulait bien m’accorder sa permission, à moi aussi. Comme ça! Je l’ai fait sur un coup de tête, dans un accès de folie. Mais son mari a acquiescé. Alors je me suis approché d’elle et je l’ai invitée à danser. Puis j’ai dansé avec elle, pendant tout un morceau. A la fin, les Blancs ont applaudi, même le gouverneur de la province! Plus tard, Kabasele en a fait une chanson : *Jamais Kolonga*.”

Il se resservit du vin. *Evolué** un jour, *évolué** toujours.

“Parlez-moi de votre père.

— Il est né le 1er janvier 1900 dans le Bas-Congo.

— *Ah bon*?* C’était une date arbitraire, donnée par les missionnaires?

— Non, c’était vraiment sa date de naissance. Ce jour-là, quelqu’un s’est fait déchiqueter par un lion, un Noir. Quand mon père a été baptisé, les Blancs s’en souvenaient encore. A l’époque, il y avait encore beaucoup de lions et de buffles, et même des éléphants.”

Maintenant il n’y en a plus. Le Bas-Congo s’est vidé de son gros gibier. Mais quelle évolution fulgurante! A peine un demi-siècle avant que Jamais Kolonga ne danse à un mariage européen, il y avait encore des lions qui déchiquetaient des gens dans le Bas-Congo. Et des missionnaires, qui étaient des prédateurs à leur façon.

"Quand mon père avait 12, 13 ans, le révérend père Cuvelier est passé dans le village. Il a dit à mon père : « Tu vas cirer mes chaussures. Où est ton père ? » Et à mon grand-père : « Pouvez-vous me donner votre fils ? – D'accord », a dit mon grand-père, « je vous laisse l'emmener, à condition qu'il vienne me rendre visite. » Mon grand-père était lui-même catholique, voyez-vous. Quand il s'est marié à l'église, il a renvoyé deux de ses trois femmes. Par contre, il a pris en charge les enfants, bien sûr. En tout cas, mon père est parti avec lui à la mission et il a été baptisé le 13 décembre 1913. On l'a ensuite inscrit à l'école des rédemptoristes à Matadi et, six ans plus tard, il est allé au nouvel établissement secondaire de Boma. Il a donc été, *ipso facto*, l'un des premiers à y terminer ses études."

De tous mes voyages, c'était la première fois que j'entendais un Congolais employer la locution "*ipso facto*".

"Vers 1927 ou 1928, un fonctionnaire de l'Otraco l'a repéré. Ils avaient besoin de gens intelligents. Jusqu'à sa retraite en 1958, mon père a travaillé pour l'Otraco, toujours comme employé de bureau. Quand l'entreprise a transféré son siège de Thysville à Léopoldville, il a déménagé ici. Mon père est devenu un *évolué* *. Il était à la tête de *la cité Otraco* *, le quartier où habitait le personnel indigène. Il donnait des ordres aux maçons, aux charpentiers, aux ouvriers ferrailleurs. Il se rendait dans les maisons des employés de l'Otraco et, chaque samedi, il promettait une prime à celui qui avait la maison la plus belle et la mieux tenue. Mon père buvait du vin. Il a été l'un des tout premiers à en avoir le droit. Les jours de fête, il prononçait des discours devant le gouverneur général, Ryckmans, Pétillon ou Cornelis ; il les a tous connus. En 1928, il a même prononcé un discours devant le roi Albert, qui était en visite ici ! Donc bien entendu, il a obtenu la carte du mérite civique et plus tard la carte d'immatriculation. Dans tout le Congo, il n'y avait à l'époque que 47 *immatriculés* * !"

Cela en imposait. Même le vieux Nkasi se souvenait de lui. "Joseph Lema, il était complètement *mundele*." Le père est aussi entré au comité d'entreprise de l'Otraco et plus tard même au conseil provincial. Il a fait partie du tout premier contingent qui a eu accès à un certain pouvoir. Jamais Kolonga fouilla dans une enveloppe marron crasseuse et en sortit une photo en noir et blanc, rongée par l'humidité et les termites. Elle s'émietta dans ses mains.

"Regardez, c'est lui. Et là, c'est mon parrain. *Papa** Antoine." Un homme en uniforme, couvert de médailles. "C'était un ancien combattant de la guerre de 1914-1918 et un grand ami de mon père." Au dos de la photo, je vis l'écriture de son père. Une écriture d'une élégance et d'une régularité exceptionnelles, rayonnante d'assurance.

"Moi je suis de 1935. Je suis né à Kinshasa. Avec mon père je parlais le français, avec ma mère le kikongo, et partout ailleurs le lingala. Mes parents étaient du même village. Ma mère avait beau avoir épousé un *évolué**, chaque année elle retournait passer un mois et demi au village. C'est sans doute là qu'elle a été piquée. En 1948, elle est morte de la maladie du sommeil. A cette époque-là, j'allais à l'école à Saint-Pierre, l'établissement du révérend père Raphaël de la Kéthulle. Pendant la récréation, il me laissait ranger sa bibliothèque. Et quand il y avait un match de foot important, j'avais le droit d'aller chercher le ballon dans son bureau pour le poser sur le point d'engagement. Comme j'étais le plus petit, c'est moi qui marchais au pas vers le milieu du terrain au son d'une musique militaire. De la Kéthulle m'a appris à être courageux."

Il aurait bien voulu m'en faire la démonstration, mais sa hanche douloureuse l'en empêcha.

"Qu'avez-vous fait après l'école primaire ?

— Je voulais devenir prêtre. Pendant deux ans, j'ai appris le latin et le grec au petit séminaire de Kibula, près de Kinshasa. C'était chez les rédemptoristes. Mais je me suis fait renvoyer.

— Pourquoi ?

— Parce que je n'aimais pas le pain de manioc. Ça passait vraiment pas. Ils trouvaient que je faisais des manières. L'homme qui m'a mis à la porte s'appelait Jacques Ceulemans. Je me souviens encore de son nom. Il était sans pitié. Je n'aimais vraiment pas ce pain. Cela a été la plus grande déception de ma jeunesse, mais après l'indépendance, alors que j'étais déjà porte-parole, c'est moi qui en cette qualité l'ai mis à la porte. C'était pendant la mutinerie de l'armée."

Attentes, frustration, règlement de comptes : c'est un processus psychologique connu. Pour Jamais Kolonga aussi, la prêtrise avait été un rêve ardent, un rêve dont il avait dû s'éveiller brutalement.

"Finalement, j'ai terminé mes études à Kinshasa, au collège Sainte-Anne, l'établissement secondaire de De la Kéthulle. On s'est tous retrouvés là. Thomas Kanza, Cardoso, Boboliko, Adoula, Ileo. Bolikango aussi, qui était un peu plus âgé." Tous sans exception des personnalités qui occuperaient des postes clés après l'indépendance. Bolikango a participé aux négociations à Bruxelles sur l'indépendance, Adoula, Ileo et Boboliko ont tous été à un moment donné Premier ministre, Kanza a été le premier ambassadeur du Congo aux Nations Unies, Cardoso a été ministre de l'Education… "Nous étions chez les missionnaires scheutistes. L'autre collège, c'était celui des jésuites. Là-bas, il y avait entre autres Bomboko, Kamitatu et Albert Ndele." Encore d'autres grands noms de l'histoire du Congo. Les deux premiers ont été ministres des Affaires étrangères, le dernier directeur de la banque nationale.

Quel entourage, quelle représentation d'une époque… C'était la *jeunesse dorée** du Congo. On y préparait à un rythme intensif une jeune élite urbaine débordant d'ambitions. Aucune autre génération, avant ou après, n'a bénéficié d'un aussi bon enseignement. Un certain complexe d'infériorité envers les Blancs subsistait, mais la peur ressentie par la génération précédente se transforma chez eux en moments d'audace, surtout dans le cas d'un personnage comme Jamais Kolonga. Le souvenir de Monsieur Maurice déclenchait encore chez lui des gloussements espiègles.

"J'ai commencé à travailler à l'Otraco en 1952. Monsieur Maurice était un des patrons. Il y avait un ascenseur pour les Blancs et un escalier pour les Noirs, même ceux qui étaient employés. Je prenais tout de même l'ascenseur, parce que je devais me rendre au troisième étage. Un jour, je me suis retrouvé dans l'ascenseur avec ce fameux Monsieur Maurice. En plus, j'empestais le vin. Comme mon père était *évolué**…

*Bon**. Maurice m'a flanqué une gifle, puis on s'est battus. Finalement, cela s'est terminé à la gendarmerie de l'Otraco. J'étais vraiment le petit emmerdeur de l'entreprise, dis donc[78]."

Le Congo d'après-guerre était en plein bouleversement et les *évolués** en étaient la preuve la plus manifeste. Il régnait une atmosphère d'espoir. Elle atteignit sans aucun doute son comble lors du célèbre voyage que le roi Baudouin entreprit en juin 1955. Pour la première fois, un souverain belge non seulement visitait le cénacle du pouvoir et les réserves de chasse de la colonie, mais prenait aussi largement le temps de saluer le peuple. Ce fut un succès éclatant, une euphorie sans égale. Les adolescents grimpaient dans les arbres pour saluer le souverain, les femmes portaient des pagnes sur lesquels était imprimé le portrait de Baudouin, les enfants chantaient à tue-tête *La Brabançonne*[79]. Le roi et sa suite sillonnèrent le pays, comme un cirque ambulant partout accueilli par des chants et des danses. A Stanleyville, il fut porté par des hommes de la tribu Bakumu. A Elisabethville les femmes lui emboîtèrent le pas : "Notre roi est si jeune et si beau ! Que Dieu le garde !" (*Notre* roi, disaient-elles ; c'était la première fois.) A Kinshasa, on envisagea que Victorine Ndjoli, la modèle qui avait le permis de conduire, le conduise en voiture, mais l'idée resta à l'état de projet. *Mwana kitoko*, l'appelait-on, "beau jeune homme", car il était encore tout jeune et célibataire. Tout le monde essayait de l'apercevoir. On pensait que le regarder dans les yeux ou le toucher porterait bonheur. Les enfants de la province qui n'avaient jamais porté de chaussures reçurent leur première paire spécialement pour ce jour-là. "Nous avions du mal à marcher", a raconté l'un d'eux, "mais nous avons tout de même bien ri[80]." Aujourd'hui, on voit encore chez les *évolués** âgés la photo de mariage posée à côté du portrait officiel de Baudouin.

Une des étapes du voyage du souverain fut Lingwala, le quartier des *évolués**. "Il voulait voir de ses propres yeux les maisons construites avec les moyens du royaume", dit Jamais Kolonga. "Alors il est venu voir la maison de mon père qui était ici, sur cette parcelle." Avec sa béquille, il indiqua par la fenêtre l'endroit où le maïs était en train de dépérir. "La maison a disparu, mais à l'époque Mme Detiège est venue, l'assistante sociale d'Otraco. Elle est venue contrôler les fauteuils et arranger la maison. Les murs ont été repeints et elle a mis des fleurs sur la table. Le roi Baudouin est venu ici avec le gouverneur général. Ils ont bien parlé dix à quinze minutes avec mon père."

On a peine à croire que, quelques années plus tard, seulement, le même père dans la même maison recevrait chaque jour la visite d'un homme qui savait attiser le désir d'indépendance comme aucun autre. Cet homme était Kasavubu. Il allait devenir quelque temps après le premier président du Congo indépendant.

Beaucoup de choses avaient changé. Après la Première Guerre mondiale, d'aucuns regrettaient encore l'époque qui avait précédé l'arrivée des Blancs. Après la Seconde Guerre mondiale, les gens furent de plus en plus nombreux à espérer mener le style de vie des Blancs. Il n'était pas encore question d'une fièvre d'indépendance, mais la guerre mondiale avait constitué un puissant catalyseur. Elle avait montré la fragilité de la mère patrie et avait débouché sur un nouvel ordre mondial où le colonialisme était tout sauf une évidence. Antoine-Roger Bolamba, journaliste, poète et *évolué**, fut celui qui exprima avec le plus d'acuité les tensions latentes. Il fut le plus grand poète congolais de langue française pendant la période coloniale.

Avant d'entrer dans la chair du combat
j'attendrai
j'attendrai l'heure rouge de l'engagement
Déjà au-dessus de moi siffle la flèche
qui portera au loin
l'élan vertigineux du succès[81].

6

BIENTÔT À NOUS

UNE DÉCOLONISATION TARDIVE, UNE SOUDAINE INDÉPENDANCE 1955-1960

Soudain, tout se passa en un éclair. En 1955, pas une seule organisation indigène ne rêvait encore d'un Congo indépendant. Cinq années plus tard, l'autonomie politique était un fait. Cette rapidité a stupéfié quasiment tout le monde, à commencer par les Congolais eux-mêmes. Tout compte fait, le colonialisme belge auquel ils étaient soumis était imprégné de l'idée de progressivité. Petit à petit, le Congo allait être tiré de ses origines archaïques pour entrer dans la modernité. De l'avis des Belges, le but ultime était encore loin d'être en vue. Certes, le pays était en bonne voie depuis la Seconde Guerre mondiale, mais l'œuvre civilisatrice était encore à peine à mi-chemin. "L'indépendance ?" s'interrogeait dans un soupir le missionnaire du Sacré-Cœur et futur archevêque Petrus Wijnants en 1959 à l'intention de ses fidèles. "Dans soixante-quinze ans peut-être, ou en tout cas, pas avant cinquante ans[1] !"

Les choses allaient se dérouler autrement. La progressivité céda la place à la ruée, la pondération au chaos. Qui en fut responsable ? Personne en particulier. Ou plutôt : tout le monde. La décolonisation éclair n'était pas l'œuvre d'une personnalité ou d'un mouvement précis, mais le résultat d'une interaction singulièrement complexe entre les différents acteurs. On peut comparer la situation à un jeu de ping-pong qui commence tranquillement, la balle étant renvoyée lentement d'un côté et de l'autre, puis qui soudain s'accélère pour se transformer en un échange de balles nerveux où se multiplient de puissantes frappes bien ciblées, des lobs subtils, des smashs redoutables et des feintes habiles. La balle fonce avec toujours plus de force, au point qu'il devient difficile pour les joueurs et les spectateurs de savoir précisément ce qui se passe, à quel endroit et à quel moment. Personne ne parvient plus à suivre, personne n'a plus de vue d'ensemble, mais tout le monde sait que cela ne va pas pouvoir durer longtemps. C'est ce qui s'est passé au Congo. A cette différence près qu'il y avait plus de deux joueurs, et en fait plus d'une balle aussi. La décolonisation n'a pas seulement opposé des Congolais aux Belges ; ces blocs n'étaient pas aussi monolithiques. Du côté congolais, il y avait les *évolués* *, les religieux, les militaires, les ouvriers, les paysans. Les populations du Bas-Congo avaient d'autres ambitions que les habitants du Kivu ou du Kasaï. Les trentenaires avaient d'autres rêves que les sexagénaires. Mais ils vinrent, tôt ou tard, tous se placer autour de la table de ping-pong. Du côté belge il y avait en dehors des Belges de la colonie les Belges de la métropole. Il y avait les libéraux, les catholiques et les socialistes. L'Eglise et la Cour avaient des priorités différentes de celles des industriels ou des syndicalistes. Sur place, les fonctionnaires coloniaux avaient d'autres attentes que les planteurs dans la brousse ou les missionnaires dans la forêt vierge. Tous ces groupements d'intérêt se côtoyaient, se faisaient face et se mélangeaient. Puis il y avait les supporters : la Russie, les Etats-Unis et les Nations Unies vociféraient dans les tribunes, flanqués de jeunes Etats comme le Ghana, l'Inde et l'Egypte. Les joueurs ne savaient pas qui écouter en premier, mais les joueurs congolais recevaient, en tant que laissés-pour-compte, plus d'encouragements que les autres.

Et par-dessus le marché il y avait plusieurs balles en jeu : au moins trois. L'indépendance était-elle souhaitée ? Quand était-elle souhaitée ? Et comment fallait-il s'imaginer le Congo indépendant ? Cette dernière question portait à la fois sur l'organisation intérieure du pays (devait-il être unitaire ou fédéral ?) et sur les relations extérieures avec la Belgique (devaient-elles être totalement indépendantes ou fallait-il tout de même un lien constitutionnel sous une forme ou une autre ?). Les réponses à ces trois questions faisaient émerger des positions radicalement différentes. D'un côté de la table, on pouvait par exemple défendre avec ardeur une indépendance inconditionnelle et immédiate, en rompant tous les liens avec la Belgique et en maintenant l'unité du Congo, tandis que de l'autre côté on était favorable à une décolonisation lente, en conservant un lien avec la mère patrie et en octroyant une grande autonomie aux diverses provinces. Et entre les deux il existait les positions les plus diverses.

On aurait dit que tout un championnat du monde de tennis de table se jouait en même temps sur une seule et même table de ping-pong. Avec pour conséquences : querelles, irritation, nervosité, combativité, euphorie, désespoir et folie. Et vitesse, bien entendu. Les règles changeaient constamment. La seule manière de garder la tête froide était de focaliser son attention, de limiter sciemment son champ de vision, de se cramponner à sa propre tactique, de n'avoir d'yeux que pour son propre jeu. C'est ce que faisaient tous les intéressés. Mais focalisation peut rimer avec étroitesse de vue, et c'est ce qui a conduit à l'égarement de toutes les parties. La décolonisation tragique du Congo a été une histoire qui s'est caractérisée par beaucoup de points aveugles et peu de lucidité occasionnelle. Mais il est toujours facile de parler après coup.

Nous sommes en 1955, et nous sommes encore dans la maison de Jamais Kolonga. Après la visite du roi Baudouin, son père a reçu chez lui de plus en plus souvent un *évolué** impeccablement habillé. "Kasavubu venait tous les jours, ici, dans cette parcelle." Il montra du doigt le sol en béton qui se désagrégeait. "Matin et soir, il venait discuter avec mon père. Je leur servais du vin. Kasavubu était un vrai gentleman." Sur les photos de l'époque, on remarque effectivement son allure sophistiquée. Un costume ajusté, des lunettes à la mode, des yeux qui sourient plus qu'ils ne rient. Le bruit courait qu'un de ses ancêtres était un Chinois qui dans les années 1890 avait participé à la construction de la ligne de chemin de fer entre Matadi et Kinshasa.

Kasavubu était né quarante ans plus tôt dans un village du Bas-Congo, à cent kilomètres au nord de Boma. Le village était situé à l'orée de la forêt du Mayombe. Il avait appris à compter et à lire au poste missionnaire des pères de Scheut et, comme il se débrouillait bien, il put aller au petit séminaire, pour éventuellement devenir prêtre. Il y étudia le latin et le français et partit à 18 ans au grand séminaire de Kabwe au Kasaï. C'était la première fois qu'il quittait le Bas-Congo. Après trois années de philosophie, il décida cependant qu'il n'avait pas vraiment la vocation. Il quitta le séminaire, devint enseignant, puis employé et enfin fonctionnaire, mais il n'allait plus jamais se départir d'une pointe d'onctuosité sacerdotale. Il ne deviendrait jamais un orateur passionné comme Lumumba. Il avait une voix ténue, aiguë, un ton plutôt monotone et ennuyeux. Il avait du mal à obtenir le silence de son auditoire. Il était indéniablement intelligent, mais d'une intelligence qui était plutôt le fruit d'un travail acharné et d'une pensée avançant pas à pas que d'un brio inné. En multipliant les discussions avec des personnes dans les mêmes dispositions d'esprit, il avait appris à modeler ses élans en points de vue clairs. Une fois ces points de vue définis, il comprit l'art de les propager avec une grande assurance.

Pendant la guerre, il était parti, comme tant d'adolescents, à Léopoldville. A 25 ans, il avait commencé comme commis au service des finances de l'administration coloniale. Il devint ainsi membre de la nouvelle élite noire urbaine. Après le travail, il discutait avec des personnes comme le père de Jamais Kolonga à propos du statut des Bakongo à Léopoldville. Tous deux s'entendaient parfaitement pour dire que les Bakongo étaient les premiers habitants de la région autour de la capitale et supportaient mal que non pas leur langue mais le lingala, la langue des Bangala qui vivaient dans la forêt vierge en amont du fleuve, soit devenue la *lingua franca* de la ville. Les Bakongo étaient pourtant ceux qui avaient été là les premiers ; ils étaient pourtant les plus nombreux ; pourquoi l'enseignement se faisait-il en lingala ? N'existait-il pas un “droit du premier occupant” ? Cette formule était une trouvaille formidable : il s'agissait d'un terme de la rhétorique coloniale du XIXe siècle, importé tout droit de la conférence de Berlin, mais Kasavubu l'appliquait à la situation urbaine des années 1940 et 1950.

Ils réfléchissaient aussi aux questions sociales et raciales. Comment se pouvait-il que les Blancs gagnent bien plus que les *évolués**, même plus que ceux qui avaient une carte d'immatriculation ? Là encore, Kasavubu modela son indignation en un slogan audacieux : "*A travail égal, salaire égal**." Des propos particulièrement virulents pour quelqu'un qui parlait d'un ton si traînant.

Dans la capitale, Kasavubu devint membre de l'Adapes, l'Association des anciens élèves des pères de Scheut. Après la guerre, il en fut le secrétaire général, une fonction qu'il exerça jusqu'en 1956 et qui lui permit de garder de très nombreux contacts avec l'élite des jeunes habitants de la capitale. Cette association d'anciens élèves ne comptait alors pas moins de quinze à dix-huit mille membres[2]. En 1955, Kasavubu se retrouva également à la tête de l'Abako, l'association tribale qui défendait depuis quelques années la langue et la culture des Bakongo à Kinshasa. Sa présidence amena un retournement radical. Kasavubu allait transformer l'Abako en une association explicitement politique. La première pierre était ainsi posée pour la politisation des évolués, et de fait aussi pour le début de la décolonisation.

Un autre événement allait faire de l'année 1955 un tournant sur un autre plan, même si pas un *évolué** au Congo belge ne pouvait s'en douter. Il se produisit d'ailleurs en Belgique et aux Pays-Bas. En décembre de cette année-là parut dans la revue du mouvement ouvrier catholique flamand un supplément intitulé "Un plan de trente ans pour l'émancipation de l'Afrique belge". L'auteur était un certain Jef Van Bilsen, correspondant de l'agence de presse Belga, qui avait longtemps travaillé au Congo et enseignait à l'Institut universitaire des territoires d'outre-mer pour les futurs fonctionnaires coloniaux. L'article suggérait que la colonie devait enfin se charger de former une couche supérieure d'intellectuels. Il fallait préparer une génération d'ingénieurs, d'officiers, de médecins, de politiciens et de fonctionnaires pour que le Congo puisse vers 1985 tenir plus ou moins sur ses propres jambes[3].

Contrairement à ce que l'on prétend généralement, le plan de Jef Van Bilsen ne fut pas rejeté dans un premier temps. Il bénéficia d'un intérêt bienveillant en Belgique et au Congo, en dehors des milieux progressistes également. Ses conceptions à propos d'une émancipation lente rejoignaient d'ailleurs l'idée de progressivité que la Trinité coloniale préconisait depuis déjà des décennies. Son plan de trente ans eut sur la politique l'effet qu'avait eu le plan de dix ans de 1949 sur l'infrastructure et l'économie : moderniser lentement mais sûrement le pays. Il ne marquait pas de rupture avec le paradigme existant, mais poussait la réflexion très loin pour en tirer la conséquence la plus extrême. Le fait que l'auteur ait fixé l'échéance de 1985 rendait le plan soudain très concret, même si une indépendance totale n'était cependant pas envisagée : après cette date, la Belgique et le Congo seraient encore liés par la couronne et formeraient ensemble une sorte de confédération, un Commonwealth *à deux**, disons.

Début 1956, l'article parut dans sa traduction française et c'est là que tout se déclencha. Des exemplaires de la publication commencèrent à circuler dans les quartiers des indigènes à Léopoldville, les quartiers d'où chaque matin des milliers de personnes partaient, souvent pieds nus, pour aller travailler dans les entrepôts, les savonneries ou les brasseries des Européens, les quartiers où chaque soir des *évolués** rentraient après leurs tâches journalières comme dactylo ou employé chez un *patron** blanc, les quartiers où quelques individus discutaient autour d'un verre de vin portugais jusque tard dans la nuit à propos de l'état du monde. Pourquoi le patron vous appelait-il toujours Victor ou Antoine, et jamais *monsieur** Victor ou *monsieur** Antoine ? Pourquoi tous les Blancs vous tutoyaient-ils et ne vous vouvoyaient-ils jamais, même quand vous portiez des boutons de manchettes et un col blanc ? Dans ces milieux restreints, l'essai de Van Bilsen trouva facilement preneur. Un Blanc qui réfléchissait à haute voix à l'émancipation politique des Noirs : était-ce possible ? Un rai de lumière semblait traverser l'épaisse couche de nuages qu'était leur existence. Cette situation n'était donc pas éternelle ?

Il s'agissait tout au plus d'un tract, mais Kasavubu fut profondément agacé quand il lui tomba entre les mains. *Conscience africaine**, lisait-on dessus, juillet-août 1956. Le bulletin d'origine catholique de parution irrégulière, qui n'existait que depuis quelques années, avait une diffusion restreinte.

Il était dirigé par Joseph Ileo, un homme de l'Equateur. Parmi les six rédacteurs figuraient bon nombre d'anciens élèves de tata Raphaël, l'un d'eux détenait une carte du mérite civique et un autre avait même une carte d'immatriculation. Le numéro en question se composait essentiellement d'un long article anonyme sous le titre hardi de "Manifeste". Les auteurs de l'article avaient visiblement lu le plan de Van Bilsen, comme put aussitôt s'en apercevoir Kasavubu. "Les trente années qui viennent seront décisives pour notre avenir", lisait-il. "Mais il faut pour cela que les Belges comprennent que dès maintenant leur domination sur le Congo ne sera pas éternelle[4]." Le texte parlait, dans la droite ligne de Van Bilsen, d'émancipation politique et de changement progressif; il plaidait en faveur d'une initiative commune belgo-congolaise et il y était question d'une atmosphère de fraternité qui mettait un terme à toute forme de distinction raciale. Le roi Baudouin n'avait-il pas d'ailleurs lui-même donné le bon exemple lors de son voyage ? Le texte poursuivait : "Nous demandons aux Européens d'abandonner leur attitude de mépris et de ségrégation raciale; d'éviter les vexations continuelles dont nous sommes l'objet. Nous leur demandons aussi d'abandonner leur attitude de condescendance qui blesse notre amour-propre. Nous n'aimons pas être toujours traités comme des enfants. Comprenez que nous sommes différents de vous et que tout en assimilant les valeurs de votre civilisation, nous désirons rester nous-mêmes[5]." L'*évolué** ne souhaitait plus se contenter d'avoir des aspirations, comme depuis des années déjà, car cela n'aboutissait à rien, il voulait aussi compter sur ses propres forces. Il était écrit plus loin en lettres majuscules : "NOUS VOULONS ÊTRE DES CONGOLAIS CULTIVÉS, NON DES « EUROPÉENS À LA PEAU NOIRE »[6]."

Kasavubu était exaspéré. Non pas parce qu'il n'était pas d'accord avec ces positions, loin de là. Seulement, il lisait ailleurs ce qu'il pensait lui aussi depuis des années déjà, voilà ce qui le contrariait. En outre, presque toute la rédaction de *Conscience africaine* venait de l'Equateur, alors que lui, Kasavubu, venait d'être nommé président de la plus grande association des Bakongo. Les locuteurs du lingala, ces Bangala, allaient-ils à présent prendre aussi l'initiative du combat politique dans la capitale ? On le sait peu, mais les rivalités ethniques ont joué un rôle tout aussi important dans les grandes villes lors de la décolonisation que le rejet de la domination étrangère, même si beaucoup de ces "tribus" étaient artificielles. Les "Bangala" qui agaçaient tant Kasavubu étaient, en tant que tribu homogène, une construction du Bureau international d'ethnographie (il s'agissait d'une mosaïque de cultures dans la forêt équatoriale, il n'avait jamais existé de lien tribal global), mais cette invention des ethnographes des années 1910 était devenue, grâce aux écoles missionnaires, très réelle dans le Kinshasa des années 1950[7]. Les Bakongo ne voulaient pas être en reste par rapport aux Bangala.

A peine quelques semaines plus tard, Kasavubu réunit les membres de l'Abako pour étudier et commenter le manifeste de *Conscience africaine*. En août 1956 parut un "contre-manifeste". Il devait surpasser le premier texte et, de préférence, le pulvériser. Le ton était beaucoup plus radical et le contenu franchement révolutionnaire. Le plan de trente ans de Van Bilsen et de *Conscience africaine* ? "Pour nous, nous n'aspirons pas de collaborer à l'élaboration de ce plan mais à son annulation pure et simple parce que son application ne ferait que retarder le Congo davantage. Ce n'est au fond que l'éternelle chanson de la berceuse. Notre patience a déjà dépassé les bornes. Puisque l'heure est venue, il faut nous accorder aujourd'hui même l'émancipation plutôt que la retarder encore de 30 ans. Des émancipations tardives, l'histoire n'en a jamais connu, parce que quand l'heure est venue, les peuples n'attendent pas[8]."

Parler de peuples était naturellement exagéré. Kasavubu n'avait pas le peuple congolais derrière lui. Dans de grandes parties de "son" Bas-Congo, on ne connaissait même pas son nom. Il s'exprimait tout au plus au nom des *évolués** qui parlaient le kikongo dans la capitale. Mais dans les milieux coloniaux, ce texte fit l'effet d'une bombe. C'était la toute première fois qu'un certain nombre de Congolais demandaient ouvertement une émancipation accélérée. Ils n'avaient pas vraiment envie d'une confédération avec la métropole. Et l'unité de la colonie ne paraissait pas non plus sacrée à leurs yeux ; ils semblaient uniquement prendre la défense du Bas-Congo.

Beaucoup de coloniaux n'en revinrent pas. Ils parlèrent de "folie", d'une "course au suicide", de "racisme pire que celui contre lequel on prétend agir"[9]. Jef Van Bilsen devint la tête de Turc. Il avait ouvert la boîte de Pandore, estimaient-ils.

Pour les coloniaux, l'appel à l'indépendance fit l'effet d'un coup de tonnerre dans un ciel dégagé, ce qui en dit long sur le monde fermé dans lequel ils vivaient. Après la Seconde Guerre mondiale, une première vague de décolonisation était effectivement survenue en Asie. En à peine trois ans, entre 1946 et 1949, les Philippines, l'Inde, le Pakistan, la Birmanie, Ceylan et l'Indonésie étaient devenus indépendants. Cette dynamique s'était propagée à l'Afrique du Nord, où l'Egypte avait secoué le joug britannique et le Maroc, la Tunisie et l'Algérie s'échauffaient pour obtenir plus d'autonomie politique. De bons contacts s'étaient noués entre des personnalités comme Nehru, Soekarno et Nasser. Ces mouvements culminèrent en 1955, avec un événement d'une extrême importance : la conférence de Bandung à Java, un sommet afro-asiatique où de nouveaux pays et des pays aspirant à l'indépendance mettaient d'un commun accord le colonialisme dans le dépotoir de l'Histoire. "Le colonialisme sous toutes ses formes est un fléau auquel il faut mettre un terme le plus rapidement possible", pouvait-on lire dans la déclaration de clôture[10]. Il n'y avait pas de délégation congolaise à Bandung, mais une du Soudan voisin, qui allait accéder quelques mois plus tard à l'indépendance. De plus, des stations de radio commencèrent après la conférence à propager l'anti-impérialisme depuis le sol égyptien et indien. Sur les ondes courtes on pouvait écouter au Congo La Voix de l'Afrique libre, qui venait d'Egypte, et All India Radio, qui proposait même des émissions en swahili[11]. Leur message se répandit grâce à une innovation technique : le transistor. Ce minuscule appareil à un prix abordable eut d'immenses répercussions. On n'avait plus à se rendre sur les places de marché et aux coins des rues pour aller écouter les bulletins officiels de Radio Congo belge, et on pouvait se faire le plaisir d'écouter en cachette dans sa salle de séjour des chaînes de radio étrangères interdites qui répétaient que l'Afrique était aux Africains.

Pour faire face à l'agitation croissante, Bruxelles décida finalement d'instaurer une forme embryonnaire de participation au pouvoir. Cela faisait déjà dix ans que la classe politique se querellait à propos des formes de participation à accorder aux indigènes dans les villes, mais en 1957 une loi finit par être adoptée à ce sujet. Les quartiers indigènes de quelques grandes villes allaient obtenir leurs propres bourgmestres et conseils communaux. Au plus bas échelon de l'administration, les Congolais acquéraient ainsi pour la première fois un réel pouvoir. Dans la pratique, les administrateurs avaient déjà remarqué que les conseils de quartiers informels parvenaient à résoudre efficacement les problèmes locaux, surtout quand les membres étaient désignés par la communauté[12]. Dorénavant, ces membres seraient élus par des scrutins officiels, même si les maires relevaient encore de l'autorité du "premier bourgmestre" belge. A la fin de 1957 furent organisées, pour la première fois dans l'histoire du Congo belge, des élections, qui furent cependant limitées à Léopoldville, Elisabethville et Jadotville. Seuls les hommes adultes avaient le droit de voter.

Le Congo était à ce moment-là une des colonies les plus urbanisées, prolétarisées et éduquées d'Afrique. Pas moins de 22 % de la population vivait en ville, 40 % de la population active mâle était salariée et 60 % des enfants allaient à l'école primaire[13]. Cette situation était aussi récente que précaire. Durant la première moitié des années 1950, les salaires avaient considérablement augmenté, mais à partir de 1956 leur progression stagna et ils enregistrèrent même parfois un net recul. La baisse des prix des matières premières sur le marché international entraîna un ralentissement de l'activité économique (entre autres en raison de la fin de la guerre de Corée). Dans les villes, le chômage apparut[14]. A Kinshasa, le nombre de chômeurs monta rapidement à environ vingt mille[15]. Les personnes qui perdaient leur travail allaient vivre chez des membres de leur famille qui avaient encore un revenu. Les maisons et les parcelles de la cité furent surpeuplées[16]. Partout des petits bars poussaient comme des champignons. L'alcoolisme et la prostitution se développaient car, quand la vie est difficile, les mœurs se relâchent. C'est dans cette atmosphère d'agitation qu'eurent lieu les premières élections.

Si seuls les hommes adultes avaient le droit de voter, les femmes et les jeunes n'étaient pas apathiques pour autant sur le plan politique. On observait justement parmi eux à cette époque d'autres manifestations d'engagement social : les *moziki* et les *bills*. Les premières étaient des associations dans le cadre desquelles des femmes qui avaient réussi se réunissaient pour constituer une épargne et discuter des tendances de la mode. Cela pouvait paraître assez banal. A l'occasion de fêtes spéciales, les adhérentes de ce type d'association paradaient toutes vêtues des mêmes nouveaux tissus luxueux. Leur comportement recelait cependant un message. Les *moziki* se faisaient appeler *La Beauté**, *La Rose** et *La Jeunesse toilette**, des noms en français qui leur conféraient un certain standing. C'était leur manière de réagir au fossé entre les hommes et les femmes. Elles utilisaient la langue des hommes *évolués** et affirmaient leur propre progrès social. Les membres étaient assistantes sociales, enseignantes ou commerçantes. Victorine Ndjoli, la femme détentrice du premier permis de conduire, fonda avec quelques amies *La Mode** : "Nous étions influencées par la mode européenne que nous suivions dans les catalogues de vente par correspondance. Ces noms français montraient que nous étions allées à l'école, que nous étions civilisées. Les femmes n'ont obtenu que très tard le droit d'apprendre le français, donc parler le français était une manière pour nous de nous situer au même niveau que les hommes[17]." La présentatrice de radio Pauline Lisanga en était membre, elle aussi.

Beaucoup de ces *moziki* s'associaient à un des orchestres populaires de la ville. Le terme *moziki* dérive d'ailleurs de "musique". *La Mode** de Victorine Ndjoli était inconditionnellement fan d'OK Jazz, l'orchestre kinois de François Luambo Makiadi, surnommé Franco, l'homme qui passe jusqu'à aujourd'hui pour le plus grand guitariste et compositeur de rumba congolaise et qui, dans une histoire moins anglo-centrique de la musique noire, aurait sa place aux côtés de B. B. King, Chuck Berry et Little Richard. Elles l'appelaient Franco de Mi

Amor, *le sorcier de la guitare**, Franco-le-Diable. Victorine allait avec ses amies le voir jouer (il allait même épouser l'une d'entre elles), elles buvaient du *mazout**, de la bière mélangée à une boisson non alcoolisée. La bière devait être de la marque Polar, car elle provenait de Bracongo, la brasserie où, vers cette époque, un certain Patrice Lumumba commençait à travailler. "J'étais pour Lumumba, nous soutenions son MNC", a expliqué Victorine. Ce choix était loin d'être évident dans une ville sur laquelle l'Abako avait la mainmise. "Quand il est mort, nous étions toutes en deuil[18]." Les femmes n'avaient pas le droit de vote, mais la mode, la musique, les sorties, boire et danser, revêtaient une signification politique. Elles votaient avec leur verre. Primus, la bière du concurrent, était d'ailleurs la boisson des partisans de Kasavubu[19].

Puis il y avait les jeunes. Après un demi-siècle de déficit des naissances, la population connut à partir des années 1950 une forte expansion. De 1950 à 1960, le nombre de Congolais augmenta de 2,5 millions. Le jour de l'indépendance, le pays comptait quelque 14 millions d'habitants. Le Congo rajeunissait : au milieu des années 1950, 40 % de la population avait moins de 15 ans[20]. La jeunesse devint une catégorie très importante, non seulement sur le plan démographique, mais aussi sur les plans social et politique. Les bills furent la première forme de culture de la jeunesse dans la colonie[21]. Ce que les *nozems* [blousons noirs] furent pour Amsterdam, les zazous pour Paris et les mèches gominées pour Londres, les bills le furent pour Léopoldville. Ils puisaient leur inspiration dans les films de cow-boys que l'on montrait dans la cité. Comme leur nom le donne à penser, leur héros était Buffalo Bill. Ils parlaient leur propre langue de jeunes, le *hindubill*, et avaient leur propre style vestimentaire : des foulards, des jeans et des cols de chemise relevés qui faisaient référence au Far West et tournaient en dérision les *évolués** si soignés. Ces derniers étaient profondément préoccupés par la dépravation de la jeunesse. Ils en attribuaient entièrement la faute aux films pernicieux :

> Oui, il faut assainir le cinéma. Films policiers auxquels il faut ajouter les films de cow-boys, films tant désirés…

Autant de scénarios montrant aux hommes les diverses façons de voler, de tuer, en un mot de mal faire. Oui, aux hommes, souvent aux jeunes, parfois aux enfants.

A voir les affiches et les panneaux, on se croirait parfois au royaume de la brutalité et de la sensualité.

Comment apprendre à nos fils et à nos filles la pudeur, la bonté, la charité, le respect d'eux-mêmes et des autres ? Le grand mal est dans les salles de cinéma.

Que voit-on souvent dans cette alcôve, sinon les films les plus érotiques composés de scènes les plus voluptueuses sur lesquelles se plaque une musique éminemment sensuelle.

J'ai assisté un soir à une séance de cinéma. Dans la salle, il y avait en tout six adultes. Les autres ?… des enfants de 6 à 15 ans. La salle était bondée de ces "gosses". Un tapage infernal… Les bambins trépignaient d'impatience… L'écran s'éclaira… Un film de cow-boys… Applaudissements… Hurlements de joie… Au lever du rideau, ce sont des amourettes… Les baisers fusent de partout et des "ha !" de tous les coins… Ensuite ce sont des bagarres, des coups de pistolet qui suscitent une joie indescriptible de la jeunesse… Deux films mauvais, s'il en fut… Après la séance, ce fut la répétition de ce que l'on avait contemplé deux heures durant sur l'écran. On se cramponnait aux jeunes filles, sortant de la séance de cinéma, pour coller sur leurs joues un baiser affectueux… On se poursuivait avec un bâton, imitant les bruits des pistolets, pour singer les cow-boys… Voilà les leçons morales de la séance de cette soirée…

Pitoyable !

Qu'on ne se fasse pas d'illusions. Le cinéma deviendra une école de gangstérisme au Congo belge, si l'on n'interdit pas la projection de certains films dans la Cité ou dans les Centres extra-coutumiers[22].

Les bills passaient pour des fauteurs de troubles qui s'adonnaient au vol, à la débauche et à la marijuana. A l'époque, en effet, la criminalité chez les jeunes dans les villes augmenta, mais il était plutôt question de vols d'un panier de papayes ou tout au plus d'un vélo que de grand banditisme[23]. Néanmoins, le phénomène était nouveau. L'autorité parentale s'effritait, le prestige de l'*évolué** était tourné en dérision, l'influence du chef traditionnel s'était évaporée depuis longtemps. Les bills érigeaient leur propre monde. Ils s'organisaient en gangs avec chacun son propre territoire dans la ville et ils rebaptisaient ces territoires Texas ou Santa Fe. Les bills étaient loin de manifester un intérêt explicite pour la politique, mais ils créaient une atmosphère de rébellion et d'opposition qui était inflammable.

Le dimanche 16 juin 1957, soixante mille spectateurs affluèrent vers le stade Roi-Baudouin de Raphaël de la Kéthulle pour assister à un match de football historique : le F.C. Léopoldville, le prédécesseur de la première équipe nationale, affrontait l'Union saint-gilloise de Bruxelles, un des clubs qui, dans toute l'histoire du football belge, avaient connu le plus de succès[24]. Un événement inédit. Pour la première fois, une équipe congolaise jouait contre une équipe belge dans la colonie. Ce fut une rencontre violente qui se termina brusquement. Un officier de l'armée belge était chargé d'arbitrer et ses décisions suscitèrent du ressentiment. Quand pour la deuxième fois il refusa un but congolais en invoquant un hors-jeu, la foule eut une réaction de fureur. Le score final fut de 4-2 pour les Belges. Coup monté, hurlèrent les supporters. En quittant le stade, les bills, les ouvriers, les chômeurs, les malheureux, les *mamans** en colère et les écoliers passèrent leur rage sur les environs. Il y eut des cris, des coups de poing. Des bandes de jeunes et des badauds se précipitèrent pour voir ce qui se passait et participèrent aux échauffourées. Les voitures des coloniaux blancs qui voulaient quitter le stade furent les cibles de jets de pierres. Jamais un tel incident n'avait eu lieu. Le football n'était-il pas pourtant un moyen d'assagir le peuple ? La police dut intervenir. En définitive, il y eut quarante blessés et cinquante voitures cabossées.

Ces tensions croissantes retentirent sur les élections du 8 décembre 1957. Le taux de participation fut de 80 à 85 %, un immense succès. A Léopoldville, l'Abako, qui avait réalisé un excellent travail, parvint même à rallier à lui des personnes qui n'étaient pas des Bakongo. Ils remportèrent 139 des 170 sièges aux conseils communaux. Sur les huit postes de bourgmestres indigènes, ils en obtinrent six. A Elisabethville, les migrants du Kasaï, le plus grand groupe au sein de la population de la ville, obtinrent une bonne partie des voix. Quant à l'Union congolaise, une association d'*évolués* * catholiques pro-belge, elle enregistra un très bon résultat. Neuf Blancs furent aussi élus[25].

Pour Bruxelles, le succès de ces élections qui s'étaient déroulées correctement marquait le début d'une démocratisation maîtrisée de la colonie. Il fallait à présent organiser des élections communales aussi ailleurs, suivies d'élections provinciales puis nationales. Mais il était trop tard pour une telle progressivité, estimait Kasavubu. Quand il entra en fonctions en tant que bourgmestre de la commune de Dendale à Léopoldville, il fit exactement ce que Lumumba allait faire en 1960 en devenant Premier ministre : il prononça un discours enflammé.

> La démocratie n'est pas instaurée là où l'on continue à nommer des fonctionnaires à l'endroit des élus du peuple pour endiguer l'action démocratique. La démocratie n'est pas établie, puisque du côté de la police nous ne voyons pas de commissaires de police congolais. De même à la milice, nous n'avons pas connaissance des officiers congolais ; ni des dirigeants congolais dans le service médical. Et que dire de la direction de l'enseignement et de son inspection ? Il n'y a pas de démocratie tant que le vote n'est pas généralisé. Le premier pas n'est donc pas encore accompli. Nous demandons des élections générales et l'autonomie interne[26].

Ces propos valurent à Kasavubu un avertissement des autorités, ce qui lui fit peu d'effet. Ses fonctions de bourgmestre lui conféraient, en dehors d'un salaire élevé, la haute considération de la population locale. Il continua par conséquent à mener campagne. Les élections ne ramenèrent pas le calme, mais avivèrent les troubles.

Et la bombe à retardement restait activée. 1955 : l'Abako devient politique. 1956 : les manifestes de *Conscience africaine* et de l'Abako. 1957 : les élections communales et le malaise. Mais l'année du grand bouleversement allait être 1958.

L'événement déclencheur se déroula pourtant dans la bonne humeur, dans une atmosphère de fraternisation chaleureuse : Expo 58. Rien n'indiquait que les déambulations décontractées entre les pavillons de l'Exposition universelle de Bruxelles pourraient avoir un effet révolutionnaire. Pourtant c'est ce qui se produisit. La Belgique conserva de cette foire internationale l'Atomium ; le Congo, une terrible faim d'autonomie.

Jamais Kolonga l'a confirmé. De petits groupes d'*évolués* * pouvaient déjà venir en Belgique dans le cadre de leurs études mais, à l'occasion de l'Expo, des centaines de Congolais, dont un grand groupe de militaires, furent invités à y passer quelques mois. L'initiative ressemblait à une forme de réparation pour les trois cents Congolais qui en 1897 avaient été exposés à Tervuren. Il y avait cette fois-ci aussi un village de Congolais, à l'ombre de l'Atomium, mais la plupart de ceux qui étaient venus en Belgique s'y étaient rendus en tant que visiteurs. “Mon père a pu aller en 1958 en Belgique”, a raconté Jamais Kolonga, “il a été très impressionné par ce qu'il y a vu. Les Européens qui faisaient la vaisselle et balayaient la rue, il ne savait pas que cela existait. Des Blancs qui mendiaient, même ! Cela lui a vraiment ouvert les yeux[27].” Quel contraste avec l'image de la Belgique qu'il ne connaissait qu'à travers les histoires des missionnaires et le comportement de ses supérieurs ! Le Blanc n'était pas un demi-dieu inaccessible. Ce n'était pas une déception, c'était au contraire encourageant. Cela laissait de la marge pour une ascension sociale, en Afrique aussi. En outre, les Congolais s'aperçurent qu'à Bruxelles ils étaient les bienvenus dans les restaurants, les cafés et les cinémas, oui et même dans les bordels, chuchotait-on[28]. Cet aspect-là aussi était différent de la ségrégation dont ils faisaient quotidiennement l'expérience dans la colonie.

Non seulement les visiteurs de l'Expo découvrirent une autre Belgique, mais ils se découvrirent mutuellement. Des habitants de Léopoldville parlaient pour la première fois avec des gens d'Elisabethville, Stanleyville, Coquilhatville et Costermansville. L'immensité de leur pays et les restrictions appliquées aux voyages n'avaient guère permis de contacts entre les diverses régions de la colonie. Les agriculteurs migraient vers la ville, les citadins se rendaient rarement, voire jamais, dans d'autres villes. Mais pendant les mois passés en Belgique, on échangea les expériences, on parla de la situation chez soi et on rêva d'un autre avenir. Pendant l'Expo, plusieurs *évolués* * furent aussi approchés par des politiciens et des dirigeants syndicaux belges, de gauche comme de droite. Cela favorisa également la prise de conscience politique.

Longin Ngwadi, surnommé l'"Elastique", le footballeur vedette du Daring, qui était devenu boy du gouverneur général Pétillon, eut cependant moins de chance. Quand je l'ai interviewé à Kikwit, il m'a raconté qu'il avait pu aller en 1958 en Belgique, mais qu'il n'avait pas eu l'occasion de voir l'Expo. "Nous avons pris l'avion. J'y allais en tant que boy maison de Pétillon. Je suis resté à Namur et j'ai dû faire la cuisine et la lessive. Pétillon allait regarder la *marchandise* * à l'Exposition universelle. Le cuivre, le diamant, tout ce qui venait du Congo, tout ce qui venait d'autres pays." Mais pendant que le gouverneur général dînait à Bruxelles avec le duc d'Edimbourg et le ministre néerlandais des Affaires étrangères, Longin restait dans une cuisine namuroise. "J'y mangeais bien. Je mangeais avec des couverts. J'avais bien regardé comment faire. Madame le gouverneur était secouée de rire quand je mangeais mal. C'était très bien en Belgique. J'ai reçu beaucoup de cadeaux. J'entendais parler de trains qui disparaissaient dans le sol et du port maritime. Namur était une petite ville intelligente, comme Kikwit[29]."

Pétillon trouvait l'idée de cette Expo navrante. Faire venir trois cents Congolais à Bruxelles et les exposer pendant des mois à l'endoctrinement de quelques personnalités belges? "Dans les brassages de gens et les folies de l'Expo, où le champ leur était complètement libre, ils accomplirent, même auprès des soldats de la Force publique, un redoutable travail de sape et d'intoxication. Il est affreux de penser que cela se fit sous l'égide d'un gouvernement belge qui semblait ne pas se rendre compte que le Congo s'enfonçait de plus en plus dans une ambiance pré-révolutionnaire[30]." Cet homme de terrain avait de sérieuses objections à opposer. C'est justement pour cette raison qu'il lui fut demandé, pendant ce déplacement professionnel, de rester en Belgique et de devenir ministre des Colonies. Son prédécesseur, Auguste Buisseret, un libéral, ce qui était curieux à ce poste, avait adopté une approche trop idéologique, entre autres en introduisant l'enseignement laïc dans la colonie. La hiérarchie fermée du pouvoir blanc s'en trouvait affaiblie, estimaient tous ceux qui avaient intérêt que le Congo soit soumis. Un ministre technicien devait occuper le poste : plutôt un homme de terrain qu'un ergoteur. Le roi Baudouin encouragea cette initiative : Pétillon accepta le poste, mais jeta l'éponge au bout de quatre mois. Longin ne verrait jamais l'Atomium.

En revanche, celui qui eut l'occasion de contempler les constructions d'acier et de béton précontraint était un jeune homme de 28 ans de la province de l'Equateur. Fils d'un cuisinier du poste missionnaire des pères capucins, il était allé à l'école primaire chez les pères de Scheut. Au bout d'une année d'enseignement secondaire, il commença sa carrière dans la Force publique. Il devint secrétaire-comptable-dactylo et reçut en 1954 le grade de sergent. Il aimait taper à la machine. Sous un pseudonyme, il commença à rédiger des textes pour les journaux coloniaux comme *Actualités africaines*. En 1956, il quitta l'armée pour devenir journaliste à plein temps. Deux ans plus tard, il put faire lui aussi le voyage à Bruxelles. Lors de l'Expo, cet homme timide et dégingandé, qui ne pouvait s'empêcher de lâcher des "*n'est-ce pas* *" à tout bout de champ dans ses conversations avec les Européens, ne fit pas une apparition remarquée. Il était certes agréable, mais dans l'ensemble plutôt empoté. Son nom : Joseph-Désiré Mobutu.

Les derniers mois de 1958 furent particulièrement turbulents. Les visiteurs de l'Expo revinrent au Congo, la guerre d'indépendance en Algérie atteignit son paroxysme, le Maroc et la Tunisie avaient secoué le joug colonial. Plus près du Congo, le Soudan voisin, une colonie britannique, devint un Etat indépendant et le président de la France, Charles de Gaulle, prononça à Brazzaville des propos historiques : "L'indépendance, quiconque la voudra pourra la prendre." Il fallait l'entendre comme une provocation (car quiconque donnait suite à cette invitation perdait aussitôt le soutien de la France) mais, de l'autre côté du fleuve, les Belges avalèrent tout de même leur café de travers quand ils entendirent le discours à la radio[31]. Dans les quartiers populaires, en revanche, des cris de liesse retentirent.

Le 10 octobre 1958, l'agence de presse Belga reçut à Léopoldville un communiqué qui annonçait la constitution d'un nouveau parti politique. Le fait n'avait rien d'exceptionnel. Le même mois, d'autres partis s'étaient créés au Congo : le Cerea au Kivu (Centre de regroupement africain), la Conakat au Katanga (Confédération des associations tribales du Katanga). Chaque région voulait avoir son propre parti local ; les succès électoraux de l'Abako n'étaient pas passés inaperçus. L'élément nouveau, en revanche, était l'approche nationale radicale du communiqué. Elle ressortait déjà dans le nom du parti : Mouvement national congolais (MNC). Parmi les points du programme était mentionné que l'on allait "combattre avec force toutes formes de séparatisme régional", car elles étaient "incompatibles avec les intérêts supérieurs du Congo". L'Abako ne s'était préoccupée que du Bas-Congo, mais le MNC jouait résolument l'atout national. Le Congo devait être libéré "de l'emprise du colonialisme impérialiste, en vue d'obtenir, dans un délai raisonnable et par voie de négociations pacifiques, l'indépendance du pays"[32]. Pour la première fois, un mouvement politique indigène considérait le Congo comme un tout. La liste des noms qui concluait le communiqué comprenait des personnes issues de différentes régions et de différents peuples du pays. Il y avait des Bakongo, des Bangala et des Baluba, des personnalités catholiques, libérales et socialistes, des syndicalistes et des journalistes. Le président autoproclamé s'appelait Patrice Lumumba.

Lumumba était né en 1925 à Onalua, un village du Kasaï. Sur le plan ethnique, il appartenait aux Batetela, la tribu qui à la fin du XIXe siècle s'était mutinée pendant les campagnes arabes. Le père de Lumumba était un catholique sans formation, connu pour son tempérament colérique et son caractère buté. Il buvait imperturbablement le vin de palme de sa propre fabrication. Lumumba fréquenta l'école dans des postes missionnaires protestants et catholiques et partit pendant la guerre, après quelques pérégrinations dans l'intérieur des terres, vers la grande ville : Stanleyville. Là-bas, il devint un petit fonctionnaire de l'administration, avant d'entrer à la poste comme employé. Le service des postes l'envoya pour une formation à Léopoldville, où il améliora son français défectueux et où il fut pris d'une soif de connaissance insatiable. De retour à Stanleyville, il devint un lecteur fanatique, qui travaillait comme bénévole à la bibliothèque et ne manquait pas une seule conférence ou soirée éducative. En 1954, il obtint la très rare carte d'immatriculation. Sa confiance en lui s'affirmait à vue d'œil. Il devint extrêmement actif dans la vie associative de la ville et n'eut aucun mal à occuper plusieurs fonctions administratives à la fois. Il était président de l'association des fonctionnaires des postes, dirigeait le département régional du syndicat APIC, entretenait des contacts avec le parti libéral belge et devint président de l'Association des évolués de Stanleyville[33]. Il était connu pour n'avoir besoin que de deux à trois heures de sommeil par nuit[34]. En dehors des multiples réunions, il écrivait des analyses politiques. Il commença à envoyer des articles aux journaux comme *La Croix du Congo* et *La Voix du Congolais* et fonda lui-même son propre périodique : *L'Echo postal*. Il impressionna tous ceux qui firent sa connaissance à Stanleyville à cette époque. Lumumba était vif, rapide, plein d'enthousiasme et d'ardeur au travail. Il avait le don de l'éloquence et de la force de conviction. Ses lunettes, son nœud papillon et – une rareté chez un Africain – sa barbe lui donnaient un air intelligent et séduisant, estimaient beaucoup de gens. Son charme et son aisance masquaient son extrême ambition, même s'il avait parfois tendance à caresser son public dans le sens du poil. Aussi tenait-il, à certains moments, du caméléon.

En 1955, l'année où Kasavubu devint président de l'Abako, Lumumba orientait l'Association des évolués de Stanleyville sur une voie plus politique. Il devint ainsi le Congolais le plus influent de la ville. Pendant la visite du roi Baudouin, il parvint, lors de la réception donnée dans le jardin du gouverneur de la province, à parler avec le souverain pas moins de dix minutes. Au bord du fleuve, parmi les bougainvillées, il exposa au jeune roi, qui avait le même âge que lui, quelques problèmes de la population indigène. Baudouin écouta attentivement et posa des questions. Une véritable conversation s'engagea. La rumeur de cet entretien circula à la vitesse de l'éclair à travers les rues de Stanleyville. Au sein de la population, Lumumba ne serait jamais détrôné de son statut. Peu de temps après, il put partir avec un petit groupe de jeunes Congolais prometteurs en voyage d'étude en Belgique, un voyage où il vanterait les bienfaits de Léopold II et le colonialisme belge sans la moindre ironie[35]. A son retour, cependant, il fut jugé, au bout de onze ans de fidèle service aux postes, pour faux en écriture et détournement de fonds. Plus tard il dira : "Qu'ai-je fait d'autre que de reprendre un peu d'argent que les Belges avaient volé au Congo[36] ?" Après avoir purgé une peine de prison de douze mois, il partit pour Léopoldville. Il commença à travailler pour Bracongo, la brasserie de la bière Polar, et il y devint directeur commercial, une fonction qui allait lui permettre de gagner un salaire supérieur à celui de nombreux Blancs. Avec Polar, il engagea le combat contre le concurrent Primus. Dans les quartiers populaires, Patrice distribuait les bouteilles de bière. Là aussi, son éloquence faisait merveille. Il apportait de la bière et promettait la liberté. Il désaltérait les masses et leur donnait soif d'autre chose. L'émancipation commençait par une pinte gratuite. Polar prospérait et Patrice se faisait connaître. Peu à peu, il se liait d'amitié avec tout un groupe de jeunes intellectuels. Contrairement à ses interlocuteurs, il connaissait de vastes pans de la colonie. Avant son arrivée dans la capitale, il avait vécu dans trois des six provinces de l'époque. Pour lui, le cadre de référence ethnique était par conséquent moins pertinent. Bon nombre de Batetela ne vivaient d'ailleurs pas à Léopoldville. Il voulait "lutter en faveur du peuple congolais", annonçait le fameux communiqué de presse[37].

A Kisangani, à l'époque Stanleyville, j'ai eu le privilège de parler avec quelques partisans de la première heure de Lumumba. Albert Tukeke, âgé de 80 ans, venait de la même région que Patrice Lumumba ; leurs mères étaient même parentes. Tout comme Lumumba, il travaillait à la poste et il avait fait ses études à Léopoldville. Il devint guichetier à Elisabethville, une rude école d'apprentissage coloniale. "Quand un Européen entrait dans le bureau de poste, il ne faisait jamais la queue. Il disait tout simplement : « Libérez le guichet ! » Ils avaient toujours des expressions choquantes. Nous étions jeunes et nous ne pouvions rien dire. Quand ils avaient besoin de quelque chose, ils disaient : « Il y a quelqu'un ? » « Quelqu'un », ils voulaient dire un Blanc. Ça faisait mal." Le colonialisme n'était pas seulement un grand système mondial, il était fait de milliers de petites humiliations, de tournures de phrase significatives et de subtiles expressions du visage. Lumumba dénonçait fermement les abus, se souvenait Albert Tukeke : "Lumumba était un homme comme tous ceux qui ne faisaient que demander des droits pour les Noirs. Mais sa personnalité, ses opinions et sa vision étaient très différentes. Il parcourait une centaine de kilomètres, alors que le reste n'en avait fait qu'un. Et je ne le dis pas parce que je fais moi-même partie du peuple batetela[38]."

Jean Mayani était un fervent partisan qui, en 2008, parlait encore de Lumumba avec autant de verve qu'en 1958. Je l'ai écouté pendant toute une matinée dans sa maison à Kabondo, un arrondissement de Kisangani. Dès 1959, il était secrétaire du parti MNC pour sa commune, un an plus tard il fut le premier suppléant de Lumumba aux élections communales. Mayani posait un regard lucide et analytique sur la situation : "Disons qu'il n'y avait pas de racisme très prononcé à l'époque, mais il y avait une nette séparation. Dans les magasins, dans les quartiers, dans les écoles et même dans les cimetières, il y avait un quasi-apartheid. Nous étions très admiratifs des *évolués* * qui avaient une carte de mérite civique ou d'immatriculation. Ils bénéficiaient de privilèges sociaux, ils fréquentaient des écoles européennes. Mais il y avait encore une telle différence avec la politique coloniale des Français ! Les Noirs dans les colonies françaises pouvaient aller étudier en France. Senghor [qui allait devenir le président du Sénégal] était député à Paris et il y est devenu secrétaire d'Etat. Par conséquent, le discours du MNC m'intéressait beaucoup. En 1958, j'étais un de ses premiers partisans ici, à Kisangani. Je me souviens encore des premiers meetings dans la *cité**. Nous nous réunissions dans les bars et sur les terrains de sport. Lumumba parlait d'histoire et des méfaits de la colonisation. Il avait vraiment un courage incroyable. Il n'hésitait pas à appeler les choses par leur nom : la souffrance, l'exil des kimbanguistes, la haine raciale, le manque d'humanité, le travail forcé dans les mines, la construction des routes et des chemins de fer. Les masses étaient totalement enthousiasmées par un tel leader[39]."

Le vieux Raphaël Maindo était absolument d'accord. Il y repensait avec du vague à l'âme. "Quand Lumumba parlait, personne ne voulait plus partir. Même quand il pleuvait, même la nuit, les gens restaient l'écouter." Contrairement à Jean Mayani, Raphaël Maindo n'était pas cadre, mais militant de base du parti : il vendait des cartes de membre. "C'était très simple. Tout le monde en voulait une. Même les femmes devenaient membres. Ma carte de membre avait le numéro 4. La carte coûtait à l'époque vingt francs, le prix était le même dans tout le pays. Nous allions partout, jusqu'à sept cents kilomètres à la ronde. Nous avions des voitures[40]." Pour beaucoup de Congolais, l'achat d'une carte de membre n'était pas seulement un acte politique, c'était un élan d'affirmation de soi et de fierté.

En décembre 1958, Lumumba partit pour Ndjili, l'aéroport de Léopoldville. Il était en route pour Accra, la capitale du Ghana. Un an plus tôt, le Ghana avait été le premier pays de l'Afrique subsaharienne à accéder à l'indépendance. Le président Kwame Nkrumah jouissait d'un statut de héros qui s'étendait du Sénégal au Mozambique. Il était l'incarnation du panafricanisme, le rêve d'une Afrique libre, pacifique et solidaire, et il rassembla justement pour cette raison à Accra les dirigeants et les penseurs de tout le continent. Kasavubu se rendit lui aussi à l'aéroport, mais les services des douanes firent des difficultés à propos de sa carte de vaccination, peut-être à dessein : les autorités coloniales n'avaient pas oublié son discours incendiaire en tant que tout nouveau bourgmestre. Lumumba et deux fidèles furent les seuls représentants du Congo au Ghana. Le congrès d'Accra allait produire sur lui une forte impression, plus que n'importe quel livre qu'il avait lu. Il parla avec des intellectuels et des militants et remarqua qu'ils s'intéressaient à son récit. Il rencontra sur place Julius

Nyerere et Kenneth Kaunda, qui allaient devenir les présidents de la Tanzanie et de la Zambie, et Sékou Touré, le premier président de la Guinée-Conakry. L'*évolué** d'autrefois qui aspirait à de la considération devint un Africain fier de ses racines, de son pays et de la couleur de sa peau. Le Congo belge lui semblait être de plus en plus un archaïsme maintenant inutilement la population dans un état d'infériorité. Il allait libérer son pays de la peur et de la honte.

Le 4 janvier 1959, à Bruxelles, il fait un froid glacial. C'est un dimanche matin paisible, il gèle. Les rues sont extrêmement glissantes. A travers les avenues chics d'Ixelles, près de l'abbaye de la Cambre, une voiture avance prudemment entre les imposantes demeures. Jef Van Bilsen est au volant, l'homme qui avec son plan de trente ans a déchaîné les démons, pense-t-on communément. Mais c'est aussi le Belge qui entretient les meilleures relations avec l'élite congolaise. Peu savent aussi bien que lui ce qui se passe parmi les *évolués**. De très bonne heure, Arthur Gilson, ministre de la Défense, l'a appelé pour lui demander de venir de toute urgence. Le ministre a passé tout le week-end du Nouvel An à peiner sur le texte d'une déclaration du gouvernement. Durant les derniers mois de 1958, un groupe de travail est parti au Congo à la demande des autorités belges pour faire l'inventaire des attentes de la population. Une initiative louable, sauf que pas un seul Congolais n'a fait partie de l'équipe de recherche. Leur rapport va cependant donner lieu à une déclaration gouvernementale énergique, qui constituera les fondements d'une nouvelle politique coloniale. Différents ministres ont déjà examiné le texte pendant les vacances de Noël, mais ils ne s'en sortent pas, pas plus que le ministre de la Défense. Peut-être Van Bilsen peut-il apporter son éclairage ? Dans le bureau du ministre, Van Bilsen tente de faire clairement comprendre, en ce paisible dimanche matin, qu'une déclaration aussi cruciale n'a pas de sens tant qu'elle n'annonce pas l'indépendance et ne propose pas une date butoir concrète. Le ministre tombe des nues. "Une discussion s'engagea entre nous qui tenait plus d'une conversation de sourds, à propos de ce qui était souhaitable du point de vue congolais et ce qui pouvait être réalisable du point de vue belge", expliqua

Van Bilsen[41]. La situation reste gelée. Il retourne à petits pas à sa voiture sans avoir obtenu gain de cause.

Le 4 janvier 1959 à Léopoldville, il fait une chaleur étouffante. La saison des pluies est encore loin d'être terminée, l'air est visqueux, oppressant. Dans la résidence du gouverneur général, des préparatifs sont en cours pour la réception annuelle du Nouvel An dans le jardin[42]. Les verres sont astiqués, les tâches réparties. Le nouveau gouverneur général se nomme Rik Cornelis, il ne sait pas encore qu'il sera le dernier. Certains Belges dorment encore après avoir dansé toute la soirée au Palace ou au Galiena. D'autres prennent leur petit déjeuner, ils mangent des tartines et de la confiture de fraises. Les plus courageux d'entre eux sont déjà partis nager ou faire du tennis au *cercle sportif**. Ce sera une réception stylée. Quelques Congolais ont aussi été invités, conformément à la philosophie d'une communauté belgo-congolaise. Quelques maires indigènes seront présents. Dans son discours, le gouverneur général parlera certainement des grands défis de la nouvelle année. Le champagne va mousser, le cristal étincelera. On "exprimera de l'espoir", on "consolidera la confiance" et on parlera beaucoup de "compréhension mutuelle", le tout "dans une atmosphère d'amitié".

Le 4 janvier 1959, quelques kilomètres plus loin dans la ville, à Bandalungwa, un quartier moderne pour *évolués**, Patrice Lumumba est invité à déjeuner dans la maison d'un nouvel ami. Pendant qu'il purgeait sa peine de prison, il a lu régulièrement dans le journal *Actualités africaines** des articles de Joseph Mobutu, le militaire devenu journaliste qui était présent à l'Expo. Après sa libération, Lumumba s'est lié d'amitié avec lui. Régulièrement, il lui rend visite et savoure les plats délicieux que sa femme leur prépare. Ce dimanche, pendant le repas, ils font des projets pour l'après-midi. Ils savent qu'à deux heures au centre de la *cité**, dans un local de YMCA, l'auberge de jeunesse chrétienne, un meeting de l'Abako est prévu. Une semaine plus tôt, Lumumba a parlé devant une foule de sept mille auditeurs de son voyage à Accra. Ce sera sa meilleure intervention. La foule a réagi par des acclamations enthousiastes. "*Dipenda, dipenda!*" scandait l'assemblée à la fin de son discours, une déformation en lingala du mot français *indépendance**. Peut-être est-ce pour cette raison que le bourgmestre principal de la ville, le Belge Jean Tordeur, a décidé à onze heures ce jour-là qu'il valait mieux que le meeting prévu dans la journée n'ait pas lieu. Une mesure de sécurité : il n'a pas envie de fauteurs de troubles. Lumumba et Mobutu décident tout de même d'aller y faire un tour. Ils n'ont pas de voiture, mais Mobutu a un scooter. Attardons-nous un instant sur cette image : Mobutu et Lumumba ensemble sur le scooter, deux nouveaux amis, le journaliste et le vendeur de bière, l'un a 28 ans, l'autre 33. Lumumba est assis à l'arrière. Ils pourfendent l'air chaud et parlent fort pour couvrir le bruit du tuyau d'échappement qui pétarade[43]. Deux ans plus tard, l'un allait contribuer à l'assassinat de l'autre.

Le 4 janvier 1959, le stade Roi-Baudouin se remplit pour un match important du championnat de football congolais. Le grand stade n'est qu'à quelques centaines de mètres du YMCA. Vingt mille supporters viennent de toutes parts[44]. Ils portent des chemises et des pagnes colorés. Certains ont des plumes sur la tête et des traits sur le visage, comme autrefois, de larges bandes d'argile d'un blanc éclatant sur le front et les joues. Ils dansent avec des gestes ensorcelants et les yeux écarquillés. C'est un spectacle inquiétant. La tribune en béton en pente raide autour du terrain se remplit de monde et de roulements de tambours. On joue du tam-tam et d'autres percussions, on fait du tapage, on crie. Il règne une atmosphère de guerre. Elle rappelle les rives du fleuve Congo dans les années 1870, quand Stanley passa pour la première fois dans son bateau. Les battements du tambour de guerre, les milliers de gorges furieuses, la danse de plus en plus effrénée, les yeux du guerrier. Dans les catacombes du stade, les joueurs serrent leurs lacets et glissent leurs protège-tibias dans leurs chaussettes. Ailleurs dans la ville, à la résidence du gouverneur, on a sorti les bouteilles de champagne du réfrigérateur et elles pétillent au soleil.

Toujours le 4 janvier 1959, sur l'avenue Prince-Baudouin, près du YMCA, Kasavubu dit à la foule mobilisée que le meeting ne peut malheureusement pas avoir lieu. Cela provoque des grommellements démonstratifs et des protestations, une bousculade et des tiraillements. En tant que pacifiste et admirateur de Gandhi, il enjoint à ses partisans de garder leur calme. Il semble y arriver, même s'il n'a pas de micro. C'est lui le leader, c'est lui le chef, c'est lui le bourgmestre. Soulagé et rassuré, il rentre chez lui.

Mais c'est le 4 janvier 1959, que tout va changer, bien qu'on ne s'en aperçoive pas encore. Le Congo vit avec son temps, semble-t-il. Léopoldville est la deuxième ville au monde où circule un gyrobus, un bus électrique qui se recharge aux différents arrêts à l'aide d'antennes installées sur son toit. La première ville du monde qui s'était dotée de ce moyen de transport en commun futuriste était en Suisse, et voilà à présent que ces bus filaient aussi à travers la *cité*[45]*. Plusieurs milliers de partisans de l'Abako restent bouder près de l'endroit où leur meeting aurait dû se dérouler. Un chauffeur blanc du gyrobus a une altercation avec l'un d'eux et lève le bras. Le futurisme rencontre le racisme. Il se fait aussitôt rouer de coups. L'affaire tourne mal. On se bat, on s'agrippe. La police intervient, des agents noirs, des commissaires blancs. Cela vient du Nouvel An, pense-t-on, ils sont encore ivres ou bien n'ont une fois encore plus un sou, l'un des deux. Deux commissaires assènent des coups de poing. Ce n'est pas une bonne idée. "*Dipenda !*" entend-on. "*Attaquons les Blancs* * *!*" Un mouvement de panique s'ensuit. La police tire en l'air. Plus loin, une de leurs Jeep est renversée et on y met le feu. A ce moment-là le stade de football se vide – cohue, extase, frustration, sueur – et les supporters se joignent aux partisans qui auraient voulu assister au meeting de l'Abako. C'est le football qui tiendra lieu de poudre à canon. La Belgique est devenue indépendante en 1830 après un opéra. Le Congo exige en 1959 l'indépendance à l'issue d'un match de foot. Deux jeunes hommes déboulent sur un vélomoteur. Ils n'en croient pas leurs yeux. Les années précédentes, ils se sont hissés vers le haut en se formant eux-mêmes, mais à présent ils constatent la colère de la foule dont ils se sont extraits. Ils ne la regardent plus de haut, comme il sied aux *évolués* *, mais se sentent solidaires. L'élite et la masse se sont enfin trouvées.

Léopoldville compte à ce moment quatre cent mille habitants, dont vingt-cinq mille Européens. Les services de police ont des effectifs très réduits, seulement 1 380 agents[46]. Il n'y a pas de gendarmerie. L'échelon supérieur des forces de l'ordre est immédiatement l'armée. Dans la caserne de la ville sont cantonnés environ deux mille cinq cents hommes, mais ils sont formés pour faire la guerre à l'étranger, pas pour maîtriser les troubles au sein de la population locale. La police essaie de venir à bout de la tâche mais, en quelques heures, toute la *cité** est sens dessus dessous. Des pierres sont lancées en pluie contre les voitures des Blancs. Des fenêtres sont brisées. Partout des incendies se déclarent. La police tire à balles sur les manifestants. Sur l'asphalte s'étendent des flaques de sang foncé où se reflète la lueur des flammes. Des milliers et des milliers de jeunes se mettent à piller. Tout ce qui est belge doit y passer. Les églises catholiques et les écoles missionnaires sont saccagées, les centres de quartier où sont donnés les cours de couture sont mis à sac. Vers cinq heures, quelques gangs entrent dans les magasins des Grecs et des Portugais, les boutiques où l'on fait habituellement ses courses. Les pilleurs les attaquent sans ménagements et décampent avec des mètres de tissus à fleurs, des vélos, des radios, du sel et du poisson séché.

A la réception du Nouvel An du gouverneur général, on reçoit un appel téléphonique. "*Ça tourne mal dans la cité**." Sur une zone de dix à douze kilomètres ont lieu de violents affrontements. La partie européenne de la ville est verrouillée. L'armée entre en action, d'abord avec du gaz lacrymogène, puis avec l'artillerie lourde. Les manifestants tombent en masse. "Cela revenait à tuer une mouche avec un marteau de forgeron", comprit-on par la suite[47]. Certains coloniaux sont pris d'une telle fureur qu'ils vont même décrocher du mur leur fusil de chasse pour "filer un coup de main". Des années d'accumulation de mépris et de peur, mais surtout de peur, se libèrent. A six heures, quand tombe la nuit, la ville est relativement calme. Les feux s'éteignent. Dans l'hôpital européen, des dizaines de Blancs se font soigner. Devant la porte, dans l'obscurité, leurs élégantes voitures sont cabossées, éraflées, démolies. Dans les villas, les femmes doivent faire elles-mêmes la cuisine pour la première fois depuis des années : le boy reste introuvable.

Le lendemain, bon nombre de Belges se sentent plus résignés qu'en colère. "Nous avons totalement perdu la face", se disent-ils entre eux le lundi matin[48]. Certains commencent à faire des provisions de sardines et des stocks d'huile de cuisson, d'autres réservent des billets aller pour Bruxelles auprès de la Sabena. L'armée aura besoin de trois à quatre jours pour reprendre le contrôle de la ville. Le bilan est insupportable : 47 morts et 241 blessés du côté congolais, du moins d'après les chiffres officiels. Les témoins oculaires parlent de deux cents, peut-être même trois cents morts.

C'était le 4 janvier 1959 et la situation n'allait jamais se rétablir.

"Quelques jours plus tard, je m'envolais pour Bruxelles à bord d'un DC-6", m'a raconté Jean Cordy au printemps 2009 dans l'appartement qu'il occupe dans une résidence-service à Louvain-la-Neuve. En 1959, il était chef de cabinet du gouverneur général Cornelis. "Mes directives étaient claires : je devais convaincre le gouvernement belge d'introduire le mot « *indépendance* * » dans sa déclaration tant attendue. Le gouverneur général avait dit que nous ne devions absolument pas laisser passer cette occasion. Je suis aussi allé voir le roi et je lui ai dit que la Belgique devait mentionner l'indépendance[49]."

Le 13 janvier 1959, une bonne semaine après les émeutes, la déclaration du gouvernement, de même que le message du roi, ont été rendus publics. Le texte ministériel était vague, technique et incompréhensible, mais le discours de Baudouin était limpide et pertinent. Un enregistrement de son message partit pour le Congo et fut immédiatement diffusé à la radio. Les pêcheurs sur la plage de Moanda, les agriculteurs dans les plantations de canne à sucre, les ouvriers sous la poussière de la cimenterie, les séminaristes penchés au-dessus de leurs livres, les infirmières en train de se laver les mains, les chefs de village dans la brousse, les pilotes des bateaux fluviaux, les religieuses qui désherbaient leur potager, les personnes âgées et les adolescents entendirent sur leur transistor leur cher souverain prononcer ces paroles historiques : “Notre ferme résolution est aujourd’hui de conduire sans atermoiements funestes, mais sans précipitation inconsidérée, les populations congolaises à l’indépendance dans la prospérité et la paix[50].”

Indépendance sera bientôt là.
Indépendance sera bientôt parmi nous.
Bwana Kitoko [Baudouin] l’a affirmé.
Et les chefs blancs l’ont affirmé aussi.
Indépendance sera bientôt là.
Indépendance sera bientôt parmi nous[51].

Cet enthousiasme ne signifiait pas pour autant que le Congo allait reprendre le pli. L’agitation persista et s’étendit jusque dans les zones rurales reculées. Dans des régions à la longue tradition de résistance, comme le Kwilu et le Kivu, la grogne reprit. Au Kasaï, un conflit éclata entre les Lulua et les Baluba, et au Bas-Congo une contestation massive se déclencha. Après les émeutes du 4 janvier, l’Abako avait été dissoute sur ordre des autorités et Kasavubu passa un certain temps, avec deux autres dirigeants, en prison (ils seraient libérés par Maurits Van Hemelrijck, le nouveau ministre qui fut chargé des Affaires d’outre-mer). Cela ne fit qu’accroître la notoriété de Kasavubu, qui s’étendit à l’intérieur des terres, tandis que l’attitude générale vis-à-vis du colonisateur devenait de plus en plus hargneuse. Kasavubu appela à la désobéissance civile et à la résistance pacifique. Le chef de cabinet Jean Cordy, l’un des rares Blancs à posséder une carte de membre de l’Abako, parcourut la province en juillet 1959 avec le gouverneur général intérimaire, André Schöller. “Le soutien de la population pour Kasavubu était soudain total. Personne ne parlait plus avec les autorités. « Notre leader est Kasavubu, vous n’avez qu’à délibérer avec lui », nous disait-on. Nous n’obtenions aucune réaction, même quand je leur parlais en kikongo. Je n’avais jamais connu une telle situation alors que j’étais au Congo depuis 1946. On avait fait sauter les ponts, malgré la déclaration d’indépendance du roi et du gouvernement, malgré la visite de Van Hemelrijck.

Le dialogue était terminé. Leur silence faisait une impression vraiment très curieuse[52]."

La perspective d'un bouleversement politique éveillait chez de nombreuses personnes des ambitions de pouvoir. Les nouveaux partis se multipliaient. Fin 1958, il n'y en avait que six, un an et demi plus tard une centaine. Chaque semaine, un nouveau mouvement voyait le jour, prenant le nom par exemple d'Union nationale congolaise, de Mouvement unitaire bakonge et d'Alliance progressiste paysanne. Les abréviations pleuvaient (Puna pour Parti de l'unité nationale, Coaka pour la Coalition kasaïenne, Balubakat pour les Baluba du Katanga), ces acronymes comptant parfois plus de lettres que de membres.

Qui étaient ces dirigeants politiques ? Chaque fois il s'agissait d'hommes jeunes qui avaient bénéficié d'un enseignement secondaire. Ils formaient la couche supérieure intellectuelle du pays et vivaient dans les villes, où ils étaient venus dans leur jeunesse. Souvent, ils étaient actifs dans des associations d'anciens élèves ou des cercles culturels et nourrissaient leur intérêt politique par des lectures et des débats. Il faut cependant souligner que leur ton était souvent plus incisif que leurs idées et que, la plupart du temps, leur connaissance des dossiers n'était pas à la hauteur de leur dynamisme. A quelques exceptions près, leurs programmes n'avaient aucune consistance[53].

On ne saurait insister suffisamment sur un certain aspect. Malgré son environnement urbain, sa jeunesse et un style de vie moderne, cette génération politique naissante entretenait un lien avec quelque chose qui semblait provenir du passé et d'ailleurs : le sentiment tribal. Cela peut paraître contradictoire, mais ce n'est pas le cas. Le sentiment d'identité ethnique était par excellence une notion urbaine. On ne se mettait à réfléchir à ses propres origines que par opposition à d'autres. Les jeunes loups de la politique se joignaient à des organisations ethniques existantes et les modernisaient. L'utilisation de l'atout tribal s'avérait aussi un choix judicieux sur le plan politico-stratégique : elle leur permettait d'atteindre les masses. Le fait de répéter qu'on était un fier Tshokwe, Yaka ou Sakata finissait par payer. En plus d'un important arrière-ban, on s'assurait ainsi une plus grande chance d'être entendu par les autorités coloniales. Kasavubu parlait pour les Bakongo, Bolikango défendait les Bangala, Jason Sendwe les Baluba du Katanga, Justin Bomboko la population mongo, et ainsi de suite. La rhétorique tribale donnait à une jeune élite la possibilité de se définir comme les porte-parole de leur communauté[54].

Pour des raisons compréhensibles, ce *jeunisme* * n'était pas du goût des chefs dans la brousse, certains d'entre eux ayant encore une influence sur les communautés de migrants dans les villes. L'évolution de la situation était d'ailleurs totalement révolutionnaire. De tout temps, l'autorité dans des grandes régions d'Afrique centrale avait été fondée sur l'âge. La vieillesse signifiait la considération. Soudain une génération entre 20 et 40 ans rivalisait pour le pouvoir et se disputait à cette fin les faveurs du peuple. Il le fallait, car le gouvernement belge avait décidé d'introduire le suffrage universel. "Par l'introduction du suffrage universel dans les milieux ruraux", disait le chef des Bayeke dans l'est du Congo, "cette autorité traditionnelle est sapée entièrement et vouée à la disparition." Il avait raison : après 1960, c'est une génération relativement jeune qui eut son mot à dire au Congo. Elle fut apparemment la seule capable de saisir et de tirer parti du mécanisme de la démocratie. Le grand chef du Lunda, un ancien royaume à la frontière du Katanga et de l'Angola, qualifiait le suffrage universel d'"aberration que l'on ne peut pardonner"[55].

Parmi les Lunda, l'homme le plus connu de cette période, et à vrai dire de toute l'histoire du Congo, était cependant quelqu'un d'autre : Moïse Tshombe. En 1959 – il venait d'avoir 40 ans, il vivait en ville et avait étudié la comptabilité –, il avait accepté de diriger un jeune parti politique, la Conakat (Confédération des associations tribales du Katanga). Tshombe était un homme d'affaires nanti qui devait sa fortune plus à sa famille qu'à son succès dans ses activités, et dont le regard était souvent considéré à tort comme pensif. Il avait épousé une des filles du grand chef lunda. Bien que la fierté tribale ne fût pas étrangère à Tshombe (pendant un certain temps, il dirigea la principale association lunda d'Elisabethville), il n'était pas hostile à l'introduction du suffrage universel. La Conakat était un parti politique qui entendait lutter, par la voie démocratique, afin d'obtenir plus de droits pour les premiers habitants du Katanga, comme les Lunda, les Basonge, les Batabwa, les Tshokwe et les Baluba (ces derniers n'étant pas ceux du Kasaï, qui étaient des "nouveaux venus"). Du fait de l'importation et de l'immigration d'ouvriers depuis des dizaines d'années, surtout en provenance du Kasaï, la population initiale se sentait menacée. A Elisabethville, les Baluba du Kasaï avaient même remporté les élections de 1957. Tshombe voulait davantage de pouvoir pour les "véritables" tribus katangaises. En ce sens, la Conakat ressemblait beaucoup à l'Abako de Kasavubu : les deux mouvements défendaient les plus anciens habitants de la ville (même si l'Abako était mono-ethnique), tous les deux aspiraient à une autonomie régionale extrême, et tous les deux rêvaient, contrairement à Lumumba, d'un Congo fédéral extrêmement décentralisé. Au besoin, le Bas-Congo et le Katanga devaient devenir des Etats indépendants. Mais à propos du futur rôle de la Belgique, leurs avis étaient fondamentalement différents : l'Abako était radicalement anticoloniale, surtout après les émeutes de janvier ; la Conakat, en revanche, ne voulait pas couper les ponts. Tshombe, qui était entouré de conseillers belges, rêvait d'une indépendance calme et ordonnée, mais continuait de croire à l'idée d'une communauté belgo-congolaise. "Si nous demandons l'indépendance, ce n'est pas pour chasser les Européens, mais bien au contraire, nous voulons collaborer et travailler avec eux, la main dans la main, pour l'avenir du pays[56]."

Du fait de la prolifération de partis, il n'existait que deux grandes lignes de faille : d'une part, était-on radical ou modéré ? Par radical, on entendait : une décolonisation rapide et une rupture totale avec la Belgique. Et d'autre part, pensait-on en termes fédéraux ou unitaires ? L'Abako (Kasavubu) était radicale et fédéraliste ; le MNC (Lumumba) était radical et unitariste ; la Conakat (Tshombe) était modérée et fédéraliste. Tous les autres partis se conformaient aussi à ce canevas.

Lumumba pensait qu'un morcellement était une mauvaise idée. En avril 1959, il rassembla huit partis et groupuscules politiques à Luluabourg (au Kasaï) pour qu'ils unissent leurs forces. Ce fut le premier congrès politique du Congo, une forme d'Accra à plus petite échelle. Jean Mayani, le partisan de Lumumba de la première heure qui venait de Kisangani, était présent. Dans son salon à Kisangani, il m'en a fait le récit : "J'y suis allé en tant que secrétaire de parti de ma commune. Tous les partis nationalistes étaient présents. Le Cerea du Kivu, le Balubakat de Sendwe du Katanga, le PSA (Parti solidaire africain) du Kwilu, l'Abako de Kasavubu. Vraiment, tout le monde y était. Lumumba avait à peu près les trois quarts de la population derrière lui[57]." Le Cerea luttait contre la suprématie blanche dans la province orientale du Kivu. Le Balubakat défendait les droits des Baluba au Katanga et était diamétralement opposé à la Conakat de Tshombe. Le PSA était actif dans le Kwilu, mais allait acquérir une réputation nationale avec de grandes personnalités comme Cléophas Kamitatu et Antoine Gizenga.

Lumumba voulait une date pour l'indépendance. Le roi Baudouin avait promis dans son discours qu'elle viendrait "sans atermoiements funestes, mais sans précipitation inconsidérée". Il était néanmoins difficile de savoir quand les atermoiements devenaient funestes et la précipitation inconsidérée. Si le congrès de Luluabourg pouvait s'entendre sur une date, ce serait un gigantesque pas en avant, comprit Lumumba. Quant à lui, il réussirait un grand coup : il tirerait tout le bénéfice d'avoir été à l'initiative de la rencontre et serait reconnu comme la principale personnalité politique du pays. Il proposa le 1er janvier 1961. Quelqu'un y voyait-il un inconvénient? Un des participants fit remarquer : "Pourquoi sommes-nous pressés ? La fin du monde n'est pas pour le 1er janvier 1961 ?" Lumumba riposta aussitôt : "Vous parlez un langage de colonialiste[58]." Deux ans lui paraissaient largement suffisants pour préparer la transition vers un nouveau régime. C'est ce qui s'était passé au Ghana. En des temps où les programmes politiques étaient sans consistance et où les leaders émergeaient, il n'y avait guère de place pour la nuance et la réflexion. Quand on plaidait timidement en faveur d'une certaine progressivité, on passait pour un suppôt de l'impérialisme et on se faisait huer. Les partis se retrouvèrent piégés dans une surenchère symbolique sans pareille. L'aplomb rhétorique était mieux perçu que le goût du pragmatisme. Une indépendance rapide et inconditionnelle devint un objectif, voire une obsession, même si au besoin il fallait se lancer dans l'aventure à l'aveuglette. "Mieux vaut être pauvre et libre que riche et colonisé[59]." Ce genre de slogan était bien reçu. Comment pouvait-il en être autrement ? Aucune des personnes présentes, en dehors de quelques bourgmestres d'un bidonville, n'avait jamais exercé de mandat politique. Il manquait une expérience du pouvoir, un sens des réalités et une idée de la planification. Tout le monde faisait son apprentissage. Et personne ne voulait prendre du retard sur les autres. Mais on était dans un pays aussi grand que l'Europe occidentale.

Le grand chef lunda ne cherchait pas seulement à faire des courbettes en accueillant par ces mots le gouverneur général et le ministre belge dans sa région : "Nous ne voulons pas qu'on prenne des décisions sous la pression des minorités bruyantes. Nous ne comprenons pas la hâte de beaucoup d'avoir l'indépendance. Nous confirmons solennellement que nous voulons l'indépendance, mais pas aujourd'hui. Nous avons encore besoin de beaucoup d'aide et de soutien pour arriver à une évolution normale. Tout excès de vitesse peut replonger nos régions dans la pauvreté et la misère de jadis[60]."

Ce qui à l'époque apparaissait comme un point de vue réactionnaire est un regret que l'on entend partout au Congo en 2010, un regret provoqué par tous les récents malheurs. Beaucoup de jeunes reprochent à leurs parents d'avoir voulu à tout prix l'indépendance à l'époque. Dans la rue à Kinshasa, quelqu'un m'a un jour demandé : "Pendant combien de temps notre indépendance va-t-elle encore durer ?" En tant que Belge, j'ai entendu dire d'innombrables fois : "Quand les Belges vont-ils revenir ? Vous êtes nos oncles, non ?" Souvent, on me le demandait par flatterie, mais parfois autre chose se dissimulait derrière ces questions. Même Albert Tukeke, l'homme de Kisangani qui était un parent éloigné de Lumumba, a dit à la fin de notre entretien : "Nous n'aurions pas dû acquérir l'indépendance si vite. Mais après la guerre, vous savez… il y avait cette impulsion. Si tout ne s'était pas déroulé dans la précipitation, nous n'aurions pas été confrontés à toutes ces erreurs[61]."

Cette décolonisation houleuse fut le résultat d'une escalade symétrique entre les autorités coloniales et les partis politiques qui se livraient entre eux à une surenchère symbolique. Le meurtre de plusieurs dizaines de partisans de Lumumba lors d'émeutes à Stanleyville ne tempéra en rien le climat. Jean Mayani, l'ardent partisan de Lumumba, a dit à ce propos : "Après le congrès, le pouvoir colonial avait interprété les exigences du MNC comme une forme de haine raciale et de xénophobie dirigée contre les Belges." Il a fallu un certain temps avant que je comprenne que la xénophobie dans le vocabulaire colonial était une caractéristique que l'on associait aux Congolais. "La Force publique intervenait pour réprimer les partisans de Lumumba. Il y a eu vingt morts à Mangobo, un quartier de Kisangani. Lumumba a été arrêté et jeté en prison. C'était exactement comme les émeutes du 4 janvier à Kinshasa[62]."

A la fin de 1959 eurent lieu les élections communales générales, mais elles furent boycottées par l'Abako, le MNC et le PSA. Ces partis ne s'intéressaient plus à des mesures de transition et à des processus lents. Il fallait à présent une indépendance immédiate et rien d'autre. La Belgique avait espéré qu'une démocratisation progressive serait bien accueillie, mais cela se passa autrement. Trop de tensions s'étaient accumulées. En 1957, les premières élections avaient été organisées dans l'espoir d'apaiser les hommes de *Conscience africaine* et de l'Abako. Mais ce fut l'inverse. En 1959, après les émeutes de janvier, la Belgique promit l'indépendance, mais cela ne calma pas les esprits, au contraire. Le colonisateur pensait bien faire, mais visait chaque fois à côté. Aussi en 1959 furent gaspillés un temps précieux et beaucoup de bonne volonté, des atouts qui auraient pu pourtant permettre de préparer l'indépendance. Au lieu d'improviser une politique complaisante, peut-être fallait-il enfin demander aux Congolais eux-mêmes ce qu'ils voulaient.

Le 20 janvier 1960, environ cent cinquante messieurs se réunirent en manteau d'hiver au palais des Congrès à Bruxelles, une soixantaine de Belges et quelque quatre-vingt-dix Congolais. Le but était de discuter ensemble ouvertement et sur un pied d'égalité pendant un mois d'un certain nombre de thèmes délicats. D'où le nom donné à la rencontre : l'idée était que ce soit une "conférence de la Table ronde" (même si en réalité les tables étaient disposées en carré). Le parti socialiste belge, alors dans l'opposition, était enchanté de l'initiative. Du côté belge, six ministres, cinq parlementaires et cinq sénateurs étaient présents, accompagnés de quelques dizaines de conseillers et d'observateurs. Ces représentants du peuple n'avaient pas une grande connaissance du terrain de la colonie. Les "pèlerins de la saison sèche", les appelaient par moquerie les Belges résidant au Congo. Mais bon nombre d'entre eux étaient plutôt en faveur de l'idéologie moderne de décolonisation des Nations Unies. Du côté congolais, des délégations des principaux partis (Kasavubu, Tshombe, Kamitatu…) étaient présentes, ainsi qu'une dizaine d'anciens qui représentaient le pouvoir traditionnel. Les participants congolais avaient formé juste avant la conférence un *front commun**, transcendant les rivalités entre les partis politiques, les tensions ethniques et les ruptures idéologiques. Il ne fallait pas que la conférence devienne pour eux une partie de ping-pong chaotique, ils se présentaient comme un seul et même joueur. L'union fait la force, c'est au moins ce que la Belgique leur avait appris. Cette soudaine coalition étonna profondément les politiciens belges, eux qui étaient divisés entre un pilier catholique, un pilier libéral et un pilier socialiste, entre le gouvernement et le Parlement. Beaucoup étaient mal préparés. Il n'y avait pas d'ordre du jour, et le gouvernement n'avait pas arrêté de position. Il ne s'agissait tout de même pas d'une réunion décisive !

Les cinq premiers jours de la Table ronde, le *front commun* remporta trois victoires de la plus haute importance. Tout d'abord, ils purent convaincre les Belges que Patrice Lumumba, jeté en prison après les émeutes à Stanleyville, ne pouvait être absent. Sans lui, arguaient-ils, la réunion n'était pas représentative et le mécontentement au Congo pouvait se ranimer. Les Belges préférèrent assurer leurs arrières. Ils sortirent Lumumba de prison et le firent venir par avion à Bruxelles. Deuxième victoire importante : les délégations belges devaient s'engager à transposer les résolutions prises à l'issue de la Table ronde en propositions de loi qui seraient présentées à la

Chambre et au Sénat. Les Congolais, qui n'avaient que trop conscience de ne pas détenir de pouvoir législatif, obtenaient ainsi la garantie que les décisions de la conférence ne resteraient pas lettre morte. On ne saurait sous-estimer l'intérêt de cette victoire : ce qui avait commencé comme un colloque sans engagement devenait par là même une rencontre au sommet dotée d'une autorité exceptionnelle. La troisième victoire était encore plus importante : la date ! Les Belges tenaient surtout à établir un organigramme des structures politiques d'un futur Congo indépendant, mais pour la délégation congolaise une question primait sur toutes les autres : quand ?

Le cinquième jour de la Table ronde, avant même l'arrivée de Lumumba, une conversation eut lieu entre Jean Bolikango, dirigeant du *front commun*, et August De Schryver, ministre chargé du Congo, une conversation aux allures de séance de marchandage et d'ergotage sur un marché de Kinshasa. Entre-temps, la date du 1er janvier 1961, dont on rêvait encore en avril 1958, n'était plus d'actualité depuis longtemps. Il fallait que tout arrive le plus vite possible. Bolikango fit un premier pas audacieux et proposa le 1er juin 1960, conformément à la vieille devise flamande : "Quand on a déjà non, on peut obtenir oui." Les Belges furent surpris : c'était dans à peine quatre mois ! Que répondre ? Leur contre-proposition fut le 31 juillet. Deux mois de répit. Ce n'était toujours pas idéal, mais bon. Alors, le 30 juin ? N'était-ce pas pile au milieu ? Une fois, deux fois, adjugé ! Le 30 juin 1960, le Congo deviendrait indépendant. Le sort en était jeté. Les Congolais et les Belges applaudirent dans le palais des Congrès. Personne au sein de la délégation congolaise n'avait pensé que tout se déroulerait aussi facilement, tout le monde était stupéfait[63].

Que s'était-il passé ? Le colonisateur avait-il dans un accès de distraction fait cadeau de l'indépendance ? Non. Bien que la Table ronde ait pris plus de poids que prévu initialement (comme toutes les initiatives de politique coloniale après 1955) et que la délégation belge ait été insuffisamment préparée, la décision ne fut pas prise à la légère. Dans le contexte du moment, la Belgique n'avait que deux options : rejeter la revendication du *front commun**, ce qui aurait assurément conduit à de graves émeutes, ou accepter la requête et espérer qu'il n'y ait pas de dérapage[64]. Il n'était plus temps d'engager de paisibles négociations. Le choix fut donc vite fait. Même si suffisamment de soldats belges étaient cantonnés dans les bases militaires de Kitona et de Kamina, personne n'avait vraiment envie de résoudre la question par un conflit. En Algérie, une guerre sanglante d'indépendance faisait rage depuis déjà six ans. Le Parlement n'était pas partant pour une intervention militaire. La Charte des Nations Unies et les positions anticoloniales de la Russie et des Etats-Unis laissaient en outre peu de marge de manœuvre à la Belgique sur la scène internationale. Empêcher l'indépendance? C'était possible, mais sous peine d'une aventure incertaine dans la colonie et d'un isolement moral dans le monde. En 1960, pas moins de dix-sept pays africains accédèrent à l'indépendance; la Belgique ne pouvait pas être en reste. Les seuls pays européens qui n'avaient pas la moindre intention de renoncer à leurs grandes colonies africaines étaient les dictatures de l'Europe méridionale : le Portugal de Salazar, qui refusait de céder l'Angola, le Mozambique, la Guinée-Bissau et les îles du Cap-Vert, et l'Espagne de Franco, qui continuait de s'agripper à la Guinée équatoriale. Sous le régime de l'apartheid en Afrique du Sud, il n'était pas non plus question de libérer la Namibie. La Belgique pouvait accepter la date du 30 juin, parce qu'elle savait qu'elle resterait associée au pouvoir, à l'armée et à l'économie. De hauts fonctionnaires interviendraient comme conseillers ministériels, des officiers blancs resteraient en service, les grandes entreprises resteraient belges et les missionnaires poursuivraient invariablement leur enseignement.

A l'hôtel Plaza, en plein centre de Bruxelles, on était au comble de la joie. Oui, il fallait encore discuter de tout (la fondation d'une république du Congo, la disparition du lien avec la famille royale belge, la transformation du pays en un Etat unitaire, l'attribution aux provinces de leurs propres compétences : on était encore loin d'avoir tout fixé), mais on avait mis la main sur le butin, on avait gagné le gros lot! African Jazz de Kabasele, l'orchestre qui avait connu tant de succès avec cette chanson sur Jamais Kolonga, avait fait le voyage jusqu'à Bruxelles. Les négociateurs en costume trois pièces devaient eux aussi pouvoir danser après les séances plénières.

Charly Henault s'en rappelait encore très bien. Il fut le batteur d'African Jazz pendant des années, même s'il était belge. "J'étais blanc, mais quelle importance? J'étais batteur dans un pays rempli de batteurs", m'a-t-il raconté quand je l'ai trouvé par une journée maussade dans sa petite maison du Brabant wallon. Il était gravement malade et alité, ses souvenirs étaient gâchés par la pluie. "A l'hôtel Plaza, il y avait le bal de la Table ronde, oui… Cette joie, cette euphorie… Kabasele tutoyait les politiciens. Il était très aimé… Un homme qui avait la classe, avec son smoking bleu clair galonné de noir. Très chic… Il aimait les femmes et l'humour… Un jour, j'ai raccommodé son pyjama[65] !" A part faire les fous, ils commencèrent à l'hôtel Plaza à concocter une chanson qui allait bientôt devenir un des plus grands succès de la musique congolaise : *Indépendance cha-cha*. Le texte, en lingala et en kikongo, se réjouissait de l'autonomie fraîchement acquise, louait la collaboration des différentes parties et chantait les grands noms de la lutte pour l'indépendance : "L'indépendance, cha-cha, nous l'avons obtenue, / Oh ! Autonomie, cha-cha, nous l'avons enfin. / Oh ! Table ronde, cha-cha, nous avons gagné !" Après 1960, le Congo allait recevoir différents hymnes nationaux, à l'époque de Kasavubu, à l'époque de Mobutu, à l'époque de Kabila, des compositions pompeuses aux textes pathétiques, mais tout au long de ces cinquante dernières années il n'y a eu qu'un seul véritable hymne national congolais, un seul petit air qui jusqu'à aujourd'hui fait spontanément se déhancher toute l'Afrique centrale : la musique espiègle, légère et émouvante d'*Indépendance cha-cha*.

Le 30 juin donc. La Table ronde se termina le 20 février 1960. Il restait encore quatre mois pour bricoler un pays. La liste de ce qu'il restait à faire paraissait impressionnante. Il fallait constituer un gouvernement de transition, rédiger une Constitution, édifier un Parlement et un Sénat, construire des ministères, former un corps diplomatique, annoncer des élections provinciales et nationales, composer un futur gouvernement, nommer un chef d'Etat… et les institutions politiques du pays n'étaient pas le seul aspect à examiner. Il fallait instaurer une monnaie nationale et une banque centrale, mais aussi concevoir des timbres-poste, des permis de conduire, des plaques d'immatriculation et un cadastre.

Les Belges de la colonie étaient nombreux à s'interroger sur cette rapidité aberrante. Ils craignaient que la colonie qui, pendant soixante-quinze ans, avait été soigneusement façonnée, ne s'effondre au bout de quelques mois. Beaucoup envoyèrent leur argent, leurs effets personnels et leur famille en Belgique. D'autres partirent pour la Rhodésie et l'Afrique du Sud. Pendant les deux premières semaines de juin, quatre fois plus de passagers partirent de l'aéroport de Ndjili que l'année précédente. La Sabena dut prévoir soixante-dix vols supplémentaires, les bateaux à destination d'Anvers étaient pleins à craquer[66].

En revanche, le Congolais ordinaire était ravi. Il croyait qu'une période faste s'annonçait, que le Congo allait devenir prospère du jour au lendemain. C'est d'ailleurs ce que lui promettaient des dizaines de tracts qui circulaient dans le pays. Presque tous les partis faisaient des promesses totalement irréalisables, parfois grotesques, parfois dangereuses[67]. "Lorsque l'indépendance sera là", pouvait-on lire sur un tract de l'Abako, "les Blancs devront quitter le pays." Ce n'était certainement pas une conclusion de la Table ronde. "Les biens abandonnés par eux deviendront la propriété des Noirs. Cela veut dire que les maisons, les magasins, les camions, les marchandises, les usines, les terres seront rendus aux Bakongo." Face à ce genre d'écrits, on ne s'étonnera pas que les agriculteurs du Bas-Congo aient espéré rien de moins qu'une libération totale : "Toutes les lois seront supprimées, on ne devra plus obéir ni au chef traditionnel, ni aux aînés, ni aux administrateurs, ni aux missionnaires, ni aux patrons…" Ce désir d'un bouleversement profond et immédiat faisait écho aux aspirations exprimées à l'époque de Simon Kimbangu. L'indépendance devint une sorte de moment messianique qui apporterait "vie, santé, joie, bonheur et honneurs". Kasavubu et Lumumba, qui s'étaient retrouvés en prison, prenaient la dimension de prophètes et de martyrs. On voyait ressusciter en Kasavubu le roi de l'ancien royaume du Kongo, tandis que le dynamique Lumumba était comparé au Spoutnik ! Les gens simples ne guettaient rien de moins qu'une révolution cosmique. Les salaires et les impôts allaient disparaître. Certains partirent même du principe que, désormais, "les Noirs auront des boys blancs" et "chacun pourra se choisir une femme blanche, car elles seront cédées et partagées au même titre que les voitures et autres biens matériels[68]". Quelques fins renards profitèrent de cette naïveté et commencèrent déjà à vendre les maisons des Blancs au prix insignifiant de quarante dollars… Les personnes crédules qui ne comprenaient pas qu'on les dupait sonnaient aux villas des Blancs pour demander si elles pouvaient dès à présent visiter leur nouvelle propriété. Certains demandaient aussi s'ils pouvaient contempler la maîtresse de maison car ils venaient de l'acheter en sus pour vingt dollars[69].

Sur le plan macroéconomique également, il fallait préparer quelques transferts. L'industrie coloniale était à bien des égards imbriquée dans l'Etat colonial, qui allait bientôt cesser d'exister. Pour régler cette question, une deuxième conférence de la Table ronde fut organisée à Bruxelles. Cette fois, les partis politiques du Congo y attachèrent beaucoup moins d'importance. Le plus important, l'indépendance, avait finalement été obtenu, pensaient-ils. De plus, on était déjà fin avril, tout le monde était plongé en pleine campagne avec l'échéance des élections en mai. Aucun des leaders ne pouvait s'absenter longtemps du Congo. Pour les remplacer, de jeunes membres des partis se rendirent à Bruxelles, où ils reçurent l'aide des quelques Congolais qui faisaient leurs études en Belgique.

Un des participants fut Mario Cardoso. Il est à présent deuxième vice-président du Sénat. A Kinshasa, il m'a invité pour un déjeuner au restaurant du luxueux hôtel Memling. "J'étais le troisième étudiant au Congo qui a eu la possibilité de faire des études en Belgique. Chaque année, Raphaël de la Kéthulle envoyait un seul élève des pères de Scheut à Louvain. Les jésuites estimaient qu'ils devaient former les gens sur place, mais les scheutistes voulaient montrer qu'ils avaient des élèves capables de se mesurer aux étudiants belges. Le premier qui est parti était Thomas Kanza en 1951. Il a étudié la psychologie et la pédagogie. En fait, il aurait voulu faire du droit, mais le gouverneur général l'avait interdit, par crainte de subversion. L'année suivante, c'est Paul Mushiete qui est parti. Lui aussi a fait de la psychologie et de la pédagogie, et en plus de la sociologie. Puis cela a été mon tour, en 1954. A vrai dire, j'aurais voulu aller à l'école militaire, mais ce n'était pas possible, donc je me suis aussi rabattu sur la psychologie et la pédagogie. En 1959, je suis rentré à Kinshasa et je suis devenu assistant à l'université de Lovanium. Je voulais devenir professeur, mais Lumumba m'a demandé d'aller à la conférence de la Table ronde économique. J'étais à la tête de la délégation du MNC, aile Lumumba." Un schisme s'était entre-temps produit au sein du parti : il y avait le MNC-L de Lumumba, unitaire, et le MNC-Kalonji, qui défendait les Baluba au Kasaï. "Il régnait une très grande méfiance pendant cette conférence. Dans la délégation belge se trouvaient des messieurs qui avaient été nos professeurs. Nous devions négocier avec eux. Pas évident. Il était question du futur statut des entreprises coloniales, mais tout s'est avéré décidé d'avance[70]."

La Table ronde économique était surtout une tentative de Bruxelles de sauver les meubles. La Belgique, qui voulait mettre à l'abri ses intérêts commerciaux au Congo, estimait que les entreprises belges devaient être libres de déterminer l'emplacement de leur siège social après 1960[71]. Cardoso en garde un souvenir amer : "Les entreprises pouvaient choisir si elles souhaitaient relever du droit congolais ou du droit belge. Cette mesure nous fut imposée comme un fait accompli." La plupart des entreprises optèrent pour la Belgique, car elles redoutaient l'instabilité fiscale au Congo ou, pire encore, une nationalisation. Depuis Léopold II, le Congo avait été un lieu d'expérimentation pour l'économie de marché. Les entreprises y bénéficiaient d'un régime fiscal favorable et l'intervention de l'Etat était minime. Les grands groupes, avec à leur tête la Générale, y connurent des temps de capitalisme débridé. Même là où l'Etat colonial était le principal actionnaire, par exemple au sein du puissant Comité spécial du Katanga, il laissait dans la pratique le pouvoir aux hommes d'affaires. Avec l'indépendance à l'horizon, beaucoup de chefs d'entreprise craignaient que les jours de leur autonomie et de leurs excellentes relations avec les autorités ne soient comptés. Ils continuèrent d'exercer leurs activités sur place, mais ils choisirent un siège social en Belgique, ce qui assujettissait leur entreprise au droit belge et non au droit congolais. Avec ce transfert, le Trésor congolais voyait disparaître une part importante des recettes fiscales.

Le statut du "portefeuille colonial" fut également évoqué pendant les discussions. Ce portefeuille faisait référence aux paquets d'actions considérables que le Congo belge possédait dans bon nombre d'entreprises coloniales (mines, plantations, chemins de fer, usines). Que fallait-il en faire ? Dès que le Congo belge deviendrait le Congo, ces actions appartiendraient au nouvel Etat. Les politiciens et les chefs d'entreprise belges n'y étaient pas favorables. Ils réussirent à convaincre les délégués congolais que ce serait une bonne idée de retirer ces participations à l'Etat pour les placer dans une nouvelle société de développement belgo-congolaise. C'était une manière habile de ne rien lâcher[72]. Là encore, le manque de connaissances économiques eut raison du camp congolais. Des gens qui avaient eu le droit d'étudier tout au plus la psychologie étaient censés trancher des problèmes macroéconomiques cruciaux. "Des personnalités de second rang", jugea alors le Premier ministre Eyskens[73]. L'un d'eux était le journaliste Joseph Mobutu. Il avait été envoyé par son ami Lumumba pour négocier et l'expérience allait marquer le reste de sa vie. Plus tard, il dirait à ce sujet :

> Et voici comment moi, pauvre petit journaliste mal dégrossi, je me suis retrouvé à la même table que les plus grands requins de la finance belge ! Je n'avais aucune formation financière et mes compagnons de délégation, ceux qui représentaient les autres mouvements congolais, pas davantage. Ce n'est pas un des meilleurs souvenirs de ma vie. Du 26 avril au 16 mai, nous avons discuté pied à pied, mais je me faisais l'effet de ce cow-boy des westerns qui se fait à tous les coups plumer par les professionnels de l'arnaque. Nous discutions tard dans la nuit, et nous apprenions le lendemain matin que, pendant ce temps-là, le Parlement belge

> avait pris de son côté des dispositions qui rendaient caduque la négociation. Il nous fallait nous battre pour tout. […] Evidemment, nous nous sommes fait rouler. Par toute une série d'astuces juridiques et techniques, nos interlocuteurs ont réussi à préserver entièrement la mainmise des multinationales et des capitalistes belges sur le portefeuille congolais[74].

Le pire était encore à venir, mais cela ne se produisit que quelques semaines plus tard. Le 27 juin 1960, trois jours avant l'indépendance, le Parlement belge a dissous – avec l'accord du gouvernement congolais qui plus est – le Comité spécial du Katanga[75]. Une bévue monumentale pour le Congo ! Le nouvel Etat perdait ainsi le contrôle de la gigantesque Union minière, moteur de l'économie nationale. Comment cela avait-il pu se produire ? Le CSK était en réalité une société publique qui au Katanga attribuait des concessions aux entreprises privées, en échange d'actions. Il avait ainsi une participation majoritaire dans l'Union minière, et donc le pouvoir de décision. Dans la pratique, il faisait peu usage du droit que lui conférait cette participation : l'Etat colonial se fiait le plus souvent à la compétence des milieux d'affaires. Maintenant que le Congo menaçait de devenir indépendant, le danger existait que le nouvel Etat se mêle réellement des activités de l'Union minière et de toutes ses filiales. En supprimant le CSK, on avait supprimé ce risque. Les délégués congolais à la Table ronde économique n'y virent pas d'inconvénient, tant ils éprouvaient de l'aversion pour ce moloch du capitalisme occidental, et le futur gouvernement de Lumumba reprit ce même raisonnement… Le Congo en restait pour une part propriétaire mais obtenait, en tant qu'actionnaire minoritaire, bien moins de pouvoir et de gains que les grands trusts belges, comme la Générale. Par là même, il était non seulement privé de plusieurs millions de dollars, mais aussi de la possibilité de mettre l'industrie au service du pays.

Dansant dans l'ignorance, le pays approchait du gouffre de l'indépendance. Il était en possession des clés politiques, mais celles de l'économie furent mises à l'abri en Belgique. Le lendemain de ce coup invraisemblablement roué, les deux pays signèrent néanmoins un “traité d'amitié” qui parlait d'aide et de soutien.

Fin mai, les élections nationales tant attendues eurent enfin lieu. Le taux de participation fut élevé, le résultat prévisible. En dehors du MNC de Patrice Lumumba, les grands vainqueurs des élections étaient les partis régionaux affichant ou non des tendances séparatistes. L'Abako l'emporta au Bas-Congo, la Conakat dans le sud du Katanga, le Balubakat dans le nord, le MNC de Kalonji au Kasaï, le Cerea au Kivu et le PSA dans le Kwilu. Ces deux derniers n'étaient pas vraiment des partis tribaux, mais dans les régions très éclatées sur le plan ethnique du Kivu et du Kwilu ils offraient une sorte d'élan supratribal. La carte électorale du Congo en 1960 recoupait donc en grande partie les cartes ethnographiques que les scientifiques avaient établies cinquante années plus tôt. Ce réflexe tribal ne doit pas être considéré comme un phénomène atavique. Si aujourd'hui en Europe des élections paneuropéennes avaient lieu, il y aurait de fortes chances que la plupart des Français votent pour un Français et la plupart des Bulgares pour un Bulgare. Aussi n'y avait-il pas de quoi s'étonner que, dans un pays immense comme le Congo, où la majorité de la population avait bénéficié tout au plus d'un enseignement primaire, beaucoup votent pour des personnalités de la région. Les trois plus fortes personnalités qui se dégageaient du résultat des urnes étaient Kasavubu, Lumumba et Tshombe. Kasavubu contrôlait l'ouest du pays, Lumumba le nord-est et le centre, Tshombe l'extrême sud. Cela correspondait aux plus grandes villes : Léopoldville, Stanleyville, Elisabethville. Les partis plus petits se partageaient les régions rurales situées entre elles.

Cet émiettement ne facilitait pas la constitution d'un gouvernement. Pas un seul parti n'avait la majorité absolue (la victoire écrasante de Lumumba ne lui assurait cependant qu'un tiers des élus dans cinq des six provinces ; au Katanga il ne parvint pas à prendre pied) et une simple coalition avec quelques partenaires n'était pas envisageable. De longues discussions seraient nécessaires. De plus, le pouvoir belge était extrêmement déçu que Lumumba, cet homme qui passait pour un démagogue dangereux pour la sûreté de l'Etat, ait réussi à remporter autant de suffrages. Bruxelles alla même jusqu'à nommer spécialement un nouveau ministre, W. J. Ganshof van der Meersch, pour l'envoyer au Congo afin de se mêler de la formation du gouvernement. Dans son sillage, des troupes belges furent aussi envoyées à tout hasard dans la colonie. Lumumba, qui n'appréciait que moyennement ces initiatives, le fit savoir clairement. Entre les deux hommes s'instaura un immense ressentiment. Tout d'abord, Kasavubu fut autorisé à essayer de mettre sur pied un gouvernement. Quand il échoua, Lumumba reçut le mandat d'en former un. Il devait accomplir une tâche quasi impossible : réunir en une seule équipe gouvernementale des personnalités extrêmement disparates. Une semaine encore avant l'indépendance, le ministre résident espérait que Lumumba ne devienne pas Premier ministre.

Mais le 23 juin, le premier gouvernement du Congo vit le jour. Il comptait vingt-trois ministres, neuf secrétaires d'Etat et quatre ministres d'Etat, des postes qui étaient répartis entre pas moins de douze partis. Comme souvent en cas de compromis difficiles, cette solution fit plus de malheureux que d'heureux. Bolikango, le doyen de la province de l'Equateur qui avait dirigé le *front commun** à Bruxelles, vit au dernier moment le poste de président lui passer sous le nez. Lumumba avait en fait terriblement besoin du soutien de l'Abako, qu'il obtint par un compromis : si Kasavubu réprimait ses aspirations séparatistes, il pourrait en échange devenir chef de l'Etat. Ainsi Lumumba, le grand vainqueur des élections, ne devint pas lui-même président, mais seulement Premier ministre, alors que son parti avait obtenu trente-trois des cent trente-sept sièges au Parlement et celui de Kasavubu seulement douze. Enfin, Tshombe s'aperçut qu'il avait manqué l'occasion et devait se contenter d'un seul poste de ministre et d'un seul secrétariat d'Etat pour son parti. Son Katanga assurait le plus gros des revenus nationaux, mais recevait peu en retour ; il en fut contrarié. Tôt ou tard, cela allait se payer. Le Parlement hésita lui aussi : il approuva de justesse le gouvernement fraîchement constitué[76]. Quand le gouvernement de Lumumba arriva aux commandes, il n'était donc pas animé par la dynamique collective d'une équipe dirigeante se rangeant unanimement derrière un projet politique.

L'équipe qui prenait ses fonctions n'était pas seulement hétéroclite et à cran, elle était aussi exceptionnellement jeune. Elle était composée aux trois quarts d'hommes de moins de 35 ans. Le plus jeune n'avait que 26 ans. Il s'agissait de Thomas Kanza, le premier Congolais qui avait obtenu un diplôme universitaire. Il devint ambassadeur auprès des Nations Unies, un poste qui durant les premiers mois qui suivirent l'indépendance ne fut certainement pas une sinécure. Le ministre le plus âgé était Pascal Nkayi, qui n'avait pourtant que 59 ans. Il fut chargé des Finances, après avoir passé sa vie à travailler comme employé à l'administration des postes. Le Parlement aussi était dominé par une nouvelle élite : seulement trois des cent trente-sept sièges étaient entre les mains de chefs traditionnels[77].

Le premier gouvernement du Congo héritait de la Belgique un pays doté d'une infrastructure bien développée : plus de quatorze mille kilomètres de voies ferrées avaient été construits et plus de cent quarante mille kilomètres de routes et de rues, il y avait plus de quarante aéroports ou aérodromes et plus de cent centrales hydroélectriques et à vapeur, une industrie moderne était sur pied (numéro un mondial pour le diamant industriel, troisième producteur de cuivre de la planète), ainsi qu'un début de système de santé publique (trois cents hôpitaux pour les autochtones, des centres médicaux et des maternités) et le taux d'alphabétisation était très élevé (1,7 million d'élèves à l'école primaire en 1959) – des réalisations qui par rapport à d'autres colonies africaines étaient sans aucun doute impressionnantes[78]. L'armée avait en outre enregistré d'importants succès à l'occasion des deux guerres mondiales. Mais l'infrastructure n'est pas tout. Thomas Kanza, le très jeune ministre qui avait étudié la psychologie, savait que ces succès étaient relatifs pour beaucoup d'Africains : "Ceux-ci, contrairement à ce qui est communément admis par les Européens, ont souffert plus du manque de sincère sympathie, de considération et d'amour de la part des colonisateurs que de l'absence d'écoles, de routes et d'usines[79]." En outre, à quoi servait un pays entièrement équipé si personne ne savait comment s'y prendre ? Le jour de l'indépendance, le pays comptait seize diplômés de l'université. Certes des centaines d'infirmières et d'employés de l'administration avaient bénéficié d'une bonne formation, mais la Force publique n'avait pas un seul officier noir. Il n'y avait pas un seul médecin indigène, pas un seul ingénieur, pas un seul juriste, agronome ou économiste.

"La Belgique n'avait pas d'expérience de la colonisation", a dit Mario Cardoso pendant notre déjeuner raffiné au Memling, "mais elle avait encore moins d'expérience de la décolonisation. Pourquoi fallait-il que tout se passe si vite ? Si seulement ils avaient attendu cinq ans, le premier lot d'officiers congolais aurait eu fini ses études. Il n'y aurait alors pas eu de mutinerie dans l'armée." De 1955 à 1960, le pouvoir colonial chercha fébrilement à mettre en œuvre des réformes qui lui permettent de faire face à la grande agitation sociale, mais ses mesures se révélèrent insuffisantes et tardives. La décolonisation fut par conséquent une véritable fuite en avant que personne ne pouvait maîtriser. En ne cédant que tard aux exigences compréhensibles d'une élite frustrée, Bruxelles déchaîna des forces qui dépassaient très largement ses capacités à gérer la situation. Cela valait cependant aussi pour la jeune élite qui avait non seulement pointé du doigt et canalisé le mécontentement social des classes inférieures, mais l'avait aussi dramatisé et amplifié jusqu'à ce qu'il atteigne des proportions face auxquelles elle ne savait elle-même plus quoi faire. La chronologie des événements fit ressortir un paradoxe que l'on pouvait tout au plus constater, mais pas résoudre : la décolonisation commençait bien trop tard, l'indépendance arrivait bien trop tôt. L'émancipation accélérée du Congo fut une tragédie déguisée en comédie dont la fin ne pouvait être que désastreuse.

7

UN JEUDI DE JUIN

Jamais Kolonga se leva ce jeudi-là à quatre heures du matin. Il était resté dormir spécialement chez son tailleur pour ne rien laisser au hasard[1]. La cérémonie n'était qu'à onze heures, mais ce n'était pas un jour comme les autres. La ville de près d'un demi-million d'habitants était encore plongée dans l'obscurité et le calme. Autour des maisons et des huttes, la chaleur était écrasante. Rien ne bougeait. Le linge : immobile sur le fil. Le feu : de fragiles escarbilles de cendre. Invisibles, les enfants dormaient dans des positions anguleuses. Invisibles, des hommes et des femmes étaient allongés l'un contre l'autre – consolation d'une nuit, ou de toute une vie. Dans les boulevards déserts, les feux de circulation passaient mollement du vert à l'orange puis au rouge. Dans les quartiers européens, l'eau des piscines n'avait pas une ride.

Les oiseaux se taisaient encore. Et plus loin, au-delà des jardins et des villas, des gazons et des bougainvillées, l'eau noire du fleuve puissant s'écoulait en silence. Des îlots de végétation continuaient d'y flotter, des mottes d'herbe et des plantes, arrachées à la forêt équatoriale des centaines de kilomètres en amont, des souches d'arbres qui tournoyaient dans l'obscurité et bientôt émergeraient dans les rapides et bondiraient dans l'écume du fleuve. Il en allait ainsi depuis des milliers d'années déjà. La nature ne faisait aucun cas de cette journée particulière.

Jamais Kolonga alluma la lumière. Il pria et se lava. Son costume flambant neuf était suspendu à un cintre. Avec précaution, il prit le pantalon sous la veste. Son tailleur avait confectionné un magnifique smoking sur mesure. Le tissu lisse du pantalon procurait une sensation de fraîcheur, la chemise amidonnée était agréablement raide, la veste paraissait moulée sur sa petite stature. Il se regarda dans le miroir. Qui aurait pu se douter que lui, Jean Lema pour l'état civil, Jamais Kolonga pour les autres, allait jouer ce jour-là un rôle aussi important ? Il y a quelques années encore, il était simple employé à l'intérieur des terres, dans l'Equateur. Au service de l'Otraco, il avait été chargé de l'administration des bateaux fluviaux. Mais déjà à l'époque, des changements étaient dans l'air. A l'occasion d'une promotion, il remplaça un Blanc et obtint le poste auparavant occupé par Monsieur Eugène, un Belge originaire de Verviers. En 1958, il revint un temps à Léopoldville où il sentait, selon ses propres termes, "l'odeur, le parfum de l'indépendance". Kasavubu continuait de venir chez eux, il entendait des conversations passionnantes et savourait d'incroyables possibilités. Il n'avait plus envie de retourner dans l'intérieur des terres, malgré les multiples exhortations de son employeur. Sur le boulevard dans le centre de la ville, il avait croisé le grand Bolikango. Bolikango avait lui aussi suivi l'enseignement de tata Raphaël, il faisait partie des rares Congolais qui, dans la perspective d'une émancipation accélérée, avaient obtenu un poste à haute responsabilité dans l'Administration, en tant que commissaire adjoint du département de l'information. Bolikango connaissait bien entendu l'éloquence de Jamais Kolonga et se souvenait du suprême *évolué** qu'avait été son père. Après tout, le roi Baudouin était venu lui rendre visite ! A travers la fenêtre de sa voiture, Bolikango lui proposa de devenir rédacteur-présentateur-traducteur aux services d'information du gouvernement général. Jamais Kolonga accepta. Lui qui était employé de bureau dans l'intérieur des terres devint journaliste radio pour la chaîne publique. Désormais il pourrait humer chaque jour le parfum de l'indépendance. En tant que reporter, non seulement il allait de défilé de mode en match de foot, mais il assistait de près aux grands bouleversements politiques de son pays. Quand la conférence de la Table ronde eut lieu à Bruxelles, il put en rendre compte jour après jour depuis le studio. Et quand Kasavubu prêta serment le 26 juin 1960 en tant que premier président du Congo qui serait bientôt indépendant, c'est lui qui suivit l'événement. Avec son TEAC à l'épaule, le magnétophone extrêmement lourd de l'époque, il enregistra les interviews.

Ses nouvelles chaussures noires parfaitement cirées avaient des semelles encore complètement lisses. La prestation de serment de Kasavubu n'avait eu lieu que quatre jours plus tôt. Jamais Kolonga s'en était bien sorti. Deux jours auparavant, on lui avait demandé s'il voulait aussi s'occuper de la retransmission en direct de la cérémonie de la déclaration d'indépendance. Il avait accepté. Seulement, voilà, son tailleur avait dû travailler jour et nuit.

Le 30 juin 1960. Officiellement, le Congo était indépendant depuis minuit, mais la cérémonie au palais de la Nation devait entériner la transition. Le roi Baudouin était venu spécialement de Belgique ; il allait transférer les pouvoirs au président Kasavubu, après cinquante-deux ans d'administration coloniale belge, soixante-quinze ans après la fondation par son prédécesseur Léopold II de l'Etat indépendant. Et Jamais Kolonga était le reporter désigné pour suivre sur place cet événement historique.

L'histoire de la présence belge en Afrique centrale avait profondément influencé l'histoire de sa famille. Son père était devenu grâce à ses études l'un des *évolués* * les plus importants de la colonie, alors que son grand-père était encore chasseur dans son village. Jamais Kolonga connaissait les histoires qu'on racontait sur lui. "Quand les Blancs sont arrivés au Bas-Congo, il a porté leurs valises sur sa tête. Il n'avait pas peur des Blancs, mais il faisait ce qu'ils disaient. Il était polygame, mais quand il s'est fait baptiser il a chassé deux de ses trois femmes." Pas un seul individu, même au plus profond des terres, n'avait vu son existence épargnée par l'Histoire. Tout s'était passé très vite.

A six heures et quart, une séance d'information eut lieu avec le commissaire général. Les dossiers pour la presse furent préparés. Un dernier texte, du Premier ministre Lumumba, venait d'arriver qui pouvait être distribué aux journalistes. Jamais Kolonga se vit indiquer sa place à l'avant de la salle. Tout devait se dérouler dans la dignité et en bon ordre, avait-on souligné. La veille déjà, un incident douloureux s'était produit quand le roi et Kasavubu avaient été conduits à travers la ville dans une grosse voiture américaine décapotée.

Comme en 1955, Baudouin avait salué d'un geste de la main la population, venue en grand nombre pour l'applaudir sur son passage, mais un homme avait réussi à se rapprocher en se faufilant à travers la foule et à arracher son épée au roi. La scène avait été filmée et photographiée. Debout dans la voiture, Baudouin portait son uniforme militaire blanc de gala. A sa gauche, Kasavubu était vêtu d'un costume noir sur mesure. Baudouin saluait les troupes de la Force publique qui, du côté gauche de la rue, tenaient une hampe coiffée du drapeau tricolore belge. Le souverain, quand il avait senti quelque chose sur son flanc droit, n'avait d'abord pas bien compris ce qui se passait. Un homme au front haut et au visage allongé était parti en courant, agitant fougueusement l'épée royale, un des attributs régaliens de la monarchie belge. Plus qu'une simple arme, l'objet symbolisait la puissance de la maison royale.

L'incident suscita des commentaires véhéments. "Cet homme n'avait pas toute sa tête", selon Kolonga, "c'était un feu follet, un être agité qui avait un grain de folie. On le trouvait déjà un peu fou." Sans doute. Bon nombre d'Européens jugeaient le geste loufoque, une mauvaise plaisanterie d'étudiant pour attirer particulièrement l'attention sur la transmission des pouvoirs, mais pour beaucoup de Congolais dans les quartiers populaires, ce n'était pas une plaisanterie. Pour eux, c'était purement de l'audace. Oser venir toucher et prendre un objet sacré appartenant au chef? Cet homme allait mourir cette nuit, disaient-ils. Si déjà un masque, une statue ancestrale, une peau de léopard ou une queue de singe avaient des pouvoirs magiques, cela valait certainement aussi pour l'épée d'un souverain européen. Même parmi les *évolués* *, ce geste rebelle ne suscita que mépris. Victorine Ndjoli, le modèle qui avait décroché son permis de conduire, a dit à ce propos : "Nous avions vraiment honte quand un idiot s'est emparé de l'épée du roi Baudouin. Nous avons appris seulement plus tard qu'il était cinglé[2]."

Pourvu qu'aujourd'hui, se disait Jamais Kolonga, tout se passe dans le calme. La cérémonie devait être parfaite. Mais les gens avaient de si curieuses attentes vis-à-vis de l'indépendance. Beaucoup avaient enterré des petits coffres contenant des pierres, dans l'espoir qu'après l'indépendance elles se transforment en or. Beaucoup croyaient que les morts allaient ressusciter[3]. Sur les tombes de certains ancêtres, on avait déposé des vêtements, en guise de bienvenue. On avait recouvert les tombes des personnes moins aimées de tôles ondulées pour les empêcher de s'extraire du sol. Des villageois dans la brousse s'étaient enfermés pendant quatre jours dans leur hutte, craignant le retour des morts. Les femmes enceintes ne sortaient pas[4].

Dans les villes, la fièvre de l'indépendance prit une tournure plus sociale. A Stanleyville, quelques habitants construisirent des huttes sans autorisation sur des terres qui appartenaient aux Européens. Les disciples de la religion kitawala, qui avaient vécu pendant des années dans la clandestinité, s'installèrent dans les villas vides des Belges qui étaient partis et ils y pratiquèrent la nuit des rituels en chantant à la lumière de flambeaux. A Léopoldville, à l'approche du grand jour festif, les cas de vols et de vandalisme se multiplièrent. Les boys se moquaient de leurs patrons et allaient s'asseoir sur le capot de leurs voitures, refusant obstinément d'en descendre[5].

Vers neuf heures, Jamais Kolonga vit la grande rotonde du palais de la Nation commencer à se remplir de toutes sortes de sommités. Il y avait des parlementaires et des sénateurs de Belgique, ainsi que des diplomates, des officiers de haut rang et des dignitaires civils. Il y avait des délégations d'Etats africains amis. Le prince Hassan du Maroc était présent, de même que le président Youlou du Congo-Brazzaville et le roi Kigeri du Rwanda. Mais surtout, les parlementaires et les sénateurs récemment élus du nouveau Congo prenaient leurs fonctions. Le palais de la Nation, un nouveau bâtiment conçu seulement quelques années auparavant pour être la résidence officielle du gouverneur général (on pensait que la fonction allait encore exister pendant plusieurs décennies), tenait lieu de nouveau Parlement. Sous la grande coupole de la rotonde, la plupart des personnes présentes portaient des costumes sombres occidentaux, mais d'autres s'étaient parées de coiffes traditionnelles couvertes de coquillages, de plumes et de peaux d'animaux, des coiffes tout aussi impressionnantes que le casque blanc à plumes de vautour que portait le gouverneur général.

Quand tout le monde fut assis, le Premier ministre Lumumba entra. Un peu plus tard, la salle se leva pour saluer le roi Baudouin et le président Kasavubu. Baudouin fut le premier à prendre la parole. Affable, le souverain tint un discours qui paraissait écrit plutôt en 1900 qu'en 1960. Il loua l'œuvre de Léopold II comme si jamais une commission d'enquête n'avait condamné son régime : "L'indépendance du Congo constitue l'aboutissement de l'œuvre conçue par le génie du roi Léopold II, entreprise par lui avec un courage tenace et continuée avec persévérance par la Belgique." Et il ne reculait pas devant le paternalisme : "C'est à vous, Messieurs, qu'il appartient maintenant de démontrer que nous avons eu raison de vous faire confiance. [...] Votre tâche est immense et vous êtes les premiers à vous en rendre compte. [...] N'ayez crainte de vous tourner vers nous. Nous sommes prêts à rester à vos côtés pour vous aider de nos conseils[6]."

Quand il eut terminé, la salle applaudit poliment. A ce moment-là, des milliers de personnes, rivées à leurs transistors, dans les villages et les quartiers populaires, entendirent la voix claire de Jamais Kolonga annonçant en français, en lingala et en kikongo : "Mesdames et messieurs, vous venez d'entendre le discours de Sa Majesté le roi des Belges. En ce moment même, le Congo devient indépendant[7]." Lui, le petit Jamais Kolonga aux yeux scintillants, fut le premier Congolais qui put dire de son pays qu'il était indépendant.

Ce fut ensuite au tour du président Kasavubu de prendre la parole, l'homme que Jamais Kolonga avait vu si souvent parler d'un ton plein d'ardeur dans la salle de séjour avec son père, l'homme qui lors de son entrée en fonctions en tant que bourgmestre avait formulé une cinglante accusation contre le colonisateur. Cette fois, cependant, son discours était posé et conciliateur. On ne s'en étonnera pas : le texte était écrit par Jean Cordy, le Belge qui avait été chef de cabinet du gouverneur général Cornelis. "J'ai écrit le texte de Kasavubu, du moins la première version. C'est aussi moi qui ai écrit le texte quand il est devenu président[8]." D'après le protocole de la journée, la partie où les discours étaient prévus était terminée.

C'était un mauvais calcul.

Pendant le discours du président, Lumumba apportait à la hâte des corrections à un texte. Une petite pile de papiers sur les genoux, il gribouillait ici et là une annotation. Lumumba, qui avait eu l'occasion de parcourir plusieurs jours auparavant le sage discours de Kasavubu, estimait qu'il ne pouvait s'en contenter. Il voulait, il allait répliquer une dernière fois au colonisateur. Cela lui permettrait en outre de se placer sous le feu des projecteurs, car il était particulièrement agacé que ce soit Kasavubu, et non lui, qui ait droit aux honneurs. Grand vainqueur des élections, il devait voir d'un mauvais œil son rival de longue date, Kasavubu, le régionaliste qui n'aimait même pas le Congo, se pavaner à côté du roi Baudouin[9]. Lumumba écrivit son discours dans la nuit de mercredi à jeudi ; il pouvait encore se contenter de dormir quelques heures seulement. On dit que son conseiller belge et partisan inconditionnel Jean Van Lierde l'a aidé à écrire le texte qui passe, aujourd'hui, pour un des plus grands discours du XXe siècle et un document déterminant de l'époque de la décolonisation de l'Afrique :

> Car cette indépendance du Congo, si elle est proclamée aujourd'hui dans l'entente avec la Belgique, pays ami avec qui nous traitons d'égal à égal, nul Congolais digne de ce nom ne pourra jamais oublier cependant que c'est par la lutte qu'elle a été conquise, une lutte de tous les jours, une lutte ardente et idéaliste, une lutte dans laquelle nous n'avons ménagé ni nos forces, ni nos privations, ni nos souffrances, ni notre sang.
>
> C'est une lutte qui fut de larmes, de feu et de sang, nous en sommes fiers jusqu'au plus profond de nous-mêmes, car ce fut une lutte noble et juste, une lutte indispensable pour mettre fin à l'humiliant esclavage, qui nous était imposé par la force.
>
> Ce que fut notre sort en 80 ans de régime colonialiste, nos blessures sont trop fraîches et trop douloureuses encore pour que nous puissions les chasser de notre mémoire. Nous

> avons connu le travail harassant exigé en échange de salaires qui ne nous permettaient ni de manger à notre faim, ni de nous vêtir ou de nous loger décemment, ni d'élever nos enfants comme des êtres chers.
>
> Nous avons connu les ironies, les insultes, les coups que nous devions subir matin, midi et soir, parce que nous étions des nègres. Qui oubliera qu'à un Noir on disait "Tu", non certes comme à un ami, mais parce que le "Vous" honorable était réservé aux seuls Blancs !
>
> Nous avons connu nos terres spoliées au nom de textes prétendument légaux, qui ne faisaient que reconnaître le droit du plus fort. Nous avons connu que la loi n'était jamais la même, selon qu'il s'agissait d'un Blanc ou d'un Noir, accommodante pour les uns, cruelle et inhumaine pour les autres.
>
> Nous avons connu les souffrances atroces des relégués pour opinions politiques ou croyances religieuses : exilés dans leur propre patrie, leur sort était vraiment pire que la mort elle-même.
>
> Nous avons connu qu'il y avait dans les villes des maisons magnifiques pour les Blancs et des paillotes croulantes pour les Noirs ; qu'un Noir n'était admis ni dans les cinémas, ni dans les restaurants, ni dans les magasins dits "européens" ; qu'un Noir voyageait à même la coque des péniches aux pieds du Blanc dans sa cabine de luxe[10].

Le texte était effectivement fait pour durer. Comme tous les grands discours, il éclaircissait l'histoire abstraite par des détails concrets et illustrait la grande injustice par d'innombrables exemples tangibles. Mais le moment ne pouvait être plus mal choisi. C'était le jour où le Congo accédait à l'indépendance, mais Lumumba parlait comme si on était encore en pleine campagne électorale. Trop marqué par l'obtention de l'indépendance, trop aveuglé par le romantisme du panafricanisme, il oubliait, lui qui était pourtant le grand unitariste du Congo, qu'il devait, en ce premier jour d'autonomie, plutôt réconcilier son pays que le diviser. Il prétendait exprimer la voix du peuple – cela allait de pair avec la rhétorique exaltée de l'époque (le Peuple, le Joug, la Lutte, et bien entendu :

la Liberté) – mais le peuple n'était pas derrière lui comme un seul homme. En définitive, il avait obtenu moins d'un tiers des voix. Le discours de Lumumba eut donc une portée importante, mais un impact problématique. Et par rapport aux discours véritablement grandioses de l'histoire – l'Adresse de Gettysburg d'Abraham Lincoln en 1863 ("*a government of the people, by the people, for the people, shall not perish from the earth*" [un gouvernement du peuple, par le peuple et pour le peuple, ne disparaîtra pas de cette terre]), le premier discours de Winston Churchill en tant que Premier ministre anglais le 13 mai 1940 ("*I have nothing to offer but blood, toil, tears and sweat*" [Je n'ai rien d'autre à offrir que du sang, du labeur, des larmes et de la sueur]), le discours de Martin Luther King en 1963 ("*I have a dream*" [Je fais un rêve]), les mots avec lesquels Mandela s'est adressé à ses juges en 1964 à propos de la démocratie ("*It is an ideal which I hope to live for and to achieve. But if needs be, it is an ideal for which I am prepared to die*" [C'est un idéal pour lequel j'espère vivre et que je souhaite voir se réaliser. Mais c'est un idéal pour lequel, s'il le faut, je suis prêt à mourir]), ou le discours prononcé en 2008 par Barack Obama lors de sa victoire et qui a transporté le monde entier ("*Change has come to America*" [L'Amérique vit un changement] –, celui de Lumumba contenait un regard tourné plutôt vers le passé que vers l'avenir, plus de colère que d'espoir, plus de rancune que de magnanimité, et donc reflétant plus l'esprit d'un rebelle que celui d'un homme d'Etat.

Jamais Kolonga y assistait au premier rang. Il entendit les partisans de Lumumba dans la salle interrompre son discours à huit reprises par des applaudissements, mais il vit aussi "l'accueil glacial que les invités ont réservé au discours et la pâleur du roi". Il vit Baudouin s'incliner pour demander des explications à Kasavubu, qui était quant à lui figé sur place : aucun des deux n'était au courant de l'initiative de Lumumba. Son texte avait été remis aux journalistes sous embargo, mais ni le souverain ni le président ne l'avaient eu sous les yeux. A la fin, Baudouin était furieux et offensé au plus profond de son âme. Ce devait être pour lui une douloureuse répétition de sa propre accession au trône. A l'époque, dix ans auparavant, le sénateur communiste Julien Lahaut avait lancé au moment fort de la cérémonie : "Vive la république !" A l'époque aussi, la journée était censée être chaleureuse, un événement festif confortant sa dignité, mais à cette occasion également, un fauteur de troubles avait attiré spontanément toute l'attention sur lui et gâché la cérémonie. Une semaine plus tard, Lahaut avait été criblé de balles sur le seuil de sa porte par plusieurs inconnus, dans des circonstances tout aussi vagues et violentes que le sort qui attendait Lumumba six mois plus tard.

Baudouin voulut rentrer immédiatement en Belgique. Il n'avait plus envie de visiter le cimetière des Pionniers et de voir la statue équestre de Léopold II. Mais le Premier ministre Eyskens interpella Lumumba et le chargea de lire pendant le déjeuner un deuxième discours, plus amical. Ce fut fait : Eyskens écrivit le texte, Lumumba le lut d'un ton sec, Baudouin resta malgré tout jusqu'au soir.

Ce serait une erreur de penser que tout le Congo s'est réjoui des propos hardis prononcés par son Premier ministre. Quatorze millions de personnes ont rarement la même opinion. Jamais Kolonga le jugea en tout cas problématique : "Lumumba n'était pas un diplomate, il était beaucoup trop catégorique. Kasavubu, ça c'était un gentleman. Il voulait garder quelques Blancs comme directeurs adjoints dans les provinces, dans l'agriculture, aux finances. Mais notre Constitution accordait trop de pouvoir au Premier ministre. Notre président y était conçu à l'image du roi des Belges : il régnait, mais ne gouvernait pas." Originaire du Bas-Congo, il éprouvait plus de sympathie pour Kasavubu. Pour beaucoup de Bakongo, Lumumba n'était pas un héros. "Kasavubu était calme, cultivé et respectueux", disent encore les personnes âgées dans le Bas-Congo, "Lumumba n'avait rien dans la tête, il était affecté et insolent. Il est la source de nos malheurs. La façon dont il a parlé au roi, c'était irresponsable ! Il aurait dû dire : « Vous avez l'indépendance, allez, au boulot ! », au lieu de renvoyer aux petits problèmes du passé[11]." Presque tous les habitants de Boma, Matadi et Mbanza-Ngungu (l'ancien nom de Thysville) s'en irritent encore aujourd'hui. "Tout a commencé à ce moment-là.

Ce discours de Lumumba a déclenché la colère des Belges. Le roi ne voulait même plus rester pour le repas. Kasavubu ne voulait pas chasser les Belges, mais Lumumba avait envie de faire table rase. C'était un très mauvais départ. Et je le dis en mon âme et conscience, pas pour des raisons ethniques[12]."

Même les ardents partisans de Lumumba s'interrogent à ce sujet. Mario Cardoso, qui venait de Stanleyville, la ville de Lumumba, et l'avait représenté en personne pendant la conférence de la Table ronde économique, m'a dit : "J'étais dans la salle et j'étais stupéfait. Lumumba se comportait comme un démagogue. J'étais membre du MNC, mais notre campagne ne portait pas sur ce qu'il disait. Quelques *députés* * ont applaudi, pas moi. Je me suis dit : il commet un suicide politique[13]."

Ailleurs au Congo, on n'y prêta pas autant d'attention. A Elisabethville, tout se déroula dans le calme et la convivialité. Tshombe, qui avait dû se contenter d'un poste de gouverneur de province, souligna encore une dernière fois l'importance de relations cordiales entre la Belgique et le Congo. Pendant la fête de l'indépendance dans la ville minière, la chorale des enfants, les Petits Chanteurs de la Croix de cuivre, chanta quelques hymnes mélodieux. Les coloniaux, qui devaient s'habituer au fait qu'ils étaient brusquement devenus des ex-coloniaux, allèrent même faire la fête dans les quartiers indigènes et y furent les bienvenus[14]. Ailleurs dans le pays également, il y eut des messes, des cantates et des témoignages de respect. La nouvelle du discours de Lumumba ne fit son effet que tardivement. Du point de vue du contenu, peu de gens le contredisaient, mais beaucoup se demandaient si ce discours était bien nécessaire. Un habitant de la capitale a dit : "L'accouchement se fait dans la douleur. C'est ainsi. Mais une fois que l'enfant est né, on lui sourit[15]."

Ainsi se déroula le premier jour du Congo libre. Il y eut des cortèges et des jeux, des danses populaires et des feux d'artifice. La fête allait durer quatre jours, du jeudi au dimanche. Le Congo commençait par un long week-end de congé. Il y eut des championnats sportifs au stade Baudouin (Kasavubu devait remettre la coupe aux vainqueurs, mais Lumumba la lui prit des mains pour le faire lui-même)[16]. Il y eut une course cycliste dans les rues de la ville (le plus belge de tous les sports, mais ce furent des Congolais qui remportèrent les trois premières places). Et il y eut surtout de la bière, beaucoup de bière, énormément de bière. C'était la fin du mois, tout le monde venait d'être payé. Dans les bars se dressaient des murs de caisses de bouteilles. Au bout de quelques jours, le nouveau régime ordonna que tous les points de vente de boissons ferment entre six heures du soir et sept heures du matin. La situation dérapait un peu, mais les incidents étaient sans gravité. En dehors de quelques troubles au Kasaï, il n'y eut pas d'attaques contre les Belges, pas de lynchages, pas de viols, pas de pillages des maisons européennes.

Un homme était cependant, selon ses propres dires, étendu sur le sol d'une cellule de prison, gémissant de douleur en ce premier jour d'indépendance : Longin Ngwadi ! L'homme de Kikwit, le croyant qui avait voulu devenir prêtre mais qui n'en avait pas eu le droit, l'Elastique, la star du Football Club Daring, l'ancien boy du gouverneur général Pétillon, l'homme qui s'était rendu en Belgique pour ne pas voir l'Expo, lui, précisément, fut le premier dissident du nouvel Etat. "J'avais l'estomac gonflé comme un ballon. Je saignais du nez et de l'anus. Je pissais le sang, j'émettais des pets nauséabonds. J'avais des menottes, comme si j'étais un voleur." Pendant que Jamais Kolonga se mettait sur son trente-et-un à quatre heures du matin pour se préparer pour le grand jour et que Lumumba écrivait encore son discours, Longin se lamentait déjà sur son sort depuis des heures. Il avait été arrêté plusieurs jours auparavant par le gouverneur de province Bomans. "Ils sont venus me chercher avec deux Jeep remplies de soldats. « Vous êtes fou », m'a dit Bomans. « Je ne suis pas fou », ai-je dit, « je suis normal. Le roi Baudouin est mon frère. Faites ce que vous voulez, je suis un prophète, comme Elie ou Jérémie. »"

Quand, après l'avoir cherché pendant des mois, j'ai fini par rencontrer Longin Ngwadi en 2008 à Kikwit, il se lavait dans la rivière. Pour m'accueillir, il a mis les vêtements qui lui étaient le plus chers : une chemise en imprimé panthère, sur laquelle il avait épinglé une photo de Lumumba en compagnie de Gizenga. Gizenga était son grand héros politique, un homme de sa région qui avait été vice-Premier ministre dans le gouvernement de Lumumba et qui au moment de notre rencontre passait ses derniers jours en tant que Premier ministre sous Joseph Kabila. Papa Longin est l'un des Congolais les plus hauts en couleur que j'aie rencontrés, et pas seulement du fait de son extraordinaire parcours. Les objets dont il se parait étaient à eux seuls stupéfiants. Autour du cou, il portait lors de cette première rencontre, en plus d'un grand crucifix, un médaillon de sainte Thérèse avec l'Enfant Jésus, un médaillon de l'archange Michel, une petite croix bleue de Lourdes, une vieille clé de la marque ICSA, *made in Italy*, qu'il décrivait comme “la clé du ciel”, un marteau qui pour lui renvoyait à “Jean Marteau, le surnom de Kamitu”, l'autre grand homme politique de la région, et pour finir un sifflet, “parce que lorsque j'ai une vision, je siffle afin de réunir tout le monde pour transmettre le message”.

L'imagination de Longin était sans bornes. Il a ainsi prétendu être l'homme qui avait réalisé l'exploit cinquante ans plus tôt : “Oui, c'est moi qui ai pris l'épée de Baudouin.” Pendant longtemps, j'ai cru qu'il disait la vérité. Son front haut, bombé, et ses orbites ovoïdes ressemblaient à s'y méprendre à ceux de l'homme sur la fameuse photo. Mais entre-temps nous avons appris que de nombreuses histoires circulent sur cette affaire. Plusieurs Congolais âgés ont affirmé connaître l'identité de celui qui s'était emparé de l'épée et la raison de son geste, alors que le véritable responsable est mort depuis longtemps[17]. Ces récits, même s'il ne s'agit souvent que de fictions, constituent une précieuse source d'information sur les souvenirs de la décolonisation. “Baudouin était une icône”, a dit Longin, “un *chouchou**, il était simple, très jeune, très beau.”

Quand Longin était rentré de son aventure en Belgique et que Pétillon avait cessé d'être gouverneur général, la fièvre de l'indépendance s'était aussi emparée de lui. Il était particulièrement attiré par sa dimension mystique. Il errait dans les rues de Léopoldville et allait chaque jour à l'église Saint-Pierre, dans la commune de Limete. Monseigneur Malula y célébrait la messe. Malula avait été sacré évêque en 1959, un homme particulièrement intelligent qui avait vécu de près la lutte pour l'indépendance et avait même participé au manifeste de *Conscience africaine*. Plus tard, il deviendrait le premier cardinal du Congo et s'opposerait directement à Mobutu.

"Tous les jours j'allais dans son église. Quand je priais, tout devenait lumineux. J'avais la force de l'esprit et la vision de l'histoire. Toutes les prières me venaient comme si je les connaissais d'avance, je chantais toutes sortes de nouveaux chants, je perçais tous les mystères, je voyais des fleurs, beaucoup de fleurs. *Tiens* *, je me disais, le bon Dieu me fait cadeau de la paix. Je suis allé le dire à Malula. Il m'a donné un Bic et un cahier et m'a demandé d'écrire mes visions."

Aujourd'hui encore, Longin reste un homme profondément croyant. Toute son existence est imprégnée de spiritualité. Il prie continuellement, il n'engage aucune conversation sans commencer par bénir ses visiteurs avec de la laque pour les cheveux ou du parfum et il lève les mains au ciel pour demander une protection. La religion et la politique se confondent souvent chez lui. Enivré par un parfum de femme bon marché, je me suis promené un jour avec lui dans le marché de Kikwit, un marché qui s'étire tout au long de la rue principale de la ville basse et se prolonge jusqu'au pont enjambant la Kwilu. Toutes les cinq minutes, il s'immobilisait, il donnait un coup de sifflet strident et lançait à tous ceux qui voulaient l'entendre en kikongo : "Enfants de Kikwit, si vous ne croyez pas encore en mon pouvoir, regardez ce visiteur. J'ai demandé à Gizenga d'envoyer un Blanc et le voici !" Au bout d'une demi-heure, son fils a dû l'exhorter à adapter sa vision, tout le monde n'étant pas un adepte de Gizenga et ma sécurité pouvant être compromise. Dans le marché, juste avant le pont, un stand lugubre proposait des fétiches, des épices, des masques et des crânes de singes. Personne ne s'y arrêtait. "Il ne faut pas regarder", m'a dit le fils, "ça porte malheur." Mais Longin regardait attentivement les marchandises, se sentant plus puissant que toute cette sorcellerie. Chez lui, il avait fabriqué une épée magique. Il avait décoré une vieille tige de parapluie avec des fleurs artificielles, des bouts de fil de cuivre, une statue du Christ ornée de fleurs et d'un drapeau du Palu, le Parti lumumbiste unifié, le parti actuel de Gizenga. La référence à l'épée magique d'il y a cinquante ans était plus qu'évidente. Dans son bricolage, la mémoire et la mystique étaient parfaitement imbriquées.

"J'avais trouvé une bonne place, j'attendais Baudouin devant la gare, près du monument pour les cheminots. Tout le monde voulait le voir. C'était un beau garçon, mais il y avait des soldats partout qui se tenaient prêts avec leur fusil. C'était impossible, mais je me suis servi de ma force pour me faufiler. Je voulais donner des fleurs au roi pour lui montrer mon amour, mais j'ai vu cette longue épée brillante et je l'ai prise *pour la folie**. Et je me suis éloigné de cinq mètres, puis j'ai entendu les soldats charger leurs armes. Le roi Baudouin a dit : «Pas d'armes.» Je suis retourné vers lui et je lui ai dit : «Je vous souhaite un bon voyage au Congo. Le bon Dieu vient de me donner l'inspiration de vous prendre votre épée. Nous allons au Parlement comme de vieilles connaissances. Il est temps que nous obtenions l'indépendance. Les femmes européennes sont comme la Vierge Marie, mais plus tard le bon Dieu nous accordera la satisfaction de nous marier avec des femmes blanches. La Belgique est loin, aussi loin que le ciel, un bien commun où il y aura aussi des Noirs. Un marché commun. Les Noirs iront en Belgique. Je ne suis pas fou, je suis normal. Je vous rends votre épée.» Baudouin a répondu : «Personne n'a le droit de vous frapper! Je vais vous faire un cadeau. Ne m'oubliez pas. C'est vrai, vous épouserez plus tard une femme blanche, à condition que vous maîtrisiez le français.» Mais il est parti le jour même, sans me donner de cadeau. Il n'y a eu que cette promesse."

On peut se demander si cette curieuse conversation a vraiment eu lieu. Le mysticisme et l'érotisme s'y télescopent dans un raccourci génial avec l'actualité européenne (le Marché commun!) et la querelle linguistique en Belgique (apprendre le français!). Mais le fait qu'un homme un peu anticonformiste se souvienne de l'indépendance, cinquante ans après les célébrations, comme une promesse qui n'a jamais été tenue, en dit long. A travers les interstices de ses affabulations farfelues perce la lumière d'une profonde vérité : l'indépendance aurait dû être un cadeau, mais elle est restée une promesse creuse.

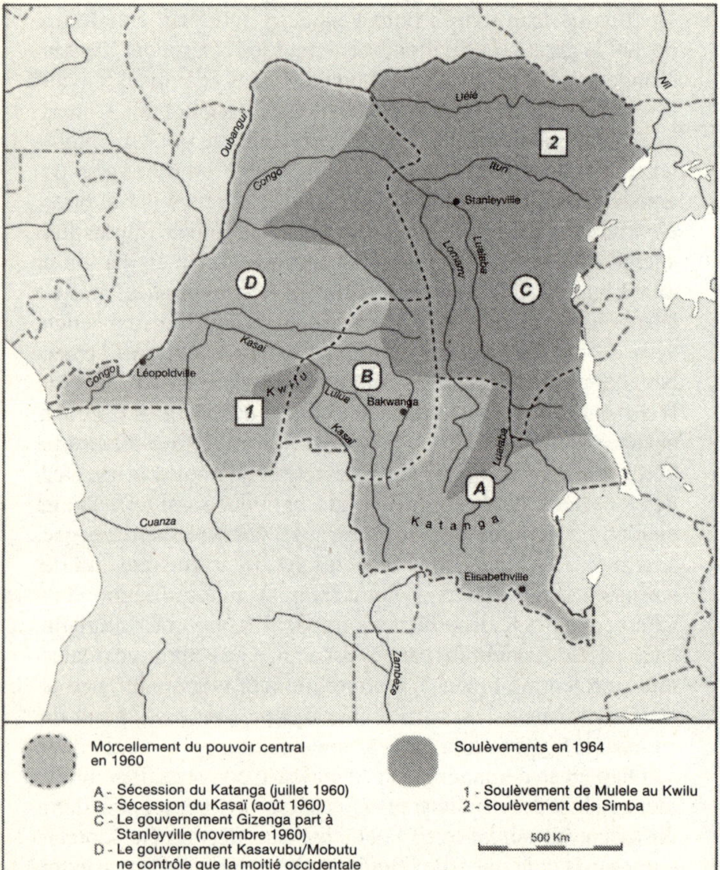

Carte 7
La Première République : sécessions et soulèvements

8

LA LUTTE POUR LE TRÔNE

LES ANNÉES MOUVEMENTÉES DE LA PREMIÈRE RÉPUBLIQUE 1960-1965

Tout le monde savait qu'il y aurait un peu d'improvisation pendant les premiers temps de l'indépendance. Il était clair que tout n'allait pas se passer le plus simplement du monde. Mais de là à penser que durant les six premiers mois de son existence, le Congo allait connaître une grave mutinerie dans l'armée, une fuite massive des Belges restés sur place, une invasion de l'armée belge, une intervention militaire des Nations Unies, le soutien politique de l'Union soviétique, une phase d'extrême tension de la guerre froide, une crise constitutionnelle sans égale, deux sécessions portant sur un tiers de son territoire et par-dessus le marché le sort réservé à son Premier ministre, qui allait être fait prisonnier, s'enfuir, être rattrapé, torturé et tué, non, tout cela, vraiment personne ne l'avait prévu.

Et cela n'arrangea en rien la situation. A présent, on appelle la période entre 1960 et 1965 la Première République, mais à l'époque elle évoquait plutôt le Jugement dernier. Le pays se décomposa, fut confronté à une guerre civile, à des pogroms ethniques, deux coups d'Etat, trois rébellions et six chefs de gouvernement (Lumumba, Ileo, Bomboko, Adoula, Tshombe et Kimba), dont certainement deux et peut-être même trois furent assassinés : Lumumba, tué d'une balle en 1961 ; Kimba, pendu en 1966 ; Tshombe, trouvé mort dans une cellule de prison en Algérie en 1969. Même le secrétaire général des Nations Unies, Dag Hammarskjöld, l'homme placé à la tête d'un “gouvernement mondial” indécis, perdit la vie dans des circonstances qui ne furent jamais élucidées : un cas unique dans le multilatéralisme d'après-guerre. Quant aux morts au sein de la population congolaise, ils ne se comptaient même plus.

La Première République du Congo fut une époque apocalyptique durant laquelle tout ce qui pouvait mal tourner tourna mal. Sur le plan politique ou militaire, le pays sombra dans un chaos total inextricable, sur le plan économique la situation n'avait qu'une interprétation possible : tout allait de mal en pis. Pourtant, le pays n'était pas en proie à des pulsions irrationnelles incontrôlées. Les catastrophes des cinq premières années ne furent pas la conséquence d'une réémergence de la barbarie, de la réapparition d'une quelconque forme de primitivisme réprimé pendant les années coloniales, sans parler d'une "âme bantoue" hermétique. Non, là encore, le chaos fut engendré par la logique plutôt que par la déraison, ou, pour être plus précis : par la confrontation de logiques contradictoires. Le président, le Premier ministre, l'armée, les rebelles, les Belges, les Nations Unies, les Russes, les Américains : chacun adoptait une logique secrètement cohérente et compréhensible mais souvent contradictoire avec celle des autres. Comme au théâtre, la tragédie de l'Histoire était ici aussi non pas une affaire d'êtres raisonnables contre des êtres insensés, des bons contre les méchants, mais de personnes toutes persuadées lors de leurs rencontres que leurs propres intentions étaient bonnes et raisonnables. Des idéalistes s'opposaient à d'autres idéalistes, mais les idéaux défendus avec trop de fanatisme conduisent à l'aveuglement, l'aveuglement des bons. L'Histoire est un plat abominable préparé avec les meilleurs ingrédients.

Les cinq premières années houleuses du Congo peuvent se décomposer en trois phases. La première phase couvre la période du 30 juin 1960 au 17 janvier 1961, le lendemain de l'assassinat de Lumumba. Pendant ces six premiers mois, le château de cartes de l'Etat colonial s'effondra et la crise congolaise domina chaque semaine l'actualité internationale. La deuxième phase alla de 1961 à 1963 et fut surtout marquée par la sécession du Katanga. Elle se termina quand la province rebelle fut de nouveau rattachée, après de lourdes interventions militaires de l'ONU, au reste du pays. La troisième phase commença en 1964, l'année où éclata dans l'Est une insurrection qui allait concerner la moitié du pays. Le pouvoir central reconquit péniblement le contrôle du territoire. L'année 1965 inaugura un retour à la normale, mais se termina de façon inattendue par le coup d'Etat de Mobutu le 24 novembre. Ce coup d'Etat fut déterminant pour l'histoire. Mobutu allait rester les trente-deux années suivantes au pouvoir, jusqu'en 1997. C'est ce que l'on appela la Deuxième République, un pouvoir centralisé d'abord ferme qui se transforma par la suite en une dictature.

La Première République se caractérisa par un tourbillon de noms de personnalités politiques et militaires congolaises, de conseillers européens, d'agents de l'ONU, de mercenaires blancs et de rebelles indigènes. Cependant, quatre noms dominèrent la scène : Kasavubu, Lumumba, Tshombe et Mobutu. Entre eux s'engagea une lutte de pouvoir qui, par sa complexité et son intensité, n'a rien à envier aux pièces historiques de Shakespeare sur le tragique destin de rois. L'histoire de la Première République est celle d'une impitoyable course par élimination entre quatre hommes qui pour la première fois s'essayaient à la démocratie. Une mission impossible, d'autant que chacun d'eux était harcelé par des intervenants étrangers qui cherchaient à défendre leurs intérêts au Congo. Kasavubu et Mobutu étaient courtisés par la CIA, Tshombe était par moments le jouet des conseillers belges, Lumumba était exposé à de très fortes pressions exercées par les Etats-Unis, l'URSS et les Nations Unies. La lutte pour le pouvoir entre ces quatre politiciens était attisée et compliquée par des tiraillements depuis l'étranger. Il est difficile de servir la démocratie quand de puissants acteurs au-dessus de vous ne cessent de tirer les ficelles, souvent en cédant à la panique. Par ailleurs, aucun de ces quatre politiciens n'avait connu un seul jour de démocratie dans son propre pays. Le Congo belge n'avait pas eu de Parlement, pas fait l'expérience d'une culture d'opposition institutionnalisée, de concertation, de recherche d'un consensus, d'apprentissage du compromis. Tout se décidait à Bruxelles. Le pouvoir colonial sur place n'était qu'une administration chargée d'exécuter les instructions. Les divergences d'opinions, qui ne pouvaient que porter atteinte au prestige du colonisateur, étaient dissimulées à la population indigène.

Tout-puissant, inattaquable, le plus haut représentant du pouvoir, le gouverneur général coiffé de son casque blanc couvert de plumes de vautour, présentait plutôt les caractéristiques d'un chef traditionnel d'un royaume féodal africain que celles d'un haut fonctionnaire d'un régime démocratique. Faut-il s'étonner que la première génération de politiciens congolais se soit débattue avec les principes démocratiques ? Faut-il s'étonner qu'ils aient ressemblé à des prétendants au trône cherchant à s'entretuer plutôt qu'à des dirigeants élus ? Autrefois, dans les royaumes de la savane, la passation des pouvoirs royaux avait toujours donné lieu à de violentes luttes de pouvoir. En 1960, il n'en fut pas autrement.

Ne s'agissait-il pas, en définitive, de décider de celui qui allait prendre la succession du roi Baudouin ? Kasavubu fut le premier et le seul président de la Première République. L'uniforme de gala qu'il se fit confectionner était une parfaite imitation de celui de Baudouin. Léopoldville et le Bas-Congo le soutenaient massivement. Sa position à la tête de l'Etat fut rarement remise en cause ouvertement. Pourtant, il fut écarté en 1965 par Mobutu. Quelque temps après, il s'avéra que la tenue de gala de Mobutu s'inspirait elle aussi de celle de Baudouin.

L'assise du pouvoir de Lumumba se situait dans l'est du pays, Stanleyville en étant le centre. Politicien le plus populaire du Congo, il était exaspéré d'avoir dû accepter que Kasavubu occupe la présidence, le poste au-dessus du sien. Lumumba n'allait participer qu'aux six premiers mois de la Première République mais, même après sa mort, ses idées continuèrent de fortement influencer la politique.

Tshombe était encore plus exaspéré. Lors de la formation du gouvernement, son parti avait été lésé. Lui-même avait dû se contenter de la fonction de gouverneur de la province du Katanga à Elisabethville. Or même si, en termes de surface et d'industrie, on aurait pu comparer sa fonction, dans une Europe unie, à celle de chancelier fédéral allemand, il devait accepter que le centre du pouvoir se situe ailleurs, à Léopoldville.

Mobutu, enfin, était le jour de l'indépendance le plus insignifiant des quatre : il était le secrétaire privé de Lumumba. Il n'avait pas de grande ville derrière lui, comme les trois autres, sans parler d'un peuple puissant, comme Kasavubu (avec les Bakongo) ou Tshombe (avec les Lunda). Il venait d'une petite tribu tout au nord de l'Equateur, les Ngbandi, un groupe démographique périphérique qui ne parlait même pas une langue bantoue, comme le reste du Congo. A 29 ans, il était aussi le plus jeune des quatre (Kasavubu avait 45 ans, Tshombe en avait 40, Lumumba 35). Mais cinq années plus tard, il était tout-puissant. Il allait devenir une des personnalités les plus influentes de l'Afrique centrale et l'une des personnes les plus riches du monde. L'histoire classique du garçon de courses qui devient chef de la mafia.

Pendant le premier acte de l'indépendance du Congo, Patrice Lumumba est la personnalité centrale incontestée. Depuis son discours subversif lors de la cérémonie de transmission des pouvoirs, tous les regards sont braqués sur lui. Quand le rideau se lève sur la tragédie congolaise, il est un dynamique tribun du peuple adoré par des dizaines de milliers de petites gens. A peine quelques scènes plus tard, on le méprise déjà, on lui crache dessus et on l'oblige à avaler un exemplaire de son discours.

Juillet 1960. La saison sèche. Un ciel bleu d'acier. Les fêtes de l'indépendance durent quatre jours. L'armée, la Force publique, assure comme par le passé le maintien de l'ordre. C'est le roc dans le ressac. Le Congo indépendant n'a pas aussitôt le vent en poupe – les institutions politiques sont fragiles, l'expérience du pouvoir inexistante, les défis gigantesques – mais les forces armées sont solides. Le corps des officiers est encore entièrement belge : un millier d'Européens sont à la tête de vingt-cinq mille Congolais. Le commandant en chef est encore le général Janssens, l'homme qui a réprimé brutalement les émeutes de janvier 1959. Il est sans aucun doute le plus prussien de tous les officiers belges, un grand militaire à l'esprit rigide : la discipline est pour lui sacrée, la contestation une faute, le chaos un signe de faiblesse de caractère. Il doit supporter au-dessus de lui l'autorité ministérielle de Lumumba qui, en dehors du mandat de Premier ministre, a obtenu le portefeuille de la Défense nationale. Il écrira plus tard à propos de Lumumba : "Personnalité morale : aucune ; personnalité intellectuelle : tout en surface ; personnalité physique : par son système nerveux, il s'apparentait plus au félin qu'à l'homme[1]." Cela donne un aperçu de la situation. Le Congo était certes indépendant, mais les Belges avaient, outre le pouvoir économique, le contrôle total de l'appareil militaire.

Le jeudi 30 juin, les feux d'artifice retentissent, mais dès le lundi 4 juillet, l'affaire tourne mal. Le Congo n'aura connu que quelques jours l'existence d'un pays stable. L'après-midi, pendant le passage en revue des troupes dans la caserne Léopold-II, quelques soldats refusent d'obéir. Le général Janssens vient voir ce qui se passe et fait ce qu'il a toujours fait en pareil cas : il dégrade les éléments récalcitrants. Il obtient cette fois l'effet inverse de celui recherché. Le lendemain, environ cinq cents soldats se réunissent dans la cantine pour exprimer leur mécontentement. Ils sont fatigués. Cela fait un an et demi qu'ils doivent éteindre des petits incendies ici et là dans le pays. Ils aspirent à des possibilités d'ascension dans la hiérarchie militaire, à une meilleure solde et à moins de racisme. Juste avant l'indépendance, ils écrivaient déjà :

> Personne n'oublie qu'à la F.P. [la Force publique] nous les militaires sommes traités comme des esclaves. On nous punit arbitrairement et ce parce que nous sommes nègres. Nous n'avons pas droit aux mêmes avantages et prestiges que nos officiers. Nous logeons à deux dans une chambre fort étroite (surface : 7,50 m^2) dépourvue de mobilier et d'électricité. Nous mangeons maigrement et notre régime est loin de satisfaire aux conditions hygiéniques. Le salaire qu'on nous alloue est loin de faire face au coût de la vie actuelle. Il ne nous est pas permis de lire les journaux dirigés par des noirs. Il suffit qu'on vous attrape avec *Présence congolaise*, *Indépendance*, *Emancipation*, *Notre Congo*… vous avez avant tout 15 jours de cachot. Après cette punition injuste, vous serez transféré à la Cie de discipline de Lokandu, où on vous apprendra à vivre militairement. […] A la F.P., nos officiers vivent à l'américaine ; ils sont mieux installés, ils logent dans des grandes maisons modernes meublées par la F.P. même, leur standard

> de vie est très élevé, ils sont orgueilleux et jouent au seigneur ; tout cela, pour le prestige, parce qu'ils sont blancs. Aujourd'hui, le désir unanime de tous les militaires congolais est d'occuper les postes de commandement, de gagner un salaire décent, de mettre fin à toutes les traces de discrimination au sein de la F.P.[2]

Face à tant de frustrations, une réforme en profondeur de l'armée est nécessaire, mais pour le général Janssens, il est exclu de la mettre en œuvre pendant les mois mouvementés précédant ou suivant l'indépendance. Le premier contingent d'officiers congolais est en formation à l'Ecole royale militaire de Bruxelles, une école de sous-officiers a été créée à Luluabourg. Dans quelques années, ils seront prêts à prendre leurs fonctions, mais pour l'instant tout reste comme par le passé. Le mardi 5 juillet au matin, Janssens se rend à la caserne Léopold-II et donne à ses hommes un cours de discipline militaire sans équivoque : la Force publique est au service du pays, il en allait ainsi à l'époque du Congo belge, il faut qu'il en soit ainsi maintenant également. Et pour appuyer son raisonnement, il écrit en lettres majuscules sur un tableau noir : AVANT L'INDÉPENDANCE = APRÈS L'INDÉPENDANCE *. Ce n'est pas une bonne idée. Le slogan est très mal accueilli par les soldats. Ils ont constaté que les fonctionnaires congolais ont obtenu du jour au lendemain des postes à haute responsabilité dans l'Administration, que les politiciens s'en sont extrêmement bien sortis lors de la grande transition. Le nouveau Parlement a décidé dans le cadre de ses toutes premières dispositions que les représentants du peuple ont droit à une indemnisation de cinq cent mille francs, soit près du double de celles de leurs collègues belges[3]. Brutalement, les soldats comprennent que la fête de l'indépendance ne leur réserve rien.

On explique souvent la mutinerie de l'armée en renvoyant au discours subversif de Lumumba. On peut s'interroger sur le bien-fondé d'une telle interprétation, car les soldats en voulaient tout autant aux nouveaux dirigeants qu'à leurs supérieurs hiérarchiques blancs. Ils n'avaient pas seulement envie de passer leur colère sur le général Janssens, ils s'en prenaient à la personnalité même de Lumumba ! Au-delà du héros, il voyait un ministre de la Défense qui n'avait lui-même jamais été dans l'armée, un intellectuel portant un frac et un nœud papillon qui se donnait du bon temps tandis que leur sort à eux restait inchangé, en dépit de toutes ses belles promesses[4].

Le jour même, le 5 juillet, la mutinerie se propagea à la ville de garnison de Thysville, à seulement quelques heures de route de la capitale. Les événements y furent beaucoup plus violents. Des centaines de soldats s'insurgèrent. Ils rossèrent leurs officiers, les contraignant à se mettre à l'abri au mess avec femmes et enfants et ils occupèrent le dépôt de munitions. A l'extérieur de la caserne, le long de la route en direction de la capitale, de graves émeutes se produisirent dans la région de Madimba-Inkisi. Les soldats s'en prirent cette fois non pas à des officiers blancs, mais à des civils blancs. Plusieurs femmes européennes furent violentées. L'une d'elles fut violée seize fois en l'espace de cinq heures, en présence de son mari, de sa mère et de ses enfants[5]. Les rumeurs à ce sujet n'allaient atteindre la capitale que quelques jours plus tard.

Entre-temps, Lumumba essayait par tous les moyens de faire face à la mutinerie dans l'armée. Il prit trois mesures successives, chacune pleine de bonnes intentions mais aux conséquences imprévisibles. Le 6 juillet, il inspecta, en compagnie du général Janssens, les troupes à la caserne Léopold-II dans la capitale. Il promit à cette occasion de relever d'un grade tous les soldats. "Le soldat de deuxième classe sera soldat de première classe, le soldat de première classe devient caporal, le caporal devient sergent, le sergent devient premier sergent, le premier sergent devient sergent-major, le sergent-major devient premier sergent-major et le premier sergent-major devient adjudant[6]." Il n'obtint pas l'effet recherché. "*Lokuta !*" s'écrièrent les soldats, "mensonge" [7]. Ils n'allaient pas se laisser embobiner aussi facilement. Ce qui les intéressait, c'étaient les rangs en haut de la hiérarchie.

Deux jours plus tard, Lumumba fit un effort supplémentaire. Il écarta le général Janssens et nomma à sa place Victor Lundula en tant que commandant en chef des forces armées, avec pour chef d'état-major Joseph-Désiré Mobutu. Une africanisation du sommet de la hiérarchie militaire devait pouvoir remonter le moral des troupes ! Dans le même élan, il prit sa troisième mesure : une africanisation accélérée et radicale du corps des officiers. Ainsi les sergents et les adjudants devenaient d'un seul coup majors ou colonels. Pour mieux souligner cette rupture, la Force publique devait recevoir un autre nom : désormais, les forces armées s'appelleraient l'Armée nationale congolaise (ANC).

Si ces décisions permirent d'apaiser quelque peu les tensions, le résultat fut désastreux : la république du Congo qui venait de voir le jour n'avait, au bout d'une semaine, plus d'armée efficace. On avait retiré au nouvel Etat son plus solide pilier. Dans l'Europe démilitarisée d'aujourd'hui où, à l'abri des regards, l'OTAN veille à la sécurité, on a du mal à se rendre compte du rôle essentiel que joue une armée dans un jeune Etat. L'Etat ne devient Etat qu'à mesure qu'il parvient à monopoliser la violence (sociale, tribale, territoriale). Dans le Congo agité des années 1960, l'armée avait une importance capitale. Mais la Force publique, l'armée coloniale qui pouvait se prévaloir de victoires décisives durant la Première et la Seconde Guerre mondiales avait été réduite en l'espace d'une semaine à une horde indisciplinée. Le commandement en chef était à présent entre les mains de deux réservistes : Lundula, le bourgmestre de Jadotville, qui avait été sergent-infirmier quinze ans plus tôt, et Mobutu, un journaliste qui avait travaillé très peu de temps comme sergent-comptable et était depuis peu l'homme de confiance de Lumumba. Un jour, ils avaient sillonné sur un même vélomoteur les rues de Léopoldville, à présent ils étaient respectivement Premier ministre et chef d'état-major d'un pays immense avec une armée misérable. Mobutu était aussi l'homme de confiance des services de renseignements belges et américains, mais Lumumba ne voulait pas le savoir. Ce refus allait lui coûter la vie.

Les tentatives de Lumumba pour maîtriser la mutinerie rappellent les tentatives belges de pacification du mécontentement social dans les années 1950 : confronté à la contestation d'une partie de la population, il prit lui aussi des décisions précipitées s'appuyant sur des concessions considérables qui lui permettraient, espérait-il, d'acheter la paix sociale. Mais, là aussi, le résultat fut précisément l'inverse de celui escompté. Le ressentiment, impossible à endiguer, ne faisait que s'amplifier.

"Nos femmes se font violer !" La rumeur se propagea comme une traînée de poudre à travers la communauté européenne. Le 7 juillet, un train rempli de Belges fuyant Thysville était arrivé dans la capitale. Leurs récits dépassaient pour beaucoup les scénarios les plus pessimistes. Certains avaient reçu des crachats, subi des humiliations et des huées, beaucoup se sentaient menacés. Mais la rumeur de violences sexuelles déclencha une véritable panique. Dans la communauté coloniale, il n'existait pas de plus grand fossé qu'entre un Africain et une Européenne (l'inverse, le contact entre un Européen et une Africaine, était courant). Jamais Kolonga était devenu une célébrité nationale parce qu'il avait dansé avec une Blanche. Longin Ngwadi avait raconté au roi Baudouin qu'il voulait épouser une Européenne. Les esprits naïfs avaient cru, avant le 30 juin, qu'ils pouvaient racheter une maison belge et une femme belge. La femme blanche était inaccessible et suscitait justement pour cette raison une profonde curiosité. A la fin des années 1950, un colonial belge avait été confronté dans ce contexte à un incident cocasse, mais révélateur :

> A Katana, il y avait un bureau de poste avec un receveur indigène. Un jour, le receveur des postes vient me voir et me dit : "Monsieur, on m'a berné." Je lui réponds : "Dis-moi ce qui s'est passé. – Eh bien, monsieur (tout se déroulait en swahili), voilà, j'ai un catalogue du Bon Marché à Bruxelles et regardez la photo, là. (Il y avait une belle femme qui portait un magnifique soutien-gorge). J'ai passé ma commande et vous savez ce qu'ils m'ont envoyé ? Un soutien-gorge vide." Notre receveur des postes m'a expliqué par la suite qu'il pensait recevoir aussi la fille, il trouvait le prix bon marché par rapport à un trousseau pour une femme indigène[8].

Au Congo à l'époque coloniale, les Blanches étaient presque toujours des femmes mariées ou des religieuses. Leur disponibilité sexuelle était minime. Les violences sexuelles après l'indépendance furent une manière brutale non seulement de s'approprier l'élément le plus inaccessible de la communauté coloniale, mais aussi d'humilier l'ancien détenteur du pouvoir. Des deux côtés, il existait des clichés : si pour beaucoup d'hommes congolais la femme blanche était un être en partie mythique, beaucoup d'Européens s'étaient toujours fait des représentations en partie mythiques de la sexualité africaine. Ces clichés influencèrent les événements. Les viols furent atroces, mais leur nombre était sans rapport avec la panique qu'ils déclenchèrent parmi les Européens. Tout le monde se montait la tête en se racontant des récits effroyables.

Un exode à grande échelle s'ensuivit, avant même qu'il n'y ait un seul mort. En quelques semaines, trente mille Belges, selon certaines estimations, quittèrent le pays[9]. A Léopoldville, les voitures se rendant à Beach pour embarquer sur le ferry à destination de Brazzaville créaient des kilomètres de bouchons. Une succession considérable de Coccinelle Volkswagen, de camionnettes, de Mercedes avec encore l'autocollant CB du Congo belge collé sur le pare-chocs… Ailleurs, les voitures avaient été tout simplement abandonnées sur place. Avant l'indépendance, Bruxelles avait demandé au plus grand nombre de Belges possible de rester à leur poste dans la colonie – le jeune Congo avait terriblement besoin de leurs compétences –, mais deux semaines plus tard, la Belgique conseillait à ses compatriotes de rentrer chez eux ou de mettre en tout cas à l'abri les femmes et les enfants. La Sabena organisa un pont aérien qui en trois semaines rapatria dix mille Européens du Congo. Ce fut un sauve-qui-peut hallucinant. Environ dix mille fonctionnaires, treize mille salariés du secteur privé et huit mille colons (des planteurs) partirent.

Nous savons aujourd'hui que cette soudaine psychose de masse était sans rapport avec le danger réel. On peut comparer la situation à un cinéma qui se vide précipitamment parce qu'une voix hystérique a crié “Au feu ! Au feu !”, alors qu'en réalité il n'y a qu'un cendrier en flammes. “Vous voyez bien qu'il y a un gigantesque incendie !" hurle le public en se dirigeant vers la sortie, sans s'apercevoir qu'il a lui-même attisé le feu en ouvrant les portes de la salle. La situation était grave, sans aucun doute, mais elle ne justifiait pas une évacuation générale. Ces départs n'étaient pas nécessaires. Toute vague de panique atteint à un moment donné une dynamique qu'il est ensuite impossible d'enrayer. De même qu'en 1944 la caserne de Luluabourg s'était vidée du fait d'une crainte irrationnelle suscitée par une campagne de vaccination, les Européens vivant au Congo fuyaient un risque mal évalué pour leur sécurité.

Certaines personnes parvenaient tout de même à garder la tête froide. En 2008 à Nsioni, un petit village du Bas-Congo, j'ai passé quelques jours chez le vieux docteur Jacques Courtejoie, un homme originaire de Stavelot (dans la province de Liège) qui, enfant, avait assisté à l'offensive des Ardennes à trois cents mètres de la maison de ses parents. Il vivait depuis 1958 au Congo, toujours seul, toujours célibataire, un missionnaire des sciences, une entreprise unipersonnelle de l'humanisme, du dévouement et de l'optimisme. Il avait instruit et formé une demi-douzaine de personnes dans la région ; il leur confiait des responsabilités et leur donnait de l'assurance. Ensemble, ils concevaient des livres et des affiches d'informations médicales qui étaient diffusées dans tout le Congo, des livres sur les ténias, les ophtalmies et même l'élevage des lapins, des affiches sur la façon de se laver les mains, la tuberculose et l'allaitement. Rarement j'ai vu un homme, dans des circonstances difficiles, se mettre aussi simplement au service de la dignité humaine. Un docteur Schweitzer méconnu. Dès son arrivée au Congo, Jacques Courtejoie avait détesté le colonialisme. "En juillet 1960, j'ai entendu les nouvelles à la radio. Partout c'était la panique, les gens s'enfuyaient. J'ai essayé de garder la tête froide et d'être rationnel. Je ne voyais vraiment pas pourquoi j'aurais dû partir." Il fut un des rares à rester. Au bout de trois mois d'indépendance, le Congo ne comptait plus que cent vingt médecins[10]. "Il régnait à l'époque tant de peur irrationnelle. Pour ne citer qu'un exemple : deux mois avant l'indépendance, j'avais encore été dîner chez un administrateur blanc de la province. Il était rentré tard chez lui, parce qu'il avait dû se rendre à une réunion politique de l'Abako. Quand il est rentré chez lui, sa femme lui a dit : « J'ose espérer que tu n'as pas serré la main de ce Kasavubu ! » Je l'entends encore le dire. Même à l'époque encore, on trouvait un Africain dégoûtant ! Et deux mois plus tard, cet homme allait devenir président du Congo ! C'était vraiment l'atmosphère de l'époque. Un Noir n'avait jamais le droit de monter en voiture, tout au plus sur la plate-forme d'une camionnette, même quand la personne en question était malade ou enceinte. J'ai assisté à un cas où la vieille mère d'un prêtre noir a dû être installée sur la plate-forme, alors qu'elle était gravement malade[11]." Courtejoie fait encore acte de résistance chaque jour. Quand il doit se déplacer avec ses collaborateurs, tout le monde a le droit de monter en voiture jusqu'à ce que la Jeep soit pleine à craquer. Pendant la pause de midi, en chemin, il partage avec eux le pain de manioc et mange dans la même boîte de sardines.

Beaucoup d'Européens prirent la fuite avec l'idée de revenir quelques mois plus tard, quand le calme serait rétabli. Ce n'est pas ce qui allait se passer. Les anciens coloniaux belges en éprouvèrent beaucoup d'amertume, tant ce qu'ils avaient accompli les remplissait de fierté. Beaucoup étaient sincèrement convaincus qu'en tant qu'habitants du royaume d'un petit pays, ils s'étaient surpassés, avaient fait preuve de sollicitude et fourni des efforts démesurés. Vladimir Drachoussoff, l'agronome qui avait tenu un journal passionnant pendant la Seconde Guerre mondiale, s'est souvenu dans les années 1980 de "la joie de participer à l'édification d'un grand pays aujourd'hui étranger mais que nous sentions alors intensément nôtre[12]". La colonie leur avait offert de nombreuses opportunités qu'ils n'avaient jamais eues en Europe, c'était leur plus chère patrie. A présent elle devenait un pays étranger. Thomas Kanza, le premier détenteur d'un diplôme universitaire au Congo et le plus jeune ministre du gouvernement Lumumba, a analysé leur mentalité dans ses écrits en faisant preuve d'une lucidité stupéfiante : "Presque tous ont réussi en Afrique mieux qu'ils ne l'auraient fait en Europe car les possibilités de prendre des initiatives, de manifester leurs compétences, leur dynamisme, bref d'affirmer leur personnalité, sont plus grandes dans les territoires d'outre-mer qu'elles ne le sont en Europe[13]." Quitter le Congo signifiait donc aussi : renoncer à un rêve, un rêve d'épanouissement qui pour beaucoup allait de pair avec un idéal paternaliste. Encore une fois, Drachoussoff fait preuve d'une grande honnêteté à ce sujet : "Notre paternalisme était solide et serein : nous avions la conviction, sincère et profonde, d'être les porteurs non seulement d'une civilisation plus moderne, mais de LA civilisation, critère et étalon pour tous les peuples de la Terre. [...] Presque tous, nous étions fiers d'être Européens et nous abordions le monde qui nous entourait en bâtisseurs et en modeleurs, avec la volonté de le pétrir et de le transformer et la conviction d'en avoir le droit." Cette confiance calme avait naturellement aussi un côté sombre, comme il avait pu s'en apercevoir. La soudaine animosité entre Blancs et Noirs n'était pas tombée du ciel : "Un sentiment compréhensible mais dangereux de supériorité influençait la pratique vécue de la colonisation. [...] Et les « civilisateurs » acceptaient volontiers de protéger et d'éduquer, pourvu que ce soit de haut en bas et que les pupilles restent respectueux et soumis. Aucun de nous n'a échappé entièrement à cette hiérarchisation de droit divin qui tournait au racisme primaire chez les médiocres et donnait bonne conscience aux plus généreux[14]."

Si l'exode fut frustrant pour les Blancs, il asséna au jeune pays en question un deuxième coup sévère. Pour l'exprimer simplement : au bout d'une semaine, le Congo n'avait plus d'armée, au bout de deux semaines plus d'Administration. Pour l'exprimer avec plus de justesse : plus de sommet à son Administration. Sur les 4 878 postes d'encadrement, seulement trois étaient occupés par des Congolais en 1959[15]. Soudain, des personnes sans formation devaient exercer d'importantes fonctions administratives, souvent bien au-dessus de leur niveau. L'armée était essentielle au maintien de l'ordre, l'Administration au fonctionnement de l'Etat. A Kisangani, j'en ai parlé avec une personnalité haute en couleur, Papa Rovinscky, le surnom de Désiré Van-Duel, qui était son autre surnom, à la consonance belge, pour son nom africain : Bonyololo Lokombe. Quand, au cours de votre vie, votre pays change quatre fois de nom, pourquoi n'auriez-vous pas le droit de modifier vous aussi votre nom ? Papa Rovinscky accueillait ses visiteurs en musique. Il jouait du tambour à fente et du gong et il était encore capable de communiquer des messages sur de grandes distances dans la langue de sa tribu, le lokele. "Le Blanc est ici et il est assis dans le fauteuil", a-t-il tambouriné à la ronde sur son télégraphe de brousse, quand j'ai sorti mon stylo bille et mon carnet. Il avait affiché sur le mur de son séjour l'histoire manuscrite de sa vie, qui faisait aussi office de *curriculum vitae*. Il faisait état de ses trente-cinq enfants de neuf femmes différentes, "*dont 8 cartouches perdues* *". Il se décrivait comme un "journaliste et diacre indépendants, historien national et international-né, collaborateur extérieur de classe communicationnelle [aucune idée de ce qu'il voulait dire par là, mais cela sonnait bien], artiste de la paix, griot multidimensionnel". Mais à présent, à 73 ans, il s'en sortait surtout en fabriquant des cercueils, pour des enfants notamment, il y avait une forte demande. Au Congo, un enfant sur cinq meurt avant l'âge de 5 ans. Avant l'indépendance, il avait été sténo et dactylo dans l'administration colonialc. Il savait taper à la machine à l'aveugle ("Mes doigts avaient des yeux"), mais après l'indépendance il fut soudain bombardé premier secrétaire de mairie à Tshopo. "Il n'y avait plus que quelques Blancs, les autres cadres étaient tous noirs. Personne n'était préparé. Le bourgmestre a essayé de constituer une équipe. Comme je maîtrisais la sténo et que je savais taper, je suis devenu secrétaire de mairie. Je devais rédiger les procès-verbaux du conseil communal. J'avais vraiment du mal ! Je n'avais aucune formation[16] !"

L'exode des Belges eut aussi d'importantes conséquences économiques. Durant le second semestre de 1960, l'agriculture destinée à l'exportation connut un brusque déclin. Le coton, le café et le caoutchouc, prêts à être récoltés, n'étaient plus exportés. Les cultures pourrissaient dans les plantations. Les exportations de cacao et de noix de palme diminuèrent de plus de moitié[17]. D'autres secteurs très dépendants du savoir-faire européen furent aussi frappés : la sylviculture, la construction de routes, les transports, les services. Seules les activités minières restèrent plus ou moins stables. Le chômage augmenta fortement. Ceux qui avaient été pendant des années boy, cuisinier ou femme de ménage pour une famille blanche se retrouvaient soudain à la rue. Des dizaines de milliers de travailleurs dans les plantations, les raffineries de sucre, les savonneries et les brasseries perdirent leur emploi. L'agriculture industrielle finit par céder la place à l'agriculture traditionnelle. On se remit à cultiver du manioc, à ramasser des épluchures de maïs et des sauterelles, on recommença à passer dans sa famille quand on avait faim. En définitive, à la structure familiale qui avait été l'idéal de l'*évolué**, que les missions avaient promue avec obstination, allait se substituer de nouveau la famille élargie, le vaste réseau d'oncles, de cousins et de cousines sur lequel on pouvait compter dans les périodes de disette.

Non seulement les troubles de juillet 1960 dévastèrent l'armée, l'Administration et l'économie, mais ils aboutirent de surcroît à un conflit armé. Le 9 juillet à Elisabethville, il y eut pour la première fois des morts : cinq Européens, dont le consul italien, furent abattus. Cela ne pouvait plus durer, décida la nuit même le ministre belge de la Défense Arthur Gilson. Contre l'avis du ministre des Affaires étrangères Pierre Wigny et sans en informer l'ambassadeur de Belgique à Léopoldville, il donna le feu vert pour une intervention militaire[18]. La vie de compatriotes était en danger, tel était son raisonnement. Le 10 juillet, tôt le matin, des avions de l'armée de l'air belge décollèrent avec des troupes de la base aérienne de Kamina à destination d'Elisabethville. Ce jour-là, à Luluabourg, une unité de para-commandos fut larguée pour libérer des Belges.

La décision était à tout point de vue fâcheuse.

Les soldats belges avaient été stationnés plusieurs semaines avant l'indépendance dans les bases militaires de Kotona et de Kamina. Aux termes du "traité d'amitié" que les deux pays avaient signé, la Belgique devait apporter son soutien militaire au Congo indépendant, mais sous réserve d'une demande expresse de Léopoldville, autrement dit à la demande du ministre de la Défense Lumumba. Or ce n'était absolument pas le cas. Bruxelles s'abrita derrière l'argument qu'il n'était question que de la protection de citoyens belges, mais la libération des Belges céda bientôt la place à l'occupation de grandes parties de l'ancienne colonie. L'armée congolaise étant à présent en piètre état, la Belgique tenait à assurer elle-même le maintien de l'ordre (et de l'économie), car ce qui avait été construit en soixante-quinze ans ne pouvait s'effondrer en un mois. La démarche, bien que compréhensible, était absurde. La Belgique aurait dû s'en tenir à la protection de ses citoyens. Pour l'autre tâche, elle aurait dû se tourner vers les Nations Unies. A présent, cette intervention sans concertation revenait à l'invasion militaire d'un pays indépendant et souverain. Au Katanga, des soldats belges furent contraints de désarmer des militaires congolais qui ne s'étaient même pas mutinés ! Pour la première fois depuis 1830, le royaume de Belgique menait de sa propre initiative une offensive en terre étrangère et en paraissait à peine conscient.

Kasavubu et Lumumba furent dans un premier temps tentés d'autoriser l'intervention de la Belgique – des Belges étaient effectivement en danger –, mais le lendemain ils ne se montrèrent plus aussi bienveillants. Ce qui était totalement justifié. En effet, le 11 juillet, les véritables motivations de la Belgique apparurent clairement, à deux reprises même. Premièrement, ce jour-là, deux navires de la marine belge tirèrent sur le port de Matadi. Cela n'avait plus rien à voir avec la protection de citoyens belges, car la plupart d'entre eux avaient déjà été évacués. Il était question ici de prendre un port stratégique. Deuxièmement, et c'était bien plus important, Tshombe proclama ce même jour l'indépendance du Katanga et obtint aussitôt le soutien de la Belgique. Kasavubu et Lumumba sillonnaient à ce moment-là le pays pour apaiser le mécontentement. Ils étaient tout aussi inquiets de la désintégration de leur pays que la Belgique. Dans le Bas-Congo, des personnalités comme Gaston Diomi, un des bourgmestres de la capitale, et Charles Kosolokele, un des fils de Simon Kimbangu, apportaient une contribution notable et courageuse pour contenir la mutinerie. Par conséquent, des initiatives souvent efficaces de la part des autochtones avaient lieu. Quand le président et le Premier ministre eurent vent de la sécession du Katanga, ils prirent l'avion pour se rendre sur place, mais le commandant belge Weber ne leur donna pas l'autorisation de se poser à l'aéroport d'Elisabethville. Cela ne fit bien entendu qu'envenimer les choses : les numéros un et deux d'un régime élu démocratiquement se voyaient refuser l'accès à la deuxième ville de leur pays ! Qui plus est, par un officier étranger qui la veille avait envahi la ville[19] !

Kasavubu et Lumumba en conclurent immédiatement que la Belgique était à l'origine de la sécession du Katanga. On peut le comprendre, mais ce n'était pas totalement justifié. Même si les Belges et les Katangais entretenaient depuis longtemps d'excellents contacts, il est faux de dire que les autorités de Bruxelles ont contribué à préparer la sécession katangaise[20]. En réalité, le gouvernement belge fut désagréablement surpris par l'initiative téméraire de Tshombe. Sur place, cependant, entre les dirigeants katangais, les militaires belges et la direction de l'Union minière, ce fut aussitôt le grand amour. Les soldats belges désarmèrent les troupes de Lumumba et constituèrent une nouvelle armée katangaise : la Gendarmerie katangaise. Bruxelles ne reconnut jamais officiellement l'Etat katangais mais, dans la pratique, Tshombe put compter sur un solide soutien de la part de la Belgique. La banque nationale de Belgique apporta même son aide à la création de la banque centrale du Katanga[21]. La famille royale éprouvait aussi des sentiments chaleureux envers Tshombe. Le roi Baudouin l'appréciait bien plus que Lumumba. Il lui écrivit : "Une association de quatre-vingts ans comme celle qui a uni nos deux peuples crée des liens affectifs trop étroits pour qu'ils puissent être dissous par la politique haineuse d'un seul homme." Le terme "haineux" fut supprimé dans la version définitive. Il était très clair ici aussi qu'il s'agissait de Lumumba[22].

Par cette intervention militaire, la Belgique voulait rétablir l'ordre, mais la démarche fut à l'origine d'une escalade totale du conflit. L'histoire du Congo entre 1955 et 1965 n'est qu'une succession de tentatives de la part de diverses autorités d'endiguer les troubles, des tentatives qui chaque fois ne firent que les intensifier. Mais à cette occasion, les autorités belges jetèrent vraiment beaucoup d'huile sur le feu.

En juillet 1960, quatre avions de combat Harvard de l'armée de l'air belge patrouillaient au-dessus du Bas-Congo en ébullition. Ils lâchaient des bombes et lançaient des missiles sur des objectifs. Au bout de six jours, l'un d'eux s'écrasa et un autre fut abattu. Des balles laissèrent des impacts sur les ailes et la coque des deux autres[23]. Le pilote gravement blessé de l'appareil abattu fut tué par des soldats congolais et jeté dans l'Inkisi.

Même le vice-gouverneur de la province, André Ryckmans, fils de l'ancien gouverneur général, fut tué par balle. C'était un des esprits les plus éclairés de l'Administration de l'époque, un homme qui se sentait très à son aise dans les villages[24]. Quand on l'entendait parler le kikongo, on aurait juré entendre s'exprimer un Africain. Personne ne comprenait aussi bien que lui le point de vue congolais. Le vieux Nkasi se souvenait de lui comme un des rares Blancs vraiment gentils. Mais quand Ryckmans alla négocier avec les mutins pour qu'ils libèrent un certain nombre d'otages blancs, il fut tué sous les yeux d'une foule déchaînée. L'intervention militaire belge avait vraiment dû dégrader l'atmosphère si même un des esprits les plus brillants et les plus doués d'empathie de l'Administration pouvait être lynché par une foule en colère !

“Monsieur André, oui, je l'ai connu”, m'a dit en souriant l'aveugle Camille Mananga quand je l'ai rencontré à Boma. “C'était vraiment un Congolais. Il se considérait d'ailleurs lui-même comme un Congolais. Mais à l'époque ils l'ont tué près du pont qui enjambe l'Inkisi.” Je lui ai demandé ce dont il se souvenait de l'intervention militaire belge. Il n'a pas eu besoin de réfléchir : “J'étais à Boma. Les soldats belges de la base de Kitona étaient venus désarmer l'armée. A l'aéroport, il y avait des tanks partout. C'était tôt le matin et j'allais à mon travail. A l'époque j'étais commis de l'Etat, j'étais un petit fonctionnaire. La ville était pleine de militaires. Un Belge m'a interpellé. « Où vas-tu ? » Je lui ai répondu : « Je travaille dans l'administration provinciale. » Il m'a dit : « Rentre chez toi, la ville est occupée par les Belges. » Mais j'ai continué à marcher, j'étais trop curieux. C'était la première fois de ma vie que je voyais un tank. Je suis allé jeter un coup d'œil. Les Belges ne sont pas restés longtemps, mais c'était une occupation, ni plus ni moins[25].”

La paix n'est donc pas revenue. Partout dans le pays, les violences contre les Belges se sont amplifiées. On frappait les fonctionnaires et les planteurs à coups de matraques, de fouets et de ceinturons. Certains devaient boire de l'urine ou manger des aliments avariés. Les religieuses catholiques devaient se déshabiller en public et étaient ligotées. Des soldats leur demandaient pourquoi elles n'étaient pas membres du parti de Lumumba et si elles couchaient avec les révérends pères. D'autres envisageaient d'enfoncer dans le vagin d'une femme blanche une grenade. L'humiliation était un but en soi. Durant la période du 5 au 14 juillet, une centaine d'hommes européens furent maltraités, autant de femmes furent violées et cinq Blancs tués[26]. La Belgique, qui avait accordé au Congo l'indépendance pour éviter une guerre coloniale, en avait une malgré tout maintenant. Et par sa faute et sa propre bêtise.

> le gouvernement de la république du congo sollicite envoi urgent par organisation onu une aide militaire stop notre requête est justifiée par envoi au congo de troupes métropolitaines belges en violation traité amitié signé entre belgique et république du congo 29 juin dernier stop aux termes de ce traité les troupes belges ne peuvent intervenir que sur demande expresse gouvernement congolais stop cette demande n'a jamais été formulée par gouvernement de république congo stop considérons action belge non sollicitée comme acte agression contre notre pays stop cause réelle de plupart troubles être provocations colonialistes stop accusons gouvernement belge avoir minutieusement préparé sécession katanga dans but garder main sur notre pays stop gouvernement appuyé par peuple congolais refuse être placé devant fait accompli résultant de conspiration tramée par impérialistes belges et petits groupes leaders katangais stop […] insistons vivement sur extrême urgence envoi troupes onu au congo fullstop[27]

Les signataires : Joseph Kasavubu et Patrice Lumumba. Par ce télégramme, le président et le Premier ministre du Congo demandaient le 12 juillet, le lendemain de la sécession katangaise, le soutien de l'ONU. L'ONU était encore à ce moment une organisation relativement jeune qui, en quinze ans d'existence, n'avait à son palmarès que quatre missions d'observation de courte durée. Le secrétaire général de l'organisation était Dag Hammarskjöld, fils d'un ancien Premier ministre suédois, un homme imprégné d'un sens du devoir protestant. Kasavubu et Lumumba fondèrent tous leurs espoirs sur les Nations Unies. Leur pays n'en faisait partie que depuis à peine une semaine.

Hammarskjöld convoqua le soir même le Conseil de sécurité des Nations Unies à une réunion d'urgence. Dans l'austère salle de réunion new-yorkaise, les discussions roulèrent toute la nuit sur l'évolution récente de la situation au Congo. L'Union soviétique était entièrement d'accord avec la demande de Kasavubu et de Lumumba. Les autres membres convenaient de la nécessité d'une intervention, mais hésitaient à taper sur les doigts de la Belgique. Le secrétaire général estimait que des forces militaires internationales devaient avant tout veiller au maintien de la paix plutôt que d'exécuter les ordres du gouvernement congolais. Il ne se prononça pas non plus sur l'invasion belge du Congo. La Pologne et la Russie estimaient que les Belges, en tant qu'agresseurs, devaient partir sur-le-champ. Un peu avant quatre heures du matin, la résolution 143 de l'ONU fut votée. Le Conseil de sécurité appela "le Gouvernement de la Belgique à retirer immédiatement ses troupes du territoire de la République du Congo" et décida d'envoyer des casques bleus[28]. L'opération, appelée Onuc (Opération des Nations Unies au Congo), était la plus grande mission menée par l'ONU jusque-là.

Lumumba n'était pas satisfait de la résolution de l'ONU. La Belgique n'était en aucun cas condamnée et le texte ne consacrait pas un mot à la sécession katangaise. Il s'était attendu à une attitude bien plus ferme de la part du Conseil de sécurité. Il avait espéré que les casques bleus de l'ONU reprennent le travail de son armée, incapable de fonctionner correctement, qu'ils chassent les soldats belges et qu'ils rattachent le Katanga. Or la résolution n'accordait pas ces prérogatives. C'était comme si, face à de graves émeutes, on appelait la police et qu'on se voyait envoyer pour tout renfort les pompiers. Utile, mais insuffisant. Aussi demanda-t-il, avec Kasavubu, le soutien du pays qui au sein du Conseil de sécurité s'était montré le plus compréhensif vis-à-vis de la situation : l'URSS. Le 14 juillet, le Congo rompit ses relations diplomatiques avec la Belgique et prit contact avec Moscou :

> pourrions être amenés à solliciter intervention de l'union soviétique si camp occidental ne met pas fin à acte agression contre souveraineté république du congo stop territoire national congolais être ce jour militairement occupé par troupes belges et vie président de la république et premier ministre en danger fullstop[29]

On ne saurait trop insister sur l'importance de cette démarche. D'un seul coup, le télégramme ouvrait un nouveau front dans la guerre froide : l'Afrique. Jusque-là, les tensions entre l'Est et l'Ouest s'étaient surtout manifestées en Europe de l'Est et en Asie (Corée, Vietnam). A présent, l'Afrique se retrouvait soudain au centre de l'attention. Le message n'avait pas encore été envoyé à la Russie que la CIA en fut informée. Son contenu suscita une grande nervosité à Washington : le Congo demandait-il vraiment le soutien de l'ennemi déclaré ?

En 1960, dix-sept pays africains accédèrent à l'indépendance, avec pour conséquence une nouvelle ruée sur l'Afrique. Contrairement à ce qui s'était passé au XIXe siècle, ce n'était pas les grandes puissances de l'Europe occidentale qui cherchaient à obtenir des colonies outre-mer, mais les vainqueurs de la Seconde Guerre mondiale qui tentaient d'étendre leur sphère d'influence sur le reste du globe. Les intérêts économiques jouaient là encore un rôle essentiel, mais les facteurs idéologiques, géopolitiques et militaires étaient bien plus déterminants. Le Congo fut le premier pays d'Afrique confronté au tir à la corde auquel se livraient les deux nouvelles puissances mondiales. Non seulement ce grand pays avait une situation stratégique à partir de laquelle toute l'Afrique centrale pouvait être contrôlée, mais il avait des matières premières essentielles pour la production d'armements. Les Américains n'étaient que trop conscients qu'ils avaient gagné la Seconde Guerre mondiale grâce à l'uranium du Congo et qu'il n'existait des gisements de cobalt, un minerai utilisé pour la fabrication des missiles et autres armes, que dans deux endroits au monde : le Congo et la Russie même[30]. Laisser le Congo aux Russes ne ferait que gravement fragiliser les Etats-Unis sur le plan militaire.

Kasavubu et Lumumba comprirent-ils la portée de leur télégramme ? Il est très probable que non. Manquant d'expérience, ils ne cherchaient qu'à obtenir un soutien de l'étranger pour résoudre un conflit national de décolonisation, mais ils ouvrirent par là même la boîte de Pandore où se dissimulait un conflit mondial. On a beaucoup écrit sur le prétendu communisme de Lumumba. Ses contacts avec la Russie ont généralement été présentés comme preuve de sa tendance bolchevique. Or c'est faux. D'un point de vue économique, Lumumba penchait plus vers le libéralisme que vers le communisme. Il n'était pas question chez lui de collectivisation de l'agriculture et de l'industrie ; il comptait plutôt sur des investissements privés de l'étranger. Lumumba était en outre nationaliste, et non internationaliste, comme est censé l'être un communiste. Son cadre de référence était on ne peut plus congolais, au détriment de tout panafricanisme. La notion d'une révolution prolétarienne était aussi absente chez lui. En tant qu'*évolué**, il faisait partie de la bourgeoisie congolaise naissante ; il ne luttait pas pour renverser son propre groupe social. Il a cherché de surcroît tout autant le soutien du côté américain pour résoudre le problème dans son pays. Enfin, on oublie souvent qu'il écrivit sa demande à Khrouchtchev avec Kasavubu, qui était tout sauf communiste. Même Khrouchtchev en était conscient : "On peut dire que Monsieur Lumumba est aussi communiste que je suis catholique. Mais si les paroles et les actes de Lumumba recoupent des idées communistes, cela ne peut que m'être agréable[31]."

L'appel à Moscou n'était pas non plus inspiré par le caractère changeant de Lumumba, sa personnalité instable, son esprit méfiant, son comportement déraisonnable ou quelque trait qu'on ait cru entrevoir chez lui. Lumumba passait effectivement pour une personne irritable et capricieuse, mais quand on lit aujourd'hui les télégrammes des Nations Unies et de la Russie, on a l'impression d'être sur un tout autre registre psychologique : la panique. Une panique associée à de la colère, une grande crainte de perdre le contrôle et l'angoisse d'être assassiné. Il ne faut pas oublier que Kasavubu et Lumumba n'avaient pas exercé de fonctions politiques importantes avant de se retrouver à la tête de leur pays. Kasavubu avait été bourgmestre d'un quartier de Léopoldville, les toutes premières fonctions politiques de Lumumba étaient celles de Premier ministre. Deux semaines après l'indépendance, ils avaient perdu le contrôle des événements. C'était comme s'ils venaient d'avoir leur permis de conduire et s'apercevaient brusquement qu'ils étaient aux commandes d'un avion à réaction sur le point de s'écraser. Face à une intervention militaire de la Belgique qu'ils n'avaient pas demandée, ils firent dans un moment de peur ce qu'ils jugeaient utile : demander de toute urgence un soutien à ceux qui étaient prêts à les aider. Et la Russie était plus que prête. Le lendemain, Khrouchtchev fit savoir dans une lettre particulièrement enthousiaste que si l'"agression impérialiste" de la Belgique et de ses alliés se poursuivait, l'URSS "n'hésitera pas à prendre des mesures énergiques pour mettre un terme à l'agression". Son pays ne pouvait d'ailleurs que faire preuve de compréhension devant "la lutte héroïque du peuple congolais pour l'indépendance et l'intégrité de la république du Congo". Et il ajoutait : "L'Union soviétique a une exigence simple : pas touche à la république du Congo !" Il oubliait pour plus de commodité que l'armée russe avait écrasé la Hongrie quatre ans plus tôt[32].

Dag Hammarskjöld perçut la menace d'un conflit mondial et parvint à envoyer en quarante-huit heures des casques bleus au Congo : le 15 juillet atterrirent les premiers contingents de Marocains et de Ghanéens, suivis d'autres troupes africaines provenant de la Tunisie, du Maroc, de l'Ethiopie et du Mali. Pendant ce temps, la Russie envoyait dix avions Iliouchine au Congo, ainsi que des camions, des denrées alimentaires et des armes. Les Etats-Unis envisagèrent de faire intervenir l'OTAN, mais cela aurait pu déclencher une deuxième guerre de Corée, ou même un nouveau conflit mondial. Washington préféra par conséquent exercer son influence à travers deux canaux plus discrets : l'ONU et la CIA, la voie du lobby diplomatique à New York et l'exercice d'une influence discrète à Léopoldville. Larry Devlin, responsable des services de renseignements américains au Congo, disposait de moyens financiers considérables pour orienter la politique congolaise dans un sens favorable aux Etats-Unis. Kasavubu et surtout Mobutu allaient devenir ses favoris[33].

J'ai pu me faire une idée de ces jours tumultueux lors de mes conversations avec Jamais Kolonga. Il m'a raconté une anecdote, mais elle en dit long. Fin juillet, Lumumba voulut se rendre en Amérique pour négocier lui-même avec les Etats-Unis et l'ONU. Or la procédure habituelle, qui veut qu'une visite officielle de ce genre soit réglée entre les hauts fonctionnaires d'un des deux pays et les diplomates de l'autre, ne fut pas respectée. Un des collaborateurs de Lumumba se rendit à l'ambassade des Etats-Unis à Léopoldville et exigea sans délai vingt-quatre visas pour le Premier ministre et sa suite. Cela provoqua plus d'un froncement de sourcils. Il n'y avait pas de programme, pas de protocole, les rendez-vous n'étaient pas fixés[34]. "Je suis allé leur dire au revoir à l'aéroport de Ndjili", a raconté Jamais Kolonga. Depuis le 30 juin, il était au service de presse du Premier ministre. Il y fit entre autres la connaissance de Mobutu, le secrétaire de Lumumba. "Il y avait une fanfare, la porte s'est refermée, l'escalier a été retiré. Mais à l'intérieur de l'avion, Lumumba s'est demandé où était son attaché de presse. La porte s'est rouverte et Lumumba a montré notre petit groupe. Qui montrait-il ? Moi ? La personne à côté de moi ? Nous nous le sommes tous demandé. «*C'est vous* * *!*» a-t-il dit et il a fait un geste dans ma direction. Je me suis dirigé vers l'avion. Je devais l'accompagner. Je n'avais qu'un stylo Parker sur moi. Je n'avais pas d'autres vêtements que le costume vert que je portais ! Sans passeport, sans visa, sans bagage, je suis monté à bord. Mais à la fin je suis rentré avec deux valises pleines et un sac en bandoulière. Entre-temps, j'avais vu Dag Hammarskjöld à l'œuvre aux Nations Unies[35]."

Cette nonchalance était caractéristique de l'improvisation de la jeune équipe qui dirigeait le Congo. C'est aussi ce qui explique la mauvaise impression que produisit Lumumba lors de son voyage. Faute d'un rendez-vous, le président Eisenhower refusa de lui accorder une audience. Aux Nations Unies, on s'irrita de la manière dont Lumumba "dictait des exigences impossibles et voulait des résultats immédiats[36]". Douglas Dillon, le sous-secrétaire d'Etat américain, se plaignit de sa "personnalité irrationnelle, presque «psychotique»" : "Il ne vous regardait jamais dans les yeux, il regardait en l'air. Puis suivait un gigantesque flot de paroles. [...] Ses propos n'avaient jamais aucun rapport avec ce dont nous voulions parler. Il paraissait, sur le plan humain, possédé par une ardeur que je ne peux qualifier que de messianique. Il n'était tout simplement pas rationnel. [...] Il produisait une impression extrêmement négative, c'était une personne avec laquelle il était absolument impossible de travailler." Le fait qu'il ait de surcroît demandé à un haut fonctionnaire du Département d'Etat de lui trouver une escort-girl blonde ne fut pas non plus bien accueilli[37].

Au bout d'un mois, la situation au Congo était la suivante : l'armée était totalement remaniée, l'Administration était décapitée, l'économie était perturbée, le Katanga avait fait sécession, la Belgique avait envahi le pays et la paix mondiale était menacée. Et tout cela parce qu'à l'origine quelques soldats dans la capitale avaient réclamé une augmentation de leur solde et des grades plus élevés.

Entre-temps, Lumumba avait brûlé beaucoup de ses vaisseaux. Après son discours contre Baudouin et le renvoi du général Janssens, il ne pouvait plus se tourner vers la Belgique. Après le télégramme à Khrouchtchev et son voyage en Amérique, il ne pouvait plus se tourner vers les Etats-Unis. Les Nations Unies perdaient peu à peu patience elles aussi, tandis que dans son pays, en n'en faisant qu'à sa tête, il s'était coupé de Kasavubu. A l'Ouest, les diplomates, les conseillers et le personnel du Conseil de sécurité semaient la discorde entre eux deux. Ils se rangèrent tous autant qu'ils étaient dans le camp de Kasavubu et lui suggérèrent de laisser tomber Lumumba.

En août 1960, Lumumba était un homme solitaire, ne bénéficiant que du soutien des Soviétiques.

Cela n'apaisait pas pour autant sa colère. A deux reprises, le Conseil de sécurité des Nations Unies avait sommé la Belgique de retirer ses troupes (le 22 juillet, cela devait se faire "rapidement", le 8 août même "immédiatement"), mais la Belgique ne voulait pas lâcher pied tant que les casques bleus ne pouvaient pas garantir la sécurité[38]. Il fallut attendre la fin août, ce qui était extrêmement tard, pour que l'ensemble des dix mille soldats belges ait quitté le Congo. Aux yeux de Lumumba, les Nations Unies étaient au mieux impuissantes et, au pire, pro-occidentales.

Le 8 août, le sud du Kasaï proclama l'indépendance. Voilà qui manquait ! La province du diamant était, après le Katanga, la région minière la plus importante du Congo. Albert Kalonji s'y fit couronner roi. Cet ancien partisan de Lumumba s'était brouillé avec lui avant même les élections, si bien qu'il n'avait pas obtenu de poste ministériel dans le gouvernement national. Sa sécession avait cependant aussi une motivation ethnique. Kalonji défendait les Baluba, les habitants du Kasaï qui, pour beaucoup, étaient allés travailler dans les mines du Katanga et y étaient détestés en tant que migrants et aventuriers. Au Kasaï même, les Baluba étaient en conflit avec les Lulua ; régulièrement, cela donnait lieu à des explosions de violence. En proclamant un Etat indépendant, Kalonji espérait créer un foyer national pour les Baluba. Tshombe soutenait l'entreprise. Lui et Kalonji décidèrent même de fonder une confédération.

Ensemble, le Katanga et le Sud-Kasaï qui venait de faire sécession représentaient un quart du territoire du Congo, qui plus est le quart le plus riche. Pour un unitariste comme Lumumba, une telle évolution était inacceptable. En outre, Bolikango envisageait lui aussi une sécession de la province de l'Equateur. Ce n'était pas un hasard : Tshombe, Kalonji et Bolikango se considéraient comme les plus grandes dupes de la formation du gouvernement, car ils n'avaient pas obtenu de poste ministériel. Lumumba voulut intervenir, mais il n'avait rien à attendre des casques bleus, qui n'avaient rien fait non plus contre l'indépendance du Katanga. En tant que ministre de la Défense, il envoya lui-même la nouvelle armée congolaise dans la province séditieuse du diamant. Mais cette armée gouvernementale, qui n'avait plus un sou, était dirigée par des officiers nommés sans la moindre préparation deux mois auparavant.

Les conséquences furent horribles. Fin août, le Kasaï fut le théâtre d'affrontements inutiles qui se soldèrent non par des victoires mais par des massacres qui coûtèrent la vie à des milliers de civils. Lors de l'attaque d'un poste missionnaire catholique où s'étaient réfugiés de simples Baluba, plus de cinquante personnes furent liquidées, et parmi elles aussi des femmes et des enfants. En dehors de mitrailleuses, les soldats de l'armée gouvernementale utilisaient des machettes. Le secrétaire général des Nations Unies, Dag Hammarskjöld, exprima son horreur et parla de génocide perpétré contre les Baluba. Selon lui, les événements "constituent une violation des plus flagrantes des droits élémentaires de l'homme et ont les caractéristiques du crime de génocide[39]". Lumumba avait à présent gâché aussi sa relation avec les Nations Unies.

Pendant tout ce temps, Kasavubu avait plutôt adopté un profil bas. Mais le 5 septembre 1960, il saisit l'occasion de faire ce que de nombreux conseillers occidentaux lui avaient glissé à l'oreille : il révoqua Lumumba. L'article 22 de la Loi fondamentale, la Constitution provisoire du nouveau Congo, lui en donnait le pouvoir : "Le chef de l'Etat nomme et révoque le Premier ministre et les ministres[40]."

Pour les auditeurs de la radio nationale, la soirée fut sans doute l'une des plus singulières de l'histoire de la chaîne nationale. Un peu après vingt heures, l'émission – un cours d'anglais – fut interrompue et la petite voix aiguë du président Kasavubu se fit entendre. Il annonçait qu'il venait de démettre de ses fonctions le Premier ministre. Partout dans la cité, dans les quartiers populaires, dans les villages de brousse, les Congolais ordinaires entendirent que leur Premier ministre n'était plus Lumumba et que ce dernier était temporairement remplacé par un certain Joseph Ileo, un homme modéré qui par ailleurs avait écrit en 1956 le manifeste de *Conscience africaine*. Une heure plus tard, à leur grand étonnement, les auditeurs entendaient le français *staccato* du Premier ministre Lumumba qui disait qu'il avait, à son tour, révoqué le président Kasavubu ! Aucune grammaire anglaise ne pouvait survivre à une telle confusion. Comme si le Congo n'avait pas assez d'une crise militaire, administrative, économique, ethnique et mondiale, voilà qu'il avait par-dessus le marché une crise constitutionnelle.

Lumumba invoquait l'article 51 de la Constitution provisoire, qui stipulait que “L'interprétation des lois par voie d'autorité n'appartient qu'aux Chambres[41]”. Il fut bien inspiré car, le 13 septembre, le Parlement lui confirma sa confiance et refusa de reconnaître Ileo comme nouveau Premier ministre. Ce fut une telle honte pour le président Kasavubu que, le lendemain, il congédia le Parlement pendant un mois.

La pagaille était complète. Au Congo, on ne gouvernait pas, on se querellait. L'intérêt national était assujetti aux luttes de pouvoir. Dans ce chaos, le colonel Mobutu, chef d'état-major de l'armée, intervint pour mettre un terme aux disputes. Le même jour, le 14 septembre 1960, il commit son premier coup d'Etat, avec l'accord et le soutien de la CIA. Il raconta à la presse que l'armée prenait le pouvoir jusqu'à la fin de l'année. Lumumba et Kasavubu furent “neutralisés”. Mais alors que Kasavubu finit par avoir le droit de rester au pouvoir en devenant une sorte de président cérémoniel, Lumumba fut assigné à résidence dans son logement de fonction de la capitale. L'amitié entre Mobutu et Lumumba était définitivement terminée.

Mobutu confia l'administration du Congo à une équipe de jeunes universitaires. Ils devaient faire oublier le manque de compétences de l'équipe dirigeante de Lumumba. Mario Cardoso, l'homme qui avait participé à la conférence économique de la Table ronde et qui était apprécié des étudiants congolais en Belgique, a raconté à ce sujet : “Le colonel Mobutu a demandé aux étudiants et aux universitaires de rentrer de la diaspora et de mettre leurs connaissances au service du pays. Nous n'allions pas obtenir le titre de ministre, mais celui de commissaire général. Nous devions devenir des dirigeants apolitiques, nous ne représentions pas de parti, pas de tribu, pas de région, pas de village. Nous avions un diplôme, cela suffisait.” Au sein de ce collège de commissaires généraux, Cardoso fut chargé de l'Education. Justin Bomboko, chargé des Affaires étrangères, en était le président et tenait lieu *de facto* de Premier ministre. Cette situation n'allait durer que quelques mois. "Nous étions un gouvernement de transition. Mobutu voulait seulement rétablir l'ordre, car Kasavubu et Lumumba ne cessaient de se quereller[42]."

Ce gouvernement d'universitaires était loin de convenir à tout le monde. Lumumba répéta qu'il était le seul Premier ministre démocratiquement élu du Congo. Le gouvernement belge en revanche était satisfait de sa révocation et entretenait des contacts chaleureux avec les jeunes commissaires. Bon nombre d'entre eux avaient étudié à Bruxelles ou à Liège. Un retour de Lumumba sur la scène politique devait être évité à tout prix, au besoin physiquement. Deux militaires belges, qui opéraient sous la protection du ministre des Affaires africaines, Harold d'Aspremont Lynden, firent des préparatifs pour enlever ou assassiner Lumumba[43]. Parallèlement, le président américain Eisenhower chargea en personne la CIA de liquider physiquement Lumumba. Dans le plus pur style de James Bond, le but était d'empoisonner le Premier ministre congolais au moyen d'un tube de dentifrice extrêmement toxique[44]. Au Congo aussi, beaucoup auraient préféré le voir disparaître.

Conscient de la menace d'attentats, Lumumba demanda la protection des Nations Unies. Il obtint qu'un contingent de casques bleus ghanéens campe dans son jardin pour contenir d'éventuels assaillants. Cela s'avéra nécessaire car, le 10 octobre, Mobutu envoya deux cents soldats à la résidence de Lumumba pour l'écrouer. Ils en furent empêchés par les Nations Unies. Il s'ensuivit une situation inextricable qui dura des semaines. Le logement de Lumumba était doublement encerclé : par les casques bleus pour le défendre tant qu'il restait à l'intérieur, par les Congolais prêts à l'arrêter dès qu'il en sortirait. Sa ligne téléphonique avait été coupée. Lumumba était réduit au silence. Le vice-Premier ministre Antoine Gizenga prit donc le rôle de représentant du gouvernement Lumumba. Gizenga venait du Kwilu et il y est encore aujourd'hui vénéré par les personnes âgées, comme Longin Ngwadi, l'homme à l'épée de Kikwit. Tandis que le coup d'Etat de Mobutu acquérait une certaine dynamique, Gizenga comprit qu'il n'y avait plus de place pour lui et d'autres fidèles de Lumumba à Léopoldville. Il partit donc début novembre, avec ce qui restait du premier gouvernement, pour Stanleyville, le berceau du mouvement de Lumumba, pour diriger et reconquérir le pays à partir de là.

La situation devenait de plus en plus confuse. Le Congo avait à présent quatre mois et quatre gouvernements en même temps, chacun d'eux possédant sa propre armée et ses propres alliés étrangers. A Léopoldville, Kasavubu et surtout Mobutu bénéficiaient du soutien inconditionnel des Américains. Mobutu pouvait réorganiser l'armée nationale grâce aux moyens mis massivement à sa disposition par les Etats-Unis. Autour de lui se créa le groupe de Binza, qui tirait son nom du quartier résidentiel de la capitale où il se réunissait. Ce groupe informel extrêmement puissant bénéficiait de l'appui bienveillant de la CIA. A Stanleyville, Gizenga entretenait les idées de Lumumba. Il avait une partie de l'armée derrière lui. Son gouvernement avait le soutien de l'URSS, même s'il ne fut jamais aussi systématique et substantiel que celui apporté par les Américains à la capitale[45]. A Elisabethville, Tshombe était à la tête d'un pays qui avait autoproclamé son indépendance. La Belgique apportait une aide logistique et militaire généreuse. Les gendarmes katangais comptaient un grand nombre d'officiers belges dans leurs rangs. L'Union minière finançait la sécession à grande échelle. A Bakwanga, Kalonji dirigeait le Kasaï, un Etat baluba indépendant où les exploitants belges de diamant exerçaient leurs activités. Là-bas, la Forminière mettait à disposition les moyens nécessaires.

Tshombe et Kalonji n'étaient que des dirigeants régionaux, mais Kasavubu et Gizenga clamaient l'un comme l'autre la légitimité d'un gouvernement national. Qui avait raison ? Tous deux cherchaient à obtenir une reconnaissance internationale ; et ce combat se livra devant l'assemblée générale des Nations Unies à New York. Le Congo s'y présenta divisé en deux camps : Kasavubu/Mobutu contre Lumumba/Gizenga. Thomas Kanza, le psychologue de 26 ans, représentait le gouvernement de Lumumba devant les Nations Unies, mais le président Kasavubu se rendit lui-même à New York pour convaincre le monde que lui, et lui seul, incarnait l'autorité légitime de la république. Il argua qu'en déposant Lumumba, il avait agi conformément à la Constitution, ce que les Américains, les Belges et de nombreux cadres des Nations Unies acceptèrent sans grande difficulté. Le 22 novembre, le verdict tomba : cinquante-trois pays reconnaissaient Kasavubu, vingt-quatre avaient voté contre, dix-neuf s'étaient abstenus[46]. Mario Cardoso, qui à l'époque travaillait pour Mobutu, s'en souvient comme d'un triomphe : "Nous avons alors remporté le siège à l'ONU. Kasavubu était à la tête de notre délégation et Lumumba a perdu sur le plan international[47]." Cette marginalisation internationale fut le début du chant du cygne de Lumumba.

Il était encore enfermé chez lui dans la capitale. Quand la nouvelle du vote à New York lui parvint, il comprit que ses jours à Léopoldville étaient comptés. Les casques bleus dans son jardin allaient-ils encore le protéger maintenant que l'ONU avait voté contre lui ? Il devait, et il allait, rejoindre ses partisans à Stanleyville. C'était la nuit, au mois de novembre, en pleine saison des pluies. Un orage tropical extraordinairement violent obligea les soldats congolais à se mettre à l'abri. Leur attention s'était relâchée. Lumumba se cacha à l'arrière d'une Chevrolet et se fit conduire à l'extérieur sous une pluie diluvienne.

Les routes congolaises étaient à ce moment encore en parfait état. Si son chauffeur avait continué à rouler pendant quarante-huit heures, ils auraient pu atteindre Stanleyville. Cependant, la nuit de sa libération, Lumumba resta dans la capitale pour s'adresser au peuple. Même en chemin, il s'arrêta dans les villages, heureux de constater l'accueil chaleureux des villageois[48]. Mais c'était la saison des pluies. Dans la capitale, Mobutu apprit la fuite de Lumumba et voulut à tout prix l'empêcher de rejoindre Gizenga. Cela entraînerait forcément son retour sur la scène politique et la CIA et ses conseillers belges n'en avaient aucune envie. Les Nations Unies refusèrent d'aider à traquer le fuyard, mais une compagnie aérienne européenne fournit un avion et un pilote habitué à effectuer des vols de reconnaissance à basse altitude. Ils repérèrent rapidement le convoi, qui se composait de trois voitures et d'un camion.

Le 1er décembre, les soldats de Mobutu arrêtèrent Lumumba et sa suite alors qu'ils essayaient de traverser la Sankuru près de Mweka. Lumumba fut transporté par avion au camp Hardy près de Thysville, la caserne où quelques mois plus tôt l'armée s'était mutinée. A partir de ce moment-là, Lumumba cessa de bénéficier de la protection des Nations Unies, il était prisonnier du régime de Léopoldville. Quand il arriva, sans lunettes et attaché, quelqu'un lui enfonça une boule de papier dans la bouche : le texte de son célèbre discours.

Que devaient faire de lui Kasavubu et Mobutu ? Le garder en détention éternellement, comme une sorte de Simon Kimbangu de la Première République ? Ne valait-il pas mieux le transférer au Katanga ? Ou au Kasaï ? Des provinces hostiles, certes, mais qui présentaient un intérêt justement pour cette raison. Il n'aurait pas de partisans là-bas. Car là où il était pour le moment, les troubles avaient recommencé. A Thysville, le 12 janvier, les soldats se mutinèrent de nouveau. Cela provoqua une certaine agitation. Le gouvernement belge, en la personne du ministre d'Aspremont, approuva le projet de transférer Lumumba au Katanga, quelles qu'en soient les conséquences, du moment qu'il était loin de la capitale, quelque part où les mutins ne pouvaient pas le libérer. En appuyant le projet, il pouvait en outre renouer les relations avec Kasavubu. La Belgique souhaitait en effet rétablir les relations diplomatiques avec Léopoldville. Elle ne voulait pas donner l'impression de s'intéresser uniquement au Katanga. A contrecœur, Tshombe accepta la venue de Lumumba et de deux autres prisonniers politiques. Le ministre d'Aspremont finit par les y envoyer.

Le 17 janvier 1961 à 16 h 50 atterrit à Elisabethville le DC-4 qui transportait Lumumba et ses deux fidèles, Mpolo et Okito. Pendant le vol, on les avait frappés et torturés. Une centaine de soldats armés les attendaient ; ils étaient sous le commandement du capitaine belge Gat. Aussitôt après, un convoi les emmena à la maison Brouwez, une villa vide à l'écart, appartenant à un Belge, à quelques kilomètres de l'aéroport. La garde à l'extérieur et à l'intérieur de la villa était assurée par la police militaire, sous les ordres de deux officiers belges. Les prisonniers y reçurent la visite d'au moins trois ministres katangais – Munongo, Kibwe et Kitenge, chargés des Affaires intérieures, des Finances et des Travaux publics – qui les torturèrent également. Tshombe n'était pas là. Il était allé au cinéma voir un film au titre d'un cynisme invraisemblable vu les circonstances : *Liberté**, produit par le *Réarmement moral**. Ensuite, il eut une réunion avec ses ministres. Aucun Européen n'était présent. La réunion dura de 18 h 30 à 20 h, mais toutes les dispositions pratiques pour la suite de la soirée semblaient avoir été réglées d'avance. La décision de transférer Lumumba au Katanga était un plan commun des autorités de Léopoldville, de leurs conseillers et des autorités de Bruxelles ; mais la décision de tuer Lumumba fut prise par les autorités katangaises. Ce fut surtout le ministre Godefroid Munongo qui joua à cet égard un rôle déterminant. Il était le petit-fils de Msiri, le marchand d'esclaves afro-arabe qui au XIXe siècle s'était approprié le royaume de Lunda.

Après la réunion, la délégation ministérielle retourna à la villa Brouwez. Les prisonniers furent chargés à l'arrière d'un véhicule, qui partit accompagné d'autres voitures et de deux Jeep de l'armée. La nuit était tombée entre-temps. Le convoi prit la direction du nord-ouest en empruntant une route plate à travers la savane vers Jadotville. Dans la lueur des phares, à gauche et à droite, de l'herbe, des broussailles, la forme d'une termitière. Au bout de trois quarts d'heure, les véhicules quittèrent la route principale. Dans la savane boisée sur le côté de la route, ils aperçurent une fosse peu profonde fraîchement creusée. Des policiers et des gendarmes noirs en uniforme étaient présents, mais aussi quelques messieurs en costume : le président Tshombe, les ministres Munongo, Kibwe et quelques-uns de leurs collègues. Quatre Belges participèrent aussi à l'exécution. Frans Verscheure, commissaire de police et conseiller de la police katangaise, Julien Gat, capitaine de la gendarmerie katangaise, François Son, son brigadier subalterne, et le lieutenant Gabriel Michels. Les trois prisonniers furent amenés tour à tour au bord de la fosse. Cela faisait à peine cinq heures qu'ils étaient au Katanga. Ils avaient été roués de coups et torturés. A peine quatre mètres plus loin attendait le peloton d'exécution : quatre volontaires katangais armés de mitrailleuses. A trois reprises, une salve assourdissante retentit dans la nuit. Lumumba fut le dernier à être exécuté. A 21 h 43, le corps du Premier ministre, le premier élu démocratiquement au Congo, bascula dans la fosse[49].

La mort de Lumumba fut longtemps gardée secrète. Pour effacer toutes les traces, Gérard Soete, un Belge qui était officier de la police katangaise, a exhumé peu de temps après les dépouilles des trois victimes. On dit qu'une main, peut-être celle de Lumumba, sortait encore de terre[50]. Soete a scié les corps en morceaux, qu'il a dissous dans un tonneau d'acide sulfurique. Il a retiré de la mâchoire supérieure de Lumumba deux dents serties d'or, et découpé trois doigts de sa main[51]. Chez lui à Bruges, il a conservé pendant des années une petite boîte qu'il montrait parfois à ses visiteurs. Elle contenait les dents et une balle[52]. Bien des années plus tard, il les a jetées dans la mer du Nord.

Quand le monde apprit le meurtre de Lumumba, la stupéfaction fut totale. D'Oslo à Tel-Aviv et de Vienne à New Delhi, on descendit dans la rue. A Belgrade, à Varsovie et au Caire, l'ambassade de Belgique fut assiégée. Tandis qu'à Moscou, on attribuait son nom à une université, en Occident le “Lumumba”, un cocktail populaire à base de brandy et de lait chocolaté, devint très à la mode. Le gouvernement de Gizenga fut reconnu en toute hâte par l'URSS, la Pologne, l'Allemagne de l'Est, la Yougoslavie, la Chine, le Ghana et la Guinée-Conakry. Lumumba devint en un rien de temps un martyr de la décolonisation, un héros pour tous les opprimés de la Terre, un saint du communisme sans dieu. Ce statut, il le devait plus à l'horrible fin de sa vie qu'à ses succès politiques. Il était resté en tout et pour tout au pouvoir à peine deux mois et demi, du 30 juin au 14 septembre 1960. Son palmarès se résumait à une accumulation de bévues et d'erreurs de jugement. Sa brusque africanisation de l'armée avait été une initiative sympathique, mais désastreuse, sa recherche d'un appui militaire auprès des Etats-Unis et de l'Union soviétique, quoique compréhensible, avait été terriblement inconsciente, son intervention militaire au Kasaï avait coûté la vie à des milliers de compatriotes. Son comportement avait désarçonné Fulbert Youlou et Léopold Senghor, les premiers présidents du Congo-Brazzaville et du Sénégal[53]. A ces critiques, on pouvait opposer qu'il était à peine préparé pour sa mission, qu'il avait été confronté à un exode civil irréfléchi et à une invasion militaire des Belges et qu'il avait dû assister aux atermoiements des Nations Unies à condamner avec vigueur l'agression belge. Les réactions malencontreuses de Lumumba face à une réelle injustice lui avaient valu systématiquement plus d'ennemis que d'amis. Le tragique de sa carrière politique fugace fut que le plus grand atout dont il disposait avant l'indépendance – son talent invraisemblable à soulever les masses – devint son plus grand désavantage une fois qu'il accéda au pouvoir et que l'on attendit de lui un comportement plus serein. L'aimant qui initialement avait attiré s'était mis à repousser.

Différents acteurs sont responsables de la fin de Lumumba. Moins de deux semaines après l'indépendance, Bruxelles avait déjà fait comprendre qu'elle voulait un autre Premier ministre. Les Nations Unies et les Etats-Unis avaient aussi envie, au bout d'un mois, de se débarrasser de Lumumba. Au début, il n'était question que d'une élimination politique mais, peu à peu, les autorités américaines et belges s'étaient mises à envisager son élimination physique. A l'automne de 1960, la CIA appuya le coup d'Etat de Mobutu et fut chargée par la Maison-Blanche de liquider Lumumba. Le ministre belge des Affaires africaines couvrit des opérations secrètes destinées à l'éliminer. Toutes ces tentatives échouèrent. Cependant, en janvier 1961, quand Lumumba fut transporté de Thysville au Katanga, les autorités de Léopoldville et d'Elisabethville n'étaient pas seules à l'origine de l'initiative : des conseillers belges à Léopoldville participèrent aux préparatifs logistiques et opérationnels (lors d'une réunion à la Sabena, ils définirent entre autres l'itinéraire du transfert) et certaines instances gouvernementales à Bruxelles, notamment le ministère des Affaires étrangères, apportèrent leur soutien actif. Ce ministère, qui n'ignorait pas que les conséquences pouvaient être fatales pour Lumumba, ne prit aucune précaution. Cela vaut aussi pour la CIA : le responsable sur place à Léopoldville ne s'opposa pas au transfert de Lumumba au Katanga quand il en entendit parler, alors qu'il savait que l'issue pouvait être dramatique. L'exécution proprement dite fut l'œuvre des autorités katangaises. Le rôle des conseillers belges est flou : nous savons que, le soir du 17 janvier, ils avaient au moins appris que Lumumba avait atterri à Elisabethville. En tout état de cause, ils ne firent guère d'efforts pour empêcher le massacre, alors qu'ils se savaient suffisamment influents pour changer le cours des événements. Plusieurs militaires belges, qui commandaient les services d'ordre katangais, prirent part aux opérations.

Le premier acte du Congo indépendant venait de se terminer. Il se caractérisait par une horreur totale du vide, un flot incessant d'événements et d'intrigues. Et s'achevait par quelques dents d'un Africain passionné coulant au ralenti jusqu'au fond sableux d'une mer grise d'Europe.

En avril 2008, j'ai rencontré dans un jardin magnifique de Lubumbashi Mme Anne Mutosh Amuteb. Cette Congolaise de 91 ans est la plus âgée que j'ai eu l'occasion d'interviewer au fil de mes recherches. Elle faisait encore forte impression. Anne Mutosh était princesse ; son grand-père avait été "Mwata Yamvo", le roi traditionnel du royaume de Lunda. Elle appartenait au clan de Moïse Tshombe. Dans le sens africain du terme, elle était sa "tante". Lui parler, c'était parler avec l'histoire du Katanga. Elle m'a raconté que ses parents savaient déjà lire vers 1900, les méthodistes américains le leur avaient appris. Quant à elle, elle était devenue sage-femme, mais son sens des affaires s'était avéré plus développé que ses ambitions obstétricales. Je lui ai demandé quelle avait été la meilleure période de sa vie. Elle m'a répondu sans hésitation de sa voix grave : "*L'époque belge** et la sécession katangaise." "A l'époque des Belges, tout était bien organisé. Il n'y avait pas de corruption, le commerce marchait plutôt bien. J'importais des tissus des Pays-Bas, mais aussi de la farine de froment et des céréales. Une fois, j'ai commandé cinquante sacs d'un coup. C'était facile à l'époque. Pendant la sécession, on pouvait encore importer très facilement. Ce n'est que lorsque Mobutu est arrivé que tout est devenu si difficile[54]."

Vu son arbre généalogique, son goût pour l'indépendance du Katanga n'avait rien d'étonnant. Les Lunda regrettaient leur royaume disparu et rêvaient depuis longtemps d'une autonomie régionale. Ils furent soutenus dans leurs aspirations par les Européens restés sur place. Parmi les anciens coloniaux, beaucoup étaient partisans de la sécession. Cela s'inscrivait dans la tendance, dans toute l'Afrique méridionale, à vouloir maintenir le pouvoir blanc. Il existait de grandes différences entre l'apartheid en Afrique du Sud, en Rhodésie, dans le Sud-Ouest africain (qui deviendrait plus tard la Namibie) et, en Angola et au Mozambique, les colonies portugaises, mais alors que le reste du continent devenait indépendant, les régimes blancs de droite dans le Sud se cramponnaient au pouvoir. C'est ce qui se passa aussi au Katanga[55].

La sécession katangaise constitua le deuxième acte de la Première République. Elle fut proclamée le 11 juillet 1960 et se termina le 14 janvier 1963. Après l'assassinat de Lumumba, le 17 janvier 1961, on porta sur elle un regard très différent. Tshombe, qui avait été présent au bord de la tombe, devint l'acteur principal. Des quatre prétendants au trône au moment de l'indépendance, il en restait encore trois. Kasavubu et Mobutu avaient autant de sang sur les mains que Tshombe, mais la mort de Lumumba ne les rapprocha pas. Désormais, la lutte allait se dérouler entre eux trois.

On peut s'étonner que Tshombe soit devenu un acteur d'une telle importance. Après l'assassinat de Lumumba, son Etat katangais fut méprisé par la communauté internationale. Le bloc communiste exprima son aversion, les Nations Unies décidèrent de faire preuve de plus de fermeté. Pas un seul Etat ne reconnut jamais le Katanga, pas même la Belgique ou les Etats-Unis. Mais si Tshombe put se maintenir pendant si longtemps, il faut tout de même chercher l'explication du côté de la Belgique. L'Union minière finançait le nouvel Etat en versant ses impôts non plus à Léopoldville mais au pouvoir local. Des Belges faisaient partie de l'infrastructure militaire, administrative et économique. Chaque ministre katangais avait derrière lui un conseiller belge. Des professeurs de Liège et de Gand rédigèrent la Constitution du Katanga. Des institutions essentielles comme la Gendarmerie katangaise, la Sécurité nationale et la banque centrale étaient dirigées par des Belges[56]. Dans les réceptions des hôtels d'Elisabethville, on voyait très souvent des Blancs porter sur le revers de leur veste une épingle avec le drapeau katangais[57].

Tshombe pouvait aussi s'appuyer sur une petite armée de mercenaires blancs. Ces "volontaires" – ils ne furent jamais plus de cinq cents – venaient d'Afrique du Sud, de Rhodésie et d'Angleterre, mais il y avait aussi parmi eux des Français qui avaient combattu en Indochine et en Algérie, des hommes de la Légion étrangère. Des débauchés, des hommes rudes, des partisans de l'extrême droite, des machos, des rambos, des malabars qui buvaient jusqu'à ce qu'ils ne se souviennent même plus de leur nom, et encore moins de celui de la petite prostituée avec qui ils avaient fini au lit. Ils venaient pour l'argent, l'aventure et des vagues idéaux de suprématie blanche. Les officiers belges participaient activement à leur recrutement, leur formation et leur emploi[58]. Ils représentaient le groupe le plus redoutable des forces armées katangaises.

Leurs adversaires étaient les casques bleus des Nations Unies, l'armée gouvernementale nationale et les Baluba du nord de la province. Ils n'étaient en réalité pas aussi impressionnants qu'on aurait pu le penser. Les Nations Unies hésitaient à mettre en pratique une approche plus ferme. L'ANC était encore mal en point. Et les Baluba faisaient la guerre à l'aide de flèches empoisonnées et de machettes.

Un an exactement après la mort de Lumumba, un Flamand de 22 ans atterrit pour la première fois à Elisabethville. Jamais il n'avait quitté l'Europe auparavant. Il venait d'un village d'agriculteurs de la Flandre-Occidentale et avait tout juste terminé à Gand ses études d'ingénieur technique, avec une spécialisation électrotechnique "courant de faible intensité". Il avait été embauché par la nouvelle compagnie de chemin de fer du Bas-Congo au Katanga, qui avait pour sigle BCK. Son rêve de jeunesse n'était pas de travailler dans les chemins de fer. Il avait posé sa candidature à la Sabena et à l'Union minière, les fleurons de l'économie belge. Il voulait devenir pilote, mais il avait étudié avec tant d'ardeur qu'il était devenu myope. Son nom : Dirk Van Reybrouck. Dix ans plus tard, il allait devenir mon père.

Le pays où il arriva s'appelait le Katanga, et non le Congo. Le reste du Congo était à l'étranger. De Léopoldville, il n'avait vu que la *guesthouse* de la Sabena, où il avait dû passer la nuit avant de prendre sa correspondance. Le Katanga, où il atterrit, avait son propre drapeau, sa propre monnaie, ses propres timbres-poste. Sa carte d'enregistrement ne laissait planer aucun doute. Je l'ai sous les yeux. La carte vert vif était encore en deux langues, le français et le néerlandais. On pouvait y lire en haut "Congo belge / Belgisch Congo". Quelqu'un avait rayé au stylo bille cette mention, qui avait été recouverte d'un coup de tampon : *Etat du Katanga**.

Mon père était en poste à Jadotville, qui porte le nom de Likasi aujourd'hui. Il était responsable des locomotives électriques, des caténaires et des sous-stations sur un trajet de six cents kilomètres jusqu'à la frontière angolaise. Cette liaison est-ouest était une artère vitale pour le Katanga indépendant[59]. Les minerais et les matières premières ne pouvaient plus être transportés vers le nord pour être embarqués sur les bateaux à Léopoldville et à Matadi, car il s'agissait d'un territoire ennemi. Tout partait donc par voie ferrée jusqu'à la côte angolaise. Ce chemin de fer de Benguela, une voie unique sur laquelle roulaient encore en Angola des locomotives à vapeur, était essentiel aux exportations et aux importations du Katanga. Mon père était souvent "sur la voie", comme on dit. Avec une draisine, un petit wagon équipé d'un moteur Diesel qui servait d'atelier roulant, il partait pendant deux, trois semaines dans l'intérieur des terres pour contrôler les transformateurs et remplacer des systèmes de commutation. La BCK était une entreprise hiérarchisée mais, ces années-là, les vieux routiers confiaient beaucoup de responsabilités aux jeunes employés. "Ils avaient déjà renvoyé leurs familles en Belgique", m'a raconté Walter Lumbeeck, un des collègues de mon père à l'époque, "ils voulaient juste finir leur contrat et ils laissaient les autres faire le travail. Votre père était timide. Il avait de lourdes responsabilités pour quelqu'un d'aussi jeune et son français n'était pas très bon au début. Mais au bout d'un certain temps, il arrivait à bien communiquer avec les Noirs[60]." Il suivit aussi des cours de swahili.

Chez nous, des années plus tard, le chien s'appelait *Mbwa* ("chien" en swahili) et, pour le sucre et le tabac, on disait *sukari* et *tumbaku*.

Les belligérants étaient conscients de l'importance stratégique de la ligne de Benguela. De son vivant, mon père a raconté à plusieurs reprises, même s'il n'aimait malheureusement pas s'étendre, qu'on l'appelait la nuit "parce que quelque part on avait fait sauter un pont". Il se rendait alors sur place avec sa draisine, avant l'aube, dans la lumière fragile du matin, tandis que le monde prenait lentement des couleurs. Plusieurs de ses employés africains faisaient avancer le petit wagon sur la voie tandis qu'il essayait de dormir encore un peu. Sur le lieu de l'attentat, ils devaient, au-dessus de la rivière, réparer les caténaires et remettre la voie en état.

"Au Katanga, nous avions encore notre mot à dire", m'a expliqué Walter Lumbeeck, "c'était l'idée qui dominait. On se disait : Ici nous avons réussi à sauver la situation, on peut laisser le reste couler, du moment qu'ici tout se passe bien. Le cuivre se vendait à bon prix, l'Union minière fonctionnait encore à plein régime." Le Congo était certes indépendant, mais au Katanga le colonialisme se perpétuait dans les faits. Les employés belges pouvaient se procurer du whisky et des fruits en provenance d'Afrique du Sud, on faisait même venir de Belgique par avion des moules fraîches. Les jeunes Belges menaient sur place une existence ensoleillée, loin de leurs parents, de leur village et de l'Eglise. C'était l'époque des *barbecues* et des *parties*, des mots nouveaux délicieux désignant des fêtes où vraiment tout le monde fumait : des jeunes femmes stylées aux cheveux relevés, des hommes en chemises blanches portant de fines cravates. C'était l'époque d'Adamo, de Juliette Gréco et de Françoise Hardy. Le dimanche, on allait au *cercle**, un club de sport et de détente. Au bord de la piscine, on buvait, étendu au soleil, des Martini blancs, en entendant plus loin les *ploc* des balles de tennis.

En juillet 2007, je marchais sur le terrain du Cercle de Panda, le club dont mon père avait été membre. La piscine était vide, les jeux étaient rouillés. Les plongeoirs étaient des tirets pour insérer un texte, sans le texte.

"Votre père avait une Ford Consul *décapotable**", m'ont raconté Frans et Marja Vleeschouwers, un couple avec lequel il s'était lié d'amitié au *cercle**, "une voiture qui consommait plus d'huile que d'essence. Dirk devait toujours emporter des litres d'huile[61]." Ils partaient en excursion aux chutes d'eau de Mwadingusha. Ils se rendaient au poste missionnaire de Kapolowe et buvaient de la bière avec les pères flamands. Ou ils faisaient des parties de pêche dans la brousse, dans des endroits où les vieux indigènes payaient encore avec de l'argent du Congo belge. Les liens d'amitié primaient sur les liens familiaux. Quand Frans et Marja eurent une fille, ils demandèrent à mon père d'être son parrain : une fonction honorifique qui en Flandre était réservée aux membres de la famille.

Mais c'était un monde fermé. "Tout le monde pouvait devenir membre du cercle", se souvenaient Frans et Marja, "mais l'adhésion était si chère que pas un seul Noir ne pouvait se le permettre. Les Blancs non plus, en fait, mais le montant était automatiquement versé par l'Union minière sur notre compte en banque en Belgique. Incroyable, non?" D'autres aspects donnaient à penser. "Nous laissions notre fille jouer avec des enfants noirs. «Il ne faudrait pas faire attention aux maladies?» nous demandaient certaines personnes. Ce n'était pas vraiment l'apartheid, mais à la boucherie un Noir était tout de même servi par un Noir et un Blanc par un Blanc."

Walter et Alice Lumbeeck, les autres amis de mon père, ont confirmé le tout. Sur les photos de leurs petites fêtes, on ne voyait jamais un Africain, pas même à la fête de la Saint-Nicolas. "On évitait à l'époque les contacts avec les Noirs. Quand on amenait un Noir à une fête, on perdait ses amis. On regardait vraiment de haut les hommes blancs qui avaient une compagne noire. C'était bon pour la génération précédente. A la BCK ou à l'Union minière, quelques hommes d'un certain âge fréquentaient encore une femme noire, mais plus parmi nous. C'était bien en deçà de notre statut social, ce n'était pas chic. C'est comme, aujourd'hui, un directeur qui irait voir des prostituées. Les hommes blancs avaient plutôt des liaisons avec les femmes de leurs collègues. Votre père était célibataire à l'époque, il préférait fréquenter des néerlandophones. S'il était venu avec une Noire à une fête, il n'aurait plus été invité."

Des tirets pour insérer un texte, sans le texte.

Le Katanga était un anachronisme. Après la mort de Lumumba, les Nations Unies décidèrent de prendre des mesures énergiques contre Tshombe et sa sécession néocoloniale. Durant le premier semestre de 1961, la voie diplomatique fut empruntée. Des conférences eurent lieu à Tananarive (Madagascar), à Coquilhatville et à Léopoldville. Les Nations Unies avaient pour objectif un Congo fédéral ou confédéral, un pays unifié avec des pouvoirs provinciaux étendus. La Belgique penchait aussi en faveur d'une telle solution, mais les conseillers belges des ministres katangais boycottaient systématiquement toute recherche d'un compromis. Cette mauvaise volonté suscita beaucoup de ressentiment. En août 1961, la situation se dégrada. Les Nations Unies intercédaient dans le cadre d'une ultime conférence qui se tenait à l'université de Lovanium dans la capitale. Le Congo allait avoir un nouveau Premier ministre. Pas Ileo, que Kasavubu avait mis en avant, pas Mobutu, qui s'était lui-même mis en avant, pas Bomboko, qui avait dirigé le gouvernement des universitaires, mais Cyrille Adoula, un syndicaliste modéré et compétent qui était acceptable aux yeux de toutes les parties. En outre, le pays engagerait des réformes : moins de centralisation depuis la capitale, plus de pouvoir aux régions. Un consensus semblait proche, mais à la dernière minute, Tshombe se retira.

Dans ce cas, la force, décidèrent les Nations Unies. En août, septembre et décembre 1961, les casques bleus lancèrent de lourdes offensives pour reconquérir le Katanga, liquider l'armée locale et chasser les mercenaires étrangers. En vain. Les mercenaires se retirèrent en Rhodésie et reprirent les combats de là-bas. L'intervention des Nations Unies fut à l'origine d'importants dommages au sein de la population. On tira sur des ambulances, on bombarda des hôpitaux, on tua des civils innocents. Plus de trente Européens furent tués. En outre, l'intervention des Nations Unies donna lieu à une triste première : le premier camp de réfugiés à grande échelle de l'histoire du

Congo. Plus de trente mille Baluba prirent la fuite, par crainte des représailles de Tshombe. Ils n'étaient pas partisans de la sécession et ne se sentaient plus en sécurité. A la périphérie d'Elisabethville, ils vivaient dans des petites huttes faites de cartons, de feuilles et de tissu.

Anne Mutosh ne gardait pas non plus de bons souvenirs de l'intervention des Nations Unies. "A l'époque, les casques bleus marocains près des barrages routiers ont violé énormément de femmes, même des femmes enceintes. J'étais alors présidente de l'Union des femmes katangaises et, en cette qualité, j'ai même écrit des lettres à Dag Hammarskjöld et au président Kennedy. J'ai même eu l'occasion de rencontrer Hammarskjöld."

Le secrétaire général des Nations Unies tenait absolument à en finir avec l'Etat néocolonial du Katanga. Il s'interposait énergiquement entre Léopoldville et Elisabethville. Le 18 septembre 1961, il prit l'avion en direction de l'aéroport de Ndola, dans le nord de la Rhodésie, pour un entretien avec Tshombe. Mais peu de temps avant l'atterrissage, son avion s'écrasa dans des circonstances qui ne furent jamais éclaircies. Personne ne survécut à l'accident. "Priez pour que votre solitude puisse vous inciter à trouver une chose qui fasse que votre vie en vaille la peine, et qui soit suffisamment importante pour que votre mort en vaille la peine", a-t-il écrit un jour[62].

Le conflit paraissait sans fin. Le Congo ressemblait à un vase brisé, impossible à recoller. Pourtant, vers cette époque (décembre 1961 - janvier 1962), l'armée gouvernementale de Mobutu parvint à mettre un terme à la séparation du Kasaï et à renverser le gouvernement de Gizenga à l'est. Deux des quatre gouvernements étaient ainsi supprimés. Celui du Katanga allait encore survivre un an. Le nouveau secrétaire général de l'ONU, le Birman U Thant, rechercha tout au long de 1962 une solution à travers des négociations mais, fin décembre, les Etats-Unis décidèrent que cela commençait à bien faire. Kennedy apporta un soutien américain considérable à une offensive des Nations Unies, l'opération Grand Slam. En deux semaines, le Katanga fut maîtrisé.

C'était le 3 janvier 1963 et mon père se tenait devant la fenêtre au premier étage de son logement à Jadotville. La BCK lui avait attribué un des appartements destinés aux célibataires. Pas une villa avec un jardin, mais un grand appartement au premier, situé au-dessus d'un garage et desservi par une cage d'escalier moderniste. Il était situé en périphérie de la ville, le long de la grande route en direction d'Elisabethville. Mon père savait que la capitale était tombée entre les mains des casques bleus. “Libérée”, selon les uns, “occupée”, selon les autres. Les forces internationales se dirigeaient à présent vers le nord, vers Jadotville, la deuxième ville du Katanga. Elles passaient par la route où, deux ans plus tôt, Patrice Lumumba avait fait son dernier voyage en voiture. Près de la rivière Lukutwe et de la rivière Lufira, elles se heurtèrent à une résistance, mais le 3 janvier vers midi, elles entrèrent sans difficulté dans Jadotville. La Gendarmerie katangaise s'était déjà enfuie.

Mon père regardait par la fenêtre. Il vit une Volkswagen blanche, une Coccinelle, sortir de la ville. Manifestement, la route vers Elisabethville avait été rouverte après le passage des troupes. La vie reprenait son cours. Soudain, il entendit une série de coups de feu. A la hauteur de son logement, la Volkswagen s'immobilisa. Il y avait trois personnes à l'intérieur, un homme au volant et deux passagères. Trois Belges, et un chien. Mon père les avait déjà rencontrés. Le conducteur sortit. Albert Verbrugghe travaillait dans une cimenterie. Il leva les mains en l'air pour montrer qu'il n'était pas armé. Du sang coulait d'une blessure sous son œil. Il criait, gémissait, clopinait. Les deux femmes – son épouse Madeleine et son amie Aline – restèrent à l'intérieur. Sur leurs robes à fleurs se répandaient de grandes taches rouges. Quand leurs corps furent extraits de la Coccinelle et étendus, immobiles, dans l'herbe le long de la route, Verbrugghe comprit ce qui s'était passé. Les casques bleus indiens les avaient sans doute pris pour des mercenaires blancs[63]. Le chien aussi était mort.

“Il est resté là encore une semaine”, m'a dit mon père au début des années 1980. J'étais avec lui dans la salle d'attente chez le dentiste. Sur la table basse, il y avait parmi les journaux un *Paris Match* défraîchi. A la une du magazine, une photo en noir et blanc montrait la scène de la Volkswagen. J'avais alors 10 ou 11 ans et j'ai vu l'angoisse de la mort dans le regard de cet homme. Mon père a regardé la photo pendant plusieurs minutes, puis il a dit : "Ce photographe devait certainement se tenir tout près de moi. Cela s'est passé juste devant ma porte." Plus tard, j'ai appris que les photos avaient été prises par un cameraman américain et qu'elles avaient fait le tour du monde. *Time Magazine* les avait publiées en janvier 1963, aujourd'hui on peut les voir sur Internet[64]. Mon père a été le témoin visuel de la photo la plus célèbre de la sécession katangaise.

Un dimanche de juillet 2007, j'étais à l'emplacement où mon père se tenait à l'époque. Je regardais par la fenêtre vers l'endroit où cela s'était passé. La route était poussiéreuse, une grande publicité était affichée pour Celtel. Quelqu'un poussait un vélo et son lourd chargement de charbon de bois. L'appartement de mon père existait encore. Un sympathique magistrat y habitait à présent avec sa famille, une femme magnifique et deux enfants adorables. Le dimanche, l'homme était pasteur de l'Armée de l'Eternel, une des nombreuses communautés pentecôtistes du Congo. Le garage sans fenêtre où mon père avait garé pendant cinq ans sa Ford Consul était devenu un lieu de prière improvisé. J'ai assisté au service. Une trentaine de croyants étaient serrés les uns à côté des autres sur des bancs en bois branlants. De la lumière passait par l'entrebâillement de la porte du garage. Dans la pénombre, je voyais les couleurs intenses des personnes qui priaient. J'ai pensé à la photo en noir et blanc. 1963 et 2007 se recouvraient. Un an plus tôt, mon père était mort. Les gens chantaient magnifiquement.

Tandis que le chien pourrissait, le Katanga fut libéré. Une semaine et demie plus tard, le 14 janvier 1963, Tshombe annonça la fin de la sécession. Ses gendarmes katangais et mercenaires blancs s'enfuirent de l'autre côté de la frontière, en Angola. Lui-même s'enfuit vers l'Espagne de Franco. Chez les Belges régnait un sentiment d'extrême hostilité vis-à-vis des Américains : Kennedy était tenu pour responsable de l'offensive finale des Nations Unies. "C'est foutu", s'était alors dit le collègue de mon père Walter Lumbeeck : "Tout est redevenu congolais. Cela a fait naître un profond découragement. Beaucoup de gens sont partis[65]." L'ANC arriva, des jeunes soldats qui ne parlaient pas le swahili, seulement le lingala, et qui se comportaient avec l'arrogance caractéristique des vainqueurs. L'Administration tomba entre les mains de personnes de Léopoldville. “Notre boy avait pu, à l'époque de la sécession, se constituer une retraite”, ont expliqué Frans et Marja Vleeschouwers, “mais avec le nouveau régime, tout a disparu. Les gens se sont remis à faire la cuisine sur du *makala*, du charbon de bois. On ne pouvait plus rien se procurer, sauf du lait et de la viande[66].”

Mon père devait s'adresser aux casques bleus éthiopiens pour ses cigarettes et son savon à barbe. Les Nations Unies sont restées encore un an et demi pour veiller au maintien de la paix au Katanga. Vers le milieu des années 1980, quand je me suis rasé pour la première fois en utilisant de l'eau, mon père a sorti un grand tube de Palmolive d'un autre temps. Lui-même était depuis longtemps passé au rasoir électrique. Ayant fait des études d'électrotechnique, il n'était pas sensible au charme du blaireau et de la mousse à raser. “A utiliser avec modération”, a-t-il dit néanmoins, “je l'ai acheté il y a plus de vingt ans à des soldats de l'ONU.” J'ai gardé le tube. Le savon a une cinquantaine d'années, mais il mousse encore.

La sécession katangaise était terminée, mais l'enclave blanche continuait d'exister. Elle organisait des fêtes de la bière à Jadotville, où des gens en *Lederhosen* brandissaient leurs chopes en grès. En plein milieu de la savane… Alice Lumbeeck se rappelle que, le 22 novembre 1963, ses voisins belges avaient poussé des cris de joie et dansé. Que s'était-il encore passé ? Elle avait eu à un moment donné comme voisin un politicien katangais. Une maisonnée agitée. Les caisses de bière s'empilaient jusqu'au toit. Il faisait griller des rats dans le jardin. Elle avait aussi eu comme voisin un mercenaire blanc, un de ceux que l'on appelait les *affreux**. Mais à ce moment, les voisins belges, des citoyens ordinaires, étaient déchaînés. “Je leur ai demandé pourquoi. Ils jubilaient : « Kennedy a été assassiné ! Kennedy a été assassiné ! »[67]”

Ils n'étaient désormais plus que deux, Kasavubu et Mobutu. Au début du troisième et dernier acte de la Première République, Kasavubu triompha : Lumumba était mort, Tshombe banni, et Mobutu n'avait pas fait d'étincelles lors de la libération du Katanga. Les casques bleus s'étaient chargés des opérations. Pour la première fois depuis l'indépendance, Kasavubu gouvernait l'intégralité du territoire congolais. Le pays était réuni et il le sillonnait. Les liens furent rétablis avec la Belgique et renforcés avec les Etats-Unis. En signe d'estime, Washington envoya gracieusement un paquet d'uranium enrichi à Léopoldville à des fins de recherches pour le réacteur nucléaire de Lovanium[68]. Kasavubu dut également la stabilité de ces années-là à son Premier ministre Cyrille Adoula, qui resta trois années au pouvoir. Ce fut de loin le plus long mandat de la Première République, au cours de laquelle la présence au poste de Premier ministre s'est plutôt comptée en mois qu'en années. Par son indécision, Adoula, qui était un bureaucrate intelligent avec une grande capacité de travail mais introverti, ne représenta jamais une menace pour Kasavubu[69].

Pendant ce troisième acte, Kasavubu parvint à affermir considérablement sa position. Maintenant que le calme semblait revenu, il œuvrait en faveur d'une nouvelle Constitution censée remplacer la *Loi fondamentale* *. Dans le courant de 1964, une commission se pencha sur les futures règles du jeu que devrait respecter le pays. Le résultat fut la Constitution de Luluabourg, un texte qui fut soumis à un référendum, ce qui permit à Kasavubu de remporter deux victoires d'un seul coup. La nouvelle Constitution réformait le Congo pour en faire l'Etat décentralisé dont Kasavubu rêvait depuis une dizaine d'années déjà. Les provinces obtenaient plus de pouvoir, mais leur taille était nettement réduite. Dès 1962, les six gigantesques provinces de l'époque coloniale furent divisées en vingt et une *provincettes* *, qui correspondaient mieux aux réalités ethniques et aux territoires historiques[70]. La nouvelle Constitution accordait en outre au chef de l'Etat un pouvoir bien plus grand. Dorénavant, il régnait en maître au-dessus du Premier ministre et de son gouvernement. Le Parlement aussi avait moins son mot à dire. Quand il adoptait une loi qui ne convenait pas au président, ce dernier pouvait exiger qu'elle soit soumise à un nouveau vote, car tout le monde peut se tromper. Et pour éviter une deuxième erreur, une majorité des deux tiers était nécessaire pour rejeter l'alternative présidentielle…

En cas d'urgence, le chef de l'Etat pouvait lui-même devenir législateur. Désormais, les querelles opposant le président à un Premier ministre récalcitrant appartenaient aussi au passé. "Il peut également, de sa propre initiative, mettre fin aux fonctions du Premier ministre, d'un ou de plusieurs membres du gouvernement central, notamment lorsqu'un conflit grave l'oppose à eux", stipulait l'article 62[71]. Kasavubu s'était préparé un lit de roses : le pays se composait de petites entités, le Katanga était morcelé en trois provincettes inoffensives et il tenait les rênes plus fermement que jamais. C'est ce que l'on appelle diviser pour mieux régner. Il ne pouvait plus rien lui arriver. Il en était du moins convaincu.

Le 19 novembre 1963, deux diplomates russes qui rentraient de Brazzaville furent arrêtés. Ils étaient en possession de documents extrêmement compromettants. Dans la capitale sur l'autre rive du fleuve, ils avaient eu des contacts avec Christophe Gbenye, ancien ministre des Affaires étrangères à l'époque de Lumumba. Brazzaville était devenue un refuge pour les partisans de la première heure de Lumumba. Suffisamment proche de Léopoldville, mais tout de même en sécurité, hors de portée de Kasavubu. Les documents évoquaient la création d'un mouvement révolutionnaire, le Comité national de libération. Gbenye en était le chef. Des délégations s'étaient déjà rendues à Moscou et à Pékin. Dans les documents, le Comité demandait l'appui de la Russie pour former de jeunes soldats. Il sollicitait des stations radio, des magnétophones compacts, des appareils photo de petite taille et des photocopieuses "ou autres appareils similaires pour l'espionnage". On aurait dit un scénario de *Mission impossible* *. Le Comité comptait aussi recevoir : "20 pistolets en miniature (silencieux) en briquet ou stylo" et quelques "valises à double fond". La sérénité de Kasavubu était prématurée[72].

La première explosion de mécontentement eut lieu dans le Kwilu. Le déclencheur fut Pierre Mulele, ancien ministre de l'Education et des Beaux-Arts dans le gouvernement de Lumumba et assistant de Gizenga. Mulele, qui n'avait rien à voir avec les conspirateurs de Brazzaville, avait cependant opté pour la même trajectoire. Après la débâcle du premier gouvernement, il s'était enfui à l'étranger et s'était retrouvé en Chine. Il s'y était familiarisé avec l'idéologie et la pratique de la révolte paysanne de Mao et formé aux techniques de la guérilla. Fort de cette formation, il était revenu clandestinement dans sa région natale. Gizenga était un Pende, la tribu qui en 1931 s'était opposée au pouvoir colonial. Mulele appartenait quant à lui à la tribu voisine des Mbunda. Il tenta de ranimer l'esprit de rébellion chez les paysans. Cette fois, l'ennemi n'était pas le colonisateur blanc, mais la première génération de politiciens congolais qui avait tué Lumumba. N'étaient-ils pas plus préoccupés par les enjeux du pouvoir que par les intérêts de l'Etat ? Leur style de vie ne témoignait-il pas de leur fainéantise et leur enrichissement personnel n'était-il pas honteux ? N'étaient-ils pas des bourgeois malsains ? Au lieu de servir le peuple, avançait Mulele, ils abusaient du pouvoir pour puiser abondamment dans les caisses de l'Etat. Leur positionnement pro-occidental n'avait fait qu'accentuer leur cupidité. Les paysans écoutaient Mulele et acquiesçaient en grommelant. Ils n'avaient effectivement pas constaté de grand changement depuis l'indépendance. Leurs conditions de vie s'étaient dégradées. Le moment n'était-il pas venu d'"une deuxième indépendance", se demandaient-ils. L'expression venait vraiment du peuple. Une nouvelle *dipenda*, cette fois la bonne.

Mulele se lança dans sa révolte paysanne, le premier grand soulèvement rural en Afrique depuis l'indépendance. Il fit preuve d'un extraordinaire idéalisme et d'un grand désintéressement. Il devint une sorte de Che Guevara congolais, un intellectuel de gauche qui cherchait à rallier des gens simples à sa cause. Dans les villages et dans les huttes, il enseignait les idées révolutionnaires. Il insistait sans relâche sur l'importance de la discipline pendant la révolte. Ses consignes s'inspiraient fortement des écrits de Mao[73]. Les combattants de la révolution devaient respecter tout le monde, les prisonniers de guerre également. Il était interdit de voler, et même de prier[74]. Ce qui était détruit devait faire l'objet d'un dédommagement. "Respectez les femmes et ne vous amusez pas avec elles comme vous le souhaiteriez." Non, la révolution avait aussi besoin de ses filles. Dans le maquis de Mulele, les femmes recevaient elles aussi une formation.

Mulele disposait de peu d'armes cependant. Il ne voulait pas dépendre de puissances étrangères, l'insurrection devait se suffire à elle-même. On partait donc au combat équipé seulement de quelques vieilles armes à feu, de couteaux et de flèches empoisonnées fabriquées avec des rayons de roues de bicyclette. Des écoles furent brûlées, des postes missionnaires saccagés, des ponts sabotés. Il y eut des centaines de morts. Des massacres furent perpétrés, contrairement aux règles de conduite édictées. Toutefois, la révolution ne prit pas d'ampleur. La doctrine chinoise de Mulele n'était pas bien accueillie partout. Sans doute était-elle trop séculière. Pourquoi les combattants n'avaient-ils pas le droit de prier ? Les simples paysans du Kwilu ne savaient pas ce qu'était l'opium et n'entendaient rien à ces histoires de fausse conscience. Leurs réflexes restaient extrêmement religieux et tribaux. Le socle sur lequel Mulele appuyait son pouvoir n'allait donc jamais s'élargir au-delà de la région où étaient implantées les tribus pende et mbunda. Les villes échappèrent à son pouvoir. La rébellion muleliste ne dura que de janvier à mai 1964, mais elle eut une signification hautement symbolique. Pour la première fois depuis Tshombe, la position de Kasavubu était ouvertement menacée et la pensée de Lumumba se révélait bien vivante. Si Lumumba était un martyr, Mulele était son nouveau prophète.

A cette époque, il arrivait que l'on aperçoive sous un soleil de plomb, dans les larges avenues de Stanleyville, parmi les chefs-d'œuvre modernistes, une très vieille femme. Elle avait 80 ans, peut-être même 90. Mama Lungeni était la veuve de Disasi Makulo, l'homme que Stanley avait libéré. Son illustre mari était mort en 1941, elle lui avait survécu depuis déjà plus de vingt ans. En 1962, elle était venue pour le mariage d'une petite-fille à Stanleyville, mais sa santé fragile l'avait empêchée de retourner dans son village natal dans la forêt équatoriale[75].

Toute jeune, elle avait été victime de la violence tribale et, à présent, âgée et percluse, elle devait assister au retour de la guerre. Naturellement, elle ne savait pas que les combattants révolutionnaires à Brazzaville avaient décidé de passer à l'action, mais elle allait bientôt le constater. Le Comité national de libération de Gbenye planifia une incursion dans l'est du pays. Au Burundi, indépendant tout comme le Rwanda depuis 1962, les futurs rebelles reçurent une formation accélérée de spécialistes chinois de la guérilla. L'Union soviétique était prête elle aussi à apporter son aide. Dans le Sud-Kivu, la rébellion était menée par un certain Gaston Soumialot, dans le Nord-Katanga par un dénommé Laurent-Désiré Kabila. Leurs combattants se composaient de très jeunes hommes, de 16, 17 ans, de garçons tout juste adolescents parfois, et aussi d'enfants. Ils étaient plus sensibles à la magie qu'à toute la rhétorique maoïste et marxiste-léniniste. Ils s'étaient eux-mêmes donné le nom de Simba, les "lions", et croyaient profondément aux rituels martiaux.

L'armée de libération de Kabila et de Soumialot avait à son service un puissant féticheur, une femme d'une soixantaine d'années, Mama Onema. Elle initiait tous les jeunes guerriers. Elle les marquait à l'aide d'un rasoir de trois petites entailles entre les yeux. Elle prenait dans une boîte d'allumettes une poudre noire – des os et la peau broyés de lions et de gorilles, mélangés à des fourmis noires écrasées et à du chanvre pulvérisé – qu'elle frottait dans les petites plaies. Les garçons recevaient un grigri, une amulette qu'ils portaient autour du poignet ou du cou et qui était censée leur donner de la force. Chaque fois qu'ils partaient au combat, elle aspergeait leur torse et leurs armes pour les immuniser contre l'ennemi. Les combattants devaient respecter toute une série de règles de conduite. Ils n'avaient jamais le droit de serrer la main d'un non-Simba, ils ne devaient pas se laver, ni se coiffer ou se couper les ongles, sinon ils redevenaient vulnérables. Beaucoup de ces règles étaient moins étranges qu'il n'y paraissait à première vue. La plupart des Simba n'avaient pas d'uniforme et pratiquement pas d'armes à feu. Ils partaient au combat torse nu, couverts de brindilles et de peaux d'animaux et munis seulement de lances, de machettes et de gourdins. Ils devaient ainsi affronter l'armée gouvernementale de Mobutu qui, même si elle était encore totalement désorganisée, était équipée de mitrailleuses semi-automatiques. Aussi les règles de magie imposaient-elles aux Simba une forme de discipline militaire. Le sexe était interdit, pour éviter que les combattants ne se livrent à des viols. Il leur était interdit de se laisser aller à la panique, pour éviter qu'ils ne cèdent à l'impulsion de s'enfuir. Il leur était interdit de regarder derrière eux, comme de se cacher. Le combattant Simba devait se ruer sur l'ennemi, en hurlant "*Simba, Simba ! Mulele mai ! Mulele mai ! Lumumba mai ! Lumumba oyé !*" ("Lion, lion, eau de Mulele, eau de Lumumba, vive Lumumba !"). S'ils poussaient ces cris, les balles des adversaires se transformeraient en eau dès qu'elles atteindraient leur thorax. Quand on était touché, on n'avait manifestement pas respecté une règle de conduite[76]. Absurde ? Oui, mais pas plus que certaines offensives durant la Première Guerre mondiale, où l'on donnait ordre aux soldats d'avancer sous les tirs de barrage. Le plus curieux, c'était que non seulement les Simba étaient convaincus de leurs forces magiques, mais que l'armée du gouvernement y croyait aussi. Les soldats de Mobutu avaient une peur bleue de ces brutes hystériques et droguées qui se précipitaient sur eux en vociférant, les yeux écarquillés. En mai 1964, les Simba prirent Uvira et Albertville, deux villes importantes sur la rive occidentale du lac Tanganyika. Ce fut une cuisante défaite pour Kasavubu et Mobutu. Les soldats de l'armée gouvernementale attachaient des brindilles au canon de leurs fusils en espérant ainsi briser la magie des Simba, mais, le plus souvent, ils prenaient la fuite. A grands cris, les rebelles conquirent l'est du Congo. Ils confisquaient les voitures et vidaient les magasins. Ils s'emparaient des armes à feu que l'armée gouvernementale avait laissées derrière elle dans la panique. Soumialot se rendit avec ses jeunes hommes d'Uvira à Stanleyville, une marche à pied de plusieurs mois à travers la forêt vierge. Partout où ils allaient, dans les villages et les petites villes, ils étaient rejoints par des jeunes qui détestaient l'indépendance. Le cafouillage des dirigeants politiques empêchait des milliers de jeunes de suivre une éducation dans l'Est[77]. Leurs professeurs étaient à peine payés, voire pas du tout. Dans tout le pays, les enseignants se mettaient en grève[78]. L'enseignement secondaire, le moyen par excellence d'améliorer sa condition sociale, n'était plus que l'ombre de ce qu'il avait été autrefois. Ces jeunes étaient donc des élèves sans enseignants. Le mot *révolution** recelait pour eux plus de promesses que le mot *indépendance**. Ils étaient trop jeunes pour avoir déjà une femme, une maison ou un lopin de terre, mais pas assez vieux pour renoncer à tous leurs rêves. Ils n'avaient rien à perdre. C'étaient des *rebels with a cause*, des rebelles qui savaient pourquoi ils avaient envie de se battre, des jeunes lions, les grands perdants de l'indépendance. Et ils devinrent de terribles machines à tuer.

Mama Lungeni vit les rebelles arriver dans la ville. Début août 1964, Stanleyville tomba entre leurs mains. Le bastion de Lumumba et de Gizenga leur appartenait de nouveau. Ils se mirent à traquer ceux qui avaient gâché l'indépendance. Les *évolués**, les intellectuels et les nantis devaient y passer. Devant la statue de Lumumba, environ deux mille cinq cents "réactionnaires" furent tués. Les Simba leur extirpèrent le cœur et le mangèrent, pour empêcher le retour des morts. Ailleurs aussi, ils firent preuve d'une extraordinaire cruauté. "Beurre ! Beurre !", hurlèrent-ils à Tshumbe, en voyant s'écouler le cerveau du crâne d'un ennemi fendu à la machette[79]. Ils s'emparèrent de nourrissons et d'enfants, qu'ils firent étendre sous un soleil brûlant en attendant leur mort, quelques jours plus tard[80]. A Kasongo, ils éventrèrent plusieurs personnes âgées et obligèrent l'assistance à manger leurs entrailles[81]. Ils étaient de surcroît franchement antiaméricains, antibelges et anticatholiques. Le consul américain de Stanleyville dut piétiner le drapeau américain et en manger un morceau[82]. Quiconque était encore en possession d'un objet sur lequel était écrit "*made in* USA" pouvait être liquidé. Cela devint un jeu de mettre le feu à la barbe des missionnaires belges, pour ensuite l'étouffer en leur giflant le visage. Beaucoup de Simba avaient été élevés selon le culte secret du kitawala, qui avait toujours été très répandu dans l'est du Congo[83]. Ils avaient une profonde haine des Blancs. Plusieurs religieuses missionnaires furent torturées et tuées[84].

Mama Lungeni craignait de ne plus jamais pouvoir retourner au poste missionnaire protestant de Yalemba, où Disasi était enterré. Elle voulait y mourir et reposer à ses côtés. Mais le

5 septembre 1964, la rébellion annonça la formation d'un nouvel Etat. Le territoire des rebelles s'appelait désormais la *République populaire du Congo* *, par analogie avec la République populaire de Chine. Les différentes milices furent fusionnées pour former l'*Armée populaire de la libération* *. Christophe Gbenye, l'homme de Brazzaville, devint président; Gaston Soumialot devint ministre de la Défense; le commandement en chef des forces armées fut confié au général Nicholas Olenga. Un tiers du Congo leur appartenait. Mama Lungeni ne pouvait pas partir.

Pour Kasavubu, ce fut un affront total. Quant à Mobutu, il faisait piètre figure avec ses troupes qui ne cessaient de détaler. Il tenta de moderniser l'armée et obtint le soutien de pilotes de combat cubains, des hommes qui avaient fui le régime de Castro et cherchaient certainement à empêcher la progression des révolutionnaires de gauche dans d'autres régions du monde. Mais même cette aide ne put renverser la situation. Le Congo allait-il devenir la proie du communisme? Les Américains y étaient toujours totalement opposés. Et si le Katanga était reconquis? Si Tshombe revenait d'Espagne et se joignait aux rebelles? Il avait suffisamment de moyens et d'hommes. Dans ce cas, les deux tiers du Congo seraient entre les mains des révolutionnaires.

C'est alors que se produisit un de ces revirements dont l'histoire congolaise a le secret : Tshombe revint bel et bien et… choisit le camp de Léopoldville, le camp contre lequel il s'était battu deux ans et demi plus tôt! C'était une extraordinaire volte-face, qui ne manquait pas de logique cependant, si l'on ne fait pas entrer en ligne de compte le facteur intégrité. Mobutu et ses amis du groupe de Binza (en particulier Justin Bomboko, le ministre des Affaires étrangères, Victor Nendaka, le chef des services de sécurité congolais, et Albert Ndele, le gouverneur de la banque nationale) prirent conscience que Tshombe pouvait encore mobiliser ses gendarmes katangais et ses mercenaires[85]. Il n'avait qu'à leur faire traverser la frontière de l'Angola. S'ils se rangeaient du côté des rebelles, Léopoldville était perdue. Ils estimèrent qu'il valait mieux avoir un emmerdeur à l'intérieur qui va pisser dans le jardin, plutôt qu'un emmerdeur dans le jardin qui vient pisser à l'intérieur.

De son côté, Tshombe avait toujours souhaité asseoir son pouvoir dans la capitale. La proposition de Mobutu et des siens était l'occasion ou jamais de mettre un terme à son exil à Madrid et d'ajouter un nouveau paragraphe à son CV politique. Il écrivit à Kasavubu un message obséquieux : "En cette période difficile qui commence et dont le pays doit sortir grandi pour aborder les tâches énormes qui l'attendent, je vous renouvelle mon offre de prêter au service de la Patrie mon concours le plus entier[86]."

Pour la première fois depuis l'indépendance, les trois ennemis de Lumumba formaient une troïka : Kasavubu en tant que président, Mobutu en tant que chef des forces armées et, après quelques discussions, Tshombe en tant que Premier ministre. En juillet 1964, il remplaça Adoula et promit au peuple "un nouveau Congo en trois mois". Dans le grand stade de football de Léopoldville, il fut acclamé par trente à quarante mille spectateurs. A Stanleyville, juste avant que la ville ne soit prise par les rebelles, il déposa même une couronne de fleurs devant le monument de Lumumba, l'homme qu'il avait contribué à faire assassiner[87].

Tshombe disposait de deux atouts : ses mercenaires d'autrefois et l'armée américaine. Parmi les mercenaires figuraient le colonel Mike Hoare, un Sud-Africain d'origine irlandaise surnommé "Mad Mike", le colonel Bob Denard, un Français qui fut sans conteste le mercenaire le plus célèbre du XXe siècle, et Jean Schramme, surnommé "Black Jack". Ce dernier n'était pas un mercenaire classique, mais un Belge dirigeant une plantation au Katanga et qui avait décidé de s'investir dans le "sauvetage" du Congo. Les nouvelles recrues étaient dénichées dans des cafés douteux de Bruxelles, Paris et Marseille. Elles signaient des contrats où était précisé le dédommagement qu'elles percevraient en cas de perte d'un orteil (30 000 francs belges), du gros orteil (50 000 francs) ou du bras droit (350 000 francs). Ou ce que recevrait leur veuve (un million de francs)[88].

Les Américains mirent une flotte aérienne à la disposition de Léopoldville : treize avions de combat T-28, cinq bombardiers

B-26, trois avions-cargos C-46 et deux petits avions bimoteurs de transport de passagers. Tous des vestiges de la Seconde Guerre mondiale, qui suffisaient cependant à combattre de jeunes hommes torse nu qui se croyaient invulnérables[89]. Tandis que les mercenaires se lançaient dans une offensive terrestre, appuyés par les gendarmes katangais, les soldats de l'armée gouvernementale congolaise et les officiers belges, les Américains attaquèrent par les airs les Simba, qui perdirent leurs positions une à une.

Les Simba réagirent avec fureur. Stupéfaits qu'ils puissent tout de même mourir à la guerre, ils attribuèrent leurs défaites aux pluies de la saison qui avaient dû leur faire perdre leurs pouvoirs magiques[90]. Ils se mirent frénétiquement à la recherche des postes émetteurs chez les Blancs restés sur place, car ils les soupçonnaient d'informer l'ennemi. Quiconque possédait un transistor ou même un simple stylo à bille était suspect. Ils capturèrent des centaines d'Européens dans ce qu'il restait de territoire encore occupé par les rebelles et les gardèrent en otages à l'hôtel Victoria de Stanleyville. Ils menacèrent de tous les éliminer. Ce fut le signal de départ pour une opération militaire de grande envergure menée par les Belges et les Américains. Elle se composa d'une offensive terrestre (opération Ommegang) et d'une offensive aérienne (opération Dragon rouge). Le 24 novembre 1964, 343 para-commandos belges atterrirent à Stanleyville et occupèrent l'aéroport. Pendant ce temps, les forces terrestres entraient dans la ville. Deux mille Européens furent libérés et évacués à l'aide de quatorze avions C-130 ; il y eut une centaine de morts dans le courant de l'opération. Les jours suivants, les Simba tuèrent en représailles quatre-vingt-dix religieux à l'intérieur des terres[91]. Le nombre de victimes du côté congolais n'a jamais été déterminé.

Mama Lungeni échappa à la mort de justesse. Le jour de la libération de Stanleyville, elle entendit à cinq heures et demie le vrombissement des avions. Elle s'enferma chez elle avec les membres de sa famille. “Peu après, un des avions vient survoler notre quartier de la Tshopo”, se souvenait son fils. “Arrivé juste au-dessus de notre habitation, il jette une roquette qui tombe à environ dix mètres de la maison, où elle éclate. Une partie de ce projectile s'enfonce dans la terre, tandis que des éclats sont projetés vers la grande porte qui donne sur le devant et brise toutes les vitres." Mama Lungeni était assise à ce moment-là dans le salon, en face de la porte d'entrée. Elle fit un malaise. "Tout le monde, enfants et petits-enfants se mirent à crier : « Mama est morte ! Grand-mère est morte ! » On la transporta derrière la cour et on l'exposa en plein air où, peu de temps après, elle commença à bien respirer et ouvrir les yeux[92]."

Après la prise de Stanleyville, les rebelles se dispersèrent dans l'arrière-pays. Deux filles de Mama Lungeni qui vivaient le long du fleuve vinrent la chercher en pirogue. Pourtant la mission de Yalemba était encore loin d'être sûre. Elles avaient quitté leurs villages, terrifiées par les bombardiers américains.

> Leur présence et leur opération provoquèrent parmi la population une grande terreur qui poussa les gens à déserter leurs villages pour se réfugier dans la forêt et dans les îles. Mama Lungeni et ses enfants étaient parmi les réfugiés de la forêt, mais les conditions de vie ici étaient vraiment déplorables. Il fallait chaque fois se construire des abris temporaires contre les intempéries et on devait chaque fois se déplacer d'un lieu à l'autre. Mama Lungeni, épuisée et ne pouvant plus marcher, devait à chaque déplacement être portée sur le dos tour à tour par sa fille Bulia et ses petites-filles, Mise et Ndanali tandis que les petites, Naomi, Toiteli, Maukano, Moali et leur cousin Asalo Kengo les suivaient portant les bagages.
>
> A cause des mauvaises conditions et du manque de sécurité, on décida de quitter la forêt et d'aller se réfugier sur l'île d'Enoli au large du fleuve où se trouvaient notre oncle Anganga et sa famille[93].

La vieille femme finit là où elle avait commencé : dans les malheurs d'une guerre. Un jour, elle alla se coucher après la prière du soir. Une violente averse survint. A trois heures du matin, sa fille aînée qui dormait à côté d'elle alluma une lampe. Mama Lungeni était morte. C'était le 1er mai 1965. En pirogue, ils transportèrent son corps à Bandio, l'endroit où Disasi avait été enlevé en 1883. On tambourina sur le gong la nouvelle de sa mort. Les gens sortirent de la forêt équatoriale pour participer aux obsèques. Elle fut enterrée à côté de la dépouille mortelle de son mari.

Et la guerre civile se poursuivit. Léopoldville gagnait peu à peu du terrain. Soudain, alors que les rebelles étaient extrêmement affaiblis, ils reçurent de l'Est un soutien d'une origine inattendue. Mal dirigée, la révolution n'avait jamais conçu de tactique diplomatique digne de ce nom, le soutien de pays sympathisants comme l'Egypte, l'Algérie, la Chine et l'Union soviétique restait minime. Mais en avril 1965, Che Guevara en personne débarqua sur les rives du lac Tanganyika ! Il avait pris l'avion de Cuba et fit venir plus de cent militaires cubains bien entraînés, tous d'origine africaine, pour que leur présence passe inaperçue. Ces soldats étaient de lointains descendants d'esclaves d'Afrique centrale. Ils venaient à présent reconquérir le Congo aux côtés de Kabila et de ses Simba. Mais le Che ne tarda pas à s'apercevoir que le feu révolutionnaire chez ces hommes n'était pas très ardent. Dans les campements clandestins de leur maquis, ils mettaient de la musique dansante à plein volume et des femmes et des enfants se promenaient tranquillement. Les camarades congolais, qui passaient leur temps à fainéanter, n'avaient pas la moindre formation. Ils ne voulaient pas entendre parler de tranchées, qui étaient selon eux réservées aux morts. Ils ne voyaient pas l'intérêt d'apprendre à tirer, ils ne parvenaient pas à fermer l'œil droit. Ils préféraient tirer autour d'eux[94]. “Un de nos camarades disait pour plaisanter qu'au Congo étaient réunies toutes les conditions contraires à la révolution”, fit remarquer avec sarcasme Che Guevara dans son journal[95]. Les quelques occasions où ils montèrent au front, les Cubains furent témoins “du triste spectacle de troupes qui partent à l'attaque, mais se dispersent totalement dès que commence le combat, en jetant de tous côtés leurs précieuses armes pour décamper plus vite[96]”. Kabila était quant à lui tout le temps en Tanzanie et ne fit une apparition qu'au bout de deux mois pour aussitôt disparaître à nouveau. Le Che reconnut que Kabila était la seule personnalité capable de diriger, mais un véritable chef révolutionnaire était tout de même autre chose. “Il est important d'avoir le sérieux révolutionnaire, une idéologie qui guide l'action et un esprit de sacrifice qui accompagne ses actes. Jusqu'à présent, Kabila n'a pas démontré posséder une seule de ces qualités. Il est jeune et il peut changer, mais je me décide à consigner sur le papier – un papier qui ne verra la lumière que dans plusieurs années – mes très gros doutes quant à sa capacité de dépasser ses défauts[97]." Kabila allait continuer de fainéanter dans le maquis pendant plus de trente ans. En 1997, il renversa Mobutu ; le Che était alors mort depuis longtemps.

Au bout de sept mois, Che Guevara et ses combattants quittèrent le territoire congolais. La rébellion était vaine. Il nota avec amertume : "Durant les dernières heures au Congo, je me suis senti seul, comme jamais je ne l'avais été, ni à Cuba ni en aucun endroit de mes pérégrinations à travers le monde[98]."

Tshombe triomphait. La rébellion avait été repoussée grâce à "ses" mercenaires et à "ses" gendarmes. En plus de son triomphe militaire, il enregistra une victoire diplomatique d'une extrême importance. A Bruxelles, il était allé négocier à propos du fameux "portefeuille colonial". On désignait ainsi les gros paquets d'actions dont la Belgique avait réussi à s'emparer juste avant l'indépendance. Les discussions sur la restitution de ces valeurs mobilières avaient reçu le nom de "*contentieux* * belgo-congolais". Tshombe parvint à convaincre les négociateurs belges que ce portefeuille d'actions revenait en fait à l'Etat congolais, récupérant ainsi la poule aux œufs d'or dans son propre poulailler. Quand il rentra au Congo, il agitait partout un porte-documents en cuir[99]. Le portefeuille ! La population riait et rayonnait. La guerre était finie, l'argent revenait. On chantait : "Maintenant, nous allons à nouveau manger du *makayabu* !" – de la morue, dont la population raffolait, mais qui était devenue hors de prix.

Pendant la Première République, le Congolais moyen avait vu son niveau de vie se dégrader très nettement. L'inflation avait atteint des sommets : un kilo de riz, qui en 1960 coûtait à peine neuf francs, valait en 1965 quatre-vingt-dix francs[100]. Le pouvoir d'achat s'était réduit comme une peau de chagrin[101]. Le chômage pesait lourd. Ceux qui avaient encore un emploi avaient de plus en plus de bouches à nourrir et de moins en moins d'argent[102]. Beaucoup de gens avaient faim[103]. Les maladies qui avaient été endiguées, comme la maladie du sommeil, la tuberculose et l'onchocercose, faisaient à nouveau d'innombrables victimes[104].

En 1965, Tshombe était de loin l'homme politique le plus populaire du Congo. Pour la première fois depuis la décolonisation, des élections législatives furent à nouveau organisées. Tshombe remporta une victoire écrasante. Avec l'union de partis constituée pour l'occasion, il remporta 122 des 167 sièges. Kasavubu comprit que Tshombe pouvait représenter un danger pour sa présidence. Il exerçait déjà à lui seul les fonctions de Premier ministre et de ministre des Affaires étrangères, du Commerce extérieur, du Travail, du Plan et de l'Information[105]. Le 13 octobre, Kasavubu répéta exactement ce qu'il avait déjà fait en septembre 1960 pour Lumumba : il destitua le Premier ministre et mit en avant pour le remplacer un laquais (Evariste Kimba), une personnalité en qui le Parlement n'avait aucune confiance. Même si la nouvelle Constitution autorisait une telle manœuvre, la situation donnait l'impression d'être revenue au point de départ.

Pendant une de nos conversations, Jamais Kolonga a sorti une curieuse photo furieusement froissée. Un petit nombre d'hommes jeunes étaient rassemblés, rayonnants, autour d'une table. Au milieu, j'ai aussitôt reconnu le jeune Mobutu. Même à l'époque, il ressemblait à un *remake* africain du roi Baudouin. "C'était pour le trente-cinquième anniversaire de Mobutu. La fête avait lieu dans le restaurant du Zoo, le meilleur restaurant de la ville." C'était le 14 octobre 1965, le lendemain du renvoi de Tshombe. "Ici à gauche, c'est Isaac Musekiwa, le trompettiste d'OK Jazz, à côté Paul Mwanga, le chanteur d'OK Jazz, puis moi, Jamais Kolonga, à côté de Mobutu ! A droite, il y a les hommes d'African Jazz. D'abord le chanteur Mujos, puis le grand Kabasele lui-même. Ici, c'est Roger Izeidi, d'OK Jazz. Et tout à droite, rien de moins que Franco !" Toute la *fine fleur** de la musique congolaise était rassemblée ce soir-là autour de celui qui occupait les plus hautes fonctions de l'armée, comme si les Beatles et les Stones avaient pu être réunis un jour sur une photo en compagnie du commandant en chef des forces armées britanniques. Manifestement, Jean Lema, alias Jamais Kolonga, se remémorait encore avec plaisir la soirée. “Vous savez ce que Mobutu m’a révélé ce soir-là ? En 1960, j’avais travaillé avec lui pendant trois mois au service de Lumumba. « Jean », m’a-t-il dit, « dans un mois, je serai président de la République. »[106]”

Et c’est ce qui arriva. Le 24 novembre 1965, une date que tous les Congolais connaissent par cœur, Mobutu réunit à neuf heures du soir tous les hauts responsables des forces armées dans sa résidence de la capitale. Son bureau était rempli de dossiers, de journaux et de magazines. Il avait passé toute la journée dans des réunions et sa décision était prise : il allait devenir chef de l’Etat. La Première République avait tourné à la catastrophe totale. Il devait remettre les affaires en ordre. Si Kasavubu recommençait la même manœuvre que cinq ans plus tôt, il réitérerait quant à lui, Mobutu, son coup d’Etat, et cette fois pas pour cinq mois, mais pour cinq ans. Il dicta à un collaborateur un communiqué, un sous-lieutenant devait lire le texte à la radio, tandis qu’un commandant saboterait la ligne téléphonique de Kasavubu. Tout le monde lui exprima son soutien. La bière coula à flots. Mme Mobutu régala les personnes présentes de poissons et de bananes plantains. Elle n’était cependant pas rassurée : “Arrêtez avec ces histoires. S’ils vous prennent, vous allez tous vous faire tuer”, a-t-elle chuchoté à son beau-frère. Mais à deux heures et demie du matin, elle versa à tout le monde une coupe de champagne. Trois heures plus tard, la radio diffusa la nouvelle du coup d’Etat[107]. Pendant le reste de la journée, il n’y eut que de la musique militaire sur les ondes. La Première République était terminée. Il n’y avait pas eu un coup de feu. La lutte pour le trône était réglée. Chacun des quatre protagonistes avait vécu son heure de gloire, mais ce fut Mobutu qui sortit vainqueur.

9

LES ANNÉES ÉLECTRIQUES

MOBUTU SE RETROUSSE LES MANCHES
1965-1975

Septembre 1974. Zizi Kabongo fut plutôt surpris quand il reçut la lettre. Ici à Paris, il lui arrivait de recevoir du courrier, mais le fait que le responsable de son établissement vienne lui remettre en personne une lettre, c'était une nouveauté. Depuis quand le directeur du célèbre INA, l'Institut national de l'audiovisuel, était-il un coursier amélioré ? Le responsable d'une des principales formations de journalistes de radio et de télévision dans le monde avait certainement mieux à faire que de jouer les messagers pour la poignée d'Africains venus étudier sur place ?

L'expéditeur de la lettre était cependant une personnalité de poids. Zizi constata que le courrier venait de l'ambassade, ce qui signifiait à l'époque : du président. Mobutu avait confié cette lettre à son ministre, qui l'avait confiée à l'ambassadeur, qui l'avait confiée à ses subalternes. Telle était la procédure habituelle, à présent, dans la lointaine patrie de Zizi. Depuis que Mobutu était arrivé au pouvoir neuf ans plus tôt, il tenait fermement les rênes en main. Toutes les rênes.

Septembre. L'année universitaire venait de commencer. Paris se ranimait : retour de vacances des Français, métros à nouveau bondés, foule pressée sur les boulevards. “Ambassade de la république du Zaïre”, lut Zizi sur l'enveloppe. Même au bout de trois ans, il avait du mal à s'y habituer… En 1971, un Congo tout en rondeur avait dû céder la place à un Zaïre tout en sifflement. Mobutu trouvait le nom plus authentique que celui de l'époque coloniale, “Congo”. Le père de la révolution s'était inspiré d'un des plus anciens documents écrits concernant son pays : une carte portugaise du XVIe siècle. Le large fleuve serpentant à travers les terres y était désigné par "Zaïre". Peu après le changement de nom, Mobutu s'était aperçu de la bêtise : "Zaïre" était l'orthographe bancale de *nzadi*, un mot kikongo tout à fait ordinaire qui signifie "fleuve". Dans le territoire proche de l'embouchure du fleuve, quand les Portugais avaient demandé aux indigènes comment ils appelaient cette grande masse d'eau tourbillonnante, ces derniers s'étaient contentés de répondre : "Fleuve !" "*Nzadi*", répétaient-ils. "Zaïre", comprirent les Portugais. Pendant trente-deux ans, le pays de Zizi devrait son nom à la phonétique approximative d'un cartographe portugais ayant vécu quatre cents ans plus tôt.

Le Zaïre donc. Ainsi s'appelait le pays, et désormais aussi le fleuve, la monnaie, les cigarettes, les préservatifs, et ainsi de suite. Un nom curieux, avec ce *z* inhabituel et ce tréma contraignant. Quand on devait le taper à la machine à écrire, on obtenait au-dessus du *i* une sainte trinité de points. Les alliés américains de Mobutu n'arrivaient jamais vraiment à le prononcer. Systématiquement, ils le réduisaient en une seule syllabe : "zair", le son *air* précédé d'un *z*.

*A l'attention du Citoyen Kabongo Kalala**, était-il écrit sur la lettre de l'ambassade. Les Français s'en étaient amusés, de ce "citoyen" utilisé comme titre. Il restait au moins un pays qui respectait le protocole révolutionnaire, deux cents ans après la prise de la Bastille.

Naturellement, Zizi ne s'attendait pas à ce qu'on lui adresse un courrier au nom de "Zizi". Peu de gens connaissaient encore son véritable nom mais, pour la correspondance administrative, il restait tout simplement Isidore – surtout en France où "zizi" désigne le pénis. Mais même cet "Isidore" manquait sur l'enveloppe. Il n'y avait ni prénom ni initiale. Kabongo Kalala, tel était son nom officiel depuis deux ans. En 1940, il était né Isidore Kabongo mais, depuis 1972, il se faisait appeler Kabongo Kalala. Sans prénom. Les prénoms chrétiens, jugés eux aussi trop coloniaux, étaient interdits.

Pour Mobutu, les esprits ployaient encore sous le joug du passé. La population devait se libérer, cette fois mentalement. Les changements de noms en tout genre pouvaient y contribuer. Léopoldville allait s'appeler Kinshasa, Stanleyville

Kisangani et Elisabethville Lubumbashi. Les villes plus petites reçurent elles aussi un nom indigène : Ilebo pour Port-Francqui, Kananga pour Luluabourg, Moba pour Baudouinville, Mbandaka pour Coquilhatville, Likasi pour Jadotville. Le lac Léopold II fut rebaptisé Maï Ndombe, “eau noire”. Le lac Albert devint le lac Mobutu. Et pour briser la fierté locale, le Katanga s’appelait désormais le Shaba.

La toponymie ne suffisait pas, selon Mobutu. Il fallait aussi que les Zaïrois changent de nom, car certains conservaient une trop haute opinion de la Belgique. En effet, les personnes qui s’appelaient Lukusa continuaient d’abâtardir leur nom en le transformant en De Luxe. Kalonda devenait De Kalondarve. Le chanteur Georges Kiamuangana trouvait plus attrayant de prendre un nom de scène aux sonorités flamandes, de Verckys. Et Désiré Bonyololo, le sténo de Kisangani, aimait se faire appeler Désiré Van-Duel. Les idéologues de la Deuxième République avaient ces noms-là en horreur. Le nouveau Zaïrois devait être fier de ce qu’il était, au lieu d’afficher de façon grotesque ce qu’il voulait être. Désormais, il n’y aurait que des noms indigènes.

Ainsi, mêmes les prénoms durent périr. Ils avaient été introduits par des missionnaires qui à chaque baptême donnaient à un enfant le nom d’un saint européen : Joseph, Jean, Christophe, Thérèse, Bernadette, Marie. Le vrai Zaïrois, rappelait le président, se définissait par rapport à ses ancêtres, et non par rapport à un saint éloigné ! Il interdit par conséquent les noms de baptême et imposa des noms ancestraux. Le *prénom** disparut, le “*postnom*” (un savoureux néologisme mobutiste) le remplaça. Ce subterfuge était destiné à briser l’autorité de l’Eglise. Isidore Kabongo devint Kabongo Kalala. Sous Mobutu, tout changea réellement.

“Au début, nous étions satisfaits du coup d’Etat de Mobutu”, m’a raconté Zizi Kabongo au cours d’une de nos nombreuses conversations à Kinshasa[1]. J’ai rarement discuté aussi souvent avec mes informateurs qu’avec lui. Extrêmement lucide, il parlait avec beaucoup de finesse de l’histoire complexe de son pays. Comme bon nombre de personnes de sa génération, il avait été séminariste pendant un certain temps, mais sa vocation l'avait quitté à mi-parcours et il était devenu professeur de latin et de grec au Katanga. Finalement, il avait choisi la voie du journalisme. A présent, à 69 ans, il occupe un poste de direction à la radio nationale. "Ouf!, nous nous sommes dit à l'époque. Enfin de l'ordre! La Première République avait été un immense gâchis. Toutes ces magouilles entre Kasavubu et Tshombe… Cela a suscité une grande déception. Les trains ne roulaient plus, la prospérité avait disparu, le chômage augmentait. Et, pendant ce temps, on voyait les politiciens circuler en limousines et envoyer leurs enfants étudier en Europe. Mobutu a supprimé les partis politiques pendant cinq ans et tout le monde était très content."

Mobutu recherchait effectivement une rupture de style. Juste après son coup d'Etat, il s'était adressé à la foule dans le grand stade de football de Kinshasa. Ce jeune homme svelte qui prenait la parole ne portait pas un smoking hors de prix, mais un uniforme kaki de l'armée et un béret[2]. Il avait employé des phrases emphatiques pour évoquer les "conflits stériles des politiciens qui sacrifiaient le pays et leurs compatriotes à leurs propres intérêts". L'auditoire ne pouvait que l'approuver. "Rien ne comptait pour eux, si ce n'était le pouvoir… et ce que l'exercice du pouvoir pouvait leur rapporter. Se remplir les poches, exploiter le Congo et les Congolais, voilà ce qu'était leur devise." Mobutu appelait un chat un chat. Il tenait des propos énergiques, un raisonnement clair. "Je vous dirai toujours la vérité, aussi dure qu'elle soit. C'en est fini de vous assurer que tout va bien alors que tout va mal. Et je vous le dis tout de suite : dans notre cher pays, tout va réellement très mal."

Puis le stade plein à craquer avait eu droit à un cours d'économie nationale. Il avait annoncé des chiffres glaçants. La production de maïs, de riz, de manioc, de coton et d'huile de palme avait considérablement diminué. Les dépenses de l'Etat avaient connu une hausse exponentielle. Le pouvoir d'achat avait reculé, la corruption sévissait. La situation ne pouvait plus durer. "A situations exceptionnelles, mesures exceptionnelles, et ce dans tous les domaines." Mobutu avait suspendu le régime des partis pendant cinq ans. D'ici là, il voulait remettre le pays sur les rails et avait besoin à cet effet de tous les hommes et toutes les femmes. “Pour réaliser ce programme de redressement, il nous faudra des bras, beaucoup de bras.” Mobutu avait retroussé les manches de son uniforme pour donner lui-même l’exemple. “Nous nous retrouverons ici dans cinq ans. Dans cinq ans, vous ferez la comparaison entre la première et la deuxième législature. Je suis sûr que vous constaterez que le Congo d’aujourd’hui, avec sa misère, sa faim et ses malheurs, se sera transformé en un pays riche et prospère où il fera bon vivre et que le monde nous enviera[3].”

Depuis Lumumba, aucun politicien ne s’était exprimé avec autant d’enthousiasme dans la capitale. Mobutu utilisait les termes vigoureux de Lumumba mais les complétait par un programme concret. Il rayonnait d’assurance et de détermination. Le Congo allait devenir un Etat moderne.

Zizi aurait préféré aller en Europe pour faire une thèse sur Baudelaire, mais Mobutu estimait que la jeune intelligentsia devait servir le pays de façon plus concrète. Zizi y fut envoyé, avec plusieurs autres compatriotes, pour apprendre à faire de la télévision. La télévision nationale allait devenir pour Mobutu un instrument essentiel pour tenter de remettre le pays en état. Dès le 23 novembre 1966, un an exactement après le coup d’Etat, la toute première émission nationale était diffusée à la télévision congolaise. Un an plus tard, les premières émissions en lingala débutèrent.

“On voyait surgir partout des antennes et des relais”, m’a raconté Zizi. “Le Congo a même eu la télévision couleur longtemps avant toute une partie de l’Europe de l’Est. Une génération entière de journalistes a bénéficié d’une excellente formation. Nous allions à Paris et nous recevions de la part de Mobutu une bourse d’études qui représentait le double du salaire minimum des Français. J’avais mon propre appartement, j’allais au cinéma. Je gagnais plus qu’un ouvrier français !” Un jour, Mobutu est venu rendre visite à ses étudiants à Paris et ils ont tous eu le droit d’aller acheter cinq costumes à ses frais sur les Champs-Elysées[4]. A l’occasion d’un petit reportage à Bruxelles, son chef du protocole est venu inspecter les bagages de l’équipe de cameramen pour vérifier si les tenues étaient convenables. Plus tard, les indemnités journalières ont atteint de tels montants que Zizi a pu s'en servir pour faire construire une maison.

Puis cette lettre était arrivée en septembre 1974. Zizi lut qu'il devait se rendre à la fin du mois à Kinshasa pour une visite censée durer tout au plus quarante-huit heures. Tous les étudiants zaïrois de l'INA étaient convoqués, parce qu'ils avaient tout de même des comptes à rendre. Pourquoi tant d'urgence ? Un match de boxe important devait avoir lieu et il fallait le diffuser en direct. Un match de boxe avec Mohammed Ali.

Les dix premières années des trente ans de règne de Mobutu furent une période d'espoir, d'attentes et de renouveau. "Mobutu était électrique", m'a dit un jour l'écrivain Vincent Lombume[5]. Et pas seulement parce qu'il avait apporté la télévision et construit des centrales hydroélectriques, mais parce qu'il avait donné à la nation en ruine une décharge électrique morale. La période entre 1965 et 1975 est restée gravée dans les esprits comme les meilleures années du Congo indépendant. Et effectivement, Kinshasa n'avait jamais été aussi animée, la bière moussait, les nuits n'en finissaient pas. "Kin la Belle", avait-on surnommé la ville. A partir de 1969, la production de bière augmenta chaque année de 16 %. En 1974, l'année du match de boxe, cinq millions d'hectolitres furent brassés[6]. Cependant, les cinq premières années du règne de Mobutu, qui était encore très occupé à consolider son pouvoir, furent aussi marquées par des moments particulièrement effroyables. Des moments encerclant l'euphorie comme des tessons de verre figés dans un mur en béton.

Il était très tôt le matin, par un sombre jeudi à Kinshasa, quand les premiers atteignirent la grande place ouverte de la cité, le terrain en friche près du pont à l'ouest de l'aéroport de Ndolo. Est-ce que cela allait tout de même se produire ? Des jeunes femmes portant sur la tête un panier rempli de sucre de canne ralentirent le pas. Des fonctionnaires en costume s'écartaient de leurs trajets quotidiens. Des chenapans en T-shirt déchiré arrivaient en courant. Est-ce que vraiment… ? Des centaines, des milliers de pieds foulaient le grand terrain. D'élégantes brogues italiennes marchaient dans la poussière à côté de pieds nus, calleux. De petites mules à talons aiguilles faisaient des trous dans le sable. Des camions transportant des soldats attendaient. Tout le monde pouvait constater, en voyant le centre de la place, que c'était du sérieux : une estrade en bois surmontée d'une potence y avait été érigée.

C'était le jeudi 2 juin 1966. Mobutu était depuis six mois au pouvoir. Le lundi, il avait annoncé à la radio qu'un complot contre lui avait été déjoué. Tout le monde avait entendu que, la veille, le jour de la Pentecôte, quatre personnalités de l'ancien régime avaient été surprises en train de tramer un coup d'Etat. Les condamnés étaient Alexandre Mahamba, ancien ministre dans les gouvernements de Lumumba, d'Ileo et d'Adoula, Jérôme Anany, ministre de la Défense sous Adoula, Emmanuel Bamba, ministre des Finances dans le même gouvernement et également un éminent leader des kimbanguistes, et surtout Evariste Kimba, l'homme qui avait été Premier ministre pendant peu de temps, à la demande de Kasavubu, juste avant que Mobutu commette son coup d'Etat. Avaient-ils vraiment cherché à renverser le régime ? Il est très probable qu'ils s'étaient fait piéger. Des officiers de l'armée, qui s'étaient fait passer pour des transfuges, leur avaient demandé de dresser la liste d'un nouveau gouvernement. Le procès qui suivit fut une caricature. Pas un seul des officiers en question ne fut assigné, les quatre prévenus civils n'avaient pas l'ombre d'une chance. Quand l'un d'eux voulut se défendre, le président du tribunal militaire dit : "Messieurs, nous sommes ici devant le conseil de guerre, ce n'est pas pour discussion. Nous sommes ici, c'est pour punir quelqu'un, donc, le tribunal militaire ne demande pas beaucoup de temps[7]." Quelques instants plus tard, le verdict tomba : les quatre accusés seraient pendus, alors qu'aucun d'eux n'avait jamais commis de violence, possédé une arme ni entrepris la moindre action.

La foule se rassembla. Plusieurs dizaines de milliers de personnes. L'AFP, l'agence de presse française, donna même le chiffre de trois cent mille[8]. Ce rassemblement était le plus grand de l'histoire congolaise. Kinshasa, qui avait doublé de taille, était devenue une ville de plus de huit cent mille habitants[9]. Plus de la moitié d'entre eux avait moins de 20 ans[10]. Après l'indépendance, l'exode vers la ville s'était de nouveau amplifié, favorisé entre autres par la guerre civile qui sévissait à l'intérieur des terres. Kinshasa s'étalait toujours plus. Sur une zone de quinze kilomètres s'étendait une mer infinie de tôles ondulées et de bicoques improvisées, le plus souvent dotées d'un seul étage et surpeuplées. On ne voyait surgir de hautes constructions que dans le centre. Ces anciens et nouveaux habitants de Kinshasa, les Kinois, s'attroupaient à présent massivement en ce jeudi matin suivant la Pentecôte. Dans les années 1930, le colonisateur avait utilisé les exécutions publiques comme moyen de faire régner la terreur. Mobutu allait-il lui aussi oser aller si loin ? En s'en prenant de surcroît à quatre anciens ministres ?

La population s'était déjà aperçue que Mobutu n'avait pas froid aux yeux. Aussitôt après le coup d'Etat, ses adversaires d'autrefois avaient été contraints de chercher un endroit plus sûr. Kasavubu s'était enfui dans sa région natale. Tshombe s'était de nouveau exilé en Espagne. La peur était bien là. Kasavubu avait écrit à Mobutu qu'il acceptait son coup d'Etat "dans l'intérêt supérieur du pays". En tant qu'élu du peuple, il pouvait certes revendiquer son siège au Parlement, mais il estimait "utile de ne pas siéger pour le moment". Kasavubu avait toujours eu quelque chose d'un chanoine, mais jamais il ne s'était exprimé avec autant de soumission. "J'aimerais prendre un peu de repos dans le Bas-Congo", écrivait-il encore. Il voulait retourner dans son village, retirer ses vêtements européens et tirer du vin de palme en costume traditionnel pour ses amis et ses hôtes[11]. Et, comme si ce n'était pas suffisamment clair, il ajouta : "Il n'entre pas dans mes intentions de créer une quelconque agitation[12]." *Exit* Kasavubu donc. Quatre ans plus tard, il mourut à l'âge de 52 ans d'un cancer.

Le cas de Tshombe était une autre paire de manches, la population le savait. Beaucoup avaient voté pour lui. Après sa retentissante victoire électorale, il nourrissait encore, en sauveur de la patrie, beaucoup d'ambitions politiques. Il faisait la navette entre Paris, Madrid et Palma de Majorque et préparait son retour. Mobutu n'avait pas la moindre envie de le voir revenir. N'avait-il pas ouvertement annoncé qu'il allait s'atteler à "*l'élimination pure et simple de la politicaille* *"[13] ? Parmi ceux qui à présent se rassemblaient autour de la potence, personne ne pouvait s'en douter mais, un an plus tard, Tshombe serait condamné à mort par contumace pour des activités prétendument subversives alors que, tout comme Lumumba, il avait été élu démocratiquement. En juin 1967, il fut invité par un homme d'affaires français véreux ayant des contacts dans les plus hautes sphères congolaises pour un vol d'agrément de Palma à Ibiza. Sur le chemin du retour, l'homme tira soudain deux coups de feu et ordonna aux pilotes de mettre le cap sur Alger. A l'arrivée, Tshombe fut jeté en prison. Le Congo exigea son extradition, mais le président algérien, Boumediene, refusa de le laisser partir, malgré un avis favorable de la Cour suprême. Il avait dans un premier temps espéré extrader Tshombe en exigeant du Congo en échange qu'il interrompe ses relations diplomatiques avec Israël, mais le président de Gaulle interpella personnellement Boumediene pour empêcher l'échange, une telle extradition risquant fort de se terminer par une répétition de l'assassinat de Lumumba[14]. Deux ans plus tard, le 29 juin 1969, Tshombe mourut dans la cellule de sa prison algérienne, trois mois après Kasavubu. D'une crise cardiaque, d'après ses médecins. Assassiné, d'après beaucoup de Congolais. Il n'avait que 48 ans.

Mobutu avait remporté la lutte pour le trône mais, durant ses premières années à la tête du pays, il régla systématiquement ses comptes avec ses adversaires de la Première République. Il dut même neutraliser Lumumba cinq ans après sa mort. Ses partisans étaient encore nombreux, et pas seulement dans l'Est. Mobutu eut l'idée d'un coup de maître qui révélait à la fois son intelligence stratégique et son insondable cynisme : lui, Mobutu, l'homme qui avait largement contribué à l'assassinat de Lumumba, fit de Lumumba… un héros national ! Le jour de la fête nationale, la population congolaise put entendre Mobutu proclamer, sans sourciller : “Gloire et honneur à cet illustre Congolais, à ce grand Africain, le premier martyr de notre indépendance économique : Patrice Emery Lumumba[15].” Le boulevard Léopold-III, une des grandes artères de Kinshasa, fut vite rebaptisé boulevard Patrice-Emery-Lumumba. Il porte encore ce nom aujourd'hui. Au début du boulevard, une gigantesque statue de Lumumba fait signe à la circulation, dans un bruit de klaxons.

La manœuvre était une tromperie éhontée. Déjà, en 1964, Mobutu avait neutralisé Tshombe en l'attelant devant son char pour pourfendre les Simba, et voilà qu'à présent il neutralisait la personnalité de Lumumba en lui rendant les honneurs à titre posthume. Les lumumbistes ne savaient plus où ils en étaient : leur héros était soudain devenu aussi celui de l'ennemi ! Mobutu l'avait pour ainsi dire hissé à l'arrière du vélomoteur de son coup d'Etat. La neutralisation par la récupération allait être un de ses tours préférés pendant les trente années de dictature qui suivraient.

La neutralisation fut aussi un concept de base de ses premiers mois au pouvoir. Il interdit les partis, puis il donna congé au Parlement. Il dit aux députés et aux sénateurs : "Reposez-vous d'abord, faites une pause de cinq ans[16] !" Dans l'intervalle, c'est lui qui aurait l'honneur de légiférer. Les provinces furent logées à la même enseigne. La prolifération de mini-provinces était une gabegie financière, estimait Mobutu. Préférant avoir une vue d'ensemble, il ramena leur nombre de vingt et une à neuf. A leur tête furent placés les fidèles de Mobutu. Cette centralisation avait pour but de lutter contre les forces centrifuges (sécessions, tribalisme). Et cela ne s'arrêta pas là. Le Congo passa d'une démocratie civile fédérale à une dictature militaire centralisée. Lors de son coup d'Etat, Mobutu avait nommé le général Mulamba aux fonctions de Premier ministre, mais il fut contraint au bout d'un certain temps de neutraliser même ce poste. Zizi Kabongo savait pour quelle véritable raison : "Mulamba était aimé de la population, plus que Mobutu. Il l'a donc éloigné. Mulamba est devenu ambassadeur au Japon. Cela se passait toujours de la même manière. Des prétendues promotions, des galons, de l'argent, tout autant de gâteries pour faire taire les gens." Mobutu obtint ainsi, en plus des pouvoirs législatif et militaire, la responsabilité du pouvoir exécutif.

Mais une pendaison en public ? C'était tout de même autre chose que de faire cadeau à un adversaire d'un poste d'ambassadeur dans une somptueuse villa lointaine. "Personne ne pensait que cela allait se passer", a dit Zizi. "Le pouvoir de Mobutu n'avait pas encore des bases solides. Il n'avait que l'armée pour le soutenir, et les quatre condamnés avaient chacun des hommes de leur tribu dans l'armée. Ils pouvaient s'insurger." Mobutu hésitait. Cela faisait plusieurs jours qu'il refusait de voir sa femme, de peur qu'elle ne parvienne à le convaincre. L'archevêque Malula avait lui aussi demandé la grâce des condamnés, et même le pape avait téléphoné. Mais céder maintenant aurait été un signe de faiblesse… A l'époque, le livre de chevet de Mobutu était *Le Prince* de Machiavel.

Le lendemain, une fanfare militaire jouait sur le lieu de l'exécution. La marée humaine vit une Jeep arriver sur le terrain. Les quatre condamnés étaient à l'intérieur ! Devant la potence, deux femmes hurlèrent leur impuissance. Elles étaient de la famille d'un des "*comploteurs* *". Elles durent être écartées avec leurs enfants. Torse nu, les cheveux pendants, les femmes étaient en pleine frénésie. L'attention se concentrait à présent sur l'estrade. Le premier qui monta à l'échafaud fut le bourreau, un colosse, vêtu de noir et coiffé d'un capuchon noir. Aussitôt après, la foule vit monter un grand homme masqué. Il ne portait qu'un maillot de football bleu à rayures rouges. C'était Evariste Kimba, ancien Premier ministre de la République démocratique du Congo. En bas, il s'était confessé à un des prêtres présents, à côté des quatre cercueils déjà prêts. Le bourreau lut la sentence. Kimba se tenait droit. On lui passa la corde au cou et la trappe s'ouvrit. Des cris d'horreur s'échappèrent de la foule, puis il y eut un silence de mort. La lutte contre la mort dura plus de vingt minutes. Tandis que la foule regardait en silence, le corps de l'ancien Premier ministre ne cessait de gigoter. Une éternité. De la Jeep, les trois autres condamnés virent le sort qui les attendait.

Quand eut lieu la dernière pendaison, l'assistance fut prise d'une violente panique. La foule se mit à courir et piétina les soldats. Dans la cohue, des enfants et des adultes trébuchèrent. En quelques minutes à peine, des dizaines de milliers de gens avaient décampé. Il ne restait plus que des corps gémissants et des chaussures éparpillés sur le terrain. Un peu plus loin, on clouait le quatrième cercueil. Ce jour-là, le 2 juin 1966, la population cessa d'acclamer Mobutu et commença à trembler devant lui.

Comme la coexistence de l'amour et de la peur est très difficile, s'il faut se passer de l'un des deux, "il est plus sûr d'être craint que d'être aimé", écrit Machiavel.

"A partir de ce moment-là, tout le monde a eu peur", a raconté Zizi. "Les services de sécurité de l'Etat ont obtenu un pouvoir considérable. Au restaurant du zoo, où se rencontraient les hommes politiques et les diplomates, plus personne n'osait aller manger, de peur d'être écouté par les serveurs. Même pendant les cérémonies de deuil, nous avions peur des jeunes qui vendaient des arachides. C'étaient peut-être des espions. Avec ces pendaisons, Mobutu a voulu donner un exemple. « On ne plaisante pas avec mon pouvoir. » Il a voulu semer la terreur et consolider son pouvoir."

Deux jours plus tard, Mobutu dit à l'occasion d'une interview : "Chez nous, le respect dû au chef, c'est quelque chose de sacré. Il fallait un exemple." Toutes ces histoires de sécessions, de rébellions et de révocations ne devaient pas recommencer. "Lorsqu'un chef décide, il décide, un point c'est tout[17]."

Mobutu veillait à ce que la pierre angulaire de son pouvoir, l'armée, ne manque de rien. Il n'était pas question qu'il soit confronté à une mutinerie. L'argent servait à étouffer l'agitation dans l'œuf. L'armée fit l'objet d'une importante modernisation. A de nouveaux contingents de soldats s'offraient de nouvelles chances. En dehors d'une école d'officiers, Mobutu créa des formations spécialisées. Kisangani avait été libéré par des commandos de parachutistes belges, Mobutu décida que lui aussi devait avoir des parachutistes.

A Kinshasa, j'ai pu m'entretenir avec Alphonsine Mosolo Mpiaka. Elle a été la première femme parachutiste dans l'armée congolaise. En 1966, elle avait 25 ans. "Nous avons reçu notre *ground training* ici à Ndjili. Un centre de formation y a été créé pour les parachutistes. Nos professeurs étaient des Israéliens." Les Etats-Unis soutenaient Mobutu, par conséquent Israël aussi – au grand agacement du monde arabe. "Pour les sauts mêmes, nous devions nous rendre en Israël. J'en ai fait douze là-bas. J'ai été la première femme, après moi Mobutu a recruté encore vingt-quatre filles. L'équipe devait être mixte, aussi en fonction des origines. Quelques Bakongo, quelques Baluba, quelques Katangais." La détribalisation, là encore. Mobutu voulait une armée qui ne pense plus en termes tribaux. La loyauté, il l'achetait. "Nous étions extrêmement respectés et vraiment gâtés. Avec ma prime, j'ai pu acheter un bout de terrain avec une maison dessus. Pourtant, je n'ai jamais eu à sauter dans le cadre d'une guerre, seulement pour les défilés ici à Kinshasa[18]."

Ses compétences pouvaient néanmoins s'avérer utiles. Dans l'est du pays, la rébellion n'était toujours pas réprimée, mais Mobutu préférait confier la tâche aux mercenaires blancs encore présents. Denard et Schramme s'occupaient du plus gros du travail et recevaient ensuite des décorations. Certes Schramme finit par se retourner contre lui et essaya, de ses propres mains, de "sauver" le Congo, mais cet épisode se termina sans gloire[19]. L'armée nationale put par la suite se débarrasser définitivement de ses mercenaires blancs. A la fin de 1967, Soumialot et Gbenye prirent la fuite et le Congo retomba intégralement sous l'autorité de la capitale. Tout le Congo ? A l'extrême est, Laurent-Désiré Kabila gardait la haute main sur une région montagneuse près du lac Tanganyika. Après le départ de Che Guevara, cependant, son maquis "révolutionnaire" entre Fizi et Baraka tenait plutôt du village d'Astérix et Obélix : l'indépendance, oui, mais il ne fallait surtout pas que ce soit dangereux.

Le Congo était pacifié et, à partir de 1968, Mobutu rétablit le pouvoir civil[20]. Lui-même commença à faire des apparitions publiques sans tenue militaire. Pour la première fois, il porta les accessoires qui allaient devenir sa marque de fabrique : sa toque caractéristique en léopard sur sa tête, une canne en ébène sculptée à la main. Les attributs traditionnels du chef.

Ce fut dans ce contexte que Pierre Mulele crut pouvoir retourner chez lui. Après sa révolte paysanne dans le Kwilu en 1964, il s'était enfui à Brazzaville. En 1968, cependant, Mobutu l'avait amnistié. Justin Bomboko, ministre des Affaires étrangères et intime du groupe de Binza, avait affirmé qu'il serait reçu comme un frère. En septembre de cette année, Mulele traversa le fleuve et une réception festive fut donnée en son honneur. Bomboko avait offert de le loger chez lui. Trois jours plus tard, des soldats vinrent le chercher pour une importante prestation au stade de football. Le combattant de la liberté, passionné et obstiné, pourrait s'adresser à la population. Les soldats l'emmenèrent en fait dans un camp militaire où, le soir même, il subit d'atroces tortures. On lui coupa les oreilles et le nez. On lui exprima les globes oculaires et on lui trancha les parties génitales. Alors qu'il était encore vivant, on lui découpa les bras et les jambes. Quelques heures plus tard, un sac contenant ses restes fut jeté dans le fleuve[21].

Kasavubu, Tshombe, Kimba, Gbenye, Soumialot, Mulele : en quelques années, les anciens adversaires de Mobutu avaient disparu l'un après l'autre de la scène. Mais pour consolider son pouvoir naissant, il devait aussi éviter que de nouveaux candidats apparaissent. Aussi, à partir de 1967, une nouvelle Constitution établit solidement sa toute-puissance. "Le peuple congolais et moi-même", a-t-il dit un jour devant le Parlement, "nous sommes une seule et même personne[22]".

D'autres jours cruels étaient encore à venir. A la périphérie de la ville se dressait sur une colline verte ombragée l'université de Lovanium. Tandis que Mobutu installait son autocratie, le mouvement étudiant continuait avec un incroyable courage à scier les pieds de son fauteuil. Les insurrections étudiantes de mai 1968 à Paris, Louvain ou Amsterdam, si cruciales pour l'Europe, paraissaient des actions tout au plus ludiques comparées à l'ardeur et à l'intensité du mouvement étudiant congolais. Mobutu avait réussi à imposer le silence à tous les mouvements d'opposants. Les syndicats avaient été neutralisés, l'Eglise maintenait un profil bas. Seuls les étudiants osaient encore bouger[23].

En avril 1967, Mobutu fonda avec ses collaborateurs le *Mouvement populaire de la révolution* * (MPR) et, le 20 mai, ils en rédigèrent le texte fondamental. Le MPR, censé être un mouvement populaire, était en fait tout bonnement le parti politique de Mobutu. Les membres se réunissaient en dehors de la ville, à Nsele. Ce petit village le long du fleuve allait devenir en quelques années un vaste site de conférences équipé de lieux d'hébergement modernistes de couleur blanche et d'imposantes salles de réunion. Ce fut un *haut lieu** du mobutisme. Le texte du 20 mai fut annoncé dans le reste du monde sous le nom de *Manifeste de la Nsele**, un document qu'au bout d'un certain temps tout le monde finit par connaître. Il fut publié, par analogie avec le Petit Livre rouge de Mao, sous la forme d'un petit livre vert diffusé à grande échelle et qui allait devenir le catéchisme du nouveau pouvoir. Chaque habitant du Congo, disait le texte, était désormais membre du MPR. "*Olinga olinga te, ozali na kati ya* MPR", soupirait-on. "Qu'on le veuille ou non, on en fait partie par définition[24]."

Dans un premier temps, Mobutu semblait prêt à accorder une place à un parti d'opposition, mais il abandonna vite cette idée. Le Congo devint, comme tant d'autres pays africains peu de temps après l'indépendance, un Etat à parti unique. La brusque transition d'un régime colonial monolithique à un système démocratique à plusieurs partis s'était déroulée sans étapes intermédiaires et avait, précisément pour cette raison, tourné au fiasco. Le MPR voulait rassembler à nouveau la population. "Mieux que la lutte des classes, l'union de tous assure le progrès", faisait-il savoir[25]. Le peuple entier devait s'exalter pour la reconstruction du pays. Le MPR tout juste créé se composait essentiellement d'une armée de jeunes volontaires mobutistes, mais il acquit très vite une puissance considérable. Le MPR devint la plus haute instance du pays, estompant la différence entre l'Etat et le parti. "Le MPR est l'appellation zaïroise de l'Etat", disait sans détour l'idéologue personnel de Mobutu[26]. Le président et son gouvernement, le très puissant *Bureau du président**, étaient au sommet de la hiérarchie. En dessous il y avait le Congrès du MPR et le Bureau politique, et en dessous un conseil législatif, exécutif et juridique. Tous les noms changèrent. Un ministre s'appelait désormais un commissaire d'Etat, un gouverneur un commissaire de région et un député un commissaire du peuple. Tous les citoyens étaient membres, même les ancêtres et les embryons n'y coupaient pas.

Les étudiants ne furent pas convaincus. Mobutu supprimait tout bonnement la politique, se disaient-ils à raison. Il revenait au passé : à l'époque coloniale aussi, on n'avait été confronté qu'à une bureaucratie, un moloch administratif qui tenait l'inventaire et crachait des rapports, mais ne tolérait aucune participation. Le coup d'Etat avait dans un premier temps soulevé l'enthousiasme des milieux universitaires, mais leur élan s'était vite calmé. Le principal mouvement étudiant opta résolument pour la lutte anti-impérialiste. Lumumba devint leur héros, Mobutu leur ennemi. En janvier 1968, quand le vice-président américain Hubert Humphrey vint en visite officielle et voulut déposer une couronne de fleurs devant le monument dédié à Lumumba, les étudiants perçurent ce geste comme une provocation. Il y eut une manifestation et d'innombrables arrestations.

Durant les années 1968 et 1969, les accrochages se multiplièrent entre les étudiants et le nouveau régime. Les étudiants exigeaient plus de participation, moins d'interventions du MPR et une attribution plus équitable des bourses d'études. Au début du mois de juin de 1969, ils préparèrent une grande manifestation, mais Mobutu envoya l'armée sur le campus. Pendant des jours, Lovanium fut fermée au monde extérieur. Pourtant, plusieurs centaines d'étudiants parvinrent à déjouer l'attention de ceux qui les surveillaient et à atteindre le centre de la ville en prenant le bus. Là-bas, de violentes confrontations eurent lieu avec l'armée. Les soldats lancèrent des gaz lacrymogènes, mais les étudiants se plaquèrent des mouchoirs humides contre la bouche et renvoyèrent les grenades. Des citoyens ordinaires furent de plus en plus nombreux à se joindre à eux. L'armée ouvrit le feu. D'après les sources officielles, il y eut six morts et douze blessés, d'après les étudiants, cinquante morts et huit cents arrestations. Le MPR ? *Mourir Pour Rien**, disaient-ils avec horreur. Mobutu décida d'éradiquer le mouvement étudiant. Tous les campus devaient avoir une section jeunesse du MPR, le *Manifeste de la Nsele** devint une matière obligatoire, tout le monde devait reprendre les cours. C'en était fini de la rébellion. Les dirigeants de la révolte étudiante se virent condamnés à de lourdes peines de prison, allant jusqu'à vingt ans. Désormais, cette voix critique était elle aussi étouffée.

Pendaisons, tortures, massacres. Les cinq premières années de Mobutu au pouvoir se lisent comme un lugubre inventaire, mais ce n'est qu'une partie de l'histoire. Beaucoup de personnes âgées au Congo se souviennent de cette période avec une certaine nostalgie. “Il y avait de l'ordre”, m'a dit Zizi Kabongo quand je lui ai fait part de mon étonnement. “Les soldats étaient retournés dans leurs casernes. Des marchandises étaient revenues dans les réserves, les prix baissaient, l'industrie avait le vent en poupe. Pour moi aussi, c'est à ce moment-là qu'a commencé la période la plus prospère de ma vie.”

Pour la première fois depuis le début de l'indépendance, de grands travaux d'infrastructures furent engagés. Mobutu se lança dans la construction du premier barrage sur le fleuve Congo : le barrage d'Inga, permettant de générer 351 mégawatts. Les nouveaux quartiers de Kinshasa reçurent une alimentation en eau potable et en électricité. Des égouts furent construits. L'hôpital central de la ville avait mille cinq cents lits et accueillait quotidiennement quatre mille patients. Dix mille opérations par an y étaient réalisées et 1,6 tonne de linge y était lavée chaque jour[27].

Mobutu n'était pas un démocrate, mais il fit changer de cap à son pays. Le samedi après-midi, les hommes et les femmes valides devaient tous fournir à l'Etat plusieurs heures de travail non rémunérées, un impôt sous forme de travail comme à l'époque coloniale. Il portait à présent le nom de *Salongo*. La population devait désherber, entretenir des pistes cyclables et balayer. En outre, tout le monde était encouragé à cultiver un lopin, car la production agricole devait augmenter. Même les généraux de l'armée se mirent à arracher des feuilles de manioc. Travailler, travailler et encore travailler. Mobutu donnait lui-même l'exemple. Tous les matins, il se levait à cinq heures. Il lisait des piles de journaux, prenait son petit déjeuner avec des diplomates, était constamment en réunion et faisait des journées de dix-huit heures, voire plus. En 1969, à 39 ans à peine, il eut une légère crise cardiaque. “Comment feriez-vous pour diriger un foutu pays comme celui-ci ?” a-t-il demandé à son médecin[28].

Mobutu était encore loin d'être le patapouf qu'il allait devenir plus tard. Après le désastre total de la Première République, il remit le Congo sur la carte. Il veillait au prestige et à l'ambiance. Les Américains s'étaient posés sur la Lune? Il invita l'équipage d'*Apollo 11* et le Congo fut le seul pays d'Afrique à accueillir les astronautes qui avaient exploré la Lune[29]. Les Européens élisaient une Miss Europe? Il parvint à convaincre les organisateurs de venir à Kinshasa pour la finale et de donner à l'événement une tournure autochtone. Une ravissante Finlandaise blonde remporta le concours, y compris dans la catégorie "costume africain". Les femmes congolaises n'avaient-elles pas conservé la réputation d'être les plus belles du continent? Il apporta son soutien à Maître Taureau pour préparer les premières élections nationales de Miss Congo. "C'est Elisabeth Tabares du Katanga qui a gagné. Elle avait de beaux talons et pas de ces orteils courts[30]."

En somme, Mobutu tenait les promesses qu'avait fait naître l'indépendance, mais qu'elle n'avait pas pu respecter.

Il y avait non seulement des divertissements, mais aussi de quoi manger. En janvier 1967, un joyeux cortège funèbre passa dans les rues de Kinshasa. Mobutu était présent, des jeunes parmi son armée de volontaires brandissaient une croix à laquelle était suspendu un casque colonial. On pouvait y lire l'inscription : "Requiescat In Pace, UMHK, née en 1906 et morte le 31 décembre 1966." L'Union minière du Haut-Katanga était portée en terre! Le grand cercueil avait été fabriqué aux dimensions de Louis Walaff, président du conseil d'administration de l'époque. Pour ne pas déranger les ancêtres, les "restes" du géant minier furent jetés dans le fleuve[31].

Cette procession estudiantine symbolisait un dossier primordial. Mobutu restait mécontent des négociations menées par Tshombe avec la Belgique à propos du fameux portefeuille d'actions. L'humiliation qu'il avait ressentie en 1960 lors de la conférence économique de la Table ronde jouait en l'occurrence aussi un rôle. Le Congo, politiquement indépendant, était loin de l'être selon lui sur le plan économique. Les chiffres ne lui donnaient pas tort. Au Katanga, seulement 5 % des employés étaient étrangers, mais ils rapportaient chez eux 53 % du total des salaires versés[32]. Le montant qu'il déboursait pour une bonne bouteille de whisky représentait un mois de salaire d'un mineur. Mobutu décida donc en 1967 de nationaliser l'Union minière, ce qui contraria profondément la Générale à Bruxelles. L'entreprise fut baptisée Gécomin, la *Générale congolaise des mines* *, mais devint plus tard connue sous le nom de Gécamines, la *Générale des carrières et des mines* *. Le produit de l'exploitation du cuivre allait désormais entrer directement dans les caisses de l'Etat. Et ce produit n'était pas insignifiant. La guerre du Vietnam avait provoqué une flambée spectaculaire des cours mondiaux du cuivre. L'économie congolaise avait toujours pu compter sur les guerres dans d'autres régions du monde : cela avait été le cas en 1914-1918, en 1940-1945 et pendant la guerre de Corée, mais la guerre du Vietnam permit de remplir les caisses.

Pour consolider son nouveau régime économique, Mobutu remplaça aussi la monnaie. Au moment de l'indépendance, un franc congolais correspondait à un franc belge, en 1967 il ne valait plus que 0,10 franc belge[33]. Mobutu lança une nouvelle unité monétaire, le zaïre : un zaïre remplaçait mille francs congolais et équivalait à cent francs belges et à deux dollars américains. Sur le premier billet de banque était représenté Mobutu en compagnie de quelques dignitaires se retroussant vaillamment les manches. *Retroussons les manches* * *!* était le mot d'ordre.

Ce furent pour beaucoup des années fastes. A Lubumbashi, j'ai rencontré Paul Kasenge, ancien employé de la Gécamines. "Nous n'avions vraiment pas à nous plaindre. J'avais 26 ans et je suis devenu cadre après des études de commerce. J'étais un des premiers Noirs. Les cadres étrangers sont partis, les Congolais les ont remplacés. Nous étions bien payés. Le cours du cuivre était élevé. Nous avions une maison avec un jardin. Il y avait des écoles et des hôpitaux pour nos enfants. Nous avions même droit à un crédit pour acheter une voiture, que nous remboursions à tempérament[34]." Autrefois, un vélo avait été le summum de ce qu'on pouvait s'acheter, à présent c'était une voiture.

Pour d'autres, le MPR offrait de nouvelles chances. André Kitadi, le militaire prudent qui pendant la Seconde Guerre mondiale avait traversé le désert et après la guerre était allé dans les restaurants en se faisant passer pour un Américain, m'a raconté : "Par le biais du MPR, je suis devenu conseiller communal à Ngaliema. Pour la première fois, j'ai eu accès à une fonction de cadre. Cela faisait longtemps que j'attendais cela." Les gens ne se plaignaient pas. En 1970, quand Mobutu se fit élire pour un deuxième mandat, il obtint 10 131 699 voix ; seulement 157 voix s'étaient exprimées contre lui : elles provenaient toutes d'un seul et même bureau de vote, celui du quartier étudiant à Kinshasa. Un autre fait singulier est qu'il y avait plus de bulletins en sa faveur que d'électeurs, alors que le vote n'était pas obligatoire[35]... Ce n'est que plus tard qu'André Kitadi se mit à avoir une autre opinion sur la question : "La dictature a amené la chute, mais à l'époque nous ne le savions pas encore[36]."

Septembre 1974. Zizi Kabongo se préparait à rentrer chez lui pour le match de boxe. Durant les cinq premières années de son règne, Mobutu assit son pouvoir, durant les cinq suivantes il gouverna en faisant preuve d'une grande prodigalité. Cette désinvolture bonasse atteignit sans conteste son paroxysme à l'occasion du match entre Mohammed Ali et George Foreman, un combat pour le titre de champion du monde des poids lourds. Le match allait entrer dans l'histoire comme le *rumble in the jungle*. Au Congo, on a même parlé du *combat du siècle**. Ce fut effectivement un des plus grands événements sportifs du XXe siècle. En refusant d'aller se battre au Vietnam ("*No Vietcong ever called me a nigga*" ["Jamais un Viêt-cong ne m'a traité de nègre"]), Ali avait perdu son titre de champion du monde mais, après une suspension de trois ans et demi, il songea à prendre sa revanche. Foreman avait sept ans de moins qu'Ali, 25 ans seulement, champion olympique, champion du monde, invincible. N'avait-il pas réussi en deux rounds à envoyer six fois au tapis la légende de la boxe, Joe Frazier ? Mais Ali voulait récupérer son titre.

Le promoteur de boxe Don King demandait dix millions de dollars pour payer les primes promises aux combattants, une somme aberrante selon n'importe quel critère. Personne n'était prêt à débourser un montant aussi astronomique pour une bagarre qui allait durer au mieux douze fois trois minutes. Personne, sauf Mobutu. L'économie zaïroise avait connu six années de croissance ininterrompue, il était temps d'organiser une petite fête. Ali fut enchanté de cette décision, sans toutefois se rendre compte, sans doute, que si Mobutu était en mesure de verser cette somme, c'était indirectement grâce à la guerre du Vietnam. Pour lui, le match à Kinshasa était une magnifique occasion de prendre sa revanche ; pour Mobutu, le match était un joli coup de marketing pour son pays.

On ne s'étonnera pas que le *président-fondateur** du MPR ait choisi la boxe. La boxe avait toujours fait partie du combat des Noirs pour leur émancipation. Les poings avaient rendu possible ce que les lois interdisaient : le triomphe du Noir. En 1910, l'Américain Jack Johnson était devenu le premier Noir champion du monde poids lourd ; après la rossée qu'il avait infligée à Jim Jeffries, des émeutes raciales avaient éclaté dans tous les Etats-Unis. Dans les années 1920, le Sénégalais Battling Siki avait battu le Français Georges Carpentier en lui décochant un uppercut : jamais un sujet colonial n'avait ainsi humilié un super-athlète de la métropole. En 1938, Joe Louis avait battu l'Allemand Max Schmeling par K.-O. technique. "*Heil Louis !*" criait-on dans les rues de Harlem cette nuit là. A Kinshasa, le combat avait lieu entre deux Noirs, mais Ali était de loin le favori du public zaïrois, m'a raconté Zizi. "La population voyait Ali comme le bon Noir. Il était très malin, il s'est rendu dans la cité. *Ali, boma ye !* criaient les gens : Ali, tue-le. Foreman était considéré comme un Noir blanc, simplement comme un Américain, pas quelqu'un de chez nous."

Mohammed Ali et Mobutu : ils avaient plus en commun qu'on n'aurait pu le croire à première vue. Ils se retrouvaient dans le dégoût que suscitait en eux l'arrogance des Blancs, ils arboraient tous deux leur *blackness*, négritude, comme une source de fierté. Tous deux avaient rejeté leur nom de baptême pour des raisons politico-religieuses : le chrétien Cassius Clay était devenu un musulman militant ; le catholique Joseph-Désiré s'appelait désormais, conformément à la tradition ancestrale, Mobutu Sese Seko Nkuku Ngbendu wa Za Banga, "le puissant guerrier qui par son endurance et sa volonté s'élance d'une victoire à l'autre et ne laisse derrière lui que le feu" (ou aussi : "le coq qui ne laisse pas une seule poule en paix", tout dépendait de la traduction). Le sportif américain et le dictateur africain étaient tous deux de jeunes voix passionnées qui défiaient l'Occident blanc. Et quelles voix : virtuoses, spirituelles, incisives, la langue bien pendue. On pouvait aussi se servir des mots pour frapper. Le français que savait manier avec tant de panache Mobutu était à la hauteur de la cataracte verbale d'Ali en anglais. Peu après les pendaisons, Mobutu avait dit, le visage impassible, à deux journalistes belges : "Nous, les Bantous, nous pouvons appliquer la démocratie, mais pas à la lettre, comme vous." A une occasion, il avait lancé à l'intention d'un flatteur : "Je ne vous ai pas fait venir pour votre voix angélique, ni pour votre message évangélique. Exprimez-vous franchement. Quel est votre problème ?" Mais à une personne qui osait s'exprimer librement, il avait dit : "Alors vous dites que vous vous sentez un peu dans un jeu du chat et de la souris ? – Oui, c'est ça. – Dites-moi : qui est la souris ? – Mais nous, *papa* * ! – Et qui est le chat ? – Euh… nous aussi. – Eh bien alors, quel est votre problème ?" Ali enrichissait l'anglais par des traits d'esprit comme "*I am so bad, I make medicine sick*" ["Je vais si mal que je rends la médecine malade"] et "*My toughest fight was with my first wife*" ["Mon plus rude combat, c'était avec ma première femme"]. Pendant son séjour à Kinshasa, il sortit de sa manche la phrase qui a été immortalisée depuis : "*I've seen George Foreman shadow-boxing and the shadow won*" ["J'ai vu George Foreman boxer dans le vide et le vide a gagné"].

Cette dernière plaisanterie avait d'ailleurs un fond de vérité. En se battant contre un adversaire dans le cadre de son entraînement, Foreman s'était déchiré un sourcil et le combat avait dû être retardé de cinq semaines. Zizi Kabongo put rester encore un certain temps à Paris. Le volet culture de *the rumble in the jungle* démarra cependant aussitôt. Mobutu avait réuni les plus grands musiciens noirs du monde à Kinshasa. D'Amérique latine vinrent Celia Cruz et Johnny Pacheco, des Etats-Unis B. B. King, les Pointer Sisters, Sister Sledge et James Brown. Le saxophoniste Manu Dibango et la chanteuse sud-africaine Miriam Makeba partagèrent la scène avec les grandes stars de la musique zaïroise. Le vieux Wendo Kolosoyi, père de la rumba, était là, avec Franco et son OK Jazz. Tabu Ley, l'homme qui auparavant s'était appelé Rochereau, se produisit, et parmi la jeune génération était présent un groupe de soukous mâtiné de rythmes funk, Zaïko Langa Langa, le groupe le plus influent des années 1970. Le festival de trois jours à Kinshasa fut une puissante expression de la fierté africaine à travers les continents[37]. L'événement fut une sorte de Woodstock noir. Ce que la traite des esclaves avait dispersé, Mobutu le rassemblait de nouveau.

Finalement, Zizi put partir. Il profita de l'occasion pour rendre visite à son père au Kasaï, car il lui avait acheté un moulin à farine en Europe. Son père, qui était en fait employé des chemins de fer auprès de la BCK, était lui aussi devenu, dans le cadre de la politique agricole de Mobutu, agriculteur à temps partiel. Et il était bien plus facile de moudre le manioc à l'aide d'un moulin électrique. "Mon père était très préoccupé quand je l'ai vu. Mobutu venait de dire que ces artistes américains étaient des descendants d'esclaves et que ces esclaves avaient été vendus non pas par des Blancs à l'époque, mais par des chefs de village indigènes. Il m'a dit : « Mobutu prétend que les Noirs ont vendu nos frères aux Blancs ! – C'est vrai, papa. – Mais ce n'est pas croyable ! » Il était vraiment bouleversé. Je soupçonne Mobutu d'avoir répandu ces idées à dessein. Cela l'aidait à briser le pouvoir des chefs locaux."

Mobutu faisait tout pour lutter contre les réflexes tribaux. Une nation forte ne tolérait pas de logique tribale. La jeune génération devait se voir proposer un nouveau cadre de références. L'équipe nationale de football devait se composer de joueurs venant de tout le pays. Lors des élections de Miss Zaïre, des jeunes femmes de chaque province participaient. L'armée devait devenir inclusive : même les Pygmées pouvaient y entrer[38]. Pour stimuler le sentiment zaïrois, Mobutu réforma également l'enseignement supérieur. Les trois universités du pays fusionnèrent pour former une seule superuniversité nationale avec trois campus. On allait à Kinshasa pour faire du droit, de l'économie, étudier la médecine, la physique ou se former à la faculté polytechnique. On se rendait à Kisangani pour la psychologie, la pédagogie ou l'agronomie, à Lubumbashi, dans la région minière, pour les sciences de la Terre. On avait en outre mis à l'écart là-bas, loin de la capitale, les filières "dangereuses" comme les sciences sociales, la philosophie et les lettres[39]. Cette réforme affaiblissait le mouvement étudiant et obligeait les étudiants à se mélanger entre tribus. J'en ai vu l'exemple le plus frappant à Bukavu, dans une cour intérieure à la tombée de la nuit. J'étais invité chez Adolphine Ngoy et sa famille. Sa fille était en train de préparer un petit feu au charbon de bois pour le dîner. Adolphine venait de Moanda, une petite ville sur la côte atlantique. Comment avait-elle bien pu se retrouver à deux mille kilomètres à l'est, près de la frontière avec le Rwanda ? "Dodo et moi, nous nous sommes rencontrés à l'université de Kinshasa. Il était étudiant à la faculté polytechnique, moi je faisais des études de linguistique. Lui c'était un Mushi du Bukavu, moi j'étais une Mukongo de Moanda. En tant qu'aîné de la famille, il devait épouser quelqu'un de sa tribu, mais il m'a tout de même choisie. J'ai déménagé ici. Il y a eu beaucoup de protestations dans sa famille. Il a fallu des années pour que le quartier et la famille m'acceptent[40]."

De même que le programme Erasmus était censé susciter chez les jeunes plus d'amour pour l'Europe, au besoin sous la forme d'une relation amoureuse à l'étranger, la réforme de l'enseignement de Mobutu devait faire naître une conscience zaïroise. Mobutu aimait s'entourer de jeunes Zaïrois enthousiastes, se consacrant entièrement à son projet national. Les deux personnes les plus influentes de son entourage étaient le citoyen Sakombi Inongo et le citoyen Bisengimana Rwema.

En avril 2008, je me suis rendu de Goma à Bukavu en prenant le bateau pour traverser le magnifique lac Kivu, qui forme la frontière entre le Rwanda et le Congo. A bord, on m'a présenté un jeune homme réservé, extrêmement distingué, le type d'homme qui ne prendrait jamais place sur le pont arrière venté d'un paquebot, mais préférerait téléphoner à l'intérieur, dans la cabine. C'était le fils de Bisengimana, qui fut pendant des années le numéro deux du Zaïre. "Mon père a travaillé dès 1966 pour Mobutu, mais en 1969 il a été promu directeur du *Bureau du président de la République* *. Mobutu lui accordait une grande confiance. Mon père pouvait même le contredire.

On l'appelait le *petit léopard**. Il portait lui aussi une toque en peau de léopard. Il a conservé ce rôle de chef de cabinet jusqu'en 1977, quand ils se sont disputés. Après le départ de mon père, personne n'a obtenu autant de pouvoir que lui sous Mobutu[41]."

Ce que cette nomination avait de plus exceptionnel, cependant, était de l'autre côté de la vitre du bateau. Le bateau filait sur l'eau. A bâbord se profilèrent les contours de l'île d'Idjwi, au-delà s'étendait le Rwanda. Bertrand Bisengimana était originaire de cette île, il rentrait chez lui. D'abord allemande, Idjwi était devenue belge dès avant la Première Guerre mondiale. La population se composait essentiellement de Tutsi originaires du Rwanda. Comme lui et son père. Les Tutsis étaient une minorité ethnique qui formait, depuis des siècles déjà, la couche supérieure sociale et politique du royaume rwandais, une position qu'ils devaient à l'élevage. Les vaches étaient aux Tutsi ce que la houille était aux barons de l'industrie : tout. Dès le XIXe siècle, les éleveurs tutsi avaient fui le Rwanda surpeuplé pour s'installer de l'autre côté du lac. Ils s'étaient rendus sur les hauts plateaux du Sud-Kivu, dans la région des volcans du Nord-Kivu et dans l'île d'Idjwi. Pour les Congolais, ils étaient à tous égards "différents". Ils avaient un autre aspect physique et parlaient autrement. Leur kinyarwanda, une langue bantoue très caractéristique qui ne se parlait qu'au Rwanda et dans le sud de l'Ouganda, était apparenté à la langue du Burundi. L'archétype du Tutsi était grand, parfois même très grand (certains pouvaient mesurer 1,95 mètre), il avait un nez pointu, un front haut et des lèvres fines. Il s'agissait naturellement d'un cliché, mais qui était aussi vrai que le sont les clichés sur les Irlandais, les Italiens et les Suédois. Ce cliché leur valait aussi la réputation au Zaïre d'être arrogants et sans humour, mais Mobutu nomma néanmoins l'un d'eux comme chef de cabinet[42]. "Au début, Mobutu ne voulait pas privilégier sa propre tribu, m'a dit Bertrand, sinon mon père, en tant que Tutsi d'Idjwi, n'aurait jamais pu devenir le numéro deux du pouvoir." En outre, cela arrangeait Mobutu que son collaborateur direct vienne d'une petite tribu de migrants. Ils ne risquaient pas de le menacer… Il ne pouvait à l'époque pas encore savoir qu'en 1997 il serait précisément délogé de son trône par des Tutsi rwandais.

Mobutu avait accordé à la population plus de prospérité, il devait à présent aussi lui donner un rêve. Ce rêve fut le nationalisme zaïrois. Et l'architecte de ce rêve avait pour nom Dominique Sakombi, ou plutôt Sakombi Inongo, comme il convenait de s'appeler à l'époque[43]. Sakombi était un jeune homme intelligent, éloquent, plus mobutiste que Mobutu lui-même. Au printemps 2008, je lui ai parlé un petit moment au téléphone : sa voix n'avait pas plus de consistance que du papier à cigarettes. Elle ne ressemblait en rien au tir de barrage d'autrefois. Il était très malade, disait-il, il ne se sentait pas la force de m'accorder une interview.

Ce que Sakombi comprit au début des années 1970 était particulièrement ingénieux : il ne supprima pas le tribalisme, mais le transposa au niveau de l'Etat. Le Zaïrois pouvait encore aimer sa tribu, du moment que cette tribu s'appelait Zaïre. "Pour nous, le village ancestral s'étend jusqu'aux limites du territoire national[44]", disait-il. Le territoire arbitraire défini par les politiciens du XIXe siècle en Europe devait à présent donner l'impression d'être naturel. Plus qu'un chef d'Etat, Mobutu devint le chef de village national, le chef suprême de luxe. Et les citoyens devinrent ses villageois, ses enfants.

Sakombi était "commissaire d'Etat" chargé de l'Information. Son département se composait de mille quatre cents collaborateurs, il gérait un plus gros budget que la Défense. Mobutu savait où étaient ses priorités : dans sa vie antérieure, il avait été soldat et journaliste. Si sa dictature s'était appuyée au début sur le pouvoir de l'armée, à partir de 1970 elle s'appuya sur la propagande.

Sakombi conçut une politique culturelle à grande échelle qui fut vendue à la population sous le slogan *Recours à l'authenticité* * ! Le changement de nom du pays, des villes et des noms propres en faisait partie, mais l'entreprise ne s'arrêta pas là. Le retour à la vie initiale concernait pratiquement tous les aspects de la vie quotidienne. Le Zaïrois qui se levait le matin savait comment s'habiller. Le port de vêtements occidentaux avait été interdit. L'homme, qui n'avait plus le droit de porter un costume et une cravate, devait mettre un “abacost” : une tenue inspirée du costume Mao, qui se boutonnait haut, avec un col sans revers et un foulard. (“Abacost” était encore un néologisme mobutiste : il dérivait d’“*à bas le costume**”. Le langage aussi subit une transformation.) La femme ne devait plus porter de minijupe, mais seulement le pagne traditionnel, un élégant vêtement composé de trois pièces : la robe, le chemisier et le foulard de tête. Seule la pousse naturelle des cheveux était autorisée. Les extensions et le défrisage des cheveux étaient prohibés. La femme avait encore moins le droit d’utiliser des produits pour se blanchir la peau. L’authentique Zaïrois était le contraire de l’évolué, une personne qui n’aspirait plus à devenir ce qu’il ne serait de toute façon jamais, mais qui puisait sa force dans sa propre identité, sa propre culture, ses propres traditions.

Quand ce Zaïrois était citadin, il croisait partout sur le chemin de son travail de nouvelles sculptures monumentales. Les statues de Stanley, de Léopold II et d’Albert Ier avaient été retirées. “Il n’y a pas, que je sache, de statue de Lumumba au centre de Bruxelles[45]”, avait déclaré abruptement Sakombi. Sur les places et devant les bâtiments publics apparurent des personnages stylisés en béton, levant les bras en l’air ou portant des paniers. Dans la seule ville de Kinshasa, deux cents sculpteurs exerçaient leur activité[46]. Leur style était souvent d’une modernité frappante (les influences de Zadkine, Picasso et Brancusi étaient légion), mais c’était permis, car les Européens étaient eux-mêmes très influencés par l’art africain. La politique d’authenticité n’était pas un exercice de nostalgie, mais un mélange complexe de tradition et de modernité. Sakombi a dit à ce propos : “Nous réagissons comme l’auraient fait nos ancêtres si l’évolution de leur culture n’avait pas été interrompue par l’acculturation coloniale[47].” Il était question pour lui non pas d’un *retour à l’authenticité**, mais d’un *recours**. De l’ancien mode d’expression des formes devait naître un art nouveau. Mobutu fit donc rassembler des trésors artistiques de tout le pays. Des dizaines de milliers de masques et de fétiches furent acheminés vers les musées nationaux, tout comme pendant la période coloniale toutes sortes d’objets ethnographiques avaient disparu en direction de Tervuren[48]. Le corps de ballet national devait aller étudier les danses traditionnelles à l'intérieur du pays et les réinterpréter. Un théâtre national et un prix de littérature nationale furent créés[49].

Quand le Zaïrois écoutait la radio pendant la journée, il entendait immanquablement de la musique locale. La musique occidentale était interdite. Mobutu se profila comme le grand promoteur de la musique populaire. Franco prit la tête d'une nouvelle instance publique destinée à soutenir l'industrie de la musique. Ne l'avait-on pas vu rayonnant à côté de Mobutu pour fêter son anniversaire juste avant le coup d'Etat ? Tabu Ley faisait une tournée à travers le pays. Avec l'appui de Mobutu, il fut le premier Noir à se produire à l'Olympia à Paris. Docteur Nico se livrait à des expérimentations avec les percussions traditionnelles. Franco sortit de la poussière le vieil accordéoniste Camille Feruzi. *Recours à l'authenticité**, l'entendait-on chanter. L'industrie de la musique à Kinshasa connaissait ses années les plus folles. Les disques étaient enregistrés à cinq heures du soir et se trouvaient dès neuf heures le lendemain matin dans les boutiques. La ville fourmillait d'artistes. Dans le quartier de Matonge, le cœur vibrant de la vie nocturne, la place centrale, qui s'appelait le rond-point Victoire, fut rebaptisée la place des Artistes. Une grande statue des pionniers de la musique congolaise, ou plutôt non : zaïroise, fut érigée.

Quand un Zaïrois rentrait chez lui le soir après son travail, il mangeait une cuisine authentique. Du *pundu*, du *fufu*, du *makayabu*, du pain de manioc, des chenilles, le tout assaisonné par la mère de tous les piments : le pili-pili. Avant d'entamer sa bière ou son vin de palme, il en renversait un peu par terre. Une libation pour les ancêtres, comme il convenait là encore de le faire. Quand il allumait la télévision après un de ces délicieux repas, il voyait les images de l'*animation politique**, de grands groupes de personnes qui étaient disposés géométriquement et qui, dans des vêtements identiques (le plus souvent faits d'un tissu vert orné du drapeau national), vantaient les mérites du MPR en chantant et en dansant. Jour après jour, on y chantait les bienfaits de l'illustre dirigeant. Cela durait six, parfois même douze heures par jour[50]. A six heures du soir commençait le grand moment de la télévision d'Etat : le journal. Il s'ouvrait sur une petite idée de Sakombi. Sur un ciel nuageux apparaissait le visage du président qui devenait de plus en plus grand, jusqu'à ce que Mobutu donne l'impression de planer du haut du firmament au-dessus de votre salle de séjour. Les enfants pensaient qu'il était Dieu le Père. "On y montrait toutes les activités du président et de sa femme", m'a raconté Zizi, "et aussi celles des membres du Bureau politique et du Comité central. C'est devenu un véritable culte de la personnalité. Sakombi appelait Mobutu « le pharaon d'Afrique ». Ce genre de choses."

Même quand on se glissait dans son lit, on n'était pas encore délivré de la propagande de l'Etat, car Mobutu avait appelé le peuple à procréer énergiquement – la révolution avait besoin de beaucoup de mains. Même dans les moments les plus intimes de la vie privée, on entendait encore l'appel du chef suprême. Une plaisanterie circulait qui disait que lui-même, pendant les ébats amoureux, ne s'écriait jamais "*Ça va jaillir* !", mais "*Ça va zaïre* !"... Tout comme les missions avaient prescrit ce que devait être un corps colonial "convenable" (il fallait utiliser du savon, couvrir sa peau, être monogame), la dictature s'imposait dans l'intimité de la vie privée et la soumettait à un nouveau régime qui recouvrait tout. On ne pouvait pas y échapper. Quand on jouissait, on servait la nation.

Et cela fonctionna. Les Zaïrois se mirent à se sentir zaïrois. Avec l'aide de Sakombi, Mobutu réalisa en quelques années ce que l'Union européenne n'arrive toujours pas à faire après plus de cinquante ans : les gens commencèrent à considérer effectivement qu'ils faisaient partie d'un tout. Les Britanniques et les Français refusent de devenir Européens, mais les Bakongo et les Baluba devinrent fiers d'être Zaïrois.

N'y avait-il donc pas d'opposition ? Bien sûr que si, mais très discrète. Comme me l'a expliqué Zizi : "Ne pas pouvoir porter de cravate, c'était embêtant. Au Katanga, on voyait parfois quelqu'un marcher dans la rue en costume et en *cravate* *, en signe de protestation. La personne se faisait immédiatement interpeller par la police : « C'est quoi cette tenue coloniale ? Tu es un étranger peut-être ? » Alors elle répondait :

« *Yes, from Zambia.* » Parce qu'on pouvait se faire tuer !" Tandis qu'en Europe, la cravate devenait l'emblème de la bourgeoisie et de l'oppression, elle se transforma au Congo en une forme de résistance et de désir de liberté. "Certains portaient exprès une cravate dans leur salle de séjour."

Le changement de nom obligatoire donna aussi lieu à une contestation larvée. "Mon père m'a envoyé une liste de neuf noms issus de nos origines parmi lesquels je pouvais choisir mon *postnom* *. Mais un de mes collègues s'appelait Gérard Ekwalanga. C'était un grand journaliste sportif et il était très croyant, donc très attaché à son nom de baptême. Il a manifesté son mécontentement en s'attribuant le nom d'Ekwalanga Abomasoda. Ce *postnom* * ne venait pas du tout d'un ancêtre. En lingala, il signifiait : « Celui qui tue les soldats » ! Il y a eu aussi Oscar Kisema, qui a choisi comme nom Kisema Kinzundi. En lingala, cela ressemble à un nom ordinaire mais, en swahili, cela veut dire « grand vagin »."

L'interdiction des noms chrétiens a beaucoup coûté à l'Eglise. "Mobutu voulait briser l'Eglise", a dit Zizi, "il voulait remplacer les saints par les ancêtres." Au début, l'Eglise avait témoigné sa loyauté au nouveau régime. Un mois après le coup d'Etat, le cardinal Malula avait en effet déclaré solennellement : "Monsieur le Président, l'Eglise reconnaît votre autorité, car l'autorité vient de Dieu. Nous appliquerons fidèlement les lois que vous voudrez bien établir[51]." Mais six ans plus tard, le 12 janvier 1972, le même Malula tint un prêche cinglant contre le régime. Mobutu était furieux. Il retira aussitôt à Malula sa distinction de l'ordre du Léopard, il le bannit à l'étranger et interdit aux chrétiens de continuer à prier pour leur archevêque. En vain. L'Eglise allait longtemps être l'élément formulant les plus virulentes critiques contre le régime. Les évêques se savaient appuyés par leur réseau international et contrôlaient en outre l'éducation. Les Etats ont généralement deux moyens de modeler leurs citoyens : l'enseignement et les médias. Mobutu n'avait que les médias. Aussi faisait-il tout pour contenir le pouvoir de l'Eglise (les écoles des missions furent contraintes d'avoir un directeur indigène, les crucifix furent brûlés, les séminaristes durent se faire membres de la section jeunesse du MPR, les mouvements de la jeunesse chrétienne furent interdits, Noël fut déclaré jour ouvré, et même tous les rassemblements religieux, à l'exception de la messe et de la confession, devinrent à un moment donné tabous). Quand toutes ces mesures se révélèrent inefficaces, il finit par proposer aux évêques des fonctions de dirigeants dans l'Administration ou par leur offrir tout simplement des Jeep et des limousines.

La politique culturelle de Mobutu ne stipulait pas expressément ce en quoi le Congolais devait croire, à la religion des ancêtres ne fut pas associée une théologie nationale élaborée, mais le kimbanguisme, la religion tant malmenée sous les Belges, florissait comme jamais auparavant, car il passait pour un culte africain authentique. Leur propre organisation se transforma en une version miniature de l'Etat : hypercentralisée et hiérarchique. Le chef religieux était vénéré par des chants et des danses, tout comme Mobutu. Les laissés-pour-compte de l'époque coloniale devenaient à présent les hérauts du mobutisme[52].

Avoir confiance dans sa propre identité, l'idée était belle, mais elle ne tenait pas la route. Pourquoi Mobutu faisait-il la promotion de la cuisine indigène alors que son plat préféré était l'*ossobuco alla romana* ? Qu'y avait-il de si authentique dans cette pénible *animation politique** qu'il avait simplement copiée sur Kim Il-sung ? Qu'y avait-il de si zaïrois dans ce fameux abacost, qui n'était rien de plus qu'un costume Mao coloré dont les plus parfaits exemplaires venaient d'Arzoni, une usine de textile à Zellik, près de Bruxelles ? Qu'avait de typiquement africain le pagne, en batik provenant d'Indonésie, dont les religieuses avaient vanté les mérites pour couvrir les seins et dont les variantes grand teint, le fameux *wax hollandais**, provenaient de l'usine Vlisco à Helmond aux Pays-Bas ? Pourquoi Camille Feruzi était-il un musicien authentique ? Il jouait de l'accordéon, bon sang, et il avait manifestement beaucoup écouté Tino Rossi.

Ce *recours à l'authenticité** n'était-il pas un simple prétexte ? Une charmante idéologie censée dissimuler une réalité plus profonde ? Oui, c'était bien cela. Et cette réalité plus profonde, c'était que Mobutu se souciait de moins en moins de son peuple. Il était si occupé à défendre sa position qu'il négligeait les tâches les plus importantes du pouvoir. Il était si obnubilé par la distribution de voitures, de postes, d'indemnités journalières et de fonctions dans les ambassades que les caisses de l'Etat se vidaient. Oui, la reprise économique était là, mais elle venait plutôt du Vietnam que d'une politique avisée. Il se trouvait que la conjoncture était excellente et que Mobutu pouvait surfer dessus, mais cela ne l'amenait en aucun cas à lutter contre la pauvreté. Il utilisait les abondantes recettes pour préserver son appareil du pouvoir. Il devait en réalité son pouvoir à une forme extrême de clientélisme. Mobutu était au sommet d'une pyramide au sein de laquelle des milliers de personnes, directement ou indirectement, venaient lui manger dans la main. Lui et sa suite étaient liés par des obligations et des faveurs mutuelles. Moyennant quelques ressources, ses disciples lui accordaient la loyauté dont il avait besoin pour se maintenir au pouvoir. Mobutu avait besoin d'eux, ils avaient besoin de Mobutu. Une alliance diabolique. Mobutu était l'esclave de sa propre soif du pouvoir.

Au Zaïre se développa par conséquent une véritable bourgeoisie d'Etat, un grand groupe de personnes qui s'enrichit aux frais de l'Etat[53]. Au sens le plus littéral, l'Etat servait de base économique à cette nouvelle classe moyenne, qui n'avait pas honte d'étaler ses richesses fraîchement acquises sous forme de voitures de luxe, de belles maisons et d'un style de vie fastueux[54]. Quand on roulait en Jaguar ou en Mercedes, on se faisait surnommer Onassis. "Et quand on avait une petite toux, on prenait l'avion pour consulter son médecin à Bruxelles", m'a raconté Zizi.

Ce clientélisme fonctionna tant qu'il y avait de l'argent. La nationalisation de l'Union minière avait conféré à Mobutu d'immenses moyens, mais le maintien de son pouvoir en engloutissait de plus en plus. "Autrefois, je n'avais pour ainsi dire pas de famille", a-t-il soupiré un jour, "personne ne se préoccupait de moi ! Mais depuis que je suis devenu président, presque la moitié du Zaïre s'est aperçue que, d'une manière ou d'une autre, ils pourraient bien être de ma famille et qu'ils peuvent donc faire valoir leurs droits[55]." Bien entendu, tout cela se faisait au détriment du Zaïrois ordinaire, qui ne se souvenait d'aucun lien familial avec le chef de l'Etat. Pour continuer de satisfaire sa clientèle croissante, Mobutu devait se débrouiller pour dénicher sans cesse de nouvelles sources d'argent. Les investissements étrangers, les accords bilatéraux et les crédits internationaux tombaient à point nommé[56]. Plus son pays était nécessiteux, plus il recueillait. La pauvreté payait. Elle constituait un atout économique.

Mais cela ne suffisait toujours pas. Le 30 novembre 1973, Mobutu prit une décision radicale. Il venait de rentrer d'un périple en Chine, où il avait pu observer le fonctionnement de l'économie d'Etat. Il dit à son retour que “le péril est plus blanc que jaune” et “que, politiquement, nous sommes un peuple libre, que, culturellement, nous le devenons, mais que, économiquement, nous ne sommes pas encore totalement maîtres de notre économie[57]”. Mobutu se lança dans la “zaïrianisation” : les petites et moyennes entreprises, les exploitations agricoles, les plantations et les fonds de commerce qui appartenaient encore aux étrangers, soit en tout quelques milliers d'entreprises, furent saisis et offerts à ses fidèles[58]. Du jour au lendemain, les restaurateurs portugais, les commerçants grecs, les réparateurs de télévision pakistanais ou les cultivateurs belges de café se virent privés de leur travail sur place. Un Zaïrois dans l'entourage du président qui n'avait généralement aucune compétence dans la gestion d'une entreprise prenait les commandes de leurs activités. Dans le meilleur des cas, il laissait le propriétaire initial poursuivre son travail en tant que gérant et passait chaque mois récupérer les gains. Dans le pire des cas, il vidait aussitôt la caisse et vendait les stocks.

Les conséquences furent grotesques. Une élégante dame n'ayant jamais quitté la capitale pouvait soudain se retrouver à la tête d'une plantation de quinquinas à l'autre bout du pays. Des messieurs incapables de distinguer une vache d'un taureau devenaient les patrons d'un élevage. Des généraux pouvaient diriger des sociétés de pêche et des diplomates des usines de limonade. Le ministre de l'Information, Sakombi, devint propriétaire d'un ensemble de kiosques à journaux et de salles de cinéma, mais aussi de quelques scieries. Bisengimana reçut en cadeau sur l'île d'Idjwi les plantations du Prince de Ligne, qui couvraient un tiers de l'île[59]. Notre ami Jamais Kolonga, une petite pointure dans le réseau du président, se retrouva à la tête d'une scierie dans sa région natale. Le fêtard de la capitale devait soudain administrer des réserves de bois dur tropical. Certains n'y arrivaient pas du tout, d'autres savaient s'y prendre. Franco, la star de la pop, devint d'un seul coup propriétaire de l'empire du disque Willy Pelgrims, un secteur qu'il connaissait tout de même un peu[60]. Jeannot Bemba put grâce à la zaïrianisation devenir l'homme d'affaires le plus riche du pays. Il accéda à la présidence de l'association des employeurs et créa même une compagnie aérienne, Scibe Zaïre. Mobutu, enfin, s'offrit quatorze plantations dispersées dans tout le pays. Il contrôlait un quart de la production de cacao et de caoutchouc, vingt-cinq mille personnes travaillaient pour lui et il devint le troisième employeur de l'Etat. Grâce en outre aux revenus provenant des mines, il devint, d'après les estimations, le septième homme le plus riche du monde[61].

Cependant, Mobutu observa son pays et constata que cela n'allait pas. A la fin de 1974, il passa à la "radicalisation". Les entreprises souffreteuses furent rachetées par l'Etat. Elles pouvaient ainsi continuer à générer des revenus, qu'il pouvait utiliser pour conserver ses amis. L'idée d'en faire des chefs d'entreprise avait été très mauvaise. Mais cette réforme économique tourna mal elle aussi. Mobutu, le grand ami des Américains, écopait soudain, sans qu'il ait rien demandé, d'une économie communiste. Il mit alors en œuvre une troisième réforme, la "rétrocession" (car la rhétorique était la seule branche d'activité qui fonctionnait bien), pour tenter de redonner les entreprises dépouillées, plumées, aux propriétaires initiaux, qui n'en avaient, cependant, plus aucune envie[62].

Les conséquences sociales furent à l'avenant. Mobutu était aussi brillant communicateur que piètre économiste. Le fiasco de la zaïrianisation fit augmenter le chômage. Ceux qui avaient encore un emploi, les fonctionnaires ou les professeurs par exemple, n'arrivaient pas à s'en sortir financièrement[63]. Tout le monde s'arrangeait du mieux possible, en tant que maçon, chauffeur ou vendeur de bière. Les épouses essayaient de gagner un peu d'argent dans le micro-commerce. Elles passaient des journées entières au marché avec un petit tas de charbon de bois ou quelques oignons devant elles. Elles achetaient du pain à l'usine et traversaient la ville en le portant sur la tête jusqu'à ce qu'il soit vendu. Elles restaient à la maison avec les enfants et ouvraient une petite boutique, où les gens du quartier pouvaient acheter des sachets de thé, des allumettes et du savon. Elles transformaient leur maison en dépôt d'une brasserie ou d'une cimenterie et vendaient avec de très faibles marges bénéficiaires des petites bouteilles de boissons non alcoolisées ou des sacs de ciment. Les gens essayaient de joindre les deux bouts. Au besoin en allant frapper chez leur famille.

En 1974, la situation devint intenable. La fin de la guerre du Vietnam entraîna une chute spectaculaire du cours du cuivre. De plus, le début de la crise pétrolière commença aussi à se faire sentir au Zaïre. Les prix flambèrent. Tout le processus de zaïrianisation contribua à alimenter l'inflation, car maintenant qu'avait émergé une classe de personnes très fortunées, les commerçants augmentaient considérablement leurs prix. Cela ne fit qu'accentuer la baisse du pouvoir d'achat du Zaïrois moyen. En 1960, pour acheter un kilo de poisson de rivière, un travailleur manuel non qualifié devait travailler une journée entière ; vers 1975, il lui fallait dix jours de travail[64]. Les produits alimentaires devinrent hors de prix. Ils engloutissaient tout le budget familial. A l'intérieur des terres, on avait délaissé l'agriculture. Pourquoi un agriculteur aurait-il cultivé sa terre puisque, de toute façon, il n'y avait plus de routes pour apporter sa récolte à la ville ? Le Zaïre, un des pays les plus fertiles au monde, devint de ce fait extrêmement dépendant de coûteux produits alimentaires importés. Des boîtes de conserve de purée de tomate étaient déchargées des bateaux dans les ports, alors qu'à l'intérieur des terres des tonnes de tomates de plein champ pourrissaient sur leurs tuteurs.

La promesse de relance économique de Mobutu avait tourné à la catastrophe. Un des premiers slogans du MPR avait été *Servir et non se servir**, mais Mobutu et son clan se servaient au contraire très bien. Sa popularité diminua. Le pain vint à manquer. Où étaient les jeux ?

Longin Ngwadi était retourné à Kikwit, après son aventure avec l'épée de Baudouin. Il y était devenu vendeur chez Bata, la chaîne internationale de magasins de chaussures, qui avait aussi des établissements en Afrique. Un jour, il vit entrer dans la boutique une belle jeune femme. Elle regarda plusieurs modèles puis partit acheter du poisson. Quelques minutes plus tard, Longin ferma la boutique pour la pause du déjeuner et courut après la jeune femme. Elle était juste en train de payer. Le poisson était encore abordable à l'époque. Il lui adressa alors ces mots impérissables :

"Je vais payer votre poisson pour que vous deveniez ma *fiancée**.

— Vraiment ?

— Oui, vraiment.

— Alors je vais vous donner mon adresse."

Le soir, il lui rendit visite chez elle. Elle fit venir son père et ses oncles. Les membres de la famille tenaient d'abord à voir qui était cet excentrique.

"Je suis prêt à prendre cette jeune femme pour épouse, dit Longin.

— Tu as de l'argent ? demanda la famille.

— Oui."

Ce n'était pas totalement vrai, mais son patron européen chez Bata était prêt à avancer la dot. Il lui arrivait d'emprunter à d'autres occasions. Longin devait rembourser une petite somme chaque mois. Bata avait bonne réputation, c'était un magasin sérieux. Le père et les oncles donnèrent leur accord.

Longin travailla de nombreuses années chez Bata. Pendant ce temps, sa femme cultivait la terre, parce que c'était tout simplement la coutume : elle faisait pousser du maïs, du manioc et des arachides. Le jeune couple n'avait pas à se plaindre. En 1969 est né le premier de leurs six enfants. Quelques années plus tard, Longin acheta une vaste parcelle de trente mètres sur quarante sur laquelle il bâtit une grande maison, la maison où je l'ai interviewé. "Cela a été la période la plus prospère de ma vie."

Puis vint la zaïrianisation. "Mon patron européen est parti. Un Zaïrois a repris Bata. Il en a obtenu la direction. Ce n'était pas une bonne chose. Bata a fait faillite." Une rude période commença. Longin allait de plus en plus souvent prier sur la tombe de Kuku Pemba, un endroit dangereux, un endroit mythique. Kuku Pemba était le premier homme de la région qui avait vu un Blanc. Dans les périodes de famine, on se tournait vers le spirituel. Il passait pour un puissant ancêtre, même Mobutu en avait peur.

En 1974, Longin se rendit pour la première fois depuis des années dans la capitale. “Je suis allé à Kinshasa pour voir le match. J’ai vu qu’Ali priait aussi. C’était un musulman et il portait une petite chaîne. Foreman avait un gros chien avec lui, comme un Européen. J’étais assis dans le stade. Le match avait lieu la nuit. Foreman était plus fort. Ali était dans les cordes. Pendant tout le match, Foreman était bouffi comme un porc. C’était un match formidable, formidable !”

Comment pouvait-on être en colère contre un président qui offrait une fête aussi fantastique ?

Les spectateurs américains devaient pouvoir suivre le match aux heures de grande écoute. Par conséquent, le match ne démarra qu’à quatre heures du matin. Il faisait une chaleur étouffante dans la ville, la saison des pluies avait commencé. Tôt le matin, le stade était déjà plein. “Les enfants n’ont pas eu à aller à l’école. Les entreprises devaient accorder à leurs employés une journée de congé rémunérée. Les bars devaient servir la bière à moitié prix. La farine était même gratuite”, se rappelait Zizi. Les spectateurs venaient de partout, même d’Angola et du Cameroun. Soixante-dix mille personnes ont pu s’asseoir dans le stade. Quelques milliers de places assises étaient réservées aux VIP, la plupart des béni-oui-oui de la suite de Mobutu. A l’extérieur du stade était amassée une foule gigantesque. Du fait de l’heure inhabituelle, Mobutu avait fait installer un éclairage dans le stade. Autour de la tribune s’élevaient dans l’obscurité quatre immenses tapettes à mouches. Elles étaient pourvues d’une batterie de lampes aveuglantes qui grâce au courant produit par le barrage d’Inga inondaient tout le stade d’une lumière d’une blancheur éclatante. Mobutu était vraiment électrique.

Au milieu du terrain de football était dressé le ring où tout allait se dérouler. Les équipes américaines de télévision avaient apporté un matériel impressionnant. Les enfants sur les escaliers en béton rayonnaient de fierté. Leur pays avait été le seul au monde capable d'organiser ce match ! Même le ring venait d'Amérique ! Les Américains avaient même apporté leur eau ! Oui, et leur propre papier toilette !

L'équipe zaïroise de télévision était elle aussi bien équipée. Comme elle n'avait pas droit à l'erreur, cinq caméras Arriflex flambant neuves avaient été achetées, de lourds appareils qui pouvaient se porter sur l'épaule. Les reporters disposaient aussi de quelques Bell & Howells, des caméras plus légères pour les prises de vues détaillées. Le tout en couleurs, bien sûr. Il y avait deux réalisateurs, deux commentateurs en français et un en lingala. Tous recevaient une prime élevée parce qu'ils devaient travailler la nuit.

Zizi Kabongo se retrouva posté derrière la caméra qui devait filmer les réactions du public. Une fanfare fit le tour de la piste d'athlétisme. Elle jouait de la musique congolaise traditionnelle. De véhéments hourras s'élevèrent quand Ali sortit des catacombes et s'approcha du ring en dansant et en boxant dans le vide. Il retira sa cape. Un corps divin luisait sous la lumière des projecteurs. *Ali, boma ye ! Ali, boma ye !* scandait le Zaïre.

Mais le plus singulier était que Mobutu n'était pas là. Il dédaignait le stade où il avait été accueilli par la population en 1965. Craignait-il d'être moins populaire qu'Ali ? Etait-il inquiet pour sa sécurité ? Estimait-il qu'en tant que président-fondateur il devait être justement présent par son absence ? Zizi n'en savait rien. Il savait en revanche que Mobutu regarderait en direct ses images dans son palais. Le chef disposait en effet du seul réseau de télévision en circuit fermé de tout le pays. Zizi balaya de sa caméra la marée humaine. Sur son moniteur, il vit la fête colorée qu'animait une foule déchaînée se transformer en une scène muette dans des teintes gris bleuté.

Il jetait de temps en temps un rapide coup d'œil au match. Il ne vit pas Ali essayer, dès le premier round, de mettre Foreman K.-O. en lui décochant une succession brutale de crochets du droit. Il ne vit pas Foreman pris de fureur et Ali oubliant de danser. "*Float like a butterfly, sting like a bee*" ["Je virevolte comme un papillon, je pique comme une abeille"] *, avait-il pourtant promis. Il avait prévu de danser et il allait danser, mais il n'en eut pas l'occasion. Zizi ne voyait que la foule à travers la lentille de sa caméra, la foule d'abord exulter puis prendre peur. Il ne vit pas Ali chercher les cordes dès le deuxième round et reculer loin en arrière pour éviter les coups de Foreman. Ali, se cachant le visage derrière ses gants de boxe noirs, encaissait dans les flancs une pluie ininterrompue de coups de poing. "*Everlast*", pouvait-on lire sur les coussins d'angle du ring, mais restait à savoir combien de temps il parviendrait à tenir. Foreman avait un des punchs les plus violents de l'histoire de la boxe poids lourds. Ali comptait battre son adversaire en l'épuisant. Le *rope-a-dope*, appellerait-il cette technique plus tard. Zizi n'entendit pas Ali crier, avec ce rictus blanc que lui donnait son protège-dents : "*George, you disappoint me.*" "*Come here, sucker ! They told me you could punch.*" "*You're not breaking popcorn, George.*" ["George, tu me déçois." "Viens donc, pauvre gars ! On m'a dit que tu avais une bonne détente." "Tu n'arriverais même pas à pulvériser du pop-corn, George."]

Zizi filmait et filmait. Ses images n'étaient pas destinées à faire le tour du monde. Cette responsabilité revenait aux Américains. Elles étaient pour son propre usage. Il voyait les éminentes personnalités installées à leur place : le commissaire d'Etat chargé du Sport, les gouverneurs de province, les diplomates, les membres du Bureau politique et du Comité central, toute la caste qui mangeait au râtelier de Mobutu. Des flatteurs dans le public venaient lui glisser de l'argent en lui demandant de s'assurer qu'ils apparaissent clairement à l'écran, pour que le président les voie. Des femmes surtout. Une femme vêtue de rouge, une dame en blanc… Pouvait-il zoomer un instant sur elles ?

De temps en temps, il se retournait. Il voyait chaque fois le colosse Foreman rouer de coups le corps d'Ali cabré en arrière. Zizi ne vit pas Ali, au huitième round, treize secondes avant la cloche, soudain se détacher des cordes et porter des coups très rapides, une formidable combinaison droite-gauche-droite. Le dernier fut un coup de massue venant s'écraser sur la mâchoire de Foreman, qui transforma son visage en un amas de pâte à modeler. Les bras de Foreman, qui pendant huit rounds avaient valsé comme des pinces mécaniques, firent soudain des grands moulinets incontrôlés dans le vide. Foreman se pencha en avant, il n'en revenait pas. On ne l'avait encore jamais mis K.-O. Le sol du ring bascula vers lui.

Ce fut une folle nuit. Aussitôt après le match, un orage d'une exceptionnelle violence éclata. Les boîtes de nuit de Kinshasa étaient bondées. Les boissons étaient gratuites. Tout le monde faisait la fête, tout le monde riait, tout le monde buvait. Mais en rentrant chez lui, Zizi ne put s'empêcher de se demander dans quelles conditions Mobutu avait regardé ses images. Seul dans son palais en compagnie de quelques membres de sa famille ? Profitant du spectacle qu'il avait offert à son pays ? Curieux de la femme en robe rouge ? Ou épiant, inquiet, les réactions du public, s'alarmant de chaque visage qui ne riait pas assez ?

10

TOUJOURS SERVIR

LA FOLIE D'UN MARÉCHAL
1975-1990

Dans la solitude de sa toute-puissance, Mobutu regardait fixement le téléviseur. Quinze ans après le match de boxe historique, il vit des images qui le terrassèrent plus que toute autre séquence filmée qu'il avait eu l'occasion de voir. C'était le jour de Noël 1989 et, sur une chaîne étrangère, il vit une tortue dont émergeait lentement la tête désemparée, au regard terrifié. Non, ce n'était pas une tortue, c'était un homme qui s'extirpait, ou plutôt était expulsé, de la trappe d'un tank de l'armée. Dans cette masse d'acier gris-vert, il remuait le haut de son torse avec tant de maladresse – les bras serrés contre son buste, les mains encore à l'intérieur – qu'il ressemblait à une tortue. Comme s'il était une sage-femme, un soldat dans la rue aidait l'homme à s'extirper.

Les images vidéo étaient jaunes et floues, la scène semblait se dérouler en hiver. Mobutu reconnut l'homme aussitôt. C'était Nicolae Ceauşescu. Il avait été arrêté avec sa femme peu de temps auparavant, après plusieurs jours de contestation dans son pays. Mobutu vit le président roumain se lever en chancelant et retirer sa toque noire pour se lisser les cheveux. La toque ressemblait à une variante hivernale de sa propre toque en léopard. La ressemblance ne s'arrêtait pas là. Ceauşescu était arrivé au pouvoir comme lui en 1965 et Mobutu admirait beaucoup l'audace avec laquelle il avait fait suivre à la Roumanie un autre cap que celui souhaité par la Russie. Ceauşescu pouvait compter sur le solide soutien de l'Occident, comme Mobutu. Les deux hommes devaient leur pouvoir à de fidèles alliés à l'étranger et à une clique docile dans leur pays, ce qui leur avait permis de transformer leur présidence en quasi-monarchie. Tous deux étaient attachés au même surnom : Ceauşescu se faisait appeler le "*Conducător*", tout comme Mobutu aimait qu'on le nomme "*le Guide**". Autour du "Génie des Carpates", un autre surnom, s'était développé un culte de la personnalité aussi singulier que celui qui entourait le "Grand Timonier" de Kinshasa. Au Zaïre, la philosophie de l'authenticité s'était à présent transformée officiellement en "mobutisme" ; en Roumanie régnait le "ceausisme". Ces deux messieurs, qui voulaient toujours avoir raison, supportaient mal la critique. Ils muselaient la presse et aimaient voir les dissidents décamper. Si ces opposants étaient aveugles aux bienfaits que ces dirigeants estimaient avoir apportés, ils n'avaient qu'à exprimer leur rancune au-dessus de cendriers pleins dans des cafés douteux à Paris. La sécurité de l'Etat était prioritaire. La Securitate de Ceauşescu présentait des caractéristiques communes frappantes avec la DSP, la Division spéciale présidentielle, de Mobutu. Les relations particulièrement chaleureuses entre Kinshasa et Bucarest étaient couronnées par l'amitié intime entre Mobutu et Ceauşescu. Mobutu se tournait vers les Etats-Unis pour les moyens financiers et vers l'Est pour la méthode. Il avait beaucoup appris de Mao et de Kim Il-sung, mais le seul chef d'Etat communiste qui fût encore son ami était Ceauşescu. Leurs épouses s'entendaient bien elles aussi.

Mobutu voyait les images. Un mois auparavant, leurs deux partis s'étaient encore réunis au sommet à Bucarest[1]. A présent, il voyait Nicolae et Elena prendre place dans une triste salle de classe. Comme ils paraissaient soudain usés… Nicolae était un vieil homme aux cheveux gris dans un long manteau d'hiver, Elena une dame d'un certain âge avec un grand col de fourrure. Un couple de vieillards d'Europe de l'Est. Ils étaient assis derrière un pupitre aux pieds fins métalliques. Nicolae gesticulait, élevait la voix. La caméra se braquait vers la droite. Quelques officiers de haut rang bardés de décorations apparaissaient à l'image. Les militaires se redressaient d'un bond. Un homme lisait à haute voix un texte sur une feuille.

L'automne avait été particulièrement agité en Europe. La *glasnost*, la *perestroïka*, le Mur… Mobutu suivait le tout avec défiance. L'amorce par Gorbatchev d'un dégel politique avait déclenché une réaction en chaîne que nul ne pouvait enrayer. Gorbatchev encore moins que les autres. Mobutu estimait tout simplement aberrante l'idée de démocratiser un grand Etat à parti unique :

> Regardez ce qui se passe en Union soviétique ; sans même que le multipartisme soit instauré, il a suffi d'en admettre le principe pour que régionalisme et séparatisme relèvent la tête. Je ne porte aucun jugement de fond sur les mouvements balte, arménien, géorgien, moldave ou biélo-russien ; je me borne à constater que la seule idée du multipartisme y favorise l'apparition des forces centrifuges[2].

La démocratisation, Mobutu s'en méfiait. Il ne se souvenait que trop bien de la débâcle de la Première République. La chute du communisme en Europe ressemblait à bien des égards à la décolonisation de l'Afrique : un processus brutal qui donnait soudain à un espoir latent une accélération incontrôlable. Mobutu versait dans le sophisme : "Si nous imposions, chez nous, par la force un système de démocratie à l'occidentale, c'est alors que nous ferions de la dictature[3]."

Partout en Europe centrale et orientale, l'époque communiste s'était terminée sans que soit versée la moindre goutte de sang. Les jours suivants, Mobutu vit sur des places à Bucarest des dizaines de milliers de personnes braver le froid pour exiger la démission du Conducător. Mais ce furent les images tremblotantes d'un petit village à l'extérieur de la capitale qui le firent vraiment frémir. Soudain, Nicolae et Elena n'étaient plus dans la salle de classe où ils se trouvaient juste avant, mais debout dans une cour de récréation vide devant un mur jaune. Mobutu vit un nuage de poussière. Des crépitements. Comme si quelqu'un secouait des cailloux dans une boîte de conserve. La home vidéo de l'histoire mondiale. Des couleurs délavées. Des voix étouffées. Un hiver éternel. La caméra plana ensuite au-dessus de deux statues de cire. Elena sur le côté, regardant fixement le ciel glacial, indifférente au filet de sang qui s'écoulait de sa tête. Nicolae sur le dos, ses jambes dans une position contre nature repliées sous son corps, comme un pantin. Mobutu ne parvenait pas à détacher son regard.

Zoom arrière. Eclipsons-nous. Recadrage. Focalisation : dix ans plus tôt, en 1978. Un soleil éblouissant. Mobutu, qui respire l'assurance. Images de sa stature. Il a un peu grossi par rapport au moment où il est arrivé au pouvoir ; visiblement, la présidence lui fait du bien. En 1970 et en 1977, il a été réélu à la tête de l'Etat. La durée d'un mandat a été augmentée à sept ans et le nombre de mandats n'est plus limité. Mobutu est chaque fois le candidat unique. Lors des élections, les citoyens n'ont qu'à glisser un bulletin vert ou rouge dans l'urne. Le rouge, vous dit un fonctionnaire du MPR dans le bureau de vote, correspond au chaos, aux effusions de sang, aux curieuses idéologies. Le vert est la couleur de l'espoir, du manioc et du MPR lui-même. Tout le monde voit pour qui on vote. Mobutu obtient 98 ou 99 % et dirige le pays en disposant plus que jamais d'une confortable marge de manœuvre. Il marche un peu plus lentement, parle aussi un peu plus lentement. La dignité devient plus importante que l'ardeur au travail.

La fusée était prête à être lancée. A la lisière d'un plateau d'où une vue s'offrait sur toute la vallée de la Luvua, se dressait une fine silhouette géante de douze mètres de haut. Elle était soutenue par une double carcasse d'acier. C'était le lundi 5 juin 1978, à onze heures et demie du matin. Un Mobutu rayonnant avait invité un groupe d'amis et de journalistes pour être témoins d'une énième prouesse : le lancement d'une fusée depuis le sol zaïrois. Quelques années plus tôt, il avait conclu un accord avec une société privée allemande. Cette société, du nom d'Otrag (Orbital Transport und Raketen Aktiengesellschaft), pouvait disposer en toute liberté d'une immense étendue de savane pour mener des expériences de construction et de lancement de fusées bon marché. L'Otrag recevait des subventions de l'Etat allemand pour concevoir une alternative aux coûteux projets de la Nasa et de l'Agence spatiale européenne[4]. A terme, ces *Billigraketen* [fusées bon marché] allemandes devaient permettre de lancer en orbite des satellites autour de la Terre pour une somme modique. Une société privée construisant des fusées : c'était un cas unique dans l'histoire de la navigation spatiale. Une société bénéficiant en outre du soutien d'un dictateur africain : on n'avait jamais rien vu de pareil. L'initiateur du projet s'appelait Lutz Kayser, mais le plus remarquable était que, parmi les salariés, figurait Kurt Debus, un Allemand qui avait participé à la conception du V2 durant la Seconde Guerre mondiale et avait après la guerre dirigé pendant de nombreuses années le Kennedy Space Center, où il était responsable du programme Apollo.

L'Otrag, qui s'était mise en quête d'un grand espace vide près de l'Equateur, s'était d'abord intéressée à l'Indonésie, à Singapour, au Brésil et à Nauru, des pays situés près d'un océan : une fusée pouvait s'y écraser sans problème. Le Zaïre ne fut envisagé que plus tard. La savane de Shaba, le nouveau nom du Katanga, était si peu peuplée qu'elle pouvait aussi faire l'affaire. En 1977, il ne fallut que dix jours pour conclure avec Mobutu l'opération, qui était à tous points de vue ahurissante. L'Otrag prenait le contrôle d'un territoire de cent mille kilomètres carrés, une fois et demie l'Irlande. Cela rappelait les compagnies de caoutchouc du XIXe siècle avec leurs gigantesques concessions, où elles pouvaient se livrer tranquillement à leurs "activités". Jusqu'en 2000, l'Otrag était encore présente sur près de 5 % du territoire du Zaïre dans le cadre de baux accordés à des conditions extrêmement avantageuses. L'entreprise était exonérée de taxes à l'importation et n'était pas tenue de compenser d'éventuels dégâts écologiques. Les employés n'étaient pas assujettis à l'impôt et bénéficiaient d'une immunité juridique. Et comme la savane n'était pas aussi vide que l'océan, l'entreprise pouvait même déplacer les populations indigènes si leur présence gênait les lancements. Mobutu, l'homme qui avait lutté contre les sécessions et les rébellions, cédait à présent de fait le pouvoir sur une vaste partie de son pays. En contrepartie, il se contentait de demander 5 % des bénéfices nets, du moins si la société en enregistrait, et le lancement d'un satellite d'observation à des fins de sécurité intérieure, du moins si une telle opération devenait un jour possible techniquement[5]. Les choses n'en arriveraient jamais là. Mais il engrangea chaque année vingt-cinq millions de dollars de bail, une somme qui disparut aussitôt dans sa propre poche[6].

Rayonnant, Mobutu assistait au lancement en compagnie de ses fidèles. Le compte à rebours se fit en allemand. Les deux premiers essais s'étaient bien passés. Un an plus tôt, dans le plus grand secret, l'entreprise avait réussi à lancer une fusée de six mètres de haut à vingt mille mètres d'altitude. Deux semaines auparavant, un appareil encore plus lourd était même monté jusqu'à trente mille mètres. Aujourd'hui, rien ne pouvait mal tourner. La fusée géante atteindrait cent mille mètres.

Mobutu était très friand de ce genre de spectacle. N'avait-il pas invité à Kinshasa les astronautes qui avaient atterri sur la Lune ? N'avait-il pas fait en sorte que le match de boxe du siècle se déroule au Congo ? La pendaison publique n'avait-elle pas été un spectacle ? Mais les événements ne suffisaient pas. Mobutu, pour donner au pays d'autres occasions de se réjouir, s'engagea dans une série de travaux d'infrastructures mégalomanes. Il transforma le barrage d'Inga sur le fleuve Congo pour en faire une des plus grandes centrales hydrauliques d'Afrique. A son achèvement en 1982, le nouveau barrage, appelé "Inga II", générait 1 424 mégawatts, au lieu des 351 produits précédemment. Peu après, Mobutu se mit à rêver d'Inga III, une centrale d'une capacité de pas moins de 30 000 mégawatts, la plus grande du monde, qui permettrait d'alimenter en électricité toute l'Afrique et une partie de l'Europe. Avant d'en arriver là, il fit installer une ligne à haute tension partant d'Inga et allant jusqu'à la province minière de Shaba, une prolongation de mille huit cents kilomètres à travers le désert. La province de Shaba était pourtant elle-même bien équipée en centrales électriques, mais cette ligne donnait à Mobutu la possibilité de maintenir le doigt sur le disjoncteur de la province rebelle. Pour réaliser ce projet, dix mille pylônes étaient nécessaires. A Maluku, au bord du fleuve Congo au nord de Kinshasa, il fit construire une fonderie d'acier qui allait produire chaque année deux cent cinquante mille tonnes d'acier[7].

Ces prestigieux projets présentaient des caractéristiques communes : ils étaient construits par des entreprises étrangères, équipés des toutes dernières inventions, livrés clés en main – mais jamais ils ne fonctionnaient convenablement. Une fois payée, la société de construction française, italienne ou américaine partait, la haute technologie était prise en main par des personnes qui ne savaient pas s'en servir ou n'avaient pas eu l'occasion d'être formées. Inga II avait coûté 478 millions de dollars, mais le Zaïre restait un pays confronté à des pannes de courant[8]. Les turbines n'étaient pas entretenues et, sur les huit de l'époque, les deux qui fonctionnent encore aujourd'hui ne génèrent que 30 % de la production projetée. La ligne à haute tension vers le Shaba, qui coûta la somme étourdissante de 850 millions de dollars, ne transporta souvent pas plus de 10 % de sa capacité[9]. De plus, aucun raccordement n'avait été prévu pour les villes et les villages le long de son implantation. L'aciérie de Maluku, d'un prix de 182 millions de dollars, ne devint jamais bénéficiaire : incapable de transformer le minerai de fer local, elle servait seulement à refondre la ferraille qui lui était livrée[10].

Que d'argent jeté par les fenêtres... Jamais je n'en ai pris autant conscience que lorsque Zizi m'a fait visiter pour la première fois en 2007 le bâtiment de la chaîne nationale. La frénésie bâtisseuse de Mobutu ne s'est pas limitée à l'industrie lourde ; il fallait aussi embellir Kinshasa, comme Bruxelles à l'époque de Léopold II. Dans l'arrondissement de Limete a surgi un gigantesque échangeur routier aux larges bretelles d'accès et de sortie et aux viaducs routiers audacieux ; au milieu du rond-point s'élève une réplique moderniste de la tour Eiffel, un bâtiment pointu fait d'acier et de béton, de bien cent cinquante mètres de haut. Au sommet était prévu un restaurant panoramique, mais le complexe n'a jamais été terminé. Sur la rive du fleuve Congo, Mobutu a fait bâtir le CCIZ, le Centre de commerce international du Zaïre, une construction extrêmement onéreuse qui se dégrade depuis des décennies. Peu après l'inauguration, quand la climatisation est tombée en panne, il s'est avéré impossible d'ouvrir les fenêtres – ce qui est fâcheux sous un climat tropical. Au cœur de la ville sont apparues les Galeries présidentielles ; un centre commercial chic équipé d'escaliers roulants. Quelques kilomètres plus loin a surgi le parc des médias de la RTNC, la Radio-Télévision nationale congolaise, les nouveaux locaux où travaillait Zizi. Coût de l'opération : 159 millions de dollars.

“Ce sont les Français qui se sont chargés de la construction”, a-t-il dit en me faisant visiter, “ils voulaient absolument décrocher le contrat. Quand on leur a attribué le marché, ils ont offert gratuitement en échange à Mobutu des avions de combat Mirage.” Il m’a montré les studios d’enregistrement délabrés. Sur les neuf, seulement deux étaient encore utilisés : des hangars gigantesques sans équipement. Pour les émissions *live*, quelques journalistes infatigables se servaient de deux vieilles caméras et de quelques micros, du moins quand il y avait du courant. J’ai pu en faire moi-même l’expérience. A l’occasion d’un programme d’échange entre des artistes de Bruxelles et de Kinshasa, j’ai participé à un débat avec quelques autres invités dans une émission du matin. Le plafond se détachait. Dans la lumière des projecteurs, on pouvait voir l’amiante tomber sans arrêt en tourbillonnant. Les câbles électriques étaient à nu, les tables de mixage étaient maintenues entre elles par des bouts de ficelle. Je ne comprenais pas comment on pouvait encore réaliser sur place des émissions en direct. L’émission était précédée par un bulletin d’actualité. La femme qui lisait les nouvelles n’avait pas de prompteur, pas même de papiers, mais elle présentait impeccablement les sujets, de mémoire, sans la moindre hésitation et avec une présence impressionnante. Mais alors que le journal avait commencé depuis plusieurs minutes, un technicien s’est aperçu qu’il n’y avait pas de micro sur sa table. L’émission a dû être interrompue. Tandis que l’équipe cherchait fébrilement un micro en état de marche, le Congo devant son poste de télévision avait droit à la mire pendant de longues minutes. J’ai vu l’élégante présentatrice s’asseoir, seule devant sa table sous un éclairage vif, dans l’immensité d’un studio obscur décrépit.

“Au début, ce complexe était censé accueillir six mille salariés”, a expliqué Zizi, “aujourd’hui il n’y en a plus que deux mille qui travaillent ici.” Le bâtiment central était un phallus de dix-neuf étages. La réception dans le hall était équipée d’un standard pour des centaines de lignes téléphoniques extérieures. Il était en panne depuis des années, tout comme les ascenseurs, d’ailleurs. Tout passait désormais par l’escalier de secours, un sombre labyrinthe digne d’Escher qui empestait l’urine, car l'arrivée d'eau dans les derniers étages avait aussi cessé de fonctionner. Dans les premiers temps, le responsable de l'administration avait droit à un bureau au dernier étage du bâtiment, d'où il avait une vue majestueuse sur toute la ville. Aujourd'hui, personne n'a envie de grimper jusqu'à ce nid d'aigle. Le responsable actuel a le grand privilège de travailler au premier étage. Plus on est haut dans le bâtiment, plus on est bas dans la hiérarchie. "Quel gaspillage", a soupiré Zizi tandis que nous montions à son bureau au cinquième étage, "la RTNC, le CCIZ, tous ces projets… alors qu'il y avait tant de pauvreté à l'époque[11]."

On peut s'étonner que Mobutu ait pu continuer à jeter aussi facilement de l'argent par les fenêtres. En 1975 avait éclaté en Angola, un pays voisin, une guerre interminable de décolonisation. Depuis, le Zaïre ne pouvait plus utiliser le chemin de fer de Benguela, la ligne sur laquelle le père de Zizi avait travaillé et qui reliait les bassins miniers du Katanga à l'océan Atlantique. Il était devenu beaucoup plus compliqué d'exporter les minerais et Mobutu s'était vu privé d'une quantité de devises. Le pays s'émiettait, mais il semblait en être à peine conscient.

Vier, drei, zwei, eins… Un jet de flammes apparut. Le grondement s'amplifia. Lentement, la fusée quitta la plate-forme de lancement. Elle allait atteindre cent kilomètres d'altitude, marquant une nouvelle étape dans l'aérospatiale africaine. Un copieux déjeuner attendait déjà les invités. Mais avant même que le projectile eût quitté la tour de lancement, un enfant aurait pu se rendre compte que l'entreprise allait échouer. La fusée s'inclina, décrivit un virage parfait vers la gauche et atterrit quelques centaines de mètres plus loin dans la vallée de la Luvua, où elle explosa. Tandis qu'un épais nuage de fumée s'élevait de la savane, Mobutu se retourna en silence. Dans l'air, les spectateurs virent encore pendant quelques instants le sombre panache de fumée que la fusée avait laissé derrière elle, qui dessinait une courbe[12]. Une parabole de suie. Un graphique qui aurait pu illustrer le régime de Mobutu : après la forte ascension initiale des premières années, son Zaïre avait basculé irrémédiablement et fini par plonger dans le gouffre.

Bien d'autres choses tombèrent du ciel ces années-là. Entre 1974 et 1980, deux avions-cargos C-130 de l'armée zaïroise s'écrasèrent, de même que deux avions de chasse Macchi, trois hélicoptères Alouette et quatre hélicoptères Puma[13]. Pas une seule de ces chutes ne fut le résultat d'opérations militaires. Pourquoi tant de malchance ? Les soldats étaient en fait si mal payés qu'ils s'étaient mis à vendre les stocks de pièces détachées pour leurs appareils. Pierre Yambuya, pilote d'hélicoptère de l'armée nationale, en fit l'expérience de près. Son témoignage donne un aperçu exceptionnel de la situation des forces armées à l'époque. “Tous ceux qui avaient un avion privé savaient qu'ils pouvaient trouver à Kinshasa le marché de pièces détachées le moins cher du monde. Les militaires y vendaient des pièces détachées d'avion à un prix vingt fois inférieur au prix d'usine[14].” Mobutu se faisait plaisir avec toutes sortes de projets prestigieux, mais négligeait peu à peu l'institution à laquelle il devait son coup d'Etat : l'armée. Les pilotes de l'armée de l'air complétaient aussi leurs revenus en écoulant, quel que soit l'endroit où ils atterrissaient, une partie de leur kérosène à la population locale, qui s'en servait pour remplir ses lampes à pétrole. Cette pratique devint tellement habituelle que des enfants munis de jerrycans jaunes arrivaient en courant à l'aéroport quand un appareil de l'armée y avait atterri. Pierre Yambuya savait de quoi il parlait : “Un sergent-major gagnait 280 zaïres, un sac de riz coûtait à l'époque 1 200 zaïres. Un adjudant recevait 340 zaïres. Pour un uniforme d'écolier, il fallait débourser 850 zaïres, et ses enfants, avec les 5 zaïres auxquels ils avaient droit, ne pouvaient même pas s'acheter un crayon.” Oui, dans ce cas, la corruption devient parfaitement compréhensible. Les militaires ne se plaignaient pas “plus haut”, parce qu'ils risquaient de perdre leur emploi ou même leur vie, mais ils reproduisaient à des échelons inférieurs ce qui se passait au-dessus d'eux. “Pour vivre correctement, je vendais par exemple le carburant de mon hélicoptère. Mon supérieur mettait dans sa propre poche l'argent destiné à mes missions : « De toute façon, quand tu arrives quelque part, tu vends ton carburant. C'est ton affaire bien sûr. »[15]”

Le Zaïre tomba malade. L'origine plus profonde de la maladie était le manque de moyens financiers (dû à la crise du cuivre, à la crise du pétrole, à l'échec de la zaïrianisation et à la politique grotesque de dépenses), et ses pires symptômes étaient l'effondrement de l'Etat et la généralisation de la corruption. Le phénomène devint vite apparent dans l'armée. Les militaires se servaient des véhicules de l'armée en dehors de leurs casernes pour faire le taxi. Les radios et les tourne-disques disparaissaient des cantines, les bulldozers et les camions des garages. Les officiers ramenaient même des subalternes chez eux pour les faire travailler comme personnel de maison. Dans les casernes, l'absentéisme était répandu et pouvait atteindre plus de 50 %. Les quelques soldats qui se présentaient à l'appel n'étaient guère motivés. La discipline appartenait à une époque depuis longtemps révolue. Un document interne, le *Mémorandum de réflexion**, ne craignait pas l'autocritique, résumant en quelques mots la mentalité des troupes : "Tout le monde veut commander, mais personne ne veut obéir[16]."

Pendant ce temps étaient postés, de l'autre côté de la frontière angolaise, les vétérans de la sécession katangaise, les troupes de Tshombe. Beaucoup appartenaient à la tribu lunda, un peuple qui vivait dans une région s'étendant jusqu'à l'Angola. Dcs années auparavant, Mobutu les avait chassés de la scène nationale, une fois qu'ils avaient réussi à vaincre les rebelles Simba, mais ils cherchaient maintenant à se venger, avec l'aide de leurs fils et de nouvelles recrues. Ces fameux gendarmes katangais avaient derrière eux un curieux parcours. Pendant la sécession katangaise (1960-1963), ils s'étaient battus pour un Katanga de droite, dirigé par des Européens, mais en Angola ils avaient choisi depuis 1975 le camp marxiste du MPLA, le Movimento Popular de Libertação de Angola. Les raisons de ce retournement idéologique étaient simples : le MPLA, tout comme eux, détestait Mobutu.

A la suite de la révolution des œillets au Portugal, l'Angola s'était engagé, depuis 1975, dans un violent combat postcolonial. Tout comme au Congo, il s'agissait d'une lutte pour le trône, mais en Angola elle fut bien plus sanglante. Trois factions étaient en lice. Le MPLA d'Agostinho Neto, à gauche, était diamétralement opposé au FNLA de Holden Roberto et à l'Unita de Jonas Savimbi. Les grandes puissances s'en mêlèrent. L'Angola devint le lieu où la guerre froide connut sa phase de plus fortes tensions en Afrique. Le MPLA recevait un soutien massif de la Russie et de Cuba, les deux autres milices pouvaient compter sur les Etats-Unis. Le soutien américain passait par l'Afrique du Sud et le Zaïre : Pretoria soutenait Savimbi dans le Sud, Kinshasa Holden dans le Nord. Comme Holden était de surcroît le beau-frère de Mobutu, les anciens gendarmes katangais avaient rejoint le MPLA. Leur chef était un certain Nathanaël Mbumba, leur nouveau *nom de guerre* * le FLNC (Front pour la libération nationale du Congo), leur surnom les *Tigres katangais* *.

A deux reprises, les insurgés pénétrèrent au Zaïre. En 1977 et en 1978, ils franchirent la frontière et conquirent de grandes parties de l'ouest du Shaba (ces incursions furent appelées la première et la deuxième guerre du Shaba). En nombre et sur le plan logistique, ils avaient des capacités nettement inférieures à celles de l'armée gouvernementale, mais ils furent accueillis par les acclamations de la population locale, non seulement parce qu'ils étaient eux aussi des Lunda, mais parce qu'elle en avait assez de Mobutu. Les rebelles gagnèrent facilement du terrain et conquirent en 1978 l'importante ville minière de Kolwezi. Pour la première fois depuis dix ans, Mobutu devait venir à bout d'une insurrection militaire. Les dissidents qui s'étaient enfuis à Bruxelles et à Paris espéraient un renversement de la dictature et virent dans l'invasion un "embryon d'armée populaire"[17]. Mbumba allait ranimer le rêve de Lumumba et de Mulele. L'espace d'un instant, le royaume du roi-soleil sembla chanceler.

Mobutu fit de son côté tout son possible pour faire passer la rébellion pour une intervention marxiste étrangère. D'après lui, Mbumba n'était qu'un pion du MPLA, et donc de Cuba et de la Russie. Avec de tels raisonnements, il espérait soutirer un soutien à l'étranger, sa propre armée ne valant plus rien. Il obtint l'effet escompté. Des troupes marocaines, transportées dans des avions de l'armée française, mirent fin à la première guerre du Shaba en quatre-vingts jours. Et il ne fallut que quelques jours à des légionnaires français et à des para-commandos belges pour réprimer la deuxième guerre du Shaba. Les alliés de Mobutu étaient entrés aussitôt en action après le massacre par les rebelles de trente Blancs dans une villa à Kolwezi. Ce que les amis étrangers ne savaient pas, c'est que les Blancs n'avaient pas été tués par les rebelles, mais très probablement par les soldats de Mobutu lui-même. Le pilote d'hélicoptère Pierre Yambuya, qui était à Kolwezi, ne laisse planer aucun doute à ce sujet :

> Le dimanche 14 mai, à 17 h, le colonel Bosange [de l'armée gouvernementale] donne soudain l'ordre de fusiller tous les Européens qui étaient enfermés dans la villa. D'après lui, ce sont tous des mercenaires. Bosange n'admet aucune contradiction et le général Tshikeva ne dit pas un mot. Seul le vieux Musangu proteste. Bosange donne au chef des services de renseignements et de la sécurité, le lieutenant Mutuale, et à trois autres soldats la mission d'exécuter son ordre. Mutuale et son peloton d'exécution se rendent à la villa, dont les portes et les fenêtres sont hermétiquement fermées. A travers les stores roulants baissés, les soldats vident leurs armes automatiques. Les rafales retentissent comme le bruit d'une collision. Cinq minutes plus tard, Mutuale et ses soldats reviennent : mission accomplie[18].

Mobutu connaissait l'histoire de son pays. En 1960, la Belgique avait envahi le Congo parce que cinq Blancs avaient été tués à Elisabethville. En 1964, Stanleyville avait été libérée par des para-commandos belges parce que des centaines de Blancs avaient été pris en otages. Il suffisait de tuer quelques Européens, Mobutu le savait, pour avoir une armée occidentale à ses côtés, du moins si l'on pouvait faire porter les torts sur un autre.

Les deux guerres du Shaba furent de courte durée, mais leurs enseignements se révélèrent très importants. Premièrement : Mobutu était vraiment prêt à tout pour maintenir sa position. Deuxièmement : son armée ne valait rien. Troisièmement : il survivait grâce au soutien de l'étranger. Depuis 1960 déjà, les Etats-Unis étaient un fidèle allié (du moins si les pressions nécessaires étaient exercées), mais voilà que la France apportait aussi son aide. Le président Giscard d'Estaing menait de façon totalement délibérée une politique visant à agrandir la sphère d'influence française en Afrique centrale. Le Zaïre, le plus grand pays francophone du monde, suscitait tout naturellement son intérêt. Dès 1960, en pleine décolonisation, la France avait tenté de reprendre le Congo à la Belgique, en invoquant le *droit de préemption** historique de 1885[19] ! Giscard cherchait cependant surtout à prendre un ascendant financier. Les relations commerciales avec le Zaïre s'étaient sensiblement développées. C'était dans ce contexte que l'accord avait été conclu pour la construction des studios de télévision en échange des Mirage. Le principal entrepreneur était un neveu de Giscard, tandis qu'un autre neveu faisait partie des financiers primordiaux[20]. Le népotisme n'était bien entendu pas une invention zaïroise.

A Kinshasa et à Bruxelles, je me suis entretenu plusieurs fois avec le colonel Eugène Yoka, qui était un des très rares pilotes de chasse de l'armée zaïroise. Il était le fils de la dernière veuve en vie d'un vétéran de la Première Guerre mondiale et venait d'une lignée militaire. Son père s'était battu contre les Allemands, son grand-père avait été un des premiers soldats de la Force publique. Lui-même avait plus de deux mille heures de vol à son actif. En 1961, il avait fait partie du premier contingent de pilotes du Congo ; il avait appris à voler à Tirlemont en Belgique avec un SV4-bis, un biplan à hélice. Puis il avait volé avec des Dakota, des avions T6, des P-148, et d'autres encore. Il était présent quand le Concorde avait fait son premier vol vers l'Afrique en 1973 ; Mobutu allait d'ailleurs affréter régulièrement cet appareil supersonique, entre autres pour se rendre avec sa famille à Disneyland près de Paris[21]. Et Yoka était entré dans le cercle restreint des pilotes qui savaient manier un Mirage. Il avait reçu sa formation en France. Je lui ai demandé quelle avait été son expérience des guerres du Shaba. “J'étais là”, a-t-il dit, “à la première et à la deuxième guerre du Shaba, mais pas en tant que pilote[22].” J'ai obtenu la même réponse d'Alphonsine Mosolo, la première femme parachutiste qui avait été formée en Israël. “Pendant les guerres de 1977 et de 1978, je n'ai jamais dû sauter.” Tous deux avaient suivi une bonne formation à l'étranger, ils étaient convoqués aux défilés annuels à Kinshasa, mais ni l'un ni l'autre n'avait eu à utiliser ses compétences le moment venu. Les forces armées semblaient ne servir à rien. Alphonsine m'a dit : “Au lieu de sauter, j'ai dû faire la cuisine pour Mobutu sur le *Kamanyola*. C'était le yacht privé qui lui servait à naviguer sur le fleuve. Un soir, il y a eu une fête à bord. J'avais fini de faire la cuisine. Mobutu aimait bien qu'il y ait de l'ambiance, c'était vraiment un fêtard. J'étais assise sur une chaise, mais il trouvait que je devais danser. Il a même retiré mes chaussures pour essayer de me faire danser. Vraiment ! Le président lui-même ! A genoux ! Alors que mes pieds sentaient tellement mauvais[23] !”

Mobutu pouvait continuer à danser, persuadé que la récession économique à laquelle était confronté son pays n'était que temporaire. Certes, le cuivre rapportait un peu moins en ce moment, au moment même où le pétrole coûtait si cher. Mais il arrivait à tout le monde de traverser une mauvaise passe, tel était son argument, surtout quand l'économie était très dépendante d'un seul secteur comme l'exploitation minière. Certes, son pays ne pouvait pas rembourser tous ses prêts en même temps, mais bientôt la demande mondiale de minerais se redresserait. Il prenait conseil auprès de ses alliés français, américains, mais aussi, plus récemment, arabes, en leur demandant de lui venir en aide un moment.

Mais l'endettement du Zaïre n'était pas que conjoncturel. En 1977, le déficit budgétaire atteignit 32 % du budget total[24]. D'une année sur l'autre, le PNB reculait[25]. Il n'était pas rare que l'inflation annuelle atteigne 60 %[26]. De 1974 à 1983, les prix sextuplèrent[27]. La population savait que le problème n'était plus passager. En 1984, un kilo de riz exigeait deux journées entières de travail, et un kilo de viande de bœuf plus de dix journées. Le Zaïrois ordinaire qui voulait acheter pour sa famille un sac de manioc de quarante kilos à un prix avantageux devait trimer quatre-vingts jours[28]. Quand il pouvait enfin acheter le sac, le prix avait déjà augmenté. En 1979, le pouvoir d'achat était réduit à 4 % de ce qu'il était en 1960[29].

Au début, les banques occidentales et japonaises avaient accordé facilement des prêts au jeune Mobutu pour lui permettre de mener à bien son industrialisation – car le Zaïre était riche –, mais à partir de 1975, elles commencèrent à craindre de ne plus revoir leur argent. L'endettement du Zaïre s'élevait alors à 887 millions de dollars, empruntés auprès de 98 banques[30]. Les banques se réunirent au sein de ce que l'on appelle le Club de Paris pour présenter collectivement leurs exigences. Elles allèrent frapper à la porte du Fonds monétaire international, le gendarme financier de l'économie mondiale créé dans le sillage de la Seconde Guerre mondiale pour éviter une nouvelle dépression comme celle des années 1930. Le FMI devait s'assurer que les crédits d'urgence accordés au Zaïre ne donnent pas lieu à des dérapages.

Mobutu ne tenait pas à voir les fouineurs du FMI mettre le nez dans ses affaires. Tout son pouvoir s'appuyait sur l'entretien permanent de tous ceux qui faisaient partie de son impressionnante cour. S'il ouvrait la porte au FMI, il ne pourrait plus distribuer ses faveurs. S'il ne lui ouvrait pas la porte, il n'aurait plus d'argent. La deuxième option entraînerait aussitôt l'effondrement de son pouvoir, la première lui offrait encore des possibilités. Il suffisait de donner raison au FMI, pour la forme, d'acquiescer gentiment à toutes les conditions imposées, puis de continuer en coulisse à se servir comme si de rien n'était dans les caisses de l'Etat.

Mobutu, l'homme qui avait tant insisté sur l'"indépendance économique" de son pays, dut accepter que le FMI, le Club de Paris, puis plus tard également la Banque mondiale jouent un rôle majeur dans la politique intérieure. En 1976, le FMI lança le premier des nombreux plans de stabilité pour le Zaïre. En échange d'une première tranche de quarante-sept millions de dollars, Mobutu devait réduire les dépenses publiques, augmenter les recettes fiscales, dévaluer la monnaie, stimuler la production, développer les infrastructures et améliorer sa gestion des comptes. Les banques internationales n'étaient prêtes que dans ces conditions à envisager un éventuel report de paiement.

D'innombrables injections de capitaux et crédits relais allaient suivre mais, pour la seule période allant de 1977 à 1979, Mobutu détourna, d'après certaines estimations prudentes, plus de deux cents millions de dollars à son profit et au profit de sa famille[31]. Aux plans de stabilité des années 1970 succédèrent les programmes d'ajustement structurel bien plus drastiques des années 1980, qui se révélèrent tout aussi vains. Vers 1990, la dette totale du Zaïre avait atteint le montant insensé de dix milliards de dollars. Ce n'est qu'à ce moment-là que l'on coupa les fonds.

La comptabilité créative de Mobutu avait déjà suscité l'attention. Un banquier allemand méticuleux avait été le premier à tirer la sonnette d'alarme. En 1978, le FMI avait chargé Erwin Blumenthal, cadre dirigeant pendant des années à la Bundesbank, la banque centrale de la République fédérale d'Allemagne, d'aller mettre de l'ordre dans cette pagaille appelée "Banque nationale du Zaïre". A l'époque, le FMI avait placé sous tutelle les principales institutions financières du pays. Erwin Blumenthal tenta, avec rigueur et désespoir, de faire le ménage au sein de la banque centrale ; il ne cessait d'être confronté à des cas de corruption éhontée. "Aucun des responsables du Fonds ou de la Banque mondiale n'ignore que toute tentative visant à exercer un contrôle budgétaire plus strict tourne court devant un obstacle majeur : la présidence !" a-t-il écrit. "Qui va crier : Au voleur ! Il est impossible de contrôler les opérations financières réalisées par le bureau du président. Dans ce bureau, il n'y a plus de distinction entre les besoins personnels et les dépenses publiques. Comment les institutions internationales et les gouvernements occidentaux peuvent-ils continuer d'accorder aveuglément leur confiance au président Mobutu[32] ?"

Le détournement systématique des fonds publics, la découverte de plusieurs comptes secrets en Europe, la culture scandaleuse d'enrichissement personnel de Mobutu et de sa clique suscitaient chez Erwin Blumenthal un profond écœurement. Au bout de deux ans à peine, il en eut assez. Le rapport final confidentiel qu'il rédigea avant de démissionner de ses fonctions était implacable : "Mobutu et son gouvernement formuleront sans aucun doute de nouvelles promesses, et la dette extérieure, qui ne cesse de croître, obtiendra une fois de plus un report de paiement, mais il n'y a aucune chance, et je dis bien aucune chance, que les créanciers revoient un jour leur argent[33]."

Le rapport Blumenthal était tellement accablant pour Mobutu et son clan que des fuites étaient inévitables. Zizi Kabongo se souvient encore de ces années : "Mobutu tenait absolument à éviter que le rapport ne soit publié ici. Au Zaïre, dans un premier temps, personne n'était au courant mais, à Paris, circulait un texte que Nguza Karl I Bond avait publié. Les journalistes qui revenaient de l'étranger étaient fouillés à l'aéroport." Nguza avait été pendant huit mois Premier ministre sous Mobutu. En 1981, quand il était tombé en disgrâce, il était parti pour l'Europe, d'où il ne cessait d'attaquer le régime de Mobutu dans des livres et des pamphlets. Pour lui, le président-fondateur était "l'incarnation du mal zaïrois[34]".

Blumenthal ne disait rien d'autre que ce dont tout le monde se doutait, mais ses révélations provoquèrent un brusque changement. En 1981, la dette publique zaïroise représentait déjà cinq milliards de dollars mais, pour les Français, Mobutu était un partenaire économique et culturel bien trop important pour qu'on envisage de prendre contre lui des mesures sévères et, pour les Américains, il était bien trop précieux en tant qu'allié dans une Afrique qui se livrait à des expériences socialistes et communistes (en Angola, au Congo-Brazzaville, en Ouganda, en Tanzanie et en Zambie, pour ne citer que quelques pays voisins). La CIA tenait le raisonnement suivant : "*Mobutu is a bastard, but at least he is our bastard*", ["Mobutu est un salopard, mais au moins c'est le nôtre"]. Des rapports confidentiels précisaient qu'"une attitude négative du FMI ou un comportement négatif des Etats-Unis pourraient inciter Mobutu à remettre en cause nos relations extrêmement solides. Cela pourrait menacer la mise en œuvre d'un programme que le président [Reagan] juge d'une importance fondamentale pour la sécurité des Etats-Unis[35]." Ce furent surtout les présidents républicains comme Nixon, Reagan et Bush père qui entretinrent des contacts particulièrement chaleureux avec Kinshasa ; à l'époque de Carter, les relations se refroidirent temporairement.

La logique de la guerre froide hypothéqua lourdement les projets de rétablissement conçus par le FMI. Cela étant, le FMI avait aussi des torts. D'un point de vue historique, l'institution n'avait pas été créée pour sortir de l'impasse les pays pauvres, mais pour éviter les crises financières mondiales[36]. Et dans les années 1970 aussi, les subtils collaborateurs étaient souvent plus au fait de la macroéconomie que de l'anthropologie. Ils préféraient examiner les chiffres dans leurs bureaux à Washington, plutôt que de parler aux personnes concernées. Ce manque de connaissance du terrain eut des conséquences très malencontreuses.

Le jour de Noël 1979, une des mesures monétaires les plus singulières de l'histoire du pays fut prise sous la tutelle du FMI : la dépréciation de la monnaie. Pour lutter contre l'inflation, les citoyens devaient apporter à la banque tous leurs billets de cinq et de dix zaïres, les plus grosses coupures à ce moment-là, pour les échanger contre des nouveaux. Fin 1976, les billets de cinq zaïres en circulation étaient au nombre de 59 000, fin 1979 il y en avait six fois plus, soit 363 000. Cela générait de l'inflation. L'argent est pour l'économie ce qu'est l'huile pour un moteur : il n'est pas bon qu'il n'y en ait pas assez, mais s'il y en a trop ce n'est pas bon non plus[37].

Au problème de l'inflation venait s'ajouter celui de la thésaurisation. Dans un pays très vaste où l'économie était bancale comme le Congo, presque personne ne pouvait, ou ne voulait, mettre de l'argent à la banque. Les gens s'en tenaient à des valises, des coussins ou des cruches. Didace Kawang, un auteur de pièces de théâtre qui a participé à un atelier d'écriture dramatique que j'ai animé, m'a parlé d'un oncle négociant dont les affaires marchaient bien à Lubumbashi. “Il faisait du commerce avec la Zambie. L'argent entrait par la grande porte. Il en avait des paquets. Il le rassemblait en *briques*, des liasses de l'épaisseur d'une brique entourées d'un élastique. Il avait un matelas fait d'argent. Littéralement ! Il dormait dessus[38] !”

Les experts du FMI savaient que, pour une économie nationale, il est très mauvais qu'il y ait beaucoup plus d'argent en circulation (sous forme de pièces et de billets de banque) que dans les banques. Ils connaissaient les grandes théories : l'argent déposé à la banque sert à accorder de nouveaux crédits, l'argent conservé sous le matelas ne fait pas avancer l'économie d'un millimètre. Pour contrer cette thésaurisation, ils décidèrent de déprécier la monnaie. Il fallait donc venir, le jour de Noël 1979, apporter ses piles de billets à la banque et on en obtiendrait de nouveaux, du moins en échange de la moitié du montant apporté. L'autre moitié devait être déposée sur un compte bancaire. L'initiative était un moyen ingénieux d'insuffler une nouvelle vie à beaucoup d'argent "mort" tout en s'attaquant à l'inflation. Mais ce fut un échec. Pour éviter que les citoyens ne s'enfuient à l'étranger avec leurs devises, les autorités avaient pris soin d'annoncer tardivement l'opération, qui ne durait de surcroît qu'une journée. Les frontières furent fermées, et même l'espace aérien. Le Zaïre allait se dépêcher de procéder à une petite toilette monétaire pour réapparaître resplendissant sous les feux de la rampe. Le pays était cependant bien trop étendu pour une action éclair de ce genre.

"Mon oncle a été lui aussi obligé de placer son épargne à la banque", a raconté Didace, "mais l'opération ne durait qu'une journée. Il y avait une queue énorme. Les gens traînaient des tas de sacs remplis d'argent. Quand le soleil s'est couché, mon oncle n'avait toujours pas changé son argent. Toutes ces piles ne valaient plus rien… D'un seul coup, il est devenu très pauvre. Il est mort dans son village." Il n'était pas le seul dans son cas, loin de là. Beaucoup de ceux qui vivaient trop loin d'une banque ou ne comprenaient pas le sens de l'opération perdirent toute leur épargne, alors que les milieux proches de Mobutu, informés à l'avance, avaient mis depuis longtemps leurs économies à l'abri. Le problème ne tenait pas seulement aux mesures concrètes prises par le FMI, mais aussi à la philosophie sous-jacente. L'institution était censée aider, après le krach boursier de 1929, à contenir les débordements d'une pensée débridée favorable au marché. Or, en 1975, le FMI s'est lui-même transformé en un des plus grands hérauts de l'économie de marché. Presque tous ceux qui travaillaient en son sein étaient fermement convaincus qu'il suffisait de mettre en place des conditions de marché favorables pour stimuler une économie nationale, indépendamment de la culture locale, de la situation économique ou de la structure de l'Etat. Ils faisaient preuve, sur le plan macroéconomique aussi, d'un certain aveuglement. Du moment que les pouvoirs publics restaient en retrait, la main invisible du marché ferait son travail, répétait-on comme un mantra. On ne s'intéressait ni au rythme ni à l'enchaînement des changements nécessaires[39]. Le train de mesures était appliqué en bloc, sous forme de programmes d'"ajustement structurel". Pour ces fondamentalistes de la libéralisation, toute manifestation de pauvreté signalée par la suite (car ils venaient eux-mêmes rarement sur le terrain) s'expliquait par une mauvaise mise en œuvre de leurs recettes infaillibles, et même sacrées.

Au Zaïre, la monnaie ne connut pas moins de six dévaluations : en 1975, elle valait encore deux dollars, en 1983 seulement 0,03 dollar[40]. Cela permettrait forcément de stimuler le commerce extérieur. Dans le cadre de l'"ajustement structurel", le FMI exigea une compression drastique des dépenses publiques et des privatisations à grande échelle. Les entreprises publiques et semi-publiques devaient comprimer leurs effectifs et fonctionner de façon plus autonome. Il fallait améliorer les infrastructures et la production.

Au début des années 1980, les remèdes du FMI semblèrent fonctionner. L'inflation s'était effectivement atténuée et l'économie paraissait assainie. Les chiffres faisaient bonne impression. Soulagés, les créanciers du Club de Paris reprirent leur souffle et se mirent à croire au remboursement de leurs prêts. A neuf reprises, ils votèrent en faveur d'un réaménagement de la dette. Sur place, cependant, l'impact fut très différent de celui souhaité. Comme si souvent lors d'interventions du FMI, le succès fut de courte durée. L'inflation finit par ressurgir et la pauvreté par s'amplifier. Le produit national brut par habitant enregistra une contraction spectaculaire. De six cents dollars en 1980, il descendit à deux cents dollars en 1985[41]. La population mangeait moins, la mortalité infantile était élevée. On vendait même les oignons par quart[42].

Réduire l'administration publique ? Le nombre de fonctionnaires fut ramené de 444 000 à 289 000 ; le nombre d'enseignants de 285 000 à 126 000[43]. Certes, cela permettait de maîtriser l'inflation, mais des milliers de familles se retrouvèrent sans revenus. Le service public et l'enseignement étaient les derniers grands employeurs du pays.

Contenir les dépenses ? L'aide de l'Etat à l'enseignement et à la santé publique diminua. Les démunis durent soudain payer les frais de scolarité de leurs enfants et leurs visites chez le médecin. Cela ne ressortait pas dans les chiffres, mais les plus pauvres étaient ceux qui payaient le prix fort pour l'intervention pleine de bonnes intentions du FMI, dont le soutien permettait en revanche à Mobutu de se maintenir en selle[44].

Prendre des mesures pour relancer le commerce extérieur ? Tant que Mobutu n'utilisait pas les crédits disponibles pour remettre en état les infrastructures, le Zaïre devenait encore plus tributaire des importations. Le Zaïre avait par exemple tout ce qu'il fallait pour redevenir un grand producteur de café, mais dans les villes on buvait exclusivement du café soluble importé. Cela n'avait rien d'étonnant : sur les cent quarante mille kilomètres de routes carrossables en 1960, il en restait désormais à peine vingt mille[45]. Le FMI voulait assainir l'Etat, mais il le démantelait. Le Zaïre en fut réduit à être, tout au plus, un débouché pour les exportations, une situation qui allait perdurer pendant des décennies.

Dans le vieux port de Boma, j'ai passé un après-midi entier, en 2008, à regarder le fleuve Congo. Des hirondelles zigzaguaient au-dessus de l'eau. Des pêcheurs dans des pirogues pagayaient pour aller inspecter leurs filets. On aurait pu être en 1890, jusqu'à ce que passe un immense cargo. Il venait de Matadi et se dirigeait vers l'océan. Le bateau était très haut au-dessus de l'eau. Près de l'hélice on voyait même la quille. Il était vide, totalement vide. A l'exception de quelques conteneurs vides, il ne transportait rien. Je n'ai pas pu m'empêcher de penser à Edmund Morel qui, un siècle plus tôt dans le port d'Anvers, avait vu les navires arriver du Congo surchargés de caoutchouc et d'ivoire puis repartir vides. A présent, c'était exactement l'inverse. Les bateaux qui quittaient le Congo étaient vides. Pour Morel, cette différence entre les navires surélevés ou au contraire enfoncés dans l'eau était la preuve qu'il n'était pas question de commerce dans l'Etat indépendant, mais de pillage. La différence de flottaison que j'observais suggérait que le libre-échange, imposé brutalement depuis des décennies par les prophètes des institutions économiques internationales, pouvait aussi être une forme de pillage.

Dans les années 1980, Mobutu était un homme fatigué et sombre qui semblait éprouver peu de plaisir à exercer sa tâche. Après la mort de sa mère et de sa première femme, personne dans son entourage direct n'était capable de le brider. Sa nouvelle femme, Bobi Ladawa, et sa sœur jumelle, qui était en outre la maîtresse de Mobutu, n'avaient jamais eu la même influence que *mama** Yemo et *mama présidente** Marie-Antoinette, sa première épouse. Mobutu était très attaché à sa vieille mère, une femme de caractère. Sa mort l'avait beaucoup peiné. Son épouse Marie-Antoinette, dotée d'une forte personnalité, avait toujours obstinément refusé de renoncer à son nom de baptême. Pendant longtemps, elle avait tempéré les folies de son mari. Mobutu avait de surcroît congédié son chef de cabinet, Bisengimana, et son médecin de famille américain, William Close, était parti.

Mobutu devint un homme solitaire, dont la mélancolie ne faisait que croître jour après jour. Il semblait en proie aux excès qui caractérisent ceux pour qui la vie n'a plus de surprise à offrir. En Europe, il achetait une luxueuse propriété après l'autre. Il possédait des douzaines de châteaux, écuries et résidences dans les beaux quartiers de Bruxelles, Uccle et Rhode-Saint-Genèse. Il avait un élégant appartement de huit cents mètres carrés sur l'avenue Foch à Paris, le château de Savigny près de Lausanne, un palais à Venise, une somptueuse villa sur la Côte d'Azur, un domaine avec des chevaux de selle dans l'Algarve au Portugal, en plus d'une série d'hôtels en Afrique de l'Ouest et en Afrique du Sud et de son yacht sur le fleuve Congo[46]. De toutes ces propriétés, cependant, la plus stupéfiante était incontestablement Gbadolite. Dans sa région natale, près de la frontière avec la République centrafricaine, il avait fait construire au milieu de la forêt vierge une ville, dotée de banques, d'un bureau de poste, d'un hôpital bien équipé, d'un hôtel hypermoderne et d'une piste d'atterrissage où pouvait se poser le Concorde. (Zizi : "Oui, en tant que journaliste, je suis même parti de Gbadolite en Concorde pour aller au Japon.") Une cathédrale y fut érigée, dont la crypte devait servir de caveau familial, un village chinois avec des pagodes et des Chinois furent importés. Le joyau de toutes ces constructions était le fastueux palais de Mobutu, un pied-à-terre de quinze mille mètres carrés. Les portes en acajou, hautes de sept mètres, étaient incrustées de malachite. Les murs étaient revêtus de marbre de Carrare et d'étoffes de soie. Lustres de cristal, miroirs vénitiens, meubles Empire, aucun luxe n'était de trop. Il y avait des Jacuzzi, des salles de massage, une piscine et un salon de coiffure. Mme Mobutu avait une garde-robe de cinquante mètres de long où était suspendu son vaste choix de haute couture française, un millier de créations. En dessous du bâtiment, des milliers de bouteilles de vins français parmi les meilleurs prenaient la poussière (du moins, s'ils ne tournaient pas au vinaigre sous ce climat tropical), les enfants disposaient d'une discothèque et la famille d'un abri antiatomique[47]. De l'eau jaillissait sans discontinuer des fontaines du parc, qui étaient éclairées la nuit – dans une région qui n'avait pratiquement pas d'électricité. Mobutu donnait dans son palais des banquets officiels pour des milliers de personnes, durant lesquels le champagne rosé, sa boisson préférée, coulait à flots et les cochons de lait souriaient, une orange fichée dans la bouche.

"Il faisait venir les plus grands chefs cuisiniers de France et de Belgique", m'a raconté Kibambi Shintwa, un homme qui persistait à utiliser son nom "authentique". Reporter à partir de 1982 au service de la *présidence**, il avait pu observer Mobutu de près. "Après avoir travaillé très dur pendant des années, il prenait la vie un peu plus calmement. Il aimait les bons repas et les bons restaurants. Mais cela lui faisait aussi particulièrement plaisir de donner. Il était extrêmement généreux." Cette générosité était cependant fonctionnelle. "Il avait tout le temps besoin de rappeler aux autres qu'il était le chef. Il voulait montrer son pouvoir[48]."

Mobutu pratiquait la corruption dans des proportions tellement effarantes qu'un mot anglais oublié redevint usuel : *kleptocracy*. L'inoubliable Jamais Kolonga en fut lui-même témoin. Après son aventure éphémère en tant qu'exploitant d'une scierie, il avait commencé à travailler chez Miba, la société nationale de diamant au Kasaï. “Je suis allé souvent à Gbadolite. J’ai souvent accompagné le grand patron de Miba, Jonas Mukamba, chez le président. Chaque fois, je devais porter une mallette et la donner au président quand je le saluais. Je vous en prie ! La mallette était pleine de diamants[49].” La “cleptocratie” n’était cependant qu’une partie de l’histoire. Il était aussi question d’une “cadeaucratie” : Mobutu volait pour distribuer et assurer ainsi sa popularité. Personne ne partait de Gbadolite les mains vides, avait-on coutume de dire. Quelques centaines de dollars, une petite valise remplie d’argent, une boîte à cigares bourrée de diamants, Mobutu prévoyait toujours un cadeau pour ses visiteurs.

La vanité sans bornes de Mobutu s’était déjà clairement manifestée à travers le “mobutisme” et le culte de la personnalité qui s’y rattachait. Sur les soixante-dix-neuf billets de banque qui furent émis sous son régime, soixante et onze montraient son portrait[50]. Mais dans les années 1980, son narcissisme prit une tournure carrément pathologique. Personne n’en fut autant témoin que le tailleur flamand Alfons Mertens. Je l’ai rencontré dans un quartier de villas dans la province d’Anvers. Ce père de famille débonnaire n’était pas le genre d’homme à imaginer qu’il assisterait de près à l’histoire mondiale, mais il travaillait chez Arzoni à Zellik (près de Bruxelles), l’entreprise qui fabriquait les abacosts les plus chics du monde et devint une marque de renom au Zaïre, au même titre que Dior ou Versace. Mertens était un si bon tailleur qu’il devint en 1978 le couturier privé de Mobutu. “Entre 1978 et 1990, je suis allé plus d’une centaine de fois à Kinshasa. Je logeais toujours à l’Intercontinental. Mobutu me faisait venir pour que je prenne les mesures des pilotes et des hôtesses d’Air Zaïre, ou pour le général de son armée. Quand son fils a atteint le rang de sous-lieutenant, j’ai dû concevoir pour toute son année un uniforme de soirée et un costume de gala, en vingt-sept exemplaires. J’ai aussi souvent habillé Mobutu, même pour ses vêtements civils. Sa femme ou sa maîtresse choisissait l’étoffe, mon patron dessinait le modèle, je prenais les mesures. Elles choisissaient toujours des tissus très coûteux, comme de la soie naturelle, de la soie sauvage. Les mesures de Mobutu ne changeaient pas beaucoup. Il était grand, près d'un mètre quatre-vingts, il ne portait jamais une taille supérieure à 54. C'était *un bel homme*. Il a fallu plusieurs rencontres avant que je puisse gagner sa confiance, mais après, il a été *gentil*."

En 1983, Alfons Mertens se vit confier la mission la plus pompeuse de sa carrière. "J'ai dû fabriquer pour tous ses généraux de nouveaux uniformes et pour Mobutu lui-même quatre uniformes de gala, deux noirs et deux blancs. Ses généraux avaient proposé de le proclamer maréchal et je me suis mis au travail." Mobutu, commandant en chef des armées, qui pendant la révolte dans le Shaba avait fait si piètre figure, allait à présent obtenir le rang rarement attribué de maréchal ! L'idée venait bien entendu de lui.

Mertens m'a montré des photos de la cérémonie et donné quelques explications à propos de sa création. "Regardez, ce col, cette ceinture et ces manchettes, ils étaient garnis de vrai fil d'or. Cette fourragère ici aussi. Tout a été fait main. Sur ses manches, il avait deux fois sept étoiles. Elles étaient en or massif et venaient de France[51]." Son képi était orné d'une cocarde avec un blason : *Paix Justice Travail**. Dans son pays, il n'y avait pourtant ni paix, ni justice, ni travail. Les photos de la cérémonie de sa consécration en tant que maréchal donnent l'impression d'une stupéfiante démesure dans la volonté d'en mettre plein la vue. Mobutu porte des gants blancs et tient un sceptre. Il se fait conduire dans une Mercedes décapotée et salue le peuple de la main. Il inspecte les troupes, les magistrats et les hauts fonctionnaires et prononce un discours sous un dais. Tous les maréchaux ont besoin d'une devise, avait-il dit à cette occasion à la nation. La sienne serait : *Toujours servir**. Il n'y avait même pas de quoi rire. Cette triste manifestation d'une folie sans retenue atteignait un paroxysme.

Mais n'y avait-il donc personne pour opposer une résistance ? En décembre 1980, un groupe de treize députés eut la témérité d'envoyer une lettre ouverte de cinquante-deux pages au président en demandant un changement politique. Leur chef de file était Etienne Tshisekedi, un ancien collaborateur de Mobutu qui avait d'ailleurs rédigé la Constitution de 1967 et avait dûment rempli des postes de ministre et d'ambassadeur. Comme tout le monde dont le nom commence par "Tshi", c'était un Muluba originaire du Kasaï. Il était d'une obstination légendaire.

> Voilà quinze ans que nous vous obéissons. Que n'avons-nous pas fait, durant ce temps, pour vous être utiles et agréables ? Chanter, danser, animer, bref, nous sommes passés par toutes sortes d'humiliations, toutes les formes d'avilissements que même la colonisation étrangère ne nous avait jamais fait subir. Tout cela pour que rien ne manque dans votre combat pour la réalisation, ne fût-ce qu'à moitié, du modèle de société que vous nous aviez proposé. Y êtes-vous parvenu ? Hélas non !
>
> Après ces quinze ans de pouvoir que vous avez exercé sans partage, nous nous trouvons en présence de deux camps absolument distincts. D'un côté, quelques privilégiés scandaleusement riches. De l'autre, la masse du peuple croupissant dans la misère noire, et ne comptant plus que sur la charité internationale pour survivre tant bien que mal. Et quand cette charité arrive au Zaïre, les mêmes riches s'arrangent pour la détourner au détriment des masses misérables ! […]
>
> *Citoyen Président-Fondateur**,
>
> Cette analyse froide démontre qu'un problème grave se pose à notre société. Vous avez souvent dit qu'un vrai chef est celui qui reconnaît ses erreurs. Vous l'avez souvent fait. Mais le drame, c'est que vous n'en tirez pas toujours toutes les conclusions. Et le pire, c'est que vous faites un pas en avant et trois pas en arrière[52].

Des propos aussi francs, Mobutu n'en avait pas entendu depuis longtemps. Le groupe des treize fut arrêté et banni à l'intérieur des terres mais, en 1982, quelques membres du groupe fondèrent l'UDPS (l'Union pour la démocratie et le progrès social), un parti d'opposition illégal qui voulait défier l'Etat à parti unique du MPR. Il serait un des clous du cercueil de Mobutu.

J'en ai parlé avec Raymond Mukoka, un homme de la première heure. Il avait participé à la rédaction de la lettre des députés. “Les signataires ont été condamnés à quinze ans d’exil. Je n’en faisais pas partie mais, en tant que coauteur, on m’a envoyé en avion d’abord dans le district de l’Ituri, puis au Kasaï. J’ai même dû payer la nourriture et le salaire de mes gardiens ! Je recevais le soutien d’Amnesty International et de l’Eglise catholique, qui via leur *phonie** pouvait transmettre des messages à ma famille. *Jeune Afrique** a écrit des articles sur nous. En 1985, je suis rentré pendant quelque temps à la capitale. L’UDPS s’est formée en exil, tout comme les kimbanguistes. Certains rêvaient d’une aile paramilitaire, mais nous sommes toujours restés non violents. Tshisekedi disait : Notre stylo et notre bouche, ce sont nos armes. En 1987, Mobutu nous a invités à Gbadolite. Il a dit : Devenez membre du MPR. Nous avons dit : Non ! Alors il a dit : Vous n’avez qu’à venir dans les organes du MPR. Il nous a ouvert le comité central, il nous a proposé des postes de ministres ou des fonctions de direction dans des entreprises publiques. Beaucoup ont accepté, mais moi je n’ai pas voulu, et Tshisekedi non plus[53].”

Mobutu calmait ses détracteurs en leur offrant des cadeaux, et un de ses cadeaux préférés était un poste de ministre. Il était très lucratif de faire une carrière politique, presque personne ne refusait pareille proposition. De 1965 à 1990, pas moins de cinquante et un gouvernements se succédèrent, composés chacun d’une quarantaine de ministres[54]. Le gouvernement était régulièrement remanié, environ tous les six mois, ce qui empêchait qui que ce soit d’acquérir un certain pouvoir et donnait à l’équipe suivante l’occasion de venir manger pendant six mois dans le râtelier de l’Etat.

Mobutu était un intrigant politique sans égal. “Il n’aimait pas les réunions à plusieurs”, a dit Zizi, “il préférait toujours les tête-à-tête, les concertations privées où il montait les personnalités du gouvernement les unes contre les autres. Il était capable de susciter une terrible haine entre les gens.” Mobutu avait tout un arsenal de techniques pour se créer des alliés. Il était charmant, sympathique et amusant, mais aussi grossier, rusé et vil. Il adoptait sciemment un comportement en dents de scie. Il pouvait se montrer chaleureux et jovial un jour, puis glacial le lendemain. Kibambi Shintwa m’en a parlé : “Mobutu était multiple, insaisissable, impossible à cerner. Il était capricieux. Il changeait tous les jours. Il voulait surtout montrer qu'il ne fallait pas plaisanter avec son pouvoir. Il était jaloux, comme un animal avec une proie."

Il était parfois capable de rabaisser *en plein public** des personnalités qui bénéficiaient de sa protection. D'autres qui s'étaient définitivement attiré sa défaveur, comme l'ancien Premier ministre Nguza Karl I Bond, pouvaient soudain obtenir son pardon et rentrer à Kinshasa – c'est ce que fit Nguza, ce qui lui valut de perdre toute crédibilité. Il avait pourtant représenté pendant un certain temps l'espoir de l'opposition clandestine. Ainsi, chaque détracteur était attelé au chariot du MPR et Mobutu triomphait comme un chef de village, bienveillant et sage.

Un autre privilège du chef traditionnel dont Mobutu faisait volontiers usage était le *droit de cuissage**, son *jus primae noctis*. Zizi m'a raconté à ce propos : "Quand il voyageait à travers le pays, les chefs locaux lui proposaient toujours une vierge. C'était un grand honneur pour la famille que la jeune fille soit déflorée par le chef suprême. Cette coutume existait déjà autrefois, mais Mobutu alla plus loin. Il n'hésita pas à mettre des femmes à contribution pour ses petits jeux de pouvoir. Il faisait appel à des femmes de sa province *pour faire avancer les dossiers**. Il couchait avec les femmes de ses ministres pour extorquer des secrets et humilier les ministres. Quand les ministres devaient se rendre à Gbadolite, ils n'emmenaient jamais leur propre femme, mais une cousine. Ils trouvaient cela moins grave… Mokonda était un juriste et un proche collaborateur. Il avait une très belle femme. Un jour, Mokonda était en réunion avec Mobutu à Gbadolite. Ce qu'il ne savait pas, c'est que dans la chambre d'à côté, sa propre femme était en train de dormir. Le président l'avait fait venir en jet privé. Mobutu, disions-nous, était multi-polygame. Il a brisé beaucoup de mariages."

Les intrigues politiques et sexuelles n'étaient que le sommet de l'iceberg. Plus Mobutu se retirait dans son yacht ou dans son palais, plus il voulait savoir ce qui se passait dans le pays. Les services de renseignements devinrent dans les années 1980 tout aussi importants que ceux de la propagande dans les années 1970. Il avait à sa disposition une demi-douzaine de services qui travaillaient indépendamment les unes des autres, car, là encore, la devise était : diviser pour mieux régner. Les espions pullulaient. Les hommes se méfiaient de leurs femmes, les mères de leurs fils, les sœurs de leurs frères. Partout, Mobutu avait des indicateurs, même en Belgique. La paranoïa devint le sentiment de base. Les ministres qui étaient invités à un repas chez le président feignaient de suivre un régime strict ou de souffrir de graves maux d'estomac tant ils craignaient de se faire empoisonner. D'autres apportaient leurs propres en-cas[55]. Le bruit courait qu'à Kinshasa un canal allait du palais présidentiel sur le mont Ngaliema jusqu'au fleuve ; les opposants y étaient donnés en pâture aux crocodiles. Même les diplomates belges n'osaient plus prononcer le nom de Mobutu entre eux. Pendant leurs réunions, ils parlaient de "Jefke Van den Bergh" ["Jef de la Montagne"] : Jef pour Joseph, Van den Bergh pour le mont Ngaliema.

Un véritable régime de terreur s'instaura. L'arbitraire régnait en maître et il était impossible de tenter d'y opposer la moindre résistance. Lors d'un de mes premiers séjours au Congo, en 2005, je suis entré en contact avec Mme A., une dame d'un certain âge qui avait été présentatrice du journal télévisé. Pendant un dîner, elle m'a raconté sa vie incroyable. "Mon mari était rédacteur en chef du journal télévisé. Nous avions ensemble cinq enfants. C'était un bel homme. La belle-sœur de Mobutu l'a vu à l'écran et elle le voulait, marié ou non. Un soir, pendant que nous étions à table, des soldats armés sont arrivés devant la porte. Ils ont demandé à mon mari de les suivre. Ils m'ont dit : Tu te tais, ou toi et tes enfants, vous finirez dans le fleuve à la hauteur de Kinsuka. A mon travail, ils m'ont dit : N'essaie pas de faire quoi que ce soit, il n'a pas été emmené par n'importe qui. Je ne l'ai plus jamais revu. Mobutu lui a donné des postes d'ambassadeur au Togo, en Argentine, en Autriche et en Iran. Il est mort en 1995, quand il était ambassadeur en Afrique du Sud. Beaucoup de gens à Kinshasa connaissent cette histoire, mais peu savent qu'il s'agit de moi[56]."

Les services de sécurité de Mobutu étaient tellement impitoyables que Mme A. tient encore aujourd'hui à conserver l'anonymat. Ce fut surtout la DSP, la Division spéciale présidentielle, qui se fit une triste réputation. Cette division était constituée de quelques milliers de soldats spécialement formés et bien rémunérés qui venaient de la région natale de Mobutu. Le grand unificateur du pays était devenu si névrosé qu'il préférait désormais confier sa garde prétorienne à des hommes de sa propre tribu ! C'était une armée parallèle à l'armée. Elle était fidèle, implacable. Son solide noyau se composait de ceux qu'on appelait *les hiboux**, parce qu'ils venaient la nuit pour emmener quelqu'un en silence. Les opposants ou les supposés opposants au régime étaient arrêtés, enfermés sans autre forme de procès dans des prisons crasseuses et privés de nourriture. Comme partout dans le monde, au Zaïre, l'esprit humain s'est avéré particulièrement inventif pour concevoir des tortures. Il y avait le “poisson”, une méthode selon laquelle on attachait dans le dos les mains du prisonnier, qui pendait la tête en bas, avant de le plonger dans une bassine. Il y avait le “Boeing”, le corps étant alors treuillé, roué de coups de bâton puis lâché dans des “trous d'air”. Il y avait le “dactylo”, pour lequel on resserrait des petits blocs de bois glissés entre les doigts pour écraser ces derniers. Il y avait le “casse-noix”, pour lequel on maintenait les pieds du prisonnier dans des blocs de bois humides et on le faisait asseoir au soleil ; en séchant, le bois brisait les os tarsiens[57]. On soumettait les parties génitales à des électrochocs et on éteignait des cigarettes sur les lèvres. Amnesty International lança une campagne de protestation et tenta de se faire une idée de l'étendue des violations des droits de l'homme, mais l'organisation ne parvint jamais à en évaluer le nombre exact[58]. Comme à l'époque coloniale, on bannissait les gens à l'intérieur des terres. Certains disparaissaient sans laisser de traces.

Pierre Yambuya, le pilote d'hélicoptère qui vendait son kérosène, exécuta à plusieurs reprises des missions secrètes. Avec son appareil, il devait survoler le fleuve Congo ou un lac, tandis que, dans la soute des hommes armés jetaient une dizaine de sacs dans le vide, des sacs contenant des cadavres, avait-il pu constater. “De mars à octobre 1983, j'ai exécuté quatre missions de ce type, pendant lesquelles un chargement était chaque fois largué près des rapides de Kinsuka. Mais à ma connaissance, ce genre de vol avait lieu au moins une fois par semaine.” Parfois, on ne prenait même pas la peine de tuer les opposants. Un jour, Yambuya a dû atterrir avec son Alouette sur le *Kamanyola*, le yacht présidentiel. Un garde du corps haut placé de Mobutu, Yambani, est monté avec deux hommes menottés et deux hommes armés. Mobutu les accompagnait. “Nous redécollons et Yambani m'indique la direction à prendre. A un moment donné, il me demande de monter à mille mètres. Il regarde autour de lui pour voir si, dans un large rayon, il détecte le moindre signe de vie – au cas où il y aurait des chasseurs dans la forêt – et il ordonne aux deux hommes armés d'attacher solidement leur ceinture. Ces derniers lui obéissent puis ouvrent la portière droite à l'arrière. Il pousse à l'extérieur le premier prisonnier, sans même qu'il ait eu le temps de protester. Le deuxième prisonnier se met à pleurer et à implorer leur pitié, mais on le pousse dehors lui aussi, en chute libre au-dessus de la forêt vierge[59].”

A Kinshasa, le climat répressif générait des rumeurs où se mêlaient la vérité et la fiction. *Radio-trottoir**, appelait-on ce moulin à rumeurs, car les médias officiels ne déversaient plus que la propagande de l'Etat. La rue devint le lieu de la défiance et du sarcasme. Aux carrefours où se rassemblaient les taxis-bus, on vendait des bandes dessinées clandestines et des tableaux populaires. Une riche culture visuelle se développa à Kinshasa. Sur des feuilles ronéotées ou de la toile rudimentaire étaient abordés des sujets sociaux, politiques et moraux sans que soient ouvertement exprimées des opinions favorables ou défavorables. Les dessinateurs et les peintres représentaient avec une ironie virtuose la vie dans la grande ville sous la dictature. Les sujets étaient souvent ambivalents : on illustrait le péché et dénigrait tout ce qui était sacré. On aurait dit du Jérôme Bosch ou du Pieter Bruegel.

Les jeunes qui détestaient le mobutisme conçurent une forme très particulière de commentaire social. Ils n'utilisaient ni les mots ni les images pour protester, mais les vêtements. Le costume de l'*évolué** avait été interdit et ils trouvaient l'abacost démodé. Ils s'habillaient par conséquent dans des tenues flambant neuves, extrêmement voyantes. Ils mettaient de l'argent de côté pour importer des vêtements de marque hors de prix des boutiques de l'avenue Louise à Bruxelles et de la place Vendôme à Paris – du moins c'est ce qu'ils prétendaient. Ils baptisèrent leur mouvement *la Sape** (*Société des ambianceurs et personnes d'élégance**). Le musicien Papa Wemba, un jeune issu du peuple qui avait réussi à devenir une star mondiale, était leur pape, le *Pape de la Sape**. Ce mouvement était extrêmement curieux. A première vue, il paraissait absurde en temps de crise de s'afficher à Kinshasa avec des lunettes de soleil tape-à-l'œil, une chemise de Jean Paul Gaultier et un manteau de vison, mais le matérialisme des *sapeurs** était une critique de la société, tout comme l'était le mouvement punk en Europe. Il reflétait le profond dégoût de ces jeunes pour la misère et la répression auxquelles ils étaient confrontés et les autorisait à rêver d'un Zaïre sans soucis. Le matérialisme est un des symptômes les plus connus de la pauvreté. Avec *la Sape**, il était question de réussir, de se faire remarquer, de se distinguer et de marquer des points. On entrait dans une discothèque en associant le *chic, choc et chèque**. Le vrai *sapeur** était super cool : il bougeait, parlait avec une maîtrise totale, il payait une bière à ses amis et il séduisait les filles en claquant des doigts. C'était un dandy, un play-boy, un snob. Le luxe lui valait la considération. On ne méprisait pas le *sapeur**, on l'admirait. Pour beaucoup de jeunes très pauvres, cette extravagance permettait de garder espoir.

Zizi était trop âgé à l'époque pour faire partie du mouvement. “Mobutu a donné une grande fête. Franco et Tabu Ley sont venus jouer. Les invités étaient en abacost avec le logo du MPR sur le col. Mais les propres fils de Mobutu étaient de grands fans de Papa Wemba. Ils portaient des pantalons larges et des chemises aux cols voyants. C'étaient deux mondes à part ! *La Sape** était vraiment la musique des jeunes. Ils se considéraient comme une nouvelle génération et se distançaient de leurs parents. Papa Wemba refusait de parler de politique. Sa musique n'était pas faite pour qu'on l'écoute attentivement, mais pour qu'on se mette tout de suite à danser. C'était une musique anesthésiante.”

Une génération entière a grandi dans un monde de grande pauvreté et de misère. La musique offrait une échappatoire. Les études aussi restaient extrêmement populaires. Même si les amphithéâtres des universités étaient en état de décomposition, même si les professeurs faisaient rarement une apparition, même s'il n'existait pas de cours polycopiés et que les stencils s'émiettaient, chaque semaine les salles de cours étaient bondées, les jeunes s'y entassant dans l'espoir qu'un diplôme universitaire les sorte de leur pétrin. La soif de connaissances et de qualifications était immense et ne s'est jamais apaisée depuis. Mais l'enseignement était de mauvaise qualité et la corruption sévissait à tous les niveaux. Pour beaucoup de professeurs mal payés, tout était négociable. Des étudiantes fournissaient des prestations sexuelles en échange d'une bonne note. “Pour nombre de jeunes filles, le corps n'est plus seulement le sujet de beauté. Il doit aussi devenir un objet de rentabilité”, écrivait un professeur de philosophie morale inquiet. Le phénomène s'est même accentué, se propageant jusque dans les établissements secondaires. Les directeurs d'établissement, les cadres du parti et les magistrats se targuaient d'avoir *une série 7**, une jeune adolescente née dans les années 1970[60]. “De nombreux lycées, ceux réservés aux jeunes filles de préférence, sont transformés en viviers sexuels pour la classe dirigeante politico-administrative. Sortis de leurs bureaux avant l'heure réglementaire, ils se mêlent à la file de voitures qui attendent les élèves à la sortie des cours. Les soirées commencent généralement par un poulet ou un poisson à la braise, arrosé de piment, que l'on s'offre dans les restaurants des quartiers populaires. Elles se terminent tôt dans quelque hôtel enseveli dans l'obscurité des nuits tropicales[61].”

Pour faire face à la crise, une économie parallèle entièrement nouvelle se développa, où le micro-commerce jouait un rôle central. Les femmes faisaient cuire à l'aube un poulet qu'elles emportaient ensuite au marché. Des dames fortunées qui avaient réussi à se procurer, en passant par des intermédiaires, une paire d'élégants escarpins à l'étranger la vendaient dans leur quartier. Des infirmières qui travaillaient le jour à l'hôpital rapportaient chez elle une plaquette de médicaments pour la revendre. Les pilotes écoulaient quelques jerrycans de kérosène. Les fonctionnaires négociaient chaque coup de tampon. Les agents se réjouissaient de chaque infraction au Code de la route. Il y avait toujours un "arrangement" possible. Tout avait un prix. *Madesu ya bana*, disaient-ils, "des haricots pour les enfants", *matabiche*, *bakchich* : l'esperanto des desperados.

Confrontés à un Etat qui se dérobait face à ses citoyens, les citoyens se dérobaient face à l'Etat. On évoquait l'"*article 15* *", un article fictif de la Constitution zaïroise qui se résumait à : "*Débrouillez-vous* * *!*" Très souvent, cela se traduisait par des activités clandestines (contrebande, vol, fraude), mais qu'y a-t-il d'illégal dans un pays lui-même criminel ? La corruption de la population était la meilleure manière de s'opposer à la corruption des dirigeants, car des impôts dûment payés n'auraient fait que s'évaporer plus haut. Mobutu Sese Seko n'avait-il pas lui-même accordé son autorisation en décidant de fermer les yeux ? Lors d'un grand meeting au stade de football de Kinshasa, il avait en effet déclaré : "Si vous volez, ne volez pas trop en même temps et laissez-en un peu pour la nation[62]."

Il aurait mieux fait de se taire. Dans les années 1930, jusqu'à 60 % de la récolte de café étaient passés en fraude à l'extérieur du pays, entre 1975 et 1979, le détournement de la récolte atteignit l'équivalent de 350 millions de dollars. 70 % des diamants, 90 % de l'ivoire, des tonnes de cobalt et des hectolitres d'essence franchirent les frontières à l'abri des regards[63]. Le pays fuyait de partout et l'Etat se vit privé de recettes se chiffrant à des centaines de millions. Le phénomène se déroula progressivement, jusqu'à ce qu'il ne reste plus rien. "Un cafard peut engloutir un pain de manioc entier, rien qu'avec ses petites dents", disait-on[64]. C'était la seule manière de survivre. L'économie informelle permettait à la population de payer les professeurs et les infirmiers. Le pays avançait sur des roues carrées, mais il avançait.

Cette économie du pillage ne pouvait pas durer. Le Congo fut cannibalisé. Personne ne se souciait plus de l'Etat. La poste ne fonctionnait plus, l'eau et l'électricité devinrent rares, il y avait moins d'une ligne téléphonique pour mille habitants[65]. Le pays devint "*cadavéré**", comme disait une chanson de Zao. Les bateaux sur le fleuve se transformèrent en villages flottant lentement au fil de l'eau, qui finissaient par atteindre un jour leur destination. Air Zaïre, la compagnie aérienne nationale et la fierté d'autrefois, fut surnommé "*Air Peut-être**", avec pour slogan "*La seule chose au Zaïre qui ne vole jamais**". L'humour était le meilleur remède.

"Un jour, Mobutu fait le tour du monde avec Reagan et Mitterrand en Concorde." C'est ainsi que commence la meilleure plaisanterie datant de l'époque de Mobutu. "Reagan tend la main à travers le hublot et dit : « Je pense que nous survolons les Etats-Unis. – Comment le sais-tu ? » demandent les deux autres chefs d'Etat. « Je viens de sentir la statue de la Liberté », dit Reagan. Puis Mitterrand met la main dehors. « Je crois que nous volons au-dessus de la France », dit-il aussitôt. « Comment le sais-tu ? », demandent Reagan et Mobutu. « Je viens de sentir la tour Eiffel. » Enfin, Mobutu passe sa main à travers le hublot. « Je suis sûr que nous survolons le Zaïre », confie-t-il aux autres passagers. « Mais comment le sais-tu ? » s'exclament les deux autres, « le Zaïre n'a pas de tours ? – Non », dit Mobutu, « mais on vient de me voler ma montre. »[66]"

La crise a modifié les relations hommes-femmes. Beaucoup d'hommes ont perdu leur travail et se sont sentis humiliés car ils ne parvenaient plus à subvenir aux besoins de leur famille, sans parler d'une éventuelle maîtresse. Ils étaient plus pauvres que leurs parents et souvent réduits à la mendicité. Autrefois, l'homme était le soutien de famille, celui qui était salarié, à présent la femme assurait les revenus de la famille. Un directeur d'école à Kikwit m'a raconté : "Nous dépensions mon salaire en deux jours. Il ne valait rien. Souvent, il n'était même pas versé. Ma femme avait un étal au grand marché. Elle vendait du savon, du sucre et du sel. C'était la principale source de revenus de notre famille. Ces années-là, beaucoup de femmes gagnaient plus que leur mari. Parfois, elles les quittaient. Les femmes jeunes se sont mises à faire des études et sont devenues plus autonomes[67]."

L'économie informelle, bien qu'éprouvante et imprévisible, offrit à quelques femmes de nouvelles chances. Elle permit à un certain nombre d'entre elles de mieux savoir se défendre. Les vendeuses de manioc du Kivu, de simples agricultrices, ne supportèrent plus que les agents et les fonctionnaires locaux inventent sans cesse de nouveaux impôts quand elles allaient au marché chargées de leurs paniers. Elles firent entendre leur mécontentement jusqu'au niveau du gouverneur provincial[68]. A Bukavu, Régine Mutijima, la directrice d'une école de filles, constata que la politique d'austérité préconisée par le FMI et la Banque mondiale engendrait une situation intolérable. “En 1983, le Premier ministre était Kengo wa Dondo. Il a voulu imposer des économies draconiennes. Même le congé maternité des enseignantes a été supprimé, soi-disant par manque de moyens financiers, alors que pendant ce temps les caisses de l'Etat étaient pillées. J'étais à la tête de l'Association des femmes enseignantes de Bukavu. Une enseignante canadienne m'a parlé de Gandhi. J'ai lu ses textes et ceux de Martin Luther King, et aussi ceux de Lumumba et de Nkrumah, alors que c'était interdit. J'ai lu aussi l'hebdomadaire interdit *Jeune Afrique*. En 1986, une de mes collègues est morte en couches. Elle était restée travailler jusqu'à la veille de son accouchement, son bébé ne pesait que 1,7 kilo, moins qu'un petit lapin. Je n'avais encore jamais vu rien de pareil. J'ai décidé d'organiser un sit-in. Nous sommes partis par petits groupes vers le bureau de paie de l'éducation publique. Les trois quarts des enseignantes m'ont accompagnée. A dix heures pile, tout le monde s'est assis. On pouvait nous tirer dessus, nous le savions, mais nous voulions paralyser la ville. Le soir, j'ai été arrêtée. Une Land Rover remplie de soldats m'a amenée à la mairie. J'étais simplement vêtue de ma chemise de nuit. Ils étaient tous là : le maire, les responsables de la sécurité publique, du MPR, de l'enseignement, du quartier. J'étais là, une femme face à cinquante hommes. Ils m'ont insultée l'un après l'autre et, moi, je n'arrêtais pas de penser à l'enfant de 1,7 kilo, ce petit lapin, dont la mère, Mme Rumbasa, une bonne collègue, était morte parce qu'elle n'avait pas eu de congé maternité. Je me suis mise très en colère. J'ai explosé. J'ai hurlé contre le maire. J'avais une boule dans la gorge, c'était la deuxième fois de ma vie adulte que je pleurais. Après ma tirade, personne n'a plus rien dit, tant je m'étais fâchée. Je me suis sentie apaisée. Vers minuit, le maire m'a ramenée chez moi dans sa Mercedes[69]."

C'était une marque exceptionnelle de courage. Régine ne fut pas poursuivie et elle put aller s'exprimer aux congrès organisés à Nsele et à Gbadolite sur le problème de la jeunesse. De tels incidents ne se terminaient cependant pas toujours aussi bien. A l'autre bout du pays, Thérèse Pakasa travaillait à la caisse d'un magasin d'alimentation à Kinshasa. Elle était entrée en contact avec Gizenga, le vice-Premier ministre de Lumumba, qui vivait en exil à Brazzaville et venait de sa région. Elle aussi avait lu Lumumba et la Déclaration universelle des droits de l'homme. Son sang se mettait à bouillir quand elle pensait à la situation dans son pays. "Je voulais organiser une manifestation, mais les gens avaient tellement peur ! Je n'ai trouvé que trois femmes pour venir avec moi. Une vendeuse de pain et deux femmes au foyer. Nous avons fabriqué une banderole et des tracts. Le 23 juillet 1987, nous nous sommes mises à marcher sur le boulevard du 30-Juin, à la hauteur de l'ambassade de Belgique. Nous portions l'ancien drapeau bleu du Congo."

Quatre femmes simples qui risquaient leur vie en marchant sur le grand boulevard de la capitale en brandissant une banderole interdite et un drapeau interdit…

"Au bout de quelques centaines de mètres nous avons été arrêtées. Les services de renseignements m'ont gardée en détention pendant un mois et demi. J'ai été un peu torturée, mais mon courage n'a fait que croître. Un an plus tard, j'ai recommencé, cette fois avec dix femmes. Là aussi, on nous a arrêtées. On m'a frappée et j'ai été bannie vers l'intérieur des terres, accompagnée par une troupe de soldats. Quand je suis retournée à Kinshasa, j'ai atterri aussitôt en prison et tous mes enfants ont été arrêtés, dont un bébé de deux semaines. Ils n'arrivaient pas à croire qu'une femme puisse faire ce genre de choses[70]."

Le sang s'écoulant de la tête. Le bas du corps rappelant celui d'un pantin. Les images hivernales de la Roumanie hantaient l'esprit de Mobutu[71]. Le bloc de l'Est s'effondrait, la guerre froide touchait à sa fin. Bientôt, il serait pour les Américains un allié superflu. Mobutu devait son royaume à la peur du communisme, mais Marx était devenu un géant aux pieds d'argile. La loyauté dans la lutte contre la menace rouge ne valait plus rien, le respect des droits de l'homme devint le nouveau critère incontournable. A la tête des pays francophones, le président Mitterrand fit savoir que la France n'apporterait son aide aux pays en développement que s'ils tendaient vers des valeurs démocratiques et respectaient les droits de l'homme. L'époque de Giscard était révolue.

Début 1990. Avec la nouvelle décennie, un nouveau climat semblait s'être instauré. En février, Nelson Mandela fut libéré, un événement mondial qui remplit tout le continent d'espoir. En Côte d'Ivoire, au Bénin, au Gabon et en Tanzanie, les appels au pluripartisme s'intensifiaient. Au Congo-Brazzaville et au Mali, la dictature militaire chancelait. L'ivresse de la liberté gagna le Zaïre. Mobutu comprit qu'il ne pouvait plus ignorer son peuple.

Il décida d'organiser une consultation populaire, comme l'avaient fait le colonisateur belge en 1958, et Léopold II en 1905. Dans les deux cas, cela avait provoqué un profond bouleversement ; quelles en seraient les répercussions cette fois-ci ? Un groupe d'enquêteurs se rendit d'une ville à l'autre et organisa des audiences publiques. Partout dans le pays, les citoyens avaient le droit de donner leur avis sur le régime de Mobutu, oui, ils pouvaient même exprimer librement leurs griefs. Ils n'avaient pas à craindre de poursuites. La première audience eut lieu à Goma, et Mobutu était présent. Il était tout à fait prêt à entendre des critiques constructives, car en définitive personne n'était parfait. Mais les plaintes pleuvaient, non pas à petites gouttes, mais à torrents. Mobutu se retrouva sous un orage tropical de contrariétés. De vieilles femmes se levèrent pour lui dire le fond de leurs pensées. On l'avait à l'époque surnommé Mobutu *Sesesescu*... L'attaché de presse de la présidence, Kibambi Shintwa, assista à sa réaction : "Mobutu n'en revenait pas. Il était extraordinairement désappointé. Lui qui estimait que le pays lui devait tout, il s'est retiré, tant il était blessé. Il ne voulait pas voir la vérité en face. Il a refusé d'assister aux audiences suivantes."

Les enquêteurs firent leur travail. Ils rassemblèrent plus de six mille rapports, la plupart totalement accablants. Le président de la commission se rendit chez le président pour lui présenter une synthèse. Zizi se rappelle encore ce qui s'est passé : "Mobutu s'était enfermé sur son bateau, le *Kamanyola*. Il a convoqué le bureau politique du MPR pour délibérer. Ils sont restés coincés deux, trois jours. Le gouvernement aussi a dû venir." Même le ministre américain des Affaires étrangères est passé pour dire que Bush père, malgré tous les liens d'amitié historiques qui les unissaient, ne pouvait plus continuer de le soutenir sans réserve[72].

Le 24 avril 1990, sa décision était prise. Il réunit les généraux, les magistrats, les ministres, les gouverneurs de province, les parlementaires et les journalistes étrangers dans le bâtiment blanc réservé aux conférences à Nsele, depuis déjà un quart de siècle le Vatican du MPR. Devant une batterie de micros, Mobutu, vêtu de l'uniforme noir de maréchal qu'Alfons Mertens avait cousu pour lui, s'est adressé à la salle. Il avait entendu la voix du peuple ; le Zaïre allait se démocratiser. A la stupéfaction de tous, il annonça la fin de l'Etat à parti unique. Désormais, trois partis pourraient coexister, la voie serait ouverte pour une presse libre, des syndicats libres et, dans un an, des élections libres. "Que devient le chef dans tout cela ?" s'interrogea Mobutu à la fin de son discours. "Le chef de l'Etat est au-dessus des partis politiques. Il sera l'arbitre, mieux, l'ultime recours. Je vous annonce que je prends ce jour congé du Mouvement populaire de la révolution, pour lui permettre de se choisir un nouveau chef…" Mobutu hésita un instant, écorcha son discours et regarda d'un air désespéré la salle plongée dans le silence. Comme un homme qui se serait transformé en vieillard en une seconde, il souleva ses lourdes lunettes, tamponna ses yeux qui se voilaient et prononça des mots devenus légendaires : "*Comprenez mon émotion* *."

Les images du discours firent le tour du pays. L'avait-on bien compris ? La Deuxième République était-elle définitivement enterrée ? Par un discours simple, auquel étaient venues s'ajouter quelques larmes de crocodile ? Un discours aussi banal que le message à la radio qui avait marqué l'accession au pouvoir de Mobutu en 1965 ? Sans révolution ni violence dans les rues ? Les jeunes se jetèrent sur la garde-robe de leur père et fouillèrent dans les vieux vêtements, à la recherche de cravates. Personne ne savait plus comment nouer une chose pareille, mais quelle importance ! Ce qui comptait, c'était l'emblème de la liberté ! Les filles enfilèrent les pantalons bien trop larges de leurs frères et sortirent ainsi accoutrées dans la rue en riant. A l'occasion de cette révolution, personne n'eut à jeter des pierres ou à scander des slogans. “Je m'en souviens encore très bien”, m'a dit Zizi en se remémorant cette journée de sa vie où il avait ressenti le plus d'espoir, “ce soir-là, les rues de Kinshasa étaient remplies de cravates mal nouées.”

11

L'AGONIE

OPPOSITION DÉMOCRATIQUE ET CONFRONTATION MILITAIRE 1990-1997

Régine et Ruffin vivaient tous les deux à Bukavu, l'élégante petite ville au bord du lac Kivu à la frontière avec le Rwanda, mais ils n'avaient rien en commun. Quand Mobutu annonça la fin de l'Etat à parti unique, Régine avait 35 ans et Ruffin 7, Régine était directrice d'une école de filles catholique, Ruffin apprenait à lire dans une école de garçons catholique ailleurs dans la ville. Régine avait organisé quelques années plus tôt le sit-in des enseignantes. Quand elle entendit que le MPR avait perdu sa toute-puissance, elle ne put s'empêcher de danser. Ruffin était trop jeune pour prendre conscience de la valeur historique de ce bouleversement. Il jouait au football avec ses camarades et commençait à rêver d'une vie de prêtre. Pourtant, ils allaient sentir tous deux l'impact de la chute du dictateur, chacun à sa manière et à des périodes très différentes. Régine en 1992, Ruffin en 1997, car Mobutu prit son temps pour tomber.

Régine Mutijima pensait que tout pouvait aller très vite. "Nous voulions vraiment que Mobutu démissionne à l'issue des élections et puisse rester honorablement dans le pays[1]." Mais de 1990 à 1997, Mobutu s'accrocha au pouvoir avec une obstination et une rouerie que personne n'aurait cru possibles. Ce fut l'agonie d'un dictateur qui entraîna le pays dans sa chute.

En 1905, quand Léopold ne pouvait plus nier les atrocités commises par l'Etat indépendant, il s'était attardé encore trois ans avant de transmettre à l'Etat belge le territoire qu'il avait conquis. Après 1990, Mobutu adopta le même comportement. Les résultats du référendum l'incitèrent dans un premier temps à lâcher les rênes, mais par la suite, il les reprit en main. Il ne tenait pas, pour sa part, à ce que les élections surviennent trop vite. En 1970, 1977 et 1984, il s'était fait élire de façon créative, mais ce subterfuge, il le savait, ne fonctionnerait plus en 1991. L'esprit démocratique était sorti de la lampe. Pourtant, il parvint à rester encore sept ans au pouvoir, cette fois sans élections.

Régine ne savait que trop bien que Mobutu devait son pouvoir à deux facteurs : l'argent et la violence. L'argent de l'étranger, la violence à l'intérieur du pays. Mais combien de temps ce mode de fonctionnement pouvait-il perdurer maintenant que la guerre froide était terminée ? Les 12 et 13 mai 1990, quelques semaines après son discours plein d'émotion, Mobutu donna l'ordre de réprimer *manu militari* la révolte étudiante à Lubumbashi, car les étudiants étaient une fois encore les premiers à être descendus dans la rue. Pour l'Occident, la coupe était pleine. Il fut question de centaines de victimes, même si le nombre exact ne serait jamais connu (sans doute trois cents, entendit Régine par la suite). La Belgique interrompit toute aide au développement, la France gela les relations, les Etats-Unis n'avaient plus besoin de Mobutu. Au début des années 1990, les alliés étrangers préféraient se débarrasser de lui plutôt que de l'avoir pour ami. Même le FMI retira au Zaïre, en 1994, les droits de vote dont il bénéficiait en tant que membre.

L'autre recours : la violence. Mais l'armée n'était pas fiable et les services de sécurité avaient perdu leur emprise sur la population, maintenant qu'il y avait de plus en plus de choses autorisées. De son côté, la presse officielle ne contrôlait plus les canaux d'information. Les journaux d'Etat aux titres "authentiques" comme *Elima* et *Salongo* étaient rattrapés par de nouveaux magazines aux noms français comme *L'Opinion*, *Le Phare* et surtout *Le Potentiel*. Ils n'arrivaient pas jusqu'à Bukavu, la ville où habitait Régine, mais dans la capitale ils jouaient un rôle décisif. Devant les kiosques, le long du boulevard, Lumumba reprit le phénomène des *parlementaires debout**, des groupes de chômeurs qui devant les marchands de journaux lisaient la une des exemplaires exposés et en discutaient ensemble toute la journée. Il se créa un espace public de citoyens critiques. Le fondateur du *Potentiel* s'appelait Modeste Mutinga : "Nous étions totalement indépendants. Nous n'avions même pas de liens avec d'autres mouvements d'opposition comme l'UDPS ou l'Eglise. J'ai acheté une presse d'occasion à Strasbourg. Ce n'est que plus tard, après cette ouverture au début des années 1990, que tout s'est à nouveau détérioré. La DSP a alors brûlé nos presses et celles d'autres journaux. Ils ont tout fait sauter[2]."

La démocratisation s'exprima aussi à travers d'autres voies que les journaux. Entre le pouvoir et les masses populaires se développa tout un univers intermédiaire d'organisations à vocation sociale que l'on regroupe sous le terme de *société civile* *. Des centaines de nouvelles associations, pour les femmes des zones rurales, les chauffeurs de taxi, les enfants de chœur… des associations pour le développement agricole, pour la solidarité laïque, les soins aux malades… et même des associations pour les présidents d'associations[3]. Les syndicats poussaient comme des champignons : en 1990, il n'existait que celui de l'Etat, en 1991 il y en avait cent douze[4]. Et tout comme à la fin des années 1950, les partis politiques se multiplièrent. Mobutu avait d'abord défendu l'idée du système tripartite, mais il fut bientôt contraint d'autoriser le pluripartisme à part entière. En un rien de temps, le puissant MPR dut supporter à ses côtés trois cents partis de toutes tailles. Certains ne se composaient que d'une personne. L'annonce de son départ imminent du trône avait incité certains à rêver de s'emparer du pouvoir. Mobutu observait le tout d'un mauvais œil : la prolifération des partis confirmait ses craintes d'un morcellement, d'un éclatement. *If you can't beat them, join them* [A défaut de les battre, il faut les rejoindre], avait-il dû penser et, s'efforçant d'affaiblir l'opposition, il allait même jusqu'à payer des citoyens pour qu'ils lancent un parti soutenant ses opinions. On les appelait par dérision les "partis alimentaires", ou les "partis taxi", car leurs membres pouvaient tous tenir dans un seul et même taxi. Etait-ce le *multipartisme* * promis par Mobutu ? C'était plutôt du *multimobutisme* *[5] !

Finalement, sur ce terrain politique agité, deux pôles se dégagèrent : d'un côté l'UDPS d'Etienne Tshisekedi avait constitué avec ses partenaires une liste commune, appelée

*Union sacrée de l'opposition**, de l'autre côté le MPR et les fidèles de Mobutu s'étaient regroupés au sein de la *mouvance présidentielle**. Entre les deux, il y avait le ventre mou. L'Eglise sympathisait avec l'opposition, mais elle était souvent prête à des compromis. Régine ne se sentait pas d'affinités. "J'ai été pendant un moment membre de l'UDPS quand le parti était encore clandestin, mais je ne me sentais pas à l'aise politiquement. L'année 1990 a plutôt marqué pour moi la naissance de la *société civile**."

L'opposition remporta une victoire majeure quand Mobutu accepta que soit organisée une conférence nationale. Il espérait ainsi contenter l'étranger et obtenir à nouveau le soutien de ses alliés occidentaux. Inspirée par une conférence comparable au Bénin, peu de temps auparavant, qui avait permis de réformer le pays en dix jours, l'idée était de rassembler les représentants du peuple du Zaïre pour parler du passé et tracer les grandes lignes de l'avenir. Cette conférence devait donner corps à la transition de la Deuxième à la Troisième République ; elle est connue sous le nom qui lui fut donné ultérieurement, la "Conférence souveraine nationale". Y participeraient non seulement des personnalités politiques et des sommités, mais aussi des personnes de la société civile, de la vie associative et des Eglises. Elle devait se dérouler à Kinshasa, mais avec des délégations venues de toutes les provinces. Le tout pourrait être suivi en direct à la radio et à la télévision. Ce serait une grand-messe des fondements de la démocratie.

Dans le lointain Bukavu, Régine y fut mêlée : "Les enseignantes de Bukavu m'ont dit : Tu dois aller à Kin ! Je me suis donc retrouvée dans la délégation du Sud-Kivu. Toutes les tribus étaient représentées, nous ne voulions pas avoir de point de vue ethnique. A la Conférence souveraine nationale, nous allions tout dénoncer. Nous allions chasser Mobutu et obtenir sa tête sur un plateau."

Régine est partie pour la capitale. Elle était au nombre des deux mille huit cents représentants et des deux cents femmes participantes seulement. "Nous étions trop peu de femmes, pas même 10 %. Beaucoup de femmes avaient peur de s'exprimer à découvert. Nous étions mal informées du fonctionnement de ce genre de réunion et de l'intérêt du lobbying." Mais elle allait montrer qu'elle avait du répondant. Le 7 août 1991, la Conférence souveraine nationale commença. Elle était censée durer trois mois. La séance d'ouverture eut lieu dans le palais du Peuple, le Parlement national. Le bâtiment était un mastodonte planté là par les Chinois, à quelques centaines de mètres du nouveau stade de football. Sur le parking, le citoyen Tshimbombo, une des *grosses légumes** du régime, distribuait, une boîte en carton sur le bras, des piles de billets de banque à tous ceux qui avaient encore envie de créer à la dernière minute un petit parti. L'argent était gratuit, il suffisait de prendre la défense de Mobutu[6]... Tshimbombo était l'homme qui autrefois avait été chargé, au nom du président, d'offrir aux femmes de l'équipe nationale de basket féminin vingt-deux Mercedes, parce qu'elles avaient gagné la Coupe d'Afrique, et qui en avait gardé onze pour son propre usage[7]... Maintenant qu'il était là avec sa boîte pleine d'argent, on l'appelait par dérision le "gardien du trésor public". Manifestement, Mobutu était décidé à contrecarrer la conférence par tous les moyens possibles.

"Il cherchait sans cesse à nous corrompre en nous proposant des hôtels, en nous offrant des cadeaux ou en nous faisant passer la nuit à Nsele, le centre de conférences", a raconté Régine, "mais nous avons refusé. La délégation du Sud-Kivu était extrêmement déterminée. Nous avons même dormi deux nuits dehors devant la porte du Parlement ! Les gens nous apportaient à manger. J'ai mangé pour la première fois de ma vie du pain de manioc. Et à Kinshasa, il y avait d'énormes moustiques ! Nous n'avions jamais rien vu de pareil dans les montagnes du Sud-Kivu."

Mobutu était prêt au besoin à accepter un gouvernement de transition élargi au sein duquel l'opposition obtiendrait quelques postes, mais de là à convenir d'un gouvernement d'unité nationale accordant un grand pouvoir à l'opposition, cela allait trop loin. Il désignerait lui-même le président de la conférence. Il confia la tâche à un vieux fidèle dont le nom *kilométrique** était à lui seul une preuve suffisante de son fanatisme de l'"authentique" : Kalonji Mutambayi wa Pasteur

Kabongo. Aujourd'hui encore, ce nom fait soupirer Régine : "C'était un vieil homme totalement manipulable. Il était dur d'oreille et ne nous comprenait pas ! Nous l'appelions *Pasteur wa Farceur**. J'ai pensé : nous n'avons tout de même pas parcouru deux mille kilomètres pour nous laisser marcher sur les pieds ! Nous avons dit : Nous devons imposer le silence au président de la conférence ! Mais comment ? Tous les matins, nous passions devant la police et nous étions fouillés. Nous avons réussi à introduire des sifflets à l'intérieur, de ces petits sifflets en plastique. J'en avais caché cinq dans mes chaussures et dans mes tresses. Chaque fois que le président de la conférence prenait la parole, nous sifflions jusqu'à ce qu'il se taise."

Durant les premières semaines de la conférence, les travaux avancèrent très péniblement ; ce n'était qu'une suite de discussions interminables sur les procédures à suivre et de chamailleries sans fin sur la composition des commissions. Mobutu, qui suivait le tout à distance, devait certainement se réjouir de ces querelles, tant il espérait un échec. A l'extérieur des grilles du palais du Peuple, cependant, l'agitation s'amplifia. Le 23 septembre, les soldats du centre des parachutistes de Ndjili se mutinèrent. Ils se rendirent à l'aéroport et déréglèrent les tours de contrôle. De là, ils se frayèrent un chemin vers le centre, où ils s'attaquèrent à des grands magasins, des boutiques, des stations d'essence et même des logements privés. Tout ce qui avait de la valeur était sans défense : on emportait des téléviseurs, des réfrigérateurs et des photocopieuses, des stocks entiers furent vidés, des fonds de commerce pillés. La population, que la faim et la pauvreté avaient poussée au désespoir, se joignit aux militaires. Ce fut une fantastique sensation d'euphorie, une fête, le moment du Grand Chapardage. La population pouvait enfin faire ce que les détenteurs du pouvoir faisaient depuis vingt-cinq ans ! Un délire, le renversement de toutes les valeurs. Interdit et grandiose ! Le mécontentement s'étendit à d'autres villes. Les armées belge et française s'interposèrent pour libérer des compatriotes, car les pillages se poursuivirent pendant des jours. 30 à 40 % des entreprises furent dévastées, 70 % des commerces de détail y passèrent. Il y eut cent dix-sept morts et mille cinq cents blessés[8].

Et Mobutu ? Il ne réagit pas. Ses troupes pouvaient faire ce qu'elles voulaient. Beaucoup supposèrent qu'il avait déclenché la mutinerie pour tenter de déstabiliser la Conférence souveraine nationale. Même son loyal attaché de presse, Kibambi Shintwa, le soupçonna d'opportunisme, comme il me l'a lui-même confié lors d'un entretien sur le balcon de son petit appartement. "Mobutu voulait briser le pays. Délibérément. Il était terriblement blessé de la montée de Tshisekedi et voulait se venger. On peut comparer la situation à celle de quelqu'un qui a un beau téléphone portable." Il a levé son téléphone portable pour illustrer ses propos. "Le genre de téléphone portable qui fait des envieux, mais qu'on n'a plus les moyens de financer. Qu'est-ce qu'on fait dans ce cas-là ?" Il a laissé tomber la main qui tenait le téléphone à côté de sa chaise. "On le laisse tomber pour qu'il ne reste plus rien pour l'autre. C'est ce qu'a fait Mobutu. Au début de la Conférence souveraine nationale, il s'est installé de façon permanente à Gbadolite. Il a compris qu'il était méprisé de son peuple. A trois heures du matin, les militaires ont pillé l'aéroport et il n'a pas réagi. C'était vraiment : *après moi le déluge**. Il a vu dans le pillage une sanction infligée à la population. J'étais très déçu quand il a réduit ainsi le pays en miettes. Pour la première fois, j'ai eu plus peur d'être tué par la population que par Mobutu[9]."

Après le pillage, un nouveau président a été désigné pour la conférence, cette fois au moyen d'élections. Monseigneur Monsengwo, le populaire archevêque de Kisangani, également président de la conférence épiscopale nationale, fut facilement élu et put prendre la succession de *Pasteur wa Farceur**. *Monseigneur** Monsengwo : son nom suscitait d'immenses attentes. Paré de son habit pourpre et de sa grande autorité morale, il semblait sur le point de devenir le Desmond Tutu du Zaïre. Il était apprécié de l'opposition, la conférence épiscopale zaïroise ayant déjà souvent exprimé de vives critiques à l'égard du régime de Mobutu. Sous le cardinal Malula, l'Eglise était devenue la première force d'opposition de la Deuxième République. Quand la société civile était née, d'innombrables organisations, même les plus séculières, s'étaient inspirées des communautés de base et de la théologie de la libération de l'Amérique latine[10]. Monsengwo n'était sans doute pas le catholique le plus radicalement progressiste, mais l'Eglise était crédible aux yeux de l'opposition (qui ne s'était d'ailleurs pas qualifiée de "*sacrée**" par hasard). Pour Régine, la perspective était claire : "Monsengwo était notre candidat, mais il a même obtenu des voix des partisans de Mobutu !"

Mobutu était tout sauf satisfait. Ses liens avec l'Eglise avaient toujours été ambivalents : cela faisait maintenant près de vingt ans qu'il la combattait et qu'il la craignait. A la veille de la visite du pape en 1980, il avait épousé en toute hâte sa maîtresse Bobi Ladawa. A Gbadolite, il avait fait ériger une cathédrale, lui, l'homme qui avait autrefois voulu supprimer la liturgie et qui s'entourait volontiers de faiseurs de miracles et de diseurs de bonne aventure venus d'Afrique de l'Ouest. Avec Monsengwo à la tête de la conférence, il fallait ouvrir l'œil. Si lui, Mobutu, n'avait pas son mot à dire sur la présidence de la conférence nationale, il déciderait dans ce cas de l'autre poste décisif pour la transition : celui de Premier ministre. De 1990 à 1997, le Zaïre connut huit Premiers ministres différents, dont sept furent mis en selle personnellement par Mobutu. L'homme qui occupa le poste le plus longtemps resta trois ans, celui qui y demeura le moins ne tint que trois semaines. Il faut dire que ce dernier était son ennemi juré : Tshisekedi. En octobre 1991, après les pillages, il avait été nommé à la tête du gouvernement par Mobutu. Les troubles avaient-ils fait comprendre au Guide qu'il était désormais impossible de ne pas tenir compte de Tshisekedi ? Ou était-ce au contraire justement une habile manœuvre pour jeter le discrédit sur lui auprès de ses partisans ? Les *parlementaires debout** passaient des journées entières à débattre de la question mais, trois semaines plus tard, ses fonctions de Premier ministre étaient déjà terminées. Mobutu nomma aussitôt après à ce poste un autre de ses vieux ennemis, Mungul-Diaka. Celui-là parvint à rester un mois entier. Ensuite ce fut au tour de Nguza de tenter sa chance, encore un dissident du lointain passé. Le *vagabondage politique** triomphait de nouveau et, pendant ce temps, il ne se passait rien. En janvier 1992, Mobutu ordonna la clôture de la Conférence souveraine nationale. Le petit jeu avait assez duré, estimait-il, et à son soulagement il n'avait abouti à rien. Cet écueil avait été contourné, il tenait à nouveau les rênes fermement en main.

"Les gens reçurent de quoi payer leur voyage de retour", m'a dit Régine, "mais nous ne pouvions pas rentrer ainsi chez nous. La population de ma province exigeait un résultat. Il fallait organiser des élections. On a cessé de nous payer, mais nous sommes tout de même restés à Kinshasa grâce au soutien de la population." Les gens ne voulaient plus renoncer à leur espoir de changement.

Puis arriva le 16 février 1992, un jour devenu tout aussi important dans l'histoire du Congo que le 4 janvier 1959, quand les émeutes s'étaient déclenchées à Léopoldville. Là aussi, l'interdiction d'une manifestation fut la cause directe des troubles, là aussi elle déclencha une contestation à grande échelle à Kinshasa, là aussi cela se termina par un bain de sang. Les chrétiens voulaient manifester contre la fermeture de la conférence, mais les pouvoirs publics refusaient de leur en accorder l'autorisation. Le charismatique abbé José Mpundu, un prêtre plus proche du peuple que de la hiérarchie de l'Eglise, fut étroitement mêlé à l'organisation. J'ai parlé avec lui dans son humble demeure, à l'ombre de l'ancien stade de football. Il portait – ce qui était rare pour un Congolais – un short et – plus rare encore – il tutoyait d'emblée. "Les évêques avaient déjà exigé une réouverture de la conférence. Les prêtres en avaient parlé à la messe du dimanche. Un certain nombre de laïcs avaient dit : Eh bien, passons à l'action. J'étais d'accord avec leur initiative et je me suis rendu à leurs réunions préparatoires, où j'ai parlé de la non-violence. Au sein de la conférence épiscopale, j'étais secrétaire de la commission pour la justice et la paix, vous voyez. Mais le cardinal Etsou, le nouvel archevêque, n'a pas accordé son autorisation pour la marche et monseigneur Monsengwo estimait que les évêques devaient parler et non agir… Enfin, nous avons fixé le parcours et décidé de ce qu'il fallait écrire sur les banderoles : « Réouverture inconditionnelle de la Conférence souveraine nationale ». C'est ce qui m'a valu d'être renvoyé, plus tard, de la conférence épiscopale…"

Le dimanche 16 février, après la messe de neuf heures, la marche a commencé. Dans les plus de cent paroisses de

Kinshasa, les gens sont sortis de leur église et ont afflué vers les boulevards et les avenues en mauvais état de la capitale. C'étaient des croyants ordinaires, pas des dissidents jusqu'au-boutistes, pas des politiciens pur jus, mais des lycéens, des étudiants, des jeunes parents, des pauvres, des gens qui se savaient soutenus par le bas clergé, comme l'abbé non conformiste José. Ils agitaient des branches vertes et chantaient des chansons. Les protestants aussi, les kimbanguistes et les musulmans participèrent. A Matadi, Kikwit, Idiofa, Kananga, Mbuji-Mayi, Kisangani, Goma et Bukavu, des marches semblables eurent lieu. Plus d'un million de personnes descendirent dans la rue, ce fut le plus grand rassemblement de foule de toute l'histoire du pays. On parlait de "marche de l'Espoir".

"J'étais parti du quartier de Limete et je me dirigeais vers le pont Kasavubu", a raconté l'abbé José, "mais à la hauteur de Saint-Raphaël, nous nous sommes heurtés à un bataillon de soldats armés jusqu'aux dents. Je marchais au premier rang. Nous avions convenu : s'il se passe quoi que ce soit, tout le monde s'assoit par terre. Les militaires nous ont barré le passage et nous nous sommes assis. A côté de moi, une vieille femme regardait pleine d'incrédulité ces jeunes soldats de 16, 17 ans. L'un d'eux l'a fixée droit dans les yeux et elle a dit : « *Mwana na nga, est-ce que omelaki mabele ya mama te ?* » (« Mon fils, n'as-tu donc jamais bu au sein de ta mère ? ») Le jeune ne savait plus où poser son regard. C'est ça, la force de la non-violence, de la vérité." Le Congo ressembla un instant à l'Inde du Mahatma Gandhi. "Ensuite, ils nous ont dispersés au gaz lacrymogène. Nous sommes partis, mais nous avons reformé nos rangs plus loin. Nous avons poursuivi notre route et nous avons continué à chanter. Près de Kingabwa, nous nous sommes retrouvés devant des gardes du corps, je pense que c'étaient ceux du Premier ministre Nguza. Ils nous ont menacés de mort. « Arrêtez de chanter, marchez ! » ont-ils crié. Mais j'ai dit : « Si nous marchons, ils vont nous tirer dessus. » J'ai été empoigné par un gars costaud armé d'un revolver, mais les gens m'ont retenu. Les boutons de ma soutane ont sauté. Ma chaîne s'est cassée. Un paroissien l'a ramassée. Les prêtres blancs aussi se faisaient frapper[11]."

La marche de l'Espoir tourna au carnage. Ce jour-là, au moins trente-cinq civils perdirent la vie[12]. Les services d'ordre tirèrent sans distinction, même à très grande distance, même sur des enfants. Ils utilisèrent non seulement du gaz lacrymogène pour disperser les foules, mais aussi un produit hautement inflammable que l'on utilise rarement dans un contexte civil : du napalm. Au cours d'une de mes nombreuses conversations avec Zizi autour d'une table à la terrasse de la cantine de la chaîne publique, il m'a dit : "Après cette marche, Mobutu a eu très peur d'être excommunié. La Conférence souveraine nationale a pu rouvrir et il s'est retiré une fois de plus à Gbadolite. La conférence a pris beaucoup plus d'assurance. La peur avait disparu. «Croyais-tu vraiment pouvoir tous nous tuer?» a-t-on dit à haute voix. Ma femme a vu des cadavres étendus par terre pendant la marche. Moi-même j'ai été brûlé." Il a pivoté pour dégager ses jambes de sous la table et relevé le bas de son pantalon. Cela faisait des années que je le connaissais, mais jamais il ne me l'avait raconté ou montré. Sur ses tibias, j'ai vu de grandes taches roses, comme s'il était camouflé en Blanc. Il y a eu un long silence. "Le napalm", a-t-il fini par dire[13].

La conférence a recommencé en avril 1992 et, cette fois, elle a bien avancé. Elle était véritablement souveraine : ses décisions n'étaient plus de tièdes recommandations, mais des émanations de la volonté du peuple avec force de loi. Avec la conférence pour organe suprême de l'Etat, la démocratisation prit un véritable élan. Après les séances plénières, les représentants se retiraient dans les vingt-trois commissions et cent sous-commissions, réparties dans toute la ville. Bon nombre d'entre elles réalisèrent d'excellents travaux. Un inventaire des problèmes fut dressé et des alternatives judicieuses envisagées. Régine Mutijima participa à la commission "Femme, enfant et famille". "J'étais la rapporteuse attitrée. Nous avons travaillé à l'époque jour et nuit. Puis tous les rapports ont été lus en séance plénière, pour qu'ils puissent être amendés et validés. La négociation de compromis a été un formidable apprentissage de la démocratie. Le camp de Mobutu discutait ouvertement avec l'opposition.

Nous voulions faire ressortir la véritable histoire du pays et laisser entendre la voix des faibles.”

La Conférence souveraine nationale vota en faveur d’une Constitution temporaire dont la principale disposition était que ce ne serait pas le président mais la conférence qui choisirait le Premier ministre. Le président pourrait tout au plus entériner ce choix. Cela signifiait une telle rupture par rapport au passé que les symboles de l’Etat devaient aussi changer : le Zaïre allait redevenir le Congo, le drapeau, la devise et l’hymne national allaient redevenir ceux d’avant 1965.

Puis une chose curieuse se produisit : Monsengwo quitta la conférence et se mit à négocier de sa propre initiative avec Mobutu. Cette démarche était totalement contraire à ce qui avait été convenu et à la souveraineté de la conférence[14]. Mobutu fit savoir au prélat en des termes ne laissant planer aucune ambiguïté que le pays allait continuer de s’appeler Zaïre ; un changement de nom était de son point de vue totalement inacceptable. Mais il laissa en revanche transparaître qu’il pouvait s’accommoder d’une présidence cérémonielle. Régine éprouve encore à ce sujet un sentiment partagé : “Je trouvais scandaleux que Monsengwo se rende à Gbadolite, mais je pense qu’il l’a fait pour éviter qu’il y ait davantage de morts.” Les hommes de la DSP, l’armée privée de Mobutu, étaient encore bien armés ; une guerre civile aurait pu survenir. “Monsengwo était l’homme du changement progressif. Il ne voulait ni vainqueurs ni perdants, parce qu’il craignait que ces derniers ne se vengent. Tshisekedi voulait au contraire un triomphe rapide, en prenant le risque d’un grave conflit. Monsengwo a opté pour un atterrissage en douceur. Il a essayé de négocier tactiquement dans une situation complexe.”

Le Zaïre demeura le Zaïre, mais le Premier ministre fut élu pour la première fois en trente ans. Le 15 août 1992, la Conférence souveraine nationale nomma Tshisekedi, sur lequel s’étaient portés 71 % des suffrages, Premier ministre de la transition ; son adversaire électoral, Thomas Kanza, n’en avait obtenu que 27 %. Les élections ne s’étaient pas déroulées sans heurts, les bureaux de l’UDPS avaient été détruits quelques jours auparavant, mais Etienne Tshisekedi, l’homme qui dix ans plus tôt avait écrit cette lettre ouverte extraordinairement audacieuse à Mobutu, devenait le premier Premier ministre démocratiquement élu depuis Tshombe en 1965.

Puis tout se passa très vite. Un gouvernement de transition fut mis sur pied, ainsi qu'un Parlement de transition : sur les 2 800 représentants, 453 deviendraient membres du "Haut Conseil de la République". Une nouvelle Constitution fut élaborée, qui était proche de la Constitution fédérale de Luluabourg datant de 1964, la seule Constitution établie par référendum que le Congo ait connue. Et un calendrier fut fixé pour les élections.

L'élan démocratique ne semblait plus devoir s'interrompre. Pourtant, c'est ce qui arriva. Le tout nouveau gouvernement de Tshisekedi ne brilla pas par sa vision ni sa stratégie[15]. Il ne tenta pas de prendre le contrôle des services de sécurité et de l'armée, les instruments essentiels de l'appareil d'Etat. Les ministres perdaient leur temps avec des visiteurs et en tenant leurs permanences politiques. Ces personnes, qui avaient une formation encore moins démocratique derrière elles que les politiciens de la Première République, ne pouvaient pas savoir qu'exercer le pouvoir ne se résume pas à palabrer pendant des heures dans un bureau. Tshisekedi lui-même semblait atteint de la maladie de Lumumba : charismatique tant qu'il était dans l'opposition, capricieux et imprévisible dès son arrivée au pouvoir. Devenir Premier ministre lui semblait plus important que diriger le Congo[16].

La Conférence souveraine nationale touchait à sa fin, mais les rapports des deux commissions traitant des sujets les plus sensibles devaient encore être lus : la commission sur "les biens mal acquis" (par là, on entendait : le vol) et la commission sur les meurtres politiques. "Monsengwo voulait que ces séances aient lieu à huis clos", a raconté Régine, "Mobutu a envoyé des tanks au Parlement et a fait interrompre les émissions de télévision sur la conférence." Le rapport accablant sur la corruption des pouvoirs publics ne fut lu qu'en partie, le rapport encore bien pire sur les violations des droits de l'homme, pas du tout. Même s'il y en avait plusieurs centaines d'exemplaires en circulation, ils n'eurent pas l'effet escompté. "J'étais avec deux autres femmes dans la délégation du Sud-Kivu. Elles ne savaient ni lire ni écrire", a expliqué Régine. Dans un pays où plus de deux générations n'avaient pas bénéficié d'un enseignement digne de ce nom et où la parole avait plus d'autorité que le mot imprimé, ces moments de transparence étaient plus que symboliques.

Début décembre 1992, la Conférence souveraine nationale ferma ses portes, non pas au bout de trois mois, mais de dix-sept. Le bilan final était mitigé. Pour la première fois, Mobutu avait un Premier ministre qu'il n'avait pas choisi. La rétrospective historique avait présenté un grand intérêt, mais les rapports essentiels n'avaient pas été lus et les travaux législatifs n'étaient pas terminés. L'opposition démocratique continuait de faire preuve d'un manque de maturité politique. Et on pouvait se demander si les élections longtemps attendues allaient maintenant avoir lieu[17]. Régine a su parfaitement résumer le résultat : "Nous voulions déraciner la dictature, oui, mais ce n'est pas facile d'abattre un baobab, parce qu'il peut te tomber dessus. Tu dois trancher une à une les racines, puis l'arracher à plusieurs, à une certaine distance."

Sous le poids du baobab qui tombait, la population fut broyée. La période de transition vers la Troisième République fut pour beaucoup une véritable épreuve. Le Zaïre avait connu de 1975 à 1989 une inflation annuelle moyenne de 64 % ; de 1990 à 1995, elle s'établit à 3 616 %[18]. En 1994, l'inflation atteignit même un pic de 9 769 %[19]. Un fauteuil roulant pour handicapé, qui coûtait sept cent cinquante zaïres en 1981, valait en 1991 deux millions et demi de zaïres[20]. Les calculettes n'avaient pas assez de zéros pour calculer les factures. Pour une simple nuit d'hôtel, on arrivait déjà à des chiffres astronomiques[21]. Les salaires ne signifiaient plus rien. Le pouvoir d'achat devint une farce. Les personnes âgées disaient : "A l'époque des Belges, on mangeait trois fois par jour, pendant la Première République deux fois par jour, pendant la Deuxième République plus qu'une seule fois. Où cela va-t-il s'arrêter[22] ?" Les enfants mouraient de faim. Les menuisiers ne fabriquaient plus des meubles, mais des cercueils, souvent pour des enfants. Dans les villes, la mortalité infantile était d'environ 10 %, dans les zones rurales d'environ 16 %[23].

Beaucoup espéraient un miracle. Dans le Zaïre des années 1990, les jeux de hasard devinrent particulièrement populaires. Les loteries, les mécanismes d'investissements risqués et les pyramides financières promettaient un succès immédiat, mais rendaient dans la pratique beaucoup de pauvres encore plus pauvres[24]. Les gens retiraient leur argent de la banque, le misaient, gagnaient pendant un certain temps puis perdaient tout ce qu'ils avaient. On s'en remettait à la divination et à la sorcellerie pour donner un coup de pouce à la chance, car l'argent et la mystique allaient de pair. Même Mobutu se laissait volontiers entourer de puissants marabouts et de toutes sortes de féticheurs. Quand il perdit deux fils atteints du sida, il attribua leur mort à des forces occultes.

En réaction à ce réveil mystique, une chrétienté d'un nouveau genre s'éveilla, qui n'appartenait ni au catholicisme, ni au protestantisme, ni au kimbanguisme classique, mais était évangélique et messianique. On parlait d'"*Eglises du réveil* *" ou d'"Eglises pentecôtistes". Très souvent, elles naissaient sous l'impulsion de missionnaires étrangers, surtout en provenance des Etats-Unis.

Le *reborn Christian* le plus singulier du Zaïre était Dominique Sakombi Inongo, l'homme qui pendant des années s'était chargé de la propagande de Mobutu. L'inventeur de l'*authenticité* *, du mobutisme et de l'animation politique allait à présent devenir le porte-parole de Dieu en personne. Après un accident sur une autoroute près de Bruxelles (en circulant à contresens la nuit, il avait tué une Belge), il avait eu des expériences mystiques. Dans un rêve, le Très-Haut s'était adressé à lui : "Dominique, mon fils, je te donne la vie et la mort, je te conseille de prendre la vie car Je te sauverai et t'utiliserai." Cela nécessitait quelques explications : "Pendant longtemps, tu as fait danser mon peuple pour un homme ; mais désormais c'est pour Moi et pour Moi Seul que tu assureras sa mobilisation, pour qu'il Me loue et qu'il soit enfin libéré." Sakombi décida de couper totalement les ponts avec le régime de Mobutu et il conseilla à Mobutu d'en faire autant ("Vous devez cohabiter avec Tshisekedi. Vous devez absolument vous convertir. [...] Je vous exhorte, en tant que frère, à rompre définitivement avec les marabouts, les sorciers, les féticheurs, les magiciens, etc. Ce sont des menteurs. [...] *Citoyen Président**, [...] ne résistez pas à l'appel du Seigneur. Il est mort pour vous aussi sur la croix[25]." Les symboles extérieurs de la Deuxième République étaient pour lui totalement ensorcelés. L'hymne national, le drapeau et la devise étaient d'origine satanique. Sakombi racontait à son auditoire pendant des séances de prière de plusieurs heures qu'il avait vu de ses propres yeux le prototype du blason national sculpté dans une caverne, des dizaines de mètres sous terre, c'était en Egypte, près des pyramides du Caire, au bord d'une petite rivière souterraine, des personnes âgées étaient là à chanter des incantations... La monnaie nationale était envoûtée elle aussi : "Il suffit d'observer les signes cabalistiques qui y sont contenus pour en être convaincu ; car ils relèvent tous de la magie. Avec ces billets, vous ne pouvez jamais financer le développement du pays. [...] Vous vous rappellerez que les séries récentes de ces billets ont créé des troubles et ont même été à la base du conflit entre Mobutu et Tshisekedi. Vous comprenez maintenant pourquoi... puisqu'elles sont diaboliques[26]."

Cela étant, cette récente série de billets donnait effectivement lieu à un phénomène curieux. Le discours fantastique de Sakombi ne tombait pas complètement du ciel, mais donnait une tournure religieuse à un commentaire social familier. En 1970, la coupure la plus élevée était de cinq zaïres, en 1984 elle était de cinq cents zaïres. C'était déjà en soi un signe d'inflation spectaculaire. Mais en 1990 fut créé un billet de cinquante mille zaïres et deux ans plus tard même de cinq millions de zaïres[27]. La macroéconomie peut parfois se révéler d'une simplicité enfantine. Quand la valeur de la plus haute coupure augmente aussi vite, cela signifie soit qu'un pays s'enrichit très vite, soit que sa monnaie se déprécie très vite. C'était malheureusement le second cas : le billet de cinq millions de zaïres ne valait que deux dollars. On y voyait malgré tout le portrait de Mobutu impassible, comme sur les précédents billets de banque. Il portait fièrement la tenue de maréchal qu'Alfons Mertens avait cousue pour lui, ce qui en fit les vêtements du

XXe siècle parmi les plus représentés. Faire fonctionner à plein régime la planche à billets était d'ailleurs la méthode favorite de Mobutu pour s'assurer des devises, d'autant qu'il ne pouvait plus compter à présent sur ses bailleurs de fonds internationaux. Il fit appel à une entreprise allemande, Giesecke & Devrient, imprimeurs de billets pour des personnalités allant d'Hitler à Mugabe, et importa des cargaisons entières de billets par avion. Pour la seule année 1995 furent acheminés huit cent trente millions de nouveaux billets de banque. Il dut en changer le plus vite possible près de la moitié en dollars pour payer les factures de l'imprimeur[28]. Fabriquer de l'argent pour payer le fabricant d'argent : l'économie peut aussi être d'un tragique enfantin.

En décembre 1992, quand Mobutu mit en circulation le gigantesque billet de cinq millions de zaïres, le Premier ministre Tshisekedi le déclara illégal. Il voulait mettre un terme à une politique monétaire extravagante, mais provoqua sa première grande confrontation avec le président. Dans les rues de Kinshasa, le billet fut vite surnommé "Dona Beija", d'après une personne ravissante mais rouée d'une série télévisée brésilienne très populaire à ce moment-là au Zaïre[29]. Mobutu utilisait l'argent pour payer ses militaires. Comme toujours, ils se rendaient avec leur solde chez un agent de change, car le salaire remis le vendredi soir pouvait valoir un tiers de moins dès le lundi matin. Partout dans le pays était apparu le phénomène des *cambistes* *, des agents de change (presque toujours des femmes) qui étaient assis le long de la route à l'ombre d'un parasol avec des piles de billets de banque. Au Zaïre, même le marché noir avait des couleurs pimpantes. A Kinshasa, on les trouvait dans la rue derrière l'ambassade de Belgique, bientôt appelée Wall Street, mais même dans le quartier de Matonge, des bureaux de change informels se multipliaient dans les ruelles. Le fonctionnaire, l'agent de la circulation ou le soldat se rendaient le jour de paie avec leur sac en plastique rempli de piles de nouveaux billets chez le cambiste et les changeaient contre des dollars. Le cambiste revendait plus tard les billets, souvent à des entreprises publiques qui en avaient besoin pour payer les salaires. Ainsi le Zaïre se "dollarisait" peu à peu[30].

Jusqu'à aujourd'hui, le dollar représente le premier moyen de paiement pour toutes les grosses dépenses, seuls les petits achats étant encore effectués dans la monnaie locale.

Mais avec le billet de cinq millions, l'affaire tourna mal. Quand Tshisekedi le déclara illégal, les cambistes refusèrent de le changer. Les militaires qui voyaient ainsi s'évaporer leur solde mensuelle se sentirent floués et décidèrent d'encaisser leur salaire en se servant eux-mêmes. Du 28 au 30 janvier 1993, ils recommencèrent à piller. Les conséquences furent terribles. A Kinshasa, on parle encore du Premier et du Second Pillage, celui de 1991 et celui de 1993, car ces événements historiques se sont gravés profondément dans la mémoire de la nation. Le Second Pillage fut de loin le plus violent. Cette fois, ce fut la DSP elle-même, la division spéciale de Mobutu, qui se mutina et s'empara de biens publics et privés. Sous les yeux des commerçants, ils firent voler en éclats des vitrines et arrachèrent les lustres du plafond. Comme les stocks étaient souvent misérables, ils arrachèrent même le fil de cuivre du mur et démolirent des lavabos. Le Zaïre était devenu le pays de toutes les extrémités, un pays privé de lois, de sanctions et d'espoir, livré au banditisme et à la rapacité. Pendant le Second Pillage, un millier de personnes trouvèrent la mort, dont l'ambassadeur de France et un de ses collaborateurs. Une fois encore, des commandos de parachutistes français et belges furent mobilisés. Après ces incidents, la ville donnait l'impression d'avoir été ravagée par une invasion de sauterelles. Dans la rue traînaient du papier, des classeurs, des débris et des chaussures. Derrière les vitres cassées, les rideaux se gonflaient au-dessus du trottoir. Les gens ordinaires essayaient eux aussi de prendre leur part du gâteau, car dans un pays en faillite, la moindre chose prend de la valeur. Les vieux papiers, par exemple, devinrent un bien précieux. Les archives du jardin zoologique de Kinshasa, vestige lourdaud de l'époque coloniale où un crocodile datant de 1938 somnolait encore au soleil (et il est toujours là aujourd'hui), furent vidées par la population en quête de papier d'emballage[31]. Les semaines qui suivirent, quand on achetait au marché de Kinshasa une poignée d'arachides pour le repas du soir, on les recevait enveloppées dans un sachet de papier jauni sur lequel on pouvait lire la vie merveilleuse du chimpanzé et de l'okapi.

Mobutu décida que cela ne pouvait plus se passer ainsi dans son pays. Quelques mois auparavant, il avait fêté à Gbadolite le mariage d'une de ses filles. Pour l'occasion, elle portait l'équivalent de trois millions de dollars de bijoux de chez Cartier et Boucheron. Mais ce n'était pas le problème. Il y avait deux mille cinq cents invités. Il y avait du caviar et du homard. Des milliers de bouteilles des meilleurs vins français furent consommées. Mais ce n'était pas le problème. Un avion avait été spécialement affrété pour aller chercher à Paris le gâteau, une construction monumentale de quatre mètres de haut, du chef pâtissier Lenôtre. Mais ce n'était absolument pas le problème, non. Le véritable problème à ses yeux était Tshisekedi, l'homme qui avait rejeté le billet de banque à son effigie et ainsi déclenché les pillages. Non, avec cette tête de mule, impossible de diriger le pays.

En mars 1993, à la suite d'un conclave de dix jours avec la direction du MPR qui jouait encore un rôle décisif, Mobutu décida d'établir son propre gouvernement avec son propre Parlement, sa propre Constitution et son propre Premier ministre. Faustin Birindwa, un ancien opposant, fut la victime de service. Il allait mener une réforme monétaire en instaurant une nouvelle monnaie, le *nouveau zaïre* *, qui remplacerait trois millions d'anciens zaïres. Le Zaïre avait désormais un double gouvernement. En dehors des institutions de la Conférence souveraine nationale, il y avait celles du président, encore plus souverain. L'œuvre gigantesque pour laquelle des gens comme Régine Mutijima s'étaient battus devenait la proie d'un vieux dinosaure avide. L'ironie de l'histoire n'échappait à personne : Mobutu avait commis un coup d'Etat en 1960 et un autre en 1965 parce que Kasavubu avait nommé chaque fois un Premier ministre en plus de celui qui avait été élu démocratiquement (Ileo contre Lumumba en 1960, Kimba contre Tshombe en 1965), mais cette fois c'était lui, Mobutu, qui faisait exactement la même chose. Cette situation intenable allait durer un an. Les organisations internationales, conscientes de la gravité de la situation, craignaient une escalade comme lors de l'indépendance. L'Organisation de l'unité africaine et les Nations Unies envoyèrent des représentants à Kinshasa pour négocier un compromis. Il prit la forme d'un Parlement pléthorique de sept cents membres, au sein duquel étaient fusionnées les deux représentations parallèles du peuple, celle de la conférence nationale et celle de la dictature. Au sein de cette entité désignée assez mécaniquement par le sigle HCR-PT (*Haut Conseil de la République – Parlement de Transition**), les partisans de Mobutu avaient la majorité. En juillet 1994, il fut à nouveau demandé à Kengo wa Dondo d'être Premier ministre. C'était un métis d'origine congo-polonaise, qui dans les années 1980 avait dirigé deux gouvernements relativement stables ayant appliqué les programmes d'ajustement structurel du FMI. Si cela le rendait acceptable aux yeux de la communauté internationale, le citoyen zaïrois gardait en revanche un souvenir amer des années de rigueur sous son régime. Kengo ne fit jamais bondir les cœurs comme Tshisekedi. Sa tâche était à présent de conduire son pays jusqu'aux élections, vers 1995, une date qui en 1995 fut reculée à 1997.

Avec cette construction (un Parlement qui lui obéissait, un Premier ministre qui ne lui mettait pas de bâtons dans les roues, des élections qui n'étaient pas encore pour demain), Mobutu paraissait avoir de nouveau assuré ses intérêts. Ce n'était pourtant qu'une apparence, car le Zaïre, le pays qu'il avait uni et dont il avait fait la grandeur, se décomposait peu à peu. Au Kasaï, la population refusa d'utiliser le *nouveau zaïre** : dans cette zone monétaire isolée couvait la menace d'une nouvelle sécession[32]. Au Katanga, les violences ethniques entre les habitants d'origine et les migrants luba venus du Kasaï avaient repris de plus belle, attisées par le racisme pur et simple du gouverneur de province Kyungu wa Kumwanza, qui rêvait d'un Katanga indépendant et chassait en attendant des dizaines de milliers de migrants. Les pires violences se produisirent cependant dans le Nord-Kivu. Sur place, on considérait les personnes qui parlaient le rwandais, ceux que l'on appelait les Banyarwanda, de plus en plus comme des migrants indésirables, qui accaparaient les richesses, les terres et le pouvoir. La plupart d'entre eux étaient venus s'installer au Congo entre 1959 et 1962, fuyant les troubles dans leur propre pays. Tant que Bisengimana, le père du jeune homme avec lequel j'ai navigué sur le lac Kivu, resta le chef de cabinet de Mobutu, les locuteurs du rwandais (essentiellement des Tutsi) furent considérés comme des Zaïrois à part entière et obtinrent assez facilement la nationalité zaïroise. Mais en 1981, une nouvelle loi durcit sciemment les critères d'obtention de la citoyenneté zaïroise et, à partir de 1990, on voulut se débarrasser des Tutsi immigrés. Les Banyarwanda étaient au Kivu ce que les Baluba étaient au Katanga : des éléments indésirables, des intrus, des étrangers, des profiteurs, des personnes à part, un peuple qui n'avait pas sa place. Le terme *rwandais* * devint une insulte. Les enfants chantaient : "Tous les Rwandais n'ont qu'à rentrer chez eux, nous ne les voulons plus chez nous[33]." L'animosité entre les Zaïrois et les "Rwandais" prit de telles proportions que des milices populaires nationalistes furent créées, les Maï-Maï. Ces groupes paramilitaires spontanés voulaient prendre les armes pour lutter contre toutes les influences étrangères. Dans leurs étranges rituels, ils s'inspiraient des Simba de 1964, sauf que cette fois l'ennemi n'était pas Mobutu et ses alliés occidentaux mais le "migrant" venu de l'est.

"Je suis zaïrois !" m'a dit avec fierté un de leurs vétérans en décembre 2008, alors que le pays avait déjà repris depuis onze ans le nom de Congo. "Au début, nous avions de bonnes relations avec les Banyarwanda, puis ils ont voulu éliminer les Hunde, les Tembo et les Nyanga. Je suis un Hunde. Les Banyarwanda ont enfermé les Hunde dans leurs maisons, qu'ils ont incendiées." En réalité, le conflit portait sur les terres. Le Rwanda et le Kivu forment la région agricole la plus peuplée d'Afrique. "Cela a commencé en 1993. Nous sommes devenus maï-maï. Pour cela, il fallait appartenir à la race bantoue, être extrêmement patriote et se faire baptiser avec notre eau spéciale. On nous faisait des cicatrices rituelles, on nous donnait des boissons traditionnelles et des plantes médicinales. Il était interdit de voler et de violer. A l'époque, il n'y avait pas encore de viols. Nous bricolions les fusils qui nous servaient normalement à chasser les oiseaux. Nous n'avions pas le choix. Les Banyarwanda étaient des étrangers qui voulaient rattacher le Nord-Kivu au Rwanda." La surpopulation, la pauvreté et l'absence de l'Etat furent les ingrédients d'un cocktail fatal. En 1993, les tensions dans le Nord-Kivu donnèrent lieu à des épurations ethniques qui firent au moins quatre mille morts, mais peut-être jusqu'à vingt mille[34]. "Oh, j'ai bien dû participer à quarante combats[35]."

A Goma, j'en ai parlé avec Pierrot Bushala, un homme qui s'étonnait encore de ce qui s'était passé à l'époque : "Dans les années 1980, personne ne connaissait l'origine ethnique de ses camarades de classe ; cela n'a commencé que dans les années 1990. Dans l'établissement secondaire que je fréquentais, il y avait dans ma classe *un mélange total**. J'avais à l'époque une petite amie tutsi et je ne le savais même pas. Mais quand nous avons voulu nous marier, dans les années 1990, ses parents n'ont pas voulu. Je suis certain que, dix ans plus tôt, ils m'auraient accepté." Il était capable de me donner une explication historique de son chagrin d'amour : "Vous savez, en 1918, quand la Belgique a aussi obtenu les territoires sous mandat, les frontières entre le Congo et le Rwanda étaient poreuses. Les Belges ont exporté des milliers de Hutu rwandais vers les mines et les Tutsi franchissaient spontanément la frontière. Sous Mobutu, les Tutsi avaient des passeports zaïrois mais, dans les années 1990, le tribalisme a pris de l'ampleur. Soudain, ils n'étaient plus des compatriotes loyaux, pour ainsi dire, parce qu'ils soutenaient la lutte de leurs frères au Rwanda. «Quand on est tutsi, alors on est rwandais», disaient les Zaïrois. Cela s'est mal passé. J'ai fini par me marier avec une femme lega, elle venait d'une tribu autochtone du Sud-Kivu[36]."

Dans le Sud-Kivu, les Tutsi zaïrois étaient de plus en plus souvent appelés des "Banyamulenge", des gens de Mulenge, une désignation ethnique que les autres leur donnaient et qui n'existait pas auparavant. Pourtant, ils vivaient depuis le XIXe siècle avec leurs troupeaux sur les hauts plateaux froids et brumeux à l'ouest du lac Tanganyika, notamment dans la région d'un village appelé Mulenge. Avec leur grande taille, leurs traits fins et leurs chapeaux en feutre, ils confirmaient le cliché des gardiens de troupeaux tutsi qui, le bâton sur les épaules, traînent derrière leurs vaches. Eux aussi étaient de plus en plus souvent insultés et détestés. On aurait dit des chauves-souris, m'a assuré une Congolaise un jour, ni oiseau ni souris, ni rwandais ni zaïrois, inquiétant et insaisissable. Et en plus un peu sale ! Oui, a approuvé un autre, ils gagnaient beaucoup d'argent avec leurs vaches, mais ils n'avaient aucune culture, ces Banyamulenge. Ils achetaient les vêtements les plus chers, mais ils n'avaient aucun goût. Les hommes portaient des habits de femmes. Et les femmes utilisaient les pots pour faire leurs besoins comme mortier pour le manioc. Ha ! Ha ! Et toujours ce sourire qu'ils avaient ! Est-ce que cela venait de leurs dents en avant ? Ou simplement du froid ?

Mobutu avait tenté d'éveiller le sentiment national au détriment du réflexe tribal mais, en des temps de pénurie, l'inimitié était prête à surgir. Les Tutsis du Kivu (tant les Banyarwanda dans le Nord-Kivu que les Banyamulenge dans le Sud-Kivu) furent ceux qui le ressentirent le plus vivement. La haine raciale les incita justement à adopter un comportement de plus en plus communautaire. Les Banyamulenge insultés commencèrent vraiment à se sentir Banyamulenge. Ils se plongèrent dans leur histoire, se souvinrent qu'ils étaient effectivement différents des autres, que leurs racines étaient au Rwanda et qu'en définitive, à bien y réfléchir, ils n'avaient jamais été les bienvenus au Zaïre. Des communautés se forment dès qu'elles se sentent menacées. L'identification ethnique devint plus importante que l'identification nationale[37]. Même le père de la nation s'était retiré dans sa région natale et confiait sa protection à des hommes de son peuple. Mobutu, l'unitariste, devint lui-même un tribaliste. Le Zaïre redevint un patchwork de tribus. La pauvreté conduisit à l'agression, la faim à des atrocités.

Pas d'argent, pas de soutien étranger, pas d'armée opérationnelle : le Zaïre s'était totalement désagrégé et, en 1994, il n'aurait pas fallu grand-chose pour mettre à genoux la dictature. C'est alors que se produisit dans le plus petit pays voisin du Zaïre une catastrophe humanitaire qui déstabilisa à tel point toute la région que Mobutu fut à nouveau reconnu par la communauté internationale comme une balise de stabilité, un doyen, un rocher dans le ressac d'une Afrique centrale agitée. Cette catastrophe fut le génocide rwandais, un événement étranger qui allait influencer comme aucun autre l'histoire du Zaïre.

Tout comme son pays cousin, le Burundi, le Rwanda était devenu indépendant de la Belgique en 1962. A l'occasion des premières élections démocratiques, les détenteurs du pouvoir depuis des siècles, les Tutsi, une minorité d'éleveurs de bétail, perdirent le pouvoir, et les Hutu, beaucoup plus nombreux, cultivateurs de longue date, prirent leur succession. Les différences sociales et économiques entre les deux groupes étaient réelles, mais le régime colonial belge les avait accentuées et rendues absolues. On était hutu ou tutsi. Après l'indépendance, le nouveau régime hutu se montra totalement implacable vis-à-vis des anciens maîtres. Beaucoup de Tutsi prirent la fuite avec leurs vaches, se réfugiant au Burundi, au Congo et en Ouganda. De là-bas, à la périphérie de leur patrie, ils regardaient leurs collines au loin, décidés à rentrer tôt ou tard et à reconquérir le pouvoir. Dans le sud de l'Ouganda, ils s'organisèrent militairement au sein du FPR, le Front patriotique rwandais, et se battirent aux côtés du chef des rebelles Yoweri Museveni pour chasser Milton Obote. Museveni devint président de l'Ouganda et le FPR apprit pour la première fois comment conquérir un pays. Cette expérience militaire allait être utile. Leur chef militaire devint Paul Kagame, l'actuel président du Rwanda. A partir de 1990, le FPR franchit la frontière avec le Rwanda et engagea une guerre civile contre le régime hutu. De 1990 à 1994, il y eut, selon certaines estimations, vingt mille morts, et un million et demi de civils prirent la fuite. Ces invasions provoquèrent une telle colère au sein de la population hutu que la haine à l'encontre de tout ce qui était tutsi s'amplifia, même contre les Tutsi qui étaient restés vivre en bons citoyens au Rwanda. "Des cafards", les appelait-on.

Le 6 avril 1994, quand l'avion du président hutu Habyarimana fut abattu, la fureur se déchaîna. Les Hutu se dirent que le FPR de Kagame y était pour quelque chose et se mirent à massacrer les citoyens tutsi à grande échelle. Ce n'était pas un combat entre soldats équipés d'armes à feu, mais entre des citoyens munis de machettes. Le régime hutu avait entraîné d'avance des milices civiles et distribué des coupe-coupe. Ces milices se composaient souvent d'adolescents imprégnés de haine raciale, les fameux *Interahamwe*. Quand le génocide éclata, ils commencèrent à se livrer à des massacres, se sachant encouragés par les émissions de la radio Mille Collines, qui ne cessait d'attiser la haine en répétant que les tombes n'étaient pas encore pleines et qu'il y avait encore des cafards qui circulaient. En trois mois, huit cent mille à un million de Tutsi et de Hutu modérés furent tués. Pendant ce temps, le FPR de Kagame commençait depuis le nord sa marche vers Kigali.

La communauté internationale était absente. Au début du génocide, l'armée gouvernementale rwandaise avait tué dix casques bleus afin de chasser les Nations Unies, pour que l'œuvre d'épuration ethnique puisse se réaliser sans entrave. Les reporters et les journalistes des médias étrangers avaient fui les violences dans le pays. Les yeux du monde étaient ces semaines-là plutôt tournés vers l'Afrique du Sud, où Nelson Mandela avait été élu président. Peu de gens savaient exactement ce qui se passait et le président de la France, Mitterrand, ne faisait pas exception. Considérant que les Hutu étaient victimes de l'invasion tutsi, il décida d'envoyer des troupes françaises au Rwanda pour les aider. Inconsciemment, le fait que le régime à Kigali soit francophone et que les rebelles tutsi qui gagnaient du terrain en Ouganda soient devenus anglophones a joué un rôle dans le soutien français aux Hutu. Ce que Mitterrand ne savait pas, c'est qu'il protégeait ainsi les auteurs du génocide. Les troupes françaises lancèrent l'*opération Turquoise** : dans le sud-ouest du pays, ils créèrent une zone de sécurité où les Hutu pouvaient se réfugier, à l'abri du FPR en marche de Kagame, à l'abri des représailles qui allaient certainement suivre.

Le génocide aurait dû libérer le Rwanda des Tutsi, mais à présent ces Tutsi s'emparaient du pays depuis les pays voisins. La puissance militaire du FPR avait été très nettement sous-estimée. Les militaires français accueillaient des centaines de milliers de réfugiés hutu et les mettaient de l'autre côté de la frontière. Là-bas, non seulement un peuple prit la fuite, mais aussi un régime : l'armée gouvernementale, l'arsenal, le gouvernement et même les caisses de l'Etat quittèrent le pays.

Selon certaines estimations, 270 000 personnes se rendirent au Burundi et 570 000 en Tanzanie, mais le gros des réfugiés se retrouva dans l'est du Zaïre : environ un million et demi de personnes[38]. Mobutu avait mis ses aéroports à disposition pour l'offensive française et accordé l'autorisation de mettre les réfugiés à l'abri dans son pays. Ils étaient surtout regroupés dans le Nord-Kivu, à l'intérieur et autour de la ville de Goma (850 000 personnes), et, dans une moindre mesure, dans le Sud-Kivu près de Bukavu (650 000 personnes).

Avec Pierrot Bushala, l'homme qui avait dû renoncer à sa petite amie tutsi, je me suis rendu en voiture, en décembre 2008, à Mugunga, à l'ouest de Goma, le plus grand des camps de réfugiés de l'époque. Il servait encore de centre d'accueil car, depuis 1994, le calme n'est plus jamais revenu au Kivu. Pierrot participait à ce moment-là à l'assainissement des camps par l'UNHCR, le Haut-Commissariat des Nations Unies pour les réfugiés. "Est-ce que tu peux imaginer ? Toute cette zone ici était remplie de réfugiés et il n'y avait strictement rien", m'a-t-il dit tandis que nous roulions dans sa Jeep à travers un sinistre paysage lunaire, envahi par une végétation vert vif. Sur ce sol, composé de la lave noire issue de l'imposant volcan Nyiragongo situé plus loin, étaient soudain venues vivre 850 000 personnes. Pierrot était devenu responsable de l'aspect sanitaire dans un des camps. "Au début, les gens se soulageaient un peu partout. Mais après, l'UNHCR et la Croix-Rouge ont livré des tentes, et de la chaux à épandre. Plus tard, on a fait des toilettes en creusant un trou dans le sol." Quand nous nous sommes promenés à Mugunga même, j'ai compris que cela n'avait pas dû être une sinécure de creuser des fosses pour les toilettes dans cette roche volcanique. Pierrot a regardé le morne paysage de lave figée où se dressaient partout de petites huttes et des tentes. "Nous luttions contre les mouches, contre les moustiques, nous nous déplacions avec des atomiseurs, nous avions des équipes pour vider les toilettes, nous ramassions les immondices." Mais ce fut en vain. Dans les camps, le choléra et la dysenterie firent leur apparition. Au moins quarante mille personnes succombèrent. Des cadavres étaient entassés le long de la route. La puanteur était insupportable. Les conducteurs ne pouvaient presque plus voir à travers leur pare-brise à cause des mouches.

La misère qui suivit le génocide rendit Mobutu une fois encore acceptable aux yeux de la communauté internationale. Les Français, reconnaissants de sa collaboration, l'invitèrent peu de temps après à un sommet international à Biarritz. Les Nations Unies reconnurent son rôle dans l'accueil des réfugiés. Quand les épidémies ravagèrent les camps, des dizaines d'ONG et d'organismes d'aide internationaux purent se rendre en toute hâte dans le pays. L'apparition du virus Ebola, extrêmement contagieux, dans le Kikwit un an plus tard conféra à Mobutu une aura de victime plutôt que de canaille. Maintenant que le monde le considérait à nouveau avec plus d'indulgence, le Premier ministre Kengo wa Dondo pouvait ralentir et saboter à loisir le processus électoral. A quoi bon se presser.

Accueillir un million et demi de réfugiés était cependant un prix élevé à payer pour réparer son honneur, surtout dans une région déjà surpeuplée où la haine vis-à-vis du Rwanda ne faisait que s'intensifier depuis des années. Tout comme la population tentait sa chance en se livrant à des jeux de hasard risqués, Mobutu avait misé gros sur ces camps. Alors qu'au début, ils présentaient pour lui un certain intérêt, ils allaient en définitive le mener à sa perte.

Ce même samedi de 1996, Ruffin Luliba jouait au football contre l'équipe locale. Une journée ensoleillée. Les éclats de voix des enfants qui demandent qu'on leur passe le ballon, le bruit sourd des chaussures de sport contre le ballon, quelques cris du côté des spectateurs, les coups de sifflet de l'arbitre. Il avait à présent 13 ans, Ruffin. Après l'école primaire à Bukavu, il était allé à l'internat des frères maristes à Mugeri et avait commencé ses études au petit séminaire. Ce jour-là, ils jouaient la demi-finale et, dans le public, Déogratias Bugera les regardait, un homme qui était architecte à Goma, mais aimait passer les week-ends dans sa région natale. “A la fin du match, Bugera a dit qu'il voulait sponsoriser notre équipe. Il nous a donné du sucre de canne, des bonbons et des biscuits. Si nous remportions la finale la semaine suivante, il allait tout payer pour nous : toute la tenue de foot, les maillots, et même des nouvelles chaussures de foot.” Ruffin n’en revenait pas : des nouvelles chaussures de foot ! “La semaine suivante, il est effectivement revenu. Nous avions vraiment envie de gagner et nous avons battu l’équipe adverse par 2-0. Nous avons tous pu monter dans sa Daihatsu pour aller chercher notre tenue de football. C’était un de ces pick-up à la benne recouverte d’un filet. Nous étions treize enfants. Le plus âgé avait 16 ans, les autres 14 ou 15. Mon camarade Rodrick, celui qui partageait ma chambre, nous a aussi accompagnés.” Mais l’enthousiasme a vite cédé la place à la confusion. “Nous sommes partis en direction de Bukavu, mais nous ne nous y sommes pas arrêtés. Nous avons continué jusqu’à la frontière avec le Rwanda. Près du pont qui enjambe la Ruzizi, nous avons franchi la frontière. Il n’y a même pas eu de formalités à la frontière, pas de douane, pas de services d’immigration, rien. Nous avons poursuivi notre route jusqu’à un petit aérodrome. « Attendez ici », a dit Déogratias, et il est parti. Nous ne savions pas exactement où nous étions, nous étions de simples élèves. Il était six heures du soir et la nuit commençait déjà à tomber. Nous avions peur que le directeur de l’internat nous punisse et nous avons commencé à pleurer. A sept heures, un gros camion est arrivé et nous avons dû y monter. Le voyage a duré cinq heures. « Que va dire le directeur ? » nous demandions-nous. C’était notre principal souci. Finalement, nous sommes arrivés au centre d’entraînement militaire de Gabiro. On ne nous a pas donné de chaussures de football, mais des bottes en caoutchouc, pas des bottes en cuir comme chez nous. Il y avait vraiment beaucoup d’enfants dans ce camp, tous enlevés à Goma et à Uvira. Il y avait aussi des Banyamulenge, mais eux étaient là de leur propre volonté. Nos cheveux ont été aussitôt rasés. Il était une heure du matin et nous avons dû, en guise de baptême, ramper dans la boue. Vous devez vous débarrasser de Mobutu, hurlaient-ils, vous êtes les futurs libérateurs de votre pays[39].”

Le témoignage du jeune Ruffin est extrêmement important, non seulement parce qu’il décrit un sort qui était à l’époque considéré comme un phénomène relativement nouveau, celui d’un enfant soldat forcé, mais aussi parce qu’il montre que le Rwanda se préparait à envahir le Zaïre. Le régime tutsi arrivé au pouvoir à Kigali après le génocide était très préoccupé par le million et demi de Hutu qui avaient fui au Zaïre. Contrairement aux prescriptions internationales, ces derniers n'étaient pas à quelques dizaines de kilomètres de la frontière, mais tout contre. Dans les camps, le régime qui venait d'être chassé se réorganisait. Ils avaient de l'argent et des armes et étaient déterminés à se réapproprier le Rwanda. Tout comme les Tutsi en exil dans le sud de l'Ouganda avaient attendu leur chance de 1962 à 1994, les Hutu dans l'est du Zaïre attendaient à présent leur tour. La plupart des réfugiés, environ 85 à 90 %, ne faisaient cependant pas partie de l'armée gouvernementale qui avait fui, ils n'avaient pas participé au génocide et n'avaient pas été membres de l'Interahamwe[40]. C'étaient des civils innocents qui voulaient simplement rentrer dans leur pays, mais craignaient un contre-génocide.

Dans les camps de réfugiés, on se préparait à une invasion. La communauté internationale reconnaissait le problème, mais ne semblait pas vraiment prête à prendre des mesures. Les Etats-Unis n'avaient pas envie, après la débâcle en Somalie, de voir à nouveau des cadavres de GI se faire traîner dans la poussière. La Belgique n'avait pas envie de perdre encore dix parachutistes. Et le secrétaire des Nations Unies, Boutros-Ghali, ne parvenait pas à mettre sur pied une force militaire internationale. Toute intervention internationale au Zaïre serait en tout état de cause considérée comme un soutien à Mobutu et il n'était pas question d'aller aussi loin. Paul Kagame décida par conséquent de prendre les choses en main : son Front patriotique rwandais, entre-temps rebaptisé Armée patriotique rwandaise, la nouvelle armée gouvernementale, allait elle-même neutraliser le danger que représentaient ces camps. Il obtint pour ce faire le soutien de son vieil ami Yoweri Museveni, président de l'Ouganda.

Mais envahir les camps, c'était envahir un pays souverain, ce qui revenait, *de facto*, à un acte d'agression à l'encontre d'une puissance étrangère. Kagame chercha par conséquent une couverture zaïroise pour son initiative rwandaise et la trouva auprès des Tutsi zaïrois frustrés. Cela faisait des années qu'ils se faisaient humilier par les prétendus "véritables" Zaïrois et voilà qu'à présent, un million et demi de Hutu rwandais venaient les prendre au dépourvu. Déogratias Bugera, le supporter de football qui dans sa Daihatsu avait enlevé Ruffin et les camarades de son équipe, était un Tutsi du Nord-Kivu et il était à la tête de l'ADP (*Alliance démocratique des peuples* *). Il y avait en outre Anselme Masasu Nindaga, un Tutsi du Sud-Kivu, qui était militant politique à Bukavu et dirigeait le MRLZ (*Mouvement révolutionnaire pour la libération du Zaïre* *). Mais il y avait aussi des nationalistes plus âgés, comme André Kisase Ngandu, un Tetela, qui s'inspiraient de la tradition lumumbiste. Et il y avait Laurent-Désiré Kabila, qui lui non plus n'était pas un Tutsi mais un Luba du Katanga, l'homme qui depuis 1964 maintenait le territoire entre Fizi et Baraka en dehors de l'emprise de Mobutu. Il était le chef des rebelles qui avaient fait une si lamentable impression sur Che Guevara. Si la “rébellion” de 1964 avait été une pagaille, celle de 1996 ne valait guère mieux. Kabila vivait de façon quasi permanente en Tanzanie et gagnait sa vie en se livrant à un petit trafic d'or ou d'armes et en effectuant de temps en temps un enlèvement : en somme, la petite exploitation mixte de la criminalité africaine.

Ces quatre messieurs réunis allaient, en octobre 1996, à l'instigation de Kagame, fonder l'AFDL, l'*Alliance des forces démocratiques pour la libération* *. Kabila en devint le porte-parole et, comme il était le plus âgé des quatre, il reçut le titre respectable de *Mzee*, ce qui en swahili veut dire “ancien”. Bugera était le numéro deux, Kisase le chef militaire.

Ruffin Luliba y assista en direct : “Pendant notre formation, ceux qui allaient plus tard fonder l'AFDL nous ont été présentés. Nous connaissions déjà Bugera. Mais Kisase Ngandu, Masasu et Mzee sont aussi venus. Mzee nous a même donné deux vaches, ce qui nous a permis de manger correctement pour la première fois depuis longtemps ! Normalement, nous n'avions que des fèves et du maïs dans notre gamelle. Il y avait deux bataillons dans le camp. Notre formation a duré six mois. Trois mois d'entraînement physique pour le champ de bataille et l'espionnage. Deux mois de formation idéologique, censée nous inculquer l'objectif de la guerre. Un mois de préparation concrète. C'était surtout la première partie qui était dure. Certains sont morts. Rodrick, celui qui partageait ma chambre au petit séminaire, n'a pas survécu à une diarrhée. Nous l'avons enterré dans une couverture, il n'y avait pas de cercueil. A la fin de la formation, on nous a donné notre uniforme définitif et on nous a proclamé encore une fois les « futurs libérateurs » de notre pays."

Depuis le début, il ressortait clairement que le Rwanda voulait non seulement neutraliser les camps, mais aussi faire une percée jusqu'à la capitale, à deux mille kilomètres à l'ouest. Pour Kagame, Mobutu devait partir, parce qu'il avait accueilli et protégé les *génocidaires* *. Le minuscule Rwanda allait mettre à genoux le Zaïre, le géant de l'Afrique centrale, et l'AFDL devait faire en sorte que cela donne l'impression d'être une insurrection intérieure. Kagame souhaitait mettre en œuvre un troisième changement de régime dans un pays d'Afrique centrale : après l'Ouganda et le Rwanda, c'était à présent au tour du Zaïre.

A la tête des troupes d'invasion fut placé un officier rwandais tout jeune, mais obstiné, James Kabarebe, un proche de Kagame. Il n'avait que 27 ans : un jeune au visage poupin, mais doté d'un grand charisme et d'une conscience accommodante. L'armée d'invasion s'était déjà fait un nom pour sa faible moyenne d'âge, due à l'intégration en grand nombre, pour la première fois, des enfants soldats provenant du Zaïre, ceux que l'on appelait les *kadogo*. On les reconnaissait à leurs uniformes bien trop larges et, surtout, à leurs bottes en caoutchouc noires, marque de fabrique de la participation rwandaise. Les kalachnikovs paraissaient trop grandes pour leurs mains, mais ils serraient le chargeur courbe si caractéristique avec un regard plus venimeux que dégoûté.

Ruffin se souvenait de la première phase : "James Kabarebe a dit : « J'ai besoin de dix kadogo de Bukavu, de dix d'Uvira et de dix de Goma. » Je me suis proposé et nous avons dû nous déguiser en enfants des rues pour aller espionner. James m'a dit : « Je te confie cette mission. Va voir les FAZ [*Forces armées zaïroises* *, l'armée gouvernementale de Mobutu]. Regarde les armes qu'ils ont. Regarde s'ils obtiennent des renforts. »

Il m'a donné un Motorola pour rester en contact avec lui. J'ai traversé la frontière en haillons et je suis allé voir dans leur camp à Bukavu. Quand je suis arrivé, les soldats étaient en plein pillage. L'un d'eux m'a crié que je devais l'aider à transporter son butin ! J'ai caché le Motorola. C'était le chaos. Il y avait des coups de feu. Puis je suis retourné au Rwanda pour raconter à James ce que j'avais vu. Je n'ai pas rendu visite à ma famille à Bukavu. Quand on est dans l'armée, on oublie sa famille. L'armée était ma famille."

Les FAZ en plein pillage ? Kabarebe était ravi de l'entendre. Le Zaïre était pourri jusqu'à l'os, a-t-il décidé. Et effectivement, quand le vice-gouverneur du Sud-Kivu fit savoir début octobre qu'il allait bientôt passer à l'épuration ethnique des Banyamulenge, ces derniers se soulevèrent. Cela donna le signal de départ des hostilités. Le Rwanda envahit le pays. Quelques jours plus tard, l'AFDL se présenta comme le mouvement des rebelles. Le 28 octobre 1996, elle prit Uvira, deux jours plus tard ce fut au tour de Bukavu. Une des premières victimes fut Christophe Munzihirwa, l'archevêque qui avait violemment critiqué les manœuvres rwandaises. Ruffin et ses camarades se battaient en première ligne. "Il y avait des Rwandais, des Ougandais et même des Erythréens parmi nous. Nous fumions des joints qui devaient bien mesurer vingt centimètres, cela nous donnait le courage d'être patriotes." Les soldats de Mobutu prirent la fuite aussitôt, mais la plus forte résistance vint des Maï-Maï, les milices populaires qui détestaient tout ce qui venait du Rwanda. "Mon premier combat a eu lieu contre les Maï-Maï qui défendaient le bâtiment de la RTNC, la chaîne publique. J'avais une courte kalachnikov. Il fallait que je m'y habitue. Comme je suis gaucher, je n'arrêtais pas de me brûler la peau, parce que les cartouches sautent du côté droit, donc elles sautaient contre mon ventre. Un Maï-Maï est venu vers moi avec son turban rouge et son grigri. Il n'avait pas de munitions. Je lui ai tiré une balle dans la tête. J'étais totalement défait. C'était la première fois que je tuais quelqu'un et je me sentais très mal. J'ai supplié le commandement de l'armée de me laisser revenir dans la troisième section, je ne voulais plus me battre dans la première section. Il le faut, m'ont-ils dit, et ils m'ont donné cent coups de fouet."

Après Uvira et Bukavu, Goma est tombée le 31 octobre 1996. En quelques jours, l'AFDL avait conquis les trois villes principales de l'est du Zaïre, les trois villes où étaient les plus grands camps de réfugiés, ce qui n'était pas un hasard. L'AFDL voulait se rendre le plus vite possible à Kinshasa mais, pour les Rwandais, la neutralisation de ces camps était cruciale. Ruffin a senti très nettement les tensions au sein de ces troupes d'invasion mélangées : "Quand nous arrivions dans un camp de réfugiés, c'étaient les Rwandais tutsi qui faisaient le travail. Des centaines, des milliers de morts… Des pères, des mères, des femmes… Les Hutu sont des serpents, disaient-ils. Dans le camp de Kashusha près de Bukavu, je suis arrivé dans une tente où ils venaient de tuer une grand-mère et une femme enceinte. Seul l'enfant était encore vivant. Il était tout jeune. Je devais le tuer, mais je n'ai pas pu. Il caressait mon fusil. Je l'ai laissé libre et je l'ai chassé avec quelques Hutu qui s'enfuyaient."

A Goma surtout, là où étaient situés les cinq plus grands camps de réfugiés, les attaques furent sans merci. Le Rwanda tira au mortier et à la mitrailleuse sur les misérables camps, poussant une grande partie des Hutu qui y séjournaient à s'enfuir dans la panique vers leur patrie. Cela provoqua une véritable marée humaine. En quelques jours, près de quatre cent mille réfugiés franchirent la frontière[41]. Au Rwanda, un nouveau panneau de la circulation fut introduit : "*Ralentir : réfugiés* *"[42]. Mais beaucoup de Hutu, et surtout les plus militarisés, partirent vers l'ouest dans la forêt. Le temps que l'ONU mette sur pied des troupes d'intervention pour protéger les réfugiés, les camps étaient vides. Les combats entre les Hutu et les Tutsi rwandais, la continuation du génocide, allaient désormais se livrer sur le territoire zaïrois.

Ruffin, à 14 ans, vécut de près les horreurs de la guerre. Son bataillon partit vers le sud, en passant par Uvira au bord du lac Tanganyika, pour se rendre dans le Katanga. Près de Bendera, un village dans le nord du Katanga, il connut ses plus lourds combats. Ils furent la cible de bombes. "Une fusillade, c'est comme une batterie. Les bombes et les bazookas font le bruit des toms et du tom basse. Les salves de nos kalachnikovs sont les roulements de tambour sur la caisse claire. La grosse caisse correspond à un mortier de quatre-vingts millimètres. Et les cymbales, ce sont nos cris, parce qu'on criait toujours. On faisait des bruits de fantôme pour semer la panique chez l'ennemi, certains avec une voix de basse, d'autres avec une voix perçante. On criait leurs noms et on disait qu'on réussirait à les trouver." Guerre, folie, hystérie. Du football mais sans ballon. Seulement les cris. Et les armes.

Cela ne servit à rien. Ruffin fut pris en otage avec trois autres soldats par des Hutu rwandais. Il était mort de peur. "Les Hutu étaient connus pour tuer à la machette, comme pendant le génocide. Ils vous tranchaient les bras ou vous fendaient le crâne, pour qu'on voie la cervelle. C'était ce qu'ils faisaient d'habitude." Il était le plus jeune des quatre otages et c'est manifestement ce qui assura son salut. Les trois autres durent l'un après l'autre poser leur bras sur un billot. "Les Hutu avaient des nouvelles machettes, elles brillaient ; on aurait dit des miroirs. Mon ami a détourné le regard quand ils les ont levées. Il a hurlé. J'ai vu sa main, sa main qui bougeait encore, elle continuait à bouger, même quand elle était par terre. Détachée. Ils l'ont fait horriblement souffrir. Ils ont continué à trancher, ils lui ont transpercé le corps jusqu'à ce qu'il meure. Puis c'est le deuxième qui y est passé, puis le troisième. L'un après l'autre mes camarades ont été massacrés et moi je regardais. Quand ça a été mon tour, leur commandant m'a dit qu'il s'appelait Mungura et qu'il avait été garde du corps du président Habyarimana avant qu'on le tue. Il allait m'épargner et il a commencé à écrire une lettre en kinyarwanda. « Tiens, apporte ça à Kabarebe. » Ils m'ont enlevé mes vêtements et ils m'ont renvoyé en slip. J'ai dévalé les collines et j'ai rejoint notre position. Cela a été le moment le plus difficile de ma vie, je ne parviens pas à l'oublier. Quand j'ai fini par arriver, j'ai donné la lettre à James Kabarebe. Il a lu la lettre et il a dit : « *Dieu le veut**. Mungura a exterminé toute la famille mais, à partir de maintenant, tu seras mon garde du corps. »" Ruffin, un jeune Zaïrois qui encore peu de temps auparavant ne savait rien de la politique et trouvait déjà suffisamment difficiles les règles du hors-jeu, avait échappé de justesse à la mort dans un conflit entre Hutu et Tutsi rwandais. "Je n'ai plus eu à me battre sur le champ de bataille. James m'aimait bien, j'avais le droit de porter son sac. « Kadogo, apporte-moi mon sac ! » criait-il les jours suivants. Je le voyais regarder la carte du Congo. Lui aussi était sur place pour la première fois. Kabarebe n'avait pas fait d'études, mais il était très logique et calme, il était capable de bien analyser et d'écouter. Il avait perdu sa famille et il me disait : « Tu dois aimer ton pays, kadogo. »" C'est ainsi que Ruffin, le garçon qui aimait le football et voulait devenir prêtre, devint le garde du corps du commandant effectif des troupes d'invasion qui allaient détrôner Mobutu.

Pour conquérir le Zaïre, l'AFDL le prit en étau. Ruffin était dans le mors côté sud, qui approchait de Lubumbashi ; le mors côté nord se dirigeait vers Kisangani, la ville au bord du fleuve. Après trois décennies de dictature, des dizaines de milliers de civils devaient de surcroît subir une guerre. Un véritable exode se produisit. Une bonne partie de la population tenta de quitter le Kivu, mais les derniers avions étaient pleins et, quand on avait une Jeep, on devait la donner aux pillards qui faisaient partie des Forces armées zaïroises. Des milliers de personnes prirent donc la décision de se rendre à pied à Kisangani, un trajet de sept cents kilomètres à travers la forêt vierge, dont la première partie passait par Kahuzi-Biega, un parc naturel montagneux où, en des temps meilleurs, des touristes étaient venus voir des gorilles. Le docteur Soki, un médecin de Bukavu, partit après la destruction de sa maison par une grenade[43]. Sekombi Katondolo, un artiste de Goma, quitta la ville avec quelques amis à la recherche de lieux plus sûrs[44]. Emilie Efinda, une pharmacienne relativement prospère de Bukavu, commença sa marche avec des talons hauts[45]. Ce fut pour beaucoup une rude expédition à travers la forêt en pleine saison des pluies. Les gens se cachaient sous des feuillages, dormaient à même le sol, luttaient contre les fourmis et vivaient de fruits pourris. L'hygiène était minimale. En guise de serviettes hygiéniques, on utilisait des bas, des mouchoirs, des bouts de tissu[46]. Les sentiers à l'intérieur des terres étaient boueux, à bien des endroits il n'y avait plus de route. On traversait à gué des rivières dont les ponts avaient été emportés par l'eau. On ne pouvait monter que de temps à autre dans un camion, mais les chauffeurs demandaient un prix exorbitant pour transporter pendant un bout de chemin les personnes malades, épuisées et affamées. La colonne de fugitifs était immense et hétérogène : des pillards des FAZ, des civils affolés, des Hutu rwandais terrorisés qui cherchaient à échapper à la mort, des enfants soldats drogués, des soldats endurcis du Rwanda et de l'Ouganda. Les seuls qui allaient dans la direction opposée étaient les Maï-Maï ; ils voulaient affronter les éléments étrangers. En petits groupes désordonnés, ils se dirigeaient vers l'est, ils n'avaient pas de commandement central.

Plus loin à l'intérieur des terres, la traque des Hutu donna lieu à de graves atteintes aux droits de l'homme. Les villageois constatèrent que, dès que l'AFDL arrivait, les Rwandais demandaient où se trouvaient les fugitifs et cherchaient à les liquider[47]. A différents endroits, il y eut des massacres de grande ampleur. A Tingi-Tingi, avant le port de Kisangani, ce fut atroce. Dans cette région marécageuse était venue se réfugier une concentration de près de cent quarante-cinq mille Hutu. Beaucoup d'entre eux étaient dans un état lamentable. Le choléra éclaircissait leurs rangs, leurs enfants mouraient en masse. Fin février 1997, quand l'AFDL approcha par l'est, les survivants se cachèrent dans les bois. Les Tutsis rwandais parvinrent alors à tromper les organisations humanitaires internationales afin que les réfugiés soient à nouveau rassemblés dans un certain nombre de camps improvisés. Dès que de nouvelles concentrations se formaient, les membres des organisations et les journalistes ne pouvaient plus pénétrer dans le territoire, "pour leur sécurité", et l'épuration ethnique pouvait avoir lieu en toute impunité. Non seulement des soldats hutu de l'Interahamwe furent tués, mais aussi des enfants sous-alimentés, des femmes, des personnes âgées, des blessés et des mourants. La mise à mort avait lieu parfois par balle, mais beaucoup plus souvent à la machette et au marteau. Les munitions étaient chères et elles étaient lourdes à transporter à travers la forêt.

La communauté internationale n'avait pas accès à la région. Aussi la véritable nature des atrocités ne fut révélée que plus tard. Les témoignages des auteurs des faits sont rares. “Oui, j'étais présent à Tingi-Tingi”, a dit le lieutenant Papy Bulaya, un homme qui était soldat dans l'armée de l'AFDL. Il n'a pu en parler qu'après avoir consommé une grande quantité de bouteilles de bière. “Ecoutez, notre objectif, c'était Kisangani, et Tingi-Tingi représentait un obstacle. Nous devions donc l'éliminer. J'étais un kadogo de 15 ans, notre commandant était un Rwandais, le général Ruvusha. Maintenant, il est colonel dans l'armée rwandaise, mais il était horrible. Laurent Nkunda était là aussi. Chasser l'ennemi, c'était la consigne. Nos commandants tutsi nous ont dit : ce sont des *génocidaires* *, il faut les tuer. Ils hurlaient : Kadogo, tue cette personne. Et nous devions obéir, sinon on nous exécutait sur-le-champ. Nous devions toujours aller de l'avant. Il y a eu vraiment beaucoup de Rwandais tués cette fois-là. Leurs corps étaient ensuite brûlés à l'essence ou enterrés. Derrière nous passaient les camions avec les renforts : de la nourriture pour nous et de l'essence pour le « nettoyage », pour « effacer le tableau ». Quand j'y pense, cela me fait tellement mal. J'ai des remords, mais nous étions fidèles à l'AFDL[48].”

Les camps d'urgence fermés après Tingi-Tingi abritaient 85 000 personnes, à l'issue de ces actions ils étaient vides, abandonnés, désolés. Des dizaines de milliers de Hutu avaient été tués. Un groupe de 45 000 s'enfuit encore plus à l'ouest, vers l'Equateur, mais ils furent interceptés à Boende et à Mbandaka et massacrés. Des témoins oculaires ont vu les soldats abattre même des bébés en leur brisant le crâne sous leurs bottes ou en leur cognant la tête contre un mur[49]. Quelques personnes parvinrent à s'échapper et à atteindre le Congo-Brazzaville et même le Gabon. Ils avaient marché sur plus de deux mille kilomètres, à travers le Zaïre, dans des conditions encore plus éprouvantes que celles que Stanley avait dû endurer. Ils n'étaient tout au plus que quelques milliers de survivants, une miette par rapport au nombre initial. Pendant la progression des troupes d'invasion, on a estimé que deux à trois cent mille réfugiés hutu ont été massacrés[50].

La guerre, qui dura sept mois, fut essentiellement une conquête continue à partir de l'est vers Kinshasa. Dans certains endroits, comme Bunia et Watsa, il y eut de véritables combats, mais presque partout ailleurs l'AFDL poursuivit sa progression sans obstacle. Le 28 février 1997, Kindu tomba, le 15 mars Kisangani, le 4 avril Mbuji-Mayi. La conquête de Kisangani, surtout, la troisième ville du pays, était très importante sur le plan stratégique et symbolique, car Kisangani, au bord du fleuve, était l'autoroute de l'Afrique centrale qui menait à Kinshasa. Le Premier ministre Kengo wa Dondo avait encore juré que, jamais au grand jamais, la ville ne tomberait, et pourtant les rebelles s'en emparèrent sans difficulté. L'image caractéristique de l'avancée de l'AFDL était deux longues colonnes d'enfants soldats chaussés de bottes de caoutchouc noires qui de chaque côté d'une route rouge sans revêtement approchaient en silence d'un village ou d'une ville. Ils formaient l'infanterie au sens littéral du terme : des enfants qui se déplaçaient à pied. Quand ils arrivaient sur place, l'armée de Mobutu avait depuis longtemps décampé, après s'être livrée ou non à des pillages. A Kikwit, les civils donnèrent de l'argent aux soldats sur le point de partir, en leur demandant de ne pas les piller[51]. Quand ils furent partis, la population locale accueillit les libérateurs venus de l'est avec des banderoles et des chants. L'opposition démocratique était heureuse de la libération militaire. “L'UDPS accueille l'AFDL”, lisait-on sur certaines banderoles[52]. Les jeunes soldats qui venaient de si loin et marchaient d'un air grave dans les rues suscitaient l'admiration pour leur courage et leur patriotisme[53]. Partout où ils allaient, de nouveaux candidats se présentaient. Les Tigres katangais, qui en 1978 avaient vu leur invasion échouer dans le Shaba, les rejoignirent. L'AFDL était en train de faire une marche véritablement triomphale.

Pendant les grands meetings, Kabila s'adressait à la population tout juste libérée. Pour la première fois, les masses populaires eurent l'occasion de voir cet homme dont elles avaient déjà tant entendu parler à la radio. Il était la plupart du temps vêtu de noir et portait un chapeau de cow-boy sur son crâne chauve et massif. Kabila avait une solide stature ; bien en chair, le rire franc, il avait l'air décontracté avec sa main glissée dans la poche de son pantalon, oui, il donnait même l'impression d'une certaine nonchalance. D'une voix assurée, il faisait des récits ronflants sur les exploits de son armée de libération, il soulignait la nécessité des milices populaires et demandait aux parents de céder un enfant pour la bonne cause. Son charisme était indéniable. Par rapport au vieux grincheux à Gbadolite, il apportait un vrai bol d'air. Il émanait de lui de l'autorité, mais aussi de la bonne humeur. A présent, tout allait changer. Le Rwanda niait sur tous les tons sa participation, mais nombreux étaient ceux à l'intérieur du pays qui se doutaient que la marche triomphale de Kabila n'était pas une affaire purement interne. Tout était bon pour se débarrasser du *vieux léopard**. "Quand on se noie, on s'agrippe à n'importe quel bout de bois qui flotte, au besoin même à un serpent", se disaient entre eux les gens de Kikwit[54].

L'AFDL de Kabila obtint non seulement le soutien de la population, qui en avait assez de Mobutu, et du Rwanda et de l'Ouganda, mais aussi celui des Etats-Unis. Depuis la fin du génocide, le régime tutsi de Kagame, à travers son rôle bien entretenu de victime, avait obtenu un grand crédit auprès des autorités américaines. La gêne que suscitait l'incapacité à avoir empêché le génocide incita de nouveaux pays partenaires comme les Etats-Unis, le Royaume-Uni et les Pays-Bas à accorder un généreux soutien à Kigali. De plus, Bill Clinton, devenu président des Etats-Unis, voulait rompre avec la politique cynique menée par ses prédécesseurs vis-à-vis du Zaïre[55]. Il croyait aux *new African leaders*, des hommes comme Mandela et Museveni – une nouvelle génération de chefs d'Etat qui n'avaient rien de comparable avec les Mobutu, Bokassa et Amin Dada d'autrefois, pensait-il –, peut-être Kabila en faisait-il partie ? Sans qu'il y ait d'approche orchestrée, l'armée rwandaise ne fut en tout cas pas contrecarrée dans ses plans. Tout comme les Français avaient continué de soutenir le régime hutu, malgré les rumeurs de génocide, divers services américains aidèrent la progression des troupes d'invasion sur le plan logistique et matériel, malgré les rumeurs de massacres[56]. Le

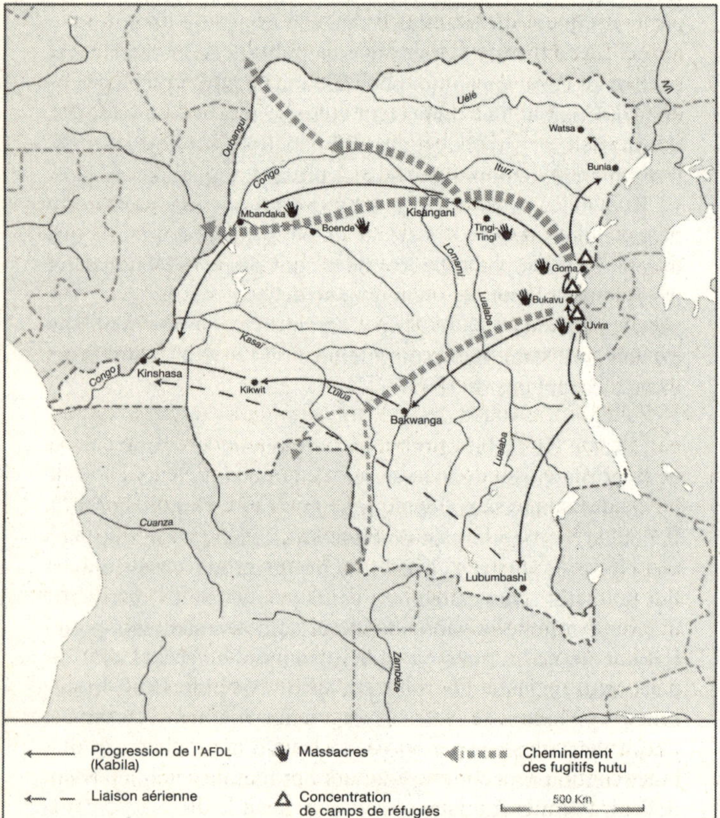

Carte 8
La Première Guerre du Congo :
la progression de Kabila (octobre 1996 - mai 1997)

cynisme avec lequel le gouvernement Clinton voulait rompre fit place à un cynisme d'un nouveau genre : humanitaire dans ses intentions, extraordinairement naïf dans ses analyses, et par conséquent désastreux. Il n'y avait pas de vision à long terme. La confusion était grande, la politique *ad hoc*. Mais le soutien au Rwanda et aux rebelles allait engendrer des années de malheur. Kabila a dû trouver amusant de soudain recevoir, trente ans après avoir bénéficié du soutien de Che Guevara, le soutien du démon impérialiste lui-même.

Mobutu, en revanche, avait perdu ses alliés. La France essaya bien de lui proposer son aide en lui envoyant quelques soldats, mais le cœur n'y était pas vraiment. Il tenta alors de renverser la situation à l'aide de quelques mercenaires européens, mais cela ne se passa pas comme en 1964. Des Serbes de Bosnie qui avaient participé à la guerre des Balkans vinrent se battre, mais ils ne faisaient pas le poids face aux troupes de Kabila.

Pendant l'avancée de l'AFDL, Mobutu avait passé la plupart de son temps en Europe, où on l'avait opéré d'un cancer de la prostate (qui donna son nom à la nouvelle cargaison de billets de banque sans aucune valeur du Zaïre : *les prostates* *). Il avait séjourné à Lausanne et dans sa villa au Cap-Martin. A son retour à Kinshasa, c'était un homme gravement malade qui pouvait à peine marcher. Il fut néanmoins accueilli par une foule immense venue l'acclamer. Le chef était de retour ! Il allait sauver le pays ! Tout allait se rétablir ! Mais ce n'est pas ce qui se passa. Dans la capitale, les querelles entre Tshisekedi et Mobutu se poursuivirent invariablement, comme si une armée colossale n'était pas en train d'approcher. Les disputes continuaient comme toujours à propos de celui qui devait devenir Premier ministre et celui qui avait le droit de le choisir, alors que la moitié du pays dont il était question était déjà entre d'autres mains.

Le jeune Ruffin avait entre-temps commencé son expédition vers Lubumbashi. Lui et sa troupe transportaient des fusils et des bazookas. "Tout se faisait à pied. On parcourait de longues distances le long de la voie ferrée. J'avais très mal aux pieds. On versait de l'eau dans nos bottes, cela soulageait la douleur, on arrivait à marcher plus facilement. Mais cela faisait horriblement suer des pieds. Quand on retirait nos bottes, nos pieds sentaient le cadavre vieux de trois jours !” Des blagues de soldats, un humour de soldats.

Le 9 avril 1997, Lubumbashi, la capitale économique du pays, tomba. Mzee Kabila s'installa sur place et reçut aussitôt la visite des sociétés minières internationales comme De Beers et Tenke Mining, qui avaient compris qu'elles devaient désormais faire affaire avec lui. Les premiers contrats sur l'exploitation des terrains miniers furent signés avant même que Mobutu ne soit chassé[57]. Il était déjà manifeste que l'équilibre s'était inversé. Après trente-deux ans de dictature, une nouvelle ère s'ouvrait.

Pour Ruffin commença une autre phase de la guerre. Le chef d'état-major James Kabarebe n'avait plus besoin de lui comme garde du corps. “James a dit : « Pour vous, c'est terminé. Je vais à Kisangani, mais vous, vous restez ici avec Mzee. » C'était la première fois que je passais du temps avec Mzee. Son fils Joseph était là aussi.” Le père et le fils séjournaient à Lubumbashi, tandis que le Rwandais Kabarebe menait les combats ailleurs dans le pays. La victoire était proche, ce qui suscitait quelques tensions. Ruffin a gardé de bons souvenirs de ces journées en compagnie du futur président. “Avec Mzee a commencé la belle vie. « Je suis votre père », a-t-il dit, « mais n'oubliez pas vos parents biologiques. » Il m'a demandé d'où je venais. « Bukavu », j'ai dit, « j'ai été enlevé par Bugera. – Ah », il m'a dit, « alors tu as fini une bonne fois pour toutes de jouer au prêtre. » Il aimait nous taquiner. Un jour, nous avions pillé les entrepôts des anciennes FAZ. Je me suis déguisé dans l'uniforme d'un soldat de l'armée gouvernementale, avec les godillots en cuir et tout le reste. « C'est toi, kadogo ? » m'a demandé Mzee. « Oui », j'ai dit, « c'est moi. Nous avons pris les biens de l'ennemi. – C'est vrai ? » il a dit en riant. Il m'a serré la main et il a dit : « C'est très bien, reste avec moi. »”

La jeunesse rocambolesque de Ruffin prit une fois encore, avec cette remarque, une tournure inattendue : il devenait à présent un des gardes du corps de Kabila. En un an, l'enfant ignorant qui jouait au football s'était transformé en un jeune homme expérimenté qui était armé et vivait l'histoire en direct. Il avait dû le payer par la peur et la perte de son innocence, mais il avait reçu à chaque étape de nouvelles formes de reconnaissance. "Kabila m'aimait bien. Il m'a confié son argent. Dix mille dollars ! Il mangeait souvent avec nous, tout simplement dans sa gamelle. Après le repas, nous pouvions faire des bras de fer et il était l'arbitre. Dans le maquis, c'est un sport que nous avions souvent pratiqué. Nous n'allions pas dans des boîtes de nuit pour voir des femmes ; je ne connaissais que la vie du séminariste et du militaire. Nous habitions à l'hôtel Karavia, le meilleur hôtel de Lubumbashi. Mzee était dans la chambre 114. Les chercheurs de diamants lui demandaient audience. J'ai reçu un Motorola."

Dans sa chambre d'hôtel, Kabila recevait régulièrement des appels téléphoniques de son chef d'état-major Kabarebe, qui approchait de la capitale à grande vitesse. En bateau sur le fleuve Congo, quand il aperçut les deux capitales, il dut demander aux pêcheurs locaux sur quelle rive était Kinshasa, pour ne pas libérer Brazzaville par accident[58]. Kinshasa était sur le point de tomber, apprit Kabila dans sa chambre d'hôtel. Il n'aurait pas cru possible que cela se passe aussi vite. Deux semaines plus tôt, il s'était rendu en avion au Congo-Brazzaville pour des négociations directes avec Mobutu. Nelson Mandela les avait réunis en terrain neutre, à bord d'un bateau sud-africain dans le port de Pointe-Noire, mais ces discussions nocturnes n'avaient mené à rien. Mobutu ne voulait rien céder et Kabila ne voyait pas pourquoi il devait mettre de l'eau dans son vin ; il était en définitive le vainqueur. Non, Kinshasa serait libérée par les armes et Ruffin put y participer.

"Mzee nous a dit : «Allez, partez ! Bonne chance ! Nous nous retrouverons à Kinshasa ! » Et nous avons dit : «A votre service ! »" Une chose était claire : Kabila n'était que l'enseigne de la rébellion, le vrai travail était effectué par Kabarebe. Et par les kadogo bien sûr. Ruffin raconte : "Je me suis retrouvé dans le premier avion qui a pu atterrir de nouveau à Kin, un appareil privé de Scibe-Air. C'était la première fois que je prenais l'avion. L'aéroport était déjà entre nos mains. Des Jeep nous ont amenés dans le quartier de Limete, d'où nous avons continué à pied."

L'absence d'un accord de paix comportait de grands risques. Tout le monde craignait de violents heurts à Kinshasa. Mobutu avait nommé comme nouveau chef d'état-major le général Mahele, un redoutable militaire qui avait gagné ses galons durant les guerres du Shaba et réprimé durement les pillages de 1991 et 1993. Mahele était sans conteste l'officier le plus capable de l'armée zaïroise à ce moment-là. Il était aimé de la population pour son intégrité, mais craint pour sa dureté. A présent, il devait défendre Kinshasa contre les rebelles qui avançaient. Le vendredi 16 mai 1997, cependant, quand l'AFDL fut aux portes de la ville, Mobutu s'enfuit au point du jour vers son palais à Gbadolite. Le danger que l'anarchie s'empare de la capitale était total : les vingt-quatre heures suivantes seraient décisives. La ville de Kinshasa, qui comptait des millions d'habitants, pouvait se transformer en véritable champ de bataille opposant tous contre tous. Les habitants redoutaient davantage leurs propres soldats que les rebelles et craignaient de nouveaux pillages ravageurs. Mahele était cependant un homme raisonnable. Comprenant que la situation n'offrait aucune perspective, il décida de ne pas sacrifier une mégalopole à la folie d'un vieil homme qui s'était enfui. Pour épargner la population civile, il prit contact avec l'AFDL et se rendit tard le soir dans le camp Tshatshi, où les derniers fidèles de Mobutu s'étaient retranchés. Parmi eux se trouvait Kongolo, le fils cadet de Mobutu, dont la cruauté légendaire lui avait valu le surnom de "Saddam Hussein". Mahele essaya de les convaincre de renoncer au pillage mais, à leurs yeux, cet officier s'était rendu coupable de haute trahison. Dans la nuit du vendredi au samedi, il fut assassiné.

Quelques heures plus tard, Ruffin marchait dans ses bottes en caoutchouc noires sur l'avenue Lumumba à Limete. L'entrée de l'AFDL donna lieu à des scènes insensées. Au loin grondait encore un violent tir d'artillerie, mais lui et ses compagnons n'eurent pas à se battre. "On nous a réservé un accueil incroyable. Les hommes criaient *Libérateurs* * ! *Libérateurs* * !, les femmes étendaient leurs pagnes devant nous sur la chaussée pour que nous puissions marcher dessus. Les gens nous donnaient de l'eau. Ils parlaient le lingala, nous ne pouvions pas les comprendre. Nous cherchions la maison du Premier ministre Kengo wa Dondo et la population nous a montré le chemin. Nous ne connaissions pas la ville. Nous devions prendre la RTNC et le palais de Marbre de Mobutu."

Dans une des maisons qu'ils fouillaient, Ruffin prit un cendrier en or massif. C'était le 17 mai 1997 et, en quelques heures, l'AFDL occupa les positions clés de la ville. Le Beach, l'hôtel Intercontinental, le Memling… Quelques soldats de l'armée gouvernementale se livrèrent à des pillages, mais la plupart d'entre eux se glissèrent dans des maisons et supplièrent les habitants de leur donner des vêtements civils : quand on circulait encore en uniforme, on signait son arrêt de mort. Quant aux femmes haut placées qui avaient obtenu des postes de direction grâce à Mobutu, elles brûlèrent en toute hâte leurs pagnes sur lesquels était imprimé le logo du MPR ou le portrait du "Grand Timonier" [59]. Des règlements de comptes et des représailles isolées firent près de deux cents morts, ce qui est peu par rapport à ce qui aurait pu se passer. A Lubumbashi, Kabila reçut un appel de Kabarebe. "Kinshasa est tombée !" Kabila hurla de rire et se roula de joie sur le tapis de sa chambre d'hôtel[60]. Il allait venir immédiatement.

Une fois encore, Ruffin était présent : "Ce jour-là, je suis retourné à l'aéroport pour aller chercher Mzee. « Tu vois bien que je t'ai dit la vérité ! » m'a lancé Mzee. Il a donné une conférence de presse. Je suis sur toutes les photos et les séquences de film avec lui, et Joseph et Masasu, un autre fondateur de l'AFDL."

Lors de la conférence de presse, Kabila s'autoproclama nouveau chef d'Etat d'un nouveau pays, la République démocratique du Congo. Ce "démocratique" était plutôt curieux, car personne ne l'avait désigné comme dirigeant et l'opposition non violente, représentée par Tshisekedi et les siens, qui au départ s'était réjouie de la libération, était totalement ignorée. Tout ce que reprit Kabila de la Conférence souveraine nationale fut l'idée de redonner au Zaïre le nom de Congo. Le combat civil que des gens comme Régine avaient mené se faisait doubler sur sa droite par la conquête militaire à laquelle Ruffin avait participé. Régine avait à présent 42 ans, Ruffin en avait 14. Quelques jours plus tard, le 29 mai 1997, Kabila prêta serment en tant que président non pas au Parlement où la conférence s'était tenue, mais un peu plus loin, dans le grand stade de football flambant neuf. Les chefs d'Etat du Rwanda et de l'Ouganda, ses patrons, étaient présents, de même que ceux de l'Angola et de la Zambie. Ce stade imposant n'était toutefois pas rempli de Kinois exultants. Au moins un tiers des sièges étaient restés vides, et ce dans une ville de plusieurs millions d'habitants. Les mots prononcés par Kabila lors de la cérémonie se déversèrent des haut-parleurs, résonnant contre des tribunes de béton à moitié vides.

Mais Kabila avait une fois pour toutes les rênes en main. Mobutu, après s'être enfui vers le Togo, s'envola pour le Maroc, où il s'exila définitivement. Conscient de sa fin, il avait fait déterrer les os de sa mère et d'autres personnes qui lui étaient chères pour les emporter avec lui. A peine quatre mois plus tard, il allait, abattu et amer, entouré de quelques proches et des os de ses ancêtres, rendre son dernier soupir.

C'était un jour comme un autre et la surface du lac Kivu ondoyait imperturbablement. Pour Ruffin Luliba, cependant, ce fut un jour d'émotion. Quand Kabila revint pour la première fois à Bukavu, Ruffin l'accompagna. Cela faisait des années qu'il n'avait pas vu ses parents. "Il était cinq heures du soir et je retournais à la maison où j'avais vécu avec mes parents. J'ai vu ma mère dehors qui pilait du *pundu* et j'ai tiré trois fois en l'air. Effrayée, elle s'est enfuie à l'intérieur et mon père a couru après elle. J'ai crié : « C'est moi, papa ! » Ma mère est sortie, elle pleurait. J'étais parti en séminariste et je revenais en militaire. Ils avaient donné une cérémonie de deuil pour moi depuis longtemps. Tout le monde pleurait, même mon frère." Pour sa famille, c'était comme si Ruffin était revenu de chez les morts. Ce furent des retrouvailles intenses. Mais il rendit aussi visite à la mère du camarade qui avait partagé sa chambre, Rodrick, le garçon avec lequel il avait été enlevé et qui au bout de quelques jours au Rwanda était mort des suites d'une diarrhée. "J'ai annoncé à la mère de Rodrick la triste nouvelle. Je logeais à l'époque avec Mzee à l'hôtel Résidence. Il m'a demandé de faire venir mes parents. Quand je les lui ai présentés, il a donné aussitôt deux mille dollars à mon père. Il a dit : « Je vous présente mes excuses, mais je l'emmène à nouveau avec moi. Votre enfant est un patriote. »"

12

LA PITIÉ, C'EST QUOI ?

LA GRANDE GUERRE AFRICAINE
1997-2002

Un nouveau régime, un nouveau son. Les habitants de Kinshasa n'en revenaient pas de ce qu'ils entendaient. L'époque qui suivit Mobutu commença sur une note grave, métallique, allant crescendo jusqu'à une note aiguë, stridente, qui redescendait à son point de départ, avant de reprendre son ascension, et ainsi de suite. C'était un son pénétrant, qui scindait en deux la circulation et résonnait dans les ruelles. Les enfants arrêtaient de jouer au football et s'appuyaient les mains sur les oreilles. Ils grimaçaient de douleur, essayant de repérer les camions rouges. En haut en bas, en haut en bas, la sirène émettait son hurlement infernal. Kinshasa, une ville de plusieurs millions d'habitants, de bidonvilles sans fin, de réseaux électriques obsolètes, de câbles dénudés et de centaines de milliers de petits feux de charbon, avait pour la première fois depuis des décennies un véhicule indispensable dit "prioritaire" : une voiture de pompiers[1].

Et ce n'était qu'un début. Laurent-Désiré Kabila semblait effectivement mettre en œuvre quelques changements. Les ordures entassées partout dans la *cité** en de grandes montagnes fumantes furent à nouveau ramassées pour la première fois depuis des années. Les égouts furent nettoyés. Les couloirs des ministères sentaient l'*eau de Javel**. Même l'aéroport de Ndjili, le terminal le plus chaotique du monde avec son tourbillon de passagers, de douaniers, d'agents de l'immigration, de policiers, de militaires et de ceux que l'on appelle les "protocoles" qui poussaient et se battaient pour obtenir votre passeport et les reçus de vos bagages, même cette fourmilière fut peu à peu organisée. Les soldats et les agents furent payés, ils ne recevaient pas grand-chose, mais ils le recevaient régulièrement. Les enseignants et les fonctionnaires purent, pour la première fois depuis des décennies, à nouveau épargner pour s'acheter un vélo. L'inflation faramineuse à quatre chiffres fut ramenée à deux chiffres, notamment grâce à la vigueur du dollar. On n'imprima plus de billets, la monnaie devenant ainsi plus rare et donc plus chère. Durant le premier semestre de 1998, l'inflation n'atteignit que 5 %[2]. En juin 1998, le *nouveau zaïre** disparut et une nouvelle monnaie fut créée : le *franc congolais**. Un franc congolais remplaçait cent mille nouveaux zaïres, ce qui correspondait à quatorze millions d'anciens zaïres. C'était une monnaie stable, du moins au début, qui fut vite acceptée dans tout le pays. Sur les billets, on ne voyait pas le portrait de Kabila, mais une illustration neutre : un masque tshokwe ou le barrage d'Inga. L'introduction de la nouvelle monnaie avait été chantée par tous les grands de la musique congolaise – depuis le très vieux Wendo Kolosoyi jusqu'à la jeune star J.-B. Mpiana, en passant par Papa Wemba, comme une sorte de Band Aid pour un billet de banque[3].

Les apparences étaient toutefois trompeuses, car l'enthousiasme pour Kabila eut tôt fait de se dissiper. La population avait beau l'avoir accueilli dans l'euphorie, elle se lassa vite de lui. Se faire des amis est un art, mais Kabila avait le don encore bien plus rare de faire de ses amis des ennemis jurés, ce qui ne valait pas pour certains d'entre eux seulement, car cela aurait pu être le signe d'un calcul, mais pour tous, ce qui était un signe de maladresse. Le problème se posa d'abord pour l'opposition démocratique de l'époque de Mobutu. Les milliers de citoyens qui s'étaient battus avec un grand courage contre la dictature accordaient à Kabila au moins le bénéfice du doute. Beaucoup espéraient que les résolutions de la Conférence souveraine nationale seraient vraiment appliquées et que Kabila réaliserait les promesses que Mobutu avait rompues. Il n'en avait cependant pas la moindre intention. Pour lui, sa conquête était le début d'une nouvelle histoire. D'ailleurs que pouvait bien lui faire, à lui, *maquisard** de tout temps, les radotages confus d'une salle remplie, cinq ans plus tôt, de braves idéalistes ? La Constitution, le Parlement, le gouvernement et la commission électorale des années de transition disparurent dans la corbeille à papier[4]. Les partisans de l'UDPS atterrirent en prison, où ils furent brutalisés[5]. Deux mois seulement après la "libération" de Kinshasa, Tshisekedi fut arrêté. Il fut interrogé, assigné à résidence et finit par disparaître en exil dans sa région d'origine. Un des ministres de Kabila a dit : "Nous lui avons donné des semences et un petit tracteur, pour qu'il puisse cultiver la terre[6]."

Non, au lieu de se transformer en une démocratie, le régime de Kabila revint à un régime autoritaire, où tout tournait autour de la personne de Kabila. Le système multipartite fut supprimé, seule l'AFDL avait encore le droit d'exister, même s'il ne s'agissait que d'une alliance ponctuelle conçue par l'entremise du Rwanda quelques jours avant l'invasion du Zaïre. Kabila, qui n'en était à l'origine que le porte-parole, avait neutralisé ses trois cofondateurs l'un après l'autre. Déjà pendant la guerre, il avait fait tuer Kisase, le seul parmi eux qui avait un pouvoir militaire ; après avoir prêté serment en tant que président, il avait fait condamner Masasu à vingt ans de prison et avait évincé Bugera, le kidnappeur de Ruffin, en lui accordant une promotion. L'alliance militaire devait à présent se transformer en un parti politique, mais elle n'avait guère de consistance. Le Congo devenait l'AFDL mais, concrètement, l'AFDL c'était Kabila. La population n'avait d'autre choix, pour s'organiser politiquement, que les *Comités du Pouvoir populaire* *. Personne ne savait précisément de quoi il s'agissait, mais le concept avait des relents de marxisme mal digéré remontant au maquis. Le 28 mai 1997, une nouvelle Constitution entra en vigueur, un texte qui, pour l'essentiel, accordait tous les pouvoirs au président. Kabila était désormais à la tête des pouvoirs législatif, exécutif et judiciaire, de l'armée, de l'Administration et de la diplomatie. En choisissant ses ministres, il s'entoura en priorité de Katangais comme lui, ou de personnes issues de la diaspora. Des opposants qui attendaient impatiemment depuis des années qu'on leur confie un mandat politique voyaient des inconnus s'en emparer. Kabila se fit plaisir en accordant un poste ministériel aux filles de Kasavubu et de Lumumba, entre-temps devenues adultes – une telle référence historique lui donnait tout de même un soupçon de légitimité –, mais cela tenait de la farce.

“J'ai terminé des études de relations internationales à l'université de Lubumbashi en 1994”, m'a raconté Bertin Punga, qui a été une des têtes du mouvement de contestation contre Kabila plus tard. “Je m'intéressais à la politique et j'étais contre Mobutu. Au moment des meurtres sur le campus en 1990, j'ai vu trois cadavres par terre. Je venais du Kasaï et j'étais là quand le gouverneur du Katanga nous a chassés. Donc quand l'AFDL est née, j'ai adhéré. Autrefois, la politique était une question de castes mais, avec cette révolution, tout le monde semblait bienvenu. Je me suis dit : je suis un universitaire, je dois faire de la politique. Mais quand je suis arrivé à Kinshasa, j'ai remarqué que les emplois étaient distribués à des personnes qui n'avaient pas de qualification mais étaient originaires du Katanga, alors qu'avec mon diplôme universitaire, j'ai été rétrogradé à *diplômé d'Etat**, ce qui était bien plus bas. Quand j'ai vu le nombre de ministres katangais, j'ai su que Kabila était un deuxième Mobutu. Non, c'était même pire, si on extrapolait en tenant compte du gâchis qui avait eu lieu pendant trente-deux ans. Il y a eu des exécutions sommaires, le système multipartite a été supprimé, l'Etat à parti unique a été rétabli. Ces histoires de *Comités du Pouvoir populaire**, pour moi c'était une répétition du MPR[7].”

Durant sa première année au pouvoir, Kabila donna l'impression de diriger un Etat fort, autoritaire et très personnalisé mais, dans la pratique, l'Etat resta extrêmement faible. Il n'y avait pas de véritable politique, de vision, d'appareil d'Etat. Même l'armée ne représentait rien. Les FAZ de Mobutu furent dissoutes, les FAC les remplacèrent : les *Forces armées congolaises**. Sous cette appellation solennelle était en réalité regroupé un ramassis d'anciens des FAZ, d'ex-Tigres katangais, de kadogo, de Banyamulenge et de Tutsi du Rwanda. Le chef d'état-major était encore le Rwandais James Kabarebe. Kabila dirigeait son pays comme son territoire de rebelles : avec désinvolture, une très grande désinvolture. Le seul aspect auquel il était vraiment attentif était le contrôle des canaux d'information. Son conseiller en matière de communication n'était autre que Dominique Sakombi Inongo, une fois de plus, ce propagandiste devenu prophète. Kabila avait été à bonne école avec Mobutu : un pouvoir fort devait tenir les médias d'une main de fer. Le journaliste radio Zizi Kabongo en fit lui-même l'expérience quand l'armée vint tambouriner à sa porte à deux heures du matin.

"Kabila ne portait pas la chaîne publique dans son cœur", m'a raconté Zizi, "il considérait le personnel comme une bande de mobutistes. Une nuit, nous avons rediffusé un de ses meetings. Kabila dormait très peu et il a entendu notre émission. Déjà à l'époque de Mobutu, nous n'avions pas de budget pour acheter du matériel, donc nous devions chaque fois effacer nos bandes pour les réutiliser. Sauf que cette fois-là, la bande avait été mal effacée. Après la séquence sur le meeting de Kabila, il restait un bout de reportage sur Mobutu. Le technicien de service s'était endormi, mais les téléspectateurs ont entendu à la fin à nouveau la voix de *papa Maréchal**. « *Oyé ! Oyé ! Papa ndeko !* Notre ami ! » entendait-on la population crier. Mobutu est de retour, ont pensé les téléspectateurs. Cette même nuit, l'armée est allée cueillir tous les journalistes pour les mettre sous les verrous. A deux heures du matin, ils étaient devant ma porte. Dans la prison, je me suis retrouvé avec des condamnés à mort et des révolutionnaires. J'étais dans une très mauvaise situation. Kabila éliminait tous ses ennemis." Zizi, dont les tibias portaient les marques de la résistance contre Mobutu, était à présent accusé de mobutisme. Entre mai 1997 et janvier 2001, plus de cent soixante journalistes furent jetés en prison[8]. "Le lendemain, nous avons dû tous nous rendre au palais présidentiel. Kabila lui-même nous a passé un terrible savon pour notre acte séditieux. On nous a sanctionnés en nous obligeant tous à étudier le marxisme. Mais, en définitive, nous avons obtenu les nouvelles bandes d'enregistrement que nous attendions depuis des années[9]."

L'opposition démocratique et l'UDPS rangées au placard, l'AFDL mal en point, la presse tancée et muselée. Que lui restait-il comme ponts à faire sauter ? Celui avec l'étranger, bien entendu. Kabila perdit en un rien de temps la sympathie des Nations Unies quand il refusa tout d'abord, et entrava par la suite, l'enquête sur les massacres des réfugiés hutu. Les équipes d'experts furent systématiquement boycottées. Il aurait fallu soit que Kabila en attribue la responsabilité au Rwanda (car elle venait bien de là), mais dans ce cas il était contraint d'admettre qu'il ne devait pas sa victoire à sa propre rébellion, un aveu qui eût été fatal à sa popularité dans son propre pays ; soit qu'il en assume lui-même la responsabilité, mais alors il se taillait sur la scène internationale la réputation d'une brute, d'un meurtrier de masse. Les intérêts nationaux s'opposaient aux intérêts étrangers. C'était un tour d'équilibrisme sur une corde raide, même pour un politicien chevronné, et Kabila n'avait rien d'un politicien chevronné. Il n'avait aucune notion de diplomatie. Il donnait plutôt dans le cocasse. Il entra sur la scène internationale avec la méfiance d'un rebelle plus qu'avec la maturité d'un chef d'Etat. Très vite, il reprocha à la France son néocolonialisme et aux Etats-Unis un manque d'égards diplomatiques, et la Belgique était à ses yeux un Etat terroriste[10]. La troïka en avait vu d'autres avec Mobutu, mais ce genre de propos burlesques était nouveau. Ce n'était plus un renard rusé qui parlait, mais un ours mal léché. Les chefs d'Etat africains apprirent vite à connaître, eux aussi, leur nouvel homologue. Nelson Mandela dut l'attendre des heures lors des négociations de paix au Congo-Brazzaville, en 1997 ; contrairement à ses habitudes, cet homme toujours affable se mit en grande colère. Le président égyptien Moubarak l'attendait déjà à l'aéroport du Caire avec une garde d'honneur et un tapis rouge, quand Kabila annula sa visite par téléphone parce qu'il se sentait "un peu fatigué". Le président tanzanien Mkapa eut quant à lui droit à sa présence mais, contrairement à tous les usages diplomatiques, Kabila interrompit la visite officielle et prit l'avion pour rentrer à Kinshasa[11]. Le président Museveni de l'Ouganda et le vice-président Kagame du Rwanda allaient eux aussi faire l'expérience du manque de courtoisie de leur protégé. Ils avaient espéré assainir ce chaotique pays voisin en y plaçant leur propre pion mais, dans la pratique, Kabila s'avéra un projectile impossible à téléguider.

C'est alors qu'un changement crucial se produisit : Kabila tourna le dos au Rwanda et à l'Ouganda. Il n'avait guère le choix. Partout dans son pays, des protestations s'élevaient contre l'ingérence de l'étranger. Le Rwanda était tout particulièrement visé. Chaque Tutsi était considéré comme un Rwandais et chaque Rwandais comme l'occupant. Les tensions prirent une telle ampleur qu'il suffisait d'avoir un nez fin et le front haut pour être aussitôt soupçonné d'être un infiltré. A Kinshasa, on s'exaspérait de la présence très visible de Tutsi dans l'armée, souvent à des grades élevés. Il s'agissait souvent d'officiers qui ne parlaient ni le français ni le lingala, mais l'anglais, le swahili et le kinyarwanda. Les nouveaux détenteurs du pouvoir adoptaient souvent le comportement de vainqueurs arrogants, n'hésitant pas à réintroduire la *chicotte**, en lanières de peau d'hippopotame, qui évoquait tant de souvenirs de l'époque coloniale. Les femmes portant un jean ou une minijupe, ce qui était de nouveau autorisé depuis 1990, se faisaient administrer publiquement des coups de fouet. Il en allait de même pour les chauffeurs de taxi qui ne respectaient pas le Code de la route. Le nombre de coups de fouet ne se limitait pas à cinquante, comme officiellement à l'époque coloniale, mais était déterminé par l'âge : quand on avait 50 ans, on en recevait cinquante. L'idée se répandit que le Rwanda en proie à une surpopulation était en quête de matières premières et d'espace vital et s'était donc intéressé au Kivu, où vivaient déjà tant de Tutsi. On pensait que le Rwanda aspirait à une *Grande République des Volcans**, un nouvel Etat se composant du Rwanda et du Kivu. Le fait que des Rwandais occupant de hautes fonctions appellent à "une deuxième conférence de Berlin" pour reconsidérer les frontières de 1885 n'arrangeait rien à l'affaire[12]. Certains Congolais étaient de toute façon déjà convaincus que leur gigantesque pays était annexé par ce micro-Etat qu'était le Rwanda[13]. Entre les deux pays se développa une haine très profonde. La relation rappelait celle qui avait existé autrefois entre la Chine et le Japon, ou l'Irlande et l'Angleterre. Bon nombre de Rwandais estimaient que le Congo n'était qu'un pays de bricoleurs paresseux, désorganisés, accordant plus d'importance à la musique, à la danse et à un bon repas qu'au travail, aux infrastructures et à l'ordre. Bon nombre de Congolais considéraient le Rwanda comme un pays glacial, sévère, où l'on interdisait les sacs en plastique pour maintenir propres les lieux publics et où le port du casque à moto était obligatoire, un pays rempli de parvenus prétentieux, hautains, qui éprouvaient à leur égard le plus profond mépris. Beaucoup attribuaient les différences entre les deux pays à un conflit culturel immémorial entre ceux que l'on appelait les "Bantous" et les "Nilotes", même si ces concepts issus de l'anthropologie coloniale étaient très discutables. Tant que Kabila s'entourait d'une cour composée essentiellement de ces étrangers haineux, il pouvait toujours courir pour que son pouvoir obtienne la moindre reconnaissance : le président était conscient de ce qu'en pensait la population. Il était donc là, dans une ville nouvelle pour lui, à la tête d'un immense pays dont il ne connaissait ni ne comprenait la population. Les acclamations s'étaient tues peu à peu. "Il faut libérer nos libérateurs", ironisait-on dans la rue[14].

Et ce fut exactement ce que fit Kabila. Le 26 juillet 1998, plus d'un an après sa joyeuse entrée dans Kinshasa, il fit comprendre à l'occasion d'une émission nocturne à la radio que les soldats rwandais et provenant d'autres pays devaient quitter le territoire national. Cette fois, il n'était pas question d'une bande mal effacée. La population congolaise était remerciée "pour avoir enduré et hébergé les troupes rwandaises"[15]. Ce communiqué marqua une rupture définitive avec Kigali et Kampala. Les jours suivants, des centaines de militaires quittèrent Kinshasa. Le chef d'état-major James Kabarebe, l'homme qui avait conquis le Congo au nom de Kabila, fut remercié pour ses loyaux services. Furieux, il rentra au Rwanda. Une nouvelle escalade était inévitable. Et effectivement, à peine une semaine plus tard, il envahit à nouveau le Congo.

La guerre d'octobre 1996 à mai 1997 qui a entraîné la chute de Mobutu a reçu de nombreuses appellations : la "révolte des Banyamulenge", la "guerre de libération", la "marche de l'AFDL". A présent, on l'appelle le plus souvent la "Première Guerre du Congo". Le 2 août 1998 éclata la Seconde Guerre du Congo. Le Rwanda envahit de nouveau le pays, Kabarebe dirigeait de nouveau les opérations, l'objectif était de nouveau un changement de régime à Kinshasa. Mais cette fois, le conflit n'allait pas durer sept mois, mais cinq ans, jusqu'en juin 2003. Officiellement du moins, car officieusement la guerre continua de couver, et couve encore au moment où j'écris ces mots, au printemps 2010.

La Seconde Guerre du Congo fut un conflit d'une extraordinaire complexité, auquel participaient, à un moment donné, neuf pays africains et une trentaine de milices locales. Dans cette épreuve de force, qui se déroulait à l'échelle du continent, le principal théâtre des opérations était le Congo. La dynamique qui incita un certain nombre d'Etats, de la Namibie au sud à la Libye au nord, à prendre parti en peu de temps (pour ou contre Kabila) rappelle la formation ultrarapide d'ententes en Europe à la veille de la Première Guerre mondiale. Du fait de sa dimension continentale, on a parlé quelquefois de la “première guerre mondiale africaine”, même si l'expression est extrêmement malheureuse car elle ne tient pas compte de l'impact très lourd de la Première et de la Seconde Guerre mondiales en Afrique. Le terme *Great African War* est par conséquent plus judicieux, même si le foyer s'est limité principalement au Congo et si les milices locales sont intervenues plus longtemps que les forces militaires étrangères. En termes de victimes, cette Grande Guerre africaine ou Seconde Guerre du Congo est devenue le conflit le plus meurtrier depuis la Seconde Guerre mondiale. Pour le seul Congo, depuis 1998, au moins trois millions et sans doute cinq millions de personnes sont mortes du fait de la guerre, ce qui est supérieur au nombre de victimes des conflits très médiatisés de Bosnie, d'Irak et d'Afghanistan, pour les trois pays réunis. Et ce nombre continue d'augmenter. En 2007, on dénombrait chaque mois quarante-cinq mille morts de plus, dus aux conséquences indirectes de cette guerre oubliée. Ces victimes étaient pour la plupart des civils. Ils ne mouraient pas lors de combats, mais des suites d'une sous-alimentation, d'une diarrhée, de la malaria ou d'une pneumonie, des maladies qui ne pouvaient plus être soignées en raison de la guerre. Il importe toutefois de souligner que beaucoup de ces maladies n'étaient pas non plus traitées avant la guerre. Le Congo avait déjà un taux de mortalité supérieur à la moyenne et le conflit n'a certainement rien arrangé. En

2007, la mortalité au Congo était encore supérieure de 60 % à celle de l'ensemble de l'Afrique subsaharienne[16]. L'espérance de vie moyenne à la naissance était de 53 ans.

La Seconde Guerre du Congo disparut de l'actualité mondiale car elle passait pour inexplicable et confuse. Effectivement, il n'existait pas deux camps bien circonscrits et, qui plus est, la distribution des rôles entre le croquemitaine et les laissés-pour-compte n'était pas évidente. Après la guerre froide, les reporters occidentaux ont eu de plus en plus tendance à recourir à un cadre de référence moral pour couvrir les guerres : en Yougoslavie les Serbes sont devenus les grands criminels, au Rwanda les Tutsi étaient présentés comme les victimes innocentes ; dans les deux cas, ces conceptions ont donné naissance à des idées et des actions politiques désastreuses. Au Congo, on n'est pas parvenu à trouver rapidement un camp des "gentils". Quand on regardait le conflit de près, on comprenait qu'aucun de ceux qui étaient impliqués n'avait la conscience tranquille. Les griefs paraissaient souvent justifiés, les méthodes choisies souvent discutables. Aucune des parties ne semblait réussir à sortir de la ligne de feu – au sens propre comme au sens figuré –, pour prendre conscience de la légitimité du point de vue de l'autre et chercher ensemble un compromis. C'était sans aucun doute trop demander à un pays plongé dans un extrême dénuement, à la population jeune et non éduquée, qui n'avait connu que le sombre despotisme de Mobutu. Les enfants de la dictature sont rarement des démocrates exemplaires. Ce fut un de ces conflits où chacun trouvait l'autre toujours un peu plus coupable, ce qui autorisait des représailles et pouvait donner lieu à une interminable spirale de violence. Les médias occidentaux décrochèrent.

Pourtant, une simple bande dessinée cartographique permet de comprendre le déroulement des événements. Le conflit s'est caractérisé par trois phases. D'août 1998 à juillet 1999, le Rwanda a essayé, avec l'Ouganda et une armée autochtone de rebelles rassemblée tant bien que mal, de renverser Kabila. Ce fut un échec. Cette phase se termina par la signature de l'accord de paix de Lusaka qui eut beaucoup d'effet, sans toutefois amener la paix. La deuxième phase alla de juillet 1999 à décembre 2002 inclus. Le Rwanda et l'Ouganda ne tentaient plus de rejoindre Kinshasa, mais contrôlaient à ce moment-là, avec l'aide de milices locales, la moitié du territoire congolais, pour exploiter massivement les matières premières sur place. Maintenant que le butin comptait plus que le pouvoir, des fractures se produisirent parmi les rebelles et de violentes confrontations eurent lieu à Kisangani. Cette phase mouvementée prit fin avec l'accord de paix de Pretoria en décembre 2002, qui entra en vigueur à partir de 2003. Les Rwandais et les Ougandais se replièrent dans leur pays et les Nations Unies renforcèrent leur présence. Officiellement, la guerre était donc finie, mais la situation sur place le démentit. La troisième phase commença en 2003 et se poursuit jusqu'à aujourd'hui au Kivu. Pendant cette longue période, la guerre s'est limitée à l'extrême est du Congo, dans les territoires à la frontière de l'Ouganda (Ituri) et du Rwanda (le Kivu). Ces zones ont connu des moments de grande violence, de violations massives des droits de l'homme et d'immenses souffrances humaines.

Durant chacune de ces phases, le conflit a été marqué par les séquelles du génocide rwandais, la faiblesse de l'Etat congolais, la vitalité militaire du nouveau Rwanda, la surpopulation de la région autour des Grands Lacs, la perméabilité des vieilles frontières coloniales, l'accentuation des tensions ethniques due à la pauvreté, la présence de richesses naturelles, la militarisation de l'économie informelle, la demande mondiale de matières premières minérales, la demande locale d'armes, l'impuissance des Nations Unies et encore quelques autres aspects.

Le 25 juin 2007, je prenais mon petit déjeuner à Kigali, la capitale du Rwanda, dans le célèbre Hôtel des Mille Collines, qui a servi de refuge pendant le génocide et inspiré le film *Hotel Rwanda*. C'était encore un hôtel extrêmement cher à plusieurs étoiles. Je n'y avais pas passé la nuit, mais j'y avais ce jour-là un rendez-vous avec Simba Regis, ancien combattant rwandais introverti qui n'avait que quelques années de plus que moi. Au buffet, nous prenions à l'aide d'une pince des croissants luisants de beurre. Une serveuse nous a apporté de délicieux jus de fruits frais. Simba Regis est né en 1967 et l'histoire de sa vie résume à elle seule l'histoire des Tutsi rwandais. En 1959, au début des troubles hutu, ses parents ont fui au Burundi, où il est né. Pendant son enfance et sa jeunesse, il a sans cesse entendu dire que le Rwanda, et non le Burundi, était sa patrie. Il a épousé la cause des Tutsi en exil et est parti en 1990 pour le sud de l'Ouganda afin de rejoindre le Front patriotique rwandais, l'armée de Kagame. Il a participé aux invasions du Rwanda, il a été un des premiers à atteindre Kigali et il a échappé de justesse au génocide en 1994. "Il y avait des enfants de 6 ans qui étaient là en train de crever, de jeunes mères avaient été achevées par des Interahamwe drogués. C'était à vous rendre fou. Quand on a vu une chose pareille, on est bien obligé de se défendre." Il était donc présent en 1996, quand le Rwanda a envahi le Congo pour la première fois afin d'éliminer la menace hutu. Et en 1998, lors de la deuxième invasion menée par le Rwanda, il était de nouveau en première ligne, car cette fois-là aussi, l'élimination de ce qu'il restait des milices hutu était un motif qui s'ajoutait à celui de détrôner Kabila. Dans les forêts de l'est du Congo se cachaient encore des milliers de Hutu rwandais qui, après les massacres de l'AFDL, étaient encore plus avides de vengeance qu'auparavant.

Les combats commencèrent le 2 août. Le Rwanda obtint le soutien de l'Ouganda et du Burundi, qui s'inquiétaient de l'agitation à leur frontière occidentale et connaissaient les richesses du sol dans l'est du Congo. Goma et Bukavu tombèrent aussitôt. Deux semaines plus tard, on attribua la conquête à un mouvement rebelle autochtone, le *Rassemblement congolais pour la démocratie** (RCD). Ernest Wamba dia Wamba, ancien professeur d'histoire, fut catapulté à la tête du mouvement. Mais le RCD était une construction fantôme tout comme l'AFDL de 1996. En détachant des morceaux de son croissant, Simba Regis n'a laissé planer aucun doute : "Nous avons instruit et formé les rebelles. Le Rwanda était tout simplement mieux organisé. Les Congolais portaient des uniformes et des bottes rwandaises. Ils étaient sous notre commandement. Nous les parrainions."

Quatre années durant, Simba s'est battu sur le sol congolais, de 1998 à 2002, pendant toute la durée de la guerre officielle.

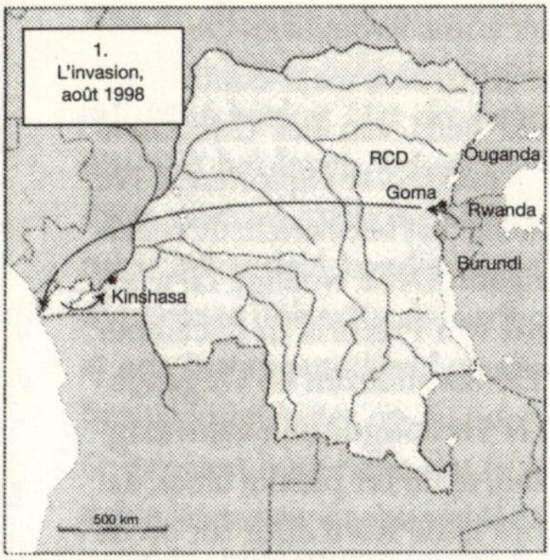

Le Rwanda, soutenu par l'Ouganda et le Burundi, envahit le Congo. Les villes de l'Est tombent aussitôt, un pont aérien vers l'extrême Ouest doit accélérer la prise de Kinshasa. L'invasion est présentée comme un mouvement de rébellion autochtone : le RCD.

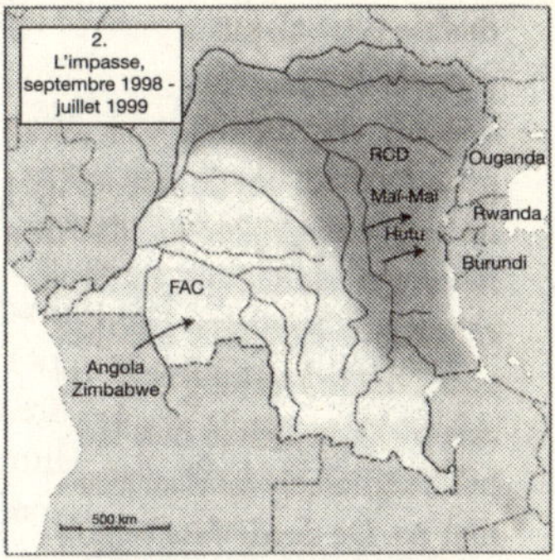

Les alliés étrangers de Kabila (essentiellement l'Angola et le Zimbabwe) interrompent la marche des rebelles.
Le front se stabilise. Dans l'Est, les rebelles sont encore combattus par les Maï-Maï et les milices hutu rwandaises qui bénéficient du soutien de Kinshasa. L'Ouganda fonde un deuxième mouvement de rebelles : le MLC.
L'accord de paix de Lusaka n'apporte pas de soulagement.

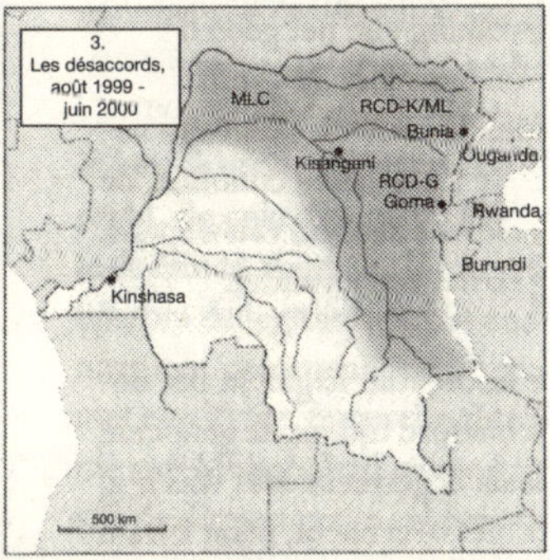

Maintenant que Kinchasa est hors de portée, reste le butin.
Mais le partage donne lieu à des désaccords.
Le mouvement rebelle se scinde entre une faction pro-rwandaise et une faction pro-ougandaise, respectivement le RCD-G (pour Goma) et le RCD-K (pour Kisangani). Le Rwanda tente de prendre Kisangani, un centre important de diamant, à l'Ouganda. Après une première confrontation en août 1999, le RCD-K s'enfuit à Bunia et devient là-bas le RCD-ML.
En mai et juin 2000, le Rwanda s'empare de Kisangani.

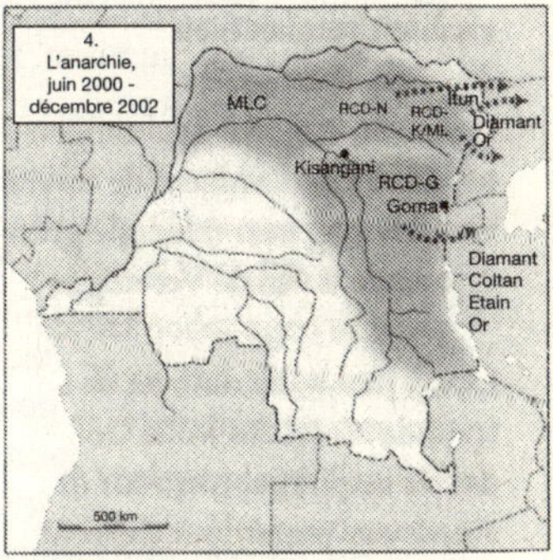

Dans le Nord, la rébellion se morcelle totalement. Les rebelles pro-ougandais ne se battent plus contre Kinshasa ou contre les rebelles pro-rwandais, mais entre eux. De petites armées se forment qui viennent les rejoindre, dans l'Ituri l'écheveau est impossible à démêler. Le but ultime est le pillage, également dans la région contrôlée par le Rwanda.
L'accord de paix de 2002 pacifie une grande partie du territoire. Le MLC et le RCD-G peuvent fournir un vice-président mais, dans l'Ituri et au Kivu, le confit continue de couver pendant des années.

Carte 9
La Seconde Guerre du Congo

Il a été au Katanga, au Kasaï. Parfois, il fallait se battre contre les Interahamwe et les Maï-Maï, qui bénéficiaient du soutien de Kabila, mais la plupart du temps il ne se passait rien. "*On faisait la vie**", m'a-t-il dit, "et on gagnait notre vie", laissant entendre que l'exploitation du sol était plus importante que de faire la guerre. Le Katanga regorgeait encore de matières premières, le Kasaï était encore très riche en diamants. Il qualifiait les combats contre les Hutu organisés de "justes et nobles", mais il en avait profondément assez de la guerre comme style de vie. "Je n'en peux plus. Je fais la guerre depuis 1990 ! Ceux qui prennent des décisions sur la guerre, ils ne se battent jamais eux-mêmes, mais moi, j'ai perdu mes frères et mes amis. Nous étions onze amis originaires de Bujumbura, nous venions du même quartier et nous avons fréquenté la même école primaire et secondaire. Sur les onze, il n'en vit plus que deux, moi et quelqu'un au Canada." La terrasse de la salle du petit déjeuner donnait sur Kigali. La ville scintillait sous la lumière matinale. "Quand je bois de la bière, je fais des cauchemars. Je vois des maisons que l'on fait sauter. Je vois pleurer mes amis parce qu'ils ont perdu un bras ou une jambe. Chaque fois, je suis impuissant et je ne peux rien faire. Je me réveille alors en sursaut. J'ai encore un arrière-goût de la guerre. J'ai eu une mauvaise vie, vraiment. Je veux aller en Europe parce que, dans cinq ou dix ans, cela va encore exploser ici[17]."

Mais James Kabarebe pensait pouvoir vite achever la tâche. En 1996, il avait fallu sept mois pour entrer dans Kinshasa ; il pouvait faire mieux. Son plan était aussi hasardeux qu'audacieux. A l'aéroport de Goma, il détourna quelques avions, les remplit de troupes du RCD et contraignit les pilotes à prendre la direction de l'ouest, vers la base militaire de Kitona au bord de l'océan Atlantique. Kinshasa n'était qu'à quatre cents kilomètres de là. Son pont aérien sembla fonctionner : le 5 août, il s'empara de Kitona et parvint à convaincre les militaires sur place, essentiellement des anciens soldats des FAZ qui étaient "en rééducation" dans la nouvelle armée, de rejoindre le combat contre Kabila. Le 9 août, la ville portuaire stratégique de Matadi tomba, le 11 août, la centrale hydroélectrique d'Inga. Kabarebe avait à présent en main le disjoncteur de Kinshasa et pouvait bloquer l'approvisionnement en vivres. Pendant des nuits, il plongea dans l'obscurité une ville de plusieurs millions d'habitants affamés. Dans les quartiers populaires, le sentiment anti-tutsi s'enflamma. Quelques centaines de Tutsi ou de personnes qui en présentaient les traits furent lynchés par la foule. Comme dans les *townships* sud-africains, on leur passait au cou un pneu de voiture, que l'on remplissait d'essence à laquelle on mettait le feu.

Tout portait à croire que Kinshasa allait bientôt tomber. L'armée de Kabila ne faisait pas le poids face aux troupes de Kabarebe. Pourtant, il en alla autrement. *In extremis*, Kabila fut sauvé par des troupes étrangères : le 19 août 1998, quatre cents soldats venus du Zimbabwe entrèrent au Congo ; le 22, l'armée angolaise commença à libérer le Bas-Congo. Ce fut surtout le rôle de l'Angola qui fut déterminant. Pendant la Première Guerre du Congo, le pays s'était tenu à l'écart : personne à Luanda ne déplorait le départ imminent de Mobutu, dont le soutien aux rebelles de droite de l'Unita avait provoqué tant de souffrances. Pendant la Seconde Guerre du Congo, la donne était différente. Le Rwanda allait sans doute soutenir l'Unita pour amener la chute de Kabila. Il ne fallait pas que cela se produise. Le Zimbabwe en revanche intervenait plutôt sur la base de considérations économiques ; le pays avait des intérêts dans l'industrie extractive katangaise. Il existait en outre une fraternité idéologique entre les présidents Mugabe, Dos Santos et Kabila : ils avaient tous les trois flirté avec ce que l'on appelait en Afrique le *marxisme tropicalisé**. L'Angola était soutenu depuis des années par Cuba, tout comme Kabila lui-même quand il avait reçu la visite de Che Guevara. Ruffin Luliba s'aperçut que ce lien était encore solide quand il était le garde du corps du président Kabila. “Mzee aimait les révolutionnaires. Des hommes comme Mugabe et Castro, il trouvait cela formidable. Son médecin était cubain. Je suis allé plusieurs fois avec lui à Cuba. Nous étions quatre kadogo et nous avons été reçus par Castro ; je lui ai même serré la main. Nous avons dîné chez Castro à La Havane[18].” Sans doute est-ce Castro qui a encouragé le président Dos Santos de l'Angola à envoyer son armée au Congo[19].

La coalition de Kabila s'étoffa. Après le Zimbabwe et l'Angola, la Namibie s'y joignit. Au nord, le Soudan, le Tchad et la Libye devinrent des alliés. Chacun de ces pays avait des raisons d'empêcher la chute de Kabila. Le Soudan proposa ses services du fait d'un conflit prolongé avec l'Ouganda, qui soutenait les rebelles dans le sud du Soudan. La Libye mit plusieurs avions à disposition pour sortir de son isolement international. Le Tchad envoya deux mille soldats, par solidarité avec les deux pays précédents. En définitive, Kabila était appuyé par une armée de sept nations : en plus de ses propres troupes, il y avait celles de trois pays au sud et de trois pays au nord. Elles combattaient les trois pays à l'est qui se cachaient derrière le RCD : le Rwanda, l'Ouganda et le Burundi, parmi lesquels le Rwanda jouait sans conteste le rôle principal et était le préféré des Etats-Unis. Une fois de plus, la position centrale du Congo en Afrique fut déterminante pour le cours de l'Histoire. Le nombre de soldats était important : la coalition de Kabila pouvait se prévaloir d'environ quatre-vingt mille soldats, les rebelles d'à peu près cinquante-cinq mille hommes[20]. Cette impressionnante présence militaire aboutit à une impasse totale dans la guerre. L'ouest du Congo retomba vite entre les mains de Kabila, mais l'est resta sous l'emprise du RCD. Il n'y avait pas de véritable ligne de front, mais il existait en revanche des zones bien définies souvent séparées par un très vaste no man's land. Kinshasa ne pouvait plus exercer son autorité que sur le Bas-Congo, le Bandundu, le Kasaï occidental et de grandes parties du Katanga ; Kigali et Kampala contrôlaient le Nord-Katanga, le Nord- et le Sud-Kivu, le Maniema et la Province orientale. En novembre 1998, quand le Tchad se retira de l'Equateur, cette région tomba aussi entre les mains des rebelles. L'occupant en l'occurrence n'était pas le RCD, mais une nouvelle armée de rebelles soutenue uniquement par l'Ouganda, le MLC (*Mouvement pour la libération du Congo**). Son chef était Jean-Pierre Bemba, fils de l'homme d'affaires le plus riche de la période de Mobutu. Ses troupes se composaient en grande partie de vétérans de la DSP, l'impitoyable armée privée de Mobutu[21].

La seconde invasion du Congo par le Rwanda aurait dû se dérouler comme en 1996, mais elle prit une tout autre tournure.

La situation était totalement bloquée, ce qui venait entre autres du comportement de la population locale. Si l'AFDL avait été accueillie comme une armée de libération, le RCD fut perçu d'emblée comme une armée d'occupation. Dans une ville comme Goma, Kabila était encore très populaire. Quand Wamba dia Wamba voulut recruter des jeunes pour son RCD, Jeanine Mukanirwa mobilisa son importante organisation en faveur des femmes des milieux ruraux. Elle faisait partie des femmes qui, à la fin de l'époque de Mobutu, avaient mis sur pied un mouvement de femmes du Kivu. "Nous étions cinq mille femmes. Wamba dia Wamba est passé pour nous rallier à sa rébellion. C'était selon lui une « guerre de rectification », mais nous savions que le Rwanda était derrière. Nous avons dit : « En 1996, vous nous avez pris nos enfants pour qu'ils aillent se battre. Maintenant, vous venez chercher nos autres enfants pour qu'ils se battent contre leurs propres frères. Votre guerre n'a aucun droit d'existence ! » Oui, nous les femmes, nous avions du courage à l'époque[22]."

Le RCD de Wamba était franchement haï. Même les Banyamulenge se demandaient s'ils devaient cette fois se joindre au Rwanda ; leur enthousiasme s'était nettement calmé par rapport à ce qu'ils avaient ressenti deux ans plus tôt[23]. Des habitants de Goma m'ont raconté que toute l'Administration était tombée entre les mains des Rwandais. Les services des impôts, les services des migrations, les services de sécurité… Il n'y avait pas eu de combats lors de la prise de la ville, mais quand le nouveau pouvoir s'installa, une longue série d'enlèvements et de disparitions commença[24]. Des intellectuels, des journalistes, des militants de la société civile et d'éminents ecclésiastiques firent l'objet d'intimidations et d'arrestations. Des centaines de dissidents et d'opposants aux rebelles venant de l'étranger perdirent la vie[25].

Dans le jardin du foyer de Caritas à Goma, au bord du magnifique lac Kivu, j'ai interviewé un homme qui disait s'appeler "Muhindu". Il boitait et avait une grosse cicatrice sur le bras droit. Pendant cinq ans, il avait travaillé comme chauffeur de camion pour un commandant du RCD. Il s'exprimait par phrases courtes. "Beaucoup de jeunes se faisaient enlever à l'époque. Je devais toujours me rendre en camion avec trois soldats devant une maison. Tous les adolescents et les hommes en état de se défendre étaient arrêtés et jetés dans le véhicule. La portière était refermée. Je rejoignais ensuite Kinyogote, près de Muganga, au bord du lac. Là-bas, il y avait un garage où, avant, on remisait des hors-bord. C'était la prison. Nous les jetions dedans. Au bout de quelques jours, ils étaient tués. Avec des cordes. J'allais sur le lac Kivu en bateau à moteur. Il faut attacher de grosses pierres à un corps comme ça." Les vaguelettes du lac clapotaient contre la rive, mais son regard ne s'y attardait pas. Il faisait très frais en altitude, ici, à l'est. Il n'était qu'en T-shirt. Il a pris une gorgée de sa bière et poursuivi. "Quand on avait un problème avec quelqu'un, on allait chercher un ami qui était dans le RCD. On lui donnait de l'argent et il s'arrangeait pour que cet ennemi soit tué. J'avais bien seize personnes par jour dans mon camion et j'ai été chauffeur du RCD pendant cinq ans. Parfois, il y avait une centaine de personnes dans le garage. Ils mouraient de froid et à cause du vent. Les vagues pénétraient aussi à l'intérieur[26]."

Dans les villages, le RCD ne ménagea pas ses efforts. Il avait les villes en son pouvoir, mais pas la campagne, où étaient regroupés les Interahamwe et d'autres forces armées hutu qui recevaient le soutien de Kinshasa. C'était un retournement invraisemblable de l'Histoire : en 1996, Kabila avait mené une rébellion qui avait provoqué des massacres parmi les réfugiés hutu, deux ans plus tard il donnait à ces mêmes réfugiés des armes pour se battre contre le Rwanda… Au Congo, il ne fallait jamais se fier aux apparences. Les alliances se nouaient et se dénouaient selon les circonstances. Une entente idéologique ? Une affinité politique ? Cela n'avait aucune importance. Tout ce qui comptait, c'était l'opportunisme militaire (et plus tard aussi pécuniaire). Les ennemis de vos ennemis étaient vos amis ; on s'embarquait avec eux. Conformément à cette logique, la bataille du Congo oriental se poursuivit encore un certain temps entre les Hutu rwandais et les Tutsi rwandais. Les échos du génocide résonnaient encore.

Les Maï-Maï étaient aussi ravitaillés par Kinshasa. Kabila n'avait plus de troupes à l'est mais, avec les Maï-Maï, il pouvait tout de même empêcher que le RCD ne contrôle totalement l'intérieur du pays. Il confia par conséquent la guerre à deux sous-traitants, les Interahamwe et les Maï-Maï. Ce consortium était extrêmement singulier : les uns étaient des Hutu rwandais qui avaient commis le génocide, les autres des hypernationalistes congolais qui accordaient une place importante à leurs superstitions. En juin 2007, à Bukavu, j'ai eu l'occasion de m'asseoir à la table de quatre Maï-Maï dans le plus grand secret. Ils avaient si peur de la ville qu'ils ne se sont présentés à notre rendez-vous que longtemps après la tombée de la nuit, dans le logement privé anonyme d'un ami commun. Au début, l'atmosphère était tendue. Leur "colonel", un trentenaire aux yeux injectés de sang, débitait d'une voix forte des récits interminables sur l'histoire des Maï-Maï, des récits héroïques où transparaissaient autant la colère que la combativité, mais d'un style tellement épique que ses acolytes finirent par s'endormir. Cependant, plus tard dans la soirée, quand ils se réveillèrent, ils firent un compte rendu complet de la guerre et de leurs rituels. Il fallut du temps, des plats et de la bière avant qu'ils exhibent même leurs bracelets magiques en cuir, leurs grigris. Ils relevèrent les jambes de leurs pantalons pour me montrer là où ils avaient été touchés par des balles qui ne les avaient pas tués ("Et elle est ressortie par là !"). Ils m'ont invité à tâter leur bras dans lequel – mais oui, pas de doute –, une douille était effectivement logée sous la peau ("Et pas le moindre soin, juste une petite plante par-dessus"). Ils m'ont promis qu'à l'occasion d'une prochaine rencontre, ils soumettraient un de leurs membres à tous les rituels d'immunisation et lui tireraient dessus. Je verrais les balles glisser sur sa poitrine comme de l'eau. Ou plutôt non, ils avaient une meilleure idée. Comme manifestement j'aimais le Congo, j'étais moi aussi un Maï-Maï potentiel, estimaient-ils. Ils allaient pratiquer tous les rituels sur moi, oui, voilà, et l'un d'eux allait me tirer dessus. N'avais-je pas envie de faire l'expérience[27] ?

Les Maï-Maï ne se souciaient pas tant des origines ethniques, l'important était d'aimer passionnément le Congo. Yves Van Winden était bien placé pour le savoir. Ce Belge, qui avait depuis des années une petite entreprise d'aviation au

Congo, était un pilote acrobatique qui avait fait de son hobby un métier et du Congo sa patrie. Pendant la guerre, il était devenu le contact entre Kabila et les Maï-Maï. Je lui ai parlé dans une vague boîte de nuit à Goma. Elle était fréquentée par des pilotes russes qui faisaient du trafic d'or et par de sinistres personnages en tenue militaire que je ne parvenais pas à situer. Autour du billard, quelques jeunes prostituées buvaient leur Coca à la paille. "Ils m'appelaient le « Maï-Maï blanc »", a dit Yves Van Winden, "je leur apportais des armes de la part de Kabila. J'ai effectué plus de quatre cents vols, des vols en solo de cinq, six heures. C'est très long. Je volais la plupart du temps dans mon Cessna, parfois dans un DC-3 ou un petit Antonov 26. A chaque vol, j'avais une cargaison de six cents kilos. D'après mes calculs, j'ai transporté plus de vingt mille kalachnikovs, et trois cents à cinq cents bazookas, deux cents mortiers calibre 60, vingt mortiers calibre 90 et dix mortiers calibre 120. Et aussi deux lance-missiles SAM-7, de l'artillerie antiaérienne." Pourquoi quelqu'un livre-t-il deux cent quarante tonnes d'armes dans un territoire rebelle ? "Par patriotisme. C'est en armant les Maï-Maï que la progression du RCD a pu être arrêtée. On me doit encore beaucoup d'argent pour toutes mes heures de vol. A une occasion, on a tiré sur mon Cessna au moment du décollage, la balle est passée juste à côté de mon siège. Je n'ai pas été touché. Les Maï-Maï n'étaient pas du tout étonnés. Ils avaient baptisé mon appareil[28] !"

La carte du Congo ne bougeait pas : à l'ouest et au sud étaient installés Kabila et ses alliés angolais et zimbabwéens, au nord Bemba avec son MLC soutenu par l'Ouganda, à l'est Wamba dia Wamba avec son RCD soutenu par le Rwanda, qui se battait contre les Interahamwe et les Maï-Maï soutenus par Kinshasa. Dès le début de 1999, des négociations de paix s'engagèrent, mais il fallut attendre juillet pour que, sous la pression de la France et des Etats-Unis, elles aboutissent dans la capitale de la Zambie à l'accord de paix dit de Lusaka. Les armées étrangères promirent de retirer leurs soldats, les Nations Unies allaient envoyer une force de maintien de la paix de cinq cents observateurs et, au Congo, un dialogue national devait démarrer à propos de l'organisation de la période de transition de l'après-guerre. Une transition de plus. Depuis que Mobutu avait autorisé en 1990 un début de démocratisation, le pays vivait dans un état provisoire permanent.

Mais la guerre n'était pas terminée. Après Lusaka, elle ne fit que basculer dans une nouvelle phase, une phase confuse et sale. Toutes les guerres sont sales, mais quand le motif politique doit s'effacer devant un motif économique, la porte est ouverte à tous les excès. C'est ce qui se passa. Le RCD cessa de vouloir atteindre Kinshasa, mais s'installa dans la rébellion et décida qu'on faisait de bonnes affaires dans l'est du Congo. Les Occidentaux ont pris l'habitude de considérer les guerres comme des entreprises extrêmement onéreuses, dispendieuses, aux conséquences désastreuses pour l'économie. En Afrique centrale, c'était tout le contraire : faire la guerre était relativement bon marché, surtout au regard des gains fabuleux que l'exploitation des matières premières permettait d'enregistrer. D'ailleurs, la guerre n'avait rien de *hi-tech*. La surabondance d'armes à feu légères d'occasion, souvent en provenance des anciens régimes communistes d'Europe de l'Est, exerçait une pression à la baisse sur les prix, et les (enfants) soldats, qui avaient le droit de piller pour assurer leurs revenus, ne coûtaient rien. Ils menaient la population à la baguette et les minerais étaient à portée de main ! La guerre devint, somme toute, une alternative économique intéressante. Pourquoi mettre un terme à une activité aussi lucrative ? Du fait de la pression de la population ? Mais n'était-ce pas justement à cela que servaient les armes ? Et si une partie de cette population très pauvre tirait aussi un certain profit de l'exploitation minière ?

Le docteur Soki était assis seul en train de manger une omelette dans un petit restaurant grec de Kisangani quand je l'ai rencontré pour la première fois. Ce jour-là, il faisait une chaleur torride, mais à l'intérieur la climatisation la rendait supportable. J'avais entendu parler de lui et j'ai engagé la conversation. Originaire de Bukavu, il faisait partie des nombreux Congolais qui, en 1996, lors de la première invasion menée par le Rwanda, s'étaient enfuis à Kisangani. Une grenade avait détruit sa maison. Pendant trois semaines, il avait traversé la forêt vierge avec sa famille. Mais quelques années plus tard, la guerre allait atteindre son nouveau lieu de résidence.

Le principal événement durant la deuxième phase de la guerre, le docteur Soki allait assez vite l'apprendre, fut la rupture entre le Rwanda et l'Ouganda. Dès l'instant où le gain devint plus important que la victoire, l'amitié entre Kagame et Museveni vola en éclats. Ils ne combattaient plus ensemble pour Kinshasa, mais l'un contre l'autre pour Kisangani. Les rebelles avaient pris la ville du docteur Soki en août 1998. Kisangani était la première plaque tournante régionale du diamant. Partout dans la ville, il y avait des *comptoirs du diamant**, des petits bureaux souvent tenus par des Libanais où se rendaient des chercheurs et des passeurs de diamants venus de l'intérieur des terres pour y vendre leurs petites pierres. L'Ouganda fut le premier pays à avoir la haute main sur le lieu, mais le Rwanda voulait aussi sa part du butin et décida d'en chasser l'Ouganda. Cela donna lieu à trois reprises à des affrontements armés dans les rues de la troisième ville du Congo. Les habitants de Kisangani parlent aujourd'hui encore de la "guerre d'un jour" (août 1999), de la "guerre de trois jours" (mai 2000) et de la "guerre de six jours" (juin 2000). Ces derniers affrontements furent particulièrement violents, se souvient encore le docteur Soki. Officiellement, il fallait que la ville soit démilitarisée à l'époque. Les Jeep quittèrent la ville, mais chacun des deux camps craignait que l'autre n'occupe la place laissée vide[29]. Les troupes de la force de maintien de la paix des Nations Unies, la Monuc (*Mission de l'Organisation des Nations Unies au Congo**), s'étaient considérablement renforcées, mais cela ne suffisait pas à calmer les esprits. Les Ougandais étaient dans le nord de la ville, près de la rivière Tshopo et sur les terrains de l'usine de textile Sotexki. Les Rwandais étaient dans le Sud, près du fleuve Congo. Rien ne permet de savoir précisément qui déclencha les hostilités, mais la retraite prévue dégénéra en tirs nourris d'armes lourdes. En six jours, plus de mille obus survolèrent les quartiers d'habitation de la ville dotée de l'architecture moderniste la plus belle de tout le Congo[30]. La population vécut dans des caves et se passa de manger pendant des jours. La nuit, le ciel était rempli d'étoiles filantes rugissantes. Il n'y avait ni eau ni électricité. Les gens buvaient de l'eau croupie dans des flaques et des puits, subissant une guerre qui n'était pas la leur[31]. L'Ouganda et le Rwanda se battaient pour un Congo brisé, mais riche, comme un chacal et une hyène qui s'acharnent sur la même carcasse.

Derrière l'hôpital général de la ville apparut un petit cimetière improvisé. La guerre de six jours fit à elle seule quatre cents victimes civiles. Les blessés et les maisons dévastées ne se comptaient plus. "La guerre a éclaté un lundi matin à dix heures, j'étais en train de discuter de plans de construction avec un client." L'ingénieur Utshudi n'était pas chez lui quand un des premiers obus est tombé sur sa maison. "Nous habitions au numéro 11 de la Deuxième Avenue, dans la municipalité de Tshopo. Je suis rentré chez moi, mais il n'y avait plus de maison. C'était un désert. Il n'y avait que des cadavres. Ils y sont restés six jours. Nous avons dû nous enfuir. Les militaires tiraient même sur les fossoyeurs. Quand la guerre a été finie, nous sommes allés chercher les corps. Nous les avons enfouis dans des sacs et nous les avons enterrés dans le cimetière derrière la maison. J'ai perdu d'un seul coup ma femme, ma sœur cadette, ma belle-sœur et mes quatre enfants, sept membres de ma famille. Maintenant je prie Dieu de me permettre d'oublier[32]."

La rupture entre le Rwanda et l'Ouganda survint parallèlement à une rupture au sein du RCD : le mouvement des rebelles se scinda en une faction pro-rwandaise (le RCD-G, de Goma, sous la direction d'Emile Ilunga et plus tard surtout Azarias Ruberwa) et une faction pro-ougandaise (le RCD-K, de Kisangani, sous la direction de Wamba dia Wamba et plus tard Mbusa Nyamwisi, aussi appelé RCD-ML, pour *Mouvement de libération**, ou RCD-K/ML)[33]. Le Congo n'était pas seulement riche en matières premières, mais aussi en abréviations. Le docteur Soki ne s'en préoccupait pas vraiment : "Je ne pensais pas trop souvent à la politique. Nous ne connaissions pas les raisons de la guerre." Quand la guerre de six jours a commencé, les organisations humanitaires internationales ont retiré leur personnel. Le docteur Soki est resté seul dans une ville assiégée de cinq cent mille habitants. Comme le médecin dans *La Peste* de Camus, il s'efforça de respecter la dignité humaine dans un monde avilissant. “Pendant six jours, à l’hôpital général de Kisangani, je n’ai fait que travailler. Il y avait là trois infirmières et quinze stagiaires. Un chirurgien américain de la Croix-Rouge n’est arrivé que plus tard. Les gens dormaient par terre sur des nattes qu’ils avaient tissées eux-mêmes. Les couvertures et les médicaments nous sont parvenus plus tard. Nous travaillions de sept heures du matin à huit heures du soir. Nous avons soigné deux mille personnes, des gens avec des blessures par balle dans le ventre, la cage thoracique, les membres ou même la tête, des gens dont le ventre était déchiré par des éclats d’obus. Nous retirions du sang des poumons, nous retirions des shrapnels de la vessie, nous amputions. C’était vraiment de la chirurgie de guerre, mais nous avions très peu d’infections. Pourtant, au début, nous n’avions même pas de diesel pour faire tourner le groupe électrogène. Nous devions chauffer nos stérilisateurs sur du charbon de bois. C’est là qu’un obus est tombé sur l’hôpital. Une des deux salles d’opération a été saccagée et notre citerne qui contenait cinq mille litres d’eau s’est vidée. Cela a provoqué une grande panique chez les malades et parmi le personnel. Même ici nous n’étions pas en sécurité.”

Le docteur Soki décrivait d’une voix calme l’enfer de cette semaine-là. Elle ne trahissait aucun sentiment d’héroïsme, mais plutôt de la résignation et du chagrin. “Nous avons aussi soigné des soldats. Quatre soldats ougandais sont entrés ici, les entrailles déchirées, les intestins sortaient. Nous avons pu les sauver. Nous soignions tout le monde, nous ne faisions aucune discrimination. Quand des soldats rwandais sont arrivés, nous les avons installés dans une autre salle. Je continuais sans relâche, motivé par les souffrances que j’avais moi-même connues. J’avais parcouru sept cents kilomètres à pied, j’avais vu des enfants et des adultes mourir en route. J’avais manifestement le courage de me consacrer aux autres.” Ces jours-ci, il se contente de manger sa petite omelette. Il ne parle pas volontiers. “Cette semaine-là, nous avons eu aussi un accouchement. Beaucoup de femmes ont eu si peur qu’elles ont accouché trop tôt. Nous avons pratiqué une césarienne. J’ai tenu l’enfant dans mes mains. Que Dieu lui donne la vie, je me suis dit[34].”

Après sa participation au massacre en 1997 à Tingi-Tingi, près de Kisangani, le *lieutenant** Papy s'était retrouvé avec l'AFDL à Kisangani. Il s'était marié, avait déposé les armes et était allé vivre chez sa belle-famille dans la brousse, où il cultivait un lopin. Il vivait enfin la vie d'un Congolais moyen en temps de paix : celle d'un agriculteur. Mais en mai 1999, Wamba dia Wamba vint à Kisangani, du fait de la rupture au sein du RCD. “Il a dit : « Vous voulez vous battre pour votre pays, mais les Rwandais veulent nous occuper. Regardez Goma ! »” L'agriculteur Papy trouva qu'il avait suffisamment cultivé la terre et redevint le *lieutenant** Papy. Il reçut une formation de trois mois, cette fois assurée par un colonel ougandais. Wamba, lui, avait carrément changé de camp.

En août 1999, il était là quand pour la première fois le Rwanda attaqua et prit Kisangani. Quand Wamba transféra son quartier général à Bunia, il partit lui aussi vers l'est. Il voulait à présent rejoindre Roger Lumbala. Ce dernier avait fondé à Bafwasende, au cœur de la région diamantifère, sa propre petite armée de rebelles, le RCD-N (pour “national”, même si “local” aurait été plus juste). Il avait quitté le RCD-G, flirté avec le RCD-K/ML, créé le RCD-N et fini par comploter avec le MLC de Bemba[35]. Le mouvement rebelle se décomposa, surtout du côté ougandais, et le *lieutenant** Papy bourlingua un certain temps. D'abord, il voulut rejoindre Lumbala, puis non finalement. Ensuite il voulut retourner auprès de Wamba, mais il le remplaça par Mbusa. Au fond, il avait envie de retrouver sa famille, qui était à Beni, mais c'était loin, donc il était resté auprès de Mbusa. La loyauté était surtout une question d'opportunité. En définitive, il avait passé des années à errer en compagnie de quelques soldats à travers la forêt vierge dans ce qui, en de meilleurs temps, s'était appelé le *Parc national de l'okapi** et qui était, avec ses dix-huit mille kilomètres carrés, une des plus grandes réserves du Congo, patrimoine mondial depuis 1996, le plus souvent uniquement peuplé de Pygmées Mbuti.

Ils formaient un petit groupe de sept et Papy était *chef de peloton**. Au fin fond de la forêt vierge, ils arrivèrent dans le petit village de Bomili, où ils eurent une vue magnifique sur une confluence entre un affluent et la rivière Ituri. En ce lieu, un certain Mamadou était tout-puissant. Ce braconnier du Mali se donnait des airs de chef de village. Cela rappelait Msiri, le marchand d'esclaves afro-arabe originaire de la côte est, qui en 1856 s'était fait proclamer roi des Lunda. Le pouvoir politique se délitant, la place était libre pour de nouvelles structures venant de l'extérieur : les marchands étrangers pouvaient agir en toute impunité comme bon leur semblait et, en usant d'un peu de violence, acquérir un réel pouvoir politique. A l'intérieur des terres au Congo, c'était autant le Far West en l'an 2000 qu'en plein XIXe siècle. Même les marchandises n'avaient pas changé. "Mamadou avait une maison remplie d'ivoire. J'y ai vu quinze défenses de deux mètres de long. Quatre chasseurs travaillaient pour lui, un homme qui s'appelait Pascal et trois Pygmées. Il y avait aussi des peaux d'okapis et une corne de rhinocéros. Mamadou nous a tout pris, même nos petites chaînes. Il nous a frappés pendant trois heures. Puis il nous a dit : « Vous allez transporter cet ivoire pour moi, sinon je vous tue. »" Une phrase qui aurait pu sortir tout droit du XIXe siècle. Papy et ses hommes marchèrent sept kilomètres avec les défenses sur leurs épaules, exactement dans la même région où les arabisés effectuaient leurs razzias autrefois. Quand le soir tomba, ils construisirent trois petites huttes pour la nuit. Ils n'avaient pas l'intention de continuer sagement à jouer les porteurs. "Au bout d'une heure, Mamadou est arrivé. Ils nous avaient suivis et il a ouvert le feu. L'un de nous a été tué, puis nous avons tué trois de ses chasseurs, dont Pascal. Nous nous sommes enfuis et nous avons enterré l'ivoire. Il faut encore que je retourne le chercher."

En écoutant le *lieutenant** Papy, j'avais l'impression de relire *Au cœur des ténèbres*, de m'immerger dans un monde vert foncé, obscur, imprégné d'une violence oppressante. Un monde peuplé de personnages fantomatiques, aussi cruels que sombres et ivres. "Mamadou travaillait avec le roi des imbéciles, Ramses. C'était le numéro deux du MLC de Bemba. Il y avait une grande rivalité avec le RCD-ML de Mbusa." Un monde étouffant animé par des logiques brumeuses. Les rebelles prougandais ne se battaient plus contre Kinshasa, et même plus contre le Rwanda, mais simplement entre eux. "Le MLC voulait s'étendre vers l'est. Ils ont attaqué Isiro, puis aussi Beni et Butembo. Ramses était leur commandant. A Mambasa, ses hommes ont commis des actes de cannibalisme sur des Pygmées." Un monde fiévreux aux rituels bizarres offrant des spectacles atroces. Ils ont même contraint des Pygmées à manger des parties du corps de personnes de leur famille qui venaient d'être tuées. Ils ont extirpé et consommé le cœur de nouveau-nés[36]… Un monde moite où de l'eau tombe goutte à goutte des feuilles et où retentissent des cris lointains d'animaux. Le *lieutenant** Papy a reniflé, il s'est ébroué. Le mépris suintait de ses propos troublés. "Un jour, j'ai perdu mon ami, mon camarade. Dans un premier temps, nous n'avons pas réussi à le trouver. Puis nous l'avons vu dans un virage le long de la route. Ramses avait réussi à l'attraper. Sa tête était plantée sur une pique. Plus bas sur le pieu, ils avaient attaché sa bite."

Un monde de sueurs froides et d'odeurs corporelles. Deux millions de citoyens avaient pris la fuite vers nulle part. Dans les profondeurs de la forêt vierge, les villageois s'étaient tellement coupés du monde extérieur qu'ils n'avaient plus de vêtements pour remplacer leurs haillons. On les appelait les *nudistes**. Nus, ils parcouraient la forêt en quête de nourriture, comme si on était de retour en 1870, sauf que maintenant ils avaient honte[37].

A l'époque coloniale, le territoire autour de Bomili était connu pour ses mines d'or. Les filons d'or n'étaient pas aussi riches qu'à Kilo-Moto, plus à l'est, mais ils valaient tout de même encore la peine. Le *lieutenant** Papy se lança dans l'extraction de l'or et eut manifestement plus de succès dans cette activité que dans le commerce de l'ivoire. Les soldats devenaient entrepreneurs, les assassins négociants. "Je contrôlais trente-cinq petites mines d'or dans le voisinage de Nia-Nia. C'était mon secteur. Mes hommes et moi, nous n'étions payés par personne, mais chaque mine avait son propre P-DG." Même s'il s'agissait le plus souvent d'adolescents en maillot de corps déchiré, le terme P-DG qu'employait Papy indiquait tout de même que l'économie du pillage était d'une certaine manière formalisée. "J'ai réuni tous les P-DG et je leur ai tenu ce discours : « Vous devez apporter une contribution, sinon les militaires vont se servir eux-mêmes et vous aurez des emmerdements. Il va falloir que tout le monde verse une contribution : *l'effort de guerre* *. Par mois, je veux que chacun de vous me remette cinq grammes d'or. » On en a discuté, finalement on s'est entendus sur trois grammes. Certaines mines employaient cinq mille *creuseurs* *, mais ces P-DG ne recevaient qu'une petite partie de la production."

Il n'était plus question depuis longtemps d'exploitation industrielle. Les machines de l'époque coloniale rouillaient depuis des décennies. Le travail était effectué à présent par ceux que l'on appelait les *creuseurs* *, de jeunes hommes et des enfants qui, à l'aide d'une binette ou d'une pioche, raclaient le sédiment pour le détacher. Cela rappelait les tout débuts de l'exploitation minière au Katanga un siècle plus tôt, à cette différence près que personne ne travaillait pour un salaire, mais que tout le monde était un entrepreneur indépendant qui, en guise d'impôt, versait une partie de sa production à une personne plus haut placée. "Je faisais le tour de toutes les mines pour collecter les taxes. Elles me servaient à nourrir mes hommes, mais aussi à fournir les officiers au-dessus de moi. Je vendais l'or à des commandants de brigade ou à des chefs de bataillon. J'exigeais aussi quelques mètres carrés de mine pour mon propre usage. J'avais des puits partout et une dizaine de *creuseurs* * qui tamisaient pour moi le sable de la rivière. J'arrivais à obtenir cinq cents grammes par mois, *bon* *, quand j'avais de la chance."

En tant qu'acteur de taille moyenne sur le marché, Papy se situait à peu près à mi-hauteur dans la pyramide de l'économie de guerre. La chaîne d'exploitation des mines artisanales était longue : des *creuseurs* *, on remontait au gérant (le "P-DG") et au propriétaire de la mine, puis aux officiers supérieurs et ensuite aux *comptoirs* * dans les villes ou même directement en Ouganda, où la marchandise était vendue à des acheteurs d'or internationaux. Salim Saleh, le frère du président Museveni, était un personnage clé de ces transactions en vrac. Dans les grandes mines d'or de Kilo-Moto, ils se passaient de tous les intermédiaires. L'armée ougandaise y contrôlait directement le filon. Les mineurs creusaient sans protection et sans rétribution, sans chaussures et souvent sans outil, les canons des fusils pointés sur eux. Les accidents du travail étaient légion. En 1999, lors de l'effondrement d'une galerie souterraine, au moins une centaine de personnes perdirent la vie[38]. En 1999 et 2000, les exportations d'or de l'Ouganda atteignaient quatre-vingt-dix à quatre-vingt-quinze millions de dollars par an. Le Rwanda exportait à l'époque chaque année vingt-neuf millions de dollars d'or. C'est beaucoup, quand on sait que les deux pays ne produisent pas des quantités d'or significatives[39].

La situation était comparable pour d'autres minéraux. Avant la guerre, l'Ouganda n'exportait pas plus de deux cent mille dollars de diamants, en 1999 ce chiffre avait presque décuplé, s'établissant à 1,8 million de dollars[40]. Le Rwanda, un pays sans diamants, exportait peut-être même jusqu'à quarante millions de dollars par an de ces petites pierres[41]. On comprend aussitôt pourquoi le contrôle de Kisangani avant tant d'importance. Mais il n'était pas seulement question de métaux précieux et de pierres précieuses. Le Rwanda faisait venir du Congo avec tout autant d'avidité l'étain, beaucoup plus banal, utilisé à l'échelle mondiale pour la fabrication de boîtes de conserve. De 1998 à 2004, le pays a extrait environ deux mille deux cents tonnes de cassitérite (minerai d'étain) de son propre sol, mais en a exporté six mille huit cents tonnes, soit plus du triple. La différence entre ces deux volumes provenait des mines de cassitérite du Kivu[42]. La région des Grands Lacs ressemblait à un Schengen africain, un marché unifié où des marchandises pouvaient passer la frontière sans faire l'objet de contrôles. Le bois tropical, le café et le thé disparaissaient aussi vers l'est. Le Congo devint *un pays self-service** [43]. La ruée sur l'Afrique était à présent organisée par les Africains eux-mêmes.

Puis il y eut le coltan. Cela ne ressemblait à rien, on aurait dit du gravier noir, qui pesait très lourd, on en trouvait dans la boue mais, soudain, le monde entier en réclama. Pour le Rwanda, cette marchandise devint le principal intérêt économique du Congo. Ce qu'était le caoutchouc en 1900, le coltan le fut en 2000 : une matière première présente en grandes quantités localement (le Congo détenait, d'après les estimations, plus de 80 % des réserves mondiales) et pour laquelle se manifesta brusquement à l'échelle mondiale une demande pressante. Les téléphones portables devinrent les pneus de ce nouveau tournant de siècle. Le coltan se compose de colombite (niobium) et de tantale, deux éléments chimiques qui dans la classification périodique de Mendeleïev se situent exactement l'un au-dessus de l'autre. Tandis que le niobium est utilisé dans la production d'acier inoxydable pour, entre autres, les piercings, le tantale est un métal au point de fusion extrêmement élevé (près de 3 000 degrés Celsius). Il est donc particulièrement adapté aux superalliages dans l'industrie de l'aérospatiale et aux condensateurs dans le domaine de l'électronique. Il suffit d'ouvrir un quelconque téléphone portable, lecteur mp3, lecteur de DVD, ordinateur portable ou une console de jeu pour trouver à l'intérieur un labyrinthe vert sur lequel sont fixées toutes sortes d'éléments incompréhensibles. Les petites perles de couleur vive en forme de goutte d'eau, ce sont les condensateurs. En grattant un peu, on peut les ouvrir et on se retrouve avec un petit morceau de Congo dans la main.

En l'an 2000, une véritable ruée sur le coltan s'est produite. Nokia et Ericsson avaient l'intention de lancer sur le marché une nouvelle génération de téléphones portables, tandis que Sony était sur le point de commercialiser sa PlayStation 2 (ce que la société a dû retarder du fait d'une contraction de l'offre de coltan)[44]. En moins d'un an, le prix du minerai a décuplé, passant de trente à trois cents dollars la livre. En dehors de l'Australie où il existe un filon, l'est du Congo était le seul endroit au monde où cette matière était extraite. De l'autre côté de la Terre, l'Etat en tirait une belle source de revenus mais, au Congo, ce fut une malédiction plus qu'une bénédiction. Un Etat faible au sol richissime ne peut que s'attirer des problèmes. Toutes les mines de coltan étaient contrôlées par le Rwanda. En 1999 et 2000, Kigali a exporté l'équivalent de 240 millions de dollars de coltan – par an. Un commerce qui, pour une bonne part, apportait un bénéfice net. Le Rwanda devait certes payer les négociants et les rebelles au Congo, mais cela représentait des cacahuètes au regard des revenus. Les profits de la guerre étaient trois fois supérieurs aux coûts[45]. Même s'il fallait, de temps en temps, déduire une caisse de kalachnikovs.

Pourtant, le Rwanda et l'Ouganda n'étaient pas ceux qui profitaient le plus du pillage des matières premières dans l'est du Congo. Dans une économie en phase de mondialisation, les Etats n'étaient que des chaînons intermédiaires dans tout un ensemble de réseaux commerciaux internationaux complexes et en transformation constante. Kagame et Museveni n'étaient pas au bout d'une chaîne d'approvisionnement. Ceux qui tiraient profit du recel des matières premières en provenance du Congo étaient des groupes miniers multinationaux, des compagnies aériennes obscures, des marchands d'armes notoires mais insaisissables, des hommes d'affaires véreux en Suisse, en Russie, au Kazakhstan, en Belgique, aux Pays-Bas et en Allemagne. Ils exerçaient leurs activités sur un marché extrêmement libre. Du point de vue politique, le Congo était une catastrophe, sur le plan économique un paradis – pour certains du moins. Les Etats en déliquescence sont les succès à l'actif d'un néolibéralisme mondial débridé.

Cela n'empêchait pas le *lieutenant** Papy de dormir. Un jour, il décida de tenter à nouveau sa chance dans le commerce de l'ivoire. Avec l'aide de quelques Pygmées, cela devait pouvoir marcher. "J'avais obtenu l'autorisation du chef du village. Il a fallu quatre jours avant que nous repérions des traces, nous les avons suivies pendant toute une semaine. Quand nous avons fini par apercevoir l'éléphant, il n'avait qu'une seule défense. Plus tard, nous avons trouvé un troupeau. J'en ai abattu un, une femelle. Le soir, nous avons mangé la trompe. C'était bon."

Sur les quelque six mille éléphants présents dans la réserve de faune à okapis où Papy vagabondait, plus de la moitié furent tués, pour l'ivoire et pour la viande. Le braconnage était devenu une affaire lucrative au Congo. Sur les cent trente gorilles des montagnes, espèce déjà extrêmement rare, qui vivaient dans le parc Kahuzi-Biega, plus de la moitié disparurent. Le parc Virunga abritait plus de vingt mille hippopotames ; mille trois cents seulement ont survécu à la guerre[46]. Face à une population qui chaque année consommait 1,1 à 1,7 million de tonnes de viande de brousse et brûlait soixante-douze millions de mètres cubes de bois, la nature a beaucoup souffert de la guerre[47]. L'exploitation forestière s'était interrompue, mais comme la distribution d'électricité avait cessé, tout le Congo recommença à faire sa cuisine au feu de bois, à raison d'un mètre cube par personne et par an. La viande de brousse était le plus souvent du singe et de l'antilope. Sur tous les marchés, on voyait des petits singes fumés, presque carbonisés, avec leurs yeux fermés brûlés et leurs gueules grandes ouvertes. Lors de mon premier voyage au Congo en 2003, j'ai même vu que l'on vendait encore de l'éléphant sur le marché de Kinshasa.

La carrière de braconnier de Papy fut elle aussi de courte durée. "Le lendemain, nous sommes retournés chercher les défenses. Il y avait un petit à côté de la mère morte. Je l'ai tué aussi. La pitié, c'est quoi ? Quand je me suis approché, je me suis aperçu qu'il n'avait que deux misérables petites défenses. *Bon**, je préférais encore travailler dans l'or[48]."

La deuxième phase de la guerre a duré longtemps, parce que beaucoup de gens y gagnaient : non seulement les grandes multinationales lointaines, les acheteurs roublards dans des petits bureaux climatisés, les dictateurs militaires dans les pays voisins, mais tout le monde, à chaque niveau de la pyramide. Les simples citoyens pouvaient enfin gagner un peu d'argent après les années de misère sous Mobutu. Cela n'apparut jamais aussi clairement que pendant la ruée sur le coltan. Les agriculteurs des deux Kivu abandonnèrent leurs tristes lopins de terre, les enfants quittèrent l'école en masse, même les enseignants renoncèrent à leur emploi. "Nous sommes conscients que l'extraction du coltan ne peut pas résoudre nos difficultés quotidiennes", disaient quelques *creuseurs**, "mais ici nous gagnons bien plus qu'avant." Ils acceptaient les risques en prime. C'étaient surtout les hommes qui retrouvaient ainsi leur autonomie financière. L'économie informelle des années 1980 avait offert aux femmes de nouvelles chances, mais l'exploitation minière artisanale durant la guerre était le domaine des hommes. "L'extraction du coltan est très rentable", disaient deux *mamans**, "mais il n'y a que les maris qui en profitent. Dès qu'ils ont l'argent, ils partent chercher d'autres femmes à Goma, ils leur achètent même des maisons, pendant que nos propres enfants traînent et ne vont pas à l'école[49]."

La guerre n'avait pas commencé dans un but lucratif; mais maintenant qu'elle profitait à tant de personnes, elle durait[50]. Le commerce et la guerre se prenaient en tenaille : parallèlement à une militarisation de l'économie, on assistait aussi à une commercialisation de la violence. Des soldats comme le *lieutenant** Papy proposaient leurs services partout, pourvu qu'ils soient bien rémunérés. L'économie informelle d'autrefois était devenue à présent une économie militaire : les richesses congolaises faisaient une fois encore l'objet d'un trafic à grande échelle mais, cette fois, avec une kalachnikov en prime. L'extrême violence devint ordinaire, la haine ethnique ressemblait à s'y méprendre à la concurrence commerciale.

"Ils sont allés arracher Kasore, un Lendu d'une trentaine d'années, à sa famille et ils l'ont frappé à coups de couteaux et de marteaux", rapporte un témoin oculaire à Mongbwalu, une ville de la Province orientale. Là-bas, les Hema et les Lendu, les deux principaux groupes démographiques du district de l'Ituri, se disputaient les filons. Autrefois, les mines avaient donné naissance à un melting-pot ethnique, désormais elles semaient la discorde. La politique de l'Ouganda attisait la haine raciale[51]. Les Hema, comme le vit le témoin, "ont tué Kasore et son fils (d'environ vingt ans) à coups de couteaux. Ils ont tranché la gorge du fils et ils lui ont ouvert le torse. Ils ont découpé les tendons de ses talons, ils lui ont broyé la tête et ils l'ont éventré." Maintenant c'est nous les chefs, disaient les assaillants après certaines actions. Le revers de la mondialisation était la tribalisation; le pillage international des matières premières allait de pair avec une renaissance de rites anciens ou l'apparition de nouveaux. Un homme de la tribu hema dut se soumettre à un test curieux chez un féticheur : "Il tenait deux œufs. J'étais attaché, j'étais terrorisé. Il a fait rouler les œufs par terre devant mes pieds. Il m'a dit que si les œufs s'éloignaient de moi, je serais considéré comme innocent. Mais s'ils roulaient vers moi, je serais considéré comme un Hema et donc coupable. J'ai eu de la chance, les œufs se sont éloignés. Mais Jean, qui était avec moi, a eu moins de chance. Les œufs ont roulé du mauvais côté et ils lui ont dit de partir. Pendant qu'il partait en courant, les Lendu lui ont lancé des flèches. Il est tombé. Ils l'ont découpé en morceaux avec leurs machettes, juste devant mes yeux. Puis ils l'ont mangé[52]."

La guerre n'était pas motivée que par l'appât du gain, elle s'appuyait sur de nouvelles formes de moralité. Les rapports des organisations de défense des droits de l'homme contiennent rarement des témoignages de combattants. A Kasenyi, un petit village de pêcheurs sur le lac Albert, je suis parvenu avec beaucoup de difficultés à en faire parler quelques-uns. La vision dominante qui veut que tous les enfants soldats aient été kidnappés ne correspond pas à la réalité. Beaucoup s'enrôlaient de leur propre gré. "Notre village a été attaqué deux fois. Mon grand-père, ma sœur et mon frère ont été tués. J'avais 12 ans et je me suis engagé. De ma propre volonté. Le massacre que nous avons commis a été la conséquence de leurs massacres. Pendant trois ans, je suis resté dans l'UPC [la principale milice hema]." Le jeune Hema, qui a tenu absolument à garder l'anonymat, était à présent un vétéran de guerre : "Nous étions formés par des mercenaires rwandais. Notre général était Bosco Ntaganda. Il se battait aussi avec Joseph Kony. J'étais là au carnage de Mahagi. Nous prenions les mères, les pères, les enfants. On nous disait de tuer et je tuais. Tuer les femmes et les enfants, je n'aimais pas. Heureusement j'avais un fusil, j'avais peur de tuer à la machette. Les soldats emmenaient les filles pour les épouser. Je devais les regarder les violer. Bosco disait : « Quand on est militaire, on a une femme gratis. Tout est gratuit. »[53]"

Dans un pays où l'enseignement était en ruine, où les emplois n'existaient pas, où les dots étaient impossibles à financer et où l'espérance de vie moyenne n'était plus que de 42 ans, non seulement la guerre générait des gains, mais elle était aussi porteuse de sens. Des enfants sans avenir avaient soudain un idéal et une identité[54]. "Mes deux frères sont maintenant pêcheurs, ils prennent leur pirogue et vont sur le lac", a raconté un autre. "Pendant la guerre, ils étaient membres du *Parti pour l'unité et la sauvegarde de l'intégrité du Congo* * (Pusic) [une autre milice hema]. Ils avaient 12 et 14 ans en

2002. Quand ils sont revenus de la guerre, ils ont parlé en riant de leurs pillages et de leurs viols. La guerre était une plaisanterie, une plaisanterie qui entraînait la mort, mais une plaisanterie tout de même[55]." Entre soi, on se racontait en cachette des histoires pour impressionner les autres, comme des étudiants après une nuit de beuverie. Les combats étaient une bacchanale de sang et de bière, un rituel dionysiaque qui consistait à courir, à attraper et à mordre, des ripailles avec viande de chèvre rôtie, chair de jeune fille tendre, hurlements, fumée de poudre, chair de jeune fille qui finissait tout de même par devenir humide, je te l'avais bien dit, ivresse, malédiction, carnaval, inversion temporaire de toutes les valeurs, transgression consciente, plaisir interdit, imprégné d'angoisse, frémissements et humour, beaucoup d'humour. Fête atroce de la vie précaire.

Tandis qu'au bord de l'eau, je buvais une bière avec Muhindu, l'homme qui avait déchargé les cadavres au Kivu, il a tenu à un moment donné des propos ahurissants. "Un soldat est comme un chien. Quand on ouvre la grille, il fait des ravages. Notre chef a dit un matin avant de nous lâcher : «Allez donc faire des conneries.» Nous avons pillé les maisons. Nous avons pris les téléphones portables, l'argent et les chaînettes en or. Nous avons violé. Quand on vous donne l'autorisation de tuer, qu'est-ce qu'un viol peut bien faire ?"

J'étais dans la pénombre d'un petit bureau à Goma. Les bruits de la rue arrivaient jusque-là. Il n'y avait pas de drapeau d'une ONG internationale devant la porte, pas de logo, pas d'air conditionné. Ce bureau était le lieu de travail discret, anonyme, de *La Synergie des Femmes* *, le centre d'accueil conçu pour et par des femmes congolaises de la ville. De l'autre côté de la table en bois était assise Masika Katsuva, une Nande de 41 ans. Elle vivait à l'intérieur des terres. Les Nande étaient, dans des villes comme Beni et Butembo, des marchands qui savaient faire des affaires, ce qui suscitait beaucoup de jalousie. "C'était en l'an 2000. Nous étions tout simplement à la maison. Mon mari importait des marchandises de Dubai. Des soldats sont entrés. C'étaient des Tutsi. Ils parlaient rwandais. Ils ont tout pillé et ils voulaient tuer mon mari. Il leur a dit : « J'ai déjà tout donné, pourquoi voulez-vous en plus me tuer ? » Mais ils ont dit : « Nous devons tuer les gros marchands avec un couteau, pas avec un fusil. » Ils avaient des machettes sur eux. Ils lui ont tailladé le bras. Ils ont dit : « Nous devons frapper fort, les Nande sont solides. » Ils l'ont alors achevé comme dans un abattoir. Ils ont sorti ses entrailles et son cœur."

Pendant qu'elle parlait, elle n'a pas levé une seule fois les yeux. Elle grattait sans discontinuer, avec le capuchon d'un stylo bille, une nervure dans le bois.

"J'ai dû ramasser tous les morceaux. Ils appuyaient le canon d'un fusil contre ma tête. Je pleurais. Tous les morceaux de mon mari. J'ai dû les ramasser. Ils m'ont entaillée avec un couteau, c'est ce qui explique cette cicatrice ici. J'en ai une aussi sur la cuisse. Ils m'ont demandé de m'allonger sur les restes de son corps pour dormir. C'est ce que j'ai fait, il y avait du sang partout. Je pleurais et ils ont commencé à me violer. Tous les douze. Puis mes deux filles dans la chambre à côté. J'ai perdu connaissance et j'ai atterri à l'hôpital. Au bout de six mois, je n'étais toujours pas guérie. Je saignais encore et je répandais des odeurs nauséabondes. Mes filles étaient enceintes. Un garçon et une fille sont nés, mais mes filles ne les ont pas acceptés. Je me suis occupée de ces enfants. Quand je suis rentrée, il s'est avéré que ma belle-famille avait tout vendu, la maison, les terres, tout. Ils ont dit que c'était de ma faute si mon mari était mort. Je n'avais pas de fils et donc pas le droit de rester. La famille m'a rejetée. Maintenant, quand mes petits-enfants me posent des questions sur cette cicatrice, je ne peux rien dire. C'est leurs pères qui l'ont faite."

En 2006, Masika a été de nouveau frappée et violée, cette fois par des hommes de Nkunda. Ils la cherchaient parce que, seule et chassée vers l'intérieur des terres, elle enseignait à d'autres femmes violées. Chaque jour elle accueillait de nouvelles victimes, des filles qui n'osaient pas porter plainte. "Je veux tuer Nkunda. Dieu me pardonne. Même si je dois en mourir, j'aurai au moins fait quelque chose qui me soulage. Je suis toujours seule. Les hommes ne veulent plus de moi et je hais tous les hommes. Je veux aider d'autres femmes. Ma maison leur est ouverte. Je prie beaucoup. Je n'espère rien. J'essaie d'oublier. Mais quand je pense au passé… A la vie que nous partagions, mon mari et moi… Tout ce chagrin[56]."

Et l'eau du lac Kivu clapote contre les pontons. Le sommet du volcan Nyiragongo disparaît dans les nuages. Sur le rond-point, des Jeep aux vitres teintées roulent lentement. Deux jeunes poussent une grande bicyclette en bois à travers la boue. Elle gémit sous un sac haut de plusieurs mètres rempli de tongs aux couleurs vives. Et à l'intérieur d'un petit bureau plongé dans la pénombre, une femme frotte lentement le bois dans un mouvement de va-et-vient avec le capuchon d'un stylo bille, comme si elle voulait effacer quelque chose.

13

LA BIÈRE ET LA PRIÈRE

NOUVEAUX ACTEURS DANS UN PAYS DÉVASTÉ 2002-2006

Demandez au Congolais moyen où il préférerait vivre par-dessus tout. Il y a de grandes chances pour qu'il vous réponde "*na Poto*", "en Europe". *Poto* en lingala vient de Portugal, le premier pays européen dont l'Afrique centrale ait fait la connaissance. Et concrètement, Poto signifie Bruxelles ou Paris, car le reste de l'Europe ne compte pas, à l'exception de Londres peut-être. Jamais Kolonga, celui qui dans les années 1950 avait été le premier à danser avec une femme blanche, racontait fièrement qu'il avait à présent déjà huit petits-enfants qui habitaient en Europe. Poto signifie le succès. Demandez à ce même Congolais où il ne souhaite surtout pas vivre, vous entendrez à coup sûr "*na Makala*". *Makal* veut dire "charbon de bois", mais c'est aussi une banlieue de Kinshasa où autrefois on brûlait du charbon de bois et où aujourd'hui se trouve le centre pénitentiaire et de rééducation de Kinshasa, la prison centrale. Dans l'imagination populaire, "Makala" représente tout ce qui fait peur et horreur au Congolais. Ce mot désagréable évoque depuis Mobutu des images de faim, de torture et de meurtre. Makala est l'endroit où l'Etat montre ses crocs venimeux, un lieu sombre, noir de fumée, qui dégouline de sang et de mort. Les chauffeurs de taxi refusent souvent de vous y emmener.

"Et vous ne devez surtout pas perdre ce petit bout de papier bleu", me dit le gardien avant de m'ouvrir le portail. Dans un bâtiment d'accès où règne le chaos et où tout le monde crie qu'il est chargé de *la sécurité**, on me fouille à plusieurs reprises et on me demande de remettre mon téléphone portable et mon argent. En échange de mon téléphone, on me donne un petit carton froissé sur lequel est inscrit un numéro. J'ai déjà retiré ma carte Sim dans le taxi. Mon argent – vingt dollars, j'ai sciemment évité de prendre une plus grande somme sur moi – disparaît dans un tiroir. Un préposé déchire un petit bout de papier et écrit dessus que moi, *monsieur David**, j'ai remis vingt dollars. Mais voilà qu'il s'avère maintenant qu'une petite bande de papier bleu que je n'ai pas demandée est encore plus importante, plus que ces deux tickets de vestiaire. Plus fine que du papier à cigarettes, elle semble pourtant déterminante pour mon avenir. "Quand vous sortirez tout à l'heure, vous devez donner ce papier. Si vous ne l'avez plus, nous ne pouvons pas vous laisser passer. Vous devrez rester le soir pour l'appel, parce que nous devrons vérifier si tout le monde est bien là." L'interrogation dans mon regard suscite une réponse. "Nous devons nous assurer que vous ne l'avez pas donné à un prisonnier qui en a profité pour partir, vous comprenez." Et que se passe-t-il si par hasard il manque un prisonnier ? "Dans ce cas, vous êtes le premier suspect." Et que se passe-t-il si je ne l'ai vraiment plus ? "Dans ce cas, vous restez tout simplement ici." Bienvenue à Makala.

La porte d'accès est déverrouillée. Je traverse une pelouse desséchée et j'entre dans un sas où je salue d'un signe de tête quelques gardiens aux yeux apathiques. Je demande du ton le plus décontracté possible : "Le pavillon 1 ?", comme si je me rendais chaque semaine dans le couloir des condamnés à mort. L'un d'eux m'indique lentement, d'un mouvement du menton, une porte. J'arrive dans un étroit couloir entre deux grands murs en béton. Ici s'arrête le royaume des gardiens et commence celui des criminels. Comme les gardiens ne sont plus payés depuis des années, ils sont en quelque sorte en grève permanente. Ils continuent de venir, mais ne font strictement rien. Amorphes, affalés sur leurs chaises en plastique, ils tripotent leurs talkies-walkies cassés. Le directeur a donc fini par confier la responsabilité du maintien de l'ordre *intramuros* aux détenus eux-mêmes – avec toutes les conséquences que cela peut avoir. Le ciel est une petite bande de bleu tout en haut. Dans le couloir, des centaines d'yeux me fixent. Bruit rauque. Personne ne porte de tenue de prisonnier. Des maillots de basket. Des débardeurs. Des corps musclés. Des têtes rasées. Makala était initialement conçu pour mille cinq cents détenus, à présent six mille y vivent.

Rester immobile est une faiblesse. Je me fraie un chemin à travers une haie d'hommes jeunes qui me demandent, non : qui exigent, de l'argent et des cigarettes. Un peu plus loin, j'atteins le célèbre pavillon. La lumière du jour, qui m'éblouissait juste avant, s'interrompt aussitôt. Il règne une obscurité totale quand j'entre, dans un long couloir sombre, flanqué de cellules des deux côtés. Quelques portes sont ouvertes, du linge est suspendu à sécher. Brouhaha. Dans le noir, je vois ici et là apparaître des visages autour de feux de charbon. Cela rappelle une basilique orthodoxe russe juste avant la messe de minuit, mais ce ne sont pas des icônes qui s'éclairent dans le vacillement d'une bougie. Ce sont des condamnés à mort qui préparent leur repas sur de simples réchauds, car on ne fournit pas la nourriture à Makala. Quand la famille n'apporte pas à manger, on mange de l'herbe ou du gravier.

"Cela va faire déjà huit ans que je suis ici", dit Antoine Vumilia dans sa cellule exiguë. Je regarde autour de moi et j'évalue les dimensions à 220 sur 110 centimètres, plus petit qu'un grand lit d'une personne en Europe. "Je partage la cellule avec deux autres détenus." Il me fait asseoir sur son lit de camp. Sur la table de nuit sont posés quelques livres : *Voyage au bout de la nuit* de Céline, *Cent ans de solitude* de García Márquez, des ouvrages d'Abdourahman Waberi, Zadie Smith, Colette Braeckman… Heureusement qu'il les a, ces livres. "Les détenus les plus redoutables sont les maîtres ici. La direction les laisse faire. Ils contrôlent le trafic de drogues, de devises et de cartes téléphoniques." Puis il ajoute en chuchotant : "L'an dernier, ils ont « exécuté » trois prisonniers." Avec des armes à feu ? "Non, tout simplement à coups de pied."

C'était le 16 janvier 2001. Antoine Vumilia travaillait au bureau du Conseil national de sécurité, les services de sécurité de Kabila. Son département était juste à côté du palais de Marbre, la résidence officielle du chef de l'Etat. Les locaux n'étaient séparés des appartements présidentiels que par un mur. Un peu après midi, un vacarme infernal l'a fait sursauter. "J'ai entendu des coups de feu", me raconte Antoine dans sa cellule de condamné à mort. “Il y en a eu trois. Quelques minutes plus tard, encore huit ou dix.”

De l’autre côté du mur, Kabila était en réunion avec un conseiller, quand un kadogo s’était approché de lui. La garde rapprochée de Mzee se composait encore de quelques fidèles enfants soldats du Kivu. Ruffin avait pour sa part été démobilisé un an plus tôt par l’Unicef – à 17 ans, il avait dû retourner sur les bancs de l’école, parmi des enfants de la ville qui n’avaient que 12 ans et ne savaient même pas comment démonter un AK-47 – mais Rashidi, un de ses anciens compagnons de combat, était encore en service et s’était dirigé droit sur le président. Il paraissait vouloir lui chuchoter quelque chose à l’oreille, mais il a sorti un pistolet automatique et tiré trois fois. Une des balles a traversé la nuque colossale du président. Kabila est mort sur le coup, quarante ans, à un jour près, après le meurtre de Lumumba. Quelques minutes plus tard, le jeune Rashidi a été criblé de balles, tirées par un colonel présent dans le palais.

Antoine Vumilia avait entendu la fusillade. Une semaine plus tard, on l’avait arrêté. Il était soupçonné d’être mêlé au meurtre. En tant qu’agent de la sécurité, Antoine avait lancé une mise en garde, quelques mois plus tôt, dans un rapport où il rendait compte du ressentiment croissant qu’éprouvaient les enfants soldats du Kivu. Les kadogo étaient les disciples les plus fidèles de Kabila, mais ils commençaient eux aussi, apparemment, à se sentir écartés. Antoine venait lui-même du Kivu et savait ce qui s’y passait, mais comme il connaissait personnellement les intéressés, il n’avait pas voulu les dénoncer. “J’étais confronté à un dilemme : d’un côté je devais protéger le régime, d’un autre côté c’étaient des amis à moi qui étaient concernés. Ils étaient très mécontents. Comment pouvait-il en être autrement ? En novembre 2000, Masasu avait été assassiné.” Le jeune Masasu était leur héros : un bagarreur comme eux, un homme qui avait du panache et de l’audace, qui était un des pères fondateurs de l’AFDL[1]. Après la prise de Kinshasa en mai 1997, Kabila l’avait cependant évincé et jeté en prison. Au printemps de l’année 2000, quand on l’avait libéré, il s’était mis à rêver tout haut d’une séparation du Kivu. Il était extrêmement populaire. Peu de temps après, il a été abattu par balle. Cela a déclenché des protestations si violentes parmi les enfants soldats à Kinshasa qu'il y a eu des dizaines de morts. L'amour pour Mzee appartenait définitivement au passé. Kabila avait à présent lui-même fait sauter les ponts avec ceux qu'il appelait "ses enfants". Amers, les enfants avaient commencé à tramer un complot. Vengeance, sang, meurtre. Antoine essaya de les raisonner : "Ils étaient très jeunes. Ils voulaient seulement montrer qu'ils en avaient ras-le-bol. Je leur ai dit que c'était purement et simplement du suicide, que cela n'avait aucun avenir." Mais il a été arrêté avec eux et il a refusé de témoigner contre eux dans un procès qui n'en était pas un. "Je devais témoigner contre des gens que je connaissais et avec qui je mangeais tous les jours en prison."

Il n'était d'ailleurs pas non plus exclu que Kabila ait été tué pour d'autres raisons[2]. Etait-il vraiment certain que le complot ait été l'œuvre du Kivu ? L'Angola n'y était-il pas mêlé ? N'était-il pas question de diamants ? Le bruit courut que Kabila, qui devait tant à l'Angola, s'était mis à faire des affaires avec les rebelles honnis de l'Unita, qui contrôlaient le nord de l'Angola, une région riche en diamants. Des Libanais n'étaient-ils pas intervenus en tant qu'intermédiaires entre Kabila et l'Unita ? Onze diamantaires libanais n'avaient-ils pas été tués à Kinshasa aussitôt après l'assassinat ? Oui, c'était effectivement le cas. Mais tout était si flou, si vague. Personne n'y voyait clair dans cette affaire, et encore moins Antoine Vumilia. "J'ai essayé de plaider pour que les jeunes soient libérés, mais on en a tiré la conclusion que j'étais sûrement un des leurs." Antoine a été condamné à mort avec trente autres personnes. Il était impossible de faire appel. Les organisations internationales de défense des droits de l'homme qualifièrent le procès de caricature[3].

Antoine lance pour la énième fois un regard circulaire sur l'intérieur de sa cellule. "Cela fait déjà huit ans que je suis ici. Je n'ai pas de mot pour décrire ce qui s'est passé, c'est une immense hypocrisie. Les dirigeants du régime connaissent la vérité, mais ils ont voulu apaiser le public en se dépêchant de lui trouver un bouc émissaire[4]."

La mort de Kabila a marqué un tournant dans la Seconde Guerre du Congo. En toute hâte, son fils, Joseph Kabila, a été placé au pouvoir. Avec sa voix timide et sa jeunesse (il n'avait que 29 ans), il donnait l'impression, au début, d'être un personnage falot. Les Congolais le connaissaient peu, l'Occident le considérait comme une marionnette. Mais à peine un mois plus tard, il rencontrait à New York Paul Kagame, son homologue et ennemi juré rwandais, et tenait plusieurs discours remarquables. Il parlait de paix, d'unité nationale et du rôle de la communauté internationale. Une nouvelle ère avait-elle fini par arriver ? Oui. Après la parution de plusieurs rapports des Nations Unies faisant incontestablement état du pillage de matières premières par le Rwanda et l'Ouganda, Kagame et Museveni ne purent plus prétendre qu'ils étaient présents au Congo uniquement pour garantir leur sécurité nationale. Il y eut alors une longue série de négociations de paix, à Gaborone (août 2001), à Sun City (avril 2002), à Pretoria (juillet 2002), à Luanda (septembre 2002), à Gbadolite (décembre 2002) et à nouveau à Pretoria (décembre 2002). A l'occasion de cette dernière rencontre, grâce aux brillantes négociations menées par le médiateur sénégalais des Nations Unies Moustapha Niasse et sous la très forte pression exercée par l'Afrique du Sud et l'Union africaine, fut signé le 17 décembre 2002, à trois heures du matin, l'*Accord global et inclusif**, une convention de paix fondamentale qui devait mettre un terme à la guerre. Le Rwanda et l'Ouganda avaient déjà accepté de se retirer, le problème portait à présent sur les milices à l'intérieur du pays. Parmi les signataires figuraient le gouvernement de Kinshasa, quelques représentants de la société civile, l'UDPS de Tshisekedi, le MLC de Bemba, le RCD-G de Ruberwa, le RCD-ML de Mbusa, le RCD-N de Lumbala et les Maï-Maï. Le terme "inclusif" était employé à juste titre. Il était même tellement inclusif que des criminels de guerre, pour préserver la paix, ne seraient pas jugés, mais promus vice-présidents.

L'accord prévoyait une période de transition de deux ans pendant laquelle le pouvoir serait partagé selon la formule "1 + 4" : le président Kabila recevait à ses côtés quatre vice-présidents, un de son propre entourage (Yerodia), deux du cercle des rebelles (Bemba et Ruberwa) et un issu de l'opposition sans forces armées (Z'Ahidi Ngoma, et non pas, curieusement, Etienne Tshisekedi, qui se battait depuis dix ans déjà sans recourir à la violence). Durant ces deux années, toutes les milices existantes devaient être fusionnées en une nouvelle armée nationale et des élections démocratiques devaient être préparées. Ce délai pouvait être prolongé à deux reprises de six mois. En attendant ce scrutin tant attendu, un Parlement de transition et un gouvernement de transition seraient mis en place.

Il s'agissait indéniablement d'un accord historique. Après des années de désespoir, la paix et la reconstruction devenaient une perspective bien réelle. Le nouveau Congo reçut d'ailleurs un soutien massif de la communauté internationale : les troupes de la Monuc, les forces de maintien de la paix des Nations Unies, furent portées à huit mille sept cents casques bleus et atteignirent les années suivantes jusqu'à seize mille sept cents soldats, devenant ainsi la plus importante opération des Nations Unies de l'Histoire (et, avec un budget d'environ un milliard de dollars par an, aussi la plus onéreuse)[5]. Les casques bleus devaient, sous la direction d'un Américain éternellement optimiste, William Swing, veiller au respect du cessez-le-feu et accompagner le désarmement. *Ça va swing* !* s'intitulait une chanson populaire à la radio congolaise qui parodiait son fort accent anglais. Sur le plan politique, le nouveau pouvoir était guidé par le *Comité international d'accompagnement à la transition** (Ciat), une forme unique de diplomatie bilatérale et multilatérale dans le cadre de laquelle les ambassadeurs des cinq membres permanents du Conseil de sécurité de l'ONU, ainsi que ceux de la Belgique, du Canada, de l'Afrique du Sud, de l'Angola, du Gabon et de la Zambie, en plus de représentants de l'Union africaine, de l'Union européenne et de la Monuc, participaient de fait au gouvernement du pays. Le Ciat n'était pas un organe consultatif externe, mais une institution formelle de la transition[6]. "Nous formions un comité d'accompagnement", dit Johan Swinnen, à l'époque ambassadeur de Belgique à Kinshasa, "nous n'avions pas de pouvoir législatif, mais une fonction de stimulation, d'incitation. Nous apportions des compétences. Nous ne voulions pas nous mêler de tout, mais être à leurs côtés. Il y avait cependant des frictions entre le Ciat et le 1 + 4. A la fin, nous avons recommencé à nous montrer très critiques et nous avons diffusé quelques communiqués sévères. On nous maudissait. *They didn't like us anymore* [Ils ne nous aimaient plus][7]." On parlait de "souveraineté contrôlée" mais, de fait, le pays était en partie sous curatelle. La Monuc et le Ciat étaient plus que des filets de sécurité pour le nouveau Congo[8].

Et c'était nécessaire. Car les nouveaux détenteurs du pouvoir avaient du mal à s'en sortir. Ils avaient adopté les pratiques désastreuses du mobutisme avec un empressement qui aurait surpris Mobutu lui-même. Alors que les dossiers essentiels de la réforme de l'armée et du mode de scrutin attendaient d'être traités, une des premières lois du Parlement porta sur… la hausse de salaire des parlementaires. La rémunération fixée à six cents dollars par mois (en soi déjà confortable dans un pays où un professeur en recevait trente) fut doublée, atteignant mille deux cents dollars. En tant qu'anciens, les sénateurs relevèrent même leurs appointements à mille cinq cents dollars par mois[9]. En 2005, les représentants du peuple au grand complet (six cent vingt âmes) se firent cadeau d'un véhicule digne de ce nom : chacun reçut un SUV flambant neuf d'une valeur de vingt-deux mille dollars, car l'état lamentable du revêtement des routes exigeait une solide carrosserie[10]. L'idée de réparer lesdites routes grâce à ces mêmes sommes ne semblait pas à l'ordre du jour. Les mandats politiques continuaient d'être perçus comme un moyen rapide de s'enrichir, plutôt qu'une possibilité de reconstruire durablement la société. On ne recevait pas de prime quand on gouvernait bien, tandis que la corruption était extrêmement rentable, tant sur le plan financier que social : elle vous valait les honneurs. "Il ne faut pas oublier que les membres de notre gouvernement sont des enfants de pauvres", m'a dit un jour un directeur d'établissement scolaire congolais[11]. Alors qu'en Occident la corruption passe pour un comportement injustifiable, elle est souvent considérée au Congo comme un comportement extrêmement raisonnable : quand on laisse passer une occasion en or de nourrir sa famille, c'est là qu'on a vraiment une attitude irresponsable[12].

Les ministres et les vice-présidents firent encore mieux. Ils estimèrent que chacun d'entre eux avait droit à un "traitement spécial" pour ses "besoins logistiques". En langage humain, cela signifiait : une villa et une voiture de luxe. Les quatre vice-présidents obtinrent même une villa avec trois salles de bains, ainsi qu'une Mercedes, une voiture de luxe et deux véhicules d'escorte. L'espoir que le président et les vice-présidents formant ce "quinquevirat" se soumettraient à une surveillance mutuelle sur le plan déontologique s'avéra d'une grande naïveté. Ces messieurs se laissaient faire tranquillement et ne partageaient qu'un seul souci : faire durer la transition. En 2004, chacun d'eux dépassa son budget annuel de 100 %, Bemba même de 600 %[13]. Le budget pour 2005 accordait au chef de l'Etat un montant huit fois supérieur à celui consacré à la santé publique pour l'ensemble du Congo et seize fois supérieur à l'enveloppe pour l'agriculture. La politique était une guerre par d'autres moyens. L'entreprise publique Gécamines avait encore tous les atouts en main pour insuffler une nouvelle vie à l'économie nationale, mais les cercles autour du président conclurent une série de contrats douteux souvent avec des sociétés étrangères extrêmement floues. Ces contrats établissaient des coentreprises permettant à des escrocs étrangers de se mettre au travail en se concentrant sur certaines entités du géant minier. Ils pouvaient exploiter et exporter à cœur joie, l'Etat congolais recevant très peu, voire rien, en échange – alors que sous la table s'échangeaient de grosses enveloppes[14]. Une fois encore, une très petite élite se retrouvait avec les atouts du pays entre les mains. Le clientélisme se portait à merveille. "1 + 4 = 0" peignaient les artistes populaires sur leurs toiles satiriques.

L'armée ne faisait guère mieux. Officiellement, toutes les milices devaient se fondre en une nouvelle armée d'environ cent vingt mille hommes[15]. Effectivement, bon nombre d'anciens rebelles reçurent soudain un uniforme de l'armée gouvernementale et bon nombre de leurs chefs se virent décerner un grade élevé d'officier (toujours un bon appât pour gagner à sa cause un seigneur de guerre), mais en réalité ce prétendu *brassage** resta purement cosmétique. Derrière la façade, rien ne changea. Des soldats qui avaient été ennemis pendant cinq ans ne fraternisaient pas aussi facilement. Sur les dix-huit brigades prévues, seulement trois étaient vraiment mélangées en 2006[16]. En outre, l'armée congolaise souffrait, du fait de ce *brassage**, d'une hydrocéphalie : après toutes ces promotions d'anciens rebelles, il y avait près de deux fois plus de cadres (officiers et sous-officiers) que de soldats[17]. Dans les forces armées congolaises, on préférait commander qu'exécuter – enfin, pas commander, ratisser. Le sommet boursouflé de l'armée se rendait coupable d'un détournement massif de biens. La solde de l'infanterie disparaissait systématiquement dans les poches des colonels et des généraux, qui n'hésitaient pas à exagérer considérablement leurs effectifs pour obtenir plus de moyens. Les soldats, sous-payés et non formés, manquaient quant à eux à la fois de motivation et de discipline et se comportaient à l'avenant. La nouvelle armée gouvernementale, les *Forces armées de la République démocratique du Congo** (FARDC), aurait dû devenir la pierre angulaire de l'Etat ressuscité, mais elle devint une cosse tout aussi vide que les FAC de Kabila *père**, les FAZ de Mobutu, ou même l'ANC de Lumumba et de Tshombe. On appelait parfois les FARDC pour plaisanter : *phare décès**. Le Congo indépendant n'a jamais eu une armée comparable, sur le plan de la combativité et de la discipline, à la *Force publique** d'antan. L'armée n'a donc jamais pu remplir la fonction première de l'Etat, celle du monopole de la violence.

Faut-il alors s'étonner que la guerre ne se soit jamais totalement terminée ? Tant que l'appareil chargé d'assurer la sécurité restait virtuel, la Monuc était la seule entité à pouvoir s'en charger. Mais avec dix-sept mille hommes, on ne peut parvenir à maintenir la cohésion d'un territoire de la taille de la moitié de l'Europe. Même la plus grande mission dans l'histoire des Nations Unies n'était qu'une goutte d'eau sur une plaque brûlante. En Irak, un pays six fois plus petit, cent cinquante mille soldats américains étaient sur place à l'époque, et même eux n'arrivaient pas à maîtriser la violence. La présence des casques bleus avait, dans bien des endroits, un effet apaisant, mais, dans d'autres, ils étaient impuissants.

L'est du Congo resta une zone de troubles même après l'*Accord global et inclusif**. Le conflit y entra dans une troisième phase. La zone concernée se réduisit considérablement, mais pas les souffrances humaines. La violence se concentrait essentiellement dans deux régions : le district de l'Ituri et les deux provinces du Kivu. Il s'agissait, et ce n'était pas un hasard, de régions riches en minerais voisines respectivement de l'Ouganda et du Rwanda.

Dans l'Ituri, le conflit s'enflamma justement à la suite de l'accord de paix. Le 6 mai 2003, quand l'armée ougandaise se fut définitivement retirée de la ville de Bunia, les milices lendu se précipitèrent sur le centre de la ville et massacrèrent des dizaines de Hema. Quelques jours plus tard, les Hema attaquèrent et tuèrent à leur tour des dizaines de Lendu. Le conflit ressemblait à une version miniature du génocide de 1994. Les Hema, avec leurs vaches, se sentaient proches des Tutsi : une minorité ethnique qui formait la couche supérieure de la société. Les Lendu étaient des cultivateurs qui se comparaient eux-mêmes aux Hutu : nombreux, mais en bas de l'échelle. En réalité, il s'agissait du conflit séculaire entre les éleveurs et les cultivateurs à propos de l'accès aux terres, le conflit entre les prés et les champs, sur les vaches qui mangent les cultures[18]. Mais ce conflit à la Caïn et Abel était attisé par la surpopulation et exploité par l'Ouganda, avide d'or[19]. Les tensions ethniques dans la région prirent une telle ampleur que des deux côtés, même des femmes profondément catholiques m'ont dit : “Même nous, *les mamans* *, nous avons pris les armes. Nous nous sentions persécutées.” Ou : “Nous étions complices. Nous transportions des munitions dans nos paniers et nos bidons[20].” La violence ethnique en Ituri ne relevait pas de l'atavisme, d'un réflexe primitif, mais des conséquences logiques du manque de terres dans une économie de guerre au service de la mondialisation. Elle est annonciatrice, en ce sens, de ce qui attend une planète surpeuplée. Le Congo n'est pas en retard sur l'Histoire, mais en avance.

En une semaine, en mai 2003, il y eut dans la seule ville provinciale de Bunia des centaines de morts, mais toute la région fut mêlée à une guerre sanglante et inextricable. Dans le district de l'Ituri, la Seconde Guerre du Congo devint d'une complexité qui n'a pas son égale sur toute cette période. Il existait une douzaine de milices actives, des petites armées à configuration variable d'enfants en claquettes équipés d'un seul fusil, sous la direction de personnes roublardes de 20 à 40 ans qui souvent intervenaient sous des noms d'emprunt dans des alliances changeantes avec d'autres seigneurs de guerre. Cette guerre d'un nouveau genre, avec ses innombrables fusions, scissions, joint-ventures et OPA, ressemblait plus au monde des affaires qu'à une guerre telle que nous en connaissons. Dans les bureaux de la Monuc étaient affichés au mur des organigrammes des milices, réalisés par des officiels découragés ; cela les démoralisait encore plus. Chaque mois, une milice venait s'y ajouter ou le schéma censé résumer la situation devait être modifié – plus de colonnes, plus de flèches, plus d'abréviations, plus de photos de scélérats à côté – jusqu'à ce qu'il corresponde au chaos sur le terrain et perde sa valeur explicative. Pourtant, il existait une constante : toutes les parties obtenaient tôt ou tard des armes et une formation de l'Ouganda[21]. Mais ce soutien témoignait moins, de la part de Kampala, d'une politique visant sciemment à diviser pour mieux régner que des rivalités internes à l'armée ougandaise, au sein de laquelle chaque général avait sa milice au Congo, une milice qu'il pouvait selon les besoins démanteler ou mettre sur pied. Encore des flèches, encore des alliances transversales car, du côté ougandais non plus, rien n'était stable. Et même le Rwanda soutenait quelques milices. Non, la guerre n'était pas encore terminée. Elle s'était transformée en un écheveau de petite taille, mais tenace, une forme de banditisme armé qui se maintenait en place.

Un an plus tard exactement, en mai 2004, des explosions de violence d'une extrême gravité eurent lieu au Kivu. La principale ligne de faille, en l'occurrence, demeurait celle qui séparait les Hutu et les Tutsi et, là aussi, la surpopulation jouait un rôle, mais surtout du côté du Rwanda. Dix ans après le génocide, les Hutu rwandais ne pouvaient toujours pas rentrer dans leur patrie surpeuplée, car un jugement partial pour génocide les y attendait. “Kabila ne les chasse pas et Kagame ne les accueille pas”, devait résumer le diplomate belge Johan Swinnen en une formule lapidaire[22]. Leur exil prolongé continuait de provoquer des troubles, le Rwanda soutenant encore les

Tutsi congolais pour combattre les Hutu. Le résultat fut qu'en mai 2004, les hommes de Laurent Nkunda, avec ceux de Mutebusi, sillonnèrent les rues de la capitale provinciale Bukavu en se livrant à des tueries et des pillages. Ils violèrent, souvent en groupes, des dizaines de femmes et de filles, et même des fillettes de 3 ans[23]. Nkunda, un Tutsi du Nord-Kivu, était un hôte que l'on accueillait volontiers à Kigali. Dès 1990, il avait combattu aux côtés de Kagame. Il avait rejoint l'AFDL en 1996, il avait occupé un poste élevé au sein du RCD-G en 1998 et il avait terrorisé sans pitié la population de Kisangani en 2002. Compte tenu des massacres qu'il avait provoqués à l'époque, une place dans la nouvelle armée gouvernementale ne lui semblait pas sûre. Nkunda devint le nouvel homme de Kigali. Il s'empara de Bukavu entièrement de sa propre initiative. Le fragile processus de paix parut un instant brisé. Etait-ce le début d'une troisième guerre ?

A Bunia tout comme à Bukavu, les casques bleus (surtout des Uruguayens) assistaient impuissants, pour ne pas dire lâchement, aux événements, à la grande colère de la population, mais, en Ituri, le calme finit par revenir grâce à un certain nombre de primeurs historiques. Pour la première fois dans l'Histoire, l'Union européenne intervint militairement et ce que l'on pourrait appeler une armée européenne se constitua. Avec l'assentiment des Nations Unies, des troupes essentiellement françaises pacifièrent la ville de Bunia dans le cadre de l'opération dite Artémis. Des mandats d'arrestation internationaux furent lancés contre les principaux seigneurs de guerre. Trois d'entre eux furent placés en détention préventive à La Haye, dont Thomas Lubanga, qui était à la tête de la plus importante milice hema. En 2010, il fut le tout premier prévenu à être jugé devant la nouvelle Cour de justice internationale. A cet égard aussi, la situation au Congo est plutôt en avance qu'en retard sur l'Histoire.

Au Kivu, la transition aurait pu déraper vers une nouvelle guerre car, en août 2004, en réaction à la violence de Nkunda, cent soixante réfugiés, principalement des Tutsi congolais, furent brutalement abattus dans le camp de réfugiés de Gatumba au Burundi. Le Rwanda envoya de nouvelles troupes au Congo, pour protéger les Tutsi amis. Tout semblait recommencer depuis le début, mais les Nations Unies, l'Afrique du Sud et le Ciat firent tout leur possible pour que les tensions s'apaisent.

Pendant la troisième phase de la guerre, le conflit en revint lentement à ce qu'il avait été au début : un différend entre le Rwanda et le Congo à propos des relations avec les exilés hutu au Kivu. Kagame continuait de vouloir, dans la mesure du possible, les neutraliser, de crainte qu'ils ne cherchent à s'emparer du pouvoir au Rwanda. Tout comme son propre régime était né de la diaspora dans le sud de l'Ouganda, les Hutu de l'est du Congo pouvaient à présent tramer un renversement du pouvoir. Et il n'en avait pas envie : le Rwanda était plein et dans des mains tutsi. Ce conflit qui ne cesse de s'embraser dure à présent depuis plus de quinze ans. Les malheurs de la région des Grands Lacs remontent à ce jour funeste du printemps 1994 où les autorités françaises ont décidé de laisser s'échapper le régime hutu, avec armes et bagages, vers l'est du Congo.

Aujourd'hui, le Rwanda, petit et fort, présente les caractéristiques d'une dictature militaire prospère, qui continue de bénéficier d'un grand crédit auprès des pays donateurs, tandis que le Congo voisin, grand, lourd et faible, ne peut faire face aux véritables problèmes. C'est comme si un militaire de carrière solitaire, le Rwanda, vivait dans un studio sommairement aménagé dans un immeuble chaotique où habite par ailleurs une famille totalement dysfonctionnelle qui fait du bruit, se dispute, accumule les dettes et laisse parfois ouvert le robinet du gaz. A plus d'une occasion, le militaire prend son fusil accroché au mur et fait irruption dans la cuisine des voisins où il fait plus de dégâts que nécessaire. Au lieu de se contenter de couper l'alimentation de la cuisinière, il pulvérise les appareils ménagers, tire dans le plafond, fait tomber le plâtre et ressort avec un jambon à l'os. Cela déclenche encore plus de bruit et encore plus de disputes. Une querelle de voisinage, voilà ce dont il s'agit en réalité en Afrique centrale aujourd'hui, une querelle de voisinage au cours de laquelle l'un injurie l'autre tant qu'il peut. Pas à tort d'ailleurs, car Kigali est tout aussi coupable que Kinshasa. Le résultat reste amer : comme Kinshasa n'est pas parvenu à enclencher la transition indispensable, la Seconde Guerre du Congo ne s'est pas interrompue dans l'est.

Le tintement des bouteilles de bière, des centaines, des milliers de bouteilles de bière, des grosses bouteilles de bière en verre teinté marron se bousculant devant le tapis roulant, dominait la cacophonie de l'usine. On aurait dit un carillon, un pianotage turbulent s'élevant au-dessus du chuintement des installations de rinçage, du crépitement de la machine à étiqueter, du cliquetis de la chaîne de fabrication et des soupirs des tuyaux hydrauliques – comme des cloches couvrant l'agitation d'une ville animée. Le tintement nerveux, joyeux, se propageait à travers le hall bruyant de l'usine comme jamais auparavant et se mêlait à l'odeur de malt et d'alcool. C'était en 2002 et Bralima, la brasserie qui produit la bière Primus, ouvrait à Kinshasa deux chaînes de conditionnement ultramodernes entièrement automatisées, capables de traiter soixante-douze mille bouteilles par heure. La guerre n'était pas encore terminée que l'industrie tournait déjà à plein régime. Bralima (le nom venait de *Brasserie et Limonaderie de Léopoldville**), à l'origine une petite brasserie coloniale créée en 1923, était depuis 1987 entre les mains de Heineken. L'empire néerlandais de la bière avait certainement l'intention, dans le sillage de la guerre, de conquérir le marché de la bière dans ce Congo toujours assoiffé et de le développer. En 2002, un million et demi d'hectolitres furent vendus, en 2008 près de trois millions. Malgré ce doublement spectaculaire, on était encore bien loin du record de 1974, l'année magique du match de boxe, où Bralima avait produit cinq millions et demi d'hectolitres, mais l'avenir s'annonçait prometteur[24]. Dans la seule ville de Kinshasa, Bralima avait à présent plus de cinquante mille points de vente et bars.

En tout cas, les multinationales ne se préoccupaient pas le moins du monde des tergiversations des politiciens. La paix naissante laissait espérer de nouveaux marchés et il fallait s'en emparer au plus vite. Cela valait *a fortiori* pour la téléphonie mobile. Vodacom, l'opérateur sud-africain, installait à Bunia les premiers câbles alors que les violences ethniques étaient encore à leur comble. Lors des pires fusillades, les ouvriers cessaient de creuser pour aller se cacher quelques heures[25]. Pourquoi une telle précipitation ? Dans un pays où les infrastructures téléphoniques ne fonctionnaient plus depuis des décennies, la demande de téléphones portables était gigantesque. La Monuc à elle seule représentait des milliers d'abonnements. Les Congolais ordinaires commençaient aussi à rêver d'un téléphone portable. En décembre 2003, lors de mon premier séjour à Kinshasa, un numéro de portable congolais se composait de sept chiffres, en 2006 il en avait dix. La téléphonie mobile est pour l'Afrique ce que l'imprimerie a été pour l'Europe : une véritable révolution qui redéfinit en profondeur la structure de la société[26].

Un Etat faible comme le Congo laissait une grande place à de nouveaux acteurs internationaux. Pendant la guerre froide, c'étaient des pays qui contribuaient à déterminer le sort du Zaïre (la France, la Belgique et les Etats-Unis), mais à présent c'étaient de plus en plus souvent des partenaires extérieurs privés, comme des entreprises, des Eglises, mais aussi des ONG. De grandes parties du Congo étaient gérées depuis la guerre par des organismes caritatifs internationaux qui se chargeaient des tâches que remplit normalement l'administration publique. Si Kabila s'accordait un montant équivalant à huit fois les dépenses consacrées au secteur de la santé, c'est qu'il savait pouvoir compter sur l'étranger pour fournir des fonds destinés à la santé publique. Il en allait de même pour l'enseignement et l'agriculture, les domaines de prédilection des donateurs internationaux. L'aide de centaines d'ONG était souvent impressionnante, mais avait cependant certaines conséquences. Du fait de la corruption endémique au sein de l'administration publique, beaucoup d'ONG préféraient adopter, dans le pays destinataire aussi, une approche "non gouvernementale" et travailler uniquement avec des partenaires locaux[27]. On le comprend, mais cela ne permettait pas de rétablir un rapport de confiance entre les autorités et la population. De plus, l'afflux de capitaux étrangers créait une sorte de "dépendance vis-à-vis de l'aide" : les Congolais commencèrent à douter de leur autonomie. Monsieur Riza, un homme affable mais travaillant dur pour faire tourner un hôtel modeste à Bandundu, m'a dit, s'insurgeant face à tant de passivité : "Toutes ces ONG ici nous rendent dépendants. On va bientôt voir arriver une ONG qui nous dira qu'on doit se laver les dents.[28]" Nulle part l'ONG-isation n'était plus évidente qu'à Goma, détruite par les tirs pendant la guerre, envahie par la lave depuis 2002. En décembre 2008, alors que j'étais à l'arrière d'un vélomoteur à l'heure de pointe à la fin de la journée – les transports publics du peuple –, j'ai étudié les voitures qui nous doublaient allégrement : toutes des Jeep, toutes appartenant à des ONG, toutes pourvues d'un logo sur la portière ou d'un drapeau sur l'antenne. Cela mettait en colère Justine Masika, la fondatrice de *La Synergie des Femmes*. "A l'heure actuelle, il y a deux cents organisations pour la protection des droits des femmes, rien qu'à Goma. Parmi elles, beaucoup d'ONG sont bidon, ce sont des organisations locales qui s'enrichissent avec l'argent de l'étranger sur le dos des femmes malades. Tout le monde s'y met, ici. L'argent des pays donateurs passe par les Nations Unies, mais elles conservent une importante commission, qui peut atteindre 20 à 30 %. Il y a une vraie mafia des Nations Unies ! Je ne travaille plus avec eux. Le Programme alimentaire des Nations Unies, l'Unicef... ils viennent ici avec de gigantesques budgets, mais 60 % sont consacrés à la logistique, sans que le moindre résultat soit atteint. Tous ces étrangers doivent apparemment recevoir des « primes de risque », tous ces bureaux doivent être climatisés, tous les locaux sont luxueux et sécurisés. Des sommes phénoménales sont dépensées dans les relations publiques. Ils veulent de la visibilité, ici aussi. Alors que les femmes dont il est question sont en danger et ont envie de discrétion[29]." Des mots durs, et Justine Masika n'est pas la première venue : en 2005, elle a fait partie du millier de femmes qui ont été nominées ensemble pour le prix Nobel de la paix, en 2009 elle a reçu le *Mensenrechtentulp*, la Tulipe des droits humains, un prix éminent décerné par les autorités néerlandaises, ainsi que le *Pax Christi International Peace Award*.

Par rapport aux prétentions humanitaires de l'aide au développement, l'objectif des entreprises avait au moins le mérite d'être univoque : il était pécuniaire. Il fallait faire du profit. Il était inutile d'expliquer à Dolf van den Brink qu'il n'y avait là rien d'irrespectueux. Après des études de philosophie et de gestion, ce jeune Néerlandais dynamique que rien n'arrêtait était devenu directeur commercial de Heineken à Kinshasa, le numéro deux de Bralima. En cette qualité, il était coresponsable de la croissance extraordinaire enregistrée les années précédentes. "Quand je suis arrivé ici en 2005, Primus avait une part de marché à Kinshasa de 30 %, tandis que celle de Skol, la bière du concurrent Bracongo, était de 70 %. Maintenant, c'est l'inverse : nous avons 70 % et Skol plus que 30 %[30]." Il m'a projeté une diapositive extraite d'une présentation Powerpoint. Le graphique montrait une ligne ascendante. *On a gagné beaucoup de batailles, mais pas encore la guerre* !* lisait-on au-dessus dans un langage managérial branché. Dans la salle de réunion de Bralima était accrochée une affiche rappelant aux collaborateurs leur obligation première : *Esprit de combat* !* – comme si ce pays ne sortait pas d'un conflit épouvantable.

D'ailleurs, c'était bien d'une guerre qu'il s'agissait. Si Bracongo avait commencé par faire d'aussi bonnes affaires, c'était parce qu'ils avaient Werrason, alors que Bralima devait se satisfaire de J.-B. Mpiana. Werrason et Mpiana étaient des musiciens pop extrêmement populaires qui participaient aux campagnes de promotion des deux brasseries. En 2005, Werrason avait nettement plus de succès que Mpiana et il était impensable qu'un de ses fans commande une Primus. A une époque où les politiciens n'étaient pas élus, où les gens n'avaient pas d'emploi et où les villes étaient habitées aux trois quarts par des jeunes de moins de 25 ans, les musiciens pop avaient un immense pouvoir.

La rivalité entre J.-B. Mpiana et Werrason était légendaire. Chaque génération de la pop congolaise a été marquée par un clash : entre Franco et Kabasele dans les années 1950, entre Franco et Tabu Ley dans les années 1960, entre Papa Wemba et Koffi Olomide dans les années 1980, mais, à la fin des années 1990, le conflit fut plus brutal. En 1981, MM. Mpiana et Werrason avaient fondé ensemble un groupe au nom mégalomane de Wenge Musica 4 × 4 Tout Terrain BCBG. Il fallait s'attendre à des chamailleries. C'était une formation légendaire, qui enchanta le monde en général et Kinshasa en particulier avec le *ndombolo*, le style de danse le plus populaire des années 1990 et 2000, une danse collective où les hommes pliaient les genoux et esquissaient des mouvements de boxe, tandis que les femmes ondulaient du bassin de façon franchement spectaculaire. Le *ndombolo* était provocateur, obscène, hilarant et, comme il se doit pour les styles de danse à la mode, aussi un peu excitant. Sur scène, Werrason et Mpiana paradaient avec leur Telecel, la première génération de téléphones portables, de la taille d'un sabot. A l'époque, ils étaient encore réservés aux gradés dans l'armée et aux ministres, mais les fans glissaient au fond de leur poche arrière des bouteilles de bière pour faire croire qu'ils possédaient eux aussi un spécimen de cette volumineuse technologie. Wenge Musica fut la sensation des années 1990. Quand Kabila prit Kinshasa, on dansa le *ndombolo*. Mais Wenge Musica connut le même sort que tous les autres groupes de pop ou partis politiques congolais qui avaient un certain succès : il se décomposa. Werrason et Mpiana étaient à couteaux tirés, les fans se divisaient et peuvent, aujourd'hui encore, raconter cette lutte de pouvoir avec une passion et une précision dont ils font rarement preuve en évoquant la guerre.

Sans aucune ironie, on parle de *la guerre des albums**, *la guerre des salles** et *la guerre des stades**. Au début, Werrason était le challenger, affichant un esprit extraordinairement combatif : son premier CD s'intitule *Force d'intervention rapide**. Le jargon militaire s'insinuait de toute façon dans la culture pop, avec des titres comme *Attentat**, *Etat d'urgence**, *Ultimatum**, *Couvre-feu** et *Cessez-le-feu**[31]. Chaque disque amenait une nouvelle danse et une nouvelle mode. Les fans attendaient la sortie du dernier album avant d'acheter leurs vêtements. Mais en 1999, quand J.-B. Mpiana fut le premier de sa génération à remplir les salles de concert mythiques du Zénith et de l'Olympia à Paris, Werrason se vengea en faisant le plein avec vingt mille fans au Palais omnisports de Bercy, puis en chantant au Zénith et à l'Olympia. En France, *bien sûr**, car l'histoire congolaise se jouait dorénavant aussi au sein de la diaspora. A la station de métro Château-d'Eau à Paris, à la porte de Namur à Bruxelles et à Seven Sisters à Londres, se constituaient des quartiers animés, avec des coiffeurs, des magasins de musique et des épiciers vendant du manioc et des chenilles fumées. La misère avait fait émigrer des dizaines de milliers de personnes. A Kinshasa, Werrason et Mpiana essayèrent de se prendre de vitesse dans des concerts au stade des Martyrs, où le nombre de spectateurs dépassait cent mille personnes. En 2005, ils allèrent même jusqu'à se lancer un défi lors d'un concert en plein air où ils jouaient *fara-fara*, *face à face** : une scène était dressée de chaque côté du terrain. A l'occasion de ce *concert du siècle**, les deux musiciens devaient se livrer une guerre d'usure pour déterminer qui était le plus fort. Les groupes commencèrent à jouer à dix heures du soir et continuèrent toute la nuit. Le matin, quand les troupes de maintien de l'ordre essayèrent de débrancher la prise, les enfants de la rue formèrent un bouclier vivant autour du groupe électrogène. A une heure de l'après-midi, l'armée mit un terme à l'événement à l'aide de gaz lacrymogène. Plus de deux cent mille spectateurs étaient venus, il y avait eu match nul, mais l'étoile de Werrason continuait à monter[32].

On l'appelait le *Roi de la forêt**. Ses gardes du corps étaient *manzaka na nkoy*, les "anges du léopard"[33]. Avec son visage inexpressif, ses lunettes de soleil ostentatoires et sa barbe taillée impeccablement en collier, il devint quasiment la définition du Congolais cool. Né le jour de Noël 1965, il semblait destiné à un grand avenir. L'Unesco le nomma ambassadeur de la paix. Le pape le reçut en audience et la superstar jamaïcaine Shaggy le proclama sur CNN "le plus grand artiste africain en vie"[34]. Mais pour les milliers d'enfants de la rue de Kinshasa – des gamins qui avaient été chassés de chez eux parce qu'ils étaient soupçonnés de pratiquer la sorcellerie, des enfants qui avaient volontairement quitté leur famille, des orphelins de victimes du sida qui vivaient en permanence sur le sable devant la salle de répétition de Werrason, tous ceux qui se qualifiaient de *shege*, d'après Schengen, parce qu'ils vivaient dans une économie extrêmement libérale –, pour tous ces jeunes en haillons, il resta simplement Igwe, le grand prêtre. Pour lui, ils étaient prêts à mourir.

Puis, en juillet 2005, la nouvelle tomba : Werrason passait de Bracongo à Bralima ! Cela fit l'effet d'une bombe. Werrason était resté plusieurs mois en Europe. Aux frais de Bralima ? Pour ne plus avoir à respecter son contrat avec Bracongo ? Les spéculations allaient bon train, car la musique au Congo est plus importante que le football en Italie. Combien avait-il reçu d'argent ? Le prix de ce transfert est encore aujourd'hui le secret le mieux gardé de Kinshasa. Dolf van den Brink en connaît le montant, c'est lui qui a conclu l'accord. "Mais je ne peux malheureusement pas te le dire", a-t-il répondu en riant derrière son bureau quand je le lui ai demandé. "Crois-moi, cette musique pop nous coûte des centaines de milliers de dollars par an. Les deux tiers de notre budget de marketing y passent. Nous avons investi dans une estrade de trois cent mille dollars pour des concerts, la plus grande du pays. Nous avons des camions, des générateurs et des intendants. Nous avons une agence événementielle qui emploie trente collaborateurs, pour donner des concerts gratuitement dans la ville. Une fois par an, les musiciens écrivent spécialement un morceau pour Primus. Nous payons le studio, le CD, le clip vidéo. Cette initiative nous coûte à elle seule cent à cent cinquante mille dollars. Dans les bars de la *cité**, nous distribuons gratuitement quatre mille CD et neuf mille cassettes. Partout on danse sur les morceaux composés pour Primus."

Lui aussi paraissait en avoir parfois le tournis. Il avait certes écrit sous la direction du sociologue néerlandais Dick Pels un mémoire sur "l'esthétisation du monde de l'entreprise", mais il ne s'attendait tout de même pas à devenir le patron d'une star africaine connue dans le monde entier. "Pour moi, c'est une symbiose entre la musique et la brasserie. Werrason a trois orchestres, plus d'une centaine de personnes dépendent de lui. Il ne peut pas vivre de la vente des CD et des cassettes. Les concerts sont hors de prix. La sponsorisation est donc essentielle pour lui, en plus des concerts donnés pour des VIP et des spectacles en Europe. Nous nous en occupons également. Quand il va au Zénith, nous payons cinquante billets d'avion, parce que si nous ne le faisons pas, il s'en ira."

Il semble, renseignements pris de-ci de-là, que Werrason soit un homme impossible. Ambassadeur de la paix, certes, mais surtout *a pain in the ass* [un casse-cul]*. Il exige de ses sponsors qu'ils importent pour lui et son entourage des dizaines de voitures et les fassent passer en douane. Il ne respecte pas ses engagements. Les rares personnes qui parviennent très exceptionnellement à obtenir une interview ne font que l'entrapercevoir et attendent en vain pendant des heures qu'il revienne, comme l'auteur de ces lignes a pu le constater par une journée glaciale à Paris. Dolf van den Brink soupire. Il fouille dans ses papiers et en montre un chiffonné. "Sylvie Mampata vient de passer, c'est sa femme. Elle va bientôt donner une petite fête et elle nous demande cinquante chaises de jardin, trente caisses de bière et cinquante mille dollars. Et c'est tout le temps comme ça. Tu comprends ce que je veux dire ?"

Bien sûr que nous comprenons, d'autant que Dolf vient de commenter son graphique sur Powerpoint. "Regarde, on le voit très bien ici", dit-il d'un ton satisfait. "En juillet 2005, Werrason nous a rejoints. Notre part de marché a augmenté de six points en deux mois : de 32 à 38 %. La progression n'a pas arrêté. Maintenant nous en sommes à 70 %." Bralima est devenue une des filiales de Heineken qui connaît la plus forte expansion. En 2009, elle a même atteint une part de marché de 75 % : une croissance qui ferait rêver les chefs d'entreprise dans les pays occidentaux. Van den Brink a été récompensé par une mutation aux Etats-Unis où il est devenu, à 36 ans, le responsable de Heineken USA.

Cela dit, Bralima avait vraiment utilisé les grands moyens pour ce transfert historique de Werrason. Quelques jours après son retour d'Europe – des dizaines de milliers de jeunes l'avaient accompagné de l'aéroport à la Samba Playa, sa salle de répétition –, il avait donné pour Primus un concert appelé *Changement de fréquence** dans sa ville natale de Kikwit. C'était la première fois qu'il y montait sur scène. Ce fut le plus grand concert pop de l'Histoire. *Changement de fréquence**, c'était le départ de Kinshasa, organisé plusieurs mois à l'avance par Bralima, de navires fluviaux transportant des équipements de sonorisation et d'éclairage, des générateurs et cinquante mille caisses de Primus. *Changement de fréquence**, c'était l'immense étendue d'herbe près de l'aéroport où l'estrade fut montée et vers laquelle s'acheminèrent à pied des dizaines de milliers de personnes, venant de partout, parfois en ayant parcouru plus de cent vingt kilomètres. *Changement de fréquence**, c'était Werrason qui, le jour du concert, arriva dans un Fokker d'Air Tropic avec des chefs traditionnels et des chefs de village et qui embrassa le sol après l'atterrissage. *Changement de fréquence**, c'était le Roi de la forêt, en haut d'un camion de Bralima, accueilli comme un chef d'Etat. *Changement de fréquence**, c'était son orchestre de vingt musiciens qui, plusieurs heures après le coucher du soleil, commença à faire retentir les premiers sons dans les enceintes. Les rythmes incroyablement rigoureux de Kakol, les solos de guitare cristallins de Flamme Kapaya, la voix de fausset qu'avait sans effort Héritier, les raps burlesques de Roi David. Ce dernier était le successeur de l'inoubliable “Bill Clinton”, l'*animateur** qui avait décidé de jouer en solo et signé un contrat avec Kerrygold, société qui lui demandait de composer des chansons pour du lait en poudre. *Changement de fréquence**, c'était tous ces noms que l'on connaissait depuis des années et que l'on avait enfin l'occasion de voir en chair et en os. Voir onduler le bassin incroyablement souple de *Cuisse de poulet** quand elle dansait le *ndombolo* sur scène à côté de *Bête sauvage** et de *Linda la Japonaise**. Mon Dieu, quelle fête ! *Changement de fréquence**, enfin, c'était Werrason, qui monta sur scène après minuit, embrassa d'un regard impassible la marée humaine déchaînée (combien de personnes étaient présentes ? Trois cent mille d'après les estimations les plus sobres, sept cent mille d'après les fans), chanta trois chansons puis distribua des médicaments à des veuves et des malades, un geste dont auraient bien fait de s'inspirer les autorités, au lieu de perdre leur temps dans tous leurs bricolages et leurs chamailleries ! *Changement de fréquence**, c'était une nouvelle version du match de boxe de Mohammed Ali, à cette différence près que ce n'était pas le président, mais une société cotée en Bourse originaire d'Amsterdam qui payait la fête. Là aussi, il y avait un changement de fréquence[35].

“Kikwit a attiré les foules”, m'a raconté Flamme Kapaya un matin à Kisangani. Dans la torpeur d'un après-midi, nous étions assis dans le jardin en friche d'une maison au bord du fleuve. Pendant dix ans, Flamme a été le guitariste vedette et le directeur artistique de Werrason. Quand on demande à n'importe quel jeune au Congo qui est le plus grand guitariste contemporain, il répondra systématiquement : Flamme Kapaya. "Nous devions chauffer le public, dire à quel point Werrason était fantastique. Nous devions jouer et danser pour le faire monter sur scène. Mais il a chanté tout au plus un quart d'heure, alors qu'il a empoché tout l'argent. Il ne nous a rien versé. Tout ce passage de Bracongo à Bralima n'a rien changé pour nous. Il prenait tout, nous n'avions rien ! Werrason est devenu richissime et il a acheté une maison près de Bruxelles. On aurait dit un descendant de Mobutu." Et l'important étant surtout de faire du profit et non de rééduquer, Bralima maintenait le système en place, car les actionnaires de Heineken avaient envie de continuer à voir de beaux tableaux et de beaux graphiques. Il y a là une grande similitude avec l'ingérence étrangère d'autrefois : de même que les Etats-Unis avaient gardé Mobutu en selle avec quelques grincements de dents, pour ne pas le perdre au profit des communistes, Heineken a appris à vivre avec les caprices de Werrason, pour éviter qu'il ne passe chez le concurrent. On achetait la loyauté avec de l'intégrité. Flamme Kapaya en éprouve encore de la colère : "Je composais les morceaux, je les arrangeais, mais il faisait enregistrer les chansons en France sous son propre nom. Sur le livret du CD, il y a marqué : «*Arrangeur-compositeur** : Werrason». Je suis seulement cité comme guitariste." Flamme était le cerveau musical derrière *Kibuisa Mpimpa*, que l'on considère de manière générale comme le meilleur disque de Werrason et que les connaisseurs décrivent comme "culturellement et musicalement révolutionnaire"[36]. "J'ai réalisé les enregistrements en Europe, j'ai mixé le disque mais, quand il a été prêt, je n'en ai même pas reçu un exemplaire ! Werrason a même volé mes cinq exemplaires d'auteur." Cela peut paraître incroyable mais, pendant les trois heures où j'ai attendu en vain mon interview dans un studio glacial à Paris parmi des groupies emmitouflées dans de gros manteaux luisants, je n'ai jamais entraperçu Werrason, tandis que Kakol et Héritier, le batteur et le chanteur, faisaient tout le travail. Ils donnaient des instructions aux chanteurs, réglaient les boutons et tranchaient les questions musicales. “Nous étions si naïfs”, a soupiré Flamme, “il voulait des musiciens qui ne repèrent pas son manège. Quand quelqu’un s’apercevait de quoi que ce soit, il s’en débarrassait. Tous les jeunes sont passionnés de musique, mais il en abuse. C’est vraiment l’exploitation de l’homme par l’homme. C’est pour cela que je suis parti. Je ne veux pas que les jeunes empruntent le même chemin. Ils doivent connaître leurs droits.” Il a tapoté sur le bord de sa chaise, regardé le fleuve et dit : “Werrason est un homme d’affaires et un politicien. Beaucoup de ses danseuses sont restées en Europe. Les gens le paient pour pouvoir venir avec lui en Europe en tant que membres de son groupe[37].” Et Bralima de financer des dizaines de billets d’avion quand Werrason s’envole pour Paris avec son “groupe”. Son collègue, Papa Wemba, a été condamné à Bobigny à plusieurs mois de prison pour des pratiques similaires. Le tribunal français l’a jugé coupable d’aide au séjour irrégulier de clandestins.

Les entreprises ne sont jamais des intervenants neutres, *a fortiori* dans des Etats-nations décomposés. Avec un budget promotionnel qui représente plusieurs fois celui du ministère de l’Education ou de l’Information, elles ont plus d’impact sur les citoyens que les pouvoirs publics. Kinshasa est aujourd’hui envahi par des panneaux publicitaires de multinationales comme Nestlé, DHL, Vodacom et Coca-Cola. Les murs en béton qui entourent les usines, les stades et les casernes sont tous peints de slogans commerciaux. Les chaînes de télévision diffusent plus de publicités que d’émissions. On joue pendant un an sur plusieurs chaînes les chansons composées sur Primus par des artistes sous contrat chez Bralima. Souvent, elles durent dix minutes, voire plus. La délimitation s’estompe entre publicité et divertissement. Kinshasa danse sur des disques de promotion.

Les entreprises ont aussi d’autres moyens de marteler leur message. L’opérateur de téléphonie mobile Tigo, une multinationale présente dans seize pays et dont le siège est au Luxembourg, a eu la générosité en 2006 de remettre en état le hall d’arrivée délabré de l’aéroport national, car toutes les grandes entreprises ont leur programme caritatif (bourses d'études, hôpitaux, matériel scolaire, du moment que cela se voit). Les murs délavés de Ndjili ont eu droit pour la première fois depuis des dizaines d'années à un coup de peinture, mais, à présent, quand on descend de son avion pour entrer dans l'aéroport, on se croirait sur un stand d'exposition de Tigo plutôt que dans un bâtiment public. Il y a des dizaines de drapeaux et d'affiches de l'opérateur de téléphonie mobile, mais pas d'autres publicités. Au beau milieu, dans ce tourbillon de paillettes, le voyageur attend, son passeport à la main, en pestant contre les lenteurs administratives.

Naturellement, des entreprises comme Bralima et Tigo paient des impôts, plus qu'elles ne le souhaiteraient, car dans un pays corrompu on invente chaque semaine un nouvel impôt. Mais si cela va trop loin, elles menacent de prendre une mesure radicale : la fermeture de l'entreprise. Une telle initiative aurait pour conséquence le chômage pour tout le personnel qui reçoit une rémunération plus que correcte et la pauvreté pour tous les petits vendeurs de bière ou de minutes d'appel, mais surtout la fin de revenus fiscaux pour tous les fonctionnaires concernés. Or aucun inspecteur des impôts affamé ne le souhaite. Les multinationales sont les principaux contribuables du pays. Les autorités sont donc prêtes, de temps en temps, à leur accorder leur attention.

Dès la conférence de Berlin en 1885, il avait été décidé que l'Etat indépendant du Congo devait s'ouvrir au libre-échange international. Aujourd'hui encore, le marché et l'Etat continuent de se livrer concurrence, plus que jamais même. A l'époque, il n'était question que de l'achat de matières premières, mais maintenant la rivalité porte aussi sur la vente de produits, car même dans un pays très pauvre, le commerce de divers petits articles comme des minutes d'appel, des bouteilles de boissons fraîches ou des sachets de lait en poudre, peut être extrêmement rentable. Pour conquérir l'âme de tous les déshérités, les entreprises étrangères colonisent l'espace public de ce pays dévasté avec une brutalité à peine dissimulée par le sourire radieux d'un marketing soigné.

En octobre 2008, je suis devenu pendant une semaine une célébrité de second plan à Kinshasa sans y avoir été pour grand-chose. Des inconnus m'adressaient la parole dans la rue, me disaient qu'ils me reconnaissaient pour m'avoir vu à l'écran et s'étonnaient que, malgré mon statut, je n'aie pas ma propre voiture. Dolf van den Brink m'avait appelé quelques jours plus tôt. "Nous organisons un concert de Werrason à la *cité**. Tu as envie de venir?" Le spectacle avait lieu à Bumbu, un des quartiers les plus pauvres de Kinshasa. Tandis que nous nous y rendions en convoi, il m'a donné des explications. "Bracongo nous livre une sale guerre. Ils ont lancé des spots publicitaires qui disent que Bumbu est «tombé» et que Primus n'est plus leader sur le marché. C'est faux, nous pouvons facilement le montrer mais, du coup, nous nous retrouvons sur la défensive. Nous cherchons maintenant à prouver le contraire, mais par un coup d'éclat. Pas un spot publicitaire, pas une campagne, mais un concert gratuit de Werrason! C'est la première fois qu'il donne un spectacle à Bumbu. Je pense qu'il va y avoir beaucoup de monde[38]." Le SUV climatisé serpentait entre les nids-de-poule dans le revêtement de la route. Dolf me racontait que le marketing de Primus avait traversé différentes phases. D'abord il y avait eu le slogan, *Pelisa ngwasuma*, que l'on peut traduire librement par : *Get the groove started*. L'idée d'insister sur l'ambiance avait été bien accueillie dans un pays déchiré par la guerre. Ensuite l'étiquette avait adopté les couleurs nationales du Congo : bleu, jaune et rouge. Maintenant que la guerre était terminée, Primus devait se présenter comme la bière nationale par excellence. L'Etat était désagrégé, mais la fierté nationale restait intacte. Bralima avait su exploiter ce sentiment. Le brasseur avait conçu un nouveau slogan : *Primus, Toujours Leader**, l'important étant de donner l'impression que la prédominance récemment acquise sur le marché était immuable. Cette envie de dominer avait beaucoup d'impact sur le public, pensait Dolf, car il voulait savoir qui était "le plus fort". A Bumbu, il fallait le faire savoir clairement.

Intéressant, me disais-je, l'opérateur de téléphonie mobile Vodacom martelait exactement les mêmes thèmes : le sentiment national et le leadership. Il a utilisé pendant des années comme slogan au Congo *Un réseau, une nation**. A présent, il s'affiche comme le *Leader dans le monde cellulaire**. Sur son site Internet congolais, on lit que “le meilleur d’entre nous est meilleur que le meilleur parmi tous les autres. Il n’est pas question de perdre. Nous sommes une équipe et notre sport, c’est la concurrence.” Qui est le plus congolais ? Et qui est le leader ? N’étaient-ce pas les thèmes au cœur de la campagne électorale entre Kabila et Bemba qui faisait rage à l’époque ? Des élections étaient enfin prévues pour juillet 2006 et les deux grands favoris pour la présidence se querellaient comme des artistes du monde de la pop. Bemba, qui restait plus un seigneur de guerre qu’un homme d’Etat, reprochait à Kabila d’être à moitié rwandais et de ne pas avoir la *congolité** nécessaire – une curieuse allégation, sachant qu’il est lui-même pour un quart européen. En sa qualité de président, Kabila essayait de dominer le tumulte, en déclarant : “celui qui porte les œufs ne se dispute pas” – une expression qui allait le poursuivre pendant des mois. Elle renvoyait aux enfants des rues qui allaient d’un bar à l’autre en portant sur la tête un carton d’œufs durs pour les vendre à ceux qui avaient un petit creux. Mais tout Kinshasa trouvait encore à l’époque que le président n’était qu’un va-nu-pieds. Les échanges de reproches blessants rappelaient le conflit entre Werrason et Mpiana, ou entre Bralima et Bracongo. Dans la lutte pour la plus haute fonction, la notion de leadership était directement liée à l’identité nationale. Les slogans commerciaux et les slogans politiques s’inspiraient les uns les autres.

Dolf a regardé dehors quand nous sommes arrivés à Bumbu. Le quartier populaire était sombre, mais les bars et les terrasses étaient bondés. Satisfait, il a constaté qu’environ 80 % des bouteilles de bière sur les tables étaient des Primus. Un peu plus loin, nous avons vu les camions de Bracongo prêts à l’action : pendant et après le concert, le concurrent allait sans aucun doute distribuer des milliers de bouteilles de Skol. Dolf s’est même demandé si Bracongo n’avait pas recruté des bandes de jeunes pour semer le désordre. Bralima avait en tout cas amené son propre service d’ordre. Et c’était nécessaire, parce que la jeunesse de Bumbu – il n’y avait pas d’autre génération présente – était venue en masse. Plus nous approchions du terrain où avait lieu le concert (le groupe jouait déjà, nous l'entendions de loin), plus le nombre de jeunes qui s'accrochaient à une des voitures à l'arrière du convoi augmentait de façon effrayante. C'était un SUV aux vitres teintées et aux couleurs de Primus. Les jeunes étaient persuadés que Werrason était à l'intérieur. Après être restés coincés encore un certain temps au beau milieu d'une foule en délire, nous avons atteint par une voie détournée l'arrière de la scène. Les voitures ont été garées le nez en avant : pour pouvoir vite décamper en cas de troubles. Nous sommes sortis, nous nous sommes dirigés vers la scène et nous avons serré rapidement quelques mains. La pénombre en retrait de la scène, les basses qui vous font vibrer le sternum : je l'ai reconnu aussitôt. Il avait l'air beaucoup plus ordinaire que sur les photos dont j'avais souvenir, beaucoup plus timide aussi. "Monsieur Werrason", ai-je dit, "*bon concert** – Mmm", a-t-il répondu. C'est l'interview la plus courte que j'aie réalisée de ma vie.

Nous sommes montés sur la scène. Une rangée de danseurs, derrière eux une rangée de musiciens, tous portant un T-shirt Primus. Un mur de son. J'ai fait un signe à Kakol, le batteur. Derrière lui, le fond de la scène était recouvert d'une immense banderole : *Primus, Toujours Leader** ! J'ai mis ma main en visière pour observer le public. La scène avait été dressée à l'emplacement d'un grand carrefour. Dans les trois directions : sur des centaines de mètres une foule compacte. J'ai essayé d'en compter un segment pour extrapoler. Trente mille personnes ? Quarante mille ? Quelqu'un m'a glissé une bouteille de Primus dans les mains. Des cameramen filmaient les quelques Blancs sur la scène. C'est précisément à ce moment-là que l'homme à l'air timide, avec son collier de barbe, a monté l'escalier métallique à gauche de la scène. Lentement, presque avec indolence, il s'est avancé pour se retrouver sous la pleine lumière des projecteurs. Il a fixé la nuit fébrile. Des milliers de bras se sont levés et ont entrecroisé les poings. Igwe ! Igwe ! Les acclamations étaient assourdissantes.

Après le concert, Dolf van den Brink buvait du petit-lait. Non seulement Werrason avait fait monter sur scène de très jeunes filles parmi le public pour danser devant lui le *ndombolo* mais, entre les morceaux, il avait brandi à deux reprises une bouteille de Primus, prenant le temps de dire que Bumbu était encore aux mains de Bralima. Une publicité inestimable. Le spectacle avait coûté dix mille dollars. Une broutille. Les enregistrements du concert seraient diffusés sans interruption les jours suivants à la télévision. Bralima versait chaque mois trente à quarante mille dollars à Antenne A, une des principales chaînes de Kinshasa, qui pouvait ainsi payer son personnel. Bralima était donc, de fait, propriétaire de la chaîne.

"Mais je vous connais", m'ont dit plusieurs Kinois quand je me suis installé à côté d'eux à l'arrière d'un taxi bringuebalant. "Vous êtes le Blanc qui était sur scène pendant le concert à Bumbu. Vous n'avez pas de voiture ?" Cela en dit long sur le pouvoir de Bralima. Dans une ville de huit millions d'habitants où je ne restais que quelque temps, j'étais soudain devenu plus célèbre que dans la ville d'un million d'habitants où je vis depuis déjà dix ans.

J'achète généralement mes minutes d'appel chez Beko sur l'avenue ombragée des Batetela, une des rares rues agréables de Kinshasa. Beko, un pédagogue diplômé d'une vingtaine d'années, est assis là de six heures du matin à huit heures du soir sous un parasol à vendre des cartes prépayées de Tigo, Vodacom, Celtel et CCT. Tous les jours, mais le dimanche seulement à partir de onze heures, car il veut d'abord aller à la messe. C'est sa seule détente. Le trottoir de l'avenue des Batetela est un petit marché à l'ombre des arbres. A côté de lui, une femme change de l'argent, à côté d'elle, une vieille femme fait cuire des petits poissons que l'on appelle, pour une raison que je ne comprends toujours pas, des "Thomson". Un peu plus loin encore, un jeune homme vend des agendas de poche, des stylos bille et des lacets de chaussures, à côté d'une jeune femme qui prépare des beignets sur un feu de charbon. Beaucoup de personnes mangent, pour seule nourriture, un beignet par jour. C'est bon et roboratif.

Les jours fastes, Beko enregistre jusqu'à cent dollars de chiffre d'affaires, mais il n'en conserve pas même huit dollars. Quand il vend une carte prépayée de cinq dollars, l'opérateur de téléphonie mobile en récupère 4,60 dollars, parfois même

4,75. “Et encore, ce ne sont que les gros clients qui achètent pour cinq dollars de minutes d’appel”, me fait-il remarquer. Bon, huit dollars de bénéfices, pour une excellente journée. Mais Beko vit loin de l’avenue des Batetela, très loin. Il fait partie des 1,6 million de personnes qui font chaque jour la navette vers le centre-ville dans des petits bus Volkswagen bondés et fumants[39]. Le transport lui prend des heures et lui coûte un dollar et demi. Quand il veut manger dans la journée, ne serait-ce qu’un morceau de pain de manioc avec un petit filet de poisson, il doit débourser facilement un dollar et demi de plus. De retour chez lui, il donne un dollar à sa tante, chez qui il loge, car ses parents sont morts. Il est le seul soutien de famille de ses frères et sœurs. Sur ses huit dollars, il lui reste à présent moins de la moitié. Et ce n’est pas fini.

Tandis que nous sommes en train de parler, un braillard vient beugler contre lui et les autres commerçants du marché. Beko lui donne sans regimber deux cents francs congolais. Un peu plus loin, une personne en uniforme d’agent de police attend. “La police nous interdit de nous installer ici. Officiellement, il devrait nous mettre une amende, mais cela n’arrive jamais. Au lieu de cela, il envoie ce gars-là. En échange de deux cents francs congolais, il nous laisse tranquilles. Sauf qu’il vient trois, quatre fois par jour. Si nous ne payons pas, il nous confisque toute notre marchandise. Pour l’instant je n’ai perdu qu’un dollar ou un dollar et demi[40].” On peut appeler cela de l’extorsion, ou une forme d’imposition ultra-directe, mais tant que cet agent ne reçoit pas de salaire des autorités, cela va continuer. Il n’empêche qu’un uniforme d’agent de police reste une marchandise très prisée. Elle garantit à celui qui le porte un revenu régulier, provenant non pas d’en haut, mais d’en bas. Pas étonnant qu’un trafic se soit développé autour de la fonction d’agent de police. Apparemment, on peut racheter à quelqu’un la fonction pour une somme importante, tout comme on rachète un fonds de commerce.

Sept jours par semaine, le dimanche un peu plus tard. Les meilleures années de Beko s’écoulent. Tigo propose encore un nouveau service, constate-t-il. Pour un montant insignifiant, les clients peuvent recevoir chaque jour un SMS qui, comme le dit l'entreprise, "égaie votre journée". Avec Tigo Bible, on vous envoie chaque jour un verset de la Bible, Tigo Foi donne des conseils religieux, Tigo Amour offre des conseils relationnels et Tigo Riche explique comment s'enrichir. Si l'on veut se divertir, on peut se divertir. Il n'y a pas de services proposant des flashes d'actualité.

Beko rit d'un air gêné quand je lui demande quel est son rêve. "Devenir ambassadeur", dit-il réflexion faite. La politique le passionne. Chez le marchand de journaux, il *loue* tous les jours le journal : pour un petit montant, il peut le lire pendant une demi-heure. Il n'a pas les moyens de l'acheter : le journal ne coûte pas moins d'un dollar. Les journaux sont une rareté à Kinshasa. Les quelques titres ont des tirages qui atteignent tout au plus mille cinq cents exemplaires, ce qui est microscopique dans une ville de huit millions d'habitants. En dehors de la ville, il n'y a pas de presse écrite. Les journaux ont souvent peu de contenu. *Le Potentiel* et *Le Soft* font de leur mieux, mais dans les autres dominent le goût du scandale et la partialité. Les journalistes se font structurellement payer par les ministres sur lesquels ils écrivent[41]. La maquette est mal conçue, la qualité de l'impression est à pleurer. Mais tous les jours, Beko restitue son exemplaire non froissé au marchand. Son rêve se réalisera-t-il un jour ? Il avait 22 ans quand je l'ai rencontré pour la première fois, en mai 2007. "Au Congo, on ne vit généralement pas au-delà de 45 ans", avait-il dit en souriant à l'époque, "*c'est comme ça**." Tigo enregistra cette année-là un bénéfice brut de 1,65 milliard de dollars[42].

Beko est une exception. Plus de la moitié des Kinois s'estiment mal informés, les femmes encore plus que les hommes. Les seuls qui ont encore l'impression d'être au courant sont des hommes de plus de 50 ans titulaires d'un diplôme universitaire, les derniers à avoir pu bénéficier d'un enseignement convenable[43]. Pourtant, les médias ne manquent pas au Congo. La radio reste de loin le média le plus populaire, la télévision se regarde surtout dans les villes, Internet est partout d'une lenteur terrifiante. Personne n'a de connexion chez soi. Quand on veut surfer sur la Toile ou rédiger son CV, on le fait dans les cafés qui proposent un accès à Internet et que l'on appelle les *cybers* * – du moins s'il y a du courant.

De mémoire d'homme, la chaîne nationale a toujours été à la dernière extrémité, mais la Monuc a fondé en 2002, en collaboration avec la Fondation Hirondelle, une ONG suisse, Radio Okapi, une chaîne qui a des rédactions dans dix villes et une portée nationale. C'est, depuis des années, le seul média national du Congo. Des journalistes étrangers et locaux y réalisent chaque jour un travail courageux. Les reporters d'Okapi font partie des meilleurs (et des mieux payés) de la profession. Les émissions quotidiennes d'actualité valent vraiment la peine d'être suivies mais, au regard des frais de fonctionnement, soit dix millions de dollars par an, on peut se demander quelles sont les perspectives de survie d'une telle initiative à long terme. Qui va payer quand les Nations Unies ne seront plus là ?

Dans les grandes villes, la télévision est omniprésente. Les hommes la regardent chaque jour plus de deux heures et demie, les femmes plus de trois heures même[44]. Pendant la période "1 + 4", le média a connu une expansion notable. Dans la seule ville de Kinshasa, il existait en février 2003 environ vingt-cinq chaînes, mais en juillet 2006, le mois du premier scrutin des élections présidentielles, trente-sept[45]. La grande majorité d'entre elles étaient locales. Pour moins de vingt-cinq mille dollars, on peut lancer une chaîne. Le moindre politicien, homme d'affaires ou pasteur a aujourd'hui la sienne. Zapper entre les différentes chaînes est une activité instructive, même si elle n'est pas indispensable, vu le contenu. Tropicana, Mirador et Raga sont des chaînes commerciales qui diffusent essentiellement des clips musicaux, alternant avec de la publicité, dans la mesure où il existe une différence. DigitalCongo est la chaîne du président Kabila, dirigée par sa sœur jumelle, et défiée à l'époque des élections de 2006 par Canal Congo et Canal Kin du vice-président Bemba. Antenne A et la RTNC essaient avec les moyens disponibles de rester informatives. Ratelki appartient aux kimbanguistes ; Amen TV et Radio TV Puissance représentent des mouvements chrétiens plus récents. Plus de la moitié des chaînes de télévision sont entre les mains des Eglises pentecôtistes[46]. Quand on tombe en zappant sur la

RTVA, il faut savoir que cette chaîne est celle du pasteur Léonard Bahuti, l'homme qui demande à ses fidèles (essentiellement des femmes) de renoncer aux bijoux, au vernis à ongles et aux faux cheveux. La RTAE est la chaîne du *général** Sony Kafuta "Rockman", l'ardent leader de l'Armée de l'Eternel. La RTMV appartient à son rival de longue date, l'archevêque Fernando Kutino, fondateur de l'Armée de la Victoire, qui est depuis des années en prison. Sur toutes ces chaînes religieuses, les sermons alternent avec les feuilletons télévisés. Ces séries soulèvent des questions d'ordre moral sur la vie et la survie dans le Kinshasa d'aujourd'hui (pauvreté, adultère, sorcellerie, fécondité, réussite) et font valoir que seul le christianisme charismatique permet une rédemption dans le pandémonium actuel. En 2005, j'ai eu l'occasion d'assister à l'enregistrement d'une série de ce genre. Le plus frappant n'était pas tant les modestes moyens utilisés (une seule caméra, un seul projecteur, un seul micro), ni le scénario sommaire (un seul petit carton écrit à la main), ni même le travail à la chaîne (le tournage aujourd'hui, le montage le lendemain, la diffusion le surlendemain), mais le très jeune âge des acteurs. Des jeunes d'une vingtaine d'années tentaient de donner un sens à leur existence et à celle des téléspectateurs en tenant un discours religieux fanatique. La chaîne la plus curieuse sur laquelle on tombe en zappant est NTV. On y voit le pasteur Denis Lessie, propriétaire de la chaîne, écarter les mains et vous inviter à poser les vôtres sur l'écran, pour toucher les siennes, car le Seigneur se déplace aussi à travers la fibre de verre ou le signal de l'émetteur. Entendez le grésillement du Très-Haut, voyez vos cheveux se dresser sur votre tête à ce contact. Certains jours, il demandait à ses fidèles d'asperger d'eau, en signe de dévotion, l'écran du tube cathodique ou l'écran à plasma.

Je feuilletais le livre d'or maculé d'un petit hôtel à l'intérieur des terres. Peu de clients étrangers étaient venus avant moi. A vrai dire, il n'y en avait eu qu'un : Andrew Snyder, de Floride. Il avait une écriture serrée. Profession ? *Pastor*. Motif du voyage ? *Crusade. Ah bon**. La croisade des évangélistes américains en Afrique s'était manifestement aussi étendue à présent aux petites villes de province. Qu'en était-il de Fernando Kutino ?

Fernando Kutino était un cas à part. Au début des années 1990, il avait vu s'installer à Kinshasa la première génération d'évangélistes américains, un nouveau type de missionnaires, qui avaient apporté une variante charismatique du christianisme, ce que l'on appelle les Eglises pentecôtistes. Mobutu était tellement outré par le pouvoir des catholiques qui avaient organisé la marche de l'Espoir qu'il autorisait d'autres prédicateurs à venir répandre la parole de Dieu. Diviser pour mieux régner, cela valait aussi pour les âmes. Fernando Kutino, qui n'était alors qu'un jeune garçon insignifiant, entendit parler de Jimmy Swaggart, télé-évangéliste américain qui acquit une célébrité mondiale dans les pays occidentaux en confessant, la larme à l'œil, un adultère. A Kinshasa, il se fit connaître par la fascination qu'exerçaient ses services religieux, capables de susciter l'exaltation de milliers de personnes. L'évangéliste allemand Reinhard Bonnke vint aussi, de même que le Néerlandais John Maasbach, des messieurs mariés vêtus de costumes soignés qui, avec leur coupe de cheveux impeccable et leurs spectacles étourdissants, venaient témoigner de leur foi. Ils n'étaient pas envoyés par une autorité religieuse centralisée, mais agissaient de leur propre initiative, souvent aidés par leur famille. Ces *reborn Christians* parvenaient à se rattacher à des groupes de prière locaux qui se réunissaient chaque semaine pour élever leur cœur vers Dieu en dehors de la messe du dimanche. Il ne fallut pas attendre longtemps pour qu'un clergé autochtone apparaisse. Fernando Kutino en devint un personnage clé.

Kutino noua sa cravate, s'octroya le titre de *reverend* et apporta un message rejetant énergiquement les Eglises et les rites traditionnels. Le signal de départ pour les *Eglises du réveil** congolaises était donné. Les curieux furent attirés par l'accent mis sur l'expérience de la foi charismatique, les fidèles pouvant parvenir à la "guérison" et à la "rédemption" pendant des moments d'intense exaltation religieuse. La foi pentecôtiste, avec ses rituels de transe que les croyants vivaient comme la présence du Saint-Esprit, était une variante du christianisme proche de l'univers spirituel des croyances ancestrales en Afrique. Prier à haute voix, chasser les démons, parler en langues : cela rappelait l'ascension de Simon Kimbangu en 1921. A l'époque aussi, une religion, par son intensité, avait représenté un moyen de lutter contre la sorcellerie. A l'époque aussi, les gens aspiraient à une guérison immédiate.

Fernando Kutino ajouta cependant une dimension supplémentaire, celle de la *prospérité**. La rédemption n'était pas de nature simplement spirituelle, mais aussi matérielle. Dans les années 1990, une rude période de crise, ce discours ne tombait pas dans l'oreille d'un sourd. Comment les pauvres, d'esprit ou non, pouvaient-ils être bienheureux quand leurs enfants mouraient de faim ? Quand un misérable billet de banque ne valait le soir plus que la moitié de ce qu'il valait le matin ? Non, ce n'était pas la pauvreté, mais la richesse qui était la preuve d'un contact avec le spirituel. Et pour prouver sa piété, Fernando Kutino se parait généreusement. Un homme qui se voulait au service de Dieu ne pouvait tout de même pas se présenter en haillons devant son employeur suprême ? Assis sur un trône imposant, il appelait chaque semaine ses fidèles à se montrer généreux envers son Eglise. Des dons ostentatoires étaient une preuve de dévotion et de vertu. Kutino acceptait volontiers les téléphones portables intergalactiques et les voitures de luxe. "J'aime l'argent", a-t-il dit à un journaliste français, "ça aide à bien vivre[47]." Choquant ? Oui, mais cette dynamique n'était pas différente de celle qui a permis de construire les cathédrales en Europe au Moyen Age ou aux chanoines de porter brocart et filigranes. Le postmatérialisme est un luxe de riches. Le pauvre respecte le frimeur. De même que Papa Wemba avait donné avec la Sape une lueur d'espoir à la culture jeune, Fernando Kutino a apporté une idée de réussite par le biais de la foi. Kutino était tout simplement lui aussi un *sapeur**, avec ses bijoux en or et ses chaussures en croco. Il incarnait le succès, la puissance et la prospérité[48]. Il était le Werrason de la liturgie. En décembre 2000, il plongea dans l'exaltation une foule de plus de cent mille fidèles au stade des Martyrs. Ses spectacles étaient agrémentés de pop live et donnaient tout loisir de chanter et de danser. "Chantez, chantez, dansez, dansez, pour le Roi des Rois", disait un artiste pop religieux à son public, "si vous ne le faites pas ici, c'est que vous le faites quelque part ailleurs dans le monde des ténèbres.[49]" Kinshasa était devenue la ville du diable, seul Dieu apportait la miséricorde et Kutino était son trésorier.

Pendant la transition de 2002-2006, les *Eglises du réveil** connurent une formidable expansion, surtout dans les villes. L'exemple de Fernando Kutino fit partout des émules. Sous des auvents, dans les bus urbains, aux carrefours, des pasteurs autoproclamés se mirent à prêcher avec enthousiasme. A Kinshasa, des boutiques virent le jour où l'on ne vendait plus que des pupitres, des pupitres en bois ou en verre derrière lesquels on annonçait la bonne parole. Tous les week-ends, un nouveau prophète faisait son apparition. En 2005, trois mille Eglises charismatiques ont été recensées à Kinshasa[50]. La plupart étaient très modestes, plusieurs étaient extrêmement puissantes. *Full Gospel* remplissait des stades entiers pour des séances marathons de trois jours ou davantage. Des prédicateurs du Nigeria et des Etats-Unis venaient prononcer des professions de foi enflammées. Les hymnes et les *actions de grâce** pleuvaient. Une publicité à la une du *Potentiel* promettait dans l'immense stade des Martyrs un "festival des guérisons miracles" avec le Révérend Dr Jaerock Lee, un Sud-Coréen : "Les morts ressuscitent, les muets parlent, les aveugles voient et les sourds entendent. Toutes sortes de maladies incurables, y compris le sida, le cancer et la leucémie, peuvent être guéries. Avec les preuves tangibles confirmant que Dieu est vivant, vous pouvez expérimenter le site des miracles. Entrée gratuite[51]."

Les Eglises essayaient de se surpasser dans le choix de noms guerriers comme *l'Armée de l'Eternel**, *l'Armée de la Victoire**, *Combat Spirituel** et *la Chapelle des Vainqueurs**. Cela faisait penser aux titres belliqueux des disques de pop et à la lutte pour la suprématie sur le marché ou dans la sphère politique. Les fidèles étaient le plus souvent loyaux à une certaine Eglise mais, au sein d'une même Eglise, la rotation était importante. Une sorte de monothéisme sériel apparut. "Si ton dieu est mort, essaie donc le mien", était le slogan du pasteur Kiziamina-Kibila, comme s'il s'agissait d'une lessive. Les gens étaient nombreux à faire leur shopping entre différentes Eglises. Certains continuaient de fréquenter pour les grandes fêtes l'Eglise catholique. Après l'élection de Joseph Ratzinger en tant que nouveau pape, Koffi Olomide adopta un nouveau nom d'artiste : Benoît XVI. Quand l'Eglise catholique lui demanda des comptes à ce sujet, il décida de se faire appeler Benoît XVII[52].

La lutte ne se déroulait pas que sur le terrain de la concurrence. Elle portait au fond sur le bien et le mal, le Christ et Satan, la vraie foi et la sorcellerie. Les *Eglises du réveil** propageaient une vision du monde simple, binaire, qui aidait les gens à cerner les contradictions de leur existence. Les revers étaient imputables aux mauvais esprits dans un monde de l'ombre, les succès venaient de la grâce de Dieu. Dans l'*Armée de l'Eternel**, les jeunes femmes étaient prêtes à payer dix, vingt ou cinquante dollars pour que le pasteur *général** Sony Kafuta "Rockman" les aide par une imposition des mains à trouver un mari, à être enceinte ou à obtenir un visa pour l'Europe. N'était-ce pas là un moyen éhonté de s'enrichir sur le dos des désespérés ? "Nous voulons aussi des écoles", m'a précisé le porte-parole de cette Eglise, "nous pensons que les gens doivent travailler pour gagner leur vie et pas seulement prier. Nous organisons des tests gratuits de dépistage du sida et nous apprenons aux jeunes parents comment élever leurs enfants[53]." Pour un orphelin travailleur comme Beko, l'Eglise offrait un filet de sécurité social. La religion accourait à l'aide, là où les pouvoirs publics avaient échoué. Certains pasteurs sont parvenus ces dernières années à réconcilier des bandes de jeunes rivales, ce que la police n'a pas même essayé de faire[54]. Ils ont accueilli des enfants sorciers chassés de chez eux et essayé de les "traiter"[55]. Tout comme les entreprises, ils ont comblé le vide laissé par la disparition de l'Etat. Des citoyens désespérés ont trouvé un abri douillet dans cette religion passionnée. Des petites boutiques s'appellent désormais *La Grâce**, *Le Christ**, *Le Tout-Puissant**, les cybercafés portent le nom de Jesus.com, les bureaux de change se nomment "*God is my bank*". Une nouvelle génération de prénoms est aussi devenue à la mode : les enfants s'appellent à présent Touvidi (de *Tout vient de Dieu**), Plamedi (*Plan merveilleux de Dieu**), Emoro (*Eternel mon rocher**) ou portent le nom invraisemblable de Merdi (de *Merveille divine**, il a fallu qu'on me l'explique)[56].

Le 2 novembre 2008, j'ai participé au service dominical de la *Parole de Dieu** à Yolo-Sud, un quartier pauvre de la capitale. Sous un auvent en zinc, plus de mille personnes étaient rassemblées dans une cour intérieure. Elles chantaient, dansaient, secouaient des hochets qu'elles avaient elles-mêmes fabriqués. J'ai alors compris dans une certaine mesure ce qui faisait le succès de ces Eglises : il y régnait une ambiance incroyable. A aucun moment, il n'y a eu d'offrande. A l'entrée de l'église, on pouvait faire un don si on le souhaitait. Le prophète Dominique Khonde Mpolo était debout en tennis sur l'estrade. La simplicité était sa devise. Tous les pasteurs ne sont pas des hommes d'argent. Pendant son prêche extrêmement long, il a tempêté contre le "*Jésus Business**" et proposé de le remplacer par le "*Jésus Vérité**". "Toutes ces autres Eglises qui promettent de l'argent… Nous ne voulons pas le luxe, nous ne mangeons même pas de viande. Personne ici ne porte de costume. Nous devons travailler au service de notre pays et non de notre orgueil." Il était pour sa part spécialiste des résurrections. Il en avait, selon ses propres dires, déjà réalisé quatre. C'est la première qui avait été la plus difficile, mais il avait à présent un sirop magique. Il lui suffisait de le passer sur les lèvres du mort[57].

Cela pouvait mettre en grande colère l'abbé José Mpundu, le prêtre catholique proche du peuple qui avait contribué à organiser la marche de l'Espoir : "Ces nouvelles Eglises ne font que bercer les gens. Elles ne sont absolument pas libératrices. Elles promettent un bonheur facile sous forme de « miracles », mais elles n'incitent pas du tout à se responsabiliser. *Nzambi akosala*, disent les gens, « Dieu va s'en occuper ». Je te le dis sans détour : ces Eglises sont un cadeau pour le régime. Elles facilitent la vie des politiciens. C'est pour cela que le régime les soutient généreusement. Sony Kafuta, le gars qui se fait appeler « Rockman », est très proche de Kabila et de sa mère, c'est leur chef spirituel[58]."

Frayer avec le pouvoir, on ne pouvait en tout cas pas le dire de Fernando Kutino. Il a été aux prises avec, successivement,

Mobutu, Kabila *père** et Kabila *fils**. Tandis que le "Rockman" des Kabila se faisait nommer aumônier général de l'armée nationale, Kutino se lançait dans l'action *Sauvons le Congo**. Sur sa chaîne de télévision, il faisait venir des invités qui lançaient de virulentes diatribes contre le régime 1 + 4. Il s'agissait d'ailleurs d'une des rares voix critiques du côté des Eglises pentecôtistes. Les *anti-valeurs**, comme on les appelait, y étaient dénoncées. La teneur était très hostile aux Rwandais. Quand il fut insinué que Joseph Kabila se laissait guider par le lobby rwandais ou, pire encore, était lui-même un Tutsi rwandais, la chaîne fut placée sous scellés et le *bishop* s'enfuit en Europe. Il ne revint qu'en 2006.

Il n'en resta pas là. En mai 2006, un mois et demi avant les élections, Kutino, entre-temps devenu *archbishop*, atterrit à Kinshasa et tint un grand meeting au stade Tata-Raphaël. En habit d'évêque écarlate, il salua la foule compacte formée par ses disciples du haut d'un 4 × 4. Une fois encore, il fulmina contre les influences "étrangères" et reprocha à Kabila son manque de *congolité**. Semer le doute sur les origines de Kabila (en avançant que sa mère n'était pas sa vraie mère, qu'il était rwandais, et ainsi de suite) allait devenir une tactique éprouvée de l'opposition[59]. Cette célébration fut intégralement retransmise sur la chaîne du principal adversaire de Kabila, Jean-Pierre Bemba. Aussitôt après, on passa les menottes à Kutino et Bemba put lui rendre visite à Makala. Un mois plus tard, il fut condamné à vingt ans de travaux forcés, dont dix ans avec sursis. Il était jugé coupable de détention illégale d'armes, de complot et de tentative d'assassinat, mais il s'agissait manifestement d'un règlement de comptes. Les organisations internationales des droits de l'homme réprouvèrent cette procédure judiciaire extrêmement défaillante[60]. Sur le site Internet de *Sauvons le Congo**, on peut voir une petite vidéo dramatique contenant les "derniers mots" du prophète, tournée le dernier jour du procès. Kutino a une voix hésitante comme il n'en a jamais eu. Il ne reste plus rien de sa mémorable faconde. Les images sont entrecoupées des scènes les plus sanglantes de *La Passion du Christ* de Mel Gibson. Ce prophète est lui aussi cloué sur la croix, tel est le message.

Mais dans la salle d'audience, il porte encore un costume sur mesure impeccable, agrémenté d'une pochette. Un martyre en costume sur mesure, peut-être est-ce là toute l'ambivalence des *Eglises du réveil**.

Ainsi un pays qui n'en était pas un se traînait-il vers ses premières élections en vingt et un ans, comme il avait été convenu dans l'*Accord global et inclusif**. Les entreprises et les Eglises – *la bière et la prière** – avaient conquis l'espace public et embrumé et enchanté les esprits. A l'approche du légendaire "jour de gloire de la démocratie", qui avait été fixé après beaucoup d'atermoiements au 30 juillet 2006, la population se composait plus de consommateurs et de dévots que de citoyens avertis. A l'époque coloniale, l'alliance perfide entre l'Eglise, l'Etat et le capital – la fameuse trinité coloniale – avait permis de maintenir la population dans la soumission et la docilité. A présent, une situation comparable s'instaurait. L'Etat était certes beaucoup plus fragile, mais il se frottait volontiers contre les deux autres piliers. La "trinité postcoloniale" était constituée d'une caste politique corrompue qui faisait alliance avec des religions toutes nouvelles et avec des stars de la pop hissées au sommet par le monde des affaires. Le président Kabila, qui pendant la transition ne s'était pas distingué par un dynamisme excessif, usait abondamment de l'alternative qu'offraient ces blocs.

Dès avril 2002, Werrason avait appelé pendant son concert au Zénith à soutenir Kabila car celui-ci "fait des efforts pour la paix"[61]. Une promotion inestimable, car Kabila n'était pas apprécié dans les quartiers populaires de Kinshasa, où Bemba était devenu *toujours leader**. Lors de la signature de l'accord de paix à Sun City en 2003, Werrason, après tout *ambassadeur de la paix**, avait donné un concert pour les délégués[62]. En 2004, quand Nkunda avait pris Bukavu, on lui avait même demandé d'apaiser les esprits quand la population s'était retournée contre les casques bleus des Nations Unies. Le musicien de pop dont une entreprise avait fait le succès était à présent chargé d'endormir les masses.

Le 25 janvier 2005, Kabila invita tous les grands de la musique congolaise à boire une coupe de champagne au palais présidentiel. Werrason et J.-B. Mpiana étaient présents, aux côtés de Papa Wemba et de Koffi Olomide et quelques autres rivaux de longue date. Le président pouvait se présenter encore une fois comme le grand réconciliateur, qui avait apporté la paix, non seulement dans les collines à l'est, mais aussi dans les bars de Kinshasa. La photo de cette petite réception fit le tour du monde. C'était une copie exacte de l'instantané que Jamais Kolonga m'a montré, où on le voyait trinquer en compagnie de Franco et de Kabasele aux côtés de Mobutu. Au Congo, la politique et la musique ont toujours été étroitement liées. Kabasele n'avait-il pas accompagné la délégation venue participer à la table ronde à Bruxelles, où il avait composé son *Indépendance cha-cha*? Franco n'avait-il pas été étroitement mêlé à la politique d'*authenticité** de Mobutu? Papa Wemba n'était-il pas venu lui aussi chanter lors du lancement de la nouvelle monnaie de Kabila? Oui, ils le faisaient tous.

Cette fois, le phénomène allait encore plus loin. Dans les années 1990, la pratique s'était répandue chez des personnes privées de payer un chanteur pour qu'il mentionne leur nom dans les paroles d'une de ses chansons. Pour une poignée de dollars, Mpiana, Werrason et leurs collègues étaient prêts à lâcher quelques noms. Après tout, c'était la crise. Chez J.-B. Mpiana, cela prenait à peu près cette tournure : "L'amour, l'amour, où cela nous mène-t-il, *Ruphin Makengo*? / C'est par l'amour qu'ils commencent, mais aussi qu'ils finissent, *Jean Ngendu*. / C'est qu'une question de fierté ou quoi, *Lidi Ebondja*?" Chez Werrason, le résultat était le suivant : "Tu aurais dû me le dire plus tôt, *Hugues Kashala*. / Tu me fais perdre mon temps, tous mes amis sont mariés, *Chibebi Kangala*. / Même mes jeunes sœurs. / *Claudine Kinua* est furieuse.[63]" Ce phénomène destiné à attirer l'attention avait un nom : *kobwaka libanga*, "semer des cailloux". Il est devenu une composante habituelle de la pop congolaise. La deuxième moitié de la chanson, la *sebene*, est la partie instrumentale pendant laquelle des solos de guitare doivent amener les danseurs à un paroxysme, stimulés par l'animateur qui égrène toute une série de noms. Les politiciens et les personnalités en vue paient non seulement les journalistes pour qu'ils écrivent un article sur eux, mais aussi les stars de la pop pour qu'elles les mentionnent dans leurs chansons. Quand on passe une soirée au *144*, la discothèque congolaise la plus chic de Bruxelles, sur l'avenue Louise, le DJ est même censé annoncer, en hurlant par-dessus les morceaux, le nom des personnes qui fêtent leur anniversaire et le nombre de bouteilles de champagne commandées. A Kinshasa, cela dépassait parfois les bornes. *Treize ans* de Werrason contenait plus de cent dix noms, *Lauréats* de Mpiana jusqu'à deux cents[64]. Ce n'était plus un chant en hommage à qui que ce soit, mais un placement de produits en série. L'autonomie artistique ? Aucune importance, au contraire. C'était celui qui ne pouvait pas faire référence à des individus riches et puissants qui était une cloche. Cela témoignait de son isolement social, ce qui était mortel pour un artiste qui voulait être leader. La connivence opportuniste de Werrason avec Kabila et son camp était si flagrante, tout comme la sympathie de Mpiana envers Bemba d'ailleurs, que durant les semaines qui précédèrent les élections, la Haute Autorité des médias (HAM) se sentit obligée d'interdire aux chaînes de télévision de diffuser leurs chansons pop trop partisanes. Auparavant, elles étaient diffusées non-stop. A l'époque, cependant, le chanteur populaire Tabu Ley, l'ami du père et du fils Kabila, avait été depuis longtemps nommé vice-gouverneur de la ville de Kinshasa et avait fait un tube avec Tshala Muana, une des rares stars féminines de la pop, qui disait : “Vote, vote pour Kabila / Votons tous pour Kabila / Nous allons tous voter pour Kabila, notre chef / Il est le seul bon leader pour le Congo.”

Les Eglises pentecôtistes aussi servaient la cause présidentielle, à l'exception de l'une d'entre elles. “Tous les pouvoirs viennent de Dieu”, entendaient les fidèles le dimanche matin, “priez pour vos autorités.” Et comme si ce n'était pas assez explicite, le prophète de service ajoutait : “Que ceux qui aiment Jésus et Kabila se lèvent et applaudissent[65].” L'aumônier général Sony Kafuta fit preuve d'une telle Kabila-manie, dans son temple et à la télévision, que la HAM dut le rappeler à l'ordre pour incitation à la haine[66]. L'Eglise catholique observait le tout à distance en secouant la tête. Cette attitude était bien loin du rôle critique qu'elle avait joué pendant la lutte contre Mobutu[67].

Le 27 juillet 2006 arriva. On était à trois jours du grand jour, et Kinshasa était en proie à la fièvre électorale. Si des élections avaient pu être organisées, c'était grâce aux pressions internationales exercées par le Ciat, mais surtout grâce au magnifique travail réalisé par la *Commission électorale indépendante**, la CEI, sous la direction de l'abbé Malu Malu, un prêtre inspiré. Les préparatifs avaient été particulièrement impressionnants. Le Congo était devenu un pays sans infrastructures. Il était impossible de se déplacer en voiture d'un bout à l'autre du pays. Même les grands centres n'étaient plus reliés entre eux. Le Congo était plus un archipel qu'un *pays-continent**, un archipel dont les petites îles ne pouvaient être atteintes qu'en avion, en hélicoptère ou en pirogue. Personne ne savait combien le pays comptait d'habitants, personne ne faisait le compte des naissances, personne n'avait de papiers. La dernière forme de justificatif d'identité avait été la carte de membre du MPR à l'époque de Mobutu. Mais le 15 juin 2005, la CEI parvint à faire inscrire vingt-cinq millions d'électeurs, un succès écrasant. Le 19 décembre 2005, le projet d'une nouvelle Constitution fut accepté par référendum. Le 21 février 2006, la loi électorale était prête. La campagne pouvait commencer. Tshisekedi, le leader historique de l'opposition, boycotta le processus dès le début et devint victime de son propre entêtement. Le vice-président Ruberwa n'avait pas l'ombre d'une chance, car on le considérait encore comme le complice du Rwanda. L'Union européenne lança, après l'opération Artémis à Bunia, une deuxième initiative militaire : l'Eufor, une force d'intervention européenne de mille quatre cents soldats censés veiller à la sécurité à Kinshasa, car les élections en Afrique génèrent la bagarre plus que la démocratie.

Le 27 juillet, Jean-Pierre Bemba, l'homme de l'Equateur, celui dont les troupes s'étaient livrées à des actes de cannibalisme, fit sa joyeuse entrée dans Kinshasa. Il fut accueilli à bras ouverts : il était le *mwana ya mboka*, le “fils du pays”, le vrai Congolais. Plus d'un million de personnes l'accompagnèrent sur le trajet classique de l'aéroport vers le centre, le trajet de vingt kilomètres que Baudouin, Mobutu, Tshisekedi et Werrason avaient parcouru sous de puissantes acclamations. Bemba allait s'adresser à ses partisans dans le stade Tata-Raphaël, le stade auquel sont associés tant de moments historiques au Congo, des émeutes de 1959 au match de boxe en 1974 puis aux prêches de Kutino en 2006. Des jeunes gens ivres avaient emmené un chien qu'ils avaient habillé d'un maillot de la campagne avec le portrait de Kabila. Amusement garanti. L'animal ne savait pas où donner de la tête et aboyait après sa queue. D'autres portaient un gigantesque portrait de Mobutu, l'autre homme fort de l'Equateur, car entre-temps une génération était apparue qui ne connaissait le mobutisme que par ouï-dire. Même le vieux drapeau vert du MPR flottait au-dessus du stade. Bemba incarnait la promesse du rétablissement de l'Etat et d'un gouvernement énergique. Tout comme Mobutu, il pouvait tenir sans problème un discours d'une heure et demie sans le moindre papier. Avec son apparence robuste et son langage cru, il passait bien mieux dans le Kinshasa exubérant que le timide Kabila qui s'exprimait dans un lingala défectueux ou dans un français où se décelait encore un accent anglais. De nombreux Congolais voyaient dans Kabila un jeune pion de la communauté internationale (il n'avait que 34 ans, Bemba en avait 43), et non une personne capable de donner une nouvelle fierté au pays.

C'est alors que des événements révélateurs se produisirent. A l'issue de la manifestation, de jeunes forcenés sillonnèrent la ville et s'attaquèrent aux principaux piliers de la campagne de Kabila. Ils s'en prirent à la trinité postcoloniale, qui associait le président Kabila au missionnaire Sony Kafuta et au chanteur et promoteur de bière Werrason. Les jeunes partisans de Bemba saccagèrent la Haute Autorité des Médias, qu'ils soupçonnaient de partialité au profit du président en place. Puis ils se rendirent au temple de l'adepte de Kabila, Sony Kafuta, un peu plus loin. Ils réduisirent en pièces le grand lieu de culte de cette Armée de l'Eternel, qui se transforma plutôt en décombres du présent. Aussitôt après, ils continuèrent leur chemin en direction de Samba Playa, quelques centaines de mètres plus loin, l'espace de répétition et la salle de concert de Werrason. Et, là encore, ce lieu de pèlerinage de tant de jeunes Kinois pauvres fut réaménagé en un rien de temps par une foule en colère composée justement de ces jeunes Kinois pauvres. Ils se sentaient trahis par le soutien évident de Werrason à Kabila[68]. Bralima perdit le mois suivant 3 % de part de marché. Car ce n'était pas parce que l'alliance entre la bière, la prière et le pouvoir était censée maintenir la population dans l'ignorance, que les jeunes électeurs allaient tout accepter sans broncher. C'étaient leurs élections.

14

LA RÉCRÉATION

ESPOIR ET DÉSESPOIR DANS UNE DÉMOCRATIE NAISSANTE 2006-2010

La lumière était encore faible à six heures du matin. Pascal Rukengwa devait s'habituer au calme de son village natal. Quelle différence avec Kinshasa ! Bushumba était à trente-cinq kilomètres de Bukavu. C'était sa région, c'est de là qu'il venait, et même s'il vivait depuis des années dans la frénésie de la capitale, c'est ici qu'il voterait. Pour la première fois. Pascal avait 42 ans. La dernière fois que des élections libres avaient été organisées dans son pays, il avait un an. "Je vote pour la vie", disait-il, "pour pouvoir exister. Cet acte est un nouveau départ[1]."

Il remarquait l'affluence. Dans le bureau de vote, on faisait déjà la queue depuis tôt le matin. Certains avaient passé la nuit devant la porte[2]. Ce n'était pas un dimanche comme les autres. Les mamans avaient mis leurs pagnes des grandes occasions. Les messieurs avaient mis une cravate et des chaussures luisantes. Les adolescents portaient avec ostentation leurs lunettes de soleil aux verres réfléchissants. Les jeunes femmes avaient fait tresser dans leurs cheveux de nouvelles *extensions* *. Tous faisaient patiemment la queue, en tenant leur carte d'électeur orange à la main.

Même si Pascal Rukengwa n'avait pas le temps de se sentir fier ou ému, c'était tout de même un peu son jour à lui aussi. Il avait œuvré pendant des années pour parvenir à ce résultat. Il avait été un des vingt et un membres de la CEI, la Commission électorale indépendante, qui avait organisé ce scrutin gigantesque et complexe. "Tous les espoirs s'étaient portés sur nous, mais nous avions nous-mêmes tout à apprendre. J'avais parfois l'impression d'être un étranger dans la forêt vierge, où l'on peut se faire déchiqueter à tout moment par n'importe quel animal. Les espoirs n'allaient-ils pas au-delà de nos capacités ? Il y avait certains endroits où les gens n'avaient encore jamais vu d'ordinateur." Les Etats-Unis et l'Union européenne avaient apporté un soutien logistique et financier massif. Ces élections, dont le coût avoisinait les cinq cents millions de dollars, apportés en grande partie par l'Europe, étaient les plus monumentales et les plus coûteuses que la communauté internationale ait organisées[3].

Pascal regardait autour de lui. Cinquante mille bureaux de vote avaient ouvert leurs portes. Quarante mille observateurs originaires du Congo et de l'étranger veillaient au bon déroulement des opérations[4]. Au fil des mois précédents, deux cent cinquante mille agents électoraux avaient sillonné le pays pour informer la population[5]. Les urnes avaient été apportées par hélicoptères, camions et motos dans les lieux les plus reculés du pays. A certains endroits dans la forêt vierge, le transport s'était même effectué en pirogue ou par porteurs.

Mais aujourd'hui le moment était venu. Seize millions de personnes se rendaient dans l'isoloir, même les réfugiés quittaient leurs huttes de plastique. Pascal était issu de la société civile du Sud-Kivu. "Les élections libres, c'était le vœu le plus ardent de la Conférence souveraine nationale. Pour la population, c'est devenu un moment magique, mais pour moi c'était une journée très stressante. Une femme enceinte s'est évanouie en chemin et l'hôpital le plus proche était à dix kilomètres de là. Un enfant s'est senti mal et il est mort. Je n'arrêtais pas de faire des allers-retours en voiture. Je n'ai pas eu une seule minute à moi ce jour-là. Mais franchement, je ne savais pas que les gens attachaient autant d'importance à l'élection de leurs dirigeants."

Le scrutin se déroula, malgré quelques petits incidents, dans une grande dignité. Les électeurs reçurent dans leur bureau de vote – souvent pas plus grand qu'une vaste hutte – les formulaires nécessaires. Le bulletin de vote pour les élections présidentielles portait trente-trois noms. Joseph Kabila était dessus, bien sûr, aux côtés de Jean-Pierre Bemba et d'Azarias Ruberwa, les chefs rebelles devenus vice-présidents. Antoine Gizenga s'était lui aussi mis sur les rangs, l'homme qui avait été vice-Premier ministre sous Lumumba. Et Nzanga Mobutu, le fils de. Ensuite il y avait Pierre Pay Pay, l'ancien gouverneur de la banque centrale, et Oscar Kashala, un médecin revenu des Etats-Unis. Le bulletin pour élire le Parlement était nettement moins clair. Une dizaine de milliers de candidats se présentaient pour cinq cents sièges, répartis entre plus de deux cent cinquante partis. Le formulaire se composait de six grandes feuilles sur lesquelles les candidats étaient représentés par des photos d'identité : un tiers du pays ne savait pas lire. Des petites vieilles demandèrent aux officiels de cocher "*Monsieur Sept**". C'était Kabila, dont le parti, le PPRD (*Parti du Peuple pour la Reconstruction et la Démocratie**) avait le numéro sept dans la liste des candidats.

Quand les bureaux de vote ont fermé, le décompte a commencé. Pour que les urnes ne soient pas trafiquées, il fallait que l'opération ait lieu autant que possible sur place, même si ce n'était pas toujours simple. "Nous n'avions pas de courant", a raconté Pascal Rukengwa, "et les lampes de poche qui avaient été prévues ne fonctionnaient pas. Il n'y avait pas d'argent pour acheter des bougies, mais les gens se sont mis à en chercher eux-mêmes. Nous nous arrangions comme nous pouvions. Dans certains bureaux de vote, les gens ont dormi à côté des urnes pour veiller à ce que rien ne tourne mal."

L'image de vaillants citoyens décomptant des voix dans une hutte à la lueur de la bougie, souvent après une journée entière sans manger, est extrêmement émouvante. L'image d'hommes et de femmes fatigués dormant à côté d'une urne scellée qu'ils tiennent dans les bras comme un reliquaire ou un enfant, ne peut laisser personne insensible. Le grand vainqueur des élections a été le Congolais ordinaire[6]. Dès l'aube, de nombreux résultats ont été communiqués au téléphone par SMS dans les centres de calcul. Le miracle s'était produit.

Pascal Rukengwa rentra par avion à Kinshasa. Le 20 août 2006, trois semaines après les élections, le résultat définitif fut connu. Sur les milliers d'observateurs, aucun n'avait observé de fraude à grande échelle et le résultat surprenant semblait le confirmer : aucun des candidats n'avait la majorité absolue. Kabila obtenait près de 45 % des voix, Bemba 20 %. En troisième position arrivait le vieux Gizenga, avec 13 %, un homme qui n'avait pourtant pas mené campagne, mais devait certainement ce résultat à son aura historique. “Ce résultat a suscité une gigantesque frustration : Bemba savait qu'il n'avait pas gagné et Kabila a compris qu'il n'avait pas remporté les élections au premier tour”, a expliqué Pascal. “On a beaucoup tiré dans la ville. Les partisans de Bemba ont dirigé toute leur colère sur Kabila et sur nous. Ils soupçonnaient la CEI de partialité, alors que nous étions au contraire étonnés que Bemba ait obtenu tant de voix ! Nous avons dû nous réunir dans la cave. Je ne savais pas si je serais encore vivant le lendemain. Avec les tanks de la Monuc, nous nous sommes rendus à la chaîne publique pour annoncer le résultat officiel à la télévision. J'étais assis par terre entre les jambes des soldats. C'était un vieux tank qui a eu du mal à démarrer. Cela fait vraiment le bruit d'un gros générateur Diesel, tu sais ?”

Le résultat a révélé une très nette fracture. Kabila l'avait emporté dans l'est du pays. Dans des provinces comme le Nord-Kivu, le Sud-Kivu, le Maniema et le Katanga, il avait atteint des scores staliniens de plus de 90 % (et même de 98,3 % au Maniema et au Katanga). Cela n'avait rien d'étonnant sachant qu'il venait lui-même de l'Est et qu'il y était considéré comme *l'artisan de la paix**. Bemba triomphait dans les provinces occidentales qui étaient restées en dehors de la guerre (le Bas-Congo, Kinshasa, Bandundu) et sa propre province, l'Equateur. La ligne de faille recouvrait à peu près la frontière linguistique entre la région où se parle le lingala et celle où se parle le swahili au Congo. On craignit à un moment l'éclatement d'un conflit macro-ethnique.

Le jour de l'annonce des résultats, des troupes de maintien de l'ordre de Kabila ouvrirent le feu sur la résidence de Bemba à Kinshasa, selon leurs propres dires parce qu'elles avaient été provoquées par les gardes du corps de celui-ci. Ce qu'elles ne savaient pas, c'était qu'à ce moment-là Bemba était en réunion chez lui avec presque tous les principaux ambassadeurs du Ciat. Les tirs durèrent des heures, l'hélicoptère privé de Bemba fut détruit. Les échauffourées prirent fin après l'intervention de la Monuc et de l'Eufor, les forces européennes de maintien de la paix.

Le calme revint cependant et le deuxième tour des élections présidentielles, qui eut lieu le 29 octobre, se déroula somme toute plus tranquillement. Comme cela se passe dans des élections à deux tours, le premier candidat parvint à s'entendre avec le troisième. Kabila promit à Gizenga le poste de Premier ministre en échange de ses partisans. Il obtint aussi le soutien du quatrième, Nzanga Mobutu, qui se voyait proposer pour plus tard le portefeuille de l'Agriculture. Le ralliement de Mobutu junior au camp présidentiel n'était pas anodin, car il venait de l'Equateur, la province de Bemba. Le cartel de Kabila, l'*Alliance pour la majorité présidentielle** (AMP), proposait à présent d'abriter le PPRD de Kabila et les partis de Gizenga et Mobutu. La chance pouvait vraiment tourner : le lien qu'établissait à présent le fils de Mzee Kabila avec le fils du maréchal Mobutu faisait sans doute se retourner plus d'un ancêtre dans sa tombe. C'était comme si les enfants de Churchill et d'Hitler avaient fondé un seul et même parti.

Kabila remporta 58 % des voix, Bemba 42 %. Le 6 décembre 2006, deux jours après son trente-cinquième anniversaire et tout juste marié, il prêta serment en tant que premier président démocratiquement élu du Congo depuis Kasavubu. Enfin, la Troisième République devenait un fait. Mobutu avait annoncé la fin de la Deuxième République en avril 1990, mais la transition vers un nouveau régime politique avait duré plus de seize ans, seize ans de faim, de pauvreté, de guerre et de mort, seize ans de désespoir et d'absence de perspective.

Est-ce que la situation allait changer ? A Kinshasa, beaucoup furent sceptiques dès le premier jour. Ils considéraient Kabila comme le candidat du monde occidental. Même si les élections s'étaient dans l'ensemble déroulées correctement, les habitants de Kinshasa, les Kinois, n'avaient pas oublié que Louis Michel, à l'époque commissaire européen au Développement et à l'Aide humanitaire et ancien ministre belge des Affaires étrangères, qui était très actif en Afrique centrale, que ce *big Loulou*, avec son cigare et ses tapes dans le dos et son rire tonitruant, cet homme, qui pour beaucoup de Congolais incarnait une "communauté internationale" toujours floue, avait dit à la télévision dans un moment d'inadvertance que Kabila représentait "l'espoir du Congo".

L'abbé José Mpundu, le prêtre particulièrement sagace qui avait organisé la marche de l'Espoir, était très sarcastique à propos des élections. "Je me suis battu entre 1990 et 1995 pour d'autres élections que la mascarade à laquelle nous avons eu droit cette fois. C'était une parodie orchestrée par la mafia politico-financière internationale ! Je voulais voter pour Tshisekedi, mais il s'est lui-même mis hors jeu, donc j'ai voté pour Bemba. Ils nous ont fait jouer un rôle. Cela a été une grande escroquerie mafieuse sans valeur. La communauté internationale a acheté avec beaucoup d'argent le président qui avait sa préférence, alors que nous aurions mieux fait d'organiser nous-mêmes une collecte pour financer les élections et fabriquer nos urnes. Au moins, cela aurait été nos élections."

Des propos très critiques qui n'avaient rien d'exceptionnel dans la capitale. Pascal Rukengwa, membre de la commission électorale, venait de l'Est, où l'on avait voté massivement pour Kabila. Le 6 décembre, il était présent lors de la prestation de serment du président, mais ce qu'il vit sur place ne lui fit pas forte impression. Oui, beaucoup d'invités de marque étaient là, beaucoup de chefs d'Etat. Oui, Tshala Muana chantait merveilleusement bien. Mais tout paraissait organisé avec amateurisme. "Il n'y avait pas assez de chaises. Les gens étaient restés debout pendant des heures en plein soleil. J'avais une invitation pour le dîner, mais tout a cafouillé. La salle était remplie de personnes qui n'avaient pas d'invitation, je ne suis pas arrivé à entrer. Enfin, ce n'était vraiment pas bien organisé, cela ne s'est pas passé de façon très professionnelle." Il ne s'agissait, bien entendu, que de détails de pure forme mais, selon Pascal, le fond était lui aussi plutôt douteux. Les observateurs occidentaux se réjouissaient du discours du président. N'avait-il pas employé des termes énergiques en évoquant *les cinq chantiers* * de la reconstruction nationale ? Ne faisait-il pas allusion aux infrastructures, à l'eau et l'électricité, à l'enseignement, au travail et à la santé ? Ne disait-il pas littéralement : "La récréation est terminée" ?

Pascal ne savait pas encore très bien ce qu'il devait en penser : "Je n'y croyais pas. Cette histoire des *cinq chantiers* *, je trouvais cela plutôt enfantin. Si un gouvernement ne se consacre pas à ces tâches essentielles, alors qui doit s'en occuper ? Il n'était tout de même plus en campagne ! La récréation allait tout simplement se poursuivre, d'après moi. C'était le même homme immobile, hésitant. Eh bien, quand on sait ce qui s'est passé, j'étais encore gentil à l'époque[7]."

Comment décrire le Congo à la veille de la Troisième République ? Il manque des statistiques, des pourcentages et des chiffres. Le monde se révèle par miettes et par débris. Comment décrire cet immense territoire ?

Dire que c'était un pays fertile où pourtant beaucoup d'habitants ne mangeaient qu'une fois tous les deux jours ? Que beaucoup avaient des problèmes d'hémorroïdes dus à un régime uniforme de manioc ? Que les gens qui n'avaient pas d'argent pour acheter une pommade contre les hémorroïdes, à supposer qu'elles se soient déjà formées, se contentaient d'étaler dessus de la pâte à dentifrice d'importation bon marché ? Oui, de bons amis me l'ont dit. Ils traitaient les coupures avec du liquide de frein, les brûlures avec les sécrétions féminines. Ils ciraient les chaussures avec un préservatif gratuit, le lubrifiant faisait briller le cuir. Les femmes qui voulaient avoir de plus grosses fesses, disaient-ils, s'inséraient un bouillon cube dans le vagin. D'autres se faisaient un lavement avec des extraits de bœuf.

Comment décrire un pays ? Un pays qui n'était pas un Etat, mais comptait plus de cinq cent mille fonctionnaires, des hommes et des femmes âgés qui ne partaient pas à la retraite parce qu'il n'y en avait pas et qui donc allaient tout de même au bureau où, parmi les étagères débordant de dossiers moisis et mangés par les termites, ils espéraient recevoir un petit salaire et rêvaient d'un pays un tant soit peu administré[8]. D'une écriture patiente, ils remplissaient d'interminables piles de papiers, ils éprouvaient une grande déférence vis-à-vis de la hiérarchie administrative, car ce n'est pas parce qu'un Etat est virtuel qu'il est irréel, au contraire. A Bunia, une lettre atterrissait dans dix-sept bureaux différents avant qu'on y réponde[9]. A Boma, j'ai rencontré un bibliothécaire municipal sans bibliothèque.

Comment décrire un pays ? A travers la forêt vierge de l'Equateur, un homme marchait avec un cochon. Il se rendait de son village jusqu'au fleuve Congo. Là-bas, il attendrait qu'un bateau passe, ce qui arrivait une fois par mois. Quand un bateau approcherait – c'était plutôt un village flottant avec son marché, son tribunal et sa ménagerie à bord –, il demanderait à quelqu'un en pirogue de l'approcher du bateau pour vendre son porcelet d'un an à l'équipage ou aux passagers, qui crieraient en se penchant par-dessus bord. Mais le fleuve était encore loin, à deux cent cinquante kilomètres de là. Seul, il traversait à pied la forêt, pendant trois semaines d'affilée, tantôt en portant son cochon, tantôt en le laissant marcher en laisse. La nuit, il dormait à côté. Le fleuve était encore loin, tellement loin. Et il n'avait aux pieds que des claquettes[10].

La tâche à laquelle s'attelait Kabila était loin d'être simple. Vaillamment, il fit consigner : "Il y aura de la rigueur, de la discipline. Je suis déterminé à reprendre les choses en main, à reprendre à 100 % le contrôle de la situation[11]." La nouvelle Constitution prévoyait en tout cas un régime subtil de freins et contrepoids. Le Congo n'était ni présidentiel ni parlementaire, mais quelque chose entre les deux (le chef de l'Etat désignait le Premier ministre, mais les représentants du peuple pouvaient prendre à leur encontre des mesures judiciaires en cas de haute trahison). Le Congo n'était ni unitaire ni fédéraliste, mais quelque chose entre les deux (les provinces diminuaient de taille, mais recevaient plus de compétences et de moyens). Le Congo se dotait d'une Chambre et d'un Sénat (la Chambre était élue au suffrage direct, le Sénat par l'intermédiaire des conseils provinciaux). Et une Cour constitutionnelle était instituée avec des compétences étendues pour régler les différends entre le Premier ministre et le président. Cette construction compliquée était censée éviter qu'un trop grand pouvoir ne soit accordé à une seule et même institution.

Ce risque était assez limité du côté du Parlement comme du gouvernement. Le Parlement paraissait extrêmement morcelé : les cinq cents membres ne représentaient pas moins de soixante-dix partis, auxquels s'ajoutaient soixante-quatre partis composés d'une seule personne. Les deux grands partis, celui de Kabila et celui de Bemba, correspondaient à seulement cent soixante-quinze sièges, mais même eux étaient faits de bric et de broc. Le gouvernement était un monstre obèse de soixante ministres, pas parce qu'il y avait beaucoup d'affaires à régler, mais parce qu'il fallait apaiser beaucoup de monde. (Plus tard, l'équipe au pouvoir serait réduite à quarante-cinq portefeuilles, soit encore le double des membres du gouvernement de Lumumba en 1960.) Le Premier ministre, Gizenga, âgé de 81 ans, bénéficia au début d'une grande considération, mais sa renommée s'avéra vite plus antique qu'actuelle. Un de ses ministres se vit attribuer le curieux titre de "*ministre près le Premier ministre* *". Dans la pratique, le brave homme était chargé de tenir éveillé le Premier ministre pendant les réunions.

En janvier 2007, à peine deux mois plus tard, on put déjà avoir un très net aperçu de la nouvelle culture politique. Les conseils provinciaux devaient choisir les gouverneurs de province et le résultat s'écartait – c'est le moins qu'on puisse dire – très nettement des anticipations. Le PPRD, le parti de Kabila, remporta huit des neuf provinces, même là où il n'avait pas réussi à produire le moindre impact lors des élections législatives – seul l'Equateur reçut un gouverneur de l'écurie de Bemba. Des pots-de-vin avaient été généreusement distribués : les candidats qui n'avaient pas été élus exigèrent même par la suite publiquement qu'on les leur rende[12]. Les conseillers provinciaux reconnurent plus tard avoir reçu des pots-de-vin. Cette fraude provoqua une telle colère dans le Bas-Congo qu'il y eut des émeutes. Peu d'habitants souhaitaient un partisan de Kabila à la tête de leur illustre province. Bundu dia Kongo, un mouvement ethnique politico-religieux qui à l'époque de Mobutu défendait les droits des Bakongo, appela à la contestation. Le mouvement rêvait de rétablir la gloire du royaume historique du Kongo, qui s'étendait de l'Angola jusqu'au Congo-Brazzaville. Des manifestations à Moanda, Boma et Matadi donnèrent lieu à de violentes rixes : dix agents furent tués, puis l'armée ouvrit le feu sur les manifestants. Conséquence : cent trente-quatre morts.

En mars 2007, Kabila opta à nouveau pour la violence. Pendant le régime 1 + 4, Bemba avait eu droit, en tant que vice-président, à une milice privée. Maintenant qu'il n'était plus que sénateur, il refusait d'y renoncer. Il ne pouvait bien entendu plus disposer d'une petite armée de cinq cents aventuriers. Mais après les tirs sur sa maison en août, il craignait, et non à tort, pour sa sécurité. Kabila avait en outre à sa disposition, avec sa garde républicaine, une armée privée d'au moins quinze mille hommes ! Il avait constitué ce corps d'élite pendant la transition. Le 21 mars, les hommes de Kabila ouvrirent le feu sur le boulevard du 30-Juin, l'artère la plus animée de la ville. Pendant trois jours, Kinshasa fut paralysée. Des bureaux et des ambassades furent touchés par des grenades. Les ronds-points étaient jonchés de cadavres. Un réservoir de carburant prit feu. Plus de trois cents personnes perdirent la vie, peut-être même cinq cents. Par la suite, les services présidentiels arrêtèrent et torturèrent cent vingt-cinq personnes, essentiellement originaires de la province de l'Equateur. Des dizaines d'entre elles furent tuées[13]. Bemba s'enfuit pour sa part au Portugal, malgré le mandat d'arrêt international suspendu au-dessus de sa tête. Il comptait sur son immunité en tant que sénateur. Mais en mai 2008, il fut arrêté à Bruxelles et livré à la Cour pénale internationale à La Haye, où il attend depuis d'être jugé.

"Il y aura de la discipline", avait dit Kabila. Ses interventions violentes en août, janvier et mars ne laissaient cependant rien augurer de bon. Elles rappelaient la pendaison de quatre ministres décidée par Mobutu, juste après son coup d'Etat, pour imposer son autorité. La garde républicaine de Kabila faisait penser à la DSP d'autrefois, ses services de renseignements évoquaient ceux de Mobutu. Mais était-ce bien le cas ? Peut-être la situation était-elle plus tragique, plus banale. Dans les trois cas, des échauffourées avaient dégénéré et s'étaient terminées par accident dans un bain de sang. Kabila ne pouvait bien entendu pas l'avouer, mais ces événements témoignaient d'une absence de contrôle sur ses troupes, même ses propres troupes d'élite, plutôt que d'actes délibérés. Mobutu avait voulu montrer qu'il était une personnalité solide à travers de solides principes, Kabila voulait cacher qu'il était une personnalité faible entourée d'institutions faibles.

Ses efforts furent vains : très vite, le bruit courut à Kinshasa que Kabila prenait de la cocaïne, non, qu'il passait des journées entières à jouer sur sa console Nintendo, non, qu'on lui avait tiré dessus et qu'il sortait par conséquent le moins possible. Les gens cherchaient les explications les plus folles à l'immobilisme qu'ils constataient. "*Après les élections = avant les élections* *", marmonnaient-ils en faisant amèrement allusion à l'indépendance en 1960. Dans l'Est également, sa cote de popularité diminua brutalement. Kabila ne prit plus une seule fois la parole devant un stade plein à craquer. On le voyait rarement rire, il se montrait rarement en public. Il n'apparaissait qu'occasionnellement à la télévision : comme un sphinx assis derrière un bureau, qui lit à haute voix une déclaration.

Pourtant, on put déceler au début de la Troisième République un nouvel élan ici et là. Le volumineux Parlement vota durant les dix premiers mois de son existence plus de quinze lois, il interpella seize ministres, créa huit commissions d'enquête et discuta d'un budget. Une enquête fut engagée sur des scandales de corruption et des contrats miniers illégitimes[14]. A Lubumbashi, le nouvel élan fut encore plus manifeste quand l'espace public eut droit à une impressionnante remise en état. Les cuvettes dans la chaussée furent comblées, les cours de récréation et les écoles furent rénovées, mille six cents poubelles furent installées et des services de ramassage des ordures mis en place[15]. En juin 2007, quand j'y suis allé, des ouvriers contrôlaient les lampadaires et élaguaient les arbres tout le long des avenues droites, interminables, du centre-ville.

Un tel dynamisme était cependant toujours le fait de quelques individus énergiques. Le Parlement fonctionnait grâce à l'allant de son président, Vital Kamerhe, un proche du président Kabila qui avait l'art de paraphraser avec concision des débats sans fin et d'amener une décision. Le Katanga faisait à nouveau preuve d'initiative grâce à Moïse Katumbi, un homme d'affaires flamboyant qui associait la ruse au populisme et restait d'une loyauté inconditionnelle au *grand chef* * à Kinshasa. Kabila avait besoin de ces personnalités enthousiastes pour montrer à la population que ses "*cinq chantiers* *" étaient sur la bonne voie, mais il veillait à ce que leur cote de popularité ne dépasse pas la sienne. Car en 2011, des élections étaient prévues. En 2009, quand le président du Parlement, estimé de tous, émit ouvertement des critiques concernant les interventions militaires de Kabila dans l'Est, il fut contraint de démissionner, le nouveau gouvernement perdant ainsi un de ses collaborateurs les plus intelligents. Depuis, le gouverneur du Katanga, Moïse Katumbi, fait profil bas, ce qui est étonnant compte tenu de sa personnalité. Son approche volontariste a aussi illustré peu à peu les inconvénients d'un régime extrêmement personnalisé. En juin 2007, j'ai constaté que l'hôpital général de Lubumbashi venait d'être équipé de deux chambres mortuaires entièrement neuves et d'un camion pour aller chercher les morts. *Don de Moïse**, pouvait-on lire en lettres gigantesques sur ces deux dons. Des gestes généreux, certes. Mais l'hôpital, pourtant le deuxième du pays en taille, n'avait pas reçu une goutte d'eau en quatre ans[16]. Pour aller aux toilettes, les patients devaient traverser à gué quatre centimètres d'excréments. Je l'ai vu de mes propres yeux.

Les élections avaient coûté une somme colossale et suscité de grandes attentes, mais il s'avéra rapidement que le résultat était maigre. Conformément à une vieille coutume, les parlementaires s'octroyèrent une forte hausse de salaire – qui passa de quatre mille cinq cents dollars par mois en 2007 à six mille dollars en 2008 – et ils se gratifièrent, eux et leur secrétaire, d'une Nissan Patrol flambant neuve ; c'était un des rares points à l'ordre du jour qui ne suscitait pratiquement pas de désaccords[17]. "Je ne comprends pas", m'a dit un jour un Kinois, "pendant la campagne, tous les candidats nous regardaient droit dans les yeux, et la première chose qu'ils font une fois élus, c'est de conduire en 4 × 4 avec des vitres teintées pour ne plus nous voir." Les dossiers importants comme la refonte de l'armée, la décentralisation du pouvoir et la réforme de la justice restaient en suspens, avec tout ce que cela pouvait avoir comme conséquences.

A l'hôpital de Lubumbashi, on m'a présenté à Luc, un jeune homme particulièrement séduisant. Il était en chaise roulante. Neuf mois auparavant, on l'avait pris au collet alors qu'il essayait, une nuit, de voler une bobine de fil électrique. A défaut d'une justice officielle, il règne partout au Congo un tribunal populaire. La populace s'est vengée en aspergeant d'essence les pieds et les mains de Luc. Il s'est vu prendre feu. Son pied gauche, son pied droit, sa main gauche. Des mois plus tard, il est allé aux toilettes et il a vu sa main droite tomber. Maintenant il n'a plus qu'un pouce. Il ne peut pas conduire sa chaise roulante. Mais la justice reste une farce.

L'équipe ministérielle gouvernait à l'avenant. En octobre 2008, Kabila remplaça Gizenga, le Premier ministre somnolent, par Adolphe Muzito, jusque-là ministre du Budget : un brave homme ne présentant aucun danger qui depuis n'a pas fait trop de dégâts, mais s'est contenté d'accumuler les soupçons de corruption contre lui. La plupart des ministres ne semblent pas enclins, eux non plus, à l'action, en dehors de quelques exceptions notoires. D'ailleurs, pourquoi auraient-ils envie d'agir ? S'ils bougent, ils risquent de tomber en disgrâce et de perdre leurs fonctions lucratives (comme cela s'est passé fin février 2010, quand Kabila a remanié une fois de plus son équipe gouvernementale et convié vingt nouvelles excellences au banquet). En outre, le pouvoir s'exerce en définitive ailleurs, dans le très proche entourage du président. Le véritable pouvoir de la Troisième République ne s'appuie pas sur les institutions démocratiques du pays, mais sur quelques intimes du président, dont sa mère et sa sœur jumelle. Souvent, il s'agit de personnalités comme Augustin Katumba Mwanke, qui peuvent compter sur leurs années de loyauté à Kabila, plus que sur leur charisme ou leurs compétences. L'homme le plus puissant pour les questions militaires depuis 2009 est par exemple John Numbi. Il n'est ni ministre de la Défense ni chef d'état-major de l'armée nationale, mais inspecteur général de la police et, depuis longtemps déjà, un protégé du président. Sa formation militaire est limitée.

Des lueurs d'espoir ? Oui, quelques-unes. La monnaie était, jusqu'à la crise bancaire internationale de septembre 2008, relativement stable : un dollar valait environ cinq cents francs congolais, ensuite il a grimpé à neuf cents francs congolais. Le budget a augmenté une année après l'autre mais, en 2010, il était encore de 4,9 milliards de dollars, un montant comparable au budget annuel d'une ville de taille moyenne en Europe ou à la moitié des moyens financiers de Columbia University à New York pendant une année universitaire. Cela ne permet pas de financer la reconstruction d'un pays gigantesque en ruine. La moitié de cette somme est en outre versée par des donateurs internationaux ; un quart est consacré au remboursement de la dette. Le taux de croissance du PNB a augmenté chaque année de quelques points, surtout grâce à l'exploitation minière, mais, là aussi, la dépendance vis-à-vis des capitaux étrangers reste totale[18]. En 2009, le PNB par habitant était de deux cents dollars, ce qui est nettement supérieur aux quatre-vingts dollars de 2000, mais encore très loin des quatre cent cinquante dollars de 1960. Pour atteindre le niveau actuel du voisin Congo-Brazzaville (4 250 dollars par habitant par an, grâce au pétrole), la population devra patienter jusqu'en 2040, peut-on lire dans un document interne du Premier ministre en février 2010. Cela suppose en outre que le pays connaisse, une année après l'autre, une croissance économique réelle de 13 % et une croissance démographique inchangée de 3 %[19].

Par conséquent, sur le plan macroéconomique, on observe un léger progrès, mais de telles tendances ne sont en rien révélatrices de la vie de l'homme ordinaire. L'indice du développement humain, que les Nations Unies calculent chaque année pour tous les pays, donne une meilleure idée du bien-être des citoyens que le PNB par habitant de la population, car il tient compte du taux d'alphabétisation, de l'éducation, de la santé et de l'espérance de vie. Or en 2006, le Congo s'est retrouvé dix rangs avant la dernière position du classement mondial ; en 2009, il était six rangs avant la dernière place. Une évolution guère encourageante[20].

La revue *Foreign Policy* publie chaque année, avec The Fund for Peace, le *Failed States Index*, une liste des soixante Etats les plus défaillants. En 2009, le Congo a fini à la cinquième place, devant l'Irak, et deux places plus bas qu'en 2007[21]. Après une légère amélioration, le Congo menace à nouveau de sombrer dans le chaos et la gabegie. Le *Doing Business Index* pour 2010 situe le Congo à la 182e position sur 183 pays, la République centrafricaine étant la seule à faire "mieux". Quand on souhaite démarrer une entreprise au Congo, il faut consacrer 149 jours ouvrés à des démarches administratives. Obtenir un permis de construire nécessite facilement 322 jours ouvrés. En moyenne, on paie au Congo des impôts plus de trente fois par an. L'impôt sur les bénéfices s'élève à près de 60 % – des sommes que le Congolais ordinaire ne croise jamais sur son chemin[22].

En revanche, le Congolais ordinaire croise la maladie sur son chemin. La mortalité infantile est une des plus élevées du monde : 161 enfants sur 1 000 n'atteignent pas l'âge de 5 ans. Un enfant sur trois qui a moins de 5 ans a un poids insuffisant. L'espérance de vie à la naissance est de 46 ans. Environ 30 % de la population est analphabète, 50 % des enfants ne vont pas à l'école primaire, 54 % de la population n'a pas accès à l'eau potable[23].

On peut s'étonner qu'il n'y ait pas de rébellion ! En dix-huit mois, conclut le compte rendu d'une enquête menée par les autorités en 2007, 1,7 milliard de dollars ont disparu dans les poches de trois institutions financières nationales et six entreprises publiques[24]. Un montant étourdissant, mais qui n'a pas suscité la vindicte populaire. Sur les soixante contrats miniers conclus avec des entreprises internationales comme Anvil Mining, De Beers, BHP Billiton, AngloGold Kilo et Tenke Fungurume Mining, que le Parlement a analysés sous l'égide de Kamerhe, pas un seul ne s'est révélé conforme[25]. L'entreprise publique Gécamines n'a versé en 2008 qu'une contribution de 92 millions de dollars, alors qu'elle aurait pu s'élever à 450 millions[26]. Les mines de diamant de Bakwanga et les mines d'or de Kilo-Moto n'ont pratiquement rien rapporté. Mais de la colère ? Une résistance morale ? De la fureur ? Oui, des grèves de fonctionnaires et d'enseignants surviennent de temps en temps, mais le Congolais ordinaire se résigne à son sort et a presque honte de l'espoir qu'il entretient à l'approche des élections. "*Ça va un peu**", répond-il quand on lui demande comment il va.

En novembre 2008, j'en ai parlé avec Alesh, un rappeur de 23 ans de Kisangani et un des plus grands espoirs du hip-hop congolais. Le rap est un genre relativement récent au Congo mais, pour Alesh, c'est une manière de sortir de la léthargie ambiante. Dans son morceau *Bana Kin*, il montre d'un doigt accusateur la sphère musicale émoussée de Kinshasa : "Ta musique est riche et représente nos traditions / quand par rapport à l'éthique elle n'est pas contradiction." Des personnalités comme Werrason et Mpiana n'éveillent pas la nation, même si leur tralala commercial a peut-être une valeur artistique. Lui a une opinion plus nuancée sur la religion : "Je n'ai rien contre la prière / mais pour eux c'est devenu un voile / qui les enchaîne à la pauvreté / comme une toile." Parler avec Alesh, c'est parler avec une jeune génération sûre d'elle-même et libérée des complexes d'infériorité coloniaux ou postcoloniaux : "Nous devons oser nous critiquer nous-mêmes, il y a trop de rêves qui meurent par manque d'espoir." En 2008, il a sorti *L'Elu*, un morceau sans concession où il rappelle à l'élu du peuple ses promesses : "De ta ruse, excellence, faut pas que tu abuses / Tu t'amuses, conséquence, le peuple t'accuse[27]."

Les élections ont-elles alors été totalement superflues ? Question délicate. Pour des millions de citoyens, elles ont eu indéniablement une grande importance symbolique. L'empressement que l'on a montré à voter et à faire le décompte des voix est le signe que ces élections n'étaient pas qu'un fantasme de la communauté internationale. Mais elles ont eu plus de sens avant et au moment du scrutin qu'après. Le rituel a été au moins aussi important que le résultat. Il était d'ailleurs illusoire d'espérer que des élections convenables amènent automatiquement une démocratie convenable. L'Occident fait l'expérience de toutes sortes de régimes démocratiques depuis deux mille cinq cents ans, mais ne s'est converti au suffrage universel au moyen d'élections libres que depuis à peine un siècle. Pourquoi s'attend-il à ce que cette méthode puisse transformer, d'un coup de baguette magique, une culture politique où la corruption et le clientélisme sont profondément ancrés en un Etat de droit démocratique sur le modèle scandinave ? Et qui plus est sur un territoire qui pendant la période précoloniale, coloniale et postcoloniale n'a connu presque rien d'autre que divers régimes autocratiques ? Il faut vraiment être naïf pour penser que tout va aller de soi après cette première impulsion électorale ! La démocratie doit être un objectif ultime – c'est tout simplement la forme de gouvernement la moins mauvaise –, mais au Congo très peu d'attention a été accordée aux étapes indispensables sur la voie d'un régime démocratique et au rythme auquel ces étapes devaient s'enchaîner. Jef Van Bilsen prévoyait en 1955 qu'il fallait trente ans pour qu'une colonie se transforme en un Etat souverain, mais aujourd'hui la situation est à bien des égards nettement plus mauvaise qu'à l'époque. Des élections libres n'ont pas à être le coup d'envoi vers un processus de démocratisation nationale, mais la conclusion, ou du moins une des dernières étapes. La paix, la sécurité et l'enseignement doivent passer avant, de même que les élections locales qui peuvent stimuler la formation d'une culture communautaire de la responsabilité politique. Ces élections locales devaient en principe se dérouler d'abord, mais Kabila les a repoussées et ne s'en est plus préoccupé.

Les spécialistes occidentaux de la politique font souvent preuve d'un fondamentalisme électoral, comme les spécialistes de la macroéconomie du FMI et de la Banque mondiale souffraient encore collectivement, il n'y a pas si longtemps, d'un fondamentalisme du marché : ils croient qu'il suffit de se conformer aux exigences formelles d'un système pour que même dans le désert le plus aride des milliers de fleurs se mettent à éclore. Le Prix Nobel Joseph Stiglitz a cependant fait clairement comprendre que "*sequencing and pacing*" ["séquencer et rythmer"] * sont essentiels à l'introduction d'une économie de marché[28]. On ne commence pas par cultiver le sol dans le désert en utilisant d'excellentes semences. Cela vaut aussi pour l'introduction d'une démocratie.

Dans son enthousiasme à l'idée d'instaurer une démocratie en mettant en place une bonne fois pour toutes un mode officiel de scrutin, la communauté internationale s'est surtout mise hors jeu au Congo. Elle avait pour but la démocratie, elle a obtenu comme résultat la loi du silence. Car en tant que président démocratiquement élu d'un pays souverain régénéré, Kabila n'a plus toléré les fouineurs de l'extérieur – après quatre années de paternalisme du Ciat, il en avait assez. Pour résumer la situation cyniquement : les Etats-Unis et l'Europe ont payé le prix fort au Congo pour se réduire eux-mêmes au silence sur le plan diplomatique. Ils peuvent maintenant faire miroiter des prêts et y associer des conditions de bonne gouvernance (le nouveau mot à la mode surtout au FMI et à la Banque mondiale, mais l'Union européenne a aussi rejoint la meute), mais pourquoi céderait-on, en tant que chef d'Etat africain, à de telles avances quand la Chine propose bien plus d'argent et fait bien moins de difficultés ?

Certains politologues prétendent, partant de cette hypothèse pour développer leur idée, qu'il faut trois ou quatre scrutins avant d'être sur la bonne voie. Il ne faut donc pas se laisser aller trop vite au désespoir. Il est normal qu'un pays commence par balbutier. La répétition d'élections peut effectivement créer une dynamique de responsabilisation, c'est vrai, des dirigeants peuvent être motivés à l'idée de pratiquer une bonne gouvernance. Mais les élections peuvent tout aussi bien devenir un rituel creux qui donne à des régimes autocratiques un fin vernis de légitimité. Il est encore trop tôt pour décider si les élections encouragent ou non la démocratie au Congo. Il importe cependant de préciser qu'en septembre 2009, Kabila, en vue des élections de 2011 et de 2015, a créé une commission chargée d'examiner de près si le mandat du président ne peut pas être porté de cinq à sept ans et si la restriction constitutionnelle à deux mandats ne doit pas être supprimée, pour que le président soit éternellement rééligible[29]. Il faut aussi signaler qu'en 2009 également, plusieurs militants en faveur des droits de l'homme ont été arrêtés pour leur attitude critique[30]. Un intime du président (qui ne savait pas que je savais qu'il était un intime) m'a dit, à un moment perdu lors d'un déjeuner juste avant les élections : “Mandela était finalement bien trop occidental en tant que président ; Mugabe et Mobutu, ça ce sont de vrais dirigeants africains.”

Fin novembre 2008. J'étais en train de dîner avec deux frères, tous deux de jeunes dramaturges, dans un restaurant indien à Goma, en face de la base de la Monuc. Nous étions assis sous un auvent en train d'attendre patiemment nos plats quand j'ai reçu un coup de téléphone. Le voyage du lendemain ne pouvait pas avoir lieu, ai-je entendu, le chauffeur avait eu une panne, sa batterie était à plat ou il n'avait plus d'essence, non, non, c'était compliqué, je ne pouvais pas l'aider, il était vraiment désolé lui aussi et, une fois encore, bonne soirée.

"Ça va?" m'a demandé Sekombi, l'aîné des deux frères tandis que je refermais mon téléphone portable.

"Non", ai-je dit, "j'avais tout arrangé pour aller demain voir Nkunda et je viens d'apprendre que cela ne va pas être possible."

J'avais organisé le trajet en Jeep, le chauffeur, le carburant et un guide qui connaissait le territoire des rebelles. J'avais acheté le matin même à l'antenne locale du ministère de la Communication et des Médias une accréditation presse pour pas moins de deux cent cinquante dollars – la feuille de papier A4 la plus chère de ma vie –, j'avais fait faire des photos d'identité, j'avais dû passer aux services de sécurité de l'Etat. J'avais parlé au responsable de la Monuc de mes projets. Et, surtout : j'avais eu au téléphone le numéro deux parmi les conseillers civils de Nkunda. J'avais eu du mal à le joindre en territoire rebelle, où les téléphones portables n'avaient pas de réseau, mais le rendez-vous avait pu être fixé : le lendemain matin à neuf heures, il m'attendrait près de l'ancien poste missionnaire.

"On peut tous y aller en voiture?" a dit Sekombi, interrompant mes lamentations.

Sekombi et Katya, son frère cadet, un garçon peu loquace, n'avaient pas froid aux yeux. Pour créer à Goma, démolie par les tirs et recouverte de lave, un centre artistique destiné à accueillir les jeunes talents, il fallait vraiment être inspiré. Leur frère aîné, Petna, en avait pris l'initiative. Un mois plus tôt, Nkunda était aux portes de la ville et les FARDC de Kabila s'étaient livrées à des pillages, mais le centre artistique des frères Katondolo avait continué obstinément à proposer son festival de films. Mais de là à partir maintenant dans des zones de conflit en compagnie de deux artistes de scène? Dans leur Jeep hors d'âge?

"Vous avez des papiers?"

Pour arriver jusqu'à Nkunda, nous devions traverser trois barrages routiers des FARDC, quelques kilomètres de no man's land, puis trois barrages routiers du CNDP de Nkunda. Pour passer les barrages des rebelles, c'était du gâteau, m'avait-on assuré, Nkunda tenait bien ses troupes. Mais ceux de l'armée nationale pouvaient être un cauchemar. Les passeports et les cartes de presse ne mettaient pas toujours à l'abri d'une réaction hostile de leur part.

"Non", a dit Sekombi, "mais nous avons nos cheveux."

Pardon ? Je me suis presque étouffé avec mon poulet tikka masala qui, après deux heures d'attente, avait tout de même fini par arriver. J'ai regardé leur coiffure ébouriffée. Avec beaucoup de bonne volonté, on pouvait y apercevoir un début de *dreads*.

"Nous sommes des rastas. Tout le monde nous aime. *Nous sommes cool**. Ils nous laisseront passer."

Il faisait déjà jour quand nous avons quitté la ville peu après six heures du matin. Nous avions fait le plein d'essence et acheté quelques paquets de cigarettes. "Ça peut toujours servir", avait dit Sekombi, qui était non fumeur et mangeait un biscuit. La Jeep rebondissait sur le revêtement. Le volant était à droite : presque toutes les voitures dans l'est du Congo viennent des pays voisins, qui étaient auparavant des colonies britanniques. Au loin se dressait la silhouette du volcan Nyiragongo, de deux mille mètres d'altitude ; au sommet flottait son éternel panache de fumée. Sekombi était d'humeur lyrique. "Ce volcan est à la fois notre mère, notre sœur et notre maîtresse. Quand je vois ce panache de fumée, je ne peux pas m'empêcher de penser à une grosse poitrine qui donne toujours du lait. Quand on en a bu une fois, on y revient toujours." Mais parfois de cette poitrine jaillissait le lait noir de l'aube : en 2002, le volcan a enseveli la moitié de Goma sous la lave. Le premier étage de certaines maisons est devenu le rez-de-chaussée. La ville s'est asphaltée dans un état de stupeur, comme ivre morte. Goma, la ville noire dans un pays couleur rouille, est le seul endroit au Congo où les routes n'ont pas de nids-de-poule, mais des bosses.

Un peu plus loin vers le nord, nous avons croisé les premiers camps de réfugiés, les mêmes camps où, en 1994, avaient séjourné les Hutu rwandais. A présent, ils accueillaient les deux cent cinquante mille civils qui avaient fui Nkunda. Le camping d'un festival sans le festival, un triste enchevêtrement de toiles de tentes et de cartons. Il y a toujours quelqu'un qui fuit dans le Nord-Kivu.

Au bout de huit kilomètres, nous sommes arrivés au premier barrage routier. Entre deux barils de pétrole pendait une cordelette à laquelle était accrochée une petite branche ; une demi-douzaine de militaires attendaient en traînassant. Nous avons ouvert la vitre. "*Yo, man !*" a ri Sekombi en regardant les uniformes kaki. Son frère Katya, assis sur la banquette arrière, ne disait rien, mais portait le signe de reconnaissance du vrai rasta : un épais bonnet en laine. "*Rastaman !*" se sont exclamés les soldats joyeusement, "wowoow !" Ils ont fait les fous, bavardé, accepté les cigarettes que nous leur proposions et ils nous ont souhaité une bonne journée. "*Peace and love !*" a dit Sekombi pour conclure les formalités du passage de frontière. *Peace and love !* A des militaires ! En temps de guerre ! Mais ils ont abaissé la cordelette et fait de grands gestes d'adieu. C'est aussi ce qui s'est passé aux barrages suivants. Jamais je n'aurais pensé qu'il suffirait de quelques embryons de *dreads* et d'un peu de nicotine pour rejoindre le seigneur de guerre le plus redouté d'Afrique centrale.

Après la violente prise de Bukavu en 2004, Laurent Nkunda avait dû se tenir tranquille. Avec sa formation de psychologue, il était devenu pasteur dans une Eglise pentecôtiste du Kivu[31]. Il n'avait fait à nouveau parler de lui qu'en 2006. Aussitôt après l'annonce des résultats des élections législatives, il avait fondé le CNDP, le *Congrès national pour la défense du peuple*[32]. Les dénominations des mouvements rebelles congolais sont souvent des abréviations sans fondement, mais le produit de l'imagination de Nkunda battait vraiment tous les records : ce n'était pas un "congrès" mais une milice, il n'était pas "national" mais régional, quant à ce que signifiait la "défense du peuple", il fallait le demander aux réfugiés dans les camps. Pourtant, cette dernière partie de la dénomination était encore la plus juste, du moins tant qu'on l'interprétait comme la défense d'*un peuple**, une certaine catégorie de la population, la catégorie qui depuis vingt ans était ridiculisée et harcelée et à laquelle appartenait Nkunda : les Tutsi congolais. Si un ethnographe colonial des années 1920 avait voulu photographier l'archétype du Tutsi, il aurait sans aucun doute traîné Laurent Nkunda devant l'objectif. Avec sa longue silhouette maigre, son front haut et son nez acéré, il incarnait tous les clichés de l'homme tutsi. Il aurait pu être le frère de Kagame.

Le CNDP est né quand il est apparu clairement que les élections n'apporteraient rien aux Tutsi. Le RCD du vice-président Ruberwa, censé défendre leurs intérêts, n'avait tiré aucun bénéfice de ces élections : pas de poste ministériel, pas de nomination de gouverneur, pas un seul membre aux conseils provinciaux, tout au plus quinze sièges au Parlement[33].

Le 25 novembre 2006, juste avant la prestation de serment de Kabila, Nkunda montra les dents et prit Sake, une petite ville à trente kilomètres de Goma, la capitale de la province. La région volcanique, vallonnée, au nord de Goma, à la frontière de l'Ouganda et du Rwanda, devint son terrain de jeu. Et bien que le mouvement ne fût pas exclusivement tutsi, il reçut dès le début le soutien du Rwanda. Le CNDP de Nkunda s'inscrivait dans la lignée de l'AFDL de Kabila et du RCD de Wamba dia Wamba, à cette différence près qu'il ne s'agissait pas d'une initiative rwandaise sous drapeau congolais, mais d'une initiative congolaise bénéficiant d'un soutien rwandais. Il avait pour principaux ennemis les réfugiés hutu rwandais de l'est du Congo, qui s'étaient à présent organisés au sein des FDLR (*les Forces démocratiques de libération du Rwanda**, là encore un nom discutable, car elles n'étaient guère démocratiques et la libération du Rwanda était une notion relative : beaucoup de Rwandais épousaient des Congolaises, cultivaient la terre au Kivu, contrôlaient quelques petites mines et s'assuraient, certes en pillant et en violant, un revenu régulier, donc pourquoi auraient-ils combattu la puissante armée de Kagame ?).

Par conséquent, le combat entre les Tutsi et les Hutu au Congo se résumait à présent à un combat entre le CNDP et les FDLR. Les motifs étaient tant ethniques qu'économiques[34]. Des deux côtés, les forces militaires ne dépassaient jamais dix mille hommes, mais la brutalité dont elles faisaient preuve était indescriptible. Les souffrances imposées aux civils devinrent la norme, les viols collectifs un droit. Tout comme pendant la Seconde Guerre du Congo, les Hutu obtinrent le soutien de

Kinshasa – les officiers des FARDC et des FDLR exploitaient même ensemble certaines mines – et les Maï-Maï les rejoignirent aussi. Les violences sexuelles étaient une arme dont usaient tous les partis. L'impunité régnait. Même les civils se mirent à violer en masse, non plus comme une arme, mais tout simplement pour s'amuser.

En 2007 et 2008, de nombreuses tentatives eurent lieu pour mettre un terme à la violence. Janvier 2007 : Nkunda accepte que les combattants au sein de son CNDP intègrent l'armée gouvernementale, mais, au lieu d'un grand *brassage* *, il obtient un bien plus léger *mixage* *. Son armée de rebelles n'est pas disloquée et répartie dans des casernes lointaines, mais autorisée à fusionner sur place. Le résultat est à l'avenant : ce ne sont pas les FARDC qui engloutissent le CNDP, mais le CNDP qui engloutit les FARDC. Nkunda devient général de l'armée gouvernementale et peut tranquillement poursuivre sa rébellion. “Les FARDC ?” dit la plaisanterie, “les *Forces armées rwandaises déployées au Congo* * !” Décembre 2007 : lors de négociations de paix à Nairobi, le sort des réfugiés hutu est débattu. Janvier 2008 : à Goma, à l'issue de longues tractations, le programme Amani est lancé. L'abbé Malu Malu, l'ancien président de la commission électorale, parvient à faire signer à tous les groupes armés une intention de paix.

En vain. En mai 2008, je me rends dans un hélicoptère de la Monuc de Goma à Masisi, où Malu Malu, en présence du ministre belge des Affaires étrangères Karel De Gucht, vient annoncer la paix. Des gens affluent par milliers. On chante, on bat le tambour et on danse. La scène est particulièrement émouvante. La paix, oui, cela fait longtemps que la population l'attend. Mais deux jeunes Hutu me disent : “Pour l'instant, tout se passe bien, nous avons seulement besoin d'un autre génocide, un petit, pour faire disparaître les hommes de Nkunda[35].” La haine reste endémique. Fin octobre 2008, tandis que Sekombi et son frère projettent des films d'art et d'essai, Nkunda avance sur Goma.

La Jeep se fraie un chemin à grand fracas à travers le no man's land qui correspond en gros au parc naturel de Virunga. C'est littéralement un *no man's land* : il n'y a pas âme qui vive dans ce paysage vert intense d'une beauté si brute qu'elle laisse sans voix. Des volcans, des forêts, le silence, le brouillard.

Les barrages du CNDP ne posent aucun problème : ils ne veulent même pas de nos cigarettes. Quand nous pénétrons plus loin en territoire rebelle, nous voyons à nouveau des gens dans la rue. Des femmes portant des bidons d'eau jaunes sur le dos, des hommes accompagnés de vaches brun roux, des jeunes sur des vélos en bois chargés de sucre de canne, de bananes ou de charbon de bois. Après un parcours cahoteux de plusieurs kilomètres à travers la forêt et des plantations de bananiers de plusieurs mètres de haut, nous finissons par arriver au poste missionnaire de Jomba. Des centaines d'enfants se pressent autour de la Jeep qui transporte deux rastas et un Blanc. Ils palpent la carrosserie et détalent, hystériques, quand Sekombi se met à klaxonner. Mon rendez-vous arrive, il porte un pantalon en jean et une chemise en jean : maître René Abandi, un juriste d'à peine 40 ans au visage sympathique et à la voix douce. Est-ce bien le numéro deux du CNDP ? Il a des amis à Anvers, dit-il, et il faisait des recherches pour préparer une thèse à l'université d'Urbino. Quand Nkunda s'est lancé, cependant, il est devenu son premier collaborateur civil. René est un Tutsi congolais. De porte-parole, il est monté en grade pour devenir une sorte de ministre des Affaires étrangères, car le territoire des rebelles a son propre gouvernement. Il propose d'aller en voiture dans un village situé plus loin, où Nkunda va s'adresser à la population.

La route devient boueuse. Nous traversons un cours d'eau au-dessus duquel se penchent de grands papyrus et montons la colline en suivant une route sinueuse jusqu'à Rwanguba, un nid d'aigle au sommet. La vue est à couper le souffle. Le panorama s'étend à dix kilomètres à la ronde : des collines, des volcans, des vallées vert émeraude, des formations nuageuses, un panache de fumée émergeant de la verdure, un éclair dans le lointain. On dirait un tableau panoramique du XIXe siècle, une fresque idyllique de la nature, avec au premier plan, en 3D, la mêlée. Des centaines de personnes se sont amassées devant le bâtiment central sur la colline. Des soldats du CNDP nous fouillent et nous laissent passer. Nous devons progresser à travers une masse humaine conciliante. Sous un auvent sont rassemblés tous les notables et les officiers du mouvement rebelle. Bosco Ntaganda est là, le chef d'état-major de l'armée recherché à La Haye pour crimes contre l'humanité. Au milieu, portant un uniforme et un képi, trône Laurent Nkunda. Il joue avec une canne noire dont la poignée en argent représente un aigle. Ses doigts incroyablement longs en caressent sans cesse la tête. Le *chairman* a les yeux tellement enfoncés que son visage ressemble à une tête de mort. Sous sa casquette, je vois les veines sinueuses sur ses tempes. Il se lève pour nous saluer et veille à ce que nous puissions nous asseoir. Nkunda est, durant ces semaines-là, au sommet de sa gloire. Son territoire rebelle a la taille de pratiquement la moitié du Rwanda, la presse mondiale parle de lui, il se croit invincible. Des enfants munis de lances viennent danser devant lui, des fillettes font des culbutes dans l'herbe. A Rwanguba, il va faire valoir son autorité, il est le nouveau chef. Les danses guerrières terminées, il se lève et se dirige lentement vers la foule. Il parle sans s'interrompre. D'un air sévère, il fouette l'air de sa canne, d'un air sévère, il pointe son index osseux. Puis il fait une plaisanterie. Le charme et la terreur réunis. Il félicite les villageois de ne pas avoir fui. "Vous êtes des hommes, vous êtes restés. C'est bien. Travaillez vos champs, mettez-vous au travail. Ne me jugez pas sur mes apparences, mais sur mes actes." Une fois son discours achevé, il revient calmement à sa place et on entend l'herbe crisser sous ses bottes.

L'après-midi, Nkunda se réunit avec son état-major civil et militaire dans une maison à flanc de colline, construite autrefois par une mission protestante. Dans le jardin, j'attends des heures en compagnie de Sekombi et Katya. Il y a du Coca et de la bière. Une vingtaine d'enfants soldats montent la garde, armés de bazookas et de kalachnikovs prêts à servir. Impossible de détourner leur attention en engageant la conversation, mais ils veulent savoir quelle est cette masse dans la poche de mon pantalon. Docilement, je leur montre mes deux téléphones portables. A trente kilomètres au nord, leurs camarades mènent en ce moment une lutte acharnée contre les Maï-Maï. Ils sont particulièrement tendus.

La réunion dure longtemps. Nkunda accorde une audience à des négociants de la région qui souhaitent payer moins d'impôts. Le territoire des rebelles n'est pas riche en mines ; le CNDP tire ses revenus de la vente de vaches, de café et de charbon de bois et de l'imposition des négociants et des chauffeurs de camion. Sekombi et Katya deviennent nerveux. Il est déjà trois heures de l'après-midi et l'air est saturé de pluie. Ils veulent rentrer avant la nuit à Goma, question de sécurité. J'hésite, je pèse le pour et le contre et je les laisse partir. Un peu plus tard, je vois la Jeep blanche descendre en serpentant la colline et disparaître dans la verdure. Je vais passer la nuit avec la troupe qui deux semaines plus tôt a participé au massacre de cent cinquante civils dans la ville voisine de Kiwanja[36].

Le major Antoine porte sa bouteille de bière d'un litre à sa bouche et veut parler d'histoire avec moi. Est-ce vrai que les Egyptiens ont maltraité à ce point les Juifs comme la Bible le prétend ? Les Egyptiens s'en sont-ils excusés ? Pourquoi les Belges ont-ils tranché les mains des Congolais ? Etait-ce pour avoir plus de café ? ("De caoutchouc", chuchote une personne dans l'assistance, "le café, c'est seulement ici.") Pourquoi le prix de toutes les matières premières est-il déterminé en Belgique ? Pourquoi n'y a-t-il que trois Français qui jouent dans l'équipe nationale de football de la France ? Est-ce que cela vient de la mondialisation ? Pourquoi la Cour pénale internationale n'accuse-t-elle que des Africains ? Les questions les plus absurdes alternent avec des remarques judicieuses. Il a en tout cas les idées claires sur un point précis : "Le CNDP est totalement congolais, quoi qu'on en dise. Ce gars à Kinshasa est un bon à rien qui est en train de vendre le pays aux Chinois. Cela se voit à ses soldats. Quand nous nous battons contre eux, cela ne dure jamais plus d'une demi-heure. Après, ils s'en vont. Mais quand le combat dure des heures, nous sommes sûrs de nous battre contre les FDLR, même s'ils portent l'uniforme de l'armée gouvernementale qui les soutient. Ils n'arrêtent pas. Ce sont des animaux blessés, voilà. Pour eux, ce qui compte, c'est la victoire ou rien[37]."

Il fait à présent nuit noire et je n'ai rien mangé depuis le matin six heures. Mal à la tête. Il fait frisquet. Nous sommes en altitude. Vers dix heures, je peux enfin entrer dans la maison. Mais il faut d'abord manger : de la chèvre et du riz, préparés par quelques femmes tutsi. Les tables sont disposées en U, environ huit officiers et négociants viennent s'y installer. Nkunda est assis seul à sa propre table, comme un tréma sur le U. Derrière lui se tient un garde du corps équipé d'un fusil automatique et d'une oreillette. Personne ne parle. Quand le *chairman* prend la parole, tout le monde fait mine de s'intéresser. Quand il fait une plaisanterie, les gens rient trop fort. Il a vite terminé son repas. Pendant que l'assemblée, mal à l'aise, poursuit son dîner, il triture lentement l'intérieur de sa bouche avec un cure-dent tout en regardant les convives l'un après l'autre. Découvertes, ses dents transforment son visage en une grimace désagréable. Il a un œil à moitié fermé. Parfois, son visage se détend et il avale un fragment de nourriture qui s'est détaché.

"Viens, on va parler", me dit-il. Il m'entraîne dans une chambre à coucher à l'arrière de la maison. Son garde du corps et René Abandi nous suivent. Nous nous installons sur trois tabourets bas entre les lits superposés et les moustiquaires. L'adolescent au fusil chargé reste debout et me surveille constamment. Nkunda y va aussitôt de son discours. Il ne parle pas, il chuchote. Il a adopté un ton incantatoire et me regarde les yeux écarquillés, comme s'il devait chasser un diable qui est en moi : "Il y a tant de fractures dans ce pays, entre l'Est qui a voté pour Kabila et l'Ouest qui était pour Bemba, entre les anciennes FAZ de Mobutu et les kadogo, entre les Hema et les Lendu, entre les Tutsi et les Hutu. Le Congo doit connaître un processus de réconciliation nationale."

Je suis stupéfait de ce que j'entends. Va-t-il désormais, lui, le bourreau impitoyable, se mettre soudain à jouer au grand réconciliateur? Tente-t-il à travers cette conversation d'amadouer l'Occident, que penser? Un discours rationnel pour empêcher l'envoi d'une puissante force d'intervention? Il réagit en tout cas magistralement à la désillusion internationale vis-à-vis de Kabila. "Je connais Kabila. Il est incapable de débattre. Il a anéanti aussi bien Bemba que Bundu dia Kongo. Ce pays a droit à une libération. Ce pays n'a jamais été indépendant.

Ce pays doit enfin profiter de toutes ses possibilités, sinon la population congolaise se retournera contre Kabila comme elle l'a fait contre Mobutu."

Au sommet de sa gloire, ses ambitions se sont clairement adaptées. Il ne cherche plus à protéger les Tutsi, et ne se préoccupe même plus du sort des Banyarwanda. Il ne veut rien de moins que la libération de tout le Congo. "Il n'y aura pas de territoire tutsi au Congo. Le CNDP n'est pas une armée de rebelles tutsi, car les Tutsi ne forment que 10 à 15 % de notre mouvement. Nous sommes un mouvement de rébellion congolais. L'Occident a jugé le génocide, mais pas les génocidaires qui se promènent encore ici librement. Il est tout de même inacceptable que des forces étrangères soient présentes sur notre territoire et qu'elles soient en plus armées par notre gouvernement ! Dans les pays normaux, on ne tolère pas les clandestins, mais ici nous les armons !"

Nkunda, le libérateur national : il me faut un certain temps pour m'y habituer. Il semble en tout cas tout à fait prêt à assumer cette tâche : "J'ai fondé le CNDP comme le noyau, en quelque sorte, d'une future armée nationale." Ben voyons. "C'était un test : je voulais montrer qu'il était possible, avec peu de moyens, de disposer d'une armée disciplinée qui ne se livrait pas à des pillages." Pardon ? "Chez nous, il y a peu de violations des droits de l'homme. Il y a un code de conduite clair. Mes soldats ne reçoivent d'ailleurs pas de salaire. Ils reçoivent du riz, des haricots et du maïs, voilà leur salaire. Mais nous leur avons proposé un avenir. Ils vivent pour ce rêve." Avec tout le respect que je vous dois, lui objecté-je, votre armée est pourtant détestée dans le reste du Congo. "C'est parce qu'on entend seulement la voix de la Monuc. Nous serions des violeurs et nous nous livrerions à des massacres. Nous serions le bras armé du Rwanda. Mais cette époque est révolue ! Ce n'étaient pas des époques heureuses quand le Rwanda et l'Ouganda étaient ici." Mais vous étiez pourtant aussi avec eux à ce moment-là ? Vous dirigiez les troupes rwandaises à Kisangani ! "C'est vrai. J'ai assuré la sécurité de Kisangani. C'est pour cette raison que j'étais l'officier le plus populaire de la ville."

Enfin, me dis-je, là-bas on le déteste encore aujourd'hui ! Sous son régime de terreur, en 2002, des dizaines de jeunes des quartiers pauvres ont été assassinés. Près du pont enjambant la Tshopo, deux cents agents de police et soldats ont été massacrés et jetés dans la rivière. On les avait attachés et on leur avait mis un tampon dans la bouche. Certains ont été tués par balle ou décapités, d'autres ont eu le cou brisé ou ont été transpercés par une baïonnette. Ils ont été éventrés pour éviter qu'ils ne viennent flotter à la surface quelques jours plus tard. Nkunda était présent. Il était chargé de superviser les opérations, avec le soutien du Rwanda[38]. Et à présent, il affirmait qu'il n'était pas question d'intervention étrangère ?

“Quand l'Allemagne a menacé l'Angleterre, Churchill a bien appelé son peuple à la résistance ! Et on l'a applaudi. Pourquoi devons-nous accepter que les FDLR règnent ici en maîtres comme les Allemands à l'époque ?” Churchill avait été élu, il était général, vous ne l'êtes pas. “En temps de guerre, cela n'a pas d'importance. Hitler était élu lui aussi, et regardez les conséquences. De Gaulle n'a pas été élu, mais il a libéré la France.” Je ne sais plus trop quoi en penser. Est-il en train d'établir un parallèle avec l'homme d'Etat français le plus important du XXe siècle ? “Oui, je suis le général de Gaulle du Congo[39] !”

Pantois face à toute cette rhétorique de manuel du parfait apprenti militant, je m'entasse dans une Jeep avec René et sept autres personnes. Un enfant soldat s'est posté tout à l'arrière avec une kalachnikov. Il est presque minuit. Nous nous dirigeons vers l'est à travers les collines humides, ruisselantes, en espérant ne pas rencontrer de patrouille maï-maï. J'ai peur et j'ai l'esprit embrouillé. Je ne sais pas qu'à ce moment-là à New York, l'ONU prépare en toute hâte un rapport qui montre clairement le soutien que le Rwanda apporte au CNDP, je ne sais pas que l'organisation Human Rights Watch rédige un compte rendu des atrocités commises par Nkunda[40]. Je suis arrivé au point où l'Histoire est encore chaude, toute neuve et insaisissable. Je n'ai pas de vue d'ensemble, personne n'a de vue d'ensemble.

Je sais seulement que je préfère parler à des gens ordinaires qu'aux personnes au pouvoir, que j'en apprends plus à travers l'anecdotique que la rhétorique. Je sais seulement que je me suis retrouvé dans le camp de réfugiés de Mugunga, dans la hutte en plastique de Grâce Nirahabimana, bloc 48, numéro 34, une hutte où je ne pouvais pas tenir debout. Grâce était une femme magnifique de 23 ans qui avait deux enfants, Fabrice et David. Ses deux frères de 12 et 16 ans avaient été emmenés par Nkunda, ses deux sœurs étaient mortes des suites d'une diarrhée, elle avait été violée par trois soldats. Elle avait tout abandonné. Ses sœurs étaient mortes dans le camp – pas assez à manger, pas de toilettes –, elles étaient enterrées parmi les petits bananiers. Il faisait froid quand j'étais assis sur le lit dans sa hutte. Un vent aigre balayait le paysage lunaire de lave et faisait claquer les parois en plastique de sa petite hutte. "Je ne me sens vraiment pas protégée", disait-elle dans un sanglot, "j'ai très, très peur. Peur de Laurent Nkunda[41]."

Après un trajet qui m'a paru interminable, la Jeep s'est arrêtée devant un bâtiment colonial. "Nous sommes à la frontière avec l'Ouganda", a dit René, "c'était le logement du directeur des douanes. Là-bas, près de ces arbres, commence l'Ouganda." L'endroit s'appelle Bunagana, nous allons pouvoir y passer la nuit tranquillement. Mais à la stupéfaction de René, la maison s'avère pleine d'enfants soldats, ils sont bien une vingtaine. Ils dorment dans des fauteuils, par terre, dans la cuisine. Il n'y a ni eau ni électricité, mais un lit est vite préparé.

Le lendemain, je me lève tôt. Torse nu, je vais relire mes notes sur la terrasse. Un jeune garçon de 13 ans me dit que son fusil s'appelle un "Tchétchène". Vers huit heures, je me rends à pied avec René au village pour y prendre le petit déjeuner. Il a mal dormi. "Gastrite", soupire-t-il, "je me fais trop de soucis, c'est dans mon caractère. Nkunda aussi en souffre, en plus de son asthme. La guerre n'est pas une bonne chose. C'est ce qu'il y a de pire, mais nous ne pouvons pas faire autrement."

Nous arrivons devant une maison insignifiante. Il s'avère qu'il s'agit du siège civil du CNDP. J'y rencontre toutes les sommités dont j'ai fait la connaissance la veille. La sœur de Nkunda est là aussi : deux gouttes d'eau. La cour intérieure est un garage en plein air. Une demi-douzaine de *humvee* que les rebelles ont pris aux FARDC y sont retapés pour le combat. A l'intérieur, je mange pour la première fois depuis des semaines du fromage, du fromage du Kivu, une spécialité tutsi. Le chef du régime parle de l'actualité. Desmond Tutu et Romeo Dallaire, l'ancien commandant de la mission des Nations Unies au Rwanda, viennent de demander une force d'intervention de grande ampleur dans le Nord-Kivu. “Bon”, dit René, “maintenant qu'ils n'ont plus d'arguments politiques, ils sortent les poids lourds de la morale. L'humanitaire sert à excuser le militaire.” Les autres l'approuvent. “De toute façon, nous irons à la Cour pénale internationale”, plaisante-t-il, “alors autant violer et tuer, sinon nous y serons pour rien !”

Il n'y aurait pas de force d'intervention. L'Union européenne n'était pas prête à répondre à la supplication de Ban Ki-moon et l'Union africaine, la Communauté de développement de l'Afrique australe et l'Angola ne trépignaient pas non plus d'impatience de venir en aide à Kabila. Ce matin-là à Bunagana, j'en suis venu à la conclusion que Laurent Nkunda pourrait bien continuer à régner sur son territoire pendant très longtemps. Officiellement, la frontière avec l'Ouganda était fermée, mais j'ai vu un camion de farine entrer au Congo. Qui aurait bien pu inquiéter Nkunda ? me suis-je dit. Le Congo n'a pas d'armée, la Monuc n'intervient pas, une force d'intervention plus importante n'est pas envisageable et, en plus, il a de quoi manger et il encaisse des impôts. Peut-être ce maquis allait-il perdurer aussi longtemps que celui du père Kabila.

Mais je me trompais. Un mois plus tard, en janvier 2009, il se produisit un événement que personne n'avait prévu : l'armée congolaise et l'armée rwandaise, des ennemis jurés, unirent leurs efforts et arrêtèrent Nkunda. Une initiative totalement inattendue, mais elles y étaient bien obligées : Kagame avait perdu beaucoup de crédit auprès de la communauté internationale avec le rapport de l'ONU sur son soutien au CNDP, Kabila était la risée de tous avec son armée minable que personne ne tenait à aider. *Bien étonnés de se trouver ensemble* *, ils voulaient même mettre les FDLR hors de combat. Ils n'y parvinrent qu'à moitié, mais Nkunda se retrouva en détention provisoire au Rwanda et attend depuis son procès au Congo. Le CNDP tomba entre les mains du criminel de guerre Bosco Ntaganda et "fusionna", là encore, avec l'armée gouvernementale.

Cette opération commune du Congo et du Rwanda reçut le nom d'Umoja wetu (première moitié de 2009) et fut suivie par les opérations Kimia II (2009) et Amani Leo (2010), des campagnes de l'armée nationale (en réalité d'anciens soldats du CNDP, dirigés par la canaille Ntaganda) menées activement avec la Monuc contre les FDLR, qui se soldèrent une fois encore par bien plus de dommages civils que de triomphes[42]. Les FDLR comptaient en l'an 2010 six mille hommes, une dose homéopathique par rapport au million et demi de réfugiés de 1994. Moins de trois cents d'entre eux sont soupçonnés de crimes de génocide.

Si le Rwanda est sur-militarisé, le Congo demeure sous-militarisé. Les forces armées restent plus une vue de l'esprit qu'une réalité. Et cela se voit. Les FARDC sont incapables de tenir tête à la Lord Resistance Army du chef des rebelles ougandais Joseph Kony, à l'origine des troubles dans le Nord-Est, encore moins de protéger efficacement les plus de sept mille kilomètres de frontières terrestres du territoire. Et ce, au moment où s'amplifient les tensions géopolitiques avec l'Ouganda concernant le pétrole du lac Albert, avec le Rwanda concernant le méthane du lac Kivu et surtout avec l'Angola concernant les champs pétrolifères de l'océan Atlantique – ce qui engendre parfois des échauffourées. L'armée ne peut même pas maintenir l'ordre à l'intérieur du Congo. Une querelle à propos de quelques étangs de pêche à Dongo (dans la province de l'Equateur) a provoqué vraisemblablement une centaine de morts en novembre 2009 et la fuite de dix-neuf mille personnes. La volonté de changement semble minime[43]. Avec une armée, Kabila pourrait mieux s'imposer, mais sans armée il n'a pas à craindre de putsch[44].

Et la vie se poursuit au même rythme immuable. A l'autre bout du pays, à Nsioni, des gens vont et viennent dans la rue principale, poussiéreuse et rouge, de leur village. Je les vois depuis une terrasse où la musique a été mise à plein volume pour moi et deux autres clients. Si l'on fait abstraction des téléphones portables, il y a peu de différence entre le présent et les années 1980. Les mêmes petites bouteilles de Coca qu'à l'époque, les mêmes voitures dans lesquelles les gens circulent encore, les mêmes petits éventaires déglingués où l'on vend du poisson séché. La seule différence est la taille des morceaux : à présent, ils sont à peine plus grands que des petits dés. Mais de l'autre côté de la rue, un ovni semble avoir atterri. Parmi les baraques grises et les maisons devenues ternes s'élève un bâtiment en pierre d'une blancheur resplendissante. Devant la porte, quatre motos flambant neuves aux chromes brillants sont soigneusement alignées. Les selles sont encore recouvertes de plastique. A côté : dix vélos pour homme, serrés les uns contre les autres, les guidons sont de travers et encore enveloppés de carton. Les leviers de freins luisants sont un plaisir pour les yeux. A l'intérieur, la lueur bleue d'un écran plasma tremblote. Au-dessus de la porte est suspendue une pancarte qui permet de mieux comprendre : CHINA AMITIÉ COMPANY. A Nsioni se sont installés les premiers marchands chinois.

J'entre et je salue un jeune couple asiatique qui me regarde d'un air méfiant et ne parle pas un mot de français ni d'anglais, mais leurs marchandises en disent suffisamment long : une horreur du vide, se traduisant par un entassement jusqu'au plafond de chaussures de sport éblouissantes, à côté de téléviseurs, d'horloges et d'étagères de parfums. Sur les habitants de Nsioni, CHINA AMITIÉ COMPANY produit la même impression de profusion et de confort que les supermarchés dans les villages de campagne en Europe dans les années 1950. Quelle différence par rapport aux petits étals minables où l'on allait acheter à l'unité des bougies et des lames de rasoir ! Quel luxe quand on compare ces parfums aux pains de savon faits maison avec lesquels on s'est frotté toute sa vie ! Quel confort de ne plus avoir à se rendre à Boma ou à Kinshasa pour acheter ces produits ! Et à un prix abordable en plus !

Les exploitants vendent même dans des cadres tape-à-l'œil des tableaux représentant des paysages de montagne et des pâturages alpestres. Des commerçants asiatiques qui viennent vendre dans la brousse africaine des paysages européens : voilà ce que l'on appelle la mondialisation, je crois. Le monde est un marché. Cela me rappelle un graffiti génial qui a été tagué à peine une centaine de kilomètres plus loin, sur le vieux pont de chemin de fer près de Matadi. Ce pont datant des années 1890, l'époque où le père de Nkasi et les ouvriers chinois construisaient la ligne vers Kinshasa, porte aujourd'hui la marque d'un acte de vandalisme qui résume brillamment le troisième millénaire : WWW.COM[45].

Depuis la fin des années 1990, les Chinois sont de plus en plus nombreux à se rendre en Afrique. Ils viennent non seulement y écouler leurs produits, mais surtout y acheter des matières premières. La formidable explosion de l'économie chinoise, résultat d'une expérience contrôlée du capitalisme dans les régions côtières du pays sous Deng Xiaoping, a entraîné une hausse considérable de la demande de richesses naturelles. En 1993, pour la première fois, la Chine a importé plus de pétrole qu'elle n'en a exporté[46]. Les premiers pays d'Afrique avec lesquels elle a établi des relations intensives ont donc été les Etats pétroliers que sont le Nigeria, l'Angola et le Soudan. Plus tard, la Zambie et le Gabon s'y sont ajoutés, pour le cuivre et le minerai de fer. Le Congo suscitait aussi l'intérêt, en tant que "scandale géologique", malgré la guerre et un climat difficile pour les entrepreneurs. Au Katanga, des aventuriers chinois se sont vite installés sur les ruines des exploitations autrefois si prospères. Ils y ont flairé une occasion en or. En 2003, la Gécamines, à la demande de la Banque mondiale et du FMI, a licencié onze mille mineurs excédentaires[47]. Ils ont reçu des indemnités de licenciement, mais la plupart les ont dépensées en voitures ou en téléviseurs. Bon nombre d'entre eux sont ensuite devenus creuseurs. Tout comme au Kivu, ils étaient prêts à creuser dans les mines d'or avec des moyens limités et à remplir des sacs de minerai pour les vendre ensuite à un Monsieur Chang ou à un Monsieur Wei.

En février 2006, j'ai eu la chance de visiter la mine de Ruashi. Des centaines de creuseurs y cherchaient de l'hétérogénite, un minerai contenant du cuivre et du cobalt. J'ai vu des enfants descendre dans des puits mal étayés jusqu'à douze mètres de profondeur. J'ai vu un garçon de 5 ans couvert de poussière, qui portait un T-shirt du lutin Plop. Quand tout se passait bien, ils recevaient cinq dollars le sac. Parfois, un petit groupe d'amis parvenait à en remonter une dizaine en une journée. Le travail était difficile et dangereux, disaient-ils, mais ils pouvaient en vivre. Quelle différence par rapport à la mine de cobalt gigantesque, impeccable, de Luiswishi appartenant à l'homme d'affaires belge George Forrest, où je suis allé plus tard dans la même journée et où travaillaient tout au plus quelques dizaines de Congolais. Ils portaient des casques de protection et utilisaient des excavatrices dont les jantes étaient plus hautes qu'un homme.

Les repreneurs chinois étaient des entrepreneurs individuels, ils ne recevaient aucune aide de l'Etat chinois. Certains démarraient leurs propres petites fonderies improvisées pour exporter des produits plus concentrés. Leurs journaliers congolais travaillaient dans des conditions abominables. Ils étaient mal payés, respiraient des vapeurs malsaines, n'avaient pas de vêtements de travail, sans parler de statut social. Prenons Jean. Il est entré au service de Jia Xing, une des plus grandes entreprises de transformation du cuivre, avec un entrepôt à Kolwezi et une fonderie à Lubumbashi. L'entreprise faisait travailler deux cents personnes et Jean a obtenu un contrat pour une durée indéterminée : c'était un fondeur expérimenté. Parfois, un journalier pouvait donc monter en grade et occuper un poste fixe, même si les contrats étaient souvent rédigés en chinois. Jean travaillait douze à treize heures d'affilée, avec une pause à midi extrêmement courte, sept jours par semaine. Il y avait une équipe de jour et une équipe de nuit. Il n'y avait pas de vêtements de protection, ses outils étaient usés, la chaleur du four était intenable. Le salaire mensuel de Jean était de cent vingt dollars, avec une prime de cent dollars s'il s'occupait du four ; en proposant de telles conditions, Jia Xing était pourtant l'employeur chinois qui payait le mieux du Katanga.

Un matin, tout comme douze de ses collègues, il est arrivé au travail avec quelques minutes de retard : un accident de la circulation les avait retenus. Pour les sanctionner, on les a enfermés dans un conteneur où ils ont dû rester de sept heures du matin à cinq heures du soir. A la fin de la journée, ils ont tous été renvoyés. Les personnes prêtes à travailler étaient légion. Jean a alors décidé de devenir creuseur. Il vendait ses sacs de minerai à son ancien patron, mais les sites où les mines artisanales étaient autorisées étaient limités. Peut-être devait-il rejoindre les équipes qui, en pleine nuit, pénétraient dans les concessions des grandes mines ? C'était dangereux dans l'obscurité. Certains se noyaient ou étouffaient pendant leur travail, d'autres étaient tués à coups de fusil par les services de sécurité. Ils pouvaient toujours aller travailler à l'entrepôt Emmanuel à Kolwezi, une entreprise chinoise aussi, mais les ouvriers se soûlaient tant qu'ils pouvaient pendant la pause déjeuner parce qu'ils devaient transformer du minerai radioactif et qu'on ne leur donnait pas de gants ni de masque[48].

Le Katanga connaissait un capitalisme à l'état brut qui rappelait les années 1920, mais la crise du crédit survenue en 2008 fit fuir quarante de ces entreprises. Le prix du cuivre s'effondra, reculant de près de neuf mille dollars la tonne à trois mille six cents dollars, et la province imposa des conditions plus strictes. Des dizaines de milliers de creuseurs se retrouvèrent sans emploi. Du coup, le Katanga se mit plutôt à évoquer les années 1930[49].

Cependant, des entreprises publiques chinoises vinrent aussi s'implanter ; pas de ces aventuriers se livrant à des actions éclair, mais de gigantesques sociétés aux moyens quasi illimités. La route de Kinshasa à Matadi fut reconstruite, de même que celle de Lubumbashi à la frontière avec la Zambie, sur lesquelles les camions remplis de minerais circulaient dans un bruit fracassant. CCT, une société chinoise de télécommunications, devint un des plus gros opérateurs de téléphonie mobile du pays. Une autre entreprise commença à installer cinq mille six cents kilomètres de câble à fibre optique pour désenclaver le Congo numériquement[50]. Déjà, dans les années 1970, de chaleureuses relations d'amitié existaient entre Mobutu et Mao : le but était à l'époque d'entretenir une camaraderie idéologique (cela aboutit à un Etat à parti unique, à l'abacost et à des défilés, ce qui était tout de même un comble pour un pays pro-américain), mais l'objectif était cette fois de faire des affaires. Le Congo devint un des nouveaux partenaires commerciaux de la Chine. En 2006, le président Hu Jintao organisa à Pékin un sommet sino-africain majeur, auquel ne participèrent pas moins de quarante-huit chefs d'Etat africains. Des contrats furent conclus à hauteur de deux milliards de dollars, la Chine promit jusqu'à cinq milliards de prêts et un doublement de l'aide à partir de 2009, annula les dettes existantes et réduisit tout un ensemble de taxes à l'importation sur des produits africains. Les hauts dignitaires chinois se rendirent dans presque tous les pays africains avec à l'esprit l'idée de faire du commerce. Pékin s'en tint rigoureusement à sa politique de non-intervention dans les affaires intérieures. Les autorités chinoises invoquaient la coopération fraternelle Sud-Sud, au lieu de l'ingérence paternaliste Nord-Sud. Le discours était séduisant, mais il signifiait aussi que le commerce avec de sinistres personnages comme Mugabe et Al-Bashir ne posait pas de problème. La nouvelle Chine était rationnelle, efficace et pragmatique. La seule faveur qu'elle demandait au nouveau partenaire commercial était qu'il estime lui aussi, une fois par an, pendant l'Assemblée générale des Nations Unies, que Taïwan appartenait en fait à la Chine.

En septembre 2007, Pierre Lumbi, ministre des Infrastructures, des Travaux publics et de la Reconstruction, annonça que le Congo avait conclu une opération d'envergure avec la Chine. Le pays allait créer une coentreprise de droit congolais avec trois entreprises publiques chinoises (une banque, une société de construction de chemins de fer et une société de construction générale). La participation du Congo s'élevait, grâce à la Gécamines, à 32 %, celle de la Chine à 68 %. La coentreprise pouvait extraire au Katanga dix millions de tonnes de cuivre et six cent mille tonnes de cobalt – des quantités gigantesques quand on sait que, pendant toute l'époque coloniale, on n'avait produit que huit millions de tonnes de cuivre et que les réserves totales sont estimées à soixante-dix millions de tonnes[51]. En échange, la nouvelle société devait investir trois milliards de dollars dans la remise en état des infrastructures minières et six milliards dans la construction de routes asphaltées (3 400 kilomètres), de routes sans revêtement (3 215 kilomètres), de logements (5 000), de polycliniques (145), d'hôpitaux (31), de centrales hydrauliques (2), d'aéroports (2) et d'universités (2). Neuf milliards de dollars d'investissement, en tout. Et comme la coentreprise n'engrangeait pas encore de recettes, la République populaire de Chine commencerait par avancer elle-même les sommes pour ces grands travaux ; la coentreprise n'aurait qu'à rembourser à tempérament. Kabila était extrêmement enthousiaste : "Pour la première fois dans notre histoire, le peuple congolais pourra enfin voir à quoi auront servi son cobalt, son nickel et son cuivre[52] !"

L'accord était effectivement impressionnant. Il ne tenait que sur sept pages, moins qu'un contrat de location, mais constituait le plus important document sur le Congo depuis le plan décennal de 1949. Le Congo allait devenir un chantier, ce qu'il n'avait pas été depuis les années 1950. L'opération était souvent présentée dans la presse occidentale comme un "prêt" de la Chine, tandis qu'en réalité il s'agissait d'un troc : des minerais contre des infrastructures. Un tel échange, qui n'impliquait pas un retour à une économie précoloniale, était cependant une façon habile de contourner la corruption : on ne peut pas glisser aussi facilement un hôpital dans sa poche. Mais à ce troc était en revanche associée une clause fondamentale. Si les gisements ne généraient pas la quantité de minerais espérée, le Congo était tenu de respecter le contrat autrement.

Aussitôt après l'annonce de l'accord, l'Occident protesta à grands cris. Néocolonialisme ! Nouvelle ruée sur l'Afrique ! Rapacité déguisée en une formule gagnant-gagnant ! D'aucuns voyaient dans cet arrangement une variante du XXIe siècle des accords que Stanley avait fait signer aux chefs de village. Les Congolais s'étaient fait rouler ! L'affaire n'avait même pas été débattue au Parlement ! Elle ne créerait même pas d'emplois ! Apparemment, les Chinois faisaient tout simplement venir leurs prisonniers par avion ! Etc.

Ces réserves, en partie justifiées, étaient toutefois dues à une réaction de panique. Une panique suscitée par le nouveau monde complexe qui s'annonçait et où la Chine acquérait un statut de superpuissance. Elle rappelait la nervosité qui s'était manifestée à l'époque de la conférence de Berlin ou au début de la guerre froide. Il y a cent cinquante ans déjà, le Congo éveillait l'intérêt des puissances étrangères et ce genre de situation crée souvent des tensions – entre les négociants européens et arabes vers 1870, entre les nations européennes elles-mêmes par la suite, entre les Etats-Unis et la Russie durant la guerre froide et à présent entre la Chine et l'Occident. Chaque fois qu'un nouveau venu exige sa place sur l'échiquier géopolitique de l'Afrique centrale, cela engendre dans un premier temps de la méfiance et de la nervosité.

Mais les autorités congolaises s'étaient-elles, oui ou non, laissé duper ? Difficile à dire. La caractéristique inhérente au troc, c'est qu'il n'existe pas de critères objectifs en dehors de la satisfaction des négociateurs. La Chine se réjouissait de l'accès aux matières premières qu'elle obtenait, Kabila se réjouissait de la reconstruction promise de son pays. Le contrat ne lui avait en tout cas pas été imposé. Il était le résultat de deux mois d'intenses négociations à Pékin[53]. Mais on a beau essayer, il est impossible de mesurer la valeur du contrat. On ne peut déterminer si l'échange de dix millions de tonnes de cuivre contre neuf milliards de dollars d'investissement est une opération équitable qu'en fonction des cours mondiaux du cuivre. Or compte tenu des fortes fluctuations sur le marché mondial ces dernières années, le calcul peut aussi bien aboutir à quatorze milliards de dollars qu'à quatre-vingts. Une chose est sûre : la Chine ne cherche pas à piller à court terme le sol katangais, pour la simple raison que la politique économique chinoise se caractérise par sa progressivité et par une planification. Pékin n'a strictement aucun intérêt à vider l'Afrique de son contenu et à la déstabiliser, au contraire. L'idée que la Chine est un médecin véreux qui donne à un patient gravement malade une boîte de vitamine C de format familial en échange, disons, d'un rein ou d'un poumon ne tient pas la route. La Chine a commencé à s'engager de façon structurelle et durable en Afrique, et cette présence va changer la face du monde durant le siècle à venir.

On est bien sûr en droit de se demander quelle place aura la démocratie dans tout cela. Le contrat a été négocié en conclave, à l'insu du Parlement. Et même si le Parlement a pu entre-temps donner son avis, son apport a été dans l'ensemble restreint. En outre, les relations commerciales intenses qu'entretient la Chine avec le Zimbabwe et le Soudan montrent que les droits de l'homme ne constituent pas pour elle un critère sacro-saint, pas plus que sur le territoire chinois d'ailleurs. Pour Pékin, les intérêts commerciaux ont pour l'instant la priorité sur l'humanitaire. Le pays est en effet trop dépendant de la qualité exceptionnelle du pétrole soudanais pour prendre le régime d'Al-Bashir à rebrousse-poil lors d'un vote sur le Darfour au Conseil de sécurité des Nations Unies, au sein duquel, en tant que membre permanent, la Chine détient un grand pouvoir. Cela peut paraître ni plus ni moins opportuniste que le maintien de Mobutu au pouvoir par la France, la Belgique et les Etats-Unis dans les années 1980. Le respect des droits de l'homme ne remonte, de la part des régimes occidentaux, qu'aux années 1990. Et encore…

Les plus fervents opposants au contrat sino-congolais ont été les institutions financières internationales. Le FMI et la Banque mondiale s'inquiétaient de la clause de garantie qui stipulait que le Congo devait respecter ses obligations d'une autre manière si le sous-sol contenait insuffisamment de cuivre ou de cobalt. Avec un tel gage, le Congo risquait d'accumuler les dettes, alors qu'il en était déjà submergé. C'était vrai. Sur le pays pesaient encore les dettes de l'époque de Mobutu qui, du fait des arriérés et de l'augmentation des intérêts, représentaient début 2010 la somme astronomique de treize milliards de dollars. Cela correspondait par an à un quart de l'ensemble des dépenses, plus de 90 % du PNB, 150 % de la totalité des exportations, et plus de 500 % des recettes de l'Etat (en tenant compte de l'aide extérieure)[54]. Le marchandage avec la Chine impliquait qu'un paquet de dettes pouvait venir s'y ajouter.

Le FMI et la Banque mondiale évitèrent de préciser qu'ils étaient parfaitement en état de remédier à cet endettement. Ils insistèrent, pendant des années, pour que la dette soit remboursée, alors qu'Erwin Blumenthal avait signalé depuis les années 1980 que cela ne se produirait jamais. Les institutions de Bretton Woods mirent du temps à s'apercevoir qu'il était injuste de continuer de faire peser sur un régime tout juste élu le poids de la prodigalité d'un dictateur au pouvoir vingt à trente ans plus tôt. La somme était certes considérable, il ne fallait pas que le fait de passer l'éponge sur un tel passif devienne une habitude, mais treize milliards de dollars paralysaient tout de même toute tentative de reconstruction. C'était comme si les nouveaux locataires d'un immeuble délabré devaient encore écoper des notes de téléphone salées des précédents habitants, qui avaient eu la fâcheuse manie de téléphoner beaucoup. Rigobert Minani, un intellectuel congolais, a dit à raison que les institutions financières internationales "prenaient en otage l'économie nationale"[55].

Si le FMI persistait à exiger un remboursement de cette dette, c'est que cela donnait aux pays riches occidentaux un dernier moyen d'exercer une emprise sur le Congo et d'avoir son mot à dire. Le FMI est censé être une institution internationale, mais il accorde des voix en fonction de l'apport de capitaux. Les Etats-Unis et l'Union européenne disposent donc, en tant que principaux financiers, de près de la moitié des voix, tandis que la Chine, où vit un quart de la population mondiale, n'en a pas même 4 %[56]. Sur le plan diplomatique, l'Occident n'avait plus guère voix au chapitre au Congo après les élections, mais le FMI, dont le directeur doit toujours être européen, faisait fonction d'ultime moyen de pression pour poser des conditions en matière de lutte contre la corruption, de fiscalité et de politique monétaire et économique. La dette pouvait diminuer, mais pas disparaître totalement.

Dans le cadre d'un programme d'aide à grande échelle à l'intention des pays dits lourdement endettés, le FMI s'est déclaré prêt à annuler neuf des treize milliards de dollars de dette si le Congo satisfaisait à une série d'exigences contraignantes. Parmi elles figurait une révision du contrat avec la Chine. Au début, Kabila n'en avait pas vraiment envie mais, début 2009, l'Etat connaissait de telles difficultés de trésorerie, compte tenu de la guerre contre Nkunda et de la faiblesse des cours du cuivre due à la crise, que les devises restantes suffisaient tout juste à couvrir deux à trois jours d'importations. Au fond des caisses de l'Etat, il n'y avait plus que le maigre montant de trente millions de dollars. Le FMI et la Banque mondiale apportèrent alors une aide éclair de trois cents millions. Depuis, les autorités de Kinshasa ont compris qu'il n'était pas déraisonnable de maintenir aussi le dialogue avec ces institutions et de ne pas devoir leur salut uniquement à la Chine. Peut-être devaient-elles essayer de manger à deux râteliers à la fois.

Après des mois de discussions, un compromis a été trouvé en décembre 2009 : la clause de garantie a été supprimée et, en contrepartie de cette concession, la Chine a ramené ses investissements de neuf à six milliards de dollars. Rapidement, le FMI a débloqué cinq cent cinquante millions de dollars et annoncé que le Congo parviendrait bientôt à s'acquitter de sa dette : sur les treize milliards, elle ne devait plus en rembourser "que" quatre.

Pendant ce temps, l'Inde s'intéresse aussi au Congo en tant que partenaire commercial, une collaboration que va aussi surveiller le FMI[57].

Derrière un haut mur blanc, j'ai aperçu de gigantesques asphalteuses : le 17 octobre 2008, j'ai fait le tour en voiture du site de la CREC, la Chinese Railway Engineering Company, à Kinsuka. Kinsuka est un quartier périphérique de Kinshasa situé le long du fleuve Congo, et la CREC est une des entreprises publiques faisant partie du consortium créé avec le Congo et une des plus grandes sociétés de construction d'Asie. Elle emploie cent mille personnes. Kabila a mis à sa disposition un gigantesque terrain près des carrières sur les rives du fleuve, ainsi que deux autres concessions ailleurs en ville. Le bruit a couru que des ouvriers congolais étaient renvoyés quand ils refusaient d'exécuter les ordres, même quand ceux-ci étaient donnés en mandarin. Leur salaire mensuel de cent cinquante dollars était versé à un taux de change très bas, de sorte qu'ils ne recevaient en fait que soixante-dix dollars[58].

Il n'était cependant pas question que je puisse entrer, comme je l'ai vite appris, et encore moins procéder à des interviews. Je n'ai pu voir que ce haut mur entourant la concession, de plusieurs centaines de mètres de long. J'en ai fait le tour. A l'arrière, le site longeait un quartier populaire. Il n'y avait qu'un chemin sablonneux. Un gamin de 4 ans s'est dirigé vers moi. Il m'a regardé, m'a montré du doigt, et il a dit alors à voix haute et distinctement, parce que les enfants aiment donner un nom à ce qu'ils connaissent : "*Chinois* * *!*"

A Kinshasa grandit une génération pour laquelle les Européens sont plus exotiques que les Chinois. Il existe à nouveau au Congo des enfants qui n'ont encore jamais vu un Blanc dans la réalité, tout comme à la fin du XIXe siècle. Même dans les quartiers populaires de Kinshasa, on en rencontre. J'ai constaté à plusieurs reprises que des gamins détalaient en hurlant quand ils voyaient ma monstrueuse apparition surgir dans leurs ruelles.

En revanche, les Congolais adultes hésitent entre l'Orient et l'Occident. L'Europe et les Etats-Unis sont encore admirés pour leur savoir-faire, mais beaucoup de Congolais se demandent pourquoi ils n'en voient guère la couleur, d'autant que les Chinois réalisent un projet concret après l'autre. Ils ont l'impression que l'Occident ne s'intéresse plus au pays. L'élection d'Obama a cependant redonné de l'espoir. Le vieux Nkasi ne parvenait pas à y croire quand je lui en ai parlé pour la première fois, le lendemain des élections présidentielles américaines. Près du rond-point Kintambo Magasin à Kinshasa, des jeunes poussaient des cris de joie à six heures du matin, après son discours d'investiture historique : "C'est un des nôtres ! C'est un des nôtres ! C'est un Mutetela !" Parce que son nom commençait par un O, les gens pensaient qu'il appartenait à la tribu des Batetela, où des noms comme Omasombo, Okito et Olenga sont fréquents. Mais ceux qui connaissaient son arbre généalogique croyaient aussi qu'un nouveau chapitre commençait dans les relations entre les Etats-Unis et l'Afrique. Et effectivement, Hillary Clinton s'est rendue à Goma, elle a été le premier ministre des Affaires étrangères à visiter le pays depuis 1997. Le fait qu'elle se rende au Congo et non au Rwanda, pourtant voisin de Goma, a fait naître l'espoir que la politique inconditionnellement pro-rwandaise des Etats-Unis allait être rectifiée. Un envoyé spécial a été désigné pour la région des Grands Lacs et, lors de son discours à l'occasion de la remise de son prix Nobel en décembre 2009, Obama a spécifiquement mentionné les violences sexuelles au Congo. Mais, dans la pratique, le nouveau gouvernement américain n'a pas encore élaboré de vision cohérente concernant l'Afrique centrale[59].

Alors, tout compte fait, les Chinois ? Pendant mes entretiens, j'ai remarqué que les Congolais tiennent souvent des propos ambivalents sur la présence chinoise. Ils portent un regard où se mêlent l'admiration et la méfiance, un paradoxe qui se traduit souvent par une légère moquerie. Dans les relations sociales, ils considèrent souvent les Chinois comme distants, raides et peu sociables. Ils rient si peu, estiment beaucoup de Congolais, ils ne se mélangent pas à nous, ils habitent à trente dans une maison et ils oublient de vivre ! La barrière linguistique et les profondes différences culturelles ne favorisent évidemment pas le contact. Quiconque travaille pour un Chinois (il n'y a pas de femmes parmi eux) adopte une attitude obséquieuse, mais se moque de lui dans son dos – un comportement qui n'est pas différent de celui réservé aux hommes européens il y a un siècle. Cela n'empêche pas que beaucoup soient impressionnés par la rapidité avec laquelle les entreprises de construction se mettent au travail. "*Bachinois batongaka kaka na butu*", dit avec humour une nouvelle chanson populaire : "Les Chinois construisent toujours la nuit et, le matin, quand on se réveille, il y a un étage de plus."

Les travaux ont d'abord démarré lentement, mais la CREC a fait forte impression quand, moins d'un an après la crise du crédit, elle a commencé à assainir les égouts et à rénover le revêtement du boulevard du 30-Juin dans le centre de Kinshasa, même si tous les arbres y sont passés et si cet axe de la circulation a été réduit à une route à quatre voies, où surviennent de nombreux accidents mortels. La population n'a que trop conscience que Kabila a sous-traité la réalisation de ses fameux *cinq chantiers* * aux Chinois pour masquer son propre immobilisme, tout comme il a sous-traité la guerre aux Rwandais et à la Monuc. Il faut tout de même avoir quelque chose à présenter d'ici les élections de 2011. *Cinq chantiers* * ? Autant dire *Tcheng Tchan Tché* ! Chaque fois que des jeunes voient un Chinois dans la rue ou une femme congolaise qui porte un chemisier asiatique, ils s'écrient : "*Tcheng Tchan Tché !*"

S'il y a un endroit au Congo où le respect pour la Chine est presque tangible, c'est bien le trottoir devant l'ambassade de Chine à Kinshasa. Trois matins par semaine, de longues files de Congolais y affluent dans l'espoir d'obtenir un visa. Certains sont là depuis cinq heures du matin, pour être certains d'avoir une place. D'autres paient un garçon des rues pour gagner quelques places dans la queue. J'ai moi-même fait la queue un matin tôt, pendant trois heures. Ce sont apparemment surtout des jeunes femmes qui veulent aller en Chine, pas pour s'y installer définitivement, mais pour y acheter des marchandises : car si les Chinois viennent ici pour acheter nos minerais, nous pouvons aussi bien aller là-bas pour nous procurer directement leurs produits. Ce que faisait la CHINA AMITIÉ COMPANY, elles pouvaient aussi le faire.

Ce fut une matinée épuisante, mais fascinante. L'ambassade de Chine est juste en face du siège militaire de la Monuc. La file d'attente ne tenait aucun compte du tank blanc avec lequel un casque bleu pakistanais à la moustache imposante gardait l'accès du site. Il tenait virilement sa mitrailleuse, posté derrière un mur de sacs de sable et d'épais rouleaux de fils barbelés sur lesquels les enfants des rues suspendaient leur linge à sécher. Mais les femmes avaient littéralement tourné le dos à l'ONU et plaçaient leur espoir dans le nouveau sauveur, la République populaire de Chine.

Dans la queue, j'ai engagé la conversation avec Dadine et Rosemonde. Elles faisaient partie des femmes qui allaient à Guangzhou, la grande ville industrielle au sud de la Chine, qui en cantonais s'appelle tout simplement Canton. Dadine était une actrice sans emploi de 27 ans. En 2007, elle avait tenté une première fois sa chance et passé une semaine là-bas à acheter des pantalons, des chaussures, des perruques et des bodys. A l'époque, il était encore facile d'obtenir un visa ; après les jeux Olympiques de 2008 à Pékin, les conditions sont devenues beaucoup plus strictes. Elle était partie avec pour tout bagage son sac à main et elle était rentrée avec soixante-quatre kilos dans des valises. Des sandales achetées à trois dollars, elle a pu les revendre à neuf dollars, parfois même quinze. Elle n'avait pas de boutique. Elle se contentait de passer chez des amies ou dans des résidences étudiantes en ville. "Les clients peuvent acheter des articles originaux bien moins cher que ce que nous connaissons ici et je me suis mise soudain à gagner de l'argent. J'ai vraiment fait de bonnes affaires, je suis devenue indépendante. Je n'ai plus peur de dépenser cent dollars maintenant. Je n'ai toujours pas de mari, mais en revanche j'ai plus de prétendants[60]."

Rosemonde, une femme espiègle de 26 ans, avait des projets bien plus ambitieux. Elle était partie dès 2006 avec sa sœur en Chine, elle aussi à Guangzhou. Ses parents étaient morts, elle avait un enfant. Parmi les personnes sur le trottoir de l'ambassade, personne n'allait à Shanghai, Hong Kong ou Pékin, Guangzhou était la destination de prédilection. "J'y achète des assiettes et des verres pour les restaurants, j'y achète des machines pour faire des glaçons, des écrans plasma et des ordinateurs. Il faut essayer des choses que d'autres n'importent pas, et là on peut demander le prix fort. Chaque fois, je remplis un conteneur à moi toute seule. Il arrive ensuite par bateau à Boma, Matadi ou Pointe-Noire. Le coût du transport est de douze mille dollars, c'est beaucoup d'argent mais, en deux ans, j'ai gagné cinquante mille dollars et ma sœur aussi. Nous avons toutes les deux pu acheter notre propre maison." Des jeunes femmes qui peuvent se permettre d'être propriétaires d'un bien immobilier à Kinshasa : c'est du jamais-vu. Tout comme l'économie informelle a ouvert de nouvelles possibilités aux femmes dans les années 1980, la variante mondialisée de cette économie offre de nouvelles perspectives.

Le marché congolais est inondé de produits chinois à bas prix. Cela a même entraîné l'arrêt de la production textile locale, une des dernières industries de transformation du pays. On ne peut pas comparer un *wax chinois* *, comme me l'ont expliqué ces femmes, à un légendaire *wax hollandais* * de Vlisco, dans lequel elles faisaient confectionner leurs plus beaux vêtements. "Mais que veux-tu ! Un *wax hollandais* * coûte cent vingt dollars et un *wax chinois* * seulement cinq." Comme les vêtements, les téléviseurs et les générateurs *made in China* se détériorent particulièrement vite, un nouvel adjectif est venu enrichir le vocabulaire lingala : *nguanzu*. C'est un dérivé de Guangzhou qui signifie "peu résistant", "de mauvaise qualité". On dit aussi d'une femme qui trompe son compagnon qu'elle est *nguanzu*.

Rosemonde portait un haut sur lequel était écrit *Dior, j'adore* *, enfin plutôt *Dior, j'ddore*, car il ne faut pas s'attendre à ce qu'un ouvrier d'usine chinois maîtrise l'alphabet latin en plus de tous les idéogrammes de sa propre langue. Les Congolaises qui se rendent en Chine, comme elles, arborent à Kinshasa des tenues très différentes. Plus flamboyantes, plus extravagantes, on dirait des stars de la pop. On les repère facilement. Une jeune femme en minijupe chaussée de bottes blanches fait presque à coup sûr du commerce à Guangzhou. "*Elles sont guangzhoufiées* *." Mais Rosemonde s'est procuré le véritable certificat d'authenticité de la nouvelle femme congolaise. Elle retire son haut *Dior, j'ddore* pour me montrer son épaule nue. Elle exhibe, difficilement visible sur sa peau foncée, la fierté du troisième millénaire : un tatouage. "En Chine, on se débrouille bien. Il faudrait vraiment que tu voies ça un jour[61]."

15

WWW.COM

Une autoroute la nuit, mais on n'en a pas l'impression. Même après minuit, les taxis tissent une toile invisible en se faufilant d'une file à l'autre, cherchant à tracer leur route le plus vite possible. Pourtant il règne un grand silence par rapport à Kinshasa. Peu de coups de klaxon. Pas de camions Daf antédiluviens qui roulent au pas en rugissant et en crachant des fumées de diesel aussi épaisses que des gaz des marais. Pas de fourgonnettes Volkswagen contenant plus d'une trentaine de passagers assis sur des banquettes en bois, ceux de la dernière rangée laissant pendre leurs jambes au-dehors par le hayon. Et pas de cuvettes dans la chaussée de la taille d'un cratère. Le taxi vert et blanc file sur une route à huit voies au trafic dense, traversant des banlieues qui s'étendent à l'infini, le long d'immeubles d'habitation gris. Plus près du centre, nous passons sur de longs toboggans suspendus entre des immeubles de bureaux et des grands ensembles. Parfois, il y a une autoroute au-dessus et en dessous de nous. Un tissage vertical. Et plus bas, bien plus bas, au niveau de la rue, nous voyons des stands de nourriture qu'éclairent des lampions et des publicités aux néons rouge vif. Guangzhou.

Je suis en compagnie de trois Congolais dans un taxi et nous venons de l'aéroport. Cela fait vingt-quatre heures que nous avons quitté Kinshasa. Kenya Airways nous a d'abord emmenés à Nairobi, où nous avons dû attendre sept heures, puis après une escale à Bangkok, nous sommes arrivés à Guangzhou, sept fuseaux horaires plus loin. L'autre trajet aérien passe par Dubai. Ethiopian Airlines propose aussi des vols pour cette destination à partir de sa plate-forme à Addis-Abeba. Depuis quelques années, les deux compagnies aériennes assurent chaque semaine une dizaine de liaisons entre le continent africain et le sud de la Chine, des vols qui partent la soute vide et reviennent surchargés. “Pourquoi emporter des vêtements ? Nous en achèterons là-bas, non ?”

Dadine était inquiète lors de son premier voyage. “Juste avant le décollage, je suis allée dans les toilettes. J’ai caché mon argent et mon passeport sous mes vêtements, parce que j’avais entendu dire qu’il fallait se méfier des Nigérians. Ils vous anesthésient avec je ne sais quoi et vous prennent toutes vos affaires. J’avais bien mille cinq cents dollars sur moi ; les gros négociants partent même avec vingt mille dollars en poche. Il faut être très vigilant.”

Le chauffeur de taxi est à l’abri. Derrière son siège et celui du passager avant sont fixées des grilles en plastique. Quant à nous, les prisonniers sur la banquette arrière, on se charge de nous divertir. Les sièges sont confortables et sous les grilles a été installé un petit écran de télévision, sur lequel défilent des dessins animés et des publicités de crème pour la peau. Le volume est faible. A l’avant, un des Congolais discute du prix avec le chauffeur. Cela dure depuis vingt minutes. Il parle couramment le cantonais, Georges. Au bout de quelques années passées à Guangzhou, il maîtrise parfaitement la langue. Je savais que presque tous les Congolais sont polyglottes et apprennent facilement d’autres langues, même à un âge avancé, mais je ne pouvais pas imaginer qu’une personne puisse assimiler le chinois sans prendre de cours. Georges n’y voyait rien d’extraordinaire. Une jeune Africaine avait réussi à se familiariser avec la langue en trois mois.

Le taxi nous conduit dans les environs de l’immeuble Tianxiu, dans le nord de la ville, juste à côté du quartier animé de Huanshi Dong Lu et du grand périphérique intérieur de Guangzhou, un lieu dont le décor se compose de vieilles tours, d’antennes émettrices, de voies ferrées et d’un urbanisme chaotique. Un véritable quartier africain y a vu le jour ces dernières années. Il y vit environ cent mille Africains, la plupart très provisoirement, d’autres en permanence. C’est là que Georges a son petit bureau de transport de marchandises, à côté de centaines d'autres. Son activité : *air and ocean freight, full and groupage container* [transport aérien et maritime, conteneurs pleins ou groupage], comme l'indique son impressionnante carte de visite. Les jours suivants, j'allais me rendre compte que tous les Africains ici ont une carte tout aussi impressionnante, des cartes qui en jettent en anglais, en français et en chinois, sur lesquelles on peut lire six numéros de téléphone portable, en Chine et en Afrique. Dans les rues autour du Tianxiu, divers hôtels proposent des chambres confortables pour deux personnes au prix de vingt dollars. Elles sont pleines d'Africains. Je passerai dix jours dans le New Donfranc Hotel sans voir le moindre Occidental.

Le taxi s'arrête devant une rue fermée à la circulation où déambulent des centaines de personnes, hommes et femmes, Chinois et Africains. Après avoir pris une chambre à l'hôtel, je pars explorer le quartier; les boutiques, ouvertes jour et nuit, vendent des chaussures, des valises, des T-shirts, des téléphones portables, de la lingerie; dans la rue, des paysans coiffés de chapeaux de paille proposent des fruits dont je ne connais pas le nom, des pommes plus petites qu'une cerise, encore suspendues à une branche, et des pamplemousses plus gros qu'un ballon de foot qui sont épluchés avec art et patience; sur des charrettes à bras en bois où est posée une bouteille de gaz butane, des hommes en maillot de corps se démènent devant leur wok, tandis que de la sueur ruisselle de leur front; ils remuent des nouilles, du pak-choi, du jus d'huître, font tournoyer leur poêle, remplissent des petits récipients en polystyrène; soudain un signal strident retentit, la police approche, aussitôt ils partent en courant avec leur charrette à bras, tandis que leur réchaud à gaz continue de brûler gaiement – les flammes bleues vacillent comme un flambeau, l'huile grésille hystériquement, le soja vole en tous sens; en quelques secondes, ils ont disparu dans une rue transversale obscure entre les poubelles et les rats qui détalent, laissant dans la rue commerçante leurs clients ébahis et privés de leur repas du soir. J'achète auprès d'un vieux paysan un kilo de mandarines, il les pèse avec le fléau de bambou qui lui sert de balance et qu'il tient devant ses yeux perçants, je paie avec de l'argent que je ne connais pas, je ne sais même pas s'ils pensent en kilos ici et fais un signe de tête pour le remercier en me demandant si un tel geste est le bon ; en tout cas le petit homme au visage buriné me découvre un large sourire qui découvre deux dents pourries. L'hôtel n'est pas un bâtiment isolé, mais fait partie d'une galerie marchande labyrinthique où des centaines de boutiques vendent les mêmes chaînettes en or, des contrefaçons de Nokia et des maillots de football, du Barça, de Chelsea, de l'équipe nationale néerlandaise sur lesquels on peut lire : Ruud van Nistelrooy, numéro 9 ; je retrouve les deux portes d'ascenseur qui mènent à l'hôtel, mais quand je sors au sixième étage, je ne me retrouve pas dans un couloir avec des chambres, mais dans un espace sombre que je ne reconnais pas ; j'ai l'impression de rêver ; dans l'obscurité j'entends une musique fluette jouée par un instrument à cordes, deux carpes Koï nagent lentement dans un aquarium faiblement éclairé et, tandis qu'avec mon sac de mandarines je prends peu à peu conscience que je me suis trompé d'ascenseur, une jeune femme particulièrement gracieuse me demande si je viens pour le *very special massage* ; quand, un peu plus tard, je finis par retrouver ma chambre d'hôtel, je découvre, dans un présentoir où sont proposés des plans de la ville, cette précision dans l'un d'eux : *according to the provisions of Regulations of the People's Republic of China on Administrative Penalties for Public Security whoring legally forbidden is* [dans un anglais très approximatif : selon les dispositions de la législation de la République populaire de Chine concernant les sanctions administratives en cas d'atteinte à la sécurité publique, la prostitution est interdite par la loi], car il s'avère que *recently some aliens suffered stealing or robbery during whoring* [récemment, des étrangers ont fait l'objet de vols en fréquentant des prostituées] ; cela pouvait vous arriver, étant étranger ; toutefois, sur le même présentoir sont disposés trois sachets de préservatifs, deux slips dans un emballage (*Antisepsis & Healthy*) et quatre pochettes d'une substance que je ne connais pas, South Pole (*Liexin Resispance* [sic] *the Germ Liquid*) ; comme cette description ne m'éclaire pas beaucoup, je lis au dos que le produit est fabriqué à base d'herbes chinoises naturelles et tue à 99,9 % les bactéries *for male and female privates itch and other social disease* [pour les irritations des parties intimes des hommes et des femmes et autres maladies sociales]. C'est la nuit, sans que j'en aie l'impression ; le décalage horaire et l'avalanche de sensations me tiennent éveillé pendant des heures ; incapable de trouver le sommeil, je zappe sur trente-six chaînes où se succèdent des hurlements de samouraïs ou des débats d'entrepreneurs ; finalement, je m'arrête sur une émission de jeu durant laquelle des participants, dans des vêtements multicolores, doivent effectuer un parcours périlleux ; peu d'entre eux y parviennent, la plupart finissent sans gloire dans une cuve d'eau, à la grande joie du public et de l'animateur, qui prend plaisir à se moquer d'eux ; il est quatre heures du matin, Kinshasa me manque et j'ouvre les rideaux ; de l'autre côté d'une cour intérieure, deux étages plus bas, quatre hommes assis torse nu dans une pièce enfumée jouent au mah-jong sous la lumière blafarde d'un néon ; une maison de jeu, une fumerie d'opium, qui sait ; leurs voix sont inaudibles mais, de temps en temps, je les vois se lever et se prendre vivement à partie.

Jules Bitulu a assisté à la transformation. Je le rencontre dans son bureau au dixième étage du Taole Building, dans le quartier d'affaires animé de Dashatou. "En 1993, j'étais le seul Africain ici. J'ai fondé une société avec un Chinois à Shunde, près d'ici, deux ans plus tard nous nous sommes installés dans le centre. Pour les Chinois, j'étais un extraterrestre, une rareté. Ce n'était pas du racisme à l'époque, plutôt de la curiosité. Quand j'arrivais quelque part, on me proposait tout de suite une chaise. Maintenant, environ deux à trois mille Congolais vivent ici. La plupart viennent de Kinshasa, Lubumbashi, Goma et Bukavu. Cinq cents d'entre eux n'ont pas de visa et vivent ici dans la clandestinité. Certains entrent en contact avec la drogue, mais il y a aussi beaucoup de Nigérians qui circulent avec des passeports congolais."

Guangzhou est la capitale de la province de Guangdong, une région d'un diamètre de cinq cents kilomètres où vivent environ cent millions de personnes, presque deux fois plus que dans l'ensemble du Congo. C'est ici, longtemps avant Shanghai, que Deng Xiaoping, à la fin des années 1970, a pour la première fois lâché la bride à l'économie planifiée. Il s'agissait après tout de sa région natale. La grande distance qui la séparait de Pékin en faisait un laboratoire sûr pour expérimenter la libéralisation. Guangdong, située en outre juste en face de Hong Kong, plus libre, et de Macao, pouvait commencer à leur livrer concurrence. Trente ans plus tard, la province est la manufacture du monde. Elle est le premier producteur mondial de climatiseurs, de fours à micro-ondes, d'ordinateurs, de systèmes de télécommunication et de systèmes d'éclairage à diodes électroluminescentes. Guangdong est le troisième exportateur de textile dans le monde et fabrique 30 % des chaussures de la planète. Les usines de Shenzhen exportent des jouets aux quatre coins du globe et assuraient jusqu'à récemment les deux tiers de la production mondiale d'arbres de Noël artificiels – ce qui n'est pas mal pour un territoire officiellement athée. Sur cette petite surface se concentrent 12 % de l'économie chinoise et plus d'un quart des exportations du pays. Cette réussite improbable s'explique par des mécanismes de subventions massives des matières premières brutes, mais la crise du crédit en 2008 a porté un rude coup à la région. Certes les banques publiques chinoises sont restées debout, mais les acheteurs étrangers ont déclaré forfait. Des centaines de milliers d'ouvriers ont perdu leur emploi. Aujourd'hui, l'objectif est de transformer une économie de production en série, tournée purement vers l'exportation, en une industrie du savoir innovante capable de s'adresser aussi à un marché local en pleine croissance. L'approche semble fonctionner : Huawei, le géant des télécommunications, a conclu durant l'année de crise de 2008 l'équivalent de plus de vingt-trois milliards de dollars de contrats, soit une progression de 46 %.

Son élégant emplacement sur le delta de la rivière des Perles a toujours fait de Guangzhou un lieu de négoce international. La ville, qui marquait le début de la route maritime de la soie, est entrée très tôt en contact avec le christianisme et l'islam. Elle abrite encore une magnifique mosquée, qui date sans doute du VIIe siècle, le siècle où l'islam est né, et une cathédrale catholique d'origine bien plus récente. Les Perses, les Arabes, les Portugais et les Hollandais ont trouvé leur chemin jusqu'ici. Aussi n'est-il pas étonnant qu'elle soit aujourd'hui aussi le centre névralgique de nouvelles relations commerciales, cette fois avec l'Afrique.

Jules est arrivé en Chine en 1988, avec une bourse d'études. Il faisait partie d'un petit groupe de dix-sept Zaïrois triés sur le volet qui, dans le cadre des liens d'amitié entre les deux Etats, étaient admis à faire leurs études supérieures à Pékin. La première année, il était tenu de suivre des cours dans une école de langues, puis il avait fait quatre ans d'informatique. Aujourd'hui, il parle mieux le mandarin que la plupart des Cantonais (le cantonais n'est pas une langue, selon les autorités chinoises, mais une variante du mandarin, la langue officielle) et dessine les caractères à une vitesse que peu d'étrangers sont capables d'imiter. Un Africain écrivant en chinois, j'ai quelque difficulté à m'y habituer.

Pendant ses études de langues, il a vu un jour sur le mur d'un bâtiment administratif le mot "démocratie". "Je me suis demandé : qu'est-ce qui se passe ? Il y avait de l'agitation, mais je ne comprenais pas. La télévision n'en parlait pas. Notre prof disait de ne pas aller sur la place Tian'anmen, mais j'ai pris le bus et j'ai vu une place pleine, mais alors totalement pleine d'étudiants. Il n'y avait plus de cours, tout était interrompu. Chez nous à l'université, il y avait deux cercueils, pleins ou vides, je ne sais pas. De retour chez moi, dans mon appartement, j'ai vu depuis le neuvième étage qu'on venait chercher des étudiants américains dans un minibus de l'ambassade. Les étudiants des anciennes colonies françaises comme le Gabon partaient aussi. Nous, les Zaïrois, nous avons été les derniers à rester sur place, jusqu'à ce que notre consul vienne nous chercher nous aussi. Sur le chemin de l'ambassade, nous avons vu dans la rue des camions de l'armée brûlés. Un massacre était en train de se produire. Les étudiants japonais nous ont raconté plus tard que tout était très bien organisé, avec des camions pour venir ramasser les corps, et des équipes de nettoyage. Nous avons dormi neuf jours par terre à l'ambassade. Il faisait froid et il n'y avait rien à manger."

En tant qu'ingénieur informaticien tout juste diplômé dans un pays rempli d'ingénieurs informaticiens tout juste diplômés,

Jules n'a pas trouvé de travail tout de suite, mais il avait un autre talent : la musique. Etudiant, il avait déjà dirigé un groupe avec quelques Congolais à Pékin, cette fois il est entré dans un orchestre chinois itinérant. "Nous partions pendant six mois dans des villages à l'intérieur des terres. Je suis allé dans les provinces de Guangxi, de Hunan, de Yunnan, de Guizhou et de Sichuan. D'abord, je me suis contenté de jouer de la guitare, ensuite j'ai chanté, aussi en chinois. Pour le public, j'étais une attraction. Mais je ne me sentais pas à l'aise. Je ne voyais pas un seul Congolais et nous ne mangions pas bien, toujours cette cuisine chinoise." Ses aventures font penser au sort des Congolais que l'on avait autorisés, un siècle plus tôt, à camper à Tervuren. A l'époque aussi, un Noir était plus une attraction de foire qu'un être humain. "Pourtant, plus tard, même quand mon affaire a commencé à bien tourner, j'ai continué de jouer. Les week-ends, je jouais dans un groupe de reggae à Hong Kong, à l'Africa Bar. Ensuite, j'ai chanté des chansons chinoises dans les bars et les restaurants, en donnant parfois jusqu'à trois concerts par jour, parfois six jours par semaine. C'était bien payé. Je chantais en mandarin, en cantonais et en anglais. *Un Congolais, c'est bizarre**. Je jouais dans des grands hôtels. Beaucoup de karaoké aussi. Je suis même allé jusqu'à la frontière avec la Mongolie. En 2000, quand j'ai dû jouer à Pékin, j'ai rencontré six étudiants congolais qui n'avaient ni argent ni visa. Je les ai emmenés à Guangzhou. Cela a été le début de la communauté congolaise ici. Ils travaillaient dans les discothèques. Le phénomène a vraiment pris de l'ampleur. Puis, tout le monde a quitté la scène musicale et s'est lancé dans les affaires."

De personnage de foire à pionnier de la migration. Jules Bitulu est devenu en quelque sorte le Peter Stuyvesant du Congo, si je comprends bien. Il se révèle un conteur admirable, particulièrement bien informé. Je griffonne dix feuilles pleines pendant notre entretien. Il me raconte encore comment tout a commencé à Guangzhou par les Africains de l'Ouest. Ils ont brutalement fait leur apparition, en quelques mois en 2000, des Sénégalais, des Maliens, qui passaient la nuit dans un hôtel islamique près du Tianxiu. Il me raconte la facilité à l'époque pour obtenir un visa, même pour six mois, même pour un an. Quelle différence par rapport à aujourd'hui, car on peut s'estimer heureux quand on obtient un visa pour deux semaines, soupire-t-il, et certains, à l'expiration de leurs papiers, entrent dans la clandestinité et risquent des peines de prison de un à six mois. On n'en sort que lorsqu'on peut payer son billet pour le vol de retour. "Maintenant, la situation devient intenable, même pour ceux qui ont un visa officiel ou un permis de séjour comme moi. Les vols sont de plus en plus chers, le prix des marchandises a augmenté, le transport est coûteux, la douane au Congo est hors de prix et le marché à Kinshasa est saturé."

Il ne regrette pas vraiment le Congo. "Je suis vraiment imprégné de la culture chinoise. Les Congolais devraient mieux s'organiser, comme les Chinois. Ils devraient s'organiser de façon collective, mais ils n'en ont pas envie, même si cela leur permettrait de négocier des tarifs bien plus bas. C'est un virus. Le contrat que le Congo a conclu avec la Chine a été lui aussi mal négocié. Personne dans la délégation congolaise ne parlait le chinois. La Chine va maintenant se dépêcher de construire quelques routes qui ne seront pas entretenues." Il exprime ce que pensent beaucoup de Congolais en Chine : ce contrat, le plus gros de l'histoire de leur pays, a été un travail bâclé, le pays s'est vendu pour un peu d'argent de poche. "Je n'ai pas peur de dire que j'ai honte d'être congolais. Depuis l'indépendance, le Congo n'a jamais été un pays. Rien n'y fonctionne. Les gens ne pensent qu'à leur propre porte-monnaie. J'ai vu la Chine se développer en vingt ans." Dans les villages où Jules Bitulu allait chanter, en 1990, moins de 5 % des familles avaient un téléviseur, fin 2006, elles sont 90 %[1]. "J'ai vu le Vietnam se développer. Je suis allé à Dubai et j'étais stupéfait. C'est un désert, vous savez, mais il y pousse des fleurs, ils installent des conduits sous le gazon. Non, ils ont bien construit leur pays. Si Dieu avait mis les Congolais dans le désert, je ne sais pas s'ils en auraient fait autant ! *Papa, c'est fini* ! Ce n'est pas la faute des Blancs ou de Mobutu si les choses vont mal chez nous, ce ne sont que des boucs émissaires, c'est le passé. Regardez les Chinois. Ils apprennent de l'Europe et ils savent qu'il n'y a pas de magie, tout repose sur le travail[2]."

Tout le quartier d'affaires de Dashatou est placé sous le signe de l'électronique. Des galeries marchandes consacrées exclusivement aux appareils photo numériques y côtoient des galeries marchandes proposant des ordinateurs portables ou des écrans à cristaux liquides. Après mon entretien avec Jules Bitulu, je m'y égare volontiers. Je me retrouve dans un magasin géant sans fenêtres qui ne vend que des téléphones portables. Des centaines de jeunes gens et de jeunes filles y tiennent des petits stands ; quand ils ont faim, ils mangent, accroupis derrière la caisse, des nouilles dans un gobelet en carton. Comme il n'y a pas de meilleure méthode ethnographique que l'observation participative, je tripote leurs marchandises. "*Chinese copy !*" disent-ils sans détour à propos d'un spécimen qui ressemble à s'y méprendre à un iPhone. "*This one good copy. This one bad copy.*" Voilà qui a le mérite d'être clair. "*This one original.*" Non, celui-là ne m'intéresse pas, cet *owigina*. Une vraie contrefaçon me paraît nettement plus originale, d'autant que les imitations ont des fonctionnalités dont a dû se passer l'appareil authentique, comme la possibilité d'insérer deux cartes Sim, ce qui est pratique quand on voyage beaucoup. Dans le meilleur des mondes, la frontière entre le réel et le faux s'estompe. Le faux n'est pas une mauvaise réplique, mais un appareil à l'avant-garde de la technologie. J'achète donc quelques iPhone factices et des imitations d'Ericsson à environ cinquante dollars chacun. J'en vendrai un certain nombre plus tard à Kinshasa pour récupérer une partie de mon billet d'avion. Je ne sais pas encore à ce moment-là que j'aurais dû en acheter trente plutôt que cinq : je les écoulerai en une seule journée pour plusieurs fois leur prix.

Devant un des stands, je rencontre Enson, un jeune Chinois hyperactif qui, tout en insérant des cartes Sim et en changeant des batteries, discute avec moi couramment en lingala. Non, il n'est jamais allé au Congo, dit-il, il travaille tous les jours dans cet espace sans fenêtres, mais beaucoup de ses clients sont kinois, voilà pourquoi. Il ne parle pas le français ; il ne se rend pas compte que la moitié des termes techniques qu'il emploie viennent de cette langue. "*Ozana besoin sim mibale ?*" Tu en as besoin d'un qui a deux Sim ? "*Ay, papa, accessoires mpo na modèle oyo eza te.*" Monsieur, ce modèle n'a pas d'accessoires.

L'immeuble Tianxiu est un centre commercial de plusieurs étages inondé par la lumière vive des néons et plongé dans une cacophonie de musiques d'ascenseur. Dans les allées étroites se succèdent de minuscules boutiques en verre où des vendeurs extrêmement obligeants vantent les mérites de leurs articles. Beaucoup de ces boutiques sont des vitrines d'usines se situant ailleurs au Guangdong. Sur une vingtaine de mètres d'une allée, j'inventorie des batiks industriels, des pantoufles, des tennis, des bottes, des costumes, des survêtements, des T-shirts, des strings, des bijoux, des chargeurs de téléphones portables, des téléphones portables, des ventilateurs, des produits anti-moustiques, des tronçonneuses, des générateurs, des vélomoteurs et des percussions. Dès que le client entre, le vendeur se lève d'un bond. Il n'en fait jamais assez. Les tissus sont dépliés et à nouveau rangés. Les costumes sont décrochés à l'aide d'un bâton et confectionnés sur mesure. La communication est laborieuse, mais la calculette est toujours une source de soulagement. Les échanges donnent lieu à de sublimes pantomimes. Le vendeur tape sur le clavier sa proposition en *renminbi*, le nom courant du yuan, puis montre l'écran. L'Africain convertit le montant en dollars, prend un air courroucé et s'écrie : "*No, no, no !*", puis tape un montant correspondant à la moitié, le Chinois sourit alors en grimaçant de douleur, secoue la tête et entre un chiffre qui le rend moins mélancolique. Découragé, l'Africain laisse tomber son avant-bras sur le comptoir en verre et, d'un air las, regarde à l'extérieur. Le temps se suspend dans une tension dramatique saturée de vague à l'âme et de profonde indignation, l'Africain pianote un nouveau montant et tourne la calculatrice vers le vendeur. Le manège dure encore un petit moment, jusqu'à ce que l'Africain fasse mine de partir à la recherche d'une autre boutique et que de nouvelles possibilités d'amitié se révèlent.

Une des boutiques ne vend que des strings, dont un magnifique modèle sur lequel est imprimé le drapeau angolais. Les cordons et les triangles ont les couleurs nationales rouge et noir ; le logo communiste – une roue dentée, une machette et une étoile dans le jaune triomphant de l'aube – est placé juste à la hauteur du pubis. Quand je me renseigne sur le prix, j'apprends qu'ils ne sont vendus que par millier. "*Thousand*", dit la femme, "*not one*", en tapant un un et trois zéros sur sa calculatrice.

Dadine hésite devant quelques jeans. Le prix de sept dollars lui convient, elle peut en obtenir au moins trente-cinq dollars à Kin, mais les jeans pèseront lourd dans ses bagages. Autant qu'elle en prenne moins, parce qu'à la douane au Congo… Elle va se laisser encore un peu de temps pour réfléchir. "Chez nous, c'est la guerre. Tu rentres épuisé de Chine et, à l'aéroport, la douane te bondit dessus pendant que tu attends tes valises. Ils demandent trente dollars par sac pour te laisser passer, cela peut même aller jusqu'à cent dollars mais, très souvent, ils ouvrent tes bagages avec leurs stylos ou une clé et ils prennent une chemise ou un pantalon, comme ça, alors que tu es juste à côté."

Les sœurs Fatima et Fina, qui comptent parmi les rares musulmanes congolaises, sont inquiètes. J'ai fait leur connaissance dans l'avion et je les vois, quelques jours plus tard, reprendre leur souffle, assises sur un banc, avant de poursuivre leurs courses. Elles avaient l'intention de remplir un conteneur de conserves de purée de tomate, m'expliquent-elles, un conteneur de vingt pieds, pas quarante, c'est trop cher, mais à l'usine on leur a dit que la commande ne serait prête qu'en décembre. Cela signifie que leurs conserves arriveront, au plus tôt, en février à Kinshasa, bien trop tard pour les fêtes de fin d'année sur lesquelles elles avaient misé. Peut-être devraient-elles se rabattre sur la noix de muscade ? Quoique, entre janvier et octobre 2008, le prix est passé de 7 200 à 8 200 dollars la tonne et un conteneur pèse vite douze tonnes. Et puis il y a le transport ! Pour faire venir un conteneur de vingt pieds à Matadi, il faut débourser 5 600 dollars, et pour un conteneur de quarante pieds 10 000 dollars. Les taxes à l'importation viennent s'y ajouter et le Congo a les douanes les plus chères du monde : jusqu'à 15 000 dollars pour un petit conteneur, jusqu'à 20 000 pour un grand. Elles m'expliquent comment le système fonctionne. Comme toujours, les tarifs officiels sont négociables, mais beaucoup préfèrent à présent faire arriver leurs marchandises par bateau à Pointe-Noire, au Congo-Brazzaville. Pourquoi ne pas envisager elles-mêmes cette solution ? Un camion transporterait ensuite les marchandises à Brazzaville et, là-bas, des centaines de sacs de noix de muscade seraient chargés sur le ferry pour Kinshasa, ferry sur lequel le transport se fait depuis toujours par des personnes en chaise roulante, parce qu'elles peuvent faire la traversée à tarif réduit. Des boiteux en guise de porteurs, je l'ai vu de mes propres yeux. Les handicapés avec qui j'ai discuté considéraient comme un acquis d'entasser sur leur chaise roulante, en échange d'une rémunération, des piles de sacs jusqu'à ce qu'ils ne voient plus rien, puis de monter sur le bateau en tant que passager en chaise roulante.

Lina est sans conteste la jeune femme d'affaires qui, de toutes celles que j'ai rencontrées, a le mieux réussi. En quatre jours, elle a fait remplir deux grands conteneurs de matériaux de construction : carrelage, portes, climatiseurs, faïence, sanitaires, lampes. A Kinshasa, on trouve à présent des toilettes de la marque Aomeikang, des lavabos de la marque Meijiale, des alarmes à incendie de Hefei Chenmeng, eh oui, même du papier toilette du nom de Wij Mei. Son premier conteneur est déjà fermé, pour le deuxième elle cherche encore quelques écrans plasma. Une fois qu'elle a terminé, elle peut se faire confectionner quelques vêtements. Elle a apporté des photos d'un magazine africain, les Chinois doivent imiter ce qu'ils voient. Le problème, c'est qu'elle ressent une douleur lancinante dans le ventre. Sa nièce est venue avec elle ; elle se demande si elle ne devrait pas suivre un traitement pour la fertilité en Chine, car pourquoi se contenter d'acheter des marchandises s'il y a aussi des services ? Lina fera connaissance plus vite qu'elle ne l'aurait souhaité avec le système de santé chinois. Quand je la revois quelques jours plus tard, elle me dit qu'elle est allée à la clinique. La douleur violente venait d'une appendicite. “Normalement, pour une intervention, je serais allée en Afrique du Sud”, dit-elle, “mais cette fois je vais quand même me faire opérer en Chine. Apparemment, la médecine chinoise est fiable.”

La diaspora africaine à Guangzhou ne cesse de se développer. D'autres personnes viennent s'y joindre et font leur nid de plus en plus loin à l'intérieur des terres. Certains Africains venus en Chine vivent ensemble comme s'ils appartenaient à la même famille : tandis que tout le monde part acheter des marchandises, une personne reste à la maison préparer un repas aussi africain que possible avec les ingrédients disponibles. D'autres Africains mangent avec des baguettes comme s'ils n'avaient jamais fait autrement. Un Congolais avait ouvert un café et un dancing, *Chez Edo*, d'après tous les Africains à qui j'ai parlé l'endroit le plus sympathique de toute la mégalopole, mais il a fermé sur ordre des autorités, faute des papiers nécessaires. D'autres ont un salon de coiffure ou créent des vêtements. Des homos qui ont la vie dure en Afrique découvrent en Chine de nouvelles possibilités et n'ont aucune intention de rentrer. J'ai rencontré un jeune gay congolais, rejeté par sa famille à Kinshasa, qui avait commencé en Chine une relation avec un Nigérian. Pour lui, la Chine n'était pas le pays de la répression, mais de la liberté.

Un des grands négociants, Monsieur Fule, est officieusement reconnu comme le "président de la communauté congolaise à Guangzhou". Ni la fonction ni l'organisation ne sont officielles, mais il joue en quelque sorte le rôle de consul. Quand on arrive dans la ville, on passe chez lui pour discuter un peu. Quand je le rencontre, il est assis derrière un bureau recouvert de chaussures de femmes. "Cela fait neuf ans que je suis ici et j'ai un permis de séjour", dit-il avec assurance. Fule était un des étudiants indigents que Jules Bitulu a rencontrés à Pékin et emmenés à Guangzhou. "Les étrangers sans visa, les Chinois les mettent en prison. L'époque faste est terminée. Le commerce est devenu un terrain glissant, mais au Congo c'est encore pire. Le pays est anéanti et ne cesse de sombrer. Tout est sale là-bas mais, au moins, grâce à la Chine, tout le monde y est convenablement habillé." Sur le gros contrat entre les deux pays, il a un point de vue assez positif. "Il est un peu *flou**", dit-il, "mais cela fait déjà des années qu'on vole des minerais au Congo. Maintenant, au moins, on le fait en versant des milliards." Puis il conclut, derrière son mur de chaussures de femme : “Le Congo ne décolle pas, mais pourtant nous y retournons. Les migrants congolais en Europe ne se soucient plus de leur pays, leur vie sociale est là-bas, mais nous, ici en Chine, nous nous apercevons que nous ne pouvons pas nous satisfaire que du commerce. Un jour, nous rentrerons[3].”

Au sein de l’immeuble Tianxiu, très haut au-dessus des boutiques, j’entre le dimanche matin dans le bureau 3105 au trente et unième étage. A l’intérieur de ce sobre espace de travail, au tapis qui rebique, un négociant congolais a commencé sa propre Eglise, qui porte un nom ambitieux : *Eglise internationale pour la réconciliation**. Une séance de prière a lieu trois soirs par semaine, le dimanche se déroulent deux services de trois heures. En entrant, je remarque aussitôt qu’au sein de cette diaspora, Dieu a perdu de son lustre. Il s’est adapté au décor. Il n’y a que huit fidèles, dont un Chinois qui joue du piano électronique. Pendant une longue méditation sur un verset de la Bible, le pasteur dit : “La Parole de Dieu est comme la pluie. Elle ne s’élève vers le ciel qu’une fois qu’elle a irrigué la terre pour que nous sachions… – CE QU’EST LE SUCCÈS !” répond la communauté en chœur. Ils ont déjà entendu ce jeu de questions-réponses. “Dans tous nos… – PROJETS ! – Pour qu’ils puissent tous… – RÉUSSIR !”

Ensuite, les fidèles se lèvent pour prier. Les yeux fermés et les mains levées, ils parlent tous en même temps et supplient le Seigneur à haute voix de leur donner de la force et le sens des affaires. Le prédicateur leur demande de prier pour *notre frère** David, qui est ici aujourd’hui pour la première fois. Puis il y a des chants, les Africains dansent avec souplesse, tandis que le claviériste chinois se contente de déplacer le poids de son corps d’un pied sur l’autre. “Ce n’est pas facile pour eux”, me dit l’évangéliste à la fin, “ils savent très peu de choses. Ils ne savent même pas qui est Abraham. Quand il faut expliquer tout cela…”

Dans l’après-midi, avant de rentrer à l’hôtel, je passe chez Patou Lelo, un négociant qui envoie chaque mois entre cent et cent cinquante conteneurs en Afrique. Il a obtenu un MBA à Wuhan et vit à présent dans un modeste appartement au rez-de-chaussée d’un grand ensemble où filtre à peine la lumière du jour. Sa fillette, qui a près de 2 ans, joue sur le tapis. Elle a des traits africains, mais des yeux asiatiques. Sa peau a une chaude couleur ocre.

“Quand je suis arrivé ici, beaucoup de gens me demandaient s'ils pouvaient toucher ma peau. Ils pensaient que j'étais un Chinois qui s'était trop exposé au soleil et que j'allais redevenir blanc. Quand je me promenais dans la rue avec ma compagne, beaucoup pensaient qu'elle était mon interprète, ou même une prostituée. Cela fait maintenant deux ans et demi que je suis marié. La mère de ma femme y était totalement opposée. Elle a dit : « C'est lui ou nous ! », mais son beau-père n'a pas fait de difficultés. Il a dit : « C'est tout de même un homme calme et sérieux. » Au Congo, cela a été pareil : mon père s'en fichait complètement, mais ma mère a fait beaucoup de difficultés. Elle n'a accepté ma femme qu'après la naissance de notre enfant. En Chine, la famille est tout aussi sacrée qu'au Congo, ce n'est pas comme en Europe où le couple occupe la première place. Ici, les grands-parents sont très importants, ils s'en occupent. La famille avec un seul enfant et les grands-parents, c'est ce qui forme le noyau familial ici.”

Sur un buffet sont posées des photos du mariage de Patou. Il y pose avec sa femme dans des tenues chinoises, japonaises et occidentales. Un couple rayonnant. Son cousin et son frère sont venus du Congo pour l'occasion, toute la communauté congolaise de Guangzhou était là. Pourtant, ce n'est pas toujours facile, reconnaît-il.

“C'est une culture très différente, qui est diamétralement opposée à la culture congolaise. Les Chinois sont hypernationalistes. Il suffit que quelqu'un soit chinois pour que ma femme prenne automatiquement son parti. Elle est aussi athée. Peu de Chinois sont croyants, ou alors ils sont bouddhistes, mais c'est *une petite religion**. Ici, ils brûlent leurs morts, cela nous heurte beaucoup. Quand un Congolais meurt, notre communauté réunit l'argent nécessaire pour rapatrier le corps. Economiquement, ils sont très développés, mais moralement, ils sont en retard, les Chinois. Cette façon de cracher par terre dans les grands restaurants… Mais je dois dire que la femme chinoise est bien plus ouverte que l'homme, c'est certainement le cas pour ma femme.”

Il a conscience qu'il peut s'estimer heureux, car le racisme ne fait que s'amplifier à Guangzhou. Les chauffeurs de taxi refusent de plus en plus souvent de prendre des Africains. Ils ne les appellent plus *hēi rén*, "noir", mais *hēi gǔi*, "diable noir". Les rues autour de l'immeuble Tianxiu sont connues comme "le quartier des diables noirs" ou "*chocolate city*". Quand une Africaine touche des légumes sur le marché, parfois on les jette.

"Mais les Noirs y sont aussi pour quelque chose. Ils ne s'intègrent pas, ils ne s'adaptent pas. Les gangs de dealers du Nigeria et de Sierra Leone nous donnent mauvaise réputation, alors que beaucoup de Congolais travaillent vraiment dur." Plus dur qu'au Congo, affirme Patou. "Regarde, les gens qui sont honnêtes à 100 % n'existent pas au Congo. Ils sont toujours en quête d'argent facile qu'ils peuvent se procurer rapidement. Ils ne comprennent pas le principe de l'investissement, parce que la famille prend toujours l'argent. Il n'y a pas de possibilité de réinvestir. Mais ici, il y a plus de distance avec la famille, tu comprends ?"

Tous les membres de sa famille ont émigré – son frère vit en Espagne, sa sœur en France, une autre sœur à Manhattan, seule sa vieille mère est restée à Kinshasa. Beaucoup de Congolais vont à l'étranger pour échapper aux liens étouffants de la famille. Durant les périodes de crise, la solidarité africaine dont on fait tant l'éloge a quelque chose d'émouvant, mais durant les périodes de reprise, elle impose une logique infernale qui rend impossibles les projets à plus long terme : le peu d'argent disponible s'émiette aussitôt dans de nombreuses bouches. Le réinvestissement et la planification ne sont guère appréciés. En Chine, cela se passe mieux. Il n'y a pas d'oncles et de cousins pour vous accuser de sorcellerie quand vous refusez de partager le peu d'argent que vous avez gagné, alors qu'au Congo, la sorcellerie est l'argument ultime pour vous obliger à faire preuve de solidarité.

"Ici on ne parle jamais de sorcellerie", dit Patou Lelo, visiblement soulagé d'être libéré de cette métaphysique spirituelle. Au Congo, nombreux sont ceux qui, par crainte de la sorcellerie, cherchent refuge dans une Eglise pentecôtiste mais, en

Chine, j'ai pu constater le matin même que la demande est effectivement limitée. “Au Congo, cette prolifération de faux pasteurs et de faux bergers n'est due qu'à la pauvreté, mais ici le travail compte plus que la religion[4].”

Le soir, je passe devant le petit bureau de Georges, l'homme qui est venu me chercher à l'aéroport. Le dimanche aussi, il est très occupé. “Nous devons travailler tant que nous sommes jeunes”, dit-il, “bientôt nous serons des vieillards.” Son entreprise d'expédition a pour slogan *Vous servir, c'est notre devoir* *, et ce ne sont pas des paroles en l'air. Deux collaborateurs, César et Timothée, déplacent des cartons monstrueusement grands qu'ils poussent tant bien que mal sur une balance dont ils parviennent encore tout juste à lire les chiffres. Georges téléphone sans discontinuer. On peut déjà le fermer, ce conteneur ? Combien de tonnes peut-on encore y ajouter ? Quand part le prochain camion ? Quelqu'un est déjà en route pour l'aéroport ? Attends un peu. David, combien te reste-t-il de kilos dans tes bagages ? Quoi, quarante kilos ? Mais qu'est-ce que tu as fait ces derniers jours ? Tu n'as vraiment rien acheté ? Seulement cinq téléphones portables et deux costumes ? Quarante kilos, tu es sûr ? Tu ne veux pas les vendre ? Quatorze dollars par kilo, d'accord ?

Et tandis que je vends littéralement de l'air, Iso et Jodo, deux jeunes Chinoises, remplissent des formulaires au fond du petit bureau. Iso, une jeune femme portant de fines lunettes, feuillette un dictionnaire, elle apprend l'anglais et le français. Quand on travaille pour un Congolais, non seulement on gagne de l'argent, mais on apprend aussi les langues. Au mur sont accrochés un poster de DHL et une carte du monde avec la Chine au milieu : l'Europe et les Etats-Unis sont devenus des régions périphériques, l'Asie et l'Afrique forment le nouveau centre. Si les relations entre l'Europe et les Etats-Unis constituaient les principaux contacts intercontinentaux au XXe siècle, les relations entre la Chine et l'Afrique sont les plus importants au XXIe siècle.

Au mur est affichée une phrase en lingala. “*SVP Ndeko awa ezali esika ya mosala*” : cher ami, cet endroit est un lieu de travail. “Je l'ai fait imprimer pour la mettre au mur”, dit Georges, "sinon les Congolais viennent discuter ici." Les Congolais ont une activité débordante à Guangzhou. Un des négociants à qui j'ai téléphoné pour un rendez-vous m'a dit : "Aujourd'hui je suis vraiment trop occupé, mais demain j'ai quarante minutes à vous accorder. Ce sera suffisant ?" Une des grandes différences avec le Congo où presque tout le monde est toujours disponible et où la plupart des gens sont déçus quand on s'en va déjà au bout de quatre heures.

Quand les deux porteurs ont fini de peser et d'entasser, ils proposent d'aller chercher une bière. La porte à côté, il y a un snack-bar avec quelques sièges disposés dehors. La nuit est tombée entre-temps, mais à Guangzhou la nuit est un concept relatif. Nous nous installons dans la rue et regardons les filles dans les salons de massage de l'autre côté. Elles portent de longues robes blanches retenues autour des épaules par un ruban rouge. Elles sont formées aux techniques du massage chinois traditionnel et essaient d'attirer les clients à l'intérieur. Un vrai massage, m'explique César, pas *the very special one*.

César est un cas à part. Ses yeux sont injectés de sang et sa voix hésite entre la gaieté et le blues. Au Congo, il a été pendant des années commandant de la police, *Commandant** César, c'est ainsi qu'il aime encore se faire appeler. Il a servi sous Mobutu, Kabila *père** et Kabila *fils**. "On a encore eu droit à une formation à la dure. Un jour, j'ai dû rester deux jours dans l'eau, jusqu'à la poitrine. De l'eau sale, répugnante, si on tombait dedans, on était mort. Ou monter la garde pendant quatre jours, debout, sans dormir, pas de problème. Mais en 2002, j'en ai eu assez. Toute ma famille s'est dispersée, tous les six, mes parents ont été les seuls à rester sur place, et une sœur pour s'occuper d'eux. A l'époque, je suis parti en Thaïlande et, de la Thaïlande, j'ai essayé d'atteindre l'Allemagne. Un ami qui était déjà en Allemagne m'a envoyé son passeport par DHL. Mais quand je suis arrivé en Allemagne, la douane a vu que quelque chose n'allait pas. Je me suis retrouvé un mois en prison, puis on m'a renvoyé en Thaïlande en avion. De là, j'ai fait tous les pays : Singapour, le Vietnam, la Malaisie, Hong Kong, la Corée, les Philippines… Tous les mois je devais déménager pour faire prolonger mon passeport. C'est comme ça que je me suis retrouvé en Chine, mais entre-temps mon visa a expiré. Je peux être arrêté à tout moment."

Il pose sa bière et crie en cantonais à la serveuse qu'il en veut une autre. La ruelle est grise. A côté de nos sièges en plastique, un gros rat, qui reste immobile, ne cesse de mâchonner. "Ici j'ai fait la connaissance d'une femme magnifique, une femme aux longs cheveux noirs. Elle venait de l'ouest de la Chine. Elle n'avait pas du tout l'air chinois, plutôt indien ou russe, je ne sais pas." Ouïgoure probablement, mais je ne l'interromps pas. Timothée tire sur l'étiquette de sa petite bouteille de bière. César entame sa deuxième pinte. "Tout se passait à merveille. Nous avions ensemble une boutique de téléphones, qui marchait vraiment bien. Elle voulait des enfants, mais j'en avais déjà huit à Kinshasa. Alors elle a commencé à me mettre au pied du mur. Elle voulait que je coupe tous les liens avec mes amis et ma famille. Il n'y avait plus qu'elle et moi. *Mais je suis un Africain* * *!*" Il le crie, mais le rat ne bouge toujours pas. "Je me sentais vraiment prisonnier, j'étais au bord du suicide. Mais c'était une si belle femme, tout le monde se retournait sur moi quand je me promenais avec elle. Le *phone shop* marchait bien. Et puis, après beaucoup d'hésitations, j'ai rompu, c'était extrêmement pénible. Elle a gardé la boutique, mais elle me faisait du chantage : si jamais je redémarrais une affaire dans les téléphones, elle me dénoncerait. Maintenant je me retrouve ici. Sans travail, sans visa, avec seulement les petits boulots chez Georges."

Le rat est parti et Timothée propose que nous allions danser. Peut-être que j'aimerais voir le dancing Kama ? C'est vraiment un endroit particulier. Dans le taxi, en route pour le dancing, il explique l'histoire de l'entreprise. "Le propriétaire du Kama est un Chinois qui a épousé une Arabe, mais le DJ est nigérian." Nous entrons et je découvre un temple entièrement noir où se mélangent Asiatiques et Africains. On y joue de la techno chinoise, de la beat asiatique et, bien sûr, comment pourrait-il en être autrement, car c'est en définitive le premier produit d'exportation du pays en dehors du minerai de cuivre, de la rumba congolaise. Nous trouvons une petite table et nous commandons une bière. Le commandant César finit par se requinquer. Il swingue avec tout le monde sur *Bouger bouger** de Magic System, le morceau le plus contagieux de tous ceux que l'Afrique a déjà produits au troisième millénaire. On ne passe pas de musique occidentale, la pop et le rock sont des genres sans intérêt issus d'un monde ancien. Un groupe se prépare à jouer. Le DJ libère la place pour une chanteuse de reggae capverdienne accompagnée par des musiciens de l'île Maurice. Les *gogo girls* sont trois chanteuses originaires des Philippines dont les bottes en latex sont quatre fois plus longues que leurs jupes.

Dans toutes les petites salles sur le côté, on peut louer des box pour des séances de karaoké. César ne comprend pas qu'on se mette soi-même à fredonner alors qu'on peut assister à un spectacle aussi, euh, intéressant. Entre les tables se faufile une jeune Chinoise magnifique qui vend des fleurs et propose aussi un nounours presque aussi grand qu'elle. Cela aussi, César ne le comprend pas. "*Les Chinois**", soupire-t-il.

Au bout de deux heures, nous allons boire une bière sur une terrasse dans le quartier africain. A présent nous pouvons nous parler, nos oreilles sifflent encore. La circulation passe à toute allure en dessinant des bandes rouges et jaunes, les publicités au néon ne demandent qu'à attirer l'attention, les femmes légères vont et viennent en virevoltant. Timothée, qui n'a pas dit grand-chose de toute la soirée, s'anime : "Je découvre un peu toutes les saveurs", dit-il en riant, "russes, chinoises, thaïlandaises, tanzaniennes, rwandaises… Ah, non, pas rwandaises, je les déteste ! Mais les femmes les plus chères sont africaines, elles ne sont pas très nombreuses. Pour une Africaine avec de belles fesses, tu te retrouves vite à payer deux cents renminbis pour un seul coup. C'est trente dollars !

— Ou quatre cents renminbis. Pour un seul coup !

— Moi je paie toujours cent cinquante renminbis pour deux coups, parfois seulement cent. Les filles chinoises, je ne leur donne que trente renminbis, pas même cinq dollars. Mais bon ! Elles n'ont rien et elles ne font rien.

— A Bangkok, j'ai vu des drôles de choses", dit César en riant. "Des garçons qui se transformaient en filles, vraiment ! Leur… leur… comment on appelle ça ? Leur truc, ils n'en ont plus, leur pénis, oui, c'est ça. Et ensuite ils y ont fait percer un trou. *Vraiment* !" Il secoue une fois de plus la tête en pensant à cette curieuse Asie, où il a atterri par le fruit du hasard. Et dire qu'il voulait vivre en Allemagne. Il regarde les filles dans la rue et sourit. Il a les yeux rouges, le visage buriné, mais il se dégage de lui une certaine vulnérabilité. Est-ce l'alcool ? Est-ce ce chagrin d'amour ? La nostalgie de l'exilé ? "Je ne veux plus de femme. A de très rares occasions, je ramène une fille à la maison, mais cela n'arrive presque jamais. La plupart du temps, je vais le soir dans la salle de bains et je prends un peu de mousse pour la douche. Je m'en enduis et je me détends avec ça[5]."

Ce n'est plus le bruit du tambour à fente qui transmet la nouvelle de village en village, ni les battements sourds des tam-tams, ni les claquements du fouet ou encore le tintement des cloches du poste missionnaire, ni le grondement du train ou le crépitement du marteau-piqueur dans la mine souterraine, non, ce n'est plus le cliquetis du télégraphe, le grésillement de la radio ni les cris de la population qui se font l'écho des battements de cœur du pays aujourd'hui. Ce n'est pas les coups de pilon sur le manioc dans le mortier, ni le clapotement de l'eau contre la pirogue. Le cœur de ce pays ne bat pas dans le tir de barrage en pleine forêt, ni dans la table qui vient frapper le mur tandis qu'une femme hurle qu'elle n'a jamais voulu cela, non.

C'est la nuit, mais on n'en a pas l'impression.

Le nouveau Congo a une autre sonorité, le nouveau Congo chante dans le hall d'arrivée d'un aéroport qui résonne. C'est le bruit du ruban adhésif, des rouleaux marron de ruban adhésif autour de colis et de cartons, du ruban adhésif qui hurle quand on le déroule et claque quand on le déchire, *grrrraaaa... tchak*, du ruban adhésif qui grogne, crie, rugit, du ruban adhésif, des mètres et des mètres de ruban adhésif, dans le hall d'arrivée de l'aéroport, le bruit d'un faible gémissement autour des Caddies, comme dans une couveuse. Partout des gens emballent leurs affaires dans des bandes de plastique marron. Une fois qu'on les a appliquées, on écrit dessus au feutre son nom, son quartier et sa rue.

Ce hurlement n'est pas une plainte, c'est le cri d'une nouvelle vie.

Je les avais déjà remarquées en montant à bord : deux femmes aux cheveux blond platine, non, portant des perruques blond platine reproduisant une coupe à la garçonne. Elles bavardaient joyeusement, se tapaient dans le dos, posaient la tête sur l'épaule l'une de l'autre et pouffaient de rire. Leurs valises et leurs sacs étaient dans la soute, leurs noms étaient griffonnés sur le ruban adhésif. Elles portaient tous les deux les mêmes vêtements flambant neufs, un pantalon et un chemisier à fleurs. L'étiquette y était encore attachée. Elles allaient faire une entrée remarquée à Kinshasa ! Quand on a quelque chose de neuf, on le montre. Les hommes ne retirent d'ailleurs pas l'étiquette sur la manche de leur costume ! Les enfants n'enlèvent pas le plastique sur les freins de leur vélo, eux non plus ! Eh bien alors !

Une atmosphère joyeuse régnait à bord. Des écouteurs sur les oreilles, les deux dames blond platine regardaient un dessin animé qu'elles commentaient à voix haute. Notre avion nous ramenait en Afrique centrale. Nous prenions le deuxième vol direct de Guangzhou à Nairobi, le premier était parti deux jours plus tôt. Sans escale à Bangkok ou à Dubai, tout simplement direct, nous traversions en une seule fois l'océan Indien : j'avais l'impression de vivre un événement historique.

A Nairobi, j'ai vu deux jeunes touristes néerlandais au visage brûlé par le soleil se diriger en courant vers leur porte d'embarquement. Ils étaient en short et en sandales et portaient une grande girafe en bois, un souvenir enveloppé dans un papier journal local. Je ne sais pas pourquoi, mais la scène m'a agacé. J'avais le sentiment d'avoir été autorisé ces derniers jours à entrapercevoir le troisième millénaire et d'être à présent brutalement ramené au siècle dernier, le siècle où les Européens achetaient des girafes en bois en Afrique. Mon raisonnement ne tenait pas vraiment debout, mais j'étais trop fatigué pour me soucier de rester cohérent.

Durant la dernière partie du voyage, nous avons survolé le Congo en le traversant de bout en bout. Les blondes platine dormaient la bouche ouverte. A travers le hublot, je voyais le grand brocoli vert mousse de la forêt équatoriale, fendu de temps à autre par un fleuve marron luisant au soleil. Il est suffisamment connu que les richesses naturelles du Congo ont contribué à donner des couleurs à l'économie mondiale. Que ce soit à la boule de billard, au pneu en caoutchouc, à la douille d'une arme, à la bombe atomique ou encore au téléphone portable. Cette ritournelle utilitaire me paraît cependant trop restrictive et banale, comme si le Congo, ce beau et puissant pays, n'était que la réserve du monde, comme si, en dehors de ses matières premières, il n'avait guère contribué à l'histoire du monde. Comme si son sous-sol présentait un intérêt pour toute l'humanité, alors que sa propre histoire n'était qu'une affaire intérieure, où se mêlaient le rêve et l'ombre. J'avais pourtant si souvent constaté le contraire lors de mes lectures et de mes entretiens. Au début du XXe siècle, la politique du caoutchouc avait donné lieu à l'une des premières grandes campagnes humanitaires de l'Histoire. Durant les deux guerres mondiales, les Congolais avaient contribué à des victoires cruciales sur le continent africain. Dans les années 1960, c'était au Congo que la guerre froide avait commencé en Afrique et que les Nations Unies avaient lancé pour la première fois une opération de grande envergure. Peu importe que les Congolais en aient ou non le mérite, mais l'histoire du Congo a contribué à déterminer et à façonner l'histoire mondiale. La guerre de 1998 à 2003 a abouti à l'opération de maintien de la paix la plus importante et la plus coûteuse qui ait jamais existé et à la première intervention militaire de l'Union européenne dans l'Histoire ; elle s'est terminée par une combinaison unique de diplomatie multilatérale et bilatérale qui a permis de suivre de près la gestion du pays. Les élections de 2006 ont été les plus complexes de toutes celles dont la communauté internationale a dû se charger. La Cour pénale internationale donnera naissance à une jurisprudence fondamentale dans le cadre de son tout premier jugement de prévenus, trois hommes originaires du Congo. L'histoire du Congo a eu à plusieurs reprises une importance capitale dans la définition hésitante de l'ordre mondial. Le contrat avec la Chine a aussi constitué notamment une étape importante dans un monde agité en plein mouvement.

Elles marchaient devant moi sur l'asphalte, en direction du bâtiment jaune de l'aéroport. Plusieurs avions étaient stationnés de façon désordonnée. Les moteurs à réaction de l'un des appareils coupaient le monde en deux. Dans ce ronflement d'un autre monde, l'odeur de kérosène brûlé se mélangeait à l'odeur de plastique brûlé provenant des bidonvilles un peu plus loin. L'air était brûlant et ce n'était que le matin. J'avais été trop fatigué pour leur parler, trop fatigué du voyage et à force d'essayer de comprendre. Mais je les voyais marcher, encore excitées, visiblement fières de leur voyage à présent terminé. J'ai vu les cheveux blonds de leur perruque rebondir à chacun de leurs pas. J'ai vu le vent agiter quelques mèches. Et tandis que sur l'asphalte qui se désagrégeait elles se dirigeaient à la hâte vers l'accueil qu'on leur réserverait à leur arrivée, j'ai vu leurs étiquettes claquer et tournoyer dans l'air du matin, turbulentes et capricieuses, comme s'il y avait quelque chose à fêter.

REMERCIEMENTS

L'idée de ce livre est née un soir de novembre 2003 au café Greenwich à Bruxelles. J'étais assis à une table en train de boire un verre. Les années précédentes, j'avais beaucoup voyagé dans le sud de l'Afrique et écrit à ce sujet, maintenant j'étais sur le point d'aller pour la première fois au Congo. Pour préparer mon voyage, je venais de me rendre dans plusieurs librairies de Bruxelles, mais je n'avais pas vraiment trouvé ce que je cherchais. Peut-être que je devais écrire moi-même un tel livre, me suis-je dit à l'époque, parce que je fais manifestement partie des écrivains qui écrivent tout simplement les livres qu'ils ont eux-mêmes envie de lire. Je ne pouvais alors pas me douter qu'en jouant avec cette idée soudaine, je me lançais dans un projet qui prendrait des années et serait à l'origine d'innombrables rencontres inoubliables. Très vite cependant, j'ai décidé de m'entourer de quelques personnes dont je respecte profondément le jugement : Geert Buelens, Jozef Deleu, Luc Huyse et Ivo Kuyl. Conformément à la tradition d'Afrique centrale, ce sont mes "oncles" : j'ai pu faire appel à eux quand j'en avais besoin et j'ai bénéficié de leur confiance même lorsque je ne l'avais pas encore méritée. La conscience de leur engagement silencieux m'a été plus précieuse qu'ils ne l'ont su.

J'ai été d'emblée convaincu que ce livre, une vaste ébauche, pourrait plus facilement se réaliser si je n'étais pas lié à une institution universitaire. La liberté de l'écrivain m'était plus chère que la sécurité d'un emploi à l'université. Pour le financement, j'ai décidé d'appliquer la règle d'Amnesty International, à savoir ne pas accepter d'argent provenant directement des pouvoirs publics ; c'était la seule manière de conserver mon indépendance. J'ai donc eu la chance immense de pouvoir bénéficier du soutien de cinq institutions, chacune dotée de jurys autonomes et souvent même anonymes. Je suis sincèrement reconnaissant au Fonds flamand des lettres, au Nederlands Letterenfonds [Fonds néerlandais des lettres], au Fonds Pascal Decroos, au Fonds voor Bijzondere Journalistieke Projecten [Fonds pour les projets journalistiques exceptionnels] et au Netherlands Institute for Advanced Study pour les moyens qu'ils m'ont accordés. A l'occasion de deux des dix voyages que j'ai effectués au Congo, j'ai voyagé avec l'équipe de presse qui accompagnait la visite d'un ministre belge. Pendant mes séjours plus longs, j'ai pris régulièrement des vols intérieurs sur des appareils des forces de maintien de la paix des Nations Unies. Mon utilisation des réseaux n'est pas allée plus loin. Je n'ai reçu d'argent d'aucun ministre, je n'ai été sponsorisé par aucune entreprise et je n'ai passé la nuit dans aucune ONG. A ceux qui souhaitaient m'inviter, je disais pour les taquiner que c'était à leurs risques et périls.

L'indépendance est ce qu'il y a de plus précieux, mais cela ne signifie pas pour autant que j'aie fait *cavalier seul**. J'ai été très souvent nourri par les idées d'une multitude de personnes, à commencer par les innombrables informateurs que j'ai mis en scène dans les chapitres précédents. Ils sont le cœur palpitant de ce livre. Un certain nombre d'entre eux ont même fini par devenir mes amis. Mais beaucoup m'ont aussi aidé en coulisse. Plusieurs éminents spécialistes du Congo ont fait preuve dès le début d'une grande générosité en n'hésitant pas à me communiquer des informations. Lieve Joris m'a procuré des livres et des contacts avec une largesse qui n'est plus de ce temps. Waler Zinzen, Filip De Boeck et Benoît Standaert ont constitué des sources inépuisables d'érudition et d'amitié. Guy Poppe, Katelijne Hermans, Ine Roox, Peter Verlinden, Koen Vidal, Maarten Rabaey et John Vandaele se sont montrés plus que prêts à partager avec moi leurs conceptions sur le Congo. Plusieurs personnes qui savaient que je travaillais sur ce livre ont attiré mon attention sur des sources documentaires intéressantes. Je pense en particulier à Colette Braeckman, Raf Custers, Roger Huisman, Piet Joostens, Luc Leysen, Alphonse Muambi, Sophie de Schaepdrijver, Mark Schaevers, Vincent Stuer, Margot Vanderstraeten, Pascal Verbeken, Paule Verbruggen et Honoré Vinck.

A Kinshasa, mes conversations avec Zizi Kabongo, Annie Matiti, Noël Mayamba, le consul Benoît Standaert et Johan et Mieke Swinnen, l'ambassadeur de Belgique à l'époque et son épouse, m'ont beaucoup apporté. Le chauffeur Didier Catu, le colonel Frank Werbrouck, l'ambassadeur Geoffroy de Liedekerke et le frère Luc Vansina m'ont permis de diverses manières de régler des problèmes logistiques. A Kisangani, j'ai reçu l'aide de Pionus Katuala, Faustin Linyekula et Virginie Dupray. A Bunia, j'ai eu le privilège de faire la connaissance du journaliste radio Jean-Paul Basila. A Goma, j'ai reçu l'aide de Sekombi Katondolo, Chrispin Mvano ya Bauma, Cléon Mufingizi et Carine Tchoma. A Bukavu, j'ai été l'hôte d'Adolphine Ngoy et de sa famille. A Lubumbashi, j'ai parlé longuement avec Jules Bizimana, le père Jo De Neckere et Paul Koboba. Au Rwanda, j'ai passé du temps avec Gady Byabagabo. A Nkamba, la ville sainte des kimbanguistes, j'ai beaucoup appris auprès de la jeune journaliste Tétys Danaé Samba. A Nsioni, il était extraordinaire d'écouter le docteur Jacques Courtejoie et ses amis Roger Zimuangu et Clément Nzungu. A Boma, j'ai rencontré le merveilleux archiviste municipal Placide Munanga, qui m'a raconté l'histoire de sa ville. A Kikwit, j'ai passé des heures à parler avec le directeur de l'école locale Rufin Kibari Nsanga, dont le bureau était littéralement enseveli sous des piles de livres et de documents. Le rencontrer était une fête. Ses connaissances historiques stupéfiantes étaient pourtant surpassées par sa curiosité historique et son hospitalité rayonnante.

A la Monuc, j'ai eu des contacts passionnants pendant l'offensive de Nkunda de 2008 avec William Elachi, Sylvie van den Wildenberg et Bernard Kalume. En Chine, j'ai beaucoup appris de mes conversations avec le consul belge Frank Felix, le représentant économique flamand Koen De Ridder, le journaliste congolais Jaffar Mulassa et l'homme et les femmes d'affaires africains Georges Ndjeka, Dadine Musitu et Lina Garcia Mendes.

Pendant mes voyages j'ai rencontré régulièrement des journalistes ou des chercheurs avec lesquels il était intéressant de discuter. Je pense en particulier à Caty Clement, Samuel Turpin, Greg Mthembu-Salter, Kipulu Samba, Hery Mambo, Delphine Schrank et Kristien Geenen. La plupart du temps je voyageais seul, mais il a été formidable de faire à plusieurs reprises un bout de chemin avec des voyageurs sagaces comme Jan Goossens, Carl De Keyzer et Stephan Vanfleteren. J'ai fait la connaissance de Kris Berwouts, directeur d'EurAc, le réseau européen des ONG actives en Afrique centrale, lors d'un vol de Kinshasa à Bukavu. Même sans le crash manqué de l'avion lors de l'atterrissage à Bukavu, nous serions devenus amis, mais quand nous sommes tous deux sortis indemnes et que nous nous éloignions, à travers les hautes herbes, la pluie diluvienne et la boue rouge, de l'appareil qui pouvait encore exploser, nous avons pris conscience que nous avions eu vraiment beaucoup de chance et qu'à partir de ce moment-là nous étions liés non seulement par l'amour du Congo mais aussi par l'amour de la vie.

Pendant la phase d'écriture de ce livre, j'ai pu consulter régulièrement, pour leur demander conseil, les historiens Jean-Luc Vellut, Daniel Vangroenweghe, Zana Aziza Etambala, Guy Vanthemsche et Vincent Viaene, les anthropologues Filip De Boeck, Peter Geschiere, Klaas de Jonge, David Garbin et Anne Mélice, les historiens d'art Roger Pierre Turine et Sabine Cornelis, l'archéologue Els Cornelissen, l'économiste Frans Buelens et la cinéaste Valérie Kanza. Walter et Alice Lumbeeck et Frans et Marja Vleeschouwers, les amis de mon père du début des années 1960, m'ont aidé à comprendre le point de vue belge sur la sécession du Katanga, tandis que Michel et Edith Lechat et Jean Cordy se sont révélés d'extraordinaires informateurs sur l'époque coloniale.

De nombreuses personnes que je n'ai jamais rencontrées se sont montrées prêtes à répondre à mes courriels et mes appels téléphoniques. Le révérend Martin M'Caw, Robert Lay, Julian Lock et Betty Layton m'ont apporté des éclaircissements sur la toute première génération de missionnaires protestants. Aldwin Roes, Fien Daniau, Nancy Hunt, Myriam Mertens, Bob White, Bodomo Adams et Bram Libotte m'ont envoyé des manuscrits inédits, tandis que Dominiek Dendooven, Didier Mumengi, Steven Spittaels et Didier Verbruggen m'ont fourni, à ma grande joie, des précisions ou des documents que je recherchais. En outre, Bogumil Jewsiewicki, Tom De Herdt, Stefaan Marysse et Erik Kennes ont résolu des questions techniques auxquelles j'étais confronté. Odette Kudjabo m'a parlé au téléphone de son grand-père qui s'était battu pendant la guerre de 1914-1918, Michel Drachoussoff a évoqué son père, dont le journal de guerre de 1940-1945 est si passionnant, et Dorothée Longeni Katende m'a raconté l'histoire de son grand-père Disasi Makulo, qu'elle n'a malheureusement jamais connu.

Quand le manuscrit de ce travail a été prêt, j'ai fait relire le tout par quelques experts. Vincent Viaene, Guy Vanthemsche et Filip Reyntjens se sont penchés respectivement sur les chapitres concernant l'Etat libre du Congo, le Congo belge et l'indépendance du Congo, tandis que Frans Buelens a vérifié les passages traitant de l'économie. Je leur suis à tous particulièrement reconnaissant pour leurs commentaires rigoureux.

Il est inhabituel, dans la littérature néerlandaise, de remercier des rédacteurs ("Mais je suis payé pour cela", s'entend-on répondre la plupart du temps sur un ton légèrement gêné), mais cette règle ne vaut pas pour Wil Hansen, pour la simple raison qu'il a été bien plus qu'un rédacteur, *un honnête homme** de l'espèce la plus rare et la plus noble, avec lequel il a été extrêmement agréable et fructueux de collaborer.

J'ai écrit *Congo. Une histoire* dans mon atelier à Cureghem, le "quartier à problèmes" dont on parle tant dans la commune bruxelloise d'Anderlecht, mais je dois ajouter que j'ai été plus incommodé par les hélicoptères de la police qui, dans le cadre d'une politique de tolérance zéro, ont survolé pendant des semaines le quartier, que par le quartier lui-même, où je travaille avec plaisir depuis déjà quatre ans. Je n'aurais pu rêver de meilleur lieu en Europe où écrire sur le Congo : mon atelier donne sur la rue où quotidiennement des dizaines de voitures d'occasion sont achetées pour être transportées par bateau vers l'Afrique centrale. A tous les coins de rue sont placardées des affiches pour des concerts de Werrason ou des guérisseurs. J'entends dire parfois que, vu de l'extérieur, ce quartier paraît très peu intégré à la Belgique, mais, vu de l'intérieur, c'est plutôt la Belgique qui semble mal intégrée au monde. Cureghem est une leçon de mondialisation, et aussi d'empathie et d'implication.

Pour ce genre de leçons, le Théâtre royal flamand (KVS) à Bruxelles est peut-être la meilleure école. Mes recherches sur le Congo ont démarré presque en même temps que le projet mené par ce théâtre sur le Congo artistique, un programme d'échange de longue durée entre les artistes congolais et belges. J'y ai participé au début, j'ai animé quelques ateliers pour des auteurs congolais à Kinshasa et à Goma tout en travaillant à mon monologue théâtral *Mission*, qui a été joué pour la première fois au KVS. Le travail éblouissant de personnes comme Jan Goossens et Paul Kerstens m'a convaincu que le grand débat social se livre souvent avec plus d'urgence dans de tels sanctuaires de la pensée critique que dans de nombreuses universités ou dans des médias de plus en plus commerciaux. J'ai fait la connaissance d'un certain nombre de mes amis les plus chers au Congo par cette voie. Je pense en particulier aux écrivains Bibish Mumbu et Vincent Lombume, aux gens de théâtre Papy Mbwiti et Jovial et Véronique Mbenga, aux actrices Starlette Mathata et Dadine Musitu, au cinéaste Djo Munga, au chorégraphe Faustin Linyekula, au plasticien Vitshois Mwilambwe et au sculpteur Freddy Tsimba. Non seulement ils m'ont aidé à comprendre leur pays, mais aussi à l'aimer, car un pays qui produit des artistes aussi intelligents et courageux est loin d'être perdu.

Je n'aurais pas non plus pu écrire ce livre sans la proximité de quelques amis très chers en Europe : Natalie Ariën, Geert Buelens, Emmy Deschuttere, Jan Goossens, Maaike Pereboom, Graz'yna Plebanek, Stephan Vanfleteren, Francesca Vanthielen et Peter Vermeersch m'ont aidé chacun à leur manière pendant la longue période d'écriture de ce texte. Mais surtout, je remercie Bernadette De Bouvere et Tomas Van Reybrouck, ma mère et mon frère, pour leur sage et chaleureuse présence de tous les instants.

Bruxelles, avril 2010

JUSTIFICATION DES SOURCES

GÉNÉRALITÉS

Congo. Une histoire est le résultat d'une écoute et d'une lecture abondantes. J'ai communiqué mes sources aussi minutieusement que possible dans les notes en fin de texte, mais un certain nombre d'entre elles méritent qu'on s'y attarde. Parce que je leur dois beaucoup, parce qu'elles peuvent aider les lecteurs curieux à aller plus loin ou tout simplement parce que je tiens à partager mon enthousiasme les concernant.

Le livre que j'avais emporté dans mon bagage à main quand j'ai pris l'avion pour la première fois à destination du Congo était *The Congo from Leopold to Kabila: A People's History* de Georges Nzongola-Ntalaja (Londres, 2002) : une introduction excellente, inspirée, à l'histoire du pays, même si je l'ai laissé lors de ce vol dans la poche devant mon siège. Mon deuxième exemplaire est lui aussi couvert de traits de crayon. Cela vaut également pour l'ouvrage de référence d'Isidore Ndaywel è Nziem : *Histoire générale du Congo* (Paris, 1998). Nettement plus académique que le précédent, il m'a souvent frappé par son exhaustivité, la richesse de ses interprétations et ses nombreuses cartes. Pendant la phase d'écriture, je l'avais en permanence posé à côté de moi. Un autre livre de référence pratique que j'ai régulièrement feuilleté est le *Historical Dictionary of the Democratic Republic of the Congo* d'Emizet Kisangani et F. Scott Bobb, dont la troisième édition a paru récemment (Lanham, 2010). *Le Congo Kinshasa*, de Jean-Jacques Arthur Malu-Malu, est un travail personnel qui se lit facilement, donne une vue d'ensemble et n'est vraiment pas assez connu (Paris, 2002).

Pour m'orienter dans des époques et des sujets qui m'étaient encore inconnus, j'ai commencé par des ouvrages de référence réputés.

Les chapitres consacrés à l'Afrique centrale dans *The Cambridge History of Africa*, une somme en sept volumes, demeurent, vingt ans après, excellents. Je les ai lus parallèlement aux contributions, souvent écrites par des chercheurs africains, dans *Histoire générale de l'Afrique*, un ouvrage en huit volumes. Publié récemment, *A Historical Companion to Postcolonial Literatures : Continental Europe and its Empires* (Edimbourg, 2008), sous la direction de Prem Poddar, m'a mis sur la bonne voie, ses résumés thématiques et ses bibliographies constituant des points de départ utiles.

Quelques livres anciens valent encore la peine d'être lus, comme *The River Congo* de Peter Forbath (New York, 1977) pour la période précoloniale et *Leopold to Lumumba* de George Martelli (Londres, 1962) pour la période coloniale. Robert Cornevin, dans *Histoire du Congo (Léopoldville)* (Paris, 1963), offre un récit clair mais quelque peu eurocentrique, compensé par des cartes splendides. Le recueil d'articles de Jean Stengers dans *Congo : mythes et réalités* (Paris, 1989) reste d'une importance majeure, surtout pour ses analyses sur l'Etat indépendant.

Pour les mécanismes de l'économie coloniale, le lecteur néerlandophone dispose depuis peu d'un excellent ouvrage de référence : *Congo 1885-1960: Een financieel-economische geschiedenis* [Congo 1885-1960 : une histoire économico-financière] de Frans Buelens (Berchem, 2007). Non seulement il contient des renseignements sur l'histoire des entreprises, mais il donne un bon aperçu de l'évolution du capitalisme colonial. Pour la dimension sociale de ce capitalisme, on consultera entre autres les classiques de Pierre Joye et Rosine Lewin, *Les Trusts au Congo* (Bruxelles, 1961), et de Michel Merlier, *Le Congo : de la colonisation belge à l'indépendance* (Paris, 1962). Les travaux de l'historien congolais Donatien Dibwe dia Mwembu, qui a souvent recours à des sources orales, traitent plus spécifiquement des aspects sociaux de l'exploitation minière au Katanga : *Histoire des conditions de vie des travailleurs de l'Union minière du Haut-Katanga/Gécamines* (1910-1999) (Lubumbashi, 2001) et *Bana Shaba abandonnés par leur père : structure de l'autorité et histoire sociale de la famille ouvrière au Katanga, 1910-1997* (Paris, 2001).

Le colonialisme a longtemps été considéré comme une forme de circulation à sens unique de la métropole vers la colonie, de l'Europe vers l'Afrique. Depuis peu, les points de vue changent et les chercheurs examinent le contrecoup de l'aventure coloniale en Europe. Dans son livre passionnant, *Congo: de impact van de colonie op België* [Congo: l'impact de la colonie sur la Belgique] (Tielt, 2007), Guy Vanthemsche montre de façon convaincante que non seulement la Belgique a modelé le Congo, mais aussi que le Congo a modelé la Belgique. Il se concentre en particulier sur l'économie belge et la politique intérieure et extérieure. En collaboration avec Vincent Viaene et Bambi Ceuppens, j'ai composé un recueil traitant de l'impact colonial dans d'autres domaines de la société belge, comme la culture, la religion et les sciences : *Congo in België: koloniale cultuur in de metropool* [Le Congo en Belgique: la culture coloniale en métropole] (Louvain, 2009). En dehors de cette circulation à deux sens, une attention croissante a aussi été accordée à la diversité de la présence coloniale. En plus des Belges, il y avait en effet aussi des Grecs, des Portugais, des Scandinaves et des Italiens actifs au Congo belge. Des livres comme *Pionniers méconnus du Congo belge* (Bruxelles, 2007) de Georges Antipas, sur la communauté grecque au Congo, et *Moïse Levy: un rabbin au Congo (1937-1991)* (Bruxelles, 2000) de Milantia Bourla Errera élargissent le champ de vision historique.

Sur divers sous-domaines, il existe d'intéressantes études diachroniques. Leur approche étant transversale, je les cite dès maintenant. A propos de l'enseignement et de la recherche, on lira l'ouvrage de Ruben Mantels, *Geleerd in de tropen: Leuven, Congo & de wetenschap, 1885-1960* [Erudit sous les Tropiques: Louvain, le Congo et les sciences, 1885-1960], ainsi que celui de Benoît Verhaegen, *L'Enseignement universitaire au Zaïre : de Lovanium à l'Unaza, 1958-1978* (Paris, 1978). A propos de l'architecture, voir *Kuvuande Mbote: een eeuw koloniale architectuur en stedenbouw in Kongo* [Kuvuande Mbote: un siècle d'architecture et d'urbanisme coloniaux au Congo] de Bruno De Meulder (Anvers, 2000) et *Kongo zoals het is: drie architectuurverhalen uit de Belgische kolonisatiegeschiedenis (1920-1960)* [Le Congo tel qu'en lui-même: trois histoires sur l'architecture à l'époque coloniale belge (1920-1960)] (Gand, 2002) de Johan Lagae. Pour la musique pop (qui est toujours plus que de la musique pure et simple), voir Gary Stewart : *Rumba on the River* (Londres, 2000). Sur la littérature, voir Silvia Riva : *Nouvelle histoire de la littérature du Congo-Kinshasa* (Paris, 2000). Pour les films et la culture visuelle, voir Guida Convents : *Images & démocratie : les Congolais face au cinéma et à l'audiovisuel* (Louvain, 2006). Et à propos des beaux-arts, voir Roger Pierre Turine : *Les Arts du Congo, d'hier à nos jours* (Bruxelles, 2007). Les illustrations de ce livre sont magnifiques. Souvent, les artistes contemporains livrent un commentaire à plusieurs niveaux sur l'histoire de leur pays. Cela s'applique incontestablement aux poètes congolais qu'Antoine Tshitungu Kongolo a réunis dans la belle anthologie *Poète, ton silence est crime* (Paris, 2002).

Quelques autres livres m'ont surpris, étonné et troublé, simplement par leurs illustrations : *Le Congo belge en images* (Tielt, 2010) de Carl De Keyzer et Johan Lagae perturbe tous les clichés existants sur l'Etat indépendant du Congo à travers une sélection sublime issue de la collection de négatifs sur verre du Musée royal de l'Afrique centrale à Tervuren. Au nombre des ouvrages tout aussi troublants sur le Congo contemporain figurent *Congo (belge)* (Tielt, 2009) du même Carl De Keyzer, et *Congo Eza* (Roulers, 2007) de Mirko Popovitch et Françoise De Moor, qui rassemble des œuvres de photographes congolais contemporains. Comme j'apprécie trop la photographie en tant que mode d'expression autonome, le présent ouvrage ne contient pas d'autre support visuel que des cartes.

INTRODUCTION

L'aperçu géographique général de ce chapitre introductif, je l'ai composé en puisant ici et là dans un chaos de sources sur Internet ou dans ma bibliothèque. Le livre *Géopolitique du Congo (RDC)* de Marie-France Cros et François Misser (Bruxelles, 2006), agrémenté de nombreuses cartes, donne une vue d'ensemble utile.

C'est dans une maison de retraite brugeoise, en 2007, que j'ai testé pour la première fois mon projet d'écrire une *history from below*, une histoire en partant du bas à l'aide d'interviews de personnes dont le point de vue ne s'exprime pas, du moins la plupart du temps, dans les sources écrites. J'y ai sondé des personnes âgées qui n'avaient jamais mis les pieds au Congo pour savoir quels étaient leurs souvenirs du colonialisme, leurs idées à l'époque et surtout leurs activités (mettre de côté du papier d'argent, ai-je appris, coudre pour les missions, faire des quêtes lors des kermesses de la mission et beaucoup prier pour les "petits Congolais"). J'ai détaillé mes recherches, ainsi que les possibilités et les difficultés associées à une telle méthode de travail, une combinaison d'histoire orale et d'étude de la culture matérielle, dans le recueil rédigé en collaboration avec Vincent Viaene et Bambi Ceuppens : *Congo in België : koloniale cultuur in de metropool* [Le Congo en Belgique : la culture coloniale en métropole] (Louvain, 2009). Mon analyse n'était cependant rien de plus qu'une explicitation de la méthode que j'utilise depuis un certain temps dans mon travail journalistique et littéraire (comme dans ma pièce *Missie*). Et de ma conviction que ce sont les êtres humains qui constituent les archives les plus sous-estimées au Congo.

L'intérêt que je porte à la période précoloniale, je le dois, en dehors de ma formation d'archéologue de la préhistoire, tout particulièrement au classique d'Eric Wolf, *Europe and the People Without History* (Berkeley, 1982). On ne sait presque rien de la première implantation humaine au Congo, fait remarquer Graham Connah dans *Forgotten Africa : An Introduction to its Archaeology* (Londres, 2004). Même des ouvrages récents couvrant ce domaine ne comblent que très partiellement les lacunes ; voir entre autres Ann Brower (dir.), *African Archaeology : A Critical Introduction* (Oxford, 2005), et surtout Lawrence Barham et Peter Mitchell, *The First Africans : African Archaeology from the Earliest Toolmakers to the Most Recent Foragers* (Cambridge, 2008). Pour l'instantané de la vie il y a environ quatre-vingt-dix mille ans, je me suis fondé sur les fouilles de John E. Yellen à Katanda : "Behavioral and taphonomic patterning at Katanda 9 : a Middle Stone Age site, Kivu Province, Zaïre" (*Journal of Archaeological Science*, 1996). Pour une bonne synthèse de l'apparition du comportement humain moderne en Afrique, voir : Sally McBrearty et Alison S. Brooks, "The revolution that wasn't : a new interpretation of the origin of modern behavior", *Journal of Human Evolution* 39 (2000). Pour mon instantané de la vie des Pygmées aux alentours de 2500 ans avant J.-C., j'ai été reconnaissant de pouvoir utiliser les récentes recherches de Julio Mercader, "Foragers of the Congo : the early settlement of the Ituri Forest", dans J. Mercader (dir.) *Under the Canopy : The Archaeology of Tropical Rain Forests* (New Brunswick, 2003).

J'ai appris à mieux connaître la période autour de l'an 500 et le phénomène de la migration bantoue à travers l'impressionnant *Paths in the Rainforest : Toward a History of Political Tradition in Equatorial Africa* (Madison, 1990), de Jan Vansina, complété par les travaux archéologiques scrupuleux de Hans-Peter Wotzka, *Studien zur Archäologie des zentral-afrikanische Regenwaldes : die Keramik des inneren Zaïre-Beckens und ihre Stellung im Kontext der Bantu-Expansion* (Cologne, 1995). A propos des gongs et des langages tambourinés, on peut consulter *La Voix des tambours* de John Carrington (Kinshasa, 1974) et *Les Tambours du Congo belge et du Ruanda-Urundi* d'Olga Boone (Tervuren, 1951).

J'ai mieux compris l'apparition des premiers Etats après la lecture de l'ouvrage ethno-historique exceptionnel de Jan Vansina. Dans mon esquisse bien trop sommaire des royaumes locaux dans la savane, j'ai puisé dans son classique *Les Anciens Royaumes de la savane : les Etats des savanes méridionales de l'Afrique centrale des origines à l'occupation coloniale* (Léopoldville, 1965) et dans son livre *How Societies Are Born : Governance in West Central Africa before 1600* (Charlottesville, 2004). Pour le royaume Kongo en l'an 1560, je me suis référé à Anne Hilton, *The Kingdom of Kongo* (Oxford, 1985), David Northrup, *Africa's Discovery of Europe* (New York, 2002), et Paul Serufuri Hakiza, *L'Evangélisation de l'ancien royaume Kongo, 1491-1835* (Kinshasa, 2004).

Pour le passage sur 1780 et l'impact de la traite atlantique des esclaves, j'ai fait un ample usage de l'étude magistrale de Robert W. Harms : *River of Wealth, River of Sorrow : The Central Zaire Basin in the Era of the Slave and Ivory Trade, 1500-1891* (New Haven, 1981).

CHAPITRE 1

Ce chapitre est redevable au petit livre de Makulo Akambu, qu'il est impossible de se procurer en Europe : *La Vie de Disasi Makulo, ancien esclave de Tippo Tip et catéchiste de Grenfell, par son fils Makulo Akambu* (Kinshasa, 1983). Il contient le récit de la vie de Disasi Makulo qui, âgé, a dicté ses souvenirs à son fils. Ce livre m'est tombé entre les mains par un heureux hasard.

Bien que l'on ait énormément écrit sur les explorateurs en Afrique (voir entre autres Christopher Hibbert, *Africa Explored : Europeans in the Dark Continent, 1769-1889* (Londres, 1982), il n'existe pas d'ouvrage systématique donnant une vue d'ensemble de la période de 1870 à 1885. Le magnifique *Stanley : The Impossible Life of Africa's*

Greatest Explorer (Londres, 2007) de Tim Jeal est cependant plus qu'une biographie extraordinairement bien documentée et nuancée : l'ouvrage dépeint toute une époque. J'ai pu me faire une idée de la période mouvementée qu'était le milieu du XIXe siècle grâce aux auteurs et ouvrages suivants : Jan Vansina, "L'Afrique centrale vers 1875", *La Conférence de géographie de 1876. Recueil d'études* (Bruxelles, 1976), Jean-Luc Vellut, "Le bassin du Congo et l'Angola", dans J. F. Ade Ajayi (dir.), *Histoire générale de l'Afrique*, VI : *L'Afrique au* XIXe *siècle jusque vers les années 1880* (Paris, 1996), et David Northrup, "Slavery & forced labour in the Eastern Congo, 1850-1910", dans H. Médard et S. Doyle (dir.), *Slavery in the Great Lakes Region of East Africa* (Oxford, 2007). On trouve d'autres éclaircissements sur la traite islamique des esclaves chez Edward A. Alpers, *Ivory & Slaves in East Central Africa* (Londres, 1975), Abdul Sheriff, *Slaves, Spices & Ivory in Zanzibar* (Londres, 1987), et Ronald Segal, *Islam's Black Slaves : The Other Black Diaspora* (New York, 2001). Pour la vie et l'œuvre des deux plus puissants négociants afro-arabes au Congo, voir respectivement François Bontinck, *L'Autobiographie de Hamed ben Mohammed el-Murjebi : Tippo Tip (vers 1840-1905)* (Bruxelles, 1974), et Auguste Verbeken, *Msiri, roi du Garenganze : "l'homme rouge" du Katanga* (Bruxelles, 1956).

Pour les réactions autochtones aux explorateurs européens, voir Frank McLynn, *Hearts of Darkness : The European Exploration of Africa* (Londres, 1992). Johannes Fabian inverse le regard anthropologique dans une ethnographie pénétrante des explorateurs : *Out of Our Minds : Reason and Madness in the Exploration of Central Africa* (Berkeley, 2000). A propos de la première génération de missionnaires, je me suis documenté en m'aidant d'E. M. Braekman, *Histoire du protestantisme au Congo* (Bruxelles, 1961), et de Ruth Slade, *English-Speaking Missions in the Congo Independent State, 1878-1908* (Bruxelles, 1959).

La littérature sur le partage de l'Afrique est abondante. Thomas Pakenham a écrit le volumineux *The Scramble for Africa, 1876-1912* (Londres, 1991), mais pour le contexte international dans lequel le roi Léopold a manœuvré, j'ai surtout tiré profit de l'analyse limpide et savoureuse de H. L. Wesseling, *Verdeel en heers : de deling van Afrika, 1880-1914* (Amsterdam, 1991) [*Le Partage de l'Afrique, 1880-1914*, Denoël, 2002]. Il s'est pour sa part beaucoup inspiré de l'ouvrage de

Jean Stengers, qui reste *incontournable** : *Congo, mythes et réalités : 100 ans d'histoire* (Paris, 1989). L'article de Stengers : "De uitbreiding van België: tussen droom en werkelijkheid" [L'élargissement de la Belgique : entre rêve et réalité] dans G. Janssens et J. Stengers (dir.), *Nieuw licht op Leopold I & Leopold II : het archief Goffinet* [Nouvel éclairage sur Léopold I et Léopold II : les archives Goffinet] (Bruxelles, 1997), constitue une mise à jour reposant sur des pièces d'archives exceptionnelles. L'Académie royale des sciences d'outre-mer de Belgique a publié deux recueils intéressants sur ce qui s'est passé entre 1876 et 1885 : *La Conférence de géographie de 1876. Recueil d'études* (Bruxelles, 1976) et *Le Centenaire de l'Etat indépendant du Congo. Recueil d'études* (Bruxelles, 1988).

CHAPITRE 2

Le débat sur l'Etat indépendant du Congo est dominé depuis plus d'une décennie par le livre d'Adam Hochschild, *De geest van koning Leopold II en de plundering van de Congo* [Les fantômes du roi Léopold II et le pillage du Congo] (Amsterdam, 1998). Il a eu pour mérite d'informer un large public des abus qui ont eu lieu au Congo et de rendre accessible et passionnant un savoir universitaire. Malheureusement, il se démarque plus par son talent à s'indigner que pour son sens de la nuance ; son point de vue reste fréquemment très manichéen. Pour comprendre la complexité d'un personnage comme Léopold, j'ai tiré meilleur profit des études déjà citées de Jean Stengers, ainsi que de recherches plus récentes qui le situent dans le contexte de son temps. Jan Vandersmissen souligne l'impact des sciences géographiques dans sa thèse : *Koningen van de wereld : de aardrijkskundige beweging en de ontwikkeling van de koloniale doctrine van Leopold II* [Les rois du monde : le mouvement géographique et le développement de la doctrine coloniale de Léopold II] (Gand, 2008). Vincent Viaene a traité de la fièvre impériale qui s'est emparée de la haute société belge et attiré mon attention sur l'agenda national et social du roi : "King Leopold's imperialism and the origins of the Belgian colonial party, 1860-1905", *Journal of Modern History* 80 (2008), 741-90. Jean-Luc Vellut a examiné récemment les *Contextes africains du projet colonial de Léopold II* (conférence non publiée, Louvain-la-Neuve, mars 2009). Voir aussi les contributions de Viaene,

Vellut et Vandersmissen dans Vincent Dujardin, Valérie Rosoux et Tanguy de Wilde d'Estmael (dir.), *Leopold II : schaamteloos genie ?* [Léopold II : un génie éhonté ?] (Tielt, 2009). Mais pour une biographique définitive de Léopold II, il faudra encore attendre.

J'ai trouvé un regard nuancé sur les fonctionnaires, les négociants et les militaires de l'Etat indépendant du Congo dans L. H. Gann et Peter Duignan, *The Rulers of Belgian Congo, 1884-1914* (Princeton, 1979). Le catalogue de l'exposition *La Mémoire du Congo : le temps colonial* (Tervuren, 2005) a essayé, sous la direction de Jean-Luc Vellut, d'éviter les clichés anciens et nouveaux sur l'Etat indépendant du Congo. Quelques chercheurs ont effectué un travail de pionniers sur la politique du caoutchouc dans des archives très dispersées : Daniel Vangroenweghe dans *Rood rubber* [Caoutchouc rouge] (Bruxelles, 1985) et dans *Voor rubber en ivoor* [Pour le caoutchouc et pour l'ivoire] (Louvain, 2005), Jules Marchal dans *E. D. Morel tegen Leopold II en de Kongostaat* [E. D. Morel contre Léopold II et l'Etat indépendant du Congo] (Berchem, 1985) et *De Kongostaat van Leopold II* [L'Etat indépendant du Congo de Léopold II] (Anvers, 1989, paru sous son pseudonyme A. M. Delathuy).

Bien entendu, l'Etat indépendant du Congo ne se limitait pas aux atrocités de la politique du caoutchouc. Jean Stengers et Jan Vansina en ont donné un bon aperçu dans "King Leopold's Congo, 1886-1908", de même que R. Oliver et G. N. Sanderson (dir.), dans *The Cambridge History of Africa*, volume 6 : *From 1870 to 1905* (Cambridge, 1985), 315-58. Je leur ai emprunté la dichotomie entre les périodes qui ont précédé et qui ont suivi 1890. Les analyses de la diplomatie internationale et de la problématique des frontières sont traitées dans les ouvrages de référence classiques (Cornevin, Stengers, Ndaywel). Sur la pacification dans le territoire et les formes de résistance locales, j'ai consulté Allen Isaacman et Jan Vansina, "Initiatives et résistances africaines en Afrique centrale de 1880 à 1914", dans A. Adu Boahen (dir.), *Histoire générale de l'Afrique*, VII : *L'Afrique sous domination coloniale* (Paris, 1987), 191-216. Jean-Luc Vellut, encore lui, a écrit une analyse nuancée du rôle de la violence dans l'Etat indépendant du Congo : "La violence armée dans l'Etat indépendant du Congo" (*Cultures et développement*, 1984).

Ce chapitre s'intéresse à la familiarité croissante des Africains avec les Européens et leur mode de vie. A propos des Congolais qui se rendirent en Europe lors de l'Exposition universelle, voir Maarten Couttenier, *Congo tentoongesteld : een geschiedenis van de Belgische antropologie en het museum van Tervuren (1882-1925)* [Le Congo exposé : une histoire de l'anthropologie belge et du musée de Tervuren (1882-1925)] (Louvain, 2005), et Maurits Wynants, *Van hertogen en Kongolezen : Tervuren en de koloniale tentoonstelling 1897* [Des ducs et des Congolais : Tervuren et l'exposition coloniale de 1897] (Tervuren, 1997). Sur le développement de l'Etat à Boma, le CD-ROM de Johan Lagae, Thomas de Keyser et Jef Vervoort a été une mine d'or : *Boma 1880-1920 : koloniale hoofdstad of kosmopolitische handelspost* [Boma 1880-1920 : capitale coloniale ou centre cosmopolite d'échanges commerciaux] (Gand, 2006). Pour le passage sur la rencontre entre les coloniaux et les femmes congolaises, j'ai lu l'étude extrêmement intéressante d'Amandine Lauro, *Coloniaux, ménagères et prostituées au Congo belge (1885-1930)* (Loverval, 2005).

Quelques ouvrages clés sur les missionnaires protestants ont déjà été cités pour le chapitre 1. J'ai emprunté la distinction entre leur méthode de travail et celle des missions catholiques à Ruth Slade, *King Leopold's Congo : Aspects of the Development of Race Relations in the Congo Independent State* (Londres, 1962). Le personnage de Grenfell a inspiré une copieuse littérature, à caractère essentiellement hagiographique. Le principal ouvrage est la biographie en deux volumes de Harry Johnston, *George Grenfell and the Congo* (Londres, 1908). Sur le rôle des catéchistes indigènes, voir la thèse de Paul Serufuri Hakiza, *Les Auxiliaires autochtones des missions protestantes au Congo, 1878-1960 : étude de cinq sociétés missionnaires* (Louvain-la-Neuve, 1984). On trouve une approche critique de la relation entre l'Eglise catholique et l'Etat dans les ouvrages d'A.M. Delathuy (pseudonyme de Jules Marchal cité précédemment) : *Jezuïeten in Kongo met zwaard en kruis* [Les jésuites au Congo par le fer et par la croix] (Berchem, 1986) et *Missie en staat in Oud-Kongo* [Les missions et l'Etat dans l'ancien Congo] (Berchem, 1992 et 1994), un ouvrage en deux volumes. Vincent Viaene m'a beaucoup appris sur les relations entre le palais de Laeken, la résidence de la monarchie belge, et le Vatican : *Leopold II en de Heilige Stoel* [Léopold II et le Saint-Siège] (non publié, 2009).

Les premiers pas de la Force publique ont été décrits avec une précision militaire et une fierté non dissimulée par le capitaine-commandant

F. Flament dans *La Force publique, de sa naissance à 1914 : participation des militaires à l'histoire des premières années du Congo* (Bruxelles, 1952). Pourtant, sa lecture reste utile. Philippe Marechal a écrit l'étude volumineuse *De "Arabische" campagne in het Maniema-gebied (1892-1894)* [La campagne "arabe" dans la région de Maniema (1892-1894)] (Tervuren, 1992). Des vétérans comme Oscar Michaux et Joseph Meyers ont consigné leurs expériences de la mutinerie, respectivement dans *Au Congo : carnet de campagne* (Namur, 1913) et dans *Le Prix d'un empire* (Bruxelles, 1964). Les rébellions des soldats ont bénéficié d'une grande attention : Marcel Storme, *La Mutinerie militaire au Kasaï en 1895* (Bruxelles, 1970), Auguste Verbeken, *La Révolte des Batetela en 1895* (Bruxelles, 1958), et Pierre Salmon, *La Révolte des Batetela de l'expédition du Haut-Ituri (1897)* (Bruxelles, 1977).

La construction des premiers chemins de fer a été traitée en détail et illustrée dans Charles Blanchart *et al.*, *Le Rail au Congo belge, t. I: 1890-1920* (Bruxelles, 1993). En outre, l'ouvrage de René J. Cornet, *La Bataille du rail : la construction du chemin de fer de Matadi au Stanley Pool* (Bruxelles, 1947), reste intéressant à lire. Sur le financement des chemins de fer et du reste de l'Etat indépendant du Congo, j'ai lu *Combien le Congo a-t-il coûté à la Belgique ?* (Bruxelles, 1957) de Jean Stengers. En tant qu'historien institutionnel et diplomatique, il a aussi écrit l'ouvrage de référence sur la transmission de l'Etat indépendant du Congo de Léopold à la Belgique : *Belgique et Congo : l'élaboration de la Charte coloniale* (Bruxelles, 1963). Récemment encore, cet épisode crucial a été mis en lumière par Vincent Viaene, qui en a étudié l'impact culturel : "Reprise-remise : de Congolese identeitscrisis van België rond 1908" [Reprise-remise : la crise d'identité congolaise de la Belgique vers 1908], dans V. Viaene, D. Van Reybrouck et B. Ceuppens (dir.), *De overname van België door Congo : aspecten van de Congolese "aanwezigheid" in de Belgische samenleving, 1908-1958* [La reprise de la Belgique par le Congo : aspects de la "présence" congolaise dans la société belge, 1908-1958] (Louvain, 2009), 43-62.

CHAPITRE 3

La période de 1908 à 1921 est sans aucun doute la moins connue de toute l'histoire congolaise. Alors que la littérature abonde sur l'Etat indépendant du Congo, elle est rare sur la naissance du colonialisme belge. J'avais heureusement à ma disposition plusieurs études partielles récentes d'excellente qualité. Sur les conséquences sociales de la lutte contre la maladie du sommeil, Maryinez Lyons a écrit un classique : *The Colonial Disease : A Social History of Sleeping Sickness in Northern Zaire, 1900-1940* (Cambridge, 1992). J'ai tiré des renseignements sur les expériences pharmaceutiques d'une conférence de Myriam Mertens, *Chemical compounds in the Congo : A Belgian colony's role in the chemotherapeutic knowledge production during the 1920s*, présentée à l'occasion de la *Third European Conference on African Studies*, à Leipzig, le 5 juin 2009.

A propos du développement de l'anthropologie coloniale, je renvoie à l'ouvrage déjà cité de Maarten Couttenier (voir chapitre précédent). Le mémoire de licence de Fien Danniau porte spécifiquement sur la constitution de la *Collection des monographies ethnographiques* : "*Il s'agit d'un peuple*" *: het antropologisch onderzoek van het Bureau international d'ethnographie (1905-1913)* ["Il s'agit d'un peuple" : recherches anthropologiques du Bureau international d'ethnographie (1905-1913] (Gand, 2005). Sur le contexte plus large des sciences coloniales, Marc Poncelet a publié récemment *L'Invention des sciences coloniales belges* (Paris, 2008).

Ce chapitre s'est attardé sur la naissance du tribalisme au début du Congo colonial. J'ai distillé les informations sur l'enseignement des missions catholiques et les représentations idéologiques concernant les prétendues tribus dans les manuels et les chansons scolaires en puisant chez Marc Depaepe, Jan Briffaerts, Pierre Kita Kyankenge Masandi, Honoré Vinck, *Manuels et chansons scolaires au Congo belge* (Louvain, 2003). La publication en ligne de "Colonial Schoolbooks (Belgian Congo): Anthology" d'Honoré Vinck s'est révélée une mine d'or (www.abbol.com). Du côté catholique, on a naturellement beaucoup écrit sur le premier prêtre africain, Stefano Kaoze. Cependant, l'étude la plus intéressante est celle d'Allen F. Roberts, "History, ethnicity and change in the «Christian Kingdom» of Southeastern Zaire", dans Leroy Vail (dir.), *The Creation of Tribalism in Southern Africa* (Berkeley, 1989). Elle porte à la fois sur l'histoire des missionnaires et sur les idéaux politiques de Kaoze.

Dans les paragraphes sur l'industrialisation, la proto-urbanisation et la prolétarisation, j'ai fait usage des écrits fascinants d'André Yav. La source peut être consultée en ligne, notamment une traduction complète en anglais par Johannes Fabian : “Vocabulaire de la ville de Elisabethville”, *Archives of Popular Swahili* 4 (2001, http://www2.fmg.uva.nl/lpca/aps/vol4/vocabulaireshabaswahili.html, 29.

Il existe quelques excellentes études anglo-saxonnes sur les aspects sociaux des premiers temps de l’exploitation minière. Pour les mines d’or de Kilo-Moto, voir David Northrup, *Beyond the Bend in the River : African Labor in Eastern Zaire, 1865-1940* (Athens, 1988). Pour les mines du Katanga, voir John Higginson, *A Working Class in the Making : Belgian Colonial Labor Policy, Private Enterprise, and the African Mineworker, 1907-1951* (Madison, 1989), et surtout Charles Perrings, *Black Mineworkers in Central Africa : Industrial Strategies and the Evolution of an African Proletariat in the Copperbelt 1911-41* (Londres, 1979). Pour les conditions sociales dans l’Equateur, en dehors de l’exploitation minière, voir Samuel H. Nelson, *Colonialism in the Congo Basin, 1880-1940* (Athens, 1994). Sur les différents modes de recrutement des mineurs, Aldwin Roes m’a envoyé son intervention non publiée mais très éclairante, *Thinking with and beyond the state : the sub- and supranational perspectives on the exploitation of Congolese natural resources, 1885-1914*, à l’occasion du symposium *The Quest for Natural Resources in Central Africa : the case of the mining sector in DRC*, Tervuren, 8-9 décembre 2008. Sur les logements des mineurs au Katanga, Bruno De Meulder a écrit un ouvrage particulièrement intéressant : *De kampen van Kongo : arbeid, kapitaal en rasveredeling in de koloniale planning* [Les camps du Congo : travail, capital et amélioration de la race dans la planification coloniale] (Amsterdam, 1996). Les conditions de travail aux Huileries du Congo belge de William Lever ont été décrites dans un ouvrage de l’infatigable Jules Marchal : *L’Histoire du Congo 1910-1945,* tome III : *Travail forcé pour l’huile de palme de Lord Leverhulme* (Borgloon, 2001).

A propos de la Première Guerre mondiale, j’ai consulté avec beaucoup d’intérêt Hew Strachan, *The First World War in Africa* (Oxford, 2004) et Edward Paice, *Tip & Run : The Untold Tragedy of the Great War in Africa* (Londres, 2007). En ce qui concerne l’aspect administratif de la période, voir Guy Vanthemsche, *Le Congo belge pendant la Première Guerre mondiale : les rapports du ministre des Colonies Jules Renkin au roi Albert Ier, 1914-1918* (Bruxelles, 2009). A propos de la reconquête du lac Tanganyika, Giles Foden a écrit un livre à succès, *Mimi and Toutou go forth : the Bizarre Battle of Lake Tanganyika* (Londres, 2004). Pour la prise de Tabora, voir Georges Delpierre, "Tabora 1916 : de la symbolique d'une victoire" (*Revue belge d'histoire contemporaine*, 2002). Sur l'aspect humain de la campagne en Afrique orientale allemande, j'ai beaucoup appris de Jan De Waele, "Voor vorst en vaderland : zwarte soldaten en dragers tijdens de Eerste Wereldoorlog in Congo" [Pour le souverain et la patrie : soldats et porteurs noirs pendant la Première Guerre mondiale au Congo] (*Militaria Belgica*, 2007-2008). A propos de la présence africaine sur les champs de bataille européens de la Première Guerre mondiale, voir le magnifique catalogue d'exposition de Dominiek Dendooven et Piet Chielens, *Wereldoorlog I : Vijf continenten in Vlaanderen* [Première Guerre mondiale : cinq continents en Flandres] (Tiel, 2008), où figure aussi un article sur les enregistrements sonores ethnographiques parmi les prisonniers de guerre à Berlin. Zana Aziza Etambala y a aussi consacré beaucoup d'attention dans son ouvrage *In het land van de Banoko : de geschiedenis van de Kongolese/Zaïrese aanwezigheid in België van 1885 tot heden* [Au pays des Banoko : histoire de la présence congolaise/zaïroise en Belgique de 1885 à nos jours] (Louvain, 1993). L'étude la plus récente est de Jeannick Vangansbeke, "Afrikaanse verdedigers van het Belgisch grondgebied, 1914-1918" [Les défenseurs africains du territoire belge, 1914-1918], *Belgische Bijdragen tot de Militaire Geschiedenis* [Contributions belges à l'histoire militaire] (2006), 123-34. Concernant le Rwanda et le Burundi sous l'administration coloniale allemande et belge, voir Helmut Strizek, *Geschenkte Kolonien : Ruanda und Burundi unter deutscher Herrschaft* (Berlin, 2006), et Ingeborg Vijgen, *Tussen mandaat en kolonie : Rwanda, Burundi en het Belgische bestuur in opdracht van de Volkenbond (1916-1932)* [Entre mandat et colonie : le Rwanda, le Burundi et l'administration belge au nom de la Société des Nations (1916-1932)] (Louvain, 2005).

CHAPITRE 4

La synthèse impressionnante de Jonathan Derrick, *Africa's "Agitators": Militant Anti-Colonialism in Africa and the West, 1918-1939* (Londres, 2008), montre clairement que l'entre-deux-guerres en Afrique a été tout sauf une période pacifique. De très nombreux ouvrages ont paru sur Simon Kimbangu, écrits tant par des historiens et des anthropologues que par des adeptes. Jules Chomé avait déjà jeté un pavé dans la mare coloniale en 1959 avec *La Passion de Simon Kimbangu, 1921-1951* (Bruxelles, 1959). La meilleure étude historique est celle de Susan Asch, *L'Eglise du prophète Simon Kimbangu : de ses origines à son rôle actuel au Zaïre* (Paris, 1982). Encore récemment, Jean-Luc Vellut a écrit une introduction compacte mais excellente à la première partie de sa monographie *Simon Kimbangu. 1921 : de la prédication à la déportation* (Bruxelles, 2005). Souvent, les livres des adeptes et des sympathisants ont eux aussi une orientation historique. L'ancien chef spirituel Joseph Diangienda Kuntima a lui-même écrit un bilan volumineux : *L'Histoire du kimbanguisme* (Châtenay-Malabry, 2007). Voir aussi le travail très influent de Marie-Louise Martin, *Simon Kimbangu : un prophète et son Eglise* (Lausanne, 1981), et le livre beaucoup plus récent d'Aurélien Mokoko Grampiot, *Kimbanguisme et identité noire* (Paris, 2004). J'ai trouvé une étude partielle approfondie sur la déportation : Munayi Muntu-Monji, "La déportation et le séjour des kimbanguistes dans le Kasaï-Lukenié (1921-1960)" (*Zaïre-Afrique*, 1977).

A propos d'autres mouvements messianiques, j'ai consulté Martial Sinda, *Le Messianisme congolais et ses incidences politiques : kimbanguisme – matsouanisme – autres mouvements* (Paris, 1972), André Ryckmans, *Les Mouvements prophétiques kongo en 1958* (Kinshasa, 1970), et Jacques Gérard, *Les Fondements syncrétiques du kitawala* (Bruxelles, 1969). J'ai pu également lire le tapuscrit non publié mais bien documenté de Ruffin Kibari Nsanga, directeur d'un établissement scolaire à Kikwit : *Mouvements "anti-sorciers" dans les provinces de Léopolville* [sic] *et du Kasaï, à l'époque coloniale* (Kikwit, 1985). Paul Raymaekers et Henri Desroche ont replacé dans leur contexte le christianisme indigène et le colonialisme par leur étude : *L'Administration et le sacré (1921-1957)* (Bruxelles, 1983). Voir aussi le classique de Wyatt MacGaffey, *Religion and Society in Central Africa* (Chicago, 1986).

L'étude la plus intéressante sur la peine de mort est encore une fois une contribution écrite par Jean-Luc Vellut, "Une exécution publique à Elisabethville (20 septembre 1922) : notes sur la pratique de la peine capitale dans l'histoire coloniale du Congo", dans B. Jewsiewicki (dir.), *Art pictural zaïrois* (Paris, 1992). Bert Govaerts a publié plus récemment "De strop of de kogel ? Over de toepassing van de doodstraf in Kongo en Ruanda-Urundi (1885-1962)" [La corde ou la balle ? L'application de la peine de mort au Congo et au Ruanda-Urundi (1885-1962)] (*Brood en Rozen*, 2009).

La révolte des Pende (ou Bapende) a fait couler beaucoup d'encre, mais l'étude extrêmement approfondie de Sikitele Gize reste inégalée : "Les racines de la révolte pende de 1931" (*Etudes d'Histoire africaine*, 1973). Plus récemment est parue une version détaillée des faits, *La Répression de la révolte des Pende du Kwango en 1931* (Bruxelles, 2001), de Louis-François Vanderstraeten. Une étude russe des années 1930 reste, si on élimine la couche de propagande évidente, tout à fait sérieuse pour comprendre les causes plus profondes : A. T. Nzula, I. I. Potekhin et A.-Z. Zusmanovich, *Forced Labour in Colonial Africa* (Londres, 1979). Nulle part ailleurs le lien entre l'augmentation de l'impôt sur le revenu et le processus de prolétarisation n'est mieux exposé.

L'histoire économique et financière de l'entre-deux-guerres est clairement présentée dans G. Vandewalle, *De conjuncturele evolutie in Kongo en Ruanda-Urundi van 1920 tot 1939 en van 1949 tot 1958* [L'évolution conjoncturelle du Congo et du Ruanda-Urundi de 1920 à 1939 et de 1949 à 1958] (Gand, 1966). Pour la dimension sociale, j'ai eu de nouveau recours aux travaux, mentionnés pour le précédent chapitre, de Northrup, Nelson, Perrings et Higginson. J'ai découvert une description extrêmement vivante de l'impact de l'industrialisation sur la culture matérielle et la mentalité des autochtones dans une étude des années 1930 : John Merle Davis, *Modern Industry and the African : An Inquiry into the Effect of the Copper Mines of Central Africa upon Native Society and the Work of the Christian Missions* (Londres, 1933). La politique sociale de l'Union minière est traitée dans l'ouvrage bien documenté, mais favorable à l'entreprise, de René Brion et Jean-Louis Moreau, *Van mijnbouw tot Mars : de onstaansgeschiedenis van Umicore* [De l'exploitation minière à Mars : la genèse d'Umicore] (Tielt, 2006). Il faudrait en fait le lire en conjonction avec les travaux de Bruce Fetter : *L'Union minière du Haut-Katanga, 1920-1940 : la naissance d'une sous-culture totalitaire* (Bruxelles, 1973) et *The Creation of Elisabethville* (Stanford, 1976). Les chapitres d'ouverture de Johannes Fabian, *Jamaa : A Charismatic Movement in Katanga* (Evanston, 1971), sont également très lucides. A propos du travail dans le secteur de l'huile de palme, Jacques Vanderlinden a publié une importante étude des sources : *Main-d'œuvre, Eglise, capital et administration dans le Congo des années trente* (Bruxelles, 2007).

Pour mieux comprendre le développement de la culture urbaine, j'ai lu avec intérêt le recueil composé sous la direction de Jean-Luc Vellut : *Itinéraires croisés de la modernité : Congo belge (1920-1950)* (Tervuren, 2000). J'y ai trouvé des chapitres passionnants sur le scoutisme, le football, les médias, la barrière de couleur et la vie quotidienne dans la ville coloniale. A propos du rôle exceptionnel de « tata Raphaël », j'ai lu, en plus du chapitre de Bénédicte Van Peel dans ce recueil, la contribution de Roland Renson et de Christel Peeters, "Sport als missie : Raphaël de la Kéthulle de Ryhove (1890-1956)" [Le sport comme mission : Raphaël de la Kéthulle de Ryhove (1890-1956)], dans M. D'hoker, R. Renson et J. Tolleneer (dir.), *Voor lichaam & geest : katholieken, lichamelijke opvoeding en sport in de 19de en 20ste eeuw* [Pour le corps et l'esprit : les catholiques, l'éducation physique et le sport aux XIXe et XXe siècles] (Louvain, 1994). A propos de l'encadrement des jeunes catholiques, j'ai pu trouver un complément d'informations chez Karl Catteeuw, "Cardijn in Congo : de ontwikkeling en betekenis van de Katholieke Arbeidersjeugd in Belgisch-Congo" [Cardijn au Congo : le développement et le rôle de la jeunesse ouvrière catholique au Congo belge] (*Brood en Rozen*, 1999). Sara Boel a écrit un mémoire de licence intéressant sur les moyens employés par l'administration pour essayer de contrôler les médias et les arts : *Censuur in Belgisch Congo (1908-1960) : een onderzoek naar de controle op de pers, de film en de muziek door de koloniale overheid* [Censure au Congo belge (1908-1960) : étude du contrôle exercé sur la presse, le cinéma et la musique par les autorités coloniales] (Bruxelles, 2005). Bruce Fetter a apporté un éclairage sur la vie associative et les tentatives de récupération par l'Eglise catholique dans un article classique : "African associations in Elisabethville, 1910-1935 ; their origins and development" (*Etudes d'Histoire africaine*, 1974). Le livre plus ancien de Georges Brausch, *Belgian Administration in the Congo* (Londres, 1961), vaut encore la peine d'être lu, ne serait-ce que pour son chapitre nuancé sur la barrière de couleur. Benoît Verhaegen a écrit un excellent essai sur la peur exagérée de la menace rouge : "Communisme et anticommunisme au Congo (1920-1960)" (*Brood en Rozen*, 1999). A propos de la *body politics*, la médicalisation de la société congolaise et les réactions locales à l'intérieur des terres, Nancy R. Hunt a écrit une étude fascinante : *A Colonial Lexicon : Of Birth Ritual, Medicalization, and Mobility in the Congo* (Durham, 1999).

Au sujet de Paul Panda Farnana et de son Union congolaise, Zana Aziza Etambala a consacré un chapitre extrêmement instructif dans son ouvrage déjà cité, *In het land van de Banoko* [Au pays des Banoko] (Louvain, 1993). François Bontinck a écrit "Mfumu Paul Panda Farnana, 1888-1930 : premier (?) nationaliste congolais", dans V.Y. Mudimbe (dir.), *La Dépendance de l'Afrique et les moyens d'y remédier* (Paris, 1980). Dans les milieux congolais, un regain d'intérêt se manifeste ces dernières années pour ce militant de la première heure. Encore récemment, Didier Mumengi l'a honoré d'un ouvrage : *Panda Farnana, premier universitaire congolais, 1888-1930* (Paris, 2005). Antoine Tshitungu Kongolo a examiné ses relations avec les milieux intellectuels belges : "Paul Panda Farnana (1888-1930), panafricaniste, nationaliste, intellectuel engagé : une contribution à l'étude de sa pensée et de son action" (*L'Africain*, 2003).

CHAPITRE 5

Une vue d'ensemble claire de la Seconde Guerre mondiale en Afrique et de son impact sur le colonialisme est proposée par Michael Crowder avec son article "The Second World War : Prelude to decolonization in Africa", dans le huitième volume de *The Cambridge History of Africa* (Cambridge, 1984). Il n'existe malheureusement pas de synthèse récente de la situation au Congo belge. La dernière tentative remonte aux années 1980, quand l'Académie royale des sciences d'outre-mer a publié *Le Congo belge durant la Seconde Guerre mondiale : recueil d'études* (Bruxelles, 1983). J'ai surtout fait usage des articles de Léon de Saint-Moulin, Jean-Luc Vellut, Benoît Verhaegen, Gustaaf Hulstaert, Jonathan Helmreich et Antoine Rubbens. Le recueil ne traitait pas de l'aspect militaire, qui était déjà couvert par Emile Janssens, *Contribution à l'histoire militaire du Congo belge pendant la Seconde Guerre mondiale, 1940-1945* (Bruxelles, 1982-1984). La campagne d'Abyssinie est documentée par quelques officiers belges qui y ont participé, dont R. Werbrouck, *La Campagne des troupes coloniales belges en Abyssinie* (Léopoldville, 1945), et Philippe Brousmiche, *Bortaï : Faradje,*

Asosa, Gambela, Saio. Journal de campagne (Tournai, 1987). Felix Denis a mis en ligne le journal et surtout le fascinant album de photographies de son beau-père, le lieutenant Carlo Blomme : http://force-publique-1941.skynetblogs.be/. Christine Denuit-Somerhausen et Francis Balace ont publié "Abyssinie 41 : du mirage à la victoire", dans F. Balace (dir.), *Jours de lutte* (Bruxelles, 1992).

Concernant le rôle de l'uranium katangais dans la conception de la bombe atomique, Jacques Vanderlinden a écrit *A propos de l'uranium congolais* (Bruxelles, 1991) et Jonathan E. Helmreich "The uranium negotiations of 1944", dans *Le Congo belge durant la Seconde Guerre mondiale. Recueil d'études* (Bruxelles, 1983). Voir aussi du même auteur *Gathering Rare Ores : The Diplomacy of Uranium Acquisition, 1943-1954* (Princeton, 1986) et *L'Uranium, la Belgique et les puissances* de Pierre Buch et Jacques Vanderlinden (Bruxelles, 1995).

Les troubles sociaux dans les mines sont abondamment documentés dans le livre cité précédemment de Perrings, *Black Mineworkers in Central Africa* (Londres, 1979). J'ai consulté également J.-L. Vellut, "Le Katanga industriel en 1944 : malaises et anxiétés dans la société coloniale", dans *Le Congo belge durant la Seconde Guerre mondiale : recueil d'études* (Bruxelles, 1983). Je me suis servi également des recherches de Tshibangu Kabet Musas, "La situation sociale dans le ressort administratif de Likasi (ex-territoire de Jadotville) pendant la guerre 1940-1945" (*Etudes d'Histoire africaine*, 1974), et de celles de Bogumil Jewsiewicki, Kilola Lema, Jean-Luc Vellut, "Documents pour servir à l'histoire sociale du Zaïre : grèves dans le Bas-Congo (Bas-Zaïre) en 1945" (*Etudes d'Histoire africaine*, 1973). La vue d'ensemble la plus claire est, à mon avis, donnée par Bogumil Jewsiewicki, "La contestation sociale et la naissance du prolétariat au Zaïre au cours de la première moitié du xxe siècle" (*Revue canadienne des études africaines,* 1976).

Le journal de guerre extraordinairement intéressant de Vladimir Drachoussoff a paru en peu d'exemplaires sous son pseudonyme de Vladi Souchard, *Jours de brousse : Congo 1940-1945* (Bruxelles, 1983). Ce livre est un des plus intéressants que j'aie pu lire lors de la gestation de cette histoire. Le gouverneur général Pierre Ryckmans et le père Placide Tempels avaient un regard nuancé sur la réalité coloniale ; voir respectivement *Dominer pour servir* (Bruxelles, 1948) et *Bantoe-filosofie* (Anvers, 1946) [traduit en français sous le titre *La*

Philosophie bantoue, Présence africaine, 1949]. Voir aussi Jacques Vanderlinden, *Pierre Ryckmans, 1891-1959 : coloniser dans l'honneur* (Bruxelles, 1994). Toujours sur la période de l'après-guerre, Nestor Delval a écrit un essai qui mérite vraiment d'être lu : *Schuld in Kongo ?* [La culpabilité au Congo ?] (Louvain, 1966).

A propos des années d'après-guerre, le petit ouvrage d'Antoine Rubbens, *Dettes de guerre* (Elisabethville, 1945), vaut encore vraiment la peine qu'on s'y intéresse. Il rassemble un certain nombre d'articles critiques parus dans le journal *L'Essor du Congo*. Par ailleurs, les récits de la Commission permanente pour la protection des indigènes sont une lecture incontournable car, non seulement ils contiennent des informations sociales utiles, mais ils sont aussi extrêmement révélateurs du paradigme colonial : voir L. Guebels, *Relation complète des travaux de la Commission permanente pour la protection des indigènes, 1911-1951* (Gembloux, 1952). Le numéro thématique de *Brood en Rozen* de 1999, *Sociale bewegingen in Belgisch-Congo* [Mouvements sociaux au Congo belge], constitue une excellente introduction à la question des syndicats et de la contestation sociale. J'ai également consulté André Corneille, *Le Syndicalisme au Katanga* (Elisabethville, 1945), Arthur Doucy et Pierre Feldheim, *Problèmes du travail et politique sociale au Congo belge* (Bruxelles, 1952), et R. Poupart, *Première esquisse de l'évolution du syndicalisme au Congo* (Bruxelles, 1960).

J'ai mieux compris la vie dans la ville coloniale en lisant Filip De Boeck et Marie-Françoise Plissart, *Kinshasa : Tales of the Invisible City* (Gand, 2004), et Johan Lagae, *Kongo zoals het is : drie architectuurverhalen uit de Belgische kolonisatiegeschiedenis (1920-1960)* [Le Congo tel qu'en lui-même : trois histoires sur l'architecture à l'époque coloniale belge (1920-1960)] (Gand, 2002). Les ouvrages de Suzanne Comhaire-Sylvain, *Femmes de Kinshasa : hier et aujourd'hui* (Paris, 1968), Valdo Pons, *Stanleyville : An African Urban Community under Belgian Administration* (Oxford, 1969), et W.C. Klein, *De Congolese elite* [L'Elite congolaise] (Amsterdam, 1957), brossent un tableau animé de la nouvelle culture urbaine. Le fonctionnement et l'impact des émissions de radio sur les Congolais sont examinés par Greta Pauwels-Boon, *L'Origine, l'évolution et le fonctionnement de la radiodiffusion au Zaire de 1937 à 1960* (Tervuren, 1979), et Sara Boel, *Censuur in Belgisch Congo (1908-1960) : een onderzoek naar de controle op de pers, de film en de muziek door de koloniale overheid* [Censure au Congo belge (1908-1960) : étude du contrôle exercé sur la presse, le cinéma et la musique par les autorités coloniales] (Bruxelles, 2005). Concernant l'association des anciens élèves de Raphaël de la Kéthulle, Charles Tshimanga a écrit "L'Adapes et la formation d'une élite au Congo (1925-1945)", dans J.-L. Vellut (dir.), *Itinéraires croisés de la modernité : Congo belge (1920-1950)* (Tervuren, 2000).

Le destin des *évolués** est traité en maints endroits, par des auteurs très divers comme Stengers, Young et Ndaywel. L'ouvrage de référence est celui de Jean-Marie Mutamba Makombo : *Du Congo belge au Congo indépendant 1940-1960* (Kinshasa, 1998). Mukala Kadima-Nzuji a écrit une étude très intéressante, qui établit le lien entre le mécontentement social, la presse et la littérature, dans *La Littérature zaïroise de langue française (1945-1965)* (Paris, 1984). Sur la naissance de la première université congolaise, Ruben Mantels a écrit l'ouvrage passionnant *Geleerd in de tropen : Leuven, Congo & de wetenschap, 1885-1960* [Erudit sous les tropiques : Louvain, le Congo et les sciences, 1885-1960] (Louvain, 2007). Le voyage du roi Baudouin a fait l'objet d'un récit haut en couleur par Erik Raspoet : *Bwana Kitoko en de koning van de Bakuba : een vorstelijke ontmoeting op de evenaar* [Bwana Kitoko et le roi des Bakuba : une rencontre royale sous l'équateur] (Anvers, 2005).

Les vers qui concluent ce chapitre viennent du recueil *Esanzo* d'Antoine-Roger Bolamba, une des plus belles œuvres poétiques congolaises.

CHAPITRE 6

La documentation sur la décolonisation du Congo est abondante, mais souvent datée, de qualité inégale et le point de vue y est exagérément "blanc". Le meilleur livre sur la période reste *Politics in the Congo* de Crawford Young (Princeton, 1965). Près d'un demi-siècle après sa parution, il est stupéfiant de voir quelqu'un, si peu de temps après les événements, analyser et consigner avec tant de lucidité les principaux mécanismes en jeu. Il a certainement pu s'aider des brillants travaux préparatoires du Centre de recherche et d'information socio-politiques à Bruxelles (CRISP), un centre de documentation inspiré et d'un grand sérieux où des personnalités comme Jean Van Lierde, Benoît Verhaegen et Jules Gérard-Libois ont réalisé un travail de pionniers. Leurs annales et les études sur les mouvements politiques restent aujourd'hui encore une source incontournable pour les recherches historiques portant sur les années 1950 et 1960 au Congo. Ils ont publié en français l'ouvrage de référence de Young.

Une autre étude ancienne, mais toujours d'une grande valeur, est celle de Paule Bouvier, *L'Accession du Congo belge à l'indépendance* (Bruxelles, 1965). Plus récemment, Zana Aziza Etambala a réuni quantité de nouvelles pièces d'archives dans deux ouvrages qui méritent une lecture : *Congo 55/65 : van Koning Boudewijn tot president Mobutu* [Congo 55/65 : du roi Baudouin au président Mobutu] (Tielt, 1999) et *De teloorgang van een modelkolonie : Belgisch Congo (1958-1960)* [Le déclin d'une colonie modèle : le Congo belge (1958-1960)] (Louvain, 2008). Parmi les innombrables mémoires parus sur cette décolonisation mouvementée, ceux de Jef Van Bilsen, personnage clé de tout le processus, sont vraiment passionnants : *Kongo 1945-1965 : het einde van een kolonie* [Congo 1945-1965 : la fin d'une colonie] (Louvain, 1993).

Pour le contexte international dans lequel s'est déroulée la lutte pour l'indépendance du Congo, j'ai beaucoup appris de Pierre Queuille, *Histoire de l'afro-asiatisme jusqu'à Bandoung : la naissance du tiers-monde* (Paris, 1965), et de Colin Legum, *Pan-Africanism : A Short Political Guide* (New York, 1965).

Les cultures de la jeunesse à Kinshasa sont décrites par Didier Gondola : *Villes miroirs : migrations et identités urbaines à Kinshasa et Brazzaville, 1930-1970* (Paris, 1997). L'ouvrage déjà cité de Filip De Boeck s'intéresse aussi au phénomène des bills et des moziki. A propos de la dimension politique du football congolais, Jan Antonissen et Joeri Weyn ont réalisé un documentaire exceptionnel, *F. C. Indépendance* (2007). Les graves émeutes de janvier 1959 dans la capitale ont fait couler beaucoup d'encre. Jacques Marres et Pierre De Vos ont écrit un ouvrage accessible, *L'Equinoxe de janvier : les émeutes de Léopoldville* (Bruxelles, 1959), mais le général Janssens, qui commandait la Force publique et était donc loin d'être impartial, a aussi écrit un compte rendu qui vaut la peine d'être lu : *J'étais le général Janssens* (Bruxelles, 1961).

La première génération de personnalités politiques a fait l'objet de nombreux ouvrages. A propos de la personnalité de Kasavubu, voir

Benoît Verhaegen et Charles Tshimanga, *L'Abako et l'indépendance du Congo belge : dix ans de nationalisme kongo (1950-1960)* (Tervuren, 2003). A propos de Lumumba, voir Jean Omasombo Tshonda et Benoît Verhaegen, *Patrice Lumumba : jeunesse et apprentissage politique, 1925-1956* (Tervuren, 1998), et la suite : *Patrice Lumumba : de la prison aux portes du pouvoir, juillet 1956-février 1960* (Tervuren, 2005). Nous devons la plupart des autres travaux à des partisans déclarés, avec tous les avantages et les inconvénients que cela peut représenter : ce que nous gagnons en *histoire vécue**, nous le perdons souvent en nuances et en perspectives. Pierre De Vos est à l'origine d'un ouvrage qui se lit facilement, mais n'est pas toujours précis : *Vie et mort de Lumumba* (Paris, 1961) ; Francis Monheim semble avoir été carrément amoureux quand il a écrit *Mobutu, l'homme seul* (Bruxelles, 1962), et Jules Chomé n'a pas eu besoin de feindre la colère quand il a publié *Moïse Tshombe et l'escroquerie katangaise* (Bruxelles, 1966). Dans *La Pensée politique de Patrice Lumumba* (Paris, 1963), Jean Van Lierde a rassemblé les principaux discours, articles et lettres de Lumumba. L'introduction de Sartre reste, en dehors de son caractère prévisible, impressionnante.

Les études qui observent les querelles partisanes avec une certaine distance sont rares cependant. P. Caprasse a proposé toutefois, dans *Leaders africains en milieu urbain (Elisabethville)* (Bruxelles, 1959), une approche sociologique brillante qui dépasse de loin ses recherches focalisées sur le Katanga. Il s'est en particulier intéressé à la rhétorique exploitant l'élément tribal. Luc Fierlafyn a approfondi cette idée, soumettant les textes politiques de l'époque à une intéressante analyse du discours : *Le Discours nationaliste au Congo belge durant la période 1955-1960* (Bruxelles, 1990).

CHAPITRE 8

La tornade d'événements dont l'ensemble a constitué la Première République a donné lieu à un foisonnement de publications qui rempliraient une bibliothèque entière. Il n'existe pas d'ouvrage récent donnant une vue d'ensemble mais, pour tous les différents aspects, des études de qualité ont vu le jour. L'ouvrage de Walter Geerts, *Binza 10 : de eerste tien onafhankelijkheidsjaren van de Democratische Republiek Kongo* [Binza 10 : les dix premières années de l'indépendance de la République démocratique du Congo] (Gand, 1970), reste une entrée en matière éclairante. *Congo 55/65 : van koning Boudewijn tot president Mobutu* [Congo 55/65 : du roi Baudouin au président Mobutu] (Tielt, 1999), de Zana Aziza Etambala, et l'œuvre majeure de Jef Van Bilsen, *Kongo 1945-1965 : het einde van een kolonie* [Congo 1945-1965 : la fin d'une colonie] (Louvain, 1993), sont aussi des ouvrages accessibles pour aborder le sujet. En outre, la série déjà mentionnée des annales du CRISP présente un grand intérêt.

A propos de la mutinerie de l'armée, Louis-François Vanderstraeten a écrit une étude inégalable : *Histoire d'une mutinerie, juillet 1960 : de la Force publique à l'Armée nationale congolaise* (Paris, 1985). Il a accordé beaucoup d'attention au climat de panique, au soudain exode des Belges restés sur place et à l'intervention militaire belge. Pour un tableau vivant de ces journées, voir deux livres de Peter Verlinden : *Weg uit Congo : het drama van de kolonialen* [Le départ du Congo : le drame des coloniaux] (Louvain, 2002) et *Achterblijven in Congo : een drama voor de Congolezen ?* [Rester au Congo : un drame pour les Congolais ?] (Louvain, 2008). Marie-Bénédicte Dembour a écrit une étude anthropologique fascinante sur la perspective des anciens coloniaux : *Recalling the Belgian Congo* (New York, 2000).

Le documentaire épique de Jihan El-Tahri, *Cuba, une odyssée africaine* (Arte, 2007), analyse avec brio comment la crise du Congo a entraîné l'Afrique dans la guerre froide. Le film donne la parole non seulement à des vétérans cubains, mais aussi à des personnalités congolaises, russes et américaines de l'époque : un tableau ahurissant des machinations de la guerre froide sur le sol africain. Pour la perspective américaine, voir Stephen R. Weissman, *American Foreign Policy in the Congo 1960-1964* (Ithaca, 1974), et Romain Yakemtchouk, *Les Relations entre les Etats-Unis et le Zaïre* (Bruxelles, 1986). Pour la perspective communiste, voir Arthur Wauters (dir.), *Le Monde communiste et la crise du Congo belge* (Bruxelles, 1961), et Edouard Mendiaux, *Moscou, Accra et le Congo* (Bruxelles, 1960). Récemment, le dirigeant de la CIA Larry Devlin a publié ses mémoires, qui sont d'une remarquable franchise : *Chief of Station, Congo : A Memoir of 1960-1967* (New York, 2007). Plus récemment encore, Frank R. Villafaña s'est intéressé à la confrontation entre les Cubains de gauche et de droite au Congo : *Cold War in the Congo : The Confrontation of Cuban Military Forces, 1960-1967* (New Brunswick, 2009).

L'intervention des Nations Unies a été commentée par plusieurs auteurs. Georges Abi-Saab a analysé ses implications pour le droit international dans *The United Nations Operation in the Congo 1960-1964* (Oxford, 1978). Claude Leclercq a examiné attentivement la situation sur le terrain : *L'ONU et l'affaire du Congo* (Paris, 1964). Georges Martelli a porté un jugement très négatif : *Experiment in World Government : An Account of the United Nations Operation in the Congo 1960-1964* (Londres, 1966). Le rôle des Nations Unies a été d'une telle importance que d'autres formes de multilatéralisme ont été quelque peu négligées. Pour la création et la contribution de l'Organisation de l'unité africaine au conflit, voir Catherine Hoskyns, *The Organization of African Unity and the Congo Crisis* (Dar es-Salaam, 1969).

Le meurtre de Lumumba est surtout connu à travers un classique de Ludo De Witte, qui a fait l'objet de nombreuses traductions : *De moord op Lumumba* (Louvain, 1999) [traduit en français et publié sous le titre *L'Assassinat de Lumumba* aux éditions Karthala en 2000]. En Belgique, le livre a donné lieu à une commission d'enquête parlementaire composée de quatre historiens qui avaient pour mission d'éplucher les archives disponibles en vue d'établir la responsabilité de la Belgique dans l'assassinat. Ils ont produit un compte rendu sec, mais scrupuleux : Luc De Vos *et al.*, *Lumumba : De complotten ? De moord* [Lumumba : les complots ? L'assassinat] (Louvain, 2004). Pour la part américaine dans l'affaire, voir Madeleine Kalb, *The Congo Cables : The Cold War in Africa, from Eisenhower to Kennedy* (New York, 1982). Pour la perspective de deux politiciens congolais, anciens compagnons de route de Lumumba, voir Cléophas Kamitatu, *La Grande Mystification du Congo-Kinshasa : les crimes de Mobutu* (Paris, 1971), et Thomas Kanza, *Conflict in the Congo : The Rise and Fall of Lumumba* (Baltimore, 1972).

Une étude de bonne qualité a été consacrée extraordinairement tôt à la sécession katangaise : Jules Gérard-Libois, *Sécession au Katanga* (Bruxelles, 1963). Pour les causes historiques de cet événement, voir Romain Yakemtchouk, *Aux origines du séparatisme katangais* (Bruxelles, 1988).

Les révoltes au Kwilu et dans l'est du pays ont été traitées de manière exhaustive dans les études de Benoît Verhaegen, *Rébellions au Congo* (Bruxelles, 1966-1969), et le recueil de conférences en deux tomes de Catherine Coquery-Vidrovitch *et al.* (dir.), *Rébellions-révolution au Zaïre 1963-1965* (Paris, 1987). Herbert Weiss et Benoît Verhaegen sont à l'origine d'un numéro thématique important des *Cahiers du Cedaf* (revue du Centre d'étude et de documentation africaines), publié en 1986 sous le titre "Les rébellions dans l'est du Zaïre" *(1964-1967)*. Ludo Martens a écrit deux biographies sympathisantes sur Pierre Mulele et sa femme Léonie Abo : *Pierre Mulele ou la Seconde Vie de Patrice Lumumba* (Berchem, 1985) et *Une femme du Congo* (Berchem, 1991). On doit un excellent récit journalistique sur la rébellion congolaise à Jean Kestergat : *Congo Congo : de l'indépendance à la guerre civile* (Paris, 1965).

Les conditions économiques et sociales sous la Première République ont reçu bien moins d'attention que les conflits politiques et militaires mais, sur la vie dans la métropole, un tableau très précis nous est offert par J. S. La Fontaine, dans *City Politics : A Study of Léopoldville, 1962-63* (Cambridge, 1970). A propos de la question complexe du portefeuille d'actions colonial et des négociations sur sa restitution au Congo, voir Jean-Claude Willame, *Eléments pour une lecture du contentieux belgo-zaïrois* (Bruxelles, 1988).

CHAPITRE 9

Le documentaire de Thierry Michel, *Mobutu, roi du Zaïre* (Bruxelles, 1999), constitue une introduction remarquable, et même formidable, à la vie et aux œuvres de Mobutu. Si l'on souhaite approfondir ses connaissances sur cette période, on peut commencer par le chapitre extrêmement éclairant sur la Deuxième République écrit par Jacques Vanderlinden dans A. Huybrechts *et al.*, *Du Congo au Zaïre, 1960-1980* (Bruxelles, 1980). Sur le pillage de l'économie nationale par une élite politique, on consultera Fernand Bézy *et al.*, *Accumulation et sous-développement au Zaïre 1960-1980* (Louvain-la-Neuve, 1981), et David J. Gould, *Bureaucratic Corruption and Underdevelopment in the Third World : The Case of Zaire* (New York, 1980). Mais quiconque souhaite s'imprégner de cette époque peut difficilement s'abstenir de lire la volumineuse étude de Crawford Young et Thomas Turner : *The Rise and Decline of the Zairean State* (Madison, 1985). Le livre se concentre sur la première moitié du régime de Mobutu, la période de 1965 à 1980, et montre de façon très convaincante que l'Etat a commencé dans un premier temps par tout englober, puis s'est totalement délité. Ecrit sobrement, il est cependant particulièrement bien documenté. Il s'agit sans aucun doute du livre le plus important sur cette période.

Pourtant nombreuses, les sources zaïroises traitant de cette période devaient immanquablement craindre le régime. La propagande y est abondante, l'analyse critique inexistante. On ne pouvait blasphémer qu'à l'extérieur des frontières du territoire national. A Paris, Cléophas Kamitatu, cofondateur du *Parti solidaire africain**, a écrit deux ouvrages bien documentés qui en même temps critiquaient violemment le régime : *La Grande Mystification du Congo-Kinshasa : les crimes de Mobutu* (Paris, 1971) et *Zaïre : le pouvoir à la portée du peuple* (Paris, 1977).

Récemment, deux livres américains ont porté un regard dans les coulisses. Le médecin de Mobutu, l'Américain William Close, père de l'actrice Glenn, a publié ses mémoires d'une époque insensée : *Beyond the Storm* (Marbleton, 2007). Bien que l'analyse ne soit pas toujours d'une profondeur égale, l'anecdotique est souvent très révélateur. Pour comprendre les liens d'amitié américano-zaïrois, il est vivement conseillé de lire, en plus de l'ouvrage déjà cité de Romain Yakemtchouk, *Les Relations entre les Etats-Unis et le Zaïre* (Bruxelles, 1986), les mémoires également mentionnées précédemment de l'agent de la CIA Larry Devlin, *Chief of Station* (New York, 2007).

L'explosion urbaine inimaginable de Kinshasa est bien décrite par Marc Pain, *Kinshasa, la ville et la cité* (Paris, 1984), et René de Maximy, *Kinshasa, ville en suspens* (Paris, 1984). Les deux livres s'intéressent non seulement aux processus démographiques et urbanistiques, mais aussi aux conséquences sociales et culturelles.

Dans cette ville dilatée et jeune, la musique a joué un rôle important. La scène musicale congolaise n'a sans doute jamais été aussi animée qu'au début des années 1970, la campagne d'authenticité de Mobutu en étant en partie responsable. Le livre exhaustif de Gary Stewart, *Rumba on the River* (Londres, 2000), y a naturellement consacré beaucoup d'attention. Un autre ouvrage digne d'être lu, paru récemment, écrit par B. W. White, est *Rumba Rules : The Politics of Dance Music in Mobutu's Zaire* (Durham, 2008), qui a pour thème principal l'interaction entre la politique et la musique pop.

Pour les descriptions du match de boxe entre Mohammed Ali et George Foreman, j'ai utilisé, en dehors des petites vidéos sur YouTube, le classique de Norman Mailer, *The Fight*, paru récemment en néerlandais sous le titre *Het gevecht* (Amsterdam, 2007), un des meilleurs livres jamais écrits sur le sport. J'ai aussi beaucoup apprécié le documentaire *When we were kings* de Leon Gast (1996), qui a remporté un Oscar et accorde une grande attention aux aspects musicaux de *the rumble in the jungle*. A propos de l'imbrication de la lutte des Noirs pour l'émancipation et de la boxe, j'ai lu quelques très bons essais de Gerard Early, *Speech and Power* (Hopewell, 1992).

CHAPITRE 10

Concernant la folie qui a caractérisé le régime de Mobutu à partir de 1975, il existe dans plusieurs langues des ouvrages accessibles et bien documentés. Jean-Claude Willame a écrit un livre au ton posé mais perspicace, *L'Automne d'un despotisme* (Paris, 1992), et Colette Braeckman, journaliste au *Soir*, un ouvrage passionnant qui a eu un grand impact au Congo, *Le Dinosaure* (Paris, 1991), paru un an plus tard aussi en néerlandais sous le titre *De dinosaurus* (Berchem, 1992). En Flandre, deux journalistes de la chaîne publique ont consigné leurs expériences et leurs analyses : *Mobutu, de man van Kamanyola* [Mobutu, l'homme de Kamanyola] de Walter Geerts (Louvain, 2005) et surtout *Mobutu, van mirakel tot malaise* [Mobutu, du miracle au malaise] de Walter Zinzen (Anvers, 1995). La lecture de ce dernier vaut la peine, ne serait-ce que pour le chapitre sur les guerres du Shaba. L'historien américain Thomas Callaghy a vu un parallèle entre le régime de Mobutu et l'Ancien Régime en France : *The State-Society Struggle : Zaire in Comparative Perspective* (New York, 1984). La journaliste britannique Michela Wrong a écrit un livre palpitant, qui couvre aussi largement les années 1990, *In the Footsteps of Mr Kurtz : Living on the Brink of Disaster in the Congo*. Et plus de vingt ans après sa parution, le livre traduit en plusieurs langues de Lieve Joris, *Terug naar Congo* (Amsterdam, 1987) [traduit en français par Marie Hooghe sous le titre *Mon oncle du Congo*, Actes Sud, 1990], reste un tableau captivant qui permet de se faire une idée concrète de la vie sous la dictature.

A propos de ce que l'on a appelé les “éléphants blancs”, les constructions absurdes de Mobutu, Jean-Claude Willame a écrit *Zaïre, l'épopée d'Inga : chronique d'une prédation industrielle* (Paris, 1986). Contrairement à ce que le titre porte à croire, l'auteur ne s'intéresse pas uniquement à la fameuse centrale hydroélectrique. J'ai grappillé les informations sur le programme allemand de construction de fusées dans le documentaire *Mobutu, roi du Zaïre* de Thierry Michel, dans le livre mentionné plus haut de Walter Geerts, mais surtout dans *Otrag Rakete*, le site Internet de Bernd Leitenberger, http://www.bernd-leitenberger.de/otrag.shtmal.

On doit l'ouvrage de référence sur les guerres du Shaba à Romain Yakemtchouk : *Les Deux Guerres du Shaba* (Bruxelles, 1988). Il s'attarde sur les relations qu'entretenaient la Belgique, la France et les Etats-Unis avec le Zaïre de Mobutu. Avant de commencer son autre livre, *Les Relations entre les Etats-Unis et le Zaïre* (Bruxelles, 1986), j'ai d'abord lu l'ouvrage moins technique de Sean Kelly dont le titre est un synopsis en soi : *America's Tyrant : the CIA and Mobutu of Zaire : How the United States put Mobutu in power, protected him from his enemies, helped him become one of the richest men in the world, and lived to regret it* (Washington DC, 1993).

La politique économique et monétaire entre 1975 et 1990 est un sujet particulièrement ardu, d'autant qu'il manque une bonne vue d'ensemble sur le rôle du FMI, de la Banque mondiale et du Club de Paris. Winsome J. Leslie donne un éclairage sur un des principaux acteurs dans *The World Bank and Structural Adjustment in Developing Countries : The Case of Zaire* (Boulder, 1987). Le travail de Jean-Philippe Peemans, "Zaïre onder het Mobutu-regime" [Le Zaïre sous le régime de Mobutu], est clair et passionnant à lire, notamment parce qu'il lance une mise en garde très précoce contre les conséquences indésirables des mesures préconisées par le FMI. Kisangani Emizet affine le raisonnement et produit des graphiques essentiels et convaincants dans les premiers chapitres de son ouvrage *Zaire after Mobutu* (Helsinki, 1997). Je dois en partie mon opinion sur le fonctionnement du FMI au best-seller *Globalization and its Discontents* du Prix Nobel Joseph Stiglitz (Londres, 2002).

Les conséquences dramatiques de la crise et l'apparition d'une "deuxième" économie informelle ont été examinées par Janet MacGaffey et son équipe : *The Real Economy of Zaire* (Londres, 1991). A propos de la place de la femme dans cette nouvelle économie, voir Benoît Verhaegen, *Femmes zaïroises de Kisangani : combats pour la survie* (Paris, 1990). J'ai lu aussi des témoignages saisissants dans De Villers *et al.* (dir.), *Manières de vivre : économie de la "débrouille" dans les villes du Congo/Zaïre* (Tervuren, 2002).

Pour comprendre le fonctionnement répressif de l'appareil d'Etat, on lira les rapports déprimants d'Amnesty International et la réédition par Abdoulaye Yerodia du *Rapport sur les assassinats* de la Conférence nationale souveraine (Kinshasa, 2004). On trouve une approche plus académique chez Michael Schatzberg, *The Dialectics of Oppression in Zaire* (Bloomington, 1988). Les légendes urbaines, les rumeurs et les actualités colportées à travers le phénomène de radio-trottoir ont été regroupées par Cornelis Nlandu-Tsasa dans *La Rumeur au Zaïre de Mobutu : Radio-trottoir à Kinshasa* (Paris, 1997). A propos de la peinture populaire, voir Bogumil Jewsiewicki (dir.), *Art pictural zaïrois* (Paris, 1992), et Johannes Fabian, *Remembering the Present : Painting and Popular History in Zaire* (Berkeley, 1996).

Les six mille rapports de la consultation populaire de 1990 n'ont jamais été publiés, mais le meilleur ouvrage sur le début du processus de démocratisation est celui d'A. Gbabendu Engunduka et E. Efolo Ngobaasu : *Volonté de changement au Zaïre : de la consultation populaire vers la Conférence nationale* (Paris, 1991).

CHAPITRE 11

Une introduction succincte, mais lucide, à la période de transition mouvementée entre la Deuxième et la Troisième République est fournie par le journaliste de radio flamand Guy Poppe dans *De tranen van de dictator : van Mobutu tot Kabila* [Les larmes du dictateur : de Mobutu à Kabila] (Anvers, 1998). A propos de la lutte politique, beaucoup des intéressés qui y ont participé ont écrit leur propre version des faits et publié chez L'Harmattan à Paris. Cette maison d'édition tient lieu depuis des années de principale vitrine de l'Afrique francophone intellectuelle au sein de la diaspora, mais sa politique d'édition sans esprit critique en fait plus une boutique de reprographie qu'un diffuseur systématique de savoir. Parmi les ouvrages plus pondérés figure celui de Dieudonné Ilunga Mpunga : *Etienne Tshisekedi : le sens d'un combat* (Paris, 2007), qui examine surtout le rôle de l'UDPS. Loka-ne-Kongo a écrit une rétrospective critique sur cette période confuse de la démocratisation : *Lutte de libération et piège de l'illusion : multipartisme intégral et dérive de l'opposition au Zaïre (1990-1997)* (Kinshasa, 2001). Axel Buyse a résumé les événements majeurs des premières années dans *Democratie voor Zaïre : de bittere nasmaak van een troebel experiment* [Démocratie pour le Zaïre : l'arrière-goût amer d'une expérience trouble] (Grand-Bigard, 1994). L'ouvrage le plus détaillé est celui de Gauthier de Villers, *Zaïre : la transition manquée (1990-1997)* (Paris, 1997), le premier tome d'une trilogie de grande valeur sur la transition démocratique.

L'étude la plus complète sur la répression de la contestation étudiante à Lubumbashi a été écrite par Muela Ngalamulume Nkongolo, *Le Campus martyr : Lubumbashi, 11-12 mai 1990* (Paris, 2000). Sur la répression des grandes marches pacifiques à Kinshasa, voir Philippe de Dorlodot (dir.), *Marche d'espoir, Kinshasa 16 février 1992 : non-violence pour la démocratie au Zaïre* (Paris, 1994). A ma connaissance, il n'y a pas d'ouvrage de référence disponible sur la Conférence nationale souveraine, mais j'ai complété le témoignage que j'ai recueilli auprès de Régine Mutijima par des données empruntées à la rétrospective de Georges Nzongola-Ntalaja, qui était aussi un des participants : *The Congo from Leopold to Kabila* (Londres, 2002).

J'ai eu à plusieurs reprises le privilège de parler à Baudouin Hamuli, en quelque sorte le parrain de la *société civile** au Congo. Il a été le premier président du conseil national des ONG et il a consigné ses analyses dans deux études intéressantes : *Donner sa chance au peuple congolais : expériences de développement participatif (1985-2001)* (Paris, 2002) et, avec deux co-auteurs, *La Société civile congolaise : état des lieux et perspectives* (Bruxelles, 2003).

Les conditions de vie extrêmement pénibles du peuple ont été décrites dans les recueils de De Villers *et al.* (dir.), *Manières de vivre : économie de la "débrouille" dans les villes du Congo/Zaïre* (Tervuren, 2002), et de Monnier *et al.* (dir.), *Chasse au diamant au Congo/Zaïre* (Tervuren, 2001). Ces livres donnent un éclairage sur l'apparition de phénomènes comme les *cambistes** à Kinshasa, les taxis-vélos à Kisangani et le trafic de diamants au Kasaï. A propos de la profusion de luxe dont pouvait encore profiter Mobutu dans les années 1990, on peut tirer quelques informations des récits de son gendre belge, Pierre Janssen, *Aan het hof van Mobutu* [A la cour de Mobutu] (Paris, 1997). Concernant le début d'une nouvelle religiosité, voir Isidore Ndaywel è Nziem, *La Transition politique au Zaïre et son prophète Dominique Sakombi Inongo* (Québec, 1995). L'anthropologue René Devisch a écrit un article important sur la recherche d'un sens moral et social en temps de crise : "Frenzy, violence and ethical renewal in

Kinshasa" (*Public Culture*, 1995). Le livre journalistique et littéraire de Lieve Joris, *Dans van de luipaard* (Amsterdam, 2001) [traduit en français par Danielle Losman sous le titre *La Danse du léopard*], est le plus connu sur la fin de la période de Mobutu.

Les ouvrages sur le génocide rwandais rempliraient à eux seuls une bibliothèque entière. L'ouvrage de référence reste *Leave None to Tell the Story* de la chercheuse de Human Rights Watch bien trop tôt disparue, Alison Des Forges (New York, 1999). On ne manquera pas de lire aussi le classique de Gérard Prunier : *The Rwanda Crisis* (Londres, 1995). Récemment ont paru quelques livres volumineux sur le conflit dans les Grands Lacs : Thomas Turner, *The Congo Wars : Conflict, Myth and Reality* (Londres, 2007), René Lemarchand, *The Dynamics of Violence in Central-Africa* (Philadelphie, 2008), Filip Reyntjens, *De grote Afrikaanse oorlog : Congo in de regionale geopolitiek, 1996-2006* [La Grande Guerre africaine : le Congo dans la géopolitique régionale, 1996-2006] (Anvers, 2009), et Gérard Prunier, *Africa's World War : Congo, the Rwandan Genocide, and the Making of a Continental Catastrophe* (Oxford, 2009). Si Turner est plutôt confus, Lemarchand fait un vaste tour d'horizon passionnant, Reyntjens propose une synthèse brillante et Prunier une analyse détaillée.

L'excellent ouvrage collectif de Colette Braeckman *et al.*, *Kabila prend le pouvoir* (Bruxelles, 1998), traite spécifiquement de la progression de l'AFDL. Erik Kennes a écrit une volumineuse biographie de Kabila avant sa prise de pouvoir : *Essai biographique sur Laurent-Désiré Kabila* (Tervuren, 2003). Incomparable par son approche concrète, un documentaire une fois encore de la réalisatrice égyptienne Jihan El-Tahri, *L'Afrique en morceaux : la tragédie des Grands Lacs* (2000), est intégralement en ligne.

CHAPITRE 12

Le préambule et le déroulement de la Seconde Guerre du Congo sont bien entendu largement évoqués dans les ouvrages cités précédemment de Prunier et Reyntjens, qui proposent une vue d'ensemble. Olivier Lanotte, dans *Guerres sans frontières en République démocratique du Congo* (Bruxelles, 2003), offre une excellente introduction au conflit. L'ouvrage de Gauthier de Villers, *Guerre et politique : les trente derniers mois de L.-D. Kabila* (Tervuren, 2001), est plus analytique, mais extrêmement riche. A propos du régime de Kabila avant et pendant l'invasion, voir le livre critique de Wamu Oyatambwe, *De Mobutu à Kabila : avatars d'une passation inopinée* (Paris, 1999). Le recueil publié sous la direction d'Eddie Tambwe et de Jean-Marie Dikanga, *Laurent-Désiré Kabila : l'actualité d'un combat* (Paris, 2008), est bien plus hagiographique, à en confiner parfois au burlesque. Concernant les motifs des pays participants, *The African Stakes of the Congo War* de John F. Clark (New York, 2002) a paru relativement tôt. Les difficiles négociations de paix qui ont conduit à l'accord de Lusaka (1999) et de Pretoria (2002) ont été traitées par Jean-Claude Willame : *Les "Faiseurs de paix" au Congo* (Bruxelles, 2007). Ce livre consacre aussi son attention aux motifs des belligérants nationaux et étrangers et au rôle de la Monuc, la force internationale de maintien de la paix des Nations Unies. Une étude définitive sur la Monuc doit encore être écrite, mais Xavier Zeebroek a rédigé récemment un rapport utile, *La Mission des Nations Unies au Congo : le laboratoire de la paix introuvable* (Bruxelles, 2008), et Julie Reynaert un mémoire de master synoptique, *De balans na tien jaar Monuc in Congo* [Le bilan après une présence de dix ans de la Monuc au Congo] (Louvain, 2009).

Le pillage massif des matières premières a été démontré de façon irréfutable par les rapports successifs du groupe d'experts des Nations Unies (www.un.org/News/dh/latest/drcongo.htm). Il manque une analyse quantitative globale, mais Stefaan Marysse et Catherine André ont apporté des estimations innovantes pour les années 1999 et 2000 dans "Guerre et pillage en République démocratique du Congo" (*L'Afrique des Grands Lacs*, 2001). Les annuaires de *L'Afrique des Grands Lacs*, actuellement rédigés par Stefaan Marysse, Filip Reyntjens et Stef Vandeginste, offrent d'ailleurs des trésors d'informations pour quiconque cherche à approfondir ses connaissances sur les périodes récentes de l'histoire congolaise (mais aussi rwandaise et burundaise). Les annuaires plus anciens peuvent être intégralement téléchargés sur le site Internet de l'université d'Anvers.

Quelques ONG indépendantes ont aussi réalisé un travail exceptionnel. Human Rights Watch a documenté le trafic d'or pratiqué par l'Ouganda dans deux rapports : "Uganda in Eastern DRC" (2001) et surtout "The Curse of Gold" (2005). Global Witness a examiné le rôle du Rwanda dans le trafic de l'étain : "Under-Mining Peace : Tin, The Explosive Trade in Cassiterite in Eastern DRC" (2005). L'IPIS a examiné, dans une étude en deux volumes, les débouchés pour le coltan : "Supporting the War Economy in the DRC : European Companies and the Coltan Trade" (2002). Pole Institute, un institut de recherche congolais à Goma, a publié *The Coltan Phenomenon* (2002), qui comporte des interviews détaillées de mineurs. Ces deux rapports peuvent eux aussi être consultés en ligne.

Deux études m'ont fait comprendre clairement qu'il ne suffit pas d'examiner les régimes du Rwanda et de l'Ouganda lorsqu'on traite de la question des matières premières dans l'est du Congo. Il existe d'innombrables acteurs "en amont" et "en aval". *Network War : An Introduction to Congo's Privatised War Economy* de Tim Raeymaekers (IPIS, 2002) mentionne le rôle crucial des "acteurs non gouvernementaux" privés dans le contexte actuel de la mondialisation, tandis que Koen Vlassenroot et Hans Romkema montrent que les Congolais ordinaires obtiennent aussi leur part du gâteau : "The emergence of a new order? Resources and war in Eastern Congo" (*Journal of Humanitarian Assistance*, 2002).

A propos des conséquences sociales et autres de la guerre au niveau local, Koen Vlassenroot et Tim Raeymaekers ont constitué un recueil intéressant : *Conflict and Social Transformation in Eastern* DRC (Gand, 2004). J'ai lu entre autres avec beaucoup d'intérêt le chapitre anthropologique de Luca Jourdan, "Being at war, being young : violence and youth in North Kivu". Human Rights Watch a publié dès juin 2002 un rapport sur les violences sexuelles : "The War within the War". Pour les conséquences écologiques du conflit, j'ai consulté, en dehors du rapport de l'Unesco *Promouvoir et préserver le patrimoine congolais : lier diversité biologique et culturelle* (2005), l'ouvrage complet et de grande envergure de Debroux *et al.* (dir.), *Forests in Post-Conflict Democratic Republic of Congo* (2007).

CHAPITRE 13

La dimension politique et militaire de la période de transition est bien traitée dans les livres déjà mentionnés de Reyntjens et Prunier. On doit l'étude la plus détaillée une fois encore à Gauthier de Villers : *De la guerre aux élections* (Tervuren, 2009), qui conclut par cet ouvrage son triptyque sur le Zaïre/Congo pendant la longue transition entre la Deuxième et la Troisième République (De Villers, 1997, 2001, 2009). L'inventaire dressé dans ces études en fait des ouvrages de référence pour la période de 1990 à 2008, tout comme la série des annales du CRISP pour la période de 1959 à 1967.

Ce chapitre s'intéresse tout particulièrement aux effets conjugués produits par les entreprises multinationales, la musique pop, les églises pentecôtistes et les médias de masse sur la culture urbaine au Congo. Comme ces phénomènes sont récents, il n'y a pas encore d'études complètes disponibles. Le recueil constitué par Theodore Trefon, *Reinventing Order in the Congo : How People Respond to State Failure in Kinshasa* (Londres, 2004), contient quelques bonnes contributions. L'ouvrage de référence sur la vie dans la capitale est cependant l'étude anthropologique colossale de Filip De Boeck, *Kinshasa: Tales of the Invisible City* (Gand, 2004), illustrée de photographies de Marie-Françoise Plissart. Deux de ses étudiants en doctorat, Kristien Geenen et Katrien Pype, ont publié ces dernières années de brillantes recherches sur les enfants des rues, les bandes de jeunes et les séries télévisées religieuses à Kinshasa. De Boeck a lui-même sorti en 2010 le documentaire *Cemetery State*, sur la jeunesse et la mort dans une ville insaisissable.

J'ai recueilli les informations sur la musique pop sur Internet et à l'issue d'innombrables conversations avec des Congolais. *Rumba on the River* de Gary Stewart (Londres, 2000) et *Rumba Rules* de Bob White (Durham, 2008) ont aussi constitué mes principales sources. A ma connaissance, aucune étude systématique n'a été réalisée sur les activités de Heineken en Afrique. La chaîne de télévision néerlandaise RTL a réalisé en 2008 le documentaire plutôt superficiel et patriotique *Een Hollands biertje in Afrika* [Une petite bière hollandaise en Afrique]. Le documentaire, qui porte en fait intégralement sur Bralima à Kinshasa et dans lequel Dolf van den Brink joue le rôle principal, peut être visionné sur le site Internet de la chaîne.

J'ai pu me faire une idée du fonctionnement des médias congolais, en dehors des travaux de Katrien Pype sur les chaînes religieuses, grâce à l'ouvrage de Marie-Soleil Frère, *Afrique centrale, médias et conflits : vecteurs de guerre ou acteurs de paix* (Bruxelles, 2005), et à ses articles ultérieurs. Pour l'impact de la téléphonie mobile en Afrique, voir Mirjam de Bruijn *et al.*, *Mobile Africa : Changing Patterns of Movement in Africa and Beyond* (Leyde, 2001).

A propos de l'avenir du christianisme charismatique, j'ai consulté, entre autres, Gerrie Ter Haar, *How God became African : African Spirituality and Western Secular Thought* (Philadelphie, 2009). Les interactions avec l'histoire récente des migrations sont décrites par Emma Wild-Wood, *Migration and Christian Identity in Congo* (Leyde, 2008). Concernant l'apparition de la diaspora congolaise en Europe, voir l'ouvrage de Zana Etambala, *In het land van de Banoko* [Au pays des Banoko] (Louvain, 1993), pour la Belgique, et celui de Marc Tardieu, *Les Africains en France* (Monaco, 2006), pour la France. En ce qui concerne les communautés beaucoup plus récentes à Londres, voir les interviews réunies par David Garbin et Wa Gamoka Pambu dans *Roots and Routes : Congolese Diaspora in Multicultural Britain* (Londres, 2009).

Quelques articles journalistiques ont décrit les interactions entre la culture populaire et la politique. Luc Olinga a examiné dans "La victoire en chantant" l'impact de la musique pop congolaise sur les élections de 2006 (*Jeune Afrique*, 2006). Marie-Soleil Frère a étudié, dans "Quand le pluralisme déraille", le rôle de la télévision commerciale et religieuse sur la campagne électorale (*Africultures*, 2007).

Dans le domaine cinématographique, j'ai signalé *Congo River* de Thierry Michel (2005) pour un montage vivant sur le Congo pendant les années de transition, et *Congo na biso* de Chuck de Liedekerke et Yannick Muller (2006) pour une approche politique claire. Avec *Het uur van de rebellen* (Amsterdam, 2006) [traduit en français par Marie Hooghe sous le titre *L'Heure des rebelles*], Lieve Joris a écrit un livre courageux sur la réforme difficile de l'armée congolaise.

CHAPITRE 14

Naturellement, il existe encore peu d'ouvrages sur la phase la plus récente de l'histoire congolaise. Un compte rendu très agréable à lire du déroulement des premières élections libres depuis des décennies a été écrit par le Néerlandais d'origine congolaise Alphonse Muambi, retourné pour quelque temps, en tant qu'observateur international, dans son pays d'origine : *Democratie kun je niet eten* [La démocratie, ça ne se mange pas] (Amsterdam, 2009).

Les débuts de la Troisième République sont décrits dans deux ouvrages divergents : la journaliste du *Soir* Colette Braeckman dresse un tableau prudemment optimiste dans *Vers la deuxième indépendance du Congo* (Bruxelles, 2009), tandis que le recueil compilé sous la direction de Theodore Trefon est plus sombre : *Réforme au Congo (RDC) : attentes et désillusions* (Tervuren, 2009). A propos de Nkunda, Stewart Andrew Scott a écrit *Laurent Nkunda et la rébellion du Kivu* (Paris, 2008). En dehors de la presse standard, je me suis documenté à travers *Mo-Magazine*, *Le Monde diplomatique* et *Jeune Afrique*. Les blogs de Colette Braeckman (sur lesoir.be) et de Jason Stearns (congosiasa.blogspot.com) m'ont été extrêmement utiles pour les interprétations des évolutions les plus récentes. J'ai aussi beaucoup appris des analyses pénétrantes diffusées par Kris Berwouts, directeur d'EurAc, l'organisation chapeautant les ONG européennes actives en Afrique centrale.

Les sites Internet du Groupe international de crise (crisisgroup.org) et de Human Rights Watch (hrw.org) n'ont pas leur égal pour l'analyse des conflits et les recherches sur le terrain concernant les violations des droits de l'homme. Ces deux ONG réalisent depuis des années un travail exceptionnel qui non seulement réjouit les historiens, mais surtout s'efforce de sauver des vies humaines.

Les sites Internet du *Potentiel* et de Radio Okapi, respectivement le meilleur journal et la meilleure radio du Congo, m'ont permis de suivre, même à distance, l'actualité quotidienne dans le pays. Le rappeur Alesh, que j'ai interviewé à Kisangani, peut aussi être écouté sur le site Internet de Radio Okapi. Un certain nombre d'ONG congolaises courageuses diffusent depuis peu des rapports sur Internet : je pense en particulier à Asadho (Association africaine de défense des droits de l'homme), Rodhecic (Réseau d'organisations des droits humains et d'éducation civique d'inspiration chrétienne) et Journaliste en Danger.

Sur les conditions mouvementées de l'exploitation minière au Katanga, Thierry Michel a réalisé un documentaire intéressant, *Katanga Business*. J'ai beaucoup appris des rapports de l'IPIS, de Raid, de Global Witness et de Resources Consulting Services.

Sur la présence croissante de la Chine en Afrique ont paru ces dernières années quelques bonnes études : voir Chris Alden, *China in Africa* (Londres, 2007), pour une approche analytique, et Serge Michel et Michel Beuret, *La Chinafrique* (Paris, 2009), pour un compte rendu journalistique extrêmement vivant. J'ai trouvé très pondérée l'étude de Martine Dahle Huse et Stephen L. Muyakwa : “China in

Africa : Lending, Policy Space and Governance" (en ligne, 2008). Une bonne analyse du contrat que le Congo a conclu avec la Chine est donnée par Stefaan Marysse et Sara Geenen, dans "Les contrats chinois en RCD : l'impérialisme rouge en marche ?" (*L'Afrique des Grands Lacs*, 2007-2008).

CHAPITRE 15

On n'a encore effectué que peu de recherches sur la communauté africaine à Guangzhou. Les premiers articles académiques ont vu le jour, mais restent le plus souvent très descriptifs, voir Brigitte Bertoncelo et Sylvie Bredeloup, "The emergence of new African « Trading Posts » in Hong Kong and Guangzhou" (*China Perspectives*, 2007), et Li Zhang, "Ethnic congregation in a globalizing city: the case of Guangzhou, China" (www.sciencedirect.com, 2008). Zhigang Li, Desheng Xue, Michael Lyons et Alison Brown ont écrit "Ethnic enclave of transnational migrants in Guangzhou" (asiandrivers.open.ac.uk, 2007), et Adams Bodomo, professeur ghanéen à Hong Kong, a publié "The African trading community in Guangzhou" (dans *China Quarterly*, 2010). J'ai beaucoup appris de mes conversations avec le consul belge Frank Felix, le représentant économique flamand et sinologue Koen De Ridder et le journaliste congolais en Chine Jaffar Mulassa, mais, comme toujours, j'ai surtout appris en dialoguant avec les acteurs eux-mêmes.

BIBLIOGRAPHIE

Abi-Saab, G. (1978) : *The United Nations Operation in the Congo 1960-1964*, Oxford.

Académie royale des sciences d'outre-mer (1976) : *La Conférence de géographie de 1876. Recueil d'études*, Bruxelles.

Académie royale des sciences d'outre-mer (1983) : *Le Congo belge durant la Seconde Guerre mondiale. Recueil d'études*, Bruxelles.

Académie royale des sciences d'outre-mer (1988) : *Le Centenaire de l'Etat indépendant du Congo. Recueil d'études*, Bruxelles.

Alden, C. (2007) : *China in Africa*, Londres.

Alpers, E. A. (1975) : *Ivory & Slaves in East Central Africa*, Londres.

Amnesty International (1980) : *Les Violations des droits de l'homme au Zaïre*, Bruxelles.

Amnesty International (1983) : *Zaïre : dossier sur l'emprisonnement politique et commentaires des autorités*, Paris.

Amnesty International (2006) : *Democratic Republic of Congo : Acts of political repression on the increase*, AI Index : AFR 62/014/2006, 4 juillet.

Amnesty International (2010) : "Human Rights Defenders under Attack in the Democratic Republic of Congo", février 2010, www.amnesty.org.

Antipas, G. (2007) : *Pionniers méconnus du Congo belge*, Bruxelles.

Antonissen, J. et J. Weyn (2007) : *F.C. Indépendance*, documentaire Canvas.

Archer, J. (1971) : *Congo : The Birth of a New Nation*, Folkestone.

Asadho (2010) : "Les conditions de travail des Congolais au sein de l'entreprise chinoise CREC sont inacceptables !", janvier 2010, www.asadho-rdc.org.

Asch, S. (1982) : *L'Eglise du prophète Simon Kimbangu : de ses origines à son rôle actuel au Zaïre*, Paris.

Ayad, C. (2001) : "Les sectes, sauve-qui-peut au Congo-Kinshasa", *Libération*, 31 janvier.

Bailey, H. (1894) : *Travel and Adventures in the Congo Free State and its Big Game Shooting*, Londres.

Banque centrale du Congo (2007) : *La Banque centrale du Congo : une rétrospective historique*, Kinshasa.

Barham, L. et P. Mitchell (2008) : *The First Africans : African Archaeology from the Earliest Toolmakers to the Most Recent Foragers*, Cambridge.

Batumike, C. (1986) : *Une liberté de moins : témoignage de prison et autres rubriques*, Langenthal.

Beaugrand, P. (1997) : *Zaïre's hyperinflation, 1990-96*, document de travail du FMI WP 97/50.

Beaugrand, P. (2003) : *Overshooting and dollarization in the Democratic Republic of the Congo*, document de travail du FMI WP 03/105.

Bender, K. W. (2006) : *Moneymakers : The Secret World of Banknote Printing*, Weinheim.

Bentley, W. H. (1900) : *Pioneering on the Congo*, Londres.

Bertoncelo, B. et S. Bredeloup (2007) : "The emergence of new African «trading posts» in Hong Kong and Guangzhou", *China Perspectives* 1, chinaperspectives.revues.org.

Berwouts, K. (2010) : *Un semblant d'Etat en état de ruine*, document interne EurAc, 27 janvier 2010.

Bézy, F., J.-P. Peemans et J.-M. Wautelet (1981) : *Accumulation et sous-développement au Zaïre 1960-1980*, Louvain-la-Neuve.

Blanchart, C., J. de Deurwaerder, G. Nève, M. Robeyns et P. van Bost (1993) : *Le Rail au Congo belge*, tome I : *1890-1920*, Bruxelles.

Blanchart, C., J. de Deurwaerder, G. Nève, M. Robeyns et P. van Bost (1999) : *Le Rail au Congo belge*, tome II : *1920-1945*, Bruxelles.

Blumenthal, E. (1982) : "Zaïre : rapport over zijn internationale financiële credibiliteit" [Zaïre : rapport sur sa crédibilité financière internationale], *Info Zaïre* 36, 3-15.

Bodomo, A. (2010) : "The African trading community in Guangzhou :

an emerging bridge for Africa-China relations", *China Quarterly*, sous presse.

Boehme, O. (2005) : "The involvement of the Belgian Central Bank in the Katanga secession, 1960-1963", *African Economic History* 33, 1-29.

Boel, S. (2005) : *Censuur in Belgisch Congo (1908-1960) : een onderzoek naar de contrôle op de pers, de film en de muziek door de koloniale overheid* [Censure au Congo belge (1908-1960) : étude du controle exercé sur la presse, le cinéma et la musique par les autorités coloniales], mémoire de licence non publié, Université libre de Bruxelles.

Boelaert, E., H. Vinck et C. Lonkama (1995) : "Témoignages africains de l'arrivée des premiers Blancs aux bords des rivières de l'Equateur", *Annales Aequatoria* 16, 36-117.

Bontinck, F. (1974) : *L'Autobiographie de Hamed ben Mohammed el-Murjebi : Tippo Tip (vers 1840-1905)*, Bruxelles.

Bontinck, F. (1980) : "Mfumu Paul Panda Farnana, 1888-1930 : premier nationaliste congolais", *in* V. Y. Mudimbe (sous la dir. de), *La Dépendance de l'Afrique et les moyens d'y remédier*, Paris, 591-610.

Boone, O. (1951) : *Les Tambours du Congo belge et du Ruanda-Urundi*, Tervuren.

Bosschaerts, D. (2007) : *Herinneringen aan Congo : ambtenaar in Boma (1904-1907)* [Souvenirs du Congo : fonctionnaire à Boma (1904-1907)], Anvers.

Bourla Errera, M. (2000) : *Moïse Levy : un rabbin au Congo (1937-1991)*, Bruxelles.

Bouvier, P. (1965) : *L'Accession du Congo belge à l'indépendance : essai d'analyse sociologique*, Bruxelles.

Braeckman, C. (1992) : *De dinosaurus : het Zaïre van Mobutu*, Berchem. [Texte original en français paru sous le titre *Le Dinosaure : le Zaïre de Mobutu*.]

Braeckman, C. (2003) : *Les Nouveaux Prédateurs : politique des puissances en Afrique*, Paris.

Braeckman, C. (2009) : *Vers la deuxième indépendance du Congo*, Bruxelles.

Braeckman, C. (2010) : "Les amis chinois du Congo", *Manière de voir*, décembre 2009 - janvier 2010, 52-54.

Braeckman, C., M.-F. Cros, G. de Villers, F. François, F. Reyntjens, F. Ryckmans et J.-C. Willame (1998) : *Kabila prend le pouvoir*, Bruxelles.

Braekman, E. M. (1961) : *Histoire du protestantisme au Congo*, Bruxelles.

Brausch, G. (1961) : *Belgian Administration in the Congo*, Londres.

Brion, E. (1986) : "L'Eglise catholique et la rébellion au Zaïre (1964-1967)", *Les Cahiers du Cedaf* 7-8, 61-78.

Brion, R. et J.-L. Moreau (2006) : *Van mijnbouw tot Mars : de onstaangeschiedenis van Umicore* [De l'exploitation minière à Mars : la genèse d'Umicore], Tielt.

Brousmiche, P. (1987) : *Bortaï : Faradje, Asosa, Gambela, Saio. Journal de campagne*, Tournai.

Brower, A. (sous la dir. de) (2005) : *African Archaeology : A Critical Introduction*, Oxford.

Buana Kabue (1975) : *L'Expérience zaïroise : du casque colonial à la toque de léopard*, Paris.

Buch, P. et J. Vanderlinden (1995) : *L'Uranium, la Belgique et les puissances*, Bruxelles.

Buelens, F. (2007) : *Congo 1885-1960 : Een financieel-economische geschiedenis* [Congo 1885-1960 : une histoire économico-financière], Berchem.

Bureau du président de la République [1972] : *Profils du Zaïre*, Kinshasa.

Buyse, A. (1994) : *Democratie voor Zaïre : de bittere nasmaak van een troebel experiment* [Démocratie pour le Zaïre : l'arrière-goût amer d'une expérience trouble], Groot-Bijgaarden.

Cabinet du Département de la Défense nationale (1974) : *Forces armées zaïroises : mémorandum de réflexion, d'action et d'information*, Kinshasa.

Callaghy, T. (1984) : *The State-Society Struggle : Zaire in Comparative Perspective*, New York.

Campbell, K. (2007) : "800 Chinese state-owned enterprises active in Africa, covering every country", *Mining Weekly*, 28 septembre 2007.

Caprasse, P. (1959) : *Leaders africains en milieu urbain (Elisabethville)*, Bruxelles.

Carrington, J. F. (1974) : *La Voix des tambours*, Kinshasa.

Carton de Wiart, H. (1923) : *Mes vacances au Congo*, Bruxelles.

Catherine, L. (1994) : *Manyiema, de enige oorlog die België won* [Maniema, la seule guerre que la Belgique a gagnée], Anvers.

Catteeuw, K. (1999) : "Cardijn in Congo : de ontwikkeling en betekenis van de Katholieke Arbeidersjeugd in Belgisch-Congo" [Cardijn au Congo : le développement et le rôle de la jeunesse ouvrière catholique au Congo belge], *Brood en Rozen* 4, 2, 153-169.

Cattier, F. (1906) : *Etude sur la situation de l'Etat indépendant du Congo*, Bruxelles.

Cayen, A. (1938) : *Au service de la colonie*, Bruxelles.

Ceuppens, B. (2003) : *Congo Made in Flanders ? Koloniale Vlaamse visies op 'blank' en 'zwart' in Belgisch-Congo* [Congo made in Flandre ? Conceptions flamandes coloniales du "Blanc" et du "Noir" au Congo belge], Gand.

Ceuppens, B. (2009) : "Een Congolese kolonie in Brussel" [Une colonie congolaise à Bruxelles], *in* V. Viaene, D. Van Reybrouck et B. Ceuppens (sous la dir. de), *Congo in België : koloniale cultuur in de metropool* [Le Congo en Belgique. La culture coloniale en métropole], Louvain, 231-250.

Chalux (1925) : *Un an au Congo belge*, Bruxelles.

Chomé, J. (1959) : *La Passion de Simon Kimbangu, 1921-1951*, Bruxelles.

Chomé, J. (1966) : *Moïse Tshombe et l'escroquerie katangaise*, Bruxelles.

Chomé, J. (1975) : *Mobutu, guide suprême*, Bruxelles.

Chomé, J. (1978) : *Mobutu of de opgang van een sergeant-hulpboekhouder tot Opperste Leider van Zaïre* [Mobutu ou l'ascension d'un sergent-aide-comptable devenu Chef suprême du Zaïre], Anvers.

Clark, J. F. (2002) : *The African Stakes of the Congo War*, New York.

Close, W. T. (2007) : *Beyond the Storm : Treating the Powerless and the Powerful in Mobutu's Congo/Zaire*, Marbleton.

Comhaire-Sylvain, S. (1968) : *Femmes de Kinshasa : hier et aujourd'hui*, Paris.

Connah, G. (2004) : *Forgotten Africa : An Introduction to its Archaeology*, Londres.

Convents, G. (2006) : *Images & démocratie : les Congolais face au cinéma et à l'audiovisuel*, Louvain.

Coquery-Vidrovitch, C., A. Forest, H. Weiss (sous la dir. de) (1987) : *Rébellions-révolution au Zaïre 1963-1965* (2 vol.), Paris.

Corneille, A. (1945) : *Le Syndicalisme au Katanga*, Elisabethville.

Cornet, R. J. (1944) : *Katanga : le Katanga avant les Belges*, Bruxelles.

Cornet, R. J. (1947) : *La Bataille du rail : la construction du chemin de fer de Matadi au Stanley Pool*, Bruxelles.

Cornevin, R. (1963) : *Histoire du Congo (Léopoldville)*, Paris.

Couttenier, M. (2005) : *Congo tentoongesteld : een geschiedenis van de Belgische antropologie en het museum van Tervuren (1882-1925)* [Le Congo exposé : une histoire de l'anthropologie belge et du musée de Tervuren (1882-1925)], Louvain.

CRISP (1960) : *Congo 1959 : documents belges et africains*, Bruxelles.

CRISP (1961) : *Congo 1960* (2 vol. + annexe), Bruxelles.

CRISP (1962) : *Abako 1950-1960 : documents*, Bruxelles.

CRISP (1963) : *Congo 1962*, Bruxelles.

CRISP (1964) : *Congo 1963*, Bruxelles.

CRISP (1965) : *Congo 1964*, Bruxelles.

CRISP (1966) : *Congo 1965*, Bruxelles.

CRISP (1967) : *Congo 1966*, Bruxelles.

CRISP (1969) : *Congo 1967*, Bruxelles.

Cros, M.-F. et F. Misser (2006) : *Géopolitique du Congo (RDC)*, Bruxelles.

Crowder, M. (1984) : "The Second World War : Prelude to decolonization in Africa", *in* M. Crowder (sous la dir. de), *The Cambridge History of Africa*, vol 8 : *From c. 1940 to c. 1975*, Cambridge, 8-51.

Dahle Huse, M. et S. L. Muyakwa (2008) : "China in Africa : Lending, Policy Space and Governance", www.afrika.no.

Danniau, F. (2005) : *"Il s'agit d'un peuple" : het antropologisch onderzoek van het Bureau international d'ethnographie (1905-1913)* ["Il s'agit d'un peuple" : recherches anthropologiques du Bureau international d'ethnographie (1905-1913)], mémoire non publié, Université de Gand.

Davidson, A. B., A. F. Isaacman et R. Pélissier (1987) : "La politique et le nationalisme en Afrique centrale et méridionale, 1919-1935", *in* A. Adu Boahen (sous la dir. de), *Histoire générale de l'Afrique*, VII : *L'Afrique sous la domination coloniale*, Paris, 721-760.

Davis, J. M. (1933) : *Modern Industry and the African : An Inquiry into the Effect of the Copper Mines of Central Africa upon Native Society and the Work of the Christian Missions*, Londres.

Daye, P. (1929) : *Congo et Angola*, Bruxelles.

De Backer, M. C. C. (1959) : *Notes pour servir à l'étude des "groupements politiques" à Léopoldville*, Bruxelles (3 volumes, tapuscrit).

De Boeck, F. (2004) : "On being shege in Kinshasa : children, the occult and the street", *in* T. Trefon (sous la dir. de), *Reinventing Order in the Congo : How People Respond to State Failure in Kinshasa*, Londres, 155-173.

De Boeck, F. (2005) : "The apocalyptic interlude : revealing death in Kinshasa", *African Studies Review* 48, 2 : 11-32.

De Boeck, F. et M.-F. Plissart (2004) : *Kinshasa : Tales of the Invisible City*, Gand.

Debroux, L., T. Hart, D. Kalmowitz, A. Karsenty, G. Topa (sous la dir. de) (2007) : *Forests in Post-Conflict Democratic Republic of Congo : Analysis of a Priority Agenda*, www.cifor.cgiar.org.

De Bruijn, M., R. Van Dijk et D. Foeken (sous la dir. de) (2001) : *Mobile Africa : Changing Patterns of Movement in Africa and Beyond*, Leyde.

De Craemer, W. et R. C. Fox (1968) : *The Emerging Physician : A Sociological Approach to the Development of a Congolese Medical Profession*, Stanford.

De Dorlodot, P. (1994) : *Marche d'espoir, Kinshasa 16 février 1992 : non-violence pour la démocratie au Zaïre*, Paris.

Des Forges, A. (1999) : *Leave None to Tell the Story : Genocide in Rwanda*, New York.

De Herdt, T. et S. Marysse (2002) : "La réinvention du marché par le bas : circuits monétaires et personnes de confiance dans les rues de Kinshasa", *in* G. de Villers, B. Jewsiewicki et L. Monnier (sous la dir. de) (2002) : *Manières de vivre : économie de la "débrouille" dans les villes du Congo/Zaïre*, Tervuren.

Dehoux, E. (1950) : *L'Afrique centrale à la croisée des chemins : un reportage critique* (2 vol.), Bruxelles.

De Jonghe, E. (1908) : "L'activité ethnographique des Belges au Congo", *Bulletin de la Société d'études coloniales* 15, 4, 283-308.

De Keyzer, C. (2009) : *Congo (belge)*, Tielt.

De Keyzer, C. et J. Lagae (2010) : *Le Congo belge en images*, Tielt.

Delannoo, E. (2006) : “Het kortstondige verhaal van het Kongolese Vrijwilligerskorps” [La courte histoire du corps de volontaires congolais], *Shrapnel*, juin, 49-52.

Delathuy, A. M. (1986) : *Jezuïeten in Kongo met zwaard en kruis* [Les jésuites au Congo par le fer et par la croix], Berchem.

Delathuy, A. M. (1989) : *De Kongostaat van Leopold II* [L’Etat indépendant du Congo de Léopold II], Anvers.

Delathuy, A. M. (1992-1994) : *Missie en staat in Oud-Kongo* [Les missions et l’Etat dans l’ancien Congo] (2 vol.), Berchem.

Delcommune, A. (1920) : *Le Congo, la plus belle colonie du monde*, Bruxelles.

De Liedekerke, C. et Y. Muller (2006) : *Congo na biso*, documentaire, Paris.

Delpierre, G. (2002) : “Tabora 1916 : de la symbolique d’une victoire”, *Revue belge d’histoire contemporaine* 32, 3-4, 351-381.

Delval, N. (1966) : *Schuld in Kongo ?* [La culpabilité au Congo ?], Louvain.

Dembour, M.-B. (2000) : *Recalling the Belgian Congo*, New York.

De Meulder, B. (1996) : *De kampen van Kongo : arbeid, kapitaal en rasveredeling in de koloniale planning* [Les camps du Congo : travail, capital et amélioration de la race dans la planification coloniale], Amsterdam.

De Meulder, B. (2000) : *Kuvuande Mbote : een eeuw koloniale architectuur en stedenbouw in Kongo* [Kuvuande Mbote. Un siècle d’architecture et d’urbanisme coloniaux au Congo], Anvers.

Demunter, P. (1975) : *Luttes politiques au Zaïre : le processus de politisation des masses rurales du Bas-Zaïre*, Paris.

Dendooven, D. et P. Chielens (2008) : *Wereldoorlog I : Vijf continenten in Vlaanderen* [Première Guerre mondiale : cinq continents en Flandres], Tielt.

Denuit-Somerhausen, C. (1988) : “Les traités de Stanley et de ses collaborateurs avec les chefs africains, 1880-1885”, *in* Académie royale des sciences d’outre-mer, *Le Centenaire de l’Etat indépendant du Congo. Recueil d’études*, Bruxelles, 77-146.

Denuit-Somerhausen, C. et F. Balace (1992) : “Abyssinie 41 : du mirage à la victoire”, *in* F. Balace (sous la dir. de), *Jours de lutte*, Bruxelles, 15-49.

Depaepe, M., J. Briffaerts, P. Kita Kyankenge Masandi et H. Vinck (2003) : *Manuels et chansons scolaires au Congo belge*, Louvain.

Derrick, J. (2008) : *Africa's "Agitators" : Militant Anti-Colonialism in Africa and the West, 1918-1939*, Londres.

Devisch, R. (1995) : "Frenzy, violence and ethical renewal in Kinshasa", *Public Culture* 7, 593-629.

Devlin, L. (2007) : *Chief of Station, Congo : A Memoir of 1960-1967*, New York.

De Vos, L., E. Gerard, P. Raxhon, J. Gérard-Libois (2004) : *Lumumba : De complotten ? De moord* [Lumumba : les complots ? L'assassinat], Louvain.

De Vos, P. (1961) : *Vie et mort de Lumumba*, Paris.

De Waele, J. (2007-2008) : "Voor vorst en vaderland : zwarte soldaten en dragers tijdens de Eerste Wereldoorlog in Congo" [Pour le souverain et la patrie : soldats et porteurs noirs pendant la Première Guerre mondiale au Congo], *Militaria Belgica*, 107-126.

De Witte, L. (1999) : *De moord op Lumumba*, Louvain. [Traduit en français et paru sous le titre *L'Assassinat de Lumumba* aux éditions Karthala en 2000.]

Diallo, S. (1977) : *Zaire Today*, Paris.

Diangienda Kuntima, J. (2007) : *L'Histoire du kimbanguisme*, Châtenay-Malabry.

Dibwe dia Mwembu, D. (1999) : "De la surpolitisation à l'antipolitique : quelques remarques en marge de l'histoire du mouvement ouvrier à l'Union minière du Haut-Katanga (UMHK) et à la Gécamines, 1920-1960", *Brood en Rozen* 4, 2, 184-199.

Dibwe dia Mwembu, D. (2001a) : *Histoire des conditions de vie des travailleurs de l'Union minière du Haut-Katanga/Gécamines (1910-1999)*, Lubumbashi.

Dibwe dia Mwembu, D. (2001b) : *Bana Shaba abandonnés par leur père : structure de l'autorité et histoire sociale de la famille ouvrière au Katanga, 1910-1997*, Paris.

Dibwe dia Mwembu, D. (2004) : *Le Travail hier et aujourd'hui : mémoires de Lubumbashi*, Paris.

Doucy, A. et P. Feldheim (1952) : *Problèmes du travail et politique sociale au Congo belge*, Bruxelles.

Drachoussoff, V. (1954) : *L'Evolution de l'agriculture indigène dans la zone de Léopoldville*, Bruxelles.

Dujardin, V., V. Rosoux et T. de Wilde d'Estmael (sous la dir. de) (2009) : *Leopold II : ongegeneerd genie ?* [Léopold II : un génie éhonté ?], Tielt.

Early, G. (sous la dir. de) (1992) : *Speech and Power : The African-American Essay and its Cultural Content from Polemics to Pulpit* (2 vol.), Hopewell.

Efinda, E. (2009) : *Grands Lacs : sur les routes malgré nous !*, Paris.

Ekanga Botombele, B. (1975) : *La Politique culturelle en république du Zaïre*, Paris.

El-Tahri, J. (2000) : *L'Afrique en morceaux : la tragédie des Grands Lacs*, documentaire Canal +.

El-Tahri, J. (2007) : *Cuba, une odyssée africaine*, documentaire Arte.

Emizet, K. N. F. (1997) : *Zaire after Mobutu : A Case of Humanitarian Emergency*, Helsinki.

Emongo Lomomba (1985) : "Le « Blanc-belge » au Congo : entretien avec Lomami Tshibamba", in *Zaïre 1885-1985 : cent ans de regards belges*, Bruxelles, 135-147.

Engels, D. et B. Van Peel (2010) : *Boyamba Belgique*, documentaire, Bruxelles.

Ergo, A.-B. (2008) : *Congo belge : la colonie assassinée*, Paris.

Esgain, N. (2000) : "Scènes de la vie quotidienne à Elisabethville dans les années vingt", *in* J.-L. Vellut (sous la dir. de), *Itinéraires croisés de la modernité : Congo belge (1920-1950)*, Tervuren, 57-60.

Esposito, R. F. (1978) : *Anuarite, vierge et martyre zaïroise*, Kinshasa.

Etambala, Zana Aziza (1987) : "Congolese children at the Congo House in Colwyn Bay (North Wales, Great-Britain), at the end of the 19th century", *Afrika Focus* 3, 237-385.

Etambala, Zana Aziza (1993) : *In het land van de Banoko : de geschiedenis van de Kongolese/Zaïrese aanwezigheid in België van 1885 tot heden* [Au pays des Banoko : histoire de la présence congolaise/zaïroise en Belgique de 1885 à aujourd'hui], Louvain.

Etambala, Zana Aziza (1999a) : "Arbeidersopstanden en het ontstaan van inlandse syndicaten : de houding van de Katholiek Kerk (1940-1947)" [Révoltes ouvrières et naissance de syndicats indigènes : le comportement de l'Eglise catholique], *Brood en Rozen* 4, 2, 67-111.

Etambala, Zana Aziza (1999b) : *Congo 55/65 : van koning Boudewijn tot president Mobutu* [Congo 55/65 : du roi Baudouin au président Mobutu], Tielt.

Etambala, Zana Aziza 2008 : *De teloorgang van een modelkolonie : Belgisch Congo (1958-1960)* [Le déclin d'une colonie modèle : le Congo belge (1958-1960)], Louvain.

Eyskens, G. (1994) : *De memoires* [Mémoires], Tielt.

Fabian, J. (1971) : *Jamaa : A Charismatic Movement in Katanga*, Evanston.

Fabian, J. (1986) : *Language and Colonial Power : The Appropriation of Swahili in the Former Belgian Congo, 1880-1938*, Cambridge.

Fabian, J. (1996) : *Remembering the Present : Painting and Popular History in Zaire*, Berkeley.

Fabian, J. (2000) : *Out of Our Minds : Reason and Madness in the Exploration of Central Africa*, Berkeley.

Fetter, B. (1973) : *L'Union minière du Haut-Katanga, 1920-1940 : la naissance d'une sous-culture totalitaire*, Bruxelles.

Fetter, B. (1974) : "African associations in Elisabethville, 1910-1935 : their origins and development", *Etudes d'Histoire africaine* 6, 205-223.

Fetter, B. (1976) : *The Creation of Elisabethville, 1910-1940*, Stanford.

Feuchaux, L. (2000) : "Vie coloniale et faits divers à Léopoldville (1920-1940)", *in* J.-L. Vellut (sous la dir. de), *Itinéraires croisés de la modernité : Congo belge (1920-1950)*, Tervuren, 71-101.

Fierlafyn, L. (1990) : *Le Discours nationaliste au Congo belge durant la période 1955-1960*, Bruxelles.

Flament, F. (1952) : *La Force publique de sa naissance à 1914 : participation des militaires à l'histoire des premières années du Congo*, Bruxelles.

Foden, G. (2004) : *Mimi and Toutou go forth : the Bizarre Battle of Lake Tanganyika*, Londres.

Foire internationale d'Elisabethville (1962) : *Elisabethville 1911-1961*, Bruxelles.

Forbath, P. (1977) : *The River Congo : The Discovery, Exploration and Exploitation of the World's Most Dramatic River*, New York.

Fox, R. C., W. De Craemer et J.-M. Ribeaucourt (1965) : "La deuxième indépendance : étude d'un cas, la rébellion au Kwilu", *Etudes congolaises* 8, 1, 1-35.

Frère, M.-S. (2005) : *Afrique centrale, médias et conflits : vecteurs de guerre ou acteurs de paix*, Bruxelles.

Frère, M.-S. (2007) : "Quand le pluralisme déraille : images et manipulations télévisuelles à Kinshasa", *Africultures*, 20 novembre 2007, www.africultures.com.

Frère, M.-S. (2009) : "Appui au secteur des médias : quel bilan pour quel avenir ?", *in* T. Trefon (sous la dir. de), *Réforme au Congo (RDC) : attentes et désillusions*, Tervuren, 191-210.

Frères maristes (1927) : *Buku na kutango o lingala (Livre de lecture en lingala)*, Liège, www.abbol.com.

Gann, L. H. et P. Duignan (1979) : *The Rulers of Belgian Congo, 1884-1914*, Princeton.

Ganshof van der Meersch (1958) : *Le Droit électoral au Congo belge : statut des villes et des communes*, Bruxelles.

Ganshof van der Meersch (1960) : *Congo, mei-juni 1960* [Congo, mai-juin 1960], s. l.

Garbin, D. et Wa Gamoka Pambu (2009) : *Roots and Routes : Congolese Diaspora in Multicultural Britain*, Londres.

Gast, L. (1996) : *When we were kings*, documentaire, Los Angeles.

Gbabendu Engunduka, A. et E. Efolo Ngobaasu (1991) : *Volonté de changement au Zaïre : de la consultation populaire vers la Conférence nationale* (2 vol.), Paris.

Geenen, K. (2009) : "« Sleep occupies no space » : the use of public space by street gangs in Kinshasa", *Journal of the African International Institute* 79, 3 : 347-368.

Geernaert, J. (s. d.) : *Congophilie : solution de la question coloniale belge*, Bruxelles.

Geerts, W. (1970) : *Binza 10 : De eerste tien onafhankelijkheidsjaren van de Democratische Republiek Kongo* [Binza 10 : les dix premières années de l'indépendance de la République démocratique du Congo], Gand.

Geerts, W. (2005) : *Mobutu : de man van Kamanyola* [Mobutu, l'homme de Kamanyola], Louvain.

Geldof, J. (1937) : *Belgisch-Congo* [Le Congo Belge], Bruges (2e édition).

Gérard, J. E. (1969) : *Les Fondements syncrétiques du kitawala*, Bruxelles.

Gérard-Libois, J. (1963) : *Sécession au Katanga*, Bruxelles.

Ghilain, J. (1963) : *Le Revenu des populations indigènes du Congo-Léopoldville*, Bruxelles.

Giovannoni, M., T. Trefon, J. Kasongo Banga et C. Mwema (2004) : "Acting on behalf (and in spite) of the state : NGOs and civil society associations in Kinshasa", *in* T. Trefon (sous la dir. de), *Reinventing Order in the Congo : How People Respond to State Failure in Kinshasa*, Londres, 99-115.

Global Witness (2005) : "Under-Mining Peace : Tin, The Explosive Trade in Cassiterite in Eastern DRC", juin 2005, www.globalwitness.org.

Goffin, L. (1907) : *Le Chemin de fer du Congo (Matadi - Stanley-Pool)*, Bruxelles.

Gondola, C. D. (1997a) : "Unies pour le meilleur et le pire. Femmes africaines et villes coloniales : une histoire du métissage", *Clio. Histoire, femmes et sociétés* 6, http://clio.revues.org/index377.html.

Gondola, C. D. (1997b) : *Villes miroirs : migrations et identités urbaines à Kinshasa et Brazzaville, 1930-1970*, Paris.

Gondola, C. D. (1999) : "La contestation politique des jeunes à Kinshasa à travers l'exemple du mouvement « kindoubill » (1950-1959)", *Brood en Rozen* 4, 2, 171-183.

Gould, D. J. (1980) : *Bureaucratic Corruption and Underdevelopment in the Third World : The Case of Zaire*, New York.

Gourou, P. (1955) : *La Densité de la population rurale au Congo belge*, Bruxelles.

Govaerts, B. (2009) : "De strop of de kogel ? Over de toepassing van de doodstraf in Kongo en Ruanda-Urundi (1885-1962)" [La corde ou la balle ? L'application de la peine de mort au Congo et au Ruanda-Urundi (1885-1962)], *Brood en Rozen* 1, 59-77.

Grévisse, F. (1951) : *Le Centre extra-coutumier d'Elisabethville : quelques aspects de la politique indigène du Haut-Katanga industriel*, Bruxelles.

Guebels, L. (1952) : *Relation complète des travaux de la Commission permanente pour la protection des indigènes, 1911-1951*, Gembloux.

Guevara, E. (2001) : *De Afrikaanse droom : de revolutionaire dagboeken uit de Kongo 1965-1966* [Le rêve africain : carnets révolutionnaires du Congo 1965-1966], Amsterdam.

Habran, L. (1925) : *Coup d'œil sur le problème politique et militaire du Congo belge*, Bruxelles.

Hammarskjöld, D. (1964) : *Markings*, Londres.

Hamuli Kabarhuza, B. (2002) : *Donner sa chance au peuple congolais : expériences de développement participatif (1985-2001)*, Paris.

Hamuli Kabarhuza, B., F. Mushi Mugumo et N. Yambayamba Shuku (2003) : *La Société civile congolaise : état des lieux et perspectives*, Bruxelles.

Harden, B. (2001) : "A black mud from Africa helps power the new economy", *New York Times*, 12 août 2001.

Harms, R. W. (1981) : *River of Wealth, River of Sorrow : The Central Zaire Basin in the Era of the Slave and Ivory Trade, 1500-1891*, New Haven.

Hawker, G. (1909) : *The Life of George Grenfell : Congo Missionary and Explorer*, Londres.

Helmreich, J. E. (1983) : "The uranium negotiations of 1944", in *Le Congo belge durant la Seconde Guerre mondiale*, Bruxelles, 253-284.

Helmreich, J. E. (1986) : *Gathering Rare Ores : The Diplomacy of Uranium Acquisition, 1943-1954*, Princeton.

Hemmens, H. L. (1949) : *George Grenfell, Master Builder of Foundations*, Londres.

Hibbert, C. (1982) : *Africa Explored : Europeans in the Dark Continent, 1769-1889*, Londres.

Higginson, J. (1989) : *A Working Class in the Making : Belgian Colonial Labor Policy, Private Enterprise, and the African Mineworker, 1907-1951*, Madison.

Hilton, A. (1985) : *The Kingdom of Kongo*, Oxford.

Hochschild, A. (1998) : *De geest van koning Leopold II en de plundering van de Congo* [Les fantômes du roi Léopold II et le pillage du Congo], Amsterdam.

Hoebeke, H., H. Boshoff et K. Vlassenroot 2009 : "« Monsieur le Président, vous n'avez pas d'armée… » : la réforme du secteur de sécurité vue du Kivu", *in* T. Trefon (sous la dir. de), *Réforme au Congo (RDC) : attentes et désillusions*, Tervuren, 119-137.

Hoskyns, C. (1969) : *The Organization of African Unity and the Congo Crisis (Case Studies in African Diplomacy 1)*, Dar es-Salaam.

Houyoux, J. (1972) : *Budgets ménagers à Kisangani, juin-juillet-août 1972*, s. l.

Houyoux, J. (1973) : *Budgets ménagers, nutrition et mode de vie à Kinshasa*, Kinshasa.

Hulstaert, G. (1983) : "Herinneringen aan de oorlog" [Réminiscences de la guerre], in *Le Congo belge durant la Seconde Guerre mondiale*, Bruxelles, 587-595.

Hulstaert, G. (1990) : "Marie aux Léopards : quelques souvenirs historiques", *Annales Aequatoria* 11, 433-435.

Human Rights Watch (1997a) : "What Kabila is Hiding : Civilian Killings and Impunity in Congo", octobre 1997, www.hrw.org.

Human Rights Watch (1997b) : "Uncertain Course : Transition and Human Rights Violations in the Congo", décembre 1997, www.hrw.org.

Human Rights Watch (2000) : "Eastern Congo Ravaged : Killing Civilians and Silencing Protest", mai 2000, www.hrw.org.

Human Rights Watch (2001) : "Uganda in Eastern DRC : Fuelling Political and Ethnic Strife", mars 2001, www.hrw.org.

Human Rights Watch (2002a) : "The War within the War : Sexual Violence against Women and Girls in Eastern Congo", juin 2002, www.hrw.org.

Human Rights Watch (2002b) : "War Crimes in Kisangani : The Response of Rwandan-backed Rebels to the May 2002 Mutiny", août 2002, www.hrw.org.

Human Rights Watch (2003) : "Ituri « covered in blood » : ethnically targeted violence in north-eastern DR Congo", juillet 2003, www.hrw.org.

Human Rights Watch (2004) : "DR Congo : war crimes in Bukavu", juin 2004, www.hrw.org.

Human Rights Watch (2005) : "The Curse of Gold", juin 2005, www.hrw.org.

Human Rights Watch (2008a) : "« We will crush you » : The Restriction of Political Space in the Democratic Republic of Congo", novembre 2008, www.hrw.org.

Human Rights Watch (2008b) : "Killings in Kiwanja", décembre 2008, www.hrw.org.

Hunt, N. R. (1999) : *A Colonial Lexicon : Of Birth Ritual, Medicalization, and Mobility in the Congo*, Durham.

Huybrechts, A., V. Y. Mudimbe, L. Peeters, J. Vanderlinden, D. Van Der Steen et B. Verhaegen [1980] : *Du Congo au Zaïre, 1960-1980 : essai de bilan*, Bruxelles.

Ikembana, P. (2007) : *Mobutu's totalitarian political system : an Afrocentric analysis*, Londres.

Ilosono Bekili B'Inkonkoy (1985) : *L'Epopée du 24 novembre : témoignage*, Kinshasa.

Ilunga Mpunga, D. (2007) : *Etienne Tshisekedi : le sens d'un combat*, Paris.

Inforcongo (1958) : *Belgisch-Congo en Ruanda-Urundi : reisgids* [Le Congo belge et le Ruanda-Urundi : guide de voyage], Bruxelles.

International Crisis Group (2007) : "Congo : Consolidating the Peace", juillet 2007, www.crisis-group.org.

International Crisis Groupe (2009a) : "Congo : Five Priorities for a Peacebuilding Strategy", mai 2009, www.crisisgroup.org.

International Crisis Groupe (2009b) : "A Comprehensive Strategy to Disarm the FDLR", juillet 2009, www.crisisgroup.org.

International Rescue Committee (2007) : "Mortality in the Democratic Republic of Congo : An Ongoing Crisis", janvier 2007, www.theirc.org.

IPIS (2002) : "Supporting the War Economy in the DRC : European Companies and the Coltan Trade", www.ipisresearch.be.

IPIS (2002) : "European Companies and the Coltan Trade : an update", www.ipisresearch.be.

IPIS (2002) : "Network War : An Introduction to Congo's Privatised War Economy", www.ipisresearch.be.

IPIS (2008a) : "The Congo wants to raise the profits of its mining sector", www.ipisresearch.be.

IPIS (2008b) : "Mapping Conflict Motives : eastern DRC", www.ipisresearch.be.

IPIS (2009) : "The Impact of the Global Financial Crisis in Katanga", www.ipisresearch.be.

Isaacman, A. et J. Vansina (1987) : "Initiatives et résistances africaines en Afrique centrale de 1880 à 1914", *in* A. Adu Boahen (sous la dir. de), *Histoire générale de l'Afrique*, VII : *L'Afrique sous domination coloniale*, Paris, 191-216.

Jadin, L. (1968) : "Les sectes religieuses secrètes des antoniens au Congo, 1703-1709", *Cahiers des religions africaines* 2, 113-120.

Janssen, P. (1997) : *Aan het hof van Mobutu* [A la cour de Mobutu], Paris.

Janssens, E. (1905) : "Rapport de la Commission d'enquête", *Bulletin officiel de l'Etat indépendant du Congo* 21, 9-10, 135-287.

Janssens, E. (1961) : *J'étais le général Janssens*, Bruxelles.

Janssens, E. (1979) : *Histoire de la Force publique*, Bruxelles.

Janssens, E. (1982-1984) : *Contribution à l'histoire militaire du Congo belge pendant la Seconde Guerre mondiale, 1940-1945*, Bruxelles.

Jeal, T. (2007) : *Stanley : The Impossible Life of Africa's Greatest Explorer*, Londres.

Jewsiewicki, B. (1976) : "La contestation sociale et la naissance du prolétariat au Zaïre au cours de la première moitié du XXe siècle", *Revue canadienne des études africaines* 10, 1, 47-71.

Jewsiewicki, B. (1980) : "Political consciousness among African peasants in the Belgian Congo", *Review of African Political Economy* 7, 19, 23-32.

Jewsiewicki, B. (1988) : "Mémoire collective et passé récent dans les discours historiques populaires zaïrois", *in* B. Jewsiewicki et H. Moniot (sous la dir. de), *Dialoguer avec le léopard*, Paris, 218-268.

Jewsiewicki, B. (sous la dir. de) (1992) : *Art pictural zaïrois*, Paris.

Jewsiewicki, B., Kilola Lema, J.-L. Vellut (1973) : "Documents pour servir à l'histoire sociale du Zaïre : grèves dans le Bas-Congo (Bas-Zaïre) en 1945", *Etudes d'Histoire africaine* 5, 155-188.

Johnston, H. (1908) : *George Grenfell and the Congo*, Londres.

Joris, L. (1987) : *Terug naar Congo*, Amsterdam. [Traduit en français par Marie Hooghe et paru sous le titre *Mon oncle du Congo*, Paris.]

Joris, L. (2001) : *Dans van de luipaard*, Amsterdam. [Traduit en français par Danielle Losman et paru sous le titre *La Danse du léopard*, Paris.]

Joris, L. (2006) : *Het uur van de rebellen*, Amsterdam. [Traduit en français par Marie Hooghe et paru sous le titre *L'Heure des rebelles*, Paris.]

Jorissen, F. (2005) : *Dagboek van een koloniaal : herinneringen van Belgisch Kongo 1953-1960* [Journal d'un colonial : souvenirs du Congo belge], Hasselt.

Jourdan, L. (2004) : "Being at war, being young : violence and youth in North Kivu", *in* K. Vlassenrot et T. Raeymaekers (sous la dir. de), *Conflict and Social Transformation in Eastern DRC*, Gand, 157-176.

Joye, P. et R. Lewin (1961) : *Les Trusts au Congo*, Bruxelles.

Julien, P. (1953) : *Pygmeeën : vijfentwintig jaar dwergen-onderzoek in Equatoriaal Afrika* [Les Pygmées : vingt-cinq ans de recherches sur les nains en Afrique équatoriale].

Kabuya Kalala, Kalonji Nsenga et Itimelongo Titi (1980) : "Les mesures de démonétisation du 25 décembre 1979 au Zaïre : impacts et conséquences probables", *Zaïre-Afrique* 20, 144, 197-214.

Kabuya Kalala F. et Matata Ponyo (1999) : *L'Espace monétaire kasaïen : crise de légitimité et de souveraineté monétaire en période d'hyperinflation au Congo (1993-1997)*, Paris.

Kadima-Nzuji, M. (1984) : *La Littérature zaïroise de langue française (1945-1965)*, Paris.

Kalb, M. (1982) : *The Congo Cables : The Cold War in Africa, from Eisenhower to Kennedy*, New York.

Kalonga, A. (1978) : *Le Mal zaïrois*, Bruxelles.

Kalulambi Pongo, M. (2004) : "Le ndombolo du Seigneur : itinéraires et logiques des musiques religieuses en Afrique centrale", *Rupture-Solidarité* 5, 47-67.

Kamitatu, C. 1971 : *La Grande Mystification du Congo-Kinshasa : les crimes de Mobutu*, Paris.

Kamitatu-Massamba, C. (1977) : *Zaïre : le pouvoir à la portée du peuple*, Paris.

Kanza, T. R. (1959) : *Propos d'un congolais naïf*, Bruxelles.

Kanza, T. (1972) : *Conflict in the Congo : The Rise and Fall of Lumumba*, Baltimore.

Kaoze, S. (1910) : "La psychologie des Bantu", *La Revue congolaise* 1, 406-437.

Kelly, S. (1993) : *America's Tyrant : the* CIA *and Mobutu of Zaire : How the United States put Mobutu in power, protected him from his enemies, helped him become one of the richest men in the world, and lived to regret it*, Washington DC.

Kennes, E. (2003) : *Essai biographique sur Laurent-Désiré Kabila*, Tervuren.

Kestergat, J. (1961) : *André Ryckmans*, Bruxelles.

Kestergat, J. (1965) : *Congo Congo : de l'indépendance à la guerre civile*, Paris.

Kibari Nsanga, R. (1985) : *Mouvements "anti-sorciers" dans les Provinces de Léopolville* [sic] *et du Kasaï, à l'époque coloniale*, tapuscrit non publié, Kikwit.

Kimoni Iyay (1990) : "Kikwit et son destin : aperçu historique et sociologique", *Pistes et Recherches : revue scientifique* 5, 155-182.

Kisangani, E. F. et F. S. Bobb (2010) : *Historical Dictionary of the Democratic Republic of the Congo*, Lanham.

Kisobele Ndontoni, N. (2008) : *Mot de circonstance des anciens combattants de 1940-1945*, discours non publié, Kinshasa, 11 novembre 2008.

Klein, W. C. (1957) : *De Congolese elite* [L'élite congolaise], Amsterdam.

Labrique, J. (1957) : *Congo politique*, Léopoldville.

La Fontaine, J. S. (1970) : *City Politics : A Study of Léopoldville, 1962-63*, Cambridge.

Lagae, J. (2002) : *Kongo zoals het is : drie architectuurverhalen uit de Belgische kolonisatiegeschiedenis (1920-1960)* [Le Congo tel qu'en lui-même. Trois histoires sur l'architecture à l'époque coloniale belge (1920-1960)], Gand.

Lagae, J., T. de Keyser et J. Vervoort (2006) : *Boma 1880-1920 : koloniale hoofdstad of kosmopolitische handelspost?* [Boma 1880-1920 : capitale coloniale ou centre cosmopolite d'échanges commerciaux ?], CD-ROM, Gand.

Lanotte, O. (2003) : *Guerres sans frontières en République démocratique du Congo*, Bruxelles.

Laude, N. (1956) : *La Délinquance juvénile au Congo belge et au Ruanda-Urundi*, Bruxelles.

Lauro, A. (2005) : *Coloniaux, ménagères et prostituées au Congo belge (1885-1930)*, Loverval.

Leclercq, H. (2001) : "Le rôle économique du diamant dans le conflit congolais", *in* Monnier, L., B. Jewsiewicki et G. de Villers (sous la dir. de), *Chasse au diamant au Congo/Zaïre*, Tervuren, 47-78.

Leclerq, C. (1964) : *L'ONU et l'affaire du Congo*, Paris.

Lefebvre, V. (1952) : *La Belgique et le Congo au milieu du* XXe *siècle*, Charleroi.

Legum, C. (1965) : *Pan-Africanism : A Short Political Guide*, New York.

Lemarchand, R. (2008) : *The Dynamics of Violence in Central-Africa*, Philadelphie.

Leslie, W. J. (1987) : *The World Bank and Structural Adjustment in Developing Countries : The Case of Zaire*, Boulder.

Leysen, L. (1982) : *Heimweh nach den Tropen*, documentaire ARD.

Li, Z., D. Xue, M. Lyons et A. Brown (2007) : "Ethnic enclave of transnational migrants in Guangzhou : a case study of Xiaobei", asiandrivers.open.ac.uk.

Libotte, B. (s. d.) : *Droeven J. : de eerste kleurling in het Belgische leger* [Droeven J. : le premier homme de couleur dans l'armée belge], http://www.forumeerstewereldoorlog.nl/viewtopic.php?p=117626.

Loka-ne-Kongo (2001) : *Lutte de libération et piège de l'illusion : multipartisme intégral et dérive de l'opposition au Zaïre (1990-1997)*, Kinshasa.

Lubabu Mpasi-A-Mbongo et Musangi Ntemo (1987) : "Histoire du MPR", *in* Sakombi Inongo (sous la dir. de), *Mélanges pour une révolution*, Kinshasa, 35-126.

Lumenganeso, A. (2005) : "Transports urbains à Léopoldville : l'expérience du gyrobus", *in* J.-L. Vellut (sous la dir. de), *La Mémoire du Congo : le temps colonial*, Tervuren, 108-109.

Lyons, M. (1992) : *The Colonial Disease : A Social History of Sleeping Sickness in Northern Zaire, 1900-1940*, Cambridge.

McBrearty, S. et A. S. Brooks (2000) : "The revolution that wasn't : a new interpretation of the origin of modern behavior", *Journal of Human Evolution* 39, 453-563.

McCrummen, S. (2009) : "Nearly forgotten forces of WW II", *Washington Post*, 4 août 2009.

MacGaffey, J. (1991) : *The Real Economy of Zaire : The Contribution of Smuggling and Other Unofficial Activities to National Wealth*, Londres.

MacGaffey, W. (1986) : *Religion and Society in Central Africa*, Chicago et Londres.

McLynn, F. (1992) : *Hearts of Darkness : The European Exploration of Africa*, Londres.

Mailer, N. (2007) : *Het gevecht*, Amsterdam.

Makulo Akambu (1983) : *La Vie de Disasi Makulo, ancien esclave de Tippo Tip et catéchiste de Grenfell, par son fils Makulo Akambu*, Kinshasa.

Malu-Malu, J.-J. (2002) : *Le Congo Kinshasa*, Paris.

Mamdani, M. (2001) : *When Victims Become Killers : Colonialism, Nativism and the Genocide in Rwanda*, Princeton.

Mantels, R. (2007) : *Geleerd in de tropen : Leuven, Congo & de wetenschap, 1885-1960* [Erudit sous les tropiques : Louvain, le Congo et les sciences, 1885-1960], Louvain.

Manya K'Omalowete (1986) : "Utilisation des procédés d'initiation et d'immunisation à caractère magique par le mouvement Simba", *Les Cahiers du Cedaf* 7-8, 87-112.

Maquet-Tombu, J. (1952) : *Le siècle marche... Vie du chef congolais Lutunu*, Bruxelles.

Marchal, J. (1985) : *E. D. Morel tegen Leopold II en de Kongostaat* [E. D. Morel contre Léopold II et l'Etat indépendant du Congo], Berchem.

Marchal, J. (2001) : *L'Histoire du Congo 1910-1945*, tome III : *Travail forcé pour l'huile de palme de Lord Leverhulme*, Borgloon.

Marechal, P. (1992) : *De "Arabische" campagne in het Maniemagebied (1892-1894)* [La campagne "arabe" dans la région de Maniema (1892-1894)], Tervuren, 1992.

Marechal, P. (2005) : "La controverse sur Léopold II et le Congo dans la littérature et les médias. Réflexions critiques", *in* J.-L. Vellut (sous la dir. de), *La Mémoire du Congo : le temps colonial*, Tervuren, 45-46.

Marres, J. et P. De Vos (1959) : *L'Equinoxe de janvier : les émeutes de Léopoldville*, Bruxelles.

Martelli, G. (1962) : *Leopold to Lumumba : A History of the Belgian Congo 1877-1960*, Londres.

Martelli, G. (1966) : *Experiment in World Government : An Account of the United Nations Operation in the Congo 1960-1964*, Londres.

Martens, G. (1999) : "Congolese trade unionism : the colonial heritage", *Brood en Rozen* 4, 2, 129-149.

Martens, L. (1985) : *Pierre Mulele ou la Seconde Vie de Patrice Lumumba*, Berchem.

Martens, L. (1991) : *Une femme du Congo*, Berchem.

Martin, M.-L. (1981) : *Simon Kimbangu : un prophète et son Eglise*, Lausanne.

Marysse, S. et C. André (2001) : "Guerre et pillage en République démocratique du Congo", *L'Afrique des Grands Lacs*, annuaire 2000-2001, 307-332.

Marysse, S. et S. Geenen (2008) : "Les contrats chinois en RDC : l'impérialisme rouge en marche ?", *L'Afrique des Grands Lacs*, annuaire 2007-2008, 287-313.

Maximy, R. de (1984) : *Kinshasa, ville en suspens : dynamique de la croissance et problèmes d'urbanisme : étude socio-politique*, Paris.

Meeuwis, M. (1999) : "Buntungu's «Mokingi mwa Mputu» : a Boloki perception of Europe at the end of the 19th century", *LPCA Text Archives* 1, www.lcpa.socsci.uva.nl/textarchives/buntungu.html.

Mende Omalanga, L. et Tshilenge wa Kabamb 1992 : *Rapport sur les biens mal acquis*, Kinshasa.

Mendiaux, E. (1960) : *Moscou, Accra et le Congo*, Bruxelles.

Mercader, J. (2003) : "Foragers of the Congo : the early settlement of the Ituri Forest", *in* J. Mercader (sous la dir. de), *Under the Canopy : The Archaeology of Tropical Rain Forests*, New Brunswick, 93-116.

Meredith, M. (2005) : *The State of Africa : A History of Fifty Years of Independence*, Londres.

Merlier, M. (1962) : *Le Congo : de la colonisation belge à l'indépendance*, Paris.

Mertens, M. (2009) : *Chemical compounds in the Congo : A Belgian colony's role in the chemotherapeutic knowledge production during the 1920s*, conférence non publiée, Leipzig.

Meyers, J. (1964) : *Le Prix d'un empire*, Bruxelles.

Michaux, O. (1913) : *Au Congo : carnet de campagne*, Namur.

Michel, S. (1962) : *Uhuru Lumumba*, Paris.

Michel, S. et M. Beuret (2009) : *La Chinafrique : Pékin à la conquête du continent noir*, Paris.

Michel, T. (1992) : *Zaïre, le cycle du serpent*, documentaire, Bruxelles.

Michel, T. (1999) : *Mobutu, roi du Zaïre*, documentaire, Bruxelles.

Michel, T. (2005) : *Congo River*, documentaire, Bruxelles.

Michel, T. (2009) : *Katanga Business*, documentaire, Bruxelles.

Minani, R. (2010) : "2010, année charnière : bref aperçu de la situation sociopolitique", 19 février 2010, www.rodhecic.org.

Mobutu Sese Seko (1973) : "Discours du 30 novembre 1973 devant le Conseil législatif national", *in* Cabinet du Département de la Défense nationale : *Forces armées zaïroises : mémorandum de réflexion, d'action et d'information*, Kinshasa, 229-269.

Mokoko Grampiot, A. (2004) : *Kimbanguisme et identité noire*, Paris.

Monheim, F. (1961) : *Réponse à Pierre De Vos au sujet de "Vie et mort de Lumumba"*, Anvers.

Monheim, F. (1962) : *Mobutu, l'homme seul*, Bruxelles.

Monnier, L., B. Jewsiewicki et G. de Villers (sous la dir. de) (2001) : *Chasse au diamant au Congo/Zaïre*, Tervuren.

Monstelle, A. de (1965) : *La Débâcle du Congo belge*, Bruxelles.

Muambi, A. (2009) : *Democratie kun je niet eten : reisverslag van een verkiezingswaarnemer* [La démocratie, ça ne se mange pas : récit de voyage d'un observateur des élections], Amsterdam.

Mumengi, D. (2005) : *Panda Farnana, premier universitaire congolais, 1888-1930*, Paris.

Munayi Muntu-Monji (1977) : "La déportation et le séjour des kimbanguistes dans le Kasaï-Lukenié (1921-1960)", *Zaïre-Afrique* 119, 555-573.

Mutamba Makombo Kitashima, J.-M. (1998) : *Du Congo belge au Congo indépendant 1940-1960*, Kinshasa.

Muzito, A. (2010) : *Les Années des nationalistes au pouvoir en chiffres*, présentation Powerpoint du Premier ministre non publiée, Kinshasa.

Mvumbi Ngolu Tsasa (1986) : "«Révolution» sexuelle, intention éthique et ordre politique", *in* Association des moralistes zaïrois (sous la dir. de), *Crise morale et vie économique au Zaïre*, Kinshasa, 65-72.

Mwabila Malela (1979) : *Travail et travailleurs au Zaïre : essai sur la conscience ouvrière du prolétariat urbain de Lubumbashi*, Kinshasa.

Ndaywel è Nziem, I. (1995) : *La Transition politique au Zaïre et son prophète Dominique Sakombi Inongo*, Québec.

Ndaywel è Nziem, I. (1998) : *Histoire générale du Congo : de l'héritage ancien à la République démocratique*, Paris.

Ndaywel è Nziem, I. (2002) : "Identité congolaise contemporaine du prénom écrit au prénom oral", *in* M. Quaghebeur (sous la dir. de), *Figures et paradoxes de l'histoire au Burundi, au Congo et au Rwanda* (2 vol.), Paris, 766-779.

Nelson, S. (1994) : *Colonialism in the Congo Basin, 1880-1940*, Athens (Ohio).

Newbury, M. C. (1984) : "Ebutumwa Bw'Emiogo, the tyranny of cassava : a women's tax revolt in Eastern Zaïre", *Canadian Journal of African Studies* 18, 1, 35-54.

Ngalamulume Nkongolo, M. (2000) : *Le Campus martyr : Lubumbashi, 11-12 mai 1990*, Paris.

Ngbanda Nzambo, H. (2004) : *Crimes organisés en Afrique centrale : révélations sur les réseaux rwandais et occidentaux*, Paris.

Nguza Karl I Bond (1982) : *Mobutu ou l'Incarnation du mal zaïrois*, Londres.

Niza (2006) : *The State vs. the People : Governance, Mining and the Transitional Regime in the Democratic Republic of Congo*, Amsterdam.

Nlandu-Tsasa, C. (1997) : *La Rumeur au Zaïre de Mobutu : Radio-trottoir à Kinshasa*, Paris.

Northrup, D. (1988) : *Beyond the Bend in the River : African Labor in Eastern Zaire, 1865-1940*, Athens (Ohio).

Northrup, D. (2002) : *Africa's Discovery of Europe*, New York.

Northrup, D. (2007) : "Slavery & forced labour in the Eastern Congo, 1850-1910", *in* H. Médard et S. Doyle (sous la dir. de), *Slavery in the Great Lakes Region of East Africa*, Oxford, 111-123.

Nzeza Bilakila, A. (2004) : "The Kinshasa bargain", *in* T. Trefon (sous la dir. de), *Reinventing Order in the Congo : How People Respond to State Failure in Kinshasa*, Londres, 20-32.

Nzongola-Ntalaja, G. (sous la dir. de) (1986) : *The Crisis in Zaire : Myths and Realities*, Trenton.

Nzongola-Ntalaja, G. (2002) : *The Congo from Leopold to Kabila : A People's History*, Londres.

Nzula, A. T., I. I. Potekhin et A. Z. Zusmanovich (1979) : *Forced Labour in Colonial Africa*, Londres (édition initiale en russe, 1933).

Olinga, L. (2006) : “La victoire en chantant”, *Jeune Afrique*, 7 mars 2006, www.jeuneafrique.com.

Omasombo Tshonda, J. et Benoît Verhaegen (1998) : *Patrice Lumumba : jeunesse et apprentissage politique, 1925-1956*, Tervuren.

Omasombo Tshonda, J. et Benoît Verhaegen (2005) : *Patrice Lumumba : de la prison aux portes du pouvoir, juillet 1956 - février 1960*, Tervuren.

Paice, E. (2007) : *Tip & Run : The Untold Tragedy of the Great War in Africa*, Londres.

Pain, M. (1984) : *Kinshasa, la ville et la cité*, Paris.

Pakenham, T. (1991) : *The Scramble for Africa, 1876-1912*, Londres.

Pardigon, V. (1961) : “L’URSS”, *in* A. Wauters (sous la dir. de), *Le Monde communiste et la crise du Congo belge*, Bruxelles, 59-92.

Paulus, J.-P. (1962) : *Congo 1956-1960*, Bruxelles.

Pauwels-Boon, G. (1979) : *L’Origine, l’évolution et le fonctionnement de la radiodiffusion au Zaïre de 1937 à 1960*, Tervuren.

Peemans, J.-P. (1988) : “Zaïre onder het Mobutu-regime : grote stappen in de ekonomische en sociale ontwikkeling” [Le Zaïre sous le régime de Mobutu : de grands progrès dans le développement économique et social], *in* J. Devos, J.-P. Peemans, R. Renard, E. Vervliet, J.-C. Willame (sous la dir. de), *Wederzijds : de toekomst van de Belgisch-Zaïrese samenwerking* [La réciprocité : l’avenir de la coopération belgo-zaïroise], Bruxelles, 16-49.

Perrings, C. (1979) : *Black Mineworkers in Central Africa : Industrial Strategies and the Evolution of an African Proletariat in the Copperbelt 1911-41*, Londres.

Pétillon, L. A. (1985) : *Récit : Congo 1929-1958*, Bruxelles.

Picard, E. (1896) : *En Congolie*, Bruxelles.

Poddar, P., R. S. Patke et L. Jensen (sous la dir. de) (2008) : *A Historical Companion to Postcolonial Literatures : Continental Europe and its Empires*, Edimbourg.

Pole Institute (2002) : *The Coltan Phenomenon*, Goma.

Poncelet, M. (2008) : *L’Invention des sciences coloniales belges*, Paris.

Pons, V. (1969) : *Stanleyville : An African Urban Community under Belgian Administration*, Oxford.

Popovitch, M. D. et F. De Moor (2007) : *Congo Eza : photographes de RDC*, Roeselare.

Poppe, G. (1998) : *De tranen van de dictator : van Mobutu tot Kabila* [Les larmes du dictateur : de Mobutu à Kabila], Anvers.

Poupart, R. (1960) : *Première esquisse de l'évolution du syndicalisme au Congo*, Bruxelles.

Prunier, G. (1995) : *The Rwanda Crisis : History of a Genocide*, Londres.

Prunier, G. (2009) : *Africa's World War : Congo, the Rwandan Genocide, and the Making of a Continental Catastrophe*, Oxford.

Pype, K. (2006) : "Dancing for God or the Devil : pentecostal discourse on popular dance in Kinshasa", *Journal of Religion in Africa* 36, 3-4, 296-318.

Pype, K. (2007) : "Fighting boys, strong men and gorillas : notes on the imagination of masculinities in Kinshasa", *Journal of the International African Institute* 77, 2 : 250-271.

Pype, K. (2009a) : "«We need to open up the country» : development and the Christian key scenario in the social space of Kinshasa's teleserials", *Journal of African Media Studies* 1, 1 : 101-116.

Pype, K. (2009b) : "Media celebrity, charisma and morality in post-Mobutu Kinshasa", *Journal of Southern African Studies* 35, 3 : 541-555.

Pype, K. (2009c) : "A historical analysis of Christian visual media in postcolonial Kinshasa", *Studies in World Christianity* 15, 2 : 131-148.

Queuille, P. (1965) : *Histoire de l'afro-asiatisme jusqu'à Bandoung : la naissance du tiers-monde*, Paris.

Raeymaekers, T. (2002) : *Network War : An Introduction to Congo's Privatised War Economy*, La Haye.

Raid (2009) : "Chinese Mining Operations in Katanga", septembre 2009, www.raid-uk.org.

Raspoet, E. (2005) : *Bwana Kitoko en de koning van de Bakuba : een vorstelijke ontmoeting op de evenaar* [Bwana Kitoko et le roi des Bakuba : une rencontre royale sous l'équateur], Anvers.

Raymaekers, P. et H. Desroche (1983) : *L'Administration et le Sacré (1921-1957)*, Bruxelles.

Remilleux, J.-L. (1989) : *Mobutu : dignité pour l'Afrique*, Paris.

Renson, R. et C. Peeters (1994) : "Sport als missie : Raphaël de la Kéthulle de Ryhove (1890-1956)", *in*: M. D'hoker, R. Renson et J. Tolleneer (sous la dir. de), *Voor lichaam & geest : katholieken, lichamelijke opvoeding en sport in de 19de en 20ste eeuw* [Pour le corps et l'esprit : les catholiques, l'éducation physique et le sport aux XIXe et XXe siècles], Louvain, 200-215.

Renton, D., D. Seddon et L. Zeilig (2007) : *The Congo : Plunder and Resistance*, Londres.

Reynaert, J. (2009) : *De balans na tien jaar Monuc in Congo : hoe effectief is de VN-vredesmissie op het terrein ?* [Le bilan après une présence de dix ans de la Monuc au Congo : quellle est l'efficacité de la mission de maintien des Nations Unies sur le terrain ?], Louvain.

Reyntjens, F. (2009) : *De grote Afrikaanse oorlog : Congo in de regionale geopolitiek, 1996-2006* [La Grande Guerre africaine : le Congo dans la géopolitique régionale, 1996-2006], Anvers.

Riva, S. (2000) : *Nouvelle histoire de la littérature du Congo-Kinshasa*, Paris.

Roberts, A. F. (1989) : "History, ethnicity and change in the « Christian Kingdom » of Southeastern Zaire", *in* L. Vail (sous la dir. de), *The Creation of Tribalism in Southern Africa*, Berkeley, 176-207.

Roes, A. (2008) : *Thinking with and beyond the state : the sub- and supranational perspectives on the exploitation of Congolese natural resources, 1885-1914*, conférence non publiée, Tervuren.

Roussel, J. (1949) : *Déontologie coloniale : consignes de vie et d'action coloniales pour l'élite des blancs et l'élite des noirs*, Louvain.

Rubbens, A. (1945) : *Dettes de guerre*, Elisabethville.

Rubbens, A. (1983) : "De naweeën van de oorlogsinspanning" [Les séquelles laissées par l'effort de guerre], in *Le Congo belge durant la Seconde Guerre mondiale*, Bruxelles, 579-585.

Ryckmans, A. (1970) : *Les Mouvements prophétiques kongo en 1958 : contribution à l'étude de l'Histoire du Congo*, Kinshasa.

Ryckmans, P. (1948) : *Dominer pour servir*, Bruxelles.

Sadin, F. (1918) : *La Mission des jésuites au Kwango : notice historique*, Kisantu.

Saint Moulin, L. de (1983) : "La population du Congo pendant la Seconde Guerre mondiale", in *Le Congo belge durant la Seconde Guerre mondiale*, Bruxelles, 15-49.

Saint Moulin, L. de (2007) : "Croissance de Kinshasa et transformations du réseau urbain de la République du Congo depuis l'indépendance", *in* J.-L. Vellut (sous la dir. de), *Villes d'Afrique : explorations en histoire urbaine*, Paris, 41-65.

Saint Moulin, L. de (2009) : "Analyse du paysage sociopolitique à partir du résultat des élections de 2006", *in* T. Trefon (sous la dir. de), *Réforme au Congo (RDC) : attentes et désillusions*, Tervuren, 49-65.

Sakombi Inongo (1974a) : "L'authenticité à Dakar", *in* Cabinet du Département de la Défense nationale, *Forces armées zaïroises : mémorandum de réflexion, d'action et d'information*, Kinshasa, 339-363.

Sakombi Inongo (1974b) : "L'authenticité à Paris", *in* Cabinet du Département de la Défense nationale, *Forces armées zaïroises : mémorandum de réflexion, d'action et d'information*, Kinshasa, 365-393.

Sakombi Inongo (1987) : *Mélanges pour une révolution*, Kinshasa.

Salmon, P. (1977) : *La Révolte des Batetela de l'expédition du Haut-Ituri (1897)*, Bruxelles.

Schatzberg, M. G. (1988) : *The Dialectics of Oppression in Zaire*, Bloomington.

Schöller, A. (1982) : *Congo 1959-1960 : mission au Katanga, intérim à Léopoldville*, Paris.

Scholl-Latour, P. (1986) : *Mort sur le grand fleuve : du Congo au Zaïre, chronique d'une indépendance*, Paris.

Scott, I. (1969) : *Tumbled House : The Congo at Independence*, Londres.

Scott, S. A. (2008) : *Laurent Nkunda et la rébellion du Kivu : au cœur de la guerre congolaise*, Paris.

Segal, R. (2001) : *Islam's Black Slaves : The Other Black Diaspora*, New York.

Serufuri Hakiza, P. (1984) : *Les Auxiliaires autochtones des missions protestantes au Congo, 1878-1960 : étude de cinq sociétés missionnaires*, Louvain-la-Neuve.

Serufuri Hakiza, P. (2004) : *L'Evangélisation de l'ancien royaume Kongo, 1491-1835*, Kinshasa.

Sheriff, A. (1987) : *Slaves, Spices & Ivory in Zanzibar*, Londres.

Sikitele Gize (1973) : "Les racines de la révolte pende de 1931", *Etudes d'Histoire africaine* 5, 99-153.

Sinatu Bolya, C. (2003) : "Des sociétés d'élégance aux mouvements d'émancipation féministes", www.mvca.be/_realisations/realisations_11.html.

Sinda, M. (1972) : *Le Messianisme congolais et ses incidences politiques : kimbanguisme – matsouanisme – autres mouvements*, Paris.

Singleton-Gates, P. et M. Girodias (1959) : *The Black Diaries : An Account of Roger Casement's Life and Times with a Collection of his Diaries and Public Writings*, s. l.

Slade, R. (1959) : *English-Speaking Missions in the Congo Independent State, 1878-1908*, Bruxelles.

Slade, R. (1962) : *King Leopold's Congo : Aspects of the Development of Race Relations in the Congo Independent State*, Londres.

Smith, J. (2005) : *Dinner with Mobutu : A Chronicle of my Life and Times*, s. l.

Soete, G. (1993) : *Het einde van de grijshemden : onze koloniale politie*, Zedelgem.

Sohier, J. (1959) : *Essai sur la criminalité dans la province de Léopoldville : meurtres et infractions apparentées*, Bruxelles.

Souchard, V. (1983) : *Jours de brousse : Congo 1940-1945*, Bruxelles.

Soudan, F. (2007) : "Kabila, l'heure des choix", *Jeune Afrique*, 16 décembre 2007, 26-29.

Stanley, H. M. (1886) : *Zes jaren aan den Congo en de stichting van een nieuwen vrijen staat* (2 vol.), Amsterdam. [Paru en français sous le titre *Cinq années au Congo, 1879-1884, voyage et explorations, fondation de l'Etat libre du Congo*].

Stanley, H. M. (1899) : *Through the Dark Continent* (2 vol.), Londres (initialement 1878). [Paru en français sous le titre *A travers le continent mystérieux*].

Stearns, J. (2010) : "What is Obama doing for Congo ?", congosiasa. blogspot.com, 10 janvier 2010.

Stengers, J. (1957) : *Combien le Congo a-t-il coûté à la Belgique ?*, Bruxelles.

Stengers, J. (1963) : *Belgique et Congo : l'élaboration de la Charte coloniale*, Bruxelles.

Stengers, J. (1989) : *Congo : mythes et réalités. 100 ans d'histoire*, Paris.

Stengers, J. (1997) : "De uitbreiding van België : tussen droom en werkelijkheid" [L'élargissement de la Belgique : entre rêve et réalité], *in* G. Janssens et J. Stengers (sous la dir. de), *Nieuw licht op Leopold I & Leopold II : het archief Goffinet* [Nouvel éclairage sur Léopold Ier et Léopold II : les archives Goffinet], Bruxelles, 237-285.

Stengers, J. et J. Vansina (1985) : “King Leopold’s Congo, 1886-1908”, *in* R. Oliver & G. N. Sanderson (sous la dir. de), *The Cambridge History of Africa*, vol. 6 : *From 1870 to 1905*, Cambridge, 315-358.

Stewart, G. (2000) : *Rumba on the River : A History of the Popular Music of the two Congos*, Londres.

Stiglitz, J. E. (2002) : *Globalization and its Discontents*, Londres.

Storme, M. (1970) : *La Mutinerie militaire au Kasaï en 1895*, Bruxelles.

Strachan, H. (2004) : *The First World War in Africa*, Oxford.

Strizek, H. (2006) : *Geschenkte Kolonien : Ruanda und Burundi unter deut-scher Herrschaft*, Berlin.

Takizala, H. D. (1964) : “Situation de l’enseignement durant la première législature”, *Etudes congolaises* 7, 8, 61-79.

Tambwe, E. et J.-M. Dikanga Kazadi (sous la dir. de) (2008) : *Laurent-Désiré Kabila : l’actualité d’un combat*, Paris.

Tardieu, M. (2006) : *Les Africains en France : de 1914 à nos jours*, Monaco.

Tempels, P. (1944) : *La Philosophie de la rébellion. L’essor du Congo, 31 août 1944* (repris *in* A. Rubbens [1945], *Dettes de guerre*, Elisabethville, 17-23).

Tempels, P. (1946) [1945] : *Bantoe-filosofie*, Anvers. [Traduit en français par A. Rubbens et paru sous le titre *La Philosophie bantoue*, Elisabethville.]

Ter Haar, G. (2009) : *How God became African : African Spirituality and Western Secular Thought*, Philadelphie.

Thieffry, E. (1926) : *En avion de Bruxelles au Congo belge : histoire de la première liaison aérienne entre la Belgique et sa colonie*, Bruxelles.

Tielemans, H. (1966) : *Gijzelaars in Congo : overzicht van de dramatische gebeurtenissen in het missiegebied Isangi tijdens de Congolese rebellie, 4 augustus 1964 - 27 februari 1965* [Otages au Congo : bilan des événements dramatiques sur le territoire de la mission d’Isangi pendant la rébellion congolaise, du 4 août 1964 au 27 février 1965], s. l.

Tilman, S. (2001) : “L’implantation du scoutisme au Congo belge”, *in* J.-L. Vellut (sous la dir. de), *Itinéraires croisés de la modernité : Congo belge (1920-1950)*, Tervuren, 103-140.

Tokwaulu Aena, B. (s. d.) : *Tant que je vivrai, tu vivras*, Kinshasa.

Travaux du Groupe d'études coloniales (1912) : "Les fermes-chapelles au point de vue économique et civilisateur", *Bulletin de la Société belge d'études coloniales* 5.

Trefon, T. (sous la dir. de) (2009) : *Réforme au Congo (RDC) : attentes et désillusions*, Tervuren.

Tshibangu Kabet Musas (1974) : "La situation sociale dans le ressort administratif de Likasi (ex-territoire de Jadotville) pendant la guerre 1940-1945", *Etudes d'Histoire africaine* 6, 275-311.

Tshimanga, C. (2000) : "L'Adapes et la formation d'une élite au Congo (1925-1945)", *in* J.-L. Vellut (sous la dir. de), *Itinéraires croisés de la modernité : Congo belge (1920-1950)*, Tervuren, 189-204.

Tshitungu Kongolo, A. (2002) : *Poète, ton silence est crime : panorama de la poésie congolaise de langue française*, Paris.

Tshitungu Kongolo, A. (2003a) : "Paul Panda Farnana (1888-1930), panafricaniste, nationaliste, intellectuel engagé : une contribution à l'étude de sa pensée et de son action", *L'Africain* 211 (octobre-novembre 2003), 1-7.

Tshitungu Kongolo, A. (2003b) : *Poète, ton silence est crime*, Paris.

Turine, Roger Pierre (2007) : *Les Arts du Congo, d'hier à nos jours*, Bruxelles.

Turner, T. (2007) : *The Congo Wars : Conflict, Myth and Reality*, Londres.

Unesco (2005) : *Promouvoir et préserver le patrimoine congolais : lier diversité biologique et culturelle*, Paris.

UN Security Council (2008) : *Final Report of the Group of Experts on the Democratic Republic of the Congo*, S/2008/773.

Vanderlinden, J. (2007) : *Main-d'œuvre, Eglise, capital et administration dans le Congo des années trente*, Bruxelles.

Valon, A. de (2006) : *Mission de renforcement des capacités du Commissariat de district de l'Ituri*, tapuscrit non publié, Bunia.

Van Acker, G. (1924) : *Een Vlaamsch geloofszendeling bij de Baloeba's in Congoland* [Un missionnaire flamand chez les Balouba au Congo], s. l.

Van Bilsen, J. (1958) : *Vers l'indépendance du Congo et du Ruanda-Urundi*, Crainhem.

Van Bilsen, A. A. J. (1962) : *L'Indépendance du Congo*, Tournai.

Van Bilsen, J. (1993) : *Kongo 1945-1965 : het einde van een kolonie* [Congo 1945-1965 : la fin d'une colonie], Louvain.

Van Booven, H. (1913) : *Tropenwee* [Souffrance des tropiques], Amsterdam (initialement 1904).

Vandaele, J. (2005) : *Het recht van de rijkste : Hebben andersglobalisten gelijk ?* [Le droit du plus riche : les altermondialistes ont-ils raison ?], Anvers.

Vandaele, J. (2008) : "Het roofdier, Mozes en de Chinezen" [Le prédateur, Moïse et les Chinois], *Mo*, février 2008, 28-33.

Van den Bosch, J. (1986) : *Pré-Zaïre : le cordon mal coupé*, Bruxelles.

Van den Bosch, P. (1992) : *Vijf en twintig jaren in de branding : Congo-Zaïre, november 1949 - januari 1975* [Vingt-cinq ans dans le ressac : Congo-Zaïre, novembre 1949 - janvier 1975], s. l.

Vanderkerken, G. (1920) : *Les Sociétés bantoues du Congo belge et les problèmes de la politique indigène*, Bruxelles.

Vanderlinden, J. (1991) : *A propos de l'uranium congolais*, Bruxelles.

Vanderlinden, J. (1994) : *Pierre Ryckmans, 1891-1959 : coloniser dans l'honneur*, Bruxelles.

Van der Poel, I. (2006) : *Congo-Océan : un chemin de fer colonial controversé* (2 vol.), Paris.

Van der Smissen, E. (1920) : *Léopold II et Beernaert, d'après leur correspondance inédite de 1884 à 1894* (2 vol.), Bruxelles.

Vandersmissen, J. (2008) : *Koningen van de wereld : de aardrijkskundige beweging en de ontwikkeling van de koloniale doctrine van Leopold II* [Les rois du monde : le mouvement géographique et le développement de la doctrine coloniale de Léopold II], Gand.

Vanderstraeten, L.-F. (1985) : *Histoire d'une mutinerie, juillet 1960 : de la Force publique à l'Armée nationale congolaise*, Paris.

Vanderstraeten, L.-F. (2001) : *La Répression de la révolte des Pende du Kwango en 1931*, Bruxelles.

Vandewalle, G. (1966) : *De conjuncturele evolutie in Kongo en Ruanda-Urundi van 1920 tot 1939 en van 1949 tot 1958* [L'évolution conjoncturelle du Congo et du Ruanda-Urundi de 1920 à 1939 et de 1949 à 1958], Gand.

Van Dijck, H. (1997) : *Rapport sur les violations des droits de l'homme dans le Sud-Equateur du 15 mars 1997 au 15 septembre 1997*, compte rendu non publié.

Vandommele, M. (1983) : *Zaïre : buitenlandse belangen, binnenlandse pijnbank* [Le Zaïre : intérêts étrangers, supplices intérieurs], Bruxelles.

Vangansbeke, J. (2006) : “Afrikaanse verdedigers van het Belgisch grondgebied, 1914-1918” [Les défenseurs africains du territoire belge, 1914-1918], *Belgische Bijdragen tot de Militaire Geschiedenis* [Contributions belges à l’histoire militaire] 4, 123-134.

Vangroenweghe, D. (1985) : *Rood rubber : Leopold II en zijn Kongo* [Caoutchouc rouge : Léopold II et son Congo], Bruxelles.

Vangroenweghe, D. (2005) : *Voor rubber en ivoor : Leopold II en de ophanging van Stokes* [Pour le caoutchouc et pour l’ivoire : Léopold II et la pendaison de Stokes], Louvain.

Van Lierde, J. (1963) : *La Pensée politique de Patrice Lumumba*, Paris.

Van Overbergh, C. (1913) : *Les Nègres d’Afrique*, Bruxelles.

Van Peel, B. (2000) : “Aux débuts du football congolais”, *in* J.-L. Vellut (sous la dir. de), *Itinéraires croisés de la modernité : Congo belge (1920-1950)*, Tervuren, 141-187.

Van Reybrouck, D. (2009) : “Congo in de populaire cultuur” [Le Congo dans la culture populaire], *in* V. Viaene, D. Van Reybrouck et B. Ceuppens (sous la dir. de), *Congo in België : koloniale cultuur in de metropool* [Le Congo en Belgique : la culture coloniale en métropole], Louvain, 169-181.

Vansina, J. (1965) : *Les Anciens Royaumes de la savane : les Etats des savanes méridionales de l’Afrique centrale des origines à l’occupation coloniale*, Léopoldville.

Vansina, J. (1976) : “L’Afrique centrale vers 1875”, *in* Académie royale des sciences d’outre-mer, *La Conférence de Géographie de 1876. Recueil d’études*, Bruxelles, 1-31.

Vansina, J. (1990) : *Paths in the Rainforest : Toward a History of Political Tradition in Equatorial Africa*, Madison.

Vansina, J. (2004) : *How Societies Are Born : Governance in West Central Africa before 1600*, Charlottesville.

Vanthemsche, G. (1999) : “Radioscopie van een kolonie : Belgisch-Congo 1908-1960” [Radioscopie d’une colonie : le Congo belge 1908-1960], *Brood en Rozen* 4, 2, 9-29.

Vanthemsche, G. (2007) : *Congo : de impact van de kolonie op België* [Congo : l’impact de la colonie sur la Belgique], Tielt.

Vanthemsche, G. (2009) : *Le Congo belge pendant la Première Guerre mondiale : les rapports du ministre des Colonies Jules Renkin au roi Albert Ier, 1914-1918*, Bruxelles.

Vanthemsche, G. (2010) : "Belgian Congo during the First World War, as seen through the reports of Jules Renkin, minister of Colonies, to King Albert I, 1914-1918", *Bulletin des séances de l'Académie royale des sciences d'outre-mer*.

Van Thiel, H. (1982) : *Wij Ngombe : volk in Zaïre* [Nous, les Ngombe : un peuple au Zaïre], Deurne.

Van Wing, J. (1959) : *Etudes Bakongo : sociologie, religion et magie*, Bruges.

Vellut, J.-L. (1981) : *Les Bassins miniers de l'ancien Congo belge : essai d'histoire économique et sociale (1900-1960)*, Bruxelles.

Vellut, J.-L. (1983) : "Le Katanga industriel en 1944 : malaises et anxiétés dans la société coloniale", in *Le Congo belge durant la Seconde Guerre mondiale*, Bruxelles, 495-523.

Vellut, J.-L. (1984) : "La violence armée dans l'Etat indépendant du Congo", *Cultures et développement* 16, 3-4, 671-707.

Vellut, J.-L. (1992) : "Une exécution publique à Elisabethville (20 septembre 1922) : notes sur la pratique de la peine capitale dans l'histoire coloniale du Congo", *in* B. Jewsiewicki (sous la dir. de), *Art pictural zaïrois*, Paris, 171-222.

Vellut, J.-L. (1996) : "Le bassin du Congo et l'Angola", *in* J.-F. Ade Ajayi (sous la dir. de), *Histoire générale de l'Afrique*, VI : *L'Afrique au* XIXe *siècle jusque vers les années 1880*, Paris, 331-361.

Vellut, J.-L. (sous la dir. de) (2000) : *Itinéraires croisés de la modernité : Congo belge (1920-1950)*, Tervuren.

Vellut, J.-L. (2005a) : *Simon Kimbangu. 1921 : de la prédication à la déportation. Les sources*, vol. I : *Fonds missionnaires protestants (1). Alliance missionnaire suédoise*, Bruxelles.

Vellut, J.-L. (sous la dir. de) (2005b) : *La Mémoire du Congo : le temps colonial*, Tervuren.

Vellut, J.-L. (2009) : *Contextes africains du projet colonial de Léopold II*, conférence non publiée, Louvain-la-Neuve.

Verbeken, A. (1956) : *Msiri, roi du Garenganze : "l'homme rouge" du Katanga*, Bruxelles.

Verbeken, A. (1958) : *La Révolte des Batetela en 1895*, Bruxelles.

Verbeken, P. (2005) : "« Ik zeg het eerlijk : het was een prachtjob »" [Je le dis en toute sincérité : c'était un travail formidable], *Humo*, 26 juillet, 32-37.

Verhaegen, B. (1966-1969) : *Rébellions au Congo* (2 vol.), Bruxelles.

Verhaegen, B. (1970) : "Dix ans d'indépendance", *Revue française d'études politiques africaines* 57 : 17-25.

Verhaegen, B. (1971) : "Etude sur la rébellion", in *Mouvements nationaux d'indépendance et classes populaires*, Paris, 418-443.

Verhaegen, B. (1978) : *L'Enseignement universitaire au Zaïre : de Lovanium à l'Unaza 1958-1978*, Paris.

Verhaegen, B. (1983) : "La guerre vécue au centre extra-coutumier de Stanleyville", in *Le Congo belge durant la Seconde Guerre mondiale*, Bruxelles, 439-493.

Verhaegen, B. (1986) : "Conditions politiques et participation sociale à la rébellion dans l'est du Zaïre", *Les Cahiers du Cedaf* 7-8, 1-14.

Verhaegen, B. (1990) : *Femmes zaïroises de Kisangani : combats pour la survie*, Paris.

Verhaegen, B. (1999) : "Communisme et anticommunisme au Congo (1920-1960)", *Brood en Rozen* 4, 2, 113-127.

Verhaegen B. et C. Tshimanga (2003) : *L'Abako et l'indépendance du Congo belge : dix ans de nationalisme kongo (1950-1960)*, Tervuren.

Verlinden, P. (2002) : *Weg uit Congo : het drama van de kolonialen* [Le départ du Congo : le drame des coloniaux], Louvain.

Verlinden, P. (2008) : *Achterblijven in Congo : een drama voor de Congolezen ?* [Rester au Congo : un drame pour les Congolais ?], Louvain.

Vesse, A. (1961) : *Note sur l'évolution de l'économie congolaise après l'indépendance du pays*, s. l.

Viaene, V. (2008) : "King Leopold's imperialism and the origins of the Belgian colonial party, 1860-1905", *Journal of Modern History* 80, 741-790.

Viaene, V. (2009) : "Reprise-remise : de Congolese identiteitscrisis van België rond 1908" [Reprise-remise : la crise d'identité congolaise de la Belgique vers 1908], *in* V. Viaene, D. Van Reybrouck et B. Ceuppens (sous la dir. de), *De overname van België door Congo : aspecten van de Congolese "aanwezigheid" in de*

Belgische samenleving, 1908-1958 [La reprise de la Belgique par le Congo : aspects de la "présence" congolaise dans la société belge, 1908-1958], Louvain, 43-62.

Viaene, V. (2009) : "De religie van de prins : Leopold II, de Heilige Stoel, België en Congo (1855-1909)" [La religion du prince : Léopold II, le Saint-Siège, la Belgique et le Congo (1855-1909)], *in* V. Dujardin, V. Rosoux et T. de Wilde d'Estmael (sous la dir. de), *Leopold II, ongegeneerd genie ? Buitenlandse politiek en kolonisatie* [Léopold II, un génie éhonté ? Politique étrangère et colonisation], Tielt, 143-164.

Viaene, V., D. Van Reybrouck et B. Ceuppens (sous la dir. de) (2009) : *Congo in België : koloniale cultuur in de metropool* [Le Congo en Belgique : la culture coloniale en métropole], Louvain.

Vijgen, I. (2005) : *Tussen mandaat en kolonie : Rwanda, Burundi en het Belgische bestuur in opdracht van de Volkenbond (1916-1932)* [Entre mandat et colonie : le Rwanda, le Burundi et l'administration belge au nom de la Société des Nations (1916-1932)], Louvain.

Villafaña, F. R. (2009) : *Cold War in the Congo : The Confrontation of Cuban Military Forces, 1960-1967*, New Brunswick.

Villers, G. de (1997) : *Zaïre : la transition manquée (1990-1997)*, Paris.

Villers, G. de (2001) : *Guerre et politique : les trente derniers mois de L.-D. Kabila (août 1998 - janvier 2001)*, Tervuren.

Villers, G. de (2009) : *De la guerre aux élections : l'ascension de Joseph Kabila et la naissance de la Troisième République (janvier 2001 - août 2008)*, Tervuren.

Villers, G. de, B. Jewsiewicki et L. Monnier (sous la dir. de) (2002) : *Manières de vivre : économie de la "débrouille" dans les villes du Congo/Zaïre*, Tervuren.

Villers, G. de et J. Omasombo Tshonda (2002) : "An intransitive transition", *Review of African Political Economy* 93-94, 399-410.

Vinck, H. (2002) : "Colonial Schoolbooks (Belgian Congo) : Anthology", www.abbol.com.

Vlassenroot, K. (2000) : "The promise of ethnic conflict : militarisation and enclave-formation in South Kivu", *in* D. Goyvaerts (sous la dir. de), *Conflict and Ethnicity in Central Africa*, Tokyo, 59-104.

Vlassenroot, K. et H. Romkema (2002) : "The emergence of a new order? Resources and War in Eastern Congo", *Journal of Humanitarian Assistance*, http://sites.tufts.edu/jha/pre-2007-articles.

Vlassenroot, K. et T. Raeymaekers (sous la dir. de) (2004a) : *Conflict and Social Transformation in Eastern* DRC, Gand.

Vlassenroot, K. et T. Raeymaekers (2004b) : "Le conflit en Ituri", *L'Afrique des Grands Lacs*, annuaire 2003-2004, 207-233.

Wamu Oyatambwe (1999) : *De Mobutu à Kabila : avatars d'une passation inopinée*, Paris.

Wauters, A. (1929) : *D'Anvers à Bruxelles via le lac Kivu : le Congo vu par un socialiste*, Bruxelles.

Wauters, A. (sous la dir. de) (1961) : *Le Monde communiste et la crise du Congo belge*, Bruxelles.

Weiss, H. (1965) : "L'évolution des élites", *Etudes congolaises* 8, 5, 1-14.

Weiss, H. et B. Verhaegen (sous la dir. de) (1986) : "Les rébellions dans l'est du Zaïre (1964-1967)", *Les Cahiers du Cedaf* 7-8, numéro thématique.

Weissman, S. R. (1974) : *American Foreign Policy in the Congo 1960-1964*, Ithaca (New York).

Weissman, S. R. (2010) : "An extraordinary rendition", *Intelligence and National Security* 25, 2, 198-222.

Werbrouck, R. (1945) : *La Campagne des troupes coloniales belges en Abyssinie*, Léopoldville.

Wesseling, H. L. (1991) : *Verdeel en heers : de deling van Afrika, 1880-1914*, Amsterdam. [Paru en français sous le titre *Le Partage de l'Afrique, 1880-1914*, Denoël, 2002.]

White, B. W. (2008) : *Rumba Rules : The Politics of Dance Music in Mobutu's Zaire*, Durham.

Wild-Wood, E. (2008) : *Migration and Christian Identity in Congo*, Leyde.

Willame, J.-C. (1986) : *Zaïre, l'épopée d'Inga : chronique d'une prédation industrielle*, Paris.

Willame, J.-C. (1988) : *Eléments pour une lecture du contentieux belgo-zaïrois*, Bruxelles.

Willame, J.-C. (1990) : *Patrice Lumumba : la crise congolaise revisitée*, Paris.

Willame, J.-C. (1992) : *L'Automne d'un despotisme : pouvoir, argent et obéissance dans le Zaïre des années quatre-vingt*, Paris.

Willame, J.-C. (1998) : "La «nouvelle» politique américaine en Afrique centrale", *in* C. Braeckman, M.-F. Cros, G. de Villers, F. François, F. Reyntjens, F. Ryckmans et J.-C. Willame, *Kabila prend le pouvoir*, Bruxelles, 134-144.

Willame, J.-C. (2007) : *Les "Faiseurs de paix" au Congo : gestion d'une crise internationale dans un Etat sous tutelle*, Bruxelles.

Wolf, E. (1982) : *Europe and the People Without History*, Berkeley.

Wolter, R., L. Davreux et R. Regnier (1957) : *Le Chômage au Congo belge*, Bruxelles.

Wotzka, H.-P. (1995) : *Studien zur Archäologie des zentral-afrikanische Regenwaldes : die Keramik des inneren Zaïre-Beckens und ihre Stellung im Kontext der Bantu-Expansion*, Cologne.

Wrong, M. (2000) : *In the Footsteps of Mr Kurtz : Living on the Brink of Disaster in the Congo*, Londres.

Wynants, M. (1997) : *Van hertogen en Kongolezen : Tervuren en de koloniale tentoonstelling 1897* [Des ducs et des Congolais : Tervuren et l'exposition coloniale de 1897], Tervuren.

Yakemtchouk, R. (1986) : *Les relations entre les Etats-Unis et le Zaïre*, "Studia Diplomatica" 39, 1, 5-127.

Yakemtchouk, R. (1988a) : *Aux origines du séparatisme katangais*, Bruxelles.

Yakemtchouk, R. (1988b) : *Les deux guerres du Shaba : les relations entre la Belgique, la France et le Zaïre*, "Studia Diplomatica" 41, 4-6, 375-742.

Yambuya, P. (1991) : *Zaïre, het abattoir : over gruweldaden van het leger van Mobutu* [Zaïre, l'abattoir : les atrocités perpétrées par l'armée de Mobutu], Anvers.

Yav, A. (1965) : "Vocabulaire de la ville de Elisabethville : a history of Elisabethville from its beginnings to 1965, compiled and written by André Yav, edited, translated, and commented by Johannes Fabian with assistance from Kalundi Mango", *Archives of Popular Swahili* 4 (2001), www.lpca.socsci.uva.nl/aps/vol4/vocabulaireintro.html.

Yellen, J. E. (1996) : "Behavioral and taphonomic patterning at Katanda 9 : a Middle Stone Age site, Kivu Province, Zaïre", *Journal of Archaeological Science* 23, 915-932.

Yerodia, A. (2004) : *Rapport sur les assassinats et violations des droits de l'homme*, Kinshasa.

Yoka, L. M. (2005) : *Kinshasa, carnets de guerre*, Kinshasa.

Young, C. M. (1965) : *Politics in the Congo*, Princeton.

Young, C. M. (1968) : *Introduction à la politique congolaise*, Bruxelles.

Young, C. M. (1984) : "Zaire, Rwanda and Burundi", *in* M. Crowder (sous la dir. de), *The Cambridge History of Africa*, vol. 8 : *From c. 1940 to 1975*, Cambridge, 698-754.

Young, C. et T. Turner (1985) : *The Rise and Decline of the Zairean State*, Madison.

Zeebroek, X. (2008) : *La Mission des Nations Unies au Congo : le laboratoire de la paix introuvable*, Bruxelles.

Zhang, L. (2008) : "Ethnic congregation in a globalizing city : the case of Guangzhou, China", www.sciencedirect.com.

Ziegler, J. (1963) : *La Contre-Révolution en Afrique*, Paris.

Zinzen, W. (1995) : *Mobutu, van mirakel tot malaise* [Mobutu, du miracle au malaise], Anvers.

Zinzen, W. (2004) : *Kisangani, verloren stad* [Kisangani, ville perdue], Louvain.

NOTES

INTRODUCTION (p. 17-50)

1. Van Booven 1913.
2. www-odp.tamu.edu/publications/175_SR/chap_11/c11_3.htm.
3. Julien 1953.
4. Northrup 2002 ; McLynn 1992; Hilton 1985.
5. Hilton 1985.
6. Jadin 1968.
7. Hilton 1985.
8. Vansina 1990.
9. Harms 1981.
10. Harms 1981.
11. Harms 1981.
12. Northrup 2002.
13. Harms 1981.
14. Vansina 1965.

1. NOUVEAUX ESPRITS (p. 53-87)

1. Makulo Akambu 1983.
2. Makulo Akambu 1983.
3. Bontinck 1974.
4. Stanley 1899.
5. Jeal 2007.
6. Jeal 2007.
7. Vansina 1976.
8. Wesseling 1991.
9. Stengers 1997.

10. Makulo Akambu 1983.
11. Makulo Akambu 1983.
12. Bontinck 1974.
13. Jeal 2007.
14. Stanley 1886.
15. Jeal 2007.
16. Harms 1981.
17. Makulo Akambu 1983.
18. Fabian 2000.
19. McLynn 1992.
20. Johnston 1908.
21. Bentley 1900.
22. Bentley 1900.
23. Johnston 1908.
24. *Alexander L. Bain*, registry card, archival collection, Board of International Ministries (BIM), American Baptist Historical Society, Atlanta (Géorgie).
25. Slade 1959 ; Braekman 1961.
26. Etambala 1987.
27. *Ernest T. Welles*, registry card, archival collection, Board of International Ministries (BIM), American Baptist Historical Society, Atlanta (Géorgie).
28. Jeal 2007.
29. Makulo Akambu 1983.
30. Bailey 1894.
31. Denuit-Somerhausen 1988.
32. Wesseling 1991.
33. Jeal 2007.
34. Stengers 1989.
35. Maquet-Tombu 1952.

2. UNE IMMONDE SALOPERIE (p. 89-142)

1. Stengers et Vansina 1985.
2. Ndaywel è Nziem 1998.
3. Van der Smissen 1920.
4. Vellut 2005b.
5. Jeal 2007.

6. Stengers et Vansina 1985.
7. Jeal 2007.
8. Makulo Akambu 1983.
9. Etambala 1987.
10. Etambala 1993.
11. Maquet-Tombu 1952.
12. Meeuwis 1999.
13. Hawker 1909.
14. Picard 1896.
15. Bailey 1894.
16. *New York Times*, 16 avril 1899.
17. Lauro 2005.
18. Makulo Akambu 1983.
19. Makulo Akambu 1983.
20. Makulo Akambu 1983.
21. Hemmens 1949.
22. Johnston 1908.
23. Makulo Akambu 1983.
24. Makulo Akambu 1983.
25. Makulo Akambu 1983.
26. Makulo Akambu 1983.
27. Makulo Akambu 1983.
28. Interview d'Etienne Nkasi, Kinshasa, 8 décembre 2008.
29. Sadin 1918.
30. Sadin 1918.
31. Sadin 1918.
32. Travaux du Groupe d'études coloniales 1912.
33. Travaux du Groupe d'études coloniales 1912.
34. Sadin 1918.
35. Sadin 1918.
36. Van Acker 1924.
37. Interview de Victor Masunda Kukana, Boma, 8 octobre 2008.
38. Interview de Camille Mananga Nkanu, Boma, 9 octobre 2008.
39. Makulo Akambu 1983.
40. Michaux 1913.
41. Flament 1952.
42. Flament 1952.
43. Interview d'Eugène Yoka Kinene, Kinshasa, 11 novembre 2008.

44. Joye et Lewin 1961.
45. Stengers 1957.
46. Stengers 1997.
47. Stengers 1997.
48. Catherine 1994.
49. Interview de Martin Kabuya, Kinshasa, 16 octobre 2008.
50. Gann et Duignan 1979 ; Van der Poel 2006.
51. Van der Poel 2006.
52. Interview d'Etienne Nkasi, Kinshasa, 6 et 10 novembre 2008.
53. Goffin 1907.
54. Interview d'Etienne Nkasi, Kinshasa, 10 novembre 2008.
55. Vangroenweghe 2005 ; Stengers 1989.
56. Makulo Akambu 1983.
57. Service public fédéral Affaires étrangères (Belgique), archives africaines, papiers E. Janssens, D1366, 27/12/1904.
58. Service public fédéral Affaires étrangères (Belgique), archives africaines, papiers E. Janssens, D1366, 12/12/1904.
59. Service public fédéral Affaires étrangères (Belgique), archives africaines, papiers E. Janssens, D1366, 2/1/1905.
60. Service public fédéral Affaires étrangères (Belgique), archives africaines, papiers E. Janssens, D1366, 12/12/1904.
61. Service public fédéral Affaires étrangères (Belgique), archives africaines, papiers E. Janssens, D1366, 3/1/1905.
62. Service public fédéral Affaires étrangères (Belgique), archives africaines, papiers E. Janssens, D1366, 22/11/1904.
63. Service public fédéral Affaires étrangères (Belgique), archives africaines, papiers E. Janssens, D1366, 12/12/1904.
64. Bosschaerts 2007.
65. Service public fédéral Affaires étrangères (Belgique), archives africaines, papiers E. Janssens, D1366, 5/1/1905.
66. Vangroenweghe 1985.
67. Vangroenweghe 1985.
68. Marechal 2005.
69. Johnston 1908.
70. Stengers 1989.
71. Johnston 1908.
72. Singleton-Gates et Girodias 1959.
73. Singleton-Gates et Girodias 1959.

74. Janssens 1905.
75. Cattier 1906.
76. Cornevin 1963 ; Gann et Duignan 1979 ; Stengers et Vansina 1985.
77. Makulo Akambu 1983.

3. "LES BELGES NOUS ONT DÉLIVRÉS" (p. 143-190)

1. Van Thiel 1982 ; Boelaert *et al.* 1995.
2. Stanley 1886.
3. Maquet-Tombu 1952.
4. Cornevin 1963 ; Stengers 1989.
5. Young 1968.
6. De Meulder 2000.
7. Cornevin 1963.
8. Vanderkerken 1920.
9. Vanderkerken 1920.
10. Van Wing 1959.
11. Carton de Wiart 1923.
12. Cattier 1906.
13. Cattier 1906.
14. Couttenier 2005.
15. Van Overbergh 1913.
16. De Jonghe 1908.
17. Van Overbergh 1913.
18. Van Overbergh 1913.
19. Depaepe *et al.* 2003.
20. Vinck 2002.
21. Depaepe *et al.* 2003.
22. Frères maristes 1927.
23. Vinck 2002.
24. Kalundi Mango, interviewé par Johannes Fabian, Lubumbashi, juin 1986, www2.fmg.uva.nl/lpca/aps/vol4/vocabulairekalundi-comments.html.
25. Kaoze 1910.
26. Chalux 1925.
27. Interview d'Etienne Nkasi, Kinshasa, 6 novembre 2008.
28. Chalux 1925.
29. Chalux 1925.

30. Interview d'Etienne Nkasi, Kinshasa, 10 novembre 2008.
31. Stengers 1989.
32. Cornet 1944.
33. Stengers 1989.
34. Carton de Wiart 1923.
35. Carton de Wiart 1923.
36. Chalux 1925.
37. Buelens 2007.
38. Carton de Wiart 1923.
39. Merlier 1962.
40. Jewsiewicki 1988.
41. Foire internationale d'Elisabethville 1962.
42. Yav 1965.
43. Yav 1965.
44. Brausch 1961.
45. Higginson 1989.
46. Higginson 1989.
47. Chalux 1925.
48. Yav 1965.
49. Northrup 1988.
50. Chalux 1925.
51. Joye et Lewin 1961.
52. Kimoni Iyay 1990.
53. Vandewalle 1966.
54. Banque centrale du Congo 2007.
55. Chalux 1925.
56. Boelaert *et al.* 1995.
57. Delcommune 1920.
58. Cayen 1938.
59. Cayen 1938.
60. Cornevin 1963.
61. Geernaert, sans date.
62. Depaepe *et al.* 2003.
63. Interview de Martin Kabuya, Kinshasa, 16 octobre 2008.
64. Kisobele Ndontoni 2008.
65. Interview d'Hélène Nzimbu Diluzeyi et de Léon Wasolua, Kinshasa, 11 novembre 2008.
66. Interview d'Eugène Yoka Kinene, Kinshasa, 11 novembre 2008.

67. Vanthemsche 2010.
68. Brion et Moreau 2006.
69. Jewsiewicki 1980.
70. Hulstaert 1990.
71. Ndaywel è Nziem 1998.
72. Libotte, sans date.
73. Delannoo 2006.
74. Etambala 1993 ; Odette Kudjabo, communication personnelle.
75. Dominiek Dendooven, communication personnelle.
76. Habran 1925.

4. SOUS L'EMPRISE DE L'ANGOISSE (p. 191-240)

1. Geldof 1937.
2. Interview de Marcel Wanzungasa, Nkamba, 4 novembre 2008.
3. Cité dans Vellut 2005a.
4. Mokoko Gampiot 2004.
5. Sinda 1972.
6. Munayi 1977.
7. Gérard 1969.
8. Nelson 1994.
9. Ndaywel è Nziem 1998.
10. Kibari 1985.
11. Maquet-Tombu 1952.
12. Thieffry 1926.
13. Blanchart *et al.* 1999.
14. Guebels 1952.
15. Vandewalle 1966.
16. Nzula *et al.* 1979.
17. Vanthemsche 1999.
18. Vandewalle 1966.
19. Davidson *et al.* 1987.
20. Service public fédéral Affaires étrangères (Belgique), archives africaines, dossier personnel Firmin Joseph Arthur Peigneux.
21. Interview de Pierre Diakanua, Kinshasa, 8 décembre 2008.
22. Interview d'Etienne Nkasi, Kinshasa, 10 novembre 2008.
23. Vellut 1992.
24. Vellut 1992.

25. Nelson 1994.
26. Sikitele 1973.
27. Sikitele 1973.
28. Cité dans Nzula *et al.* 1979.
29. Saint Moulin (de) 2007.
30. Fetter 1976.
31. Brion et Moreau 2006.
32. Nelson 1994 ; Northrup 1988.
33. Fetter 1973.
34. Higginson 1989.
35. Northrup 1988.
36. Joye et Lewin 1961.
37. Joye et Lewin 1961.
38. Fetter 1974.
39. Grévisse 1951.
40. Esgain 2000.
41. Verhaegen 1999.
42. Daye 1929.
43. Davis 1933.
44. Van Peel 2000.
45. Daye 1929.
46. Chalux 1925.
47. Chalux 1925.
48. Stewart 2000.
49. Fetter 1973.
50. Chalux 1925.
51. Fabian 1986.
52. Cité dans Depaepe *et al.* 2003.
53. Boel 2005.
54. Boel 2005.
55. Boel 2005.
56. Emongo Lomomba 1985.
57. Fabian 1971.
58. Young 1984.
59. Emongo Lomomba 1985.
60. Joye et Lewin 1961 ; Fabian 1971 ; Fetter 1973.
61. Cité dans Brion et Moreau 2006.
62. Tilman 2003.

63. Van Peel 2000.
64. Renson et Peeters 1994.
65. Van Peel 2000.
66. Interview d'Henri de la Kéthulle, Kinshasa, 26 mai 2007, et Kikwit, 2 juin 2007 et 20 septembre 2008.
67. Fetter 1974.
68. Perrings 1979.
69. Kalundi Mango, interviewé par Johannes Fabian, Lubumbashi, juin 1986, www2.fmg.uva.nl/lpca/aps/vol4/vocabulairekalundicomments.html.
70. Yav 1965.
71. Fetter 1974.
72. Brausch 1961.
73. Brausch 1961.
74. Souchard 1983.
75. Cité dans Feuchaux 2000.
76. Cité dans Etambala 1993.
77. Cité dans Etambala 1993.
78. Cité dans Bontinck 1980.

5. L'HEURE ROUGE DE L'ENGAGEMENT (p. 241-295)

1. Interview d'André Kitadi, Kinshasa, 16 octobre 2008.
2. Bourla Errera 2000.
3. McCrummen 2009.
4. Interview d'André Kitadi, Kinshasa, 11 novembre 2008.
5. Interview d'André Kitadi, Kinshasa, 16 octobre 2008.
6. Interview de Martin Kabuya, Kinshasa, 16 octobre 2008.
7. Ergo 2008.
8. Interview de Libert Otenga, 11 novembre 2008.
9. Wrong 2000.
10. Buelens 2007.
11. Buelens 2007.
12. Jewsiewicki *et al.* 1973.
13. Tshibangu Kabet 1974.
14. Etambala 1999a.
15. Dibwe dia Mwembu 1999.
16. Perrings 1979.

17. Yav 1965.
18. Emongo Lomomba 1985.
19. Vellut 1983.
20. Jewsiewicki *et al.* 1973.
21. Young 1984.
22. Souchard 1983.
23. Souchard 1983.
24. Souchard 1983.
25. Souchard 1983.
26. Souchard 1983.
27. Souchard 1983.
28. Hulstaert 1983.
29. Souchard 1983.
30. Souchard 1983.
31. Souchard 1983.
32. Interview de Libert Otenga, 11 novembre 2008.
33. Vellut 1983.
34. Interview d'André Kitadi, Kinshasa, 16 octobre 2008.
35. Vanderlinden 1994.
36. Van Bilsen 1993.
37. Guebels 1952.
38. Roussel 1949.
39. Wauters 1929.
40. Dehoux 1950.
41. Lefebvre 1952.
42. Ceuppens 2009.
43. Young 1984.
44. Stengers 1989.
45. Drachoussoff 1954.
46. Guebels 1952.
47. Tempels 1944.
48. Tempels 1945.
49. Guebels 1952.
50. Saint Moulin (de) 2007.
51. Gourou 1955.
52. Guebels 1952.
53. Interviews de Longin Ngwadi, Kikwit, 19-20 septembre 2008.
54. Comhaire-Sylvain 1968.

55. Interview de sœur Apolline Lemole Daringi, Kinshasa, 29 septembre 2008.
56. Interview de Victorine Ndjoli, Kinshasa, 7 novembre 2008.
57. Interview de François Ngombe, Kinshasa, 9 novembre 2009.
58. Comhaire-Sylvain 1968.
59. Gondola 1997a.
60. Pauwels-Boon 1979.
61. Jewsiewicki 1976.
62. Guebels 1952.
63. Martens 1999.
64. Young 1968.
65. Pons 1969.
66. Young 1968.
67. Pons 1969.
68. Interview de Kipulu Sambo et Hery Mambo, Kinshasa, 17 septembre 2008.
69. Emongo Lomomba 1985.
70. Leysen 1982 : 35' 04".
71. Jewsiewicki 1976.
72. Cité dans Rubbens 1945.
73. Mantels 2007.
74. Kadima-Nzuji 1984.
75. Interview de Camille Mananga Nkanu, Boma, 9 octobre 2008.
76. Interview de Victor Masunda Kukana, Boma, 8 octobre 2008.
77. Ndaywel è Nziem 1998.
78. Interviews de Jean Lema, alias Jamais Kolonga, Kinshasa, 3 et 14 octobre et 6 novembre 2008.
79. Interview de Paul Kasenge, Lubumbashi, 29 juin 2007.
80. Interview de Zizi Kabongo, Kinshasa, 21 avril 2008.
81. Tshitungu Kongolo 2003b.

6. BIENTÔT À NOUS (p. 297-345)

1. Interview de Michel Lechat, Bruxelles, 19 septembre 2007.
2. De Backer 1959.
3. Van Bilsen 1958.
4. Labrique 1957.
5. Labrique 1957.

6. Labrique 1957.
7. Young 1965.
8. Labrique 1957.
9. Labrique 1957.
10. Queuille 1965.
11. Klein 1957 ; Pétillon 1985.
12. Interview de Jean Cordy, Louvain-la-Neuve, 5 septembre 2009.
13. Verhaegen 1971 ; Bouvier 1965.
14. Ghilain 1963.
15. Archer 1971.
16. Wolter *et al.* 1957.
17. Sinatu Bolya 2003.
18. Interview de Victorine Ndjoli, Kinshasa, 7 novembre 2008.
19. Michel 1962.
20. Verhaegen 1971.
21. Gondola 1999.
22. Laude 1956.
23. Sohier 1959.
24. Etambala 1999b.
25. Ganshof van der Meersch 1958.
26. CRISP 1962.
27. Interviews de Jean Lema, alias Jamais Kolonga, Kinshasa, 3 et 14 octobre et 6 novembre 2008.
28. Monstelle 1962.
29. Interviews de Longin Ngwadi, Kikwit, 19-20 septembre 2008.
30. Pétillon 1985.
31. Pétillon 1985.
32. De Backer 1959.
33. Etambala 2008.
34. Scott 1969.
35. Etambala 2008.
36. De Vos 1961.
37. De Backer 1959.
38. Interview d'Albert Tukeke Talulue, Kisangani, 18 novembre 2008.
39. Interview de Jean Mayani, Kisangani, 19 novembre 2008.
40. Interview de Raphaël Maindo, Kisangani, 17 novembre 2008.
41. Van Bilsen 1993.
42. Interview de Jean Cordy, Louvain-la-Neuve, 5 septembre 2009.

43. Monheim 1961.
44. Janssens 1961.
45. Lumenganeso 20059.
46. Janssens 1961.
47. Interview de Jean Cordy, Louvain-la-Neuve, 5 septembre 2009.
48. Interview de Jean Cordy, Louvain-la-Neuve, 5 septembre 2009.
49. Interview de Jean Cordy, Louvain-la-Neuve, 5 septembre 2009.
50. CRISP 1960.
51. Demunter 1975.
52. Interview de Jean Cordy, Louvain-la-Neuve, 5 septembre 2009.
53. Young 1968.
54. Caprasse 1959.
55. CRISP 1960.
56. De Backer 1959.
57. Interview de Jean Mayani, Kisangani, 19 novembre 2008.
58. De Backer 1959.
59. De Backer 1959.
60. De Backer 1959.
61. Interview d'Abert Tukeke Talulue, Kisangani, 19 novembre 2008.
62. Interview de Jean Mayani, Kisangani, 19 novembre 2008.
63. Ndaywel è Nziem 1998.
64. Schöller 1982.
65. Interview de Charly Henault, Méhaigne, 28 août 2008.
66. Ganshof van der Meersch 1960 ; Scott 1969.
67. Fierlafyn 199.
68. Demunter 1975.
69. Archer 1971.
70. Interview de Mario Cardoso, Kinshasa, 1er octobre 2008.
71. Buclens 2007.
72. Merlier 1962.
73. Eyskens 1994.
74. Remilleux 1989.
75. Joye et Lewin 1961.
76. Young 1984.
77. Weiss 1965.
78. Inforcongo 1958 ; Verhaegen 1971.
79. Kanza 1959.

7. UN JEUDI DE JUIN (p. 347-361)

1. Interviews de Jean Lema, alias Jamais Kolonga, Kinshasa, 3 et 14 octobre et 6 novembre 2008.
2. Interview de Victorine Ndjoli, Kinshasa, 7 novembre 2008.
3. Archer 1971.
4. Etambala 1999.
5. Etambala 2008.
6. CRISP 1961.
7. Verlinden 2008.
8. Interview de Jean Cordy, Louvain-la-Neuve, 18 septembre 2009.
9. De Vos 1961.
10. CRISP 1961.
11. Interview de Victor Masunda Kukana, Boma, 8 octobre 2008.
12. Interview de Camille Mananga Nkanu, Boma, 9 octobre 2008.
13. Interview de Mario Cardoso, Kinshasa, 1er octobre 2008.
14. Schöller 1982.
15. Ganshof van der Meersch 1958.
16. Paulus 1962.
17. Engels et Van Peel 2010.

8. LA LUTTE POUR LE TRÔNE (p. 363-424)

1. Janssens 1961.
2. CRISP 1961.
3. De Vos 1961.
4. CRISP 1961 ; Geerts 1970.
5. Verlinden 2002.
6. CRISP 1961.
7. Janssens 1961.
8. Jorissen 2005.
9. Verlinden 2002.
10. De Craemer et Fox 1968.
11. Interview de Jacques Courtejoie, Nsioni, 5 octobre 2008.
12. Souchard 1983.
13. Kanza 1959.
14. Souchard 1983.
15. Geerts 1970.

16. Interview de Bonyololo Lokombe, alias papa Rovinscky, Kisangani, 17 novembre 2008.
17. Vesse 1961.
18. Van den Bosch 1986.
19. De Vos *et al.* 2004.
20. De Vos *et al.* 2004.
21. Boehme 2005.
22. De Vos *et al.* 2004.
23. www.congo-1960.be/WilfriedDeBrouwerFAF_Piloot.html.
24. Kestergat 1961.
25. Interview de Camille Mananga Nkanu, Boma, 9 octobre 2008.
26. Verlinden 2002.
27. CRISP 1961.
28. Abi-Saab 1978.
29. CRISP 1961.
30. Devlin 2007.
31. Pardigon 1961.
32. CRISP 1961.
33. Devlin 2007.
34. El-Tahri 2007.
35. Interview de Jean Lema, alias Jamais Kolonga, Kinshasa, 3 octobre 2008.
36. Brian Urquhart, cité dans Meredith 2005.
37. Meredith 2005.
38. Eyskens 1994.
39. CRISP 1961.
40. CRISP 1961.
41. Geerts 1970.
42. Interview de Mario Cardoso, Kinshasa, 1er octobre 2008.
43. De Vos *et al.* 2004.
44. Devlin 2007.
45. Young 1984.
46. De Vos *et al.* 2004.
47. Interview de Mario Cardoso, Kinshasa, 1er octobre 2008.
48. Meredith 2005.
49. De Vos *et al.* 2004.
50. De Vos *et al.* 2004.
51. Soete 1993.

52. Walter Zinzen, communication personnelle, 4 novembre 2009.
53. Van Bilsen 1993.
54. Interview d'Anne Mutosh Amuteb, Lubumbashi, 23 avril 2008.
55. Ziegler 1963.
56. Yakemtchouk 1988a.
57. Scholl-Latour 1986.
58. Gérard-Libois 1963.
59. Ziegler 1963.
60. Interview de Walter et Alice Lumbeeck, Oostkamp, 25 juillet 2009.
61. Interview de Frans et Marja Vleeschouwers, Berchem, 25 juillet 2009.
62. Hammarskjöld 1964.
63. Martelli 1966.
64. www.congo-1960.be/huurlingencongo.htm.
65. Interview de Walter et Alice Lumbeeck, Oostkamp, 25 juillet 2009.
66. Interview de Frans et Marja Vleeschouwers, Berchem, 25 juillet 2009.
67. Interview de Walter et Alice Lumbeeck, Oostkamp, 25 juillet 2009.
68. CRISP 1964.
69. Kamitatu 1971.
70. Young 1968.
71. CRISP 1965.
72. CRISP 1964.
73. Verhaegen 1966.
74. Fox *et al.* 1965.
75. Makulo Akambu 1983.
76. Manya K'Omalowete 1986.
77. Verhaegen 1986.
78. Takizala 1964.
79. Manya K'Omalowete 1986.
80. Zinzen 2004.
81. Geerts 1970.
82. Etambala 1999b.
83. Etambala 1999b.
84. Tielemans 1966 ; Esposito 1978.
85. Ndaywel è Nziem 1998.
86. CRISP 1965.
87. Ndaywel è Nziem 1998.

88. Verbeken 2005.
89. Devlin 2007.
90. Ndaywel è Nziem 1998.
91. Brion 1986.
92. Makulo Akambu 1983.
93. Makulo Akambu 1983.
94. El-Tahri 2007.
95. Guevara 2001.
96. Guevara 2001.
97. Guevara 2001.
98. Guevara 2001.
99. Zinzen 1995.
100. CRISP 1966.
101. CRISP 1966.
102. Houyoux 1973.
103. La Fontaine 1970.
104. Close 2007.
105. CRISP 1966.
106. Interview de Jean Lema, alias Jamais Kolonga, Kinshasa, 3 octobre 2008.
107. Ilosono 1985.

9. LES ANNÉES ÉLECTRIQUES (p. 425-464)

1. Interviews de Zizi Kabongo, Kinshasa, 31 mai, 14 et 16 novembre 2007 ; 21 avril et 16 septembre 2008.
2. Buana Kabue 1975.
3. CRISP 1966.
4. Joris 2001.
5. Interview de Vincent Lombume Kalimasi, Kinshasa, 14 juin 2007.
6. Diallo 1977.
7. CRISP 1967.
8. CRISP 1967.
9. Saint Moulin (de) 2007.
10. Houyoux 1973.
11. Geerts 1970.
12. CRISP 1966.
13. CRISP 1967.

14. Geerts 1970.
15. CRISP 1967.
16. CRISP 1967.
17. CRISP 1967.
18. Interview d'Alphonsine Mosolo Mpiaka, Kinshasa, 7 novembre 2008.
19. Zinzen 1995.
20. Verhaegen 1970.
21. Braeckman 1992.
22. Geerts 1970.
23. Huybrechts *et al.* 1980.
24. Ikembana 2007.
25. Bureau du président de la République 1972.
26. Sakombi Inongo 1974b.
27. Close 2007.
28. Close 2007.
29. Close 2007.
30. Interview de François Ngombe, alias Maître Taureau, Kinshasa, 9 novembre 2009.
31. Lubabu Mpasi-A-Mbongo et Musangi Ntemo 1987.
32. Mwabila Malela 1979.
33. Huybrechts *et al.* 1980.
34. Interview de Paul Kasenge, Lubumbashi, 29 juin 2007.
35. Huybrechts *et al.* 1980.
36. Interview d'André Kitadi, Kinshasa, 16 octobre 2008.
37. Gast 1996.
38. Lubabu Mpasi-A-Mbongo et Musangi Ntemo 1987.
39. Verhaegen 1978.
40. Interview d'Adolphine Ngoy, Bukavu, 19 juin 2007.
41. Interview de Bertrand Bisengimana, Kivu-meer, 25 avril 2008.
42. Young et Turner 1985.
43. Ndaywel è Nziem 1995.
44. Sakombi Inongo 1974b.
45. Sakombi Inongo 1974a.
46. Ekanga Botombele 1975.
47. Sakombi Inongo 1974b.
48. Interview de Joseph Ibongo, Kinshasa, 1er juin 2007.
49. Interview de Jean-Pierre Mukoko, Kinshasa, 19 mars 2005.

50. White 2008.
51. Huybrechts *et al.* 1980.
52. Schatzberg 1988.
53. Nzongola-Ntalaja 2002.
54. Bézy *et al.* 1981.
55. Van den Bosch 1992.
56. Bézy *et al.* 1981.
57. Mobutu 1973.
58. Chomé 1975.
59. Chomé 1978.
60. Stewart 2000.
61. Mailer 2007.
62. Young et Turner 1985.
63. Houyoux 1972, 1973.
64. Pain 1984.

10. TOUJOURS SERVIR (p. 465-505)

1. Braeckman 1992.
2. Remilleux 1989.
3. Remilleux 1989.
4. www.bernd-leitenberger.de/otrag.shtml.
5. Kalonga 1978.
6. Mende Omalanga et Tshilenge wa Kabamb 1992.
7. Willame 1986.
8. Ndaywel è Nziem 1998.
9. Willame 1986.
10. Willame 1986.
11. Interviews de Zizi Kabongo, Kinshasa, 31 mai, 14 et 16 novembre 2007 ; 21 avril et 16 septembre 2008.
12. Geerts 2005.
13. Yambuya 1991.
14. Yambuya 1991.
15. Yambuya 1991.
16. Cabinet du Département de la Défense nationale 1974.
17. Kamitatu-Massamba 1977.
18. Yambuya 1991.
19. Yakemtchouk 1988b.

20. Young et Turner 1985.
21. Wrong 2000.
22. Interview d'Eugène Yoka Kinene, Kinshasa, 11 novembre 2008.
23. Interview d'Alphonsine Mosolo Mpiaka, Kinshasa, 7 novembre 2008.
24. Young et Turner 1985.
25. Ndaywel è Nziem 1998.
26. Young et Turner 1985.
27. Ndaywel è Nziem 1998.
28. Willame 1992.
29. Peemans 1988.
30. Young et Turner 1985.
31. Mende Omalanga et Tshilenge wa Kabamb 1992.
32. Blumenthal 1982.
33. Blumenthal 1982.
34. Nguza Karl I Bond 1982.
35. Document de la CIA ouvert à la consultation publique, *Zaire's* IMF *Problem*, 15 septembre 1986, www.foia.CIA.gov.
36. Stiglitz 2002
37. Kabuya Kalala *et al.* 1980.
38. Interview de Didace Kawang, Kinshasa, 30 septembre 2008.
39. Stiglitz 2002.
40. Young et Turner 1985.
41. Emizet 1997.
42. Nzongola-Ntalaja 1986.
43. Peemans 1988.
44. Emizet 1997.
45. Young et Turner 1985.
46. Janssen 1997.
47. Janssen 1997.
48. Interview de Kibambi Shintwa, Kinshasa, 25 septembre 2008.
49. Interviews de Jean Lema, alias Jamais Kolonga, Kinshasa, 3 et 14 octobre et 6 novembre 2008.
50. Bender 2006.
51. Interview d'Alfons Mertens, Puurs, 5 novembre 2007.
52. Willame 1992.
53. Interview de Raymond Kukoka, Kinshasa, 29 septembre 2008.
54. Wrong 2000.

55. Braeckman 1992.
56. Interview de Mme A., Kinshasa, 17 mars 2005 ; cf. Nlandu-Tsasa 1997.
57. Vandommele 1983 : 78-79 ; Batumike 1986.
58. Amnesty International 1980 ; 1983.
59. Yambuya 1991.
60. Nlandu-Tsasa 1997.
61. Mvumbi Ngolu Tsasa 1986.
62. Interview de Papy Mbwiti, Kinshasa, 30 septembre 2008.
63. MacGaffey 1991.
64. Nlandu-Tsasa 1997.
65. Renton *et al.* 2007.
66. Interview de Papy Mbwiti, Kinshasa, 30 septembre 2008.
67. Interview de Rufin Kibari Nsanga, Kikwit, 21 septembre 2008.
68. Newbury 1984.
69. Interview de Régine Mutijima, Kinshasa, 10 décembre 2008.
70. Interview de Thérèse Pakasa, Kinshasa, 8 novembre 2008.
71. Michel 1999.
72. Braeckman 1992.

11. L'AGONIE (p. 507-552)

1. Interview de Régine Mutijima, Kinshasa, 10 décembre 2008.
2. Interview de Modeste Mutinga, Kinshasa, 3 octobre 2008.
3. Interview de Baudouin Hamuli, Kinshasa, 16 et 24 septembre 2008.
4. Hamuli Kabarhuza *et al.* 2003.
5. Braeckman 1992 : 205.
6. Interview de Baudouin Hamuli, Kinshasa, 16 et 24 septembre 2008.
7. Mende Omalanga et Tshilenge wa Kabamb 1992.
8. Buyse 1994.
9. Interview de Kibambi Shintwa, Kinshasa, 25 septembre 2008.
10. Interview de Baudouin Hamuli, Kinshasa, 16 et 24 septembre 2008.
11. Interview de José Mpundu, Kinshasa, 23 septembre 2008.
12. De Dorlodot 1994.
13. Interviews de Zizi Kabongo, Kinshasa, 31 mai, 14 et 16 novembre 2007 ; 21 avril et 16 septembre 2008.
14. Nzongola-Ntalaja 2002.
15. Nzongola-Ntalaja 2002.

16. Villers et Omasomba 2002.
17. Nzongola-Ntalaja 2002.
18. De Herdt et Marysse 2002.
19. Banque centrale du Congo 2007.
20. Michel 1992.
21. Smith 2005.
22. Devisch 1995.
23. Hamuli Kabarhuza *et al.* 2003.
24. Devisch 1995.
25. Ndaywel è Nziem 1995.
26. Ndaywel è Nziem 1995.
27. Banque centrale du Congo 2007.
28. Beaugrand 1997.
29. Banque centrale du Congo 2007 ; De Boeck et Plissart 2004.
30. Beaugrand 2003.
31. Interview d'Alexandre Kasumba Dunia, directeur du zoo, Kinshasa, 29 décembre 2003.
32. Kabuya Kalala et Matata Ponyo 1999.
33. Interview de Sekombi Katondolo, Goma, 26 novembre 2008.
34. Mamdani 2001.
35. Interview anonyme d'un Maï-Maï, Goma, 4 décembre 2008.
36. Interview de Pierrot Bushala, Goma, 26 novembre 2008.
37. Vlassenroot 2000.
38. Prunier 2009.
39. Interview de Ruffin Luliba, Kinshasa, 1er octobre 2008.
40. Reyntjens 2009.
41. Prunier 2009.
42. Interview de Katelijne Hermans, Bruxelles, 12 septembre 2007.
43. Interview du docteur Soki, Kisangani, 16 novembre 2008.
44. Interview de Sekombi Katondolo, Goma, 26 novembre 2008.
45. Efinda 2009.
46. Efinda 2009.
47. Human Rights Watch 1997a.
48. Interview de Papy Bulaya, Kinshasa, 11 décembre 2008.
49. Van Dijck 1997.
50. Prunier 20098.
51. Interview de Rufin Kibari Nsanga, Kikwit, 21 septembre 2008.
52. Interview de Katelijne Hermans, Bruxelles, 12 septembre 2007.

53. Interview de Rufin Kibari Nsanga, Kikwit, 21 septembre 2008.
54. Interview de Rufin Kibari Nsanga, Kikwit, 21 septembre 2008.
55. Willame 1998.
56. Reyntjens 2009.
57. Prunier 2009.
58. El-Tahri 2000.
59. Tokwaulu Aena, sans date.
60. El-Tahri 2000.

12. LA PITIÉ, C'EST QUOI ? (p. 553-589)

1. Reyntjens 2009.
2. Reyntjens 2009.
3. Banque centrale du Congo 2007.
4. Human Rights Watch 1997b.
5. Human Rights Watch 1997b.
6. Reyntjens 2009.
7. Interview de Bertin Punga, Kinshasa, 29 septembre 2008.
8. Frère 2005.
9. Interview de Zizi Kabongo, Kinshasa, 14 novembre 2007.
10. Reyntjens 2009.
11. Prunier 2009.
12. Reyntjens 2009.
13. Ngbanda 2004.
14. Braeckman *et al.* 1998.
15. Prunier 2009 : 178.
16. Comité international de secours 2007.
17. Interview de Simba Regis, Kigali, 25 juin 2007.
18. Interview de Ruffin Luliba, Kinshasa, 11 décembre 2008.
19. Interview de Rufin Kibari Nsanga, Kikwit, 21 septembre 2008.
20. Reyntjens 2009.
21. Lanotte 2003.
22. Interview de Jeanine Mukanirwa, Kinshasa, 12 novembre 2007.
23. Interview de Tharcisse Kayira, Bukavu, 20 juin 2007.
24. Interview de Pierrot Bushala, Goma, 26 novembre 2008.
25. Human Rights Watch 2000.
26. Interview de Muhindu, Goma, 4 décembre 2008.
27. *De Morgen*, 23 juin 2007.

28. Interview d'Yves Van Winden, Goma, 4 décembre 2008.
29. Villers 2001.
30. Zinzen 2004.
31. Interview d'Agustin Utshudi, Goma, 1er décembre 2008.
32. Interview d'Agustin Utshudi, Goma, 1er décembre 2008.
33. Lanotte 2003.
34. Interview du docteur Soki, Kisangani, 16 novembre 2008.
35. Prunier 2009.
36. Lanotte 2003.
37. Villers 2001.
38. Human Rights Watch 2005.
39. Marysse et André 2001.
40. Leclercq 2001.
41. Marysse et André 2001.
42. Global Witness 2005.
43. Wanu Oyatambwe 1999.
44. Harden 2001.
45. Marysse et André 2001.
46. Unesco 2005.
47. Debroux *et al.* 2007.
48. Interview de Papy Bulaya, Kinshasa, 11 décembre 2008.
49. Pole Institute 2002.
50. Vlassenroot et Romkema 2002.
51. Human Rights Watch 2001.
52. Human Rights Watch 2005.
53. Interview d'un vétéran de l'UPC, Kasenyi, 23 novembre 2008.
54. Jourdan 2004.
55. Interview de Baptiste Uzele-Uparpiu, Kasenyi, 23 novembre 2008.
56. Interview de Masika Katsuva, Goma, 2 décembre 2008.

13. LA BIÈRE ET LA PRIÈRE (p. 591-636)

1. Prunier 2009.
2. Braeckman 2003.
3. Villers (de) 2009.
4. Interview d'Antoine Vumilia, Kinshasa, 12 décembre 2008.
5. Zeebroek 2008.
6. Villers (de) 2009.

7. Interview de Johan Swinnen, Kinshasa, 17 novembre 2007.
8. Reyntjens 2009.
9. Reyntjens 2009.
10. Niza 2006.
11. Interview de Rufin Kibari Nsanga, Kikwit, 21 septembre 2008.
12. Nzeza 2004.
13. Niza 2006.
14. Niza 2006.
15. Prunier 2009.
16. Reyntjens 2009.
17. Interview de Frank Werbrouck, Kinshasa, 11 novembre 2008.
18. Vlassenroot et Raeymaekers 2004b.
19. Prunier 2009.
20. Interviews de Marie Djoza, Bunia, 21 novembre 2008, et de Marie Pacuriema et Jacqueline Dz'ju Malosi, Bunia, 22 novembre 2008.
21. Human Rights Watch 2003.
22. Interview de Johan Swinnen, Kinshasa, 17 novembre 2007.
23. Human Rights Watch 2004.
24. *Market Volume* DRC, document interne Bralima, septembre 2008.
25. Interview de Jo De Neckere, Bruxelles, 23 janvier 2010.
26. De Bruijn *et al.* 2001.
27. Giovannoni *et al.* 2004.
28. Interview de Riza Labwe, Kikwit, 21 septembre 2008.
29. Interview de Justine Masika, Goma, 1er décembre 2008.
30. Interview de Dolf van den Brink, 17 septembre 2008.
31. Yoka 2005.
32. Interview de Papy Mbwiti, Kinshasa, 16 septembre 2008.
33. De Boeck et Plissart 2004.
34. "Werrason", Wikipedia, 30 janvier 2010.
35. Interviews de sept fans de Werrason, Kikwit, 21 septembre 2008
36. "Werrason", Wikipedia, 30 janvier 2010.
37. Interview de Flamme Kapaya, Kisangani, 13 et 16 novembre 2008.
38. Interview de Dolf van den Brink, 4 octobre 2008.
39. *Le Potentiel*, 25 septembre 2008.
40. Interview de Beko, 28 mai 2007.
41. Frère 2005.
42. *Tigo Annual Report and Accounts* 2007.
43. Frère 2009.

44. Frère 2009.
45. Pype 2009a.
46. Pype 2009a.
47. Ayad 2001.
48. Pype 2007.
49. Kalulambi Pongo 2004.
50. Pype 2009c.
51. *Le Potentiel*, 4 février 2006.
52. Muambi 2009.
53. Interview de Martin Kayembe, Kinshasa, 22 avril 2008.
54. *Le Potentiel*, 31 mai 2007.
55. De Boeck 2004.
56. Ndaywel è Nziem 2002.
57. Interview de Dominique Khonde Mpolo, Kinshasa, 10 novembre 2008.
58. Interview de José Mpundu, Kinshasa, 23 septembre 2008.
59. Kennes 2003.
60. Amnesty International 2006.
61. Olinga 2006.
62. Rcyntjens 2009.
63. White 2008.
64. White 2008 ; Olinga 2006.
65. Interview d'Israël Tshipamba, Kinshasa, 29 mai 2007.
66. Frère 2007.
67. Villers 2009.
68. www.deboutcongolais.info/actualite5/art_330.htm.

14. LA RÉCRÉATION (p. 637-683)

1. Interview de Pascal Rukengwa, Kinshasa, 26 septembre 2008.
2. Muambi 2009.
3. Villers (de) 2009.
4. Braeckman 2009.
5. Villers 2009.
6. Saint Moulin (de) 2009.
7. Interview téléphonique de Pascal Rukengwa, Bruxelles-Kinshasa, 9 février 2010.
8. Vandaele 2008.

9. Valon 2006.
10. Interview de Carl De Keyzer, Kinshasa, 27 mai 2007.
11. Braeckman 2009.
12. International Crisis Group 2007.
13. Human Rights Watch 2008a.
14. Soudan 2007.
15. *Quiproquo*, 20 juin 2007.
16. Interview de Baudouin Waterkeyn, aumônier de l'hôpital, Lubumbashi, 29 juin 2007.
17. Villers 2009.
18. *The Africa Report*, décembre 2009.
19. Muzito 2010.
20. hdr.undp.org.
21. www.foreignpolicy.com.
22. www.doingbusiness.org.
23. www.unicef.org/infobycountry/drcongo_statistics.html.
24. Villers 2009.
25. IPIS 2008a.
26. *Africa Confidential*, 8 octobre 2009.
27. Interview d'Alain Chirwisa, alias Alesh, Kisangani, 16 novembre 2008.
28. Stiglitz 2002.
29. Radio France Internationale, 22 septembre 2009.
30. Amnesty International 2010.
31. *Christian Science Monitor*, 14 novembre 2008.
32. Scott 2008.
33. Lemarchand 2009.
34. IPIS 2008b.
35. *De Morgen*, 6 mai 2008.
36. Human Rights Watch 2008b.
37. Interview du major Antoine, Rwanguba, 27 novembre 2008.
38. Human Rights Watch 2002b.
39. Interview de Laurent Nkunda, Rwanguba, 27 novembre 2008.
40. Conseil de sécurité des Nations Unies 2008; Human Rights Watch 2008b.
41. Interview de Grâce Nirahabimana, Mugunga, 2 décembre 2008.
42. International Crisis Group 2009a, b.
43. Hoebeke *et al.* 2009 : 136.
44. Berwouts 2010.

45. De Keyzer 2009 : 14-15.
46. Campbell 2007.
47. Braeckman 2009 : 158-159.
48. Raid 2009 : 8-26.
49. IPIS 2009.
50. Braeckman 2010 : 52.
51. Braeckman 2009 : 175.
52. Soudan 2007 : 28.
53. Braeckman 2009 : 177.
54. FMI, 11 décembre 2009 : communiqué de presse 09/445.
55. Minani 2010.
56. Vandaele 2005 : 166 ; www.imf.org.
57. Reuters, 12 décembre 2009.
58. Asadho 2010.
59. Stearns 2010.
60. Interview de Dadine Musitu, Kinshasa, 16 septembre 2008.
61. Interview de Rosemonde N., Kinshasa, 25 septembre 2008.

15. WWW.COM (p. 685-709)

1. *China Daily*, 28 octobre 2008.
2. Interview de Jules Bitulu, Guangzhou, 27 octobre 2008.
3. Interview de Lukisu Fule, Guangzhou, 25 octobre 2008.
4. Interview de Patou Lelo, Guangzhou, 26 octobre 2008.
5. Interviews du "Commandant César" et de "Timothée", Guangzhou, 26 octobre 2008.

INDEX DES NOMS PROPRES ET DES SUJETS TRAITÉS

OUVRAGE RÉALISÉ
PAR L'ATELIER GRAPHIQUE ACTES SUD
REPRODUIT ET ACHEVÉ D'IMPRIMER
EN JUILLET 2017
PAR NORMANDIE ROTO IMPRESSION S.A.S.
À LONRAI
POUR LE COMPTE DES ÉDITIONS
ACTES SUD
LE MÉJAN
PLACE NINA-BERBEROVA
13200 ARLES

DÉPÔT LÉGAL
1re ÉDITION : OCTOBRE 2014
N° d'impression : 1703100
(Imprimé en France)